古文鑑賞集成

唐以前古文鑑賞之部

執行主編：吳功正
領銜撰稿：葉聖陶　周振甫
　　　　　朱東潤　段熙仲
　　　　　余冠英　徐中玉
　　　　　吳調公　潘旭瀾
　　　　　何滿子　霍松林

文史哲出版社
印　行

古文鑑賞集成 / 吳功正著. – 初版.--臺北市：
文史哲, 民 97.10 印刷
    頁:　公分

    ISBN 978-957-547-037-1(平裝)

835

古文鑑賞集成

主　編　者：吳　　　功　　　正
出　版　者：文　史　哲　出　版　社
　　　　　　http://www.lapen.com.tw
　　　　　　e-mail：lapen@ms74.hinet.net
登記證字號：行政院新聞局版臺業字五三三七號
發　行　人：彭　　　正　　　雄
發　行　所：文　史　哲　出　版　社
印　刷　者：文　史　哲　出　版　社
　　　　　　臺北市羅斯福路一段七十二巷四號
　　　　　　郵政劃撥帳號：一六一八〇一七五
　　　　　　電話886-2-23511028 · 傳真886-2-23965656

平裝三冊特價新臺幣一二〇〇元

中華民國八十五年（1996）六月再版
中華民國九十七年（2008）十月再版二刷

序

　　文人之所謂「古文」者，倡自唐代，宋賢繼之，以繼承發展先秦兩漢經史諸子散文傳統爲宗旨，以復古爲革新；但摒魏晉以來駢儷聲色之辭於不齒，未免片面。明人治古文，或尚秦漢，或主唐宋，均失諸偏。清桐城姚鼐選大型總集《古文辭類纂》，實以「唐宋八大家」及明歸有光等文爲基幹，影響頗大，也遭到來自各方面的批評。有的輕視其從事藝文爲末事，與時藝沆瀣一氣；有的反詆其專事散體爲不足於文，轉而提倡駢體，李兆洛編《駢體文鈔》與姚選相抗衡；有的則感到桐城派取徑狹隘，而欲起之以百家。晚清曾國藩的《經史百家雜鈔》兼采經、史、子、集之文，也收駢體，其言古文的範圍大爲擴展，不過抄及《詩經》，則信乎其「雜」了。

　　《古文鑑賞集成》，所錄上起先秦下迄鴉片戰爭，凡一百七十五家、二百八十一篇。按時代先後爲次，可見發展面貌；兼收並蓄古文各種體制、風格、流派之作而不入詩歌、戲劇、小說，與其他辭書有所分工；囊括古今選本的精華而規模過之，比較充分地反映了祖國古代文章豐富多彩的成就。相信其出版必將有益於社會主義精神文明建設。

　　還想向讀者進一言者：本書所附注釋、鑒賞等，多出著名學者手筆，在大家風範的引領下，全書不僅解析精當，而且文辭優美，往往引人入勝。然而讀書貴在自得。「你要知道梨子的滋味，就得親口嘗一嘗。」希望青年學子以這些評釋爲參考、輔導，進一步研讀原文，培養獨立體味欣賞其精神、脈理、氣勢、韻趣、格調、辭采的能力，獲得無窮的審美享受。那麼這部書所發揮的作用將更爲巨大了。

朱　東　潤

古文鑑賞集成

目　　錄

唐以前古文鑑賞之部

鄭伯克段於鄢　　　　《左傳》

　　初①，鄭武公娶于申②，曰武姜③，生莊公及共叔段④。莊公寤生⑤，驚姜氏，故名曰寤生，遂惡之。愛共叔段，欲立之。亟請于武公⑥，公弗許。及莊公卽位，爲之請制⑦。公曰：「制，巖邑也⑧，虢叔死焉⑨，佗邑唯命⑩。」請京⑪，使居之，謂之京城大叔⑫。

　　祭仲曰⑬：「都城過百雉⑭，國之害也。先王之制，大都不過參國之一⑮；中，五之一；小，九之一。今京不度，非制也⑯。君將不堪⑰。」公曰：「姜氏欲之，焉辟害⑱？」對曰：「姜氏何厭之有⑲？不如早爲之所⑳，無使滋蔓㉑！蔓難圖也㉒。蔓草猶不可除，況君之寵弟乎？」公曰：「多行不義必自斃，子姑待之㉓。」

　　既而大叔命西鄙、北鄙貳于己㉔。公子呂曰㉕：「國不堪貳，君將若之何㉖？欲與大叔，臣請事之；若弗與，則請除之，無生民心㉗。」公曰：「無庸，將自及㉘。」

　　大叔又收貳以爲己邑，至于廩延㉙。子封曰㉚：「可矣，厚將得衆㉛。」公曰：「不義不暱，厚將崩㉜。」

　　大叔完聚㉝，繕甲兵㉞，具卒乘㉟，將襲鄭。夫人將啓之㊱。公聞其期，曰：「可矣！」命子封帥車二百乘以伐京㊲。京叛大叔段，段入于鄢㊳，公伐諸鄢。五月辛丑㊴，大叔出奔共。

　　書曰㊵：「鄭伯克段于鄢。」段不弟㊶，故不言弟；如二君㊷，故曰克；稱鄭伯，譏失教也㊸；謂之鄭志㊹，不言出奔，難之也㊺。

　　遂寘姜氏于城潁㊻，而誓之曰：「不及黃泉㊼，無相見也！」既而悔之。潁考叔爲潁谷封人㊽，聞之，有獻于公。公賜之食，食舍肉

⑲。公問之，對曰：「小人有母，皆嘗小人之食矣，未嘗君之羹，請以遺之⑳。」公曰：「爾有母遺，繄我獨無㉑！」潁考叔曰：「敢問何謂也㉒？」公語之故，且告之悔。對曰：「君何患焉㉓！若闕地及泉㉔，隧而相見㉕，其誰曰不然㉖？」公從之。公入而賦㉗：「大隧之中，其樂也融融㉘。」姜出而賦：「大隧之外，其樂也泄泄㉙。」遂爲母子如初。

君子曰⑥⓪：「潁考叔，純孝也㉑，愛其母，施及莊公㉒。《詩》曰：『孝子不匱，永錫爾類㉓。』其是之謂乎㉔！」

【注釋】①初：從前。②鄭武公：姬姓，名掘突；武，謚號。申：國名，姜姓，侯爵，故城在今河南南陽市北。③武姜：武，從夫謚；姜，母家的姓。④共（《メㄥ）：衞國邑名，今河南省輝縣。⑤寤生：腳先出生，難產。寤與牾同。⑥亞：層次。⑦制：又名虎牢，今河南滎陽縣汜水鎮。⑧岩：多山而險要。⑨虢（《メㄜˊ）叔：東虢君，爲鄭武公所滅。死焉：死于此。⑩佗邑：他邑，別的地方。唯命：「唯命是聽」的省略語。⑪京：鄭邑名，在今河南滎陽縣東南。⑫大：同「太」。⑬祭（ㄓㄞˋ）仲：鄭國大夫。⑭都：都邑。雉：量詞，古城長三丈、高一丈爲一雉。⑮參國之一：國都的三分之一。參：三。⑯不度：不合法度。非制：不是先王的制度。⑰不堪：受不了。⑱辟：同避。⑲何厭之有：有何厭的倒裝。厭：同「饜」，滿足。⑳爲之所：給他安排地方。㉑滋蔓：滋長蔓延。㉒圖：對付。㉓斃：同「踣」，跌倒。子：尊稱對方。㉔旣而：不久。鄙：邊邑。貳：屬附于兩方面。㉕公子呂：字子封，鄭大夫。㉖若之何：拿他怎麼辦。若：同「如」。㉗無生民心：不要使人民產生貳心。㉘庸：同「用」。及：至。㉙收：取。廩延：在今河南延津縣北。㉚子封：卽公子呂。㉛厚：土地擴大。衆：指老百姓。㉜昵（ㄋㄧˋ）：親近。㉝完聚：修治城郭，聚集百姓。㉞繕：修理。甲：盔甲。兵：兵器。㉟具：準備。卒：步兵。乘：四匹馬拉的戰車。古時兵車一乘，配七十五人。上有甲士三人，後隨步卒七十二人。㊱夫人：指武姜。啓：開城門。㊲帥：同「率」。㊳鄢：鄭邑，在今河南鄢陵縣西北。㊴五月辛丑：五月二十三日。㊵書：指《春秋》經文記載。㊶不弟：不守弟道。㊷如二君：莊公和叔段之間的戰爭，如同兩個敵國國君間的鬥爭。㊸失敎：失去管敎。㊹鄭志：指鄭莊公蓄意殺弟的意圖。㊺不言出奔，難之也：《春秋》書法，凡記某人出奔，表示這人犯了罪。難之：難以下筆記叔段出奔共這件事。㊻寘：同「置」，

安置，實爲放逐。城潁：鄭邑，在今河南臨潁縣西北。㊼黃泉：地下。㊽潁考叔：鄭大夫。潁谷：鄭邊邑。封人：鎭守邊境的地方官。㊾舍：放在一邊。㊿遺（ㄨㄟ）：贈送。(51)繄（ㄧ）：嘆詞，噫。(52)何謂：謂何，說的是什麼意思。(53)何患：何必耽心。(54)闕：同「掘」。(55)隧：動詞，通過隧道。(56)其：疑問詞。然：這樣。(57)賦：賦詩。(58)融融：和樂自得的樣子。(59)泄泄：舒暢貌。(60)君子：≪左傳≫作者自指。(61)純孝：篤孝。(62)施（ㄧˋ）及：擴大到。(63)≪詩≫：指≪詩經≫。不匱：指孝心沒有竭盡的時候。永錫爾類：永遠賜福給你的同類。(64)其是之謂乎：其謂是乎的倒裝。

【鑑賞】作爲先秦歷史散文的第一座高峰，≪左傳≫較爲系統地記述了春秋時代各國的政治、經濟、軍事和文化方面的事件，在一定程度上眞實反映了那個時代的面貌。它摹擬形象，描寫個性，或用曲筆，或用直陳，或意在言中，或寄意言外。其間變化無窮，無不委婉盡致。記述發生在公元前722年（周平王49年，魯隱公元年，鄭莊公22年）的≪鄭伯克段于鄢≫，就是一個極好的例證。

≪鄭伯克段于鄢≫通過鄭莊公家庭內部的矛盾，深刻暴露和嘲諷了統治階級內部爭權奪利、爾虞我詐和殘酷奸詐的醜惡本質，反映了在極端利己主義的私有制社會裏，統治階級倫理道德的虛僞性。全文可分六段：

第一段爲矛盾的開端。作爲母親，武姜憎恨難產的長子寤生；出于偏愛，她力圖廢長立幼，但未獲成功。在這裏，個人的好惡引出了非同尋常的君位之爭。第二段爲寤生卽位以後，爭奪君位的矛盾以另一種形式發展著。如果說，在矛盾的發軔階段，寤生與武姜，共叔段之間還沒有直接衝突的話，那麼，到了發展階段，就變成了針鋒相對的鬪爭。這種鬪爭，屬于君臣之間叛逆和反叛逆的性質，彼此勢不兩立，不共戴天。但因矛盾雙方的關係是母子和兄弟，所以它蒙上了一層隱蔽和虛僞的色彩。大體說來，這一階段有分封和「收貳」兩個層次，前後經歷了二十二年。鄭莊公卽位以後，武姜和共叔段並沒有罷休。她以國母的身份，爲愛子請封東虢國的故地制，亦卽虎牢，因爲那裏形勢險要，便于圖謀不軌。遭到拒絕以後，又請封都邑超過百雉的京，得到這個地方，就意味著地位超過一般的侯伯，便于擺脫鄭莊公的控制。這是第一步。第二步，被稱爲京城大叔的共叔段，爲了擴張自己的領地，先命令鄭國西部和北部邊境的官員把自己當成副貳之君（一說命西鄙、北鄙兩地一面歸屬莊公，一面歸屬自己。又一說爲共叔段挑唆西部和北部兩地對鄭莊公懷有貳心），然後正式把兩地收爲己有，使領地延伸到了鄭國的西北邊邑。對于武姜和共叔段的所作所爲，鄭莊公倍加注意而又竭力克

制，因爲他雖然洞察了共叔段的野心，但還沒有掌握到眞憑實據。第三段爲故事的高潮。共叔段在擴張領地的同時，修繕了京的城廓，招攬了百姓，積聚了糧食，整練了步兵和戰車，將要襲擊鄭莊公；居住在都城的武姜又準備作內應，到時候私下打開城門。在掌握了證據，弄淸了共叔段出兵的日期以後，鄭莊公認爲火候已到，一舉發兵撲滅了未遂的叛亂。共叔段猶如喪家之犬，奔逃至鄢，又被逐出國土，流亡到共國。文章的第四段如同《公羊傳》、《穀梁傳》式的用來解釋《春秋》的抽象議論，與故事本身無關。不少學者認爲，這種議論文字很可能是後人羼雜進去的。所以這裏暫置勿論。從故事情節看，第五段屬于結局。因爲武姜是鄭莊公的生母，又是共叔段的後台，所以鄭莊公恨之入骨但又不能過分。他先將她發落到城潁，發誓永不見面；然後在潁考叔的誘導下，演出了「闕地及泉，隧而相見」的醜劇。作品的第六段是作者的議論，表明作者的儒家的「純孝」思想。他還故意用讚揚潁考叔的方法譏刺了鄭庄公，這就是所謂意在言外的「春秋筆法」。

　　故事情節是表現人物性格的手段；反過來，它又受制于特定的個性，是性格的歷史。作品通過上述故事情節，生動地刻畫了鄭莊公等的形像。鄭莊公是個陰鷙狠毒、口蜜腹劍的統治者。說他狠毒，有他的兩次行動爲證：其一是武姜請封之初，他堅決不肯把軍事重鎭制分封給自己的胞弟共叔段。其二是他用重兵鎭壓了共叔段，不讓他在鄭國立足，必欲置之死地而後快。他甚至把親生母親趕出都城，咬牙切齒地發下了永世不再見面的誓言。在這裏，鄭莊公親手撕掉了他們竭力鼓吹的「孝悌」的面紗，露出了極其猙獰的面目。自然，鄭莊公決不是一介魯夫。爲了自己的尊嚴和私利，他固然殘暴無比，但他深深懂得：「孝悌」的旗號不能丟掉，公衆的輿論不可忽視。于是他費盡心機，在漫長的二十二年中間，採用了「將欲取之，必先予之」的策略，現出了異樣的虛僞。這有他的五次講話爲證：他明明不肯把制分封給共叔段，卻又裝出關心弟弟和孝敬母親的樣子，說是「虢叔死焉」，「佗邑唯命」。此其一。把京分封給共叔段以後，祭仲等臣子果然被鄭莊公所迷惑，擔心這個「仁人君子」控制不了局面。鄭莊公則始而一副可憐相，說是「姜氏欲之，焉辟害？」繼而向祭仲交底：「多行不義，必自斃，子姑待之。」他僞裝孝子，而又直呼母親爲「姜氏」；僞裝仁義，而又放長線釣魚。此其二。當共叔段野心始露，要求西鄙和北鄙把他當成副貳之君時，大夫子封等竟以爲鄭莊公的寬容必將爲淵驅魚、自毀基業，于是勸說鄭莊公及早鎭壓。老謀深算的鄭莊公卻說：「無庸，將自及。」此其三。共叔段擴張封地，收取西鄙、北鄙以後，自以爲已經了解鄭莊公意圖的子封，認爲時機已到，再一次請求

他發兵時，他依舊不緊不慢地說：「不義不昵，厚將崩。」此其四。到了他登基後的第二十二年，亦卽共叔段行將謀反之時，鄭莊公才主動告訴臣子：「可矣！」也卽「可以動手了！」通過長期等待而卽將得到的喜悅，壓抑已久而行將噴發的憤怒，成爲「可矣」二字的內涵。此其五。表面上，共叔段遭受鎮壓是咎由自取。但透過上述五次講話，鄭莊公竊取仁義，欲擒故縱，亦卽讓其「自斃」、「自及」、「自崩」的罪惡用心，不是昭然若揭了嗎！可以想見，在共叔段的野心徹底暴露以前，如果過早地採取軍事行動，鄭莊公就撈不到「孝悌」的好名聲。反過來看，如果鄭莊公及早採取措施、警誡共叔段，共叔段就未必會謀反，他就不可能把親弟弟置于絕境。同樣可以想見，在等待共叔段「自斃」等話語的背後，鄭莊公肯定加強了監視和防範措施。要不，共叔段的密謀就不可能被掌握，苦心經營二十二年的共叔段也不會敗于一旦，京的官僚和百姓又怎麼會頃刻背叛並拋棄共叔段！沽名釣譽，將自己打扮成孝子和賢兄；千方百計，麻痹政敵以助長其野心的發展，這就充分說明鄭莊公是個詭譎奸惡的陰謀家。

　　在情節展開的過程中，武姜、共叔段和祭仲、子封等人的性格特點也表現得十分鮮明。武姜的偏心，導源于極端的利己主義；她的愛憎，實質上是一種政治態度。武姜所支持的共叔段，分明是個有恃無恐、野心勃勃而又無比愚蠢的典型。至于祭仲、子封等人，分明都是君王忠實而又幹練的奴才。

　　作爲性格的歷史，作品中情節的開端、發展、高潮和結局，全都是在特定的歷史和生活條件下敵對雙方的主要人物性格撞擊的結果。沒有鄭莊公陰鷙的欲擒故縱，就沒有共叔段的膽大妄爲；沒有膽大妄爲的共叔段，也就沒有「鄭伯克段于鄢」。最典型的是作品結尾的大團圓式的醜劇。按照常情常理，這種欲蓋彌彰的醜劇是不會出現的。雖然在歷史典籍中，「重歸于好」的事例司空見慣，但也決沒有以這樣的形式出現。說到底，這是鄭莊公這個狡猾而又好名的野心家爲了樹立「孝」的典範，爲了維護所謂「金口玉言」、「言出法隨」的尊嚴，借以愚弄臣民的一種手段。當然，這也是卑劣膽怯、貪圖享樂和渴望回到都城的武姜所能够接受的一種形式。所以，當穎考叔出謀划策以後，無比乖謬醜惡的一幕隨卽出現了：像死了一樣的貴婦人武姜進入了幽暗的隧道。裝腔作勢、佯爲歡樂的鄭莊公邁著方步也進入了隧道。他嘴裏高聲哼哼著「大隧之中，其樂也融融」的詩句。于是，母子團圓了。國君亦步亦趨地攙扶著貌似歡笑、朗誦著「大隧之外，其樂也泄泄」詩句的國母走出來了。這是令人噴飯的一幕。只有像武姜和鄭莊公這樣的統治者，才會像演戲一樣扮演了「慈母」和「孝子」的角色，用以維護「神聖家族」的面子和道德的招牌。

　　大家知道，古往今來的歷史學家，雖然各有其立場和觀察問題的方法，但他們只能對歷史的事實作出不同的評價，卻不能違背歷史的事實。這就是所謂「實錄」精神。「我欲載之空言，不如見之于行事之深切著明也。」（《太史公自序》引孔丘語）如果說，孔丘的《春秋》已經重在記錄客觀的歷史事件的話，那麼，《左傳》同樣做到了這一點。不僅如此，較之《春秋》的「鄭伯克段于鄢」（《左傳》原無題目，「鄭伯克段于鄢」由《春秋》借用為篇目）這一句話，《左傳》的內容大大的豐富了，而且傾向性更為隱蔽了。既然如此，有關鄭莊公和共叔段的這段史實，左丘明怎麼就寫得這樣精彩呢？首先，因為左丘明善于選擇和識別歷史故事。跟《春秋》相比，《左傳》更加重視人民的痛苦和揭露統治者的卑劣。如「隱公元年」五月以前，《春秋》僅記一件事：

　　　　「三月，公及邾儀父盟于蔑。」

而《左傳》則記兩件事：

　　　　「三月，公及邾儀父盟于蔑。邾子克也，未王命，故不書爵，曰『儀父』，貴之也。公攝位，而欲求好于邾，故為蔑之盟。」

　　　　「夏，四月，費伯帥師城郎。不書，非公命也。」

《左傳》多出的一條，明顯突破了「舊史」和《春秋》的框框，旨在揭露「臣不臣」的史實。至于鄭莊公事，《春秋》僅書一筆：

　　　　「夏，五月，鄭伯克段于鄢。」

它就事論事，「以事繫日，以日繫月，以月繫時，以時繫年」（杜預《春秋三傳序》）。左丘明則深刻理解這段史實的典型意義，所以並未受時日的限制，而能追溯到二十二年以前的事件的源頭，弄清了來龍去脈。這就為寫好這段歷史故事以及其中的人物打下了良好的基礎。其次，左丘明善于安排和剪裁史實。就本文而言，只要與《春秋公羊傳》、《春秋穀梁傳》稍作比較，就能發現作者的謀篇布局的功夫。《公羊傳》曰：

　　　　「夏，五月，鄭伯克段于鄢。克之者何？殺之也。殺之，則曷為謂之克，大鄭伯之惡也。曷為大鄭伯之惡？母欲立之，己殺之。如勿與而已矣。段者何？鄭伯之弟也。何以不稱弟？當國也。其地何？當國也，齊人殺無知。何以不地？在內也。在內，雖當國，不地也；不當國，雖在外，亦不地也。」

《穀梁傳》曰：

　　　　「夏，五月，鄭伯克于鄢。克者何？能也。何能也？能殺也。何以不言殺？見段之徒眾也。段，鄭伯弟也。何以知其為弟也？殺世子母弟目君；以

其目君，知其爲弟也。段，弟也，而弗謂弟；公子也，而弗謂公子：貶之也。段失子弟之道矣，賤段而甚鄭伯也。何甚鄭伯？甚鄭伯之處心積慮，成于殺也。于鄢，遠也。猶曰取之其母之懷中而殺之云爾。甚之也。然則爲鄭伯者宜奈何？緩追逸賊，親親之誼也。」

毫無疑問，《公羊傳》和《穀梁傳》的作者，已經涉及到了武姜的陰謀，共叔段的下場，鄭莊公處心積慮對付共叔段等史實，但因他們著眼于「傳」《春秋》，所以史實凌亂不堪，故事的敍述被作者的議論徹底淹沒，根本談不上安排和剪裁。《左傳》則不同，它掌握了這一故事的發展線索，根據作者褒貶和立意的需要，從經歷幾十年的史實中清理出關鍵的要素，編排成一個有頭有尾的故事。對于這幾十年中發生的事情，作者刪繁就簡，去粗取精。如武姜憎惡鄭庄公的原因，僅只強調了「寤生」這一關鍵；鄭莊公的陰鷙和共叔段的野心，則突出了「請封」、「收貳」和「平叛」等三個環節，從而使僅有七百多字的作品敍寫得合情合理、栩栩如生，具有很高的歷史價值和文學價值。另外，作者還善于運用對比和烘托的手法。如鄭莊公對待武姜「佗邑唯命」與置姜氏于城潁，發誓永不相見與「和好如初」等對比，活脫脫地表現了他的殘忍和虛僞的個性。又如通過祭仲、子封等人的多次規勸，進一步烘托了鄭莊公的陰險性格。等等。值得一提的是：左丘明在記敍史實，刻畫歷史人物形象的時候，摒棄了乾癟而又抽象的概念，採用了感性的、形象的細節。如鄭莊公的「自斃」、「自及」、「自崩」和「可矣」等個性語言，隧道賦詩等典型動作，無不給人以深刻印象，使個性各異的歷史人物的聲容笑貌、言行舉止躍然紙上。

應該說，從內容到形式，《鄭伯克段于鄢》與《長勺之戰》、《晋侯夢大厲》、《石言于晋魏榆》等《左傳》中的其他精彩篇章一樣，是我國古代史傳文學的一塊豐碑。它對司馬遷的諸如《項羽本紀》、《廉頗藺相如列傳》、《淮陰侯列傳》、《魏其武安侯列傳》等史傳文學的傑作，無疑產生了深刻影響。

當然，受歷史和階級的局限，本文也有不足之處。它雖然發揚了史學家忠實于客觀事實的傳統，暴露和諷刺了統治階級的罪惡，但作者是從儒家的「正名主義」和「孝悌」觀念出發來評述歷史的。例如，在解釋「鄭伯克段于鄢」的時候，作品強調了「段不弟，故不言弟，如二君，故曰克。」稱鄭莊公爲「鄭伯」是譏失教也。這段文字雖然未必出于左丘明之手，但全文的調子還是與此合拍的。又如作品最後的「君子曰……」一段，無疑是畫蛇添足。這段評論集中表現了左丘明的儒家「純孝」觀點。諸如此類，我們都應投之以批判的眼光，決不能兼收並蓄。

（談鳳梁）

曹劌論戰　　　　　　　≪左　傳≫

　　十年①春，齊師②伐我③。公④將戰。曹劌請見。其鄉人曰：「肉食者⑤謀之，又何間⑥焉？」劌曰：「肉食者鄙⑦，未能遠謀。」乃入見。問：「何以戰⑧？」公曰：「衣食所安，弗敢專也⑨，必以分人⑩。」對⑪曰：「小惠未徧⑫，民弗從也。」公曰：「犧牲玉帛⑬，弗敢加⑭也，必以信⑮。」對曰：「小信未孚⑯，神弗福⑰也。」公曰：「小大之獄⑱，雖⑲不能察⑳，必以情㉑。」對曰：「忠之屬也㉒，可以一戰㉓。戰則請從㉔。」

　　公與之乘㉕，戰于長勺㉖。公將鼓之㉗。劌曰：「未可。」齊人三鼓。劌曰：「可矣。」齊師敗績㉘。公將馳㉙之。劌曰：「未可。」下視其轍㉚，登軾㉛而望之，曰：「可矣。」遂逐㉜齊師。

　　既克㉝，公問其故㉞。對曰：「夫戰，勇氣也㉟。一鼓作氣㊱，再㊲而衰，三而竭。彼竭我盈㊳，故克之。夫大國，難測㊴也，懼有伏㊵焉。吾視其轍乘，望其旗靡㊶，故逐之。」

【注釋】①十年：卽魯莊公十年，公元前684年。②師：軍隊。③我：左丘明爲魯國人，所以稱魯國爲「我」。④公：魯莊公。⑤肉食者：吃肉的人。這裏指有權位的人。⑥間（ㄐㄧㄢˋ）：參與。⑦鄙（ㄅㄧˇ）：鄙陋。這裏指目光短淺，缺少見識。⑧何以戰：就是「以何戰」，憑借什麼作戰。以：用、憑、靠。⑨衣食所安，弗敢專也：衣食這些養生的東西，不敢獨自享受。安：有「養」的意思。弗：不。專：獨自專有。⑩必以分人：就是「必以之分人」，一定把（它）分（給）別人。⑪對：對答，回答。⑫徧：同「遍」，遍及，普遍。⑬犧牲玉帛（ㄅㄛˊ）：古代祭祀用的祭品。犧牲：指猪、牛、羊三牲。帛：絲織品。⑭加：虛誇。這裏是說以少報多。⑮信：信實。意思是對神說實話。⑯小信未孚（ㄈㄨˊ）：（這只是）小信用，未能（受到神靈充分）信任。孚：爲人所信服。⑰福：這裏用作動詞，賜福，保佑。⑱獄：案件。⑲雖：卽使。⑳察：明察，弄清楚。㉑

情：實情。㉒忠之屬也：（這是）盡了本職的一類（事情）。忠：盡力做好本分的事。㉓可以一戰：可以之一戰，可憑借（這個條件）打一仗。以：憑借。㉔戰則請從：（如果）作戰，就請允許（我）跟隨著去。㉕公與之乘：莊公和他共坐一輛戰車。之：指曹劌。㉖長勺：魯國地名。㉗鼓之：擊鼓進軍。鼓：動詞，就是擊鼓。古代作戰，擊鼓命令進軍。下文的「三鼓」，就是三次擊鼓命令軍隊出擊。㉘敗績：大敗。㉙馳：驅車（追趕）。㉚轍（ㄔㄜˊ）：車輪滾過地面留下的痕迹。㉛軾：古代車子前面的橫木，供乘車人扶手用，此處作動詞用，扶軾。㉜遂：就。逐：追趕，這裏有追擊的意思。㉝既：已經。克：戰勝。㉞故：原因，緣故。㉟夫（ㄈㄨˊ）戰，勇氣也：作戰，（是靠）勇氣的。夫：發語詞，無義。㊱一鼓：第一次擊鼓。作：激發、振作。㊲再：第二次。㊳盈：充滿。這裏指士氣正旺盛。㊴測：推測，估計。㊵伏：埋伏。㊶靡（ㄇㄧˇ）：倒下。

【鑑賞】這篇《曹劌論戰》是從《左傳》裏摘錄出來的短文。劌是春秋時候的魯國人，他有勇力、有見識，也有謀略，曾經為魯莊公作了不少事情。春秋時候，齊和魯是鄰國，齊國比較強大，魯國比較弱小。魯莊公十年（前684）的春天，齊桓公小白因魯國曾幫助公子糾與自己爭位，興師報復討伐魯國。齊魯兩國在長勺打了一仗。對魯國來說，這是一次抵禦強敵、保衛國家的帶有正義性質的戰爭。曹劌所論的就是這次「長勺之戰」。

《曹劌論戰》這篇散文，可以分成四個段落。下面逐段地加以講解，第一段的原文是：「十年春，齊師伐我。公將戰。曹劌請見。其鄉人曰：『肉食者謀之，又何間焉？』劌曰：『肉食者鄙，未能遠謀。』乃入見。」第一段是故事的開端，在這裏，作者把戰爭發生的時間和齊國進犯、魯國準備抵抗的形勢作了簡要的交代。可是，直接敍述歷史事件的文字是很少的，我們可以明顯地看出來，作者是把寫作的重點放在曹劌這個歷史人物的身上了。怎樣描繪這個人物呢？作者着重寫了曹劌和鄉人的兩句對話，這兩句對話是十分出色的。它直接表現了曹劌那卓越的見識和果敢的作為，使得這個人物一出場，就讓我們如聞其聲、如見其人，給我們留下了深刻的印象。另外，這兩句對話也從側面告訴了我們，「鄉人」是不明事理的，「肉食者」是腐朽無能的，從而，又在人物與人物之間的襯托、對比當中，更進一步地、突出地表現了曹劌的性格特徵。兩句簡單的對話在刻畫人物上就起了這樣重要的作用。文學的語言要求簡練，要求用最少的話說出最多的意思，這就是所謂「言簡意足」。從這兩句對話裏，我們就可以看出來，《左傳》的文章是具有這種「言簡意足」的特點的。

《曹劌論戰》的第二段寫的是曹劌見到魯莊公以後，他們兩人的談話。莊公所講的三條依據，即他進行戰爭的三個條件，第一條是對官僚貴族的，第二條是對天地神靈的，只有第三條是給人民辦的好事。曹劌否定了前兩條，只肯定了第三條，這裏面表現了他的卓越見識。他已經初步認識到了要想戰勝敵人必須依靠廣大人民這樣一個正確的道理，所以他和魯莊公談話的時候，才不去討論軍隊的數量和兵刃、戰車的裝備，而把着眼點放在最重要的政治基礎上、放在人心的向背上。這種觀點對於古人來說，無疑地是進步的、是高明的。講到這兒，再對照一下前邊曹劌所說的「肉食者鄙，未能遠謀」那句話，我們對於曹劌這個人物，以及從談話中所表現出來的他的見識，就會理解得更加清楚了。這一段的內容很重要，它是魯國對敵作戰的基礎和取得勝利的保證，所以作者用了較多的筆墨，占去了全文的三分之一的篇幅。這三次問答寫得很緊湊，一種戰勝敵人的依據被推翻了，接着就提出第二種，一波才平一波又起，使得三組平列的句子活潑起來，文章出現了波瀾。「長勺之戰」是弱國抵抗強國的一次戰爭，曹劌問魯莊公憑藉什麼條件去跟敵人作戰，這個問題也正是我們讀者所關心的。所以，每聽莊公說起一條依據，我們都替魯國抱着一線希望，這樣一起一伏，直到曹劌說出「可以一戰」的時候，我們心裏的懸念才平定了下來。這段文章在讀者心理上所引起的反映也是波瀾起伏的。

第二段講的是戰前的準備。作為一個故事，它是情節的「發展」階段。下面第三段寫到具體的戰爭場面，就是「高潮了」。這一段寫的是「長勺之戰」的具體經過，讀這段文章的時候，我們要特別注意《左傳》的作者在文章的剪裁上所取得的突出成就。兩國交兵的戰爭場面，可寫的事情太多了，但是，左丘明卻只寫了「擊鼓」和「逐師」兩件事，這是文章的剪裁之妙。作者是有意識地略去了戰場上的一般情況，略去了和這次戰爭的特點沒有密切關係的東西，這樣，剩下來的這兩件最重要的事情，也就在簡練的敍述中得到了突出的表現。我們再進一步看，即便是這「擊鼓」和「逐師」兩件事，作者也沒有作原原本本的敍述，指揮作戰的曹劌只是反復地說了「未可」和「可矣」四個字——這又是文章的剪裁之妙。這樣寫法，至少有兩方面的好處。第一是符合實際情況，在緊張戰鬥的時刻，曹劌只能用簡明的話語作出判斷和決定，而不可能把他那觀察、推論的過程和理由作出詳細的說明。曹劌只說四個字，也在一定程度上傳達出了戰場上的緊張氣氛。第二方面，這樣寫也為下一段的議論發揮設下了伏筆，使得文章曲折多姿、引人入勝，而且每段之間又各有重點，緊緊相連。

讀完了第三段，我們也不禁要問：曹劌為什麼要這樣指揮軍隊呢？他的根據

是什麼呢？作者在最後一段裏作了解答：「既克，公問其故。對曰：『夫戰，　勇氣也。一鼓作氣，而再衰，三而竭。彼竭我盈，故克之。夫大國，難測也，懼有伏焉。吾視其轍亂，望其旗靡，故逐之。』」這一段是《曹劌論戰》的議論中心。古時作戰是「擊鼓進軍，鳴金收兵」，擊鼓就是向士兵發布前進衝鋒的命令。第一次出擊，士兵的勇氣正足，所以說「一鼓作氣」；第二次擊鼓的時候，勇氣就逐漸衰落下來，所以說「再而衰」；等到第三次擊鼓的時候，勇氣就完了，所以說「三而竭」。在「長勺之戰」的戰場上，齊國的統帥擊了三通鼓以後，魯國的曹劌才第一次擊鼓，這樣，魯國士兵在勇氣上壓倒了敵人，也終於戰勝了敵人。所以曹劌總結說：「彼竭我盈，故克之。」曹劌的這種見解，在戰略思想上說，是非常高明的。以上是解釋「擊鼓」，接着，曹劌又解釋「逐師」。他經過實際觀察，看到「轍亂」、「旗靡」，證明了敵人是真正的潰敗而不是有計劃的撤退，證明了敵人沒有伏兵，這才長馳直下地率領軍隊向敗退的敵人衝上去，取得了這次戰爭的徹底勝利。從故事發展的過程看，這最後一段是情節的「結局」部分。到這裏，曹劌已經把致勝的原因交代完畢，這個歷史故事也就結束了。

　　這篇文章很簡短，全文只有二百二十二個字，但它所包含的內含卻又是非常豐富的。概括地說，《曹劌論戰》的內容有三個方面：第一，它全面地敍述了一個歷史事件——齊、魯「長勺之戰」，包括了事件的開端、發展、高潮和結局，而且條理清楚、層次分明；第二，它生動地描繪了曹劌這個人物的形象，介紹了他的思想、見識和才幹，也刻畫了他的言談行動和聲音笑貌；第三，它深刻地發揮了戰略的議論，對「敵疲我打」、「一鼓作氣」這樣精闢的理論，結合事實作了簡要生動的闡述，使人非常信服。上述三方面，又有着它們內在的有機聯繫，構成了一個整體。段與段之間各有重點，相互聯繫：整篇文章一氣呵成，有轉折，也有波瀾。只用二百多字寫成的這篇短文，在寫作藝術上的成就可以說是相當驚人的。

（王雙啟）

重耳出亡　　　《左　傳》

晉公子重耳之及於難也①，晉人伐諸蒲城②。蒲城人欲戰，重耳

不可，曰：「保君父之命而享其生祿③，於是乎得人。有人而校④，罪莫大焉。吾其奔也。」遂奔狄⑤。從者狐偃、趙衰、顛頡、魏武子、司空季子⑥。

狄人伐廧咎如⑦，獲其二女叔隗、季隗，納諸公子。公子取季隗，生伯儵⑧、叔劉；以叔隗妻趙衰⑨。生盾。將適齊，謂季隗曰：「待我二十五年，不來而後嫁。」對曰：「我二十五年矣；又如是而嫁，則就木焉⑩。請待子。」處狄十二年而行。

過衞，衞文公不禮焉⑪。出於五鹿⑫，乞食於野人，野人與之塊⑬。公子怒，欲鞭之。子犯曰：「天賜也⑭。」稽首受而載之⑮。

及齊，齊桓公妻之，有馬二十乘⑯。公子安之，從者以爲不可。將行，謀於桑下。蠶妾在其上⑰，以告姜氏。姜氏殺之，而謂公子曰：「子有四方之志，其聞之者，吾殺之矣。」公子曰：「無之。」姜曰：「行也！懷與安，實敗名⑱。」公子不可。姜與子犯謀，醉而遣之。醒，以戈逐子犯。

及曹，曹共公聞其駢脅⑲，欲觀其裸。浴，薄而觀之⑳。僖負羈之妻曰㉑：「吾觀晉公子之從者，皆足以相國㉒。若以相，夫子必反其國㉓。反其國，必得志於諸侯。得志於諸侯，而誅無禮，曹其首也。子盍蚤自貳焉㉔！」乃饋盤飧㉕，寘璧焉㉖。公子受飧反璧。

及宋，宋襄公贈之以馬二十乘。

及鄭，鄭文公亦不禮焉。叔詹諫曰㉗：「臣聞天之所啓㉘，人弗及也。晉公子有三焉，天其或者將建諸㉙，君其禮焉。男女同姓，其生不蕃㉚。晉公子，姬出也㉛，而至於今，一也；離外之患㉜，而天下不靖晉國㉝殆將啓之㉞，二也；有三士足以上人㉟而從之，三也。晉、鄭同儕㊱，其過子弟㊲，固將禮焉，況天之所啓乎？」弗聽。

及楚，楚子饗之㊳曰：「公子若反晉國，則何以報不穀㊴？」對曰：「子女玉帛㊵，則君有之；羽毛齒革㊶，則君地生焉。其波及晉國者㊷，君之餘也。其何以報君？」曰：「雖然，何以報我？」對曰：「若以君之靈㊸，得反晉國，晉、楚治兵㊹，遇於中原㊺，其辟君三舍㊻。若不獲命㊼，其左執鞭弭㊽，右屬櫜鞬㊾，以與君周旋。」子

玉請殺之⑩。楚子曰：「晉公子廣而儉⑪，文而有禮⑫；其從者肅而寬⑬，忠而能力⑭。晉侯無親⑮，外內惡之。吾聞姬姓⑯，唐叔之後⑰，其後衰者也⑱，其將由晉公子乎⑲？天將興之，誰能廢之？違天，必有大咎⑳。」乃送諸秦。

秦伯納女五人，懷嬴與焉㉑。奉匜沃盥㉒，既而揮之㉓。怒曰㉔：「秦、晉匹也，何以卑我？」公子懼，降服而囚㉕。他日，公享之。子犯曰：「吾不如衰之文也㉖，請使衰從。」公子賦《河水》㉗，公賦《六月》㉘。趙衰曰：「重耳拜賜。」公子降㉙，拜，稽首，公降一級而辭焉㉚。衰曰：「君稱所以佐天子者命重耳，重耳敢不拜！」

二十四年，春，王正月㉛，秦伯納之㉜。不書，不告入也㉝。及河，子犯以璧授公子，曰：「臣負羈紲從君巡於天下㉞，臣之罪甚多矣。臣猶知之，而況君乎？請由此亡。」公子曰：「所不與舅氏同心者㉟，有如白水！投其璧於河。

濟河，圍令狐㊱，入桑泉，取臼衰㊲。二月甲午㊳，晉師軍於廬柳㊴。秦伯使公子縶如晉師㊵，師退，軍於郇㊶。辛丑㊷，狐偃及秦、晉之大夫盟於郇。壬寅㊸，公子入于晉師。丙午㊹，入于曲沃㊺。丁未，朝于武宮㊻。戊申，使殺懷公于高梁㊼。不書，亦不告也。

呂、郤畏偪㊽，將焚公宮而弒晉侯㊾。寺人披請見㊿。公使讓之⑤①，且辭焉，曰：「蒲城之役，君命一宿，女即至⑤②。其後余從狄君以田渭濱⑤③，女為惠公來求殺余；命女三宿，女中宿至⑤④。雖有君命，何其速也？夫袪猶在⑤⑤，女其行乎！」對曰：「臣謂君之入也，其知之矣⑤⑥；若猶未也，又將及難⑤⑦。君命無二⑤⑧，古之制也。除君之惡，唯力是視⑤⑨。蒲人、狄人，余何有焉⑥⑩？今君即位，其無蒲、狄乎⑥①？齊桓公置射鉤而使管仲相⑥②，君若易之，何辱命焉⑥③？行者甚眾，豈唯刑臣⑥④！」公見之，以難告⑥⑤。三月，晉侯潛會秦伯于王城⑥⑥。己丑晦⑥⑦，公宮火。瑕甥、郤芮不獲公⑥⑧，乃如河上，秦伯誘而殺之。晉侯逆夫人嬴氏以歸⑥⑨。秦伯送衛于晉三千人⑦⑩，實紀綱之僕⑦①。

　　初，晉侯之豎頭須⑫，守藏者也⑬。其出也⑭，竊藏以逃，盡用以求納之⑮。及入，求見，公辭焉以沐⑯。謂僕人曰：沐則心覆，心覆則圖反⑰，宜吾不得見也。居者爲社稷之守，行者爲羈絏之僕⑱，其亦可也，何必罪居者？ 國君而仇匹夫，懼者甚衆矣。」僕人以告，公遽見之⑲。

　　狄人歸季隗于晉，而請其二子⑳。文公妻趙衰㉑，生原同、屛括、樓嬰。趙姬請逆盾與其母㉒，子餘辭，姬曰：「得寵而忘舊，何以使人？必逆之！」固請，許之。來㉓，以盾爲才，固請于公，以爲嫡子，而使其三子下之㉔；以叔隗爲內子㉕，而己下之。

　　晉侯賞從亡者，介之推不言祿㉖，祿亦弗及。推曰：「獻公之子九人，唯君在矣。惠、懷無親，外內棄之。天未絕晉，必將有主。主晉祀者㉗，非君而誰？天實置之，而二三子以爲己力㉘，不亦誣乎？竊人之財，猶謂之盜，況貪天之功以爲己力乎？下義其罪㉙，上賞其奸，上下相蒙，難與處矣。」其母曰：「盍亦求之？以死誰懟㉚？」對曰：「尤而效之㉛，罪又甚焉。且出怨言，不食其食㉜。」其母曰：「亦使知之，若何？」對曰：「言，身之文也㉝。身將隱，焉用文之？——是求顯也㉞。」其母曰：「能如是乎？與女偕隱。」遂隱而死。晉侯求之不獲，以綿上爲之田㉟，曰：「以志吾過㊱，且旌善人㊲。」

【注釋】 ①及于難：指遭遇到驪姬讒害晉世子申生之難。據《左傳・僖公四年》載，晉獻公聽信寵妾驪姬讒言，逼迫世子申生自縊而死，庶子重耳、夷吾等皆出奔。②蒲城：在今山西隰縣西北，是當時重耳的封地。③保：恃，依靠。享：受。生祿：養生的祿邑。指從所封的采邑中得來的生活資料。④校：較量，對抗。⑤狄：我國古代北方的少數民族，有白狄、赤狄之分。重耳所奔應爲赤狄，地在今山西長治、潞城一帶。重耳之母犬戎狐姬是狄人，所以他先出奔到狄。⑥狐偃：字子犯，重耳的舅父。趙衰（ㄙㄨㄟ）：字子餘，晉大夫。顚頡：晉大夫。魏武子：名犫（ㄔㄡ），晉大夫。司空季子：名胥臣，字季子。⑦廧咎（ㄑㄧㄤ ㄍㄠ）如：赤狄的支屬，隗（ㄨㄟˇ）姓，地在今河南安陽市西南。⑧儵（ㄧㄡˊ）：這裏是人名。⑨妻（ㄑㄧˋ）：作動詞用，嫁給。⑩就木：進棺材。⑪不禮：不予禮待。⑫五鹿：衞地名，在今河南濮陽縣北。⑬野人：田野中人。塊：

土塊。⑭天賜：土塊象徵土地，是得到國土的預兆，所以說是天賜。⑮稽（ㄑㄧˇ）首：一種跪禮，以頭叩地。⑯乘（ㄕㄥˋ）：馬四匹爲一乘。⑰蠶妾：採桑養蠶的女奴。⑱褱與安，實敗名：貪戀女色和安樂，實足以敗壞功名和事業。⑲曹共（ㄍㄨㄥ）公：名襄。駢（ㄆㄧㄢˊ）脇：腋下肋骨連成一片。⑳薄：同「迫」，逼近㉑僖負羈：曹大夫。㉒相（ㄒㄧㄤˋ）國：輔佐君主治理國政。㉓夫（ㄈㄨˊ）子；那人，指重耳。㉔盍：「何不」兩字的合音字。蚤：同「早」。貳：表示不同。㉕饋：贈送。盤飧（ㄙㄨㄣ）：一晚餐盤。㉖寘：同「置」。焉：於此（在這裡）。春秋時，「大夫無私交」，即不能和別國的人私自交往。僖負羈爲了對重耳表示敬意，又怕別人看見，所以把璧放在盤飧中。㉗叔詹：鄭大夫。㉘天之所啓：上天開導、贊助的人。啓：開。㉙建諸：要立重耳爲君。諸「之乎」的合音，其中「之」，指重耳。㉚男女同姓，其生不蕃：古人根據經驗知道，夫妻血統近，子孫必不蕃盛。㉛晉公子，姬出也：重耳母爲犬戎狐姬，與晉同是姬姓。㉜離：同「罹」，遭遇。㉝靖：安定。㉞殆：大約。啓之：替重耳開創有利條件。㉟三士：據≪國語・晉語≫載，三士爲狐偃、趙衰及賈佗。上人：德才超過一般人。㊱同儕（ㄔㄞˊ）：同等地位。㊲其過子弟：那些路過鄭國的晉國子弟。㊳楚子：指楚成王。因楚王是子爵，故稱楚子。饗之：設宴招待他。㊴不穀：不善，這是楚子的謙稱。㊵子、女：指男女奴隸。㊶羽毛齒革：指鳥羽、獸毛、象牙、犀牛皮等珍貴之物。㊷波及：擴展到。㊸以君之靈：托您的福。㊹治兵：本爲操練軍隊，這裏是外交辭令，實指晉楚兩國之間發生戰爭。㊺中原：指黃河流域。遇於中原：意謂楚來攻晉。㊻辟：同「避」，退避。三舍：一舍三十里，三舍爲九十里。㊼若不獲命：如果還得不到您退兵的命令。㊽鞭弭（ㄇㄧˇ）：馬鞭和兩端不加裝飾的弓。㊾屬（ㄓㄨˇ）：佩帶。櫜鞬（ㄍㄠ　ㄐㄧㄢˋ）：箭袋和弓袋。㊿子玉：楚國令尹(宰相)成得臣的字。(51)廣而儉：志向遠大而行爲檢點。(52)文而有禮：善於辭令而又符合禮法。(53)肅而寬：態度嚴肅而待人寬厚。(54)忠而能力：效忠於重耳並能爲他出力。(55)晉侯：指晉惠公，重耳的異母兄弟，名夷吾。(56)姬姓：指姬姓諸侯國。(57)唐叔之後：指晉國。唐叔：周成王之弟，封於唐，其子改國號爲晉，故稱唐叔爲晉國始祖。(58)後衰：指晉國國祚最長，最能持久。(59)其將由晉公子乎：大概將由重耳使晉國復興吧。(60)大咎（ㄐㄧㄡˋ）：大禍。(61)懷嬴：秦穆公之女，曾嫁給晉懷公（晉惠公之子圉）。秦爲嬴姓，故稱懷嬴。與（ㄩˋ）焉：在其中。(62)奉：同捧。匜（ㄧˊ）：盛水器。沃（ㄨㄛˋ）：澆水。盥（ㄍㄨㄢˋ）：洗手。(63)既：完畢。揮之：指重耳揮懷嬴使去。(64)怒曰：主語是懷嬴。(65)降服而囚：脫去上衣，像囚犯一樣，向懷嬴謝罪。(66)文：指言談有文彩，善於外交辭令。(67)≪河水≫：

據《國語》韋昭注卽《詩經‧小雅》的《沔（ㄇㄧㄢˇ）水》。「河」爲「沔」之誤。首章有「沔彼流水，朝宗於海」二句。68《六月》：《詩經‧小雅》篇名，歌頌尹吉甫輔佐周宣王北伐獲勝。69降：下階至堂下，表示恭敬。70公降一級：秦穆公下階一級。辭：不敢接受。71王正月：周歷的正月。王：指周天子。72秦伯納之：秦穆公派兵護送重耳回晉國。73不書，不告入也：指《春秋》經文裏沒有記載這一條，因晉國沒有把重耳回國這件事通知魯國。74羈絏（ㄐㄧ ㄒㄧㄝˋ）：馬絡頭和韁繩。75所：猶「若」，誓詞多用之。舅氏：指重耳的舅舅子犯。76令狐：地名，今山西臨猗縣西。77桑泉：地名，今臨猗縣臨晉鎮東北。臼衰（ㄙㄨㄟ）：地名，今山西解縣東南。78二月甲午：二月四日。79軍：駐紮。廬柳：地名，今山西臨猗縣北。80公子縶（ㄓˊ）：秦公子。秦穆公派他到晉懷公的軍隊中去勸說他們接納重耳。81郇（ㄒㄩㄣˊ）：今山西臨猗縣西南。82辛丑：十一日。83壬寅：十二日。84丙午：十六日。85曲沃：今山西聞喜縣東北，爲晉國舊都。86丁未：十七日。武宮：重耳祖父晉武公的廟。據王引之考證，「丁未」下脫「入于絳」三字。武宮在絳（今山西省翼城縣東南），不在曲沃（見《經義述聞》）。87戊申：十八日。高梁：今山西臨汾縣東。88呂、郤（ㄒㄧˋ）：呂甥、郤芮（ㄖㄨㄟˋ），晉惠公舊臣。偪：同「逼」，迫害。89弑（ㄕˋ）：古代以下殺上叫弑。90寺人：閹人，專在宮廷內服役。抱：此寺人之名，曾奉晉獻公命到蒲城捕捉重耳。91讓：責備。92女：同「汝」。卽至：當日就趕到了。93田：打獵。94中宿：第二夜之後，卽第三日。95袪：袖子。96知之：知道做國君的道理。97及難（ㄋㄢˋ）：遭到災難。98君命無二：執行君主的命令，不打折扣。99唯力是視：意爲看自己有多大力量就盡多大力量。100蒲人、狄人，余何有焉：意謂我當時只知道把您當作與晉君爲敵的蒲人和狄人而捕殺，這與我有什麼關係呢？101其無蒲、狄乎：難道沒有蒲、狄那樣的反對者嗎？102齊桓公句：齊桓公爲公子時，與公子糾爭君位，管仲奉公子糾命射桓公，射中他衣上的帶鉤。後管仲爲桓公所得，桓公不念舊惡，而以爲相。103易：改變。104刑臣：寺人抱自稱，因爲他受過宮刑。105以難告：把呂、郤的縱火陰謀報告重耳。106王城：秦地，在今陝西朝邑縣東。107己丑晦：（三月）二十九日。晦：每月最後一日。108瑕甥：卽呂甥，因其封邑在瑕，故又稱瑕甥。109逆：迎。嬴氏：秦穆公女，卽文嬴。110衞：衞兵。111實紀綱之僕：充任僕隸的總管。112豎：小臣，指未成年的小吏。頭須：小臣名。113守藏（ㄗㄤˋ）：看守倉庫。114其出也：重耳出亡時。115盡用以求納之：頭須用盡庫財以求晉人接納重耳返國。116公辭焉以沐：晉文公只知他竊藏而逃，不知是爲自己奔走。故以洗頭爲借口，拒絕接見。焉：同「之」。117沐則心覆二句：洗頭時頭

向下，心的地位也向下，這樣，心中的考慮圖謀就反常了。⑱居者二句：留在國內的人是看守社稷的，隨從出亡的人是拉著馬絡頭和韁繩，奔走服役的。意即兩者都有功勞。⑲遄（ㄔㄨㄢˊ）：即刻。⑳請其二子：狄人請晉文公指示如何安置季隗的兩個兒子伯儵和叔劉。㉑文公妻趙衰：晉文公把一個女兒嫁給趙衰。即下文趙姬。㉒請逆盾與其母：請趙衰迎回趙盾和他的母親叔隗。㉓來：主語是叔隗和趙盾。㉔使其三子下之：指趙姬使她的三個兒子居於趙盾之下。㉕內子：正妻稱內子。㉖介之推：姓介名推，「之」是助詞。「之」又作「子」，故亦稱介子推。㉗主晉祀者：主持晉國祭祀的人，即在晉為國君的人。㉘二三子：指從亡者。㉙下義其罪：在下的從亡者把罪惡（指貪天之功）當成正義。㉚以死誰懟：（你不求封賞），因而死了，能怨誰呢？懟（ㄉㄨㄟˋ）：怨恨。㉛尤而效之：譴責他們的錯誤，卻又去學習他們。尤：過，這裏用作動詞，意謂「譴責」。㉜不食其食：不能再吃他（指晉文公）的俸祿了。㉝言，身之文也：語言，是身體的文飾。㉞求顯：希望別人知道。㉟綿上：地名，在今山西介休縣東南四十里介山之下和靈石縣接界處。為之田：做他的祭田。㊱志：標志。㊲旌：表揚。

【鑑賞】晉公子重耳出亡，是春秋前期的一件大事，也是《左傳》的精采篇章之一。它的容量很大，記述了從驪姬之亂、諸公子被迫出奔，到重耳歸晉得位的十九年史事，涉及晉、狄、衞、齊、曹、宋、鄭、楚、秦等九國，三十多個人物，絡繹寫來，有條不紊，選材布局，繁簡適當，表現出作者獨具的慧眼和匠心。重耳及其從者一行，沿途受到一些禮遇，但更多的是遭到冷遇和輕慢，甚至難免乞食，或有殺身之虞，作者忠實地記下了這一苦難的歷程。更可貴的是該篇通過種種坎難與磨練，把重耳從一個落難公子到一代霸主的性格發展過程，寫得脈絡清晰，層次分明。重耳出亡時已四十二歲，不可謂少不更事，但他畢竟是大國公子，養尊處優，缺少閱歷。離狄時，年已五十四，卻要求二十五歲的季隗，「待我二十五年，不來而後嫁」，顯然不通情理，並對歸國復位缺乏信心。在衞國的五鹿，向農夫乞食，農夫給與土塊，「公子怒，欲鞭之」，表現出意氣用事，不曉利害，如不是舅氏子犯巧妙地勸阻，險些惹起民憤，招來大禍。在齊國，「齊桓公妻之，有馬二十乘」，他耽於安樂，不思進取，竟然安居五年，從者一致諍諫，姜氏一再規勸，都無動於衷；最後只得將他灌醉，潛離齊國，而他醒後卻「以戈逐子犯」，拼死拼活，貴介公子的劣性相當頑固。過曹，受到曹共公的輕侮；過宋，宋襄公「贈之以馬」，打發過境；過鄭，鄭文公也未予接待。在楚國，楚成王有意發兵送他歸國，但先講條件，索取報酬，而重耳斷然拒絕，連「子女

玉帛」「羽毛齒革」都絲毫不讓，更何況城池土地，完全不理會割城讓地等當時的慣例。在楚王再次逼問下，他索性回答：「若以君之靈，得反晉國，晉、楚治兵，遇於中原，其辟君三舍。若不獲命，則左執鞭弭，右屬櫜鞬，以與君周旋。」以致險些被楚將子玉所殺。但我們從這裏卻看到另一面，即重耳的霸主性格已逐漸形成，他敢於直言，珍惜晉國的寸土尺璧，身在流亡途中，就預想到將來與秦、楚等大國爭霸中原，氣度不凡。連楚王也稱贊他「廣而儉，文而有禮」。在秦國，當重耳輕視懷嬴，激起這位公主惱怒時，「公子懼，降服而囚」，急忙賠禮道歉，怕因夫婦口角，影響秦國的支持，妨礙復國大業，此時他對於利害輕重，似已有比較清醒的認識。

重耳霸主性格趨於成熟，表現在歸國前後安定內部集團的過程中。當他們在秦兵護送下抵達黃河時，子犯認為大功已成，擔心鳥盡弓藏，兔死狗烹，請求從此抽身退隱，這實際是欲擒故縱的手法；重耳意識到問題的尖銳性，立即「投璧於河」，鄭重立誓，「所不與舅氏同心者，有如白水！」使隨從十九年的一批忠貞老臣消除顧慮，鞏固了這些骨幹力量，形成了爾後宏圖霸業的領導核心。寺人披是重耳的宿仇，曾兩次追殺重耳，逼得重耳逾牆逃走，險遭毒手；豎頭須在重耳出亡時，「竊藏以逃」後來又「盡用以求納之」，是留晉而心懷兩端者的代表性人物。重耳聽取正確意見，盡釋前嫌，不咎既往，籠絡了大批敵對者和觀望者，穩定了政局，順利平定了呂、郤之亂，從此無內顧之憂，協力開創輝煌霸業。《左傳》在忠實記述真人真事的同時，注意精選素材，表現人物性格，使形象栩栩如生，不愧為良史之筆。

《重耳出亡》一文，對當時有關各國的複雜關係及執政者的思想風格，也有所反映，狄是重耳母國，與晉毗鄰，可以觀望動靜，蓄力待時，所以重耳留狄十二年。鄭、衞常受狄侵伐，積怨甚深，所以對重耳一行不加禮遇。在齊五年，當時管仲已卒，齊桓公年已垂暮，但雄心猶在，欲結晉為助，與秦、楚抗衡、維持霸主地位，所以對重耳深加恩渥；桓公死後，五子爭立，內外交困，無力支持重耳返國，所以子犯等決定離齊。宋襄公新敗於泓，霸業受挫，力不從心，舉棋不定，所以厚贈而遣之，留有餘地。楚成王即位後，抗齊、伐鄭、滅黃、敗宋於泓，節節勝利，正雄心勃勃，覬圖中原，所以厚待重耳，冀求報答，表現得咄咄逼人。秦穆公曾立重耳之弟夷吾為晉君，是為惠公；夷吾背秦，其子圉質於秦，又逃回晉國，反目成仇，所以秦寄厚望於重耳，以圉之妻懷嬴妻之，再結姻盟，並出兵送重耳歸國復位。這些複雜微妙的關係，本篇雖只是從側面作點滴反映，但筆筆有據，具體入微，對照《左傳》有關篇章，則前因後果，反覆可證。重耳

復國後，對這些國家又報恩報怨，其後若干年的春秋大事，簡直演成一部晉公子恩仇記。

　　本篇對次要人物的描寫，寥寥幾筆，卽使形象活靈活現；有時只取人物的隻言片語，也情態畢肖，有聲有色。子犯的機智，趙衰的溫文，叔詹的卓識，子玉的剛愎，曹共公的委瑣，寺人披的兇狠等等，都能抓住人物主要特徵，收到窺一斑而見全貌的藝術效果。尤其難得的是文中記了七個女性，也都各有特色。重耳要求季隗待二十五年而後嫁，季隗回答：「我二十五年矣；又如是而嫁，則就木焉。請待子。」前三句指出重耳不近情理，強人所難；後一句「請待子」三字，表明自己堅貞不渝，並對重耳復國充滿信心；對重耳君臣的遠行，是莫大的鼓舞。齊姜有英氣，不戀兒女私情，殺蠶妾雖然過分，但事關重大，顯示剛毅果斷的性格。她一則規勸重耳應有「四方之志」，再則敦促「行也！懷與安，實敗名」，三則與子犯等合謀，醉遣重耳，表現得有膽有識，敢作敢為。曹國大夫僖負羈之妻，不出深閨，卻識見不凡，她預見重耳必可復國而得志於天下，曹國將首當其衝，因而勸其夫早退步。懷嬴嫁重耳，顯然是政治婚姻，她作為秦晉盟好的紐帶，自有其特殊的責任；當發現重耳有驕氣，輕慢於她，可能影響到秦晉之盟，便怒曰：「秦、晉匹也，何以卑我？」向重耳敲起了警鐘。重耳歸國後，以女嫁趙衰，是為趙姬，生三子；她不恃寵固位，卻為趙氏的昌盛著想，一再要求迎回叔隗及其子趙盾，並獨具慧眼，「以盾為才，固請於公，以為嫡子，而使三子下之；以叔隗為內子，而己下之」，實為難能可貴。叔隗雖未正面描寫，但賢淑可風，教子有方，自是不言而喻，從趙姬的敬慕，可以想見其風範。還有一位是介之推之母，支持介之推不求利祿、歸隱山林，願意「與女偕隱」，千古仰其高致。

　　《左傳》在細節描寫方面，常有精采傳神之筆。五鹿乞食，桑下之謀，薄觀裸浴，饋飧置璧，沃盥揮匜，降服謝過，投璧誓河等等，於歷史可謂失之瑣細，於文學卻搖曳生姿。「謀於桑下。蠶妾在其上」，何等驚險，卽使搬到現代電影中，也是扣人心弦的鏡頭。「乃饋盤飧，寘璧焉」，說明這種私結晉國君臣的秘密活動，是在夜色掩蓋下進行的；璧藏餐中，更顯其詭秘，把環境氣氛都渲染出來了。見寺人披用「公見之」三字，見豎頭須用「公遽見之」四字，表明晉文公愈來愈意識到安定人心、大局的重要性。

　　晉代賀循在《經義考》中說：「左氏之傳，史之極也。文采若雲月，高深若江海。」唐代劉知幾在《史通·申左》中說：「述遠古則委曲如存，徵近世則循環可覆。」宋代呂大圭在《春秋五論》中說：「左氏每述一事，必究其事之所由，深於情偽，熟於事故。」清代馮李驊在《讀左巵言》中說：「凡聲情意態，緩者緩

之，急者急之，喜怒曲直，莫不逼肖。」都是從不同角度對《左傳》的散文藝術
作了評價，我們於此文亦可見之。

（廖開飛）

燭之武退秦師　　　《左　傳》

　　晉侯、秦伯圍鄭①，以其無禮于晉②，且貳于楚也③。晉軍函陵
④，秦軍氾南⑤。

　　佚之狐言于鄭伯曰⑥：「國危矣！若使燭之武見秦君⑦，師必
退。」公從之。辭曰⑧：「臣之壯也，猶不如人；今老矣，無能爲也
已⑨。公曰：「吾不能早用子，今急而求子，是寡人之過也。然鄭
亡，子亦有不利焉。」許之⑩。

　　夜縋而出⑪，見秦伯，曰：「秦、晉圍鄭，鄭既知亡矣⑫。若亡
鄭而有益于君，敢以煩執事⑬。越國以鄙遠⑭，君知其難也。焉用亡
鄭以陪鄰⑮？鄰之厚，君之薄也。若舍鄭以爲東道主⑯，行李之往來
⑰，共其乏困⑱，君亦無所害。且君嘗爲晉君賜矣⑲，許君焦、瑕
⑳，朝濟而夕設版焉㉑，君之所知也。夫晉，何厭之有㉒？既東封鄭
㉓，又欲肆其西封㉔。若不闕秦㉕，將焉取之㉖？闕秦以利晉，唯君
圖之㉗。」

　　秦伯說㉘，與鄭人盟。使杞子、逢孫、揚孫戍之㉙，乃還。

　　子犯請擊之㉚。公曰：「不可！微夫人之力不及此㉛。因人之力
而敝之㉜，不仁；失其所與㉝，不知㉞；以亂易整㉟，不武㊱。吾其
還也㊲。」亦去之㊳。

【注釋】①晉侯：晉文公重耳。秦伯：秦穆公。②無禮於晉：指重耳逃亡在外，
經過鄭國，鄭文公沒有以禮待他的事。③貳於楚：對晉有二心，而同楚親近。④
軍：用如動詞，屯兵。函陵：在今河南新鄭縣北。⑤氾（ㄈㄢˊ）：水名，指東

氾，今已乾涸，故道在河南中牟縣南。 ⑥佚之狐：鄭大夫。「之」是介於氏和名之間的虛字，「燭之武」同此。 ⑦燭之武： 鄭大夫。⑧辭： 推辭。 ⑨無能爲也已：不能做什麼啦。也已：略等於「矣」。⑩許之：（燭之武）答應了鄭文公。⑪縋（ㄓㄨㄟˊ）： 用繩子吊著重東西從上往下送。這裏指燭之武用繩子縛住身體從城牆上放下來。⑫既：已經。⑬敢： 表敬謙的副詞。執事：辦事人員。這是客氣話，實際指秦伯本人。⑭越：超越。鄙：邊邑，用如動詞。秦在西，鄭在東，晉在二者之間，所以說秦是越過一個國家，以遼遠的地方作爲邊邑。⑮焉用：哪裏用得著。陪：增加。鄰：指晉。⑯舍：放棄，意思是不滅掉。東道主：東方道上的主人（鄭在秦東）。後世以東道主爲主人的代稱，就從這句話來的。⑰行李：外交使節。⑱共： 同「供」，供應。乏困：本來行而無資叫乏，居而無食叫困，這裏指使者資糧方面的缺乏。⑲嘗爲晉君賜：曾對晉君施過恩惠。⑳焦、瑕二地名，都在今河南陝縣附近。㉑朝濟而夕設版：晉惠公逃亡在秦時，爲了得到秦的幫助以回國爭位，將焦、瑕兩邑許給秦國，但在早晨剛剛渡河歸國，到了晚上就設版築城，修築防禦工事。㉒厭： 滿足。㉓東封鄭：以鄭爲東面的疆界，封：疆界，用如動詞。㉔肆： 延展，伸長。㉕闕：虧損。㉖將焉取之：將從哪裏得到它所要取得的土地呢？㉗唯： 表希望的語氣詞。圖： 考慮。㉘說： 同「悅」。㉙杞子、逢孫、揚孫： 都是秦大夫。戍（ㄕㄨˋ）駐紮、防守。這裏指駐軍於鄭，代鄭設防。㉚子犯： 即狐偃，晉文公的舅父。㉛微夫人之力不及此： 我如果沒有那人的力量是到不了今天的。微，假如不是。夫人：那人，指秦穆公。㉜因：靠。敝：壞，這裏指損害。㉝與： 聯合。所與： 同盟者。㉞知： 同「智」。㉟以亂易整：意思是秦晉兩國步調一致而來；如果打起來，就成了內訌。易： 改變。㊱武：威武。㊲其： 表示委婉的語氣詞。㊳去： 離開。

【鑑賞】公元前632年，晉楚爭霸，終於爆發了城濮之戰，楚軍失利，晉國稱霸諸侯。次年翟泉會盟，晉國便與齊、魯、宋、秦、陳等國密謀討伐在城濮之戰中背晉親楚的鄭國。 前630年， 晉軍偕同秦軍揮戈東進， 直逼鄭國都城。區區鄭國， 豈是晉秦兩大強國的對手， 面臨亡國之災， 鄭文公只得重新起用大夫燭之武。足智多謀的燭之武熟諳敵人的內部矛盾，他看準秦晉之間的裂痕。採取分化瓦解的方法，終於說服秦穆公不但單方面撤軍，而且還派兵協助鄭國防守。晉國被迫撤軍，鄭國化險爲夷。

下面我們按照文章的自然結構作一些分析。

全文共分五段。第一段，「晉侯、秦伯圍鄭」──「秦軍氾南」。這段文字敍

述了三個問題：1,當時形勢。大軍壓境，鄭國岌岌可危。2,戰爭起因。3,晉、秦駐軍方位。這三層意思總共用了二十五個字，卻交代得一清二楚，《左傳》筆法之凝練由此可見一斑。如果我們在讀完全文之後，回過頭再來仔細品味，將不難發現這段開始曲還埋下了兩處伏筆。且說晉秦圍鄭的原因，一是「無禮於晉」，二是「貳於楚」，然而這兩件事都是晉鄭之間的宿怨，與秦並無干係，可見秦的出兵乃晉牽率使來，事出被動。這一筆伏下了「一篇立說之根」，燭之武說退秦師一舉成功，在文章開頭就打下了一塊可信的基石。「晉軍函陵，秦軍汜南」，看似平鋪直敍，殊不知又是一處伏筆。晉、秦雖然聯合出兵，駐地卻一南一北。燭之武夜縋入秦營而不被晉軍察覺，就是利用了這一有利條件。

第二段：「佚之狐言於鄭伯」——「許之」。上一段主要寫晉秦一方，這一段轉過來寫鄭國內部情況。從燭之武和鄭文公的一段對話可以看出，鄭國上層統治集團並非沒有矛盾。然而，大敵當前，「鄭亡，子亦有不利焉」，正是這種生死與共、休戚相關的命運促成了鄭國內部的團結：為君的引咎自責，為臣的捐棄前嫌。同仇敵愾，共赴國難。這和晉秦的鬆散聯合、同床異夢造成鮮明的對照。這場鬥爭的勝負，於此已經透出端倪。

第三段「夜縋而出」——「唯君圖之」。本文既是一篇反間文字，重點自然在於燭之武一篇說辭。燭之武身負救亡重任，但是既見秦穆公，開口便稱「秦、晉圍鄭，鄭既知亡矣」。把救鄭事撇過一邊不提，接著單刀直入陳述鄭之存亡與秦的利害關係。燭之武以下的陳辭，「驟讀之，似無數曲折，細按之，只是四段，」（馮李驊《左繡》引唐錫周語）第一層，先申言亡鄭之無益。「越國以鄙遠」既不可能，到頭來只能是「亡鄭以陪鄰」，壯大了晉國的實力。第二層，又翻轉來，極言舍鄭之無害。保存鄭國，可以作為秦國通往東方道路上的中繼站，這對於偏隅西方、稱霸野心未泯的秦國來說是有很大引誘力的。一反一復，亡鄭有害，舍鄭得益，已經昭然若揭，但是燭之武並不就此而止。第三層，又以「且」字推進一步，用晉人「許君焦、瑕，朝濟而夕設版焉」的史實，指出晉善背秦，是過河拆橋、忘恩負義之徒。這一著，無疑是在秦穆公的傷疤上撒了一把鹽末，使他隱痛難忍。最後一層，言晉人貪得無厭。「既東封鄭，又欲肆其西封」，「若不闕秦，將焉取之？」這簡直是對秦穆公的當頭棒喝。城濮之戰後，晉人得志，秦人難免有忌心。如今亡鄭不唯無益，竟會招致「闕秦」之禍，反映自身，怎麼不叫人驚心動魄、毛骨悚然？離間不外利害兩端，燭之武深知在特定情況下言利不如陳害，因此說利只一層，說害卻用三層，層層進逼，終於使秦穆公認清利弊得失，斷然改弦易轍。燭之武長於攻心，不僅曉之以利害，還動之以感情。說辭中

九次提到「君」字，句句是爲秦謀，不爲己謀，增強了說辭的感染力。

　　第四段：「秦伯說」——「乃還」。第五段：「子犯請擊之」——「亦去之」。這兩段是故事的尾聲，寫秦穆公終被燭之武說服，單獨與鄭媾和，秦軍退兵後，晉文公無可奈何，也只好撤軍回國。燭之武以其出色的外交天才，使他的國家轉危爲安。

　　本文以兩段起局，又以兩段收局，在結構上呈現一種對稱美，這種對稱又不是簡單的一一相承，而是通過前後對照，微妙地反映出形勢的陡變：起局時晉秦聯軍爲一方，氣勢洶洶（第一段）；鄭國爲一方，且不保夕（第二段）；及至收局，秦背晉盟，秦鄭化敵爲友（第四段）；晉人失其所與，反成孤軍（第五段）。全篇不足三百字，然而文起筆落無不經過作者苦心籌措。一、二兩段點出事件背景，烘托氣氛，暗示發展趨勢，爲全文作好鋪墊；第三段爲一篇主幹，說辭婉曲，層次卻何等明晰；末尾亦以兩段作結，首尾呼應，同中見異。文中顧後瞻前，巧施伏筆，簡練而不失謹嚴，自然而耐人玩味。燭之武一篇說辭，自是本文精華所在。全部說辭僅一百二十五字，大旨無非是說明亡鄭之無益，文意卻從四個不同角度，縱橫捭闔，將利害得失剖析得淋漓盡致。燭之武緊緊抓住秦穆公對晉人的戒備心理，從亡鄭以陪鄰，層層推進，一直說到闕秦以利晉，始終圍繞秦晉間的利害衝突展開攻心戰。雖是竭盡挑撥離間之能事，卻句句在理，字字動心，絕無故弄玄虛危言聳聽之嫌。誠如馮李驊《左繡》所譽：「筆舌之妙，眞爲《國策》開山，然《國策》有其圓警，無其簡潔雋逸也。」

（滕志賢）

秦晉殽之戰　　　《左　傳》

　　冬①，晉文公②卒。庚辰③，將殯④于曲沃⑤；出絳⑥，柩有聲如牛⑦。卜偃⑧使大夫拜，曰：「君命大事⑨：將有西師過軼我⑩，擊之，必大捷焉。」

　　杞子⑪自鄭使⑫告于秦曰：「鄭人使我掌其北門之管⑬，若潛師⑭以來，國可得也。穆公訪諸蹇叔⑮。蹇叔曰「勞師以襲遠⑯，非所

聞也。師勞力竭，遠主備之，無乃⑰不可乎？師之所爲，鄭必知之；勤而無所⑱，必有悖心⑲。且行千里，其誰不知！」公辭焉。召孟明、西乞、白乙⑳，使出師于東門之外。蹇叔哭之曰：「孟子！吾見師之出而不見其入也！」公使謂之曰：「爾何知？中壽㉑，爾墓之木拱矣㉒！」

蹇叔之子與師㉓。哭而送之㉔，曰：「晉人御師必于殽㉕。殽有二陵焉㉖：其南陵，夏后皋之墓也㉗；其北陵，文王之所辟風雨也㉘。必死是間㉙！余收爾骨焉！」

秦師遂東㉚。

三十三年春，秦師過周北門㉛。左右免胄而下，超乘者三百乘㉜。王孫滿尚幼㉝，觀之，言于王曰：「秦師輕而無禮㉞，必敗。輕則寡謀，無禮則脫㉟；入險而脫，又不能謀，能無敗乎？」

及滑㊱，鄭商人弦高將市于周㊲，遇之，以乘韋先㊳，牛十二，犒師㊴。曰：「寡君聞吾子將步師出于敝邑㊵，敢犒從者。不腆敝邑，爲從者之淹，居則具一日之積，行則備一夕之衞㊶。」且使遽㊷告于鄭。

鄭穆公使視客館㊸，則束載、厲兵、秣馬矣㊹。使皇武子辭焉㊺，曰：「吾子淹久于敝邑，唯是脯、資、餼、牽竭矣㊻。爲吾子之將行也，鄭之有原圃，猶秦之有具圃也㊼，吾子取其麋㊽鹿，以閑敝邑，若何？」杞子奔齊，逢孫、揚孫奔宋㊾。

孟明曰：「鄭有備矣，不可冀也㊿。攻之不克，圍之不繼(51)，吾其還也。」滅滑而還。

晉原軫曰(52)：「秦違蹇叔，而以貪勤民(53)，天奉我也。奉不可失，敵不可縱。縱敵患生(54)，違天不祥，必伐秦師。」欒枝曰：「未報秦施而伐其師(55)，其爲死君乎(56)？」先軫曰：「秦不哀吾喪而伐吾同姓(57)，秦則無禮，何施之爲(58)？吾聞之：『一日縱敵，數世之患也。』謀及子孫(59)，可謂死君乎？」遂發命，遽興姜戎(60)。子墨衰絰(61)，梁弘御戎，萊駒爲右(62)。

夏，四月，辛巳(63)，敗秦師于殽。獲百里孟明視、西乞術、白乙

丙以歸。遂墨以葬文公。晉于是始墨⑭。

　　文嬴請三帥⑮，曰：「彼實構吾二君⑯，寡君若得而食之，不厭⑰。君何辱討焉⑱？使歸就戮于秦，以逞寡君之志⑲，若何？」公許之。

　　先軫朝，問秦囚。公曰：「夫人請之，吾舍之矣！」先軫怒曰：「武夫力而拘諸原⑳，婦人暫而免諸國㉑。墮軍實而長寇讎㉒，亡無日矣！」不顧而唾㉓。

　　公使陽處父㉔追之。及諸河，則在舟中矣。釋左驂㉕，以公命贈孟明。孟明稽首曰：「君之惠，不以纍臣釁鼓㉖，使歸就戮于秦；寡君之以為戮㉗，死且不朽！若從君惠而免之，三年將拜君賜。」

　　秦伯素服郊次㉘，鄉㉙師而哭曰：孤㉚違蹇叔，以辱二三子，孤之罪也。」不替㉛孟明。曰：「孤之過也，大夫何罪？且吾不以一眚㉜掩大德。」

【注釋】①冬：魯僖公三十二年之冬天。　②晉文公：名重耳，晉獻公子。　③庚辰：十二月初十，晉文公死後第二天。④殯：停柩待葬。⑤曲沃：在今山西省聞喜西北。　⑥絳（ㄐㄧㄤˋ）：晉國都城，在今山西省翼城縣東南。　⑦柩（ㄐㄧㄡˋ）：裝有屍體的棺木。⑧卜偃：晉卜筮官郭偃。⑨君：指晉文公。命：發布。大事：指軍事。⑩西師：指秦師。過軼（ㄧˋ）：越境而過。⑪杞子：秦國大夫。僖公三十年秦伐鄭，秦退兵時派杞子駐鄭監視。⑫使：派使者。⑬管：鎖鍊。⑭潛師：偷偷派兵。⑮穆公：秦穆公，名任好。諸：之於。蹇（ㄐㄧㄢˇ）叔：秦國老臣。⑯勞：使……疲勞。遠：遠方的國家。　⑰無乃：恐怕。⑱無所：無所得。⑲悖（ㄅㄟˋ）心：背離的情緒。⑳孟明、西乞、白乙：秦國將領百里視、西乞術、白乙丙。㉑中壽：古代說法不統一，約指六十歲。㉒拱：兩手合圍。㉓與（ㄩˋ）師：參加這次出征的軍隊。　㉔哭而送之：哭修飾送的行為。㉕師：這裏指秦軍。殽（ㄧㄠˊ）：山名，在今河南省洛寧縣北。㉖二陵：指殽山的兩座山峰，相距三十餘里。㉗夏后皋：夏代的君主，名皋，夏后桀的祖父。后：君主。㉘辟：同避。㉙是間：指「二陵」之間。㉚東：向東行進。㉛周北門：在周都洛邑的北門，洛邑在今河南省洛陽縣西。㉜左右：戰車的左右衞。古時戰車，坐三人，左持弓，右執矛，中駕車。胄（ㄓㄡˋ）：金屬頭盔。下：下車步行，以示對周天子敬意。

超乘：剛一下車又跳上去，是對周天子的無禮擧止。㉝王孫滿：周共王之玄孫，周襄王之孫。㉞輕：輕狂。㉟脫：粗心大意。㊱滑：姬姓小國，在今河南省偃師縣南。㊲市：做買賣。㊳乘：古時一輛兵車套四匹馬，故借「乘」爲「四」的代稱。韋：熟牛皮。先：在前。古人送禮，先輕後重。㊴犒（ㄎㄠ）：慰勞。㊵步師：行軍。敝邑：對自己國家的謙稱。㊶腆（ㄊㄧㄢˇ）：富厚。淹：逗留。居：留居。積：米、薪、菜等物。衞：保衞㊷遽：驛車。古代傳遞公文信息的快車。㊸鄭穆公：名藍，鄭文公之子。客館：招待客人的住所。㊹束：收拾。載：車子。厲：磨。兵：兵器。秣（ㄇㄛˋ）馬：喂馬。㊺皇武子：鄭大夫。辭：辭謝。㊻脯（ㄈㄨˇ）：乾肉。資：糧食。餼（ㄒㄧˋ）：已經宰殺的牲畜。牽：尙未宰殺的牲畜。淹久：久住。㊼原圃：鄭國養禽獸的苑囿，在今河南省中牟縣西北。具囿：秦國養禽獸的苑囿，在今陝西省鳳翔縣境內。㊽麋：似鹿而大。㊾逢（ㄆㄤˊ）：同「逄」，姓。㊿冀：希望，期待。51繼：援軍。52原軫：卽先軫，因食采邑于原（今河南濟原北），故稱原軫。53以貪勤民：因爲貪得而使人民勞累。54奉：給。縱：放走。患生：產生後患。55秦施：指秦曾資助晉文公回國的事。施：給與恩惠。56君：指晉文公。死君：指忘記晉文公。57伐吾同姓：指秦伐鄭滅滑而言。晉爲姬姓諸侯，與鄭、滑等國共出于周室。58何施之爲：「爲何施」的倒裝。59謀及子孫：能爲子孫的利益打算。60遽：此處作「急速」解。興：調發。姜戎：姜姓之戎，秦晉間的小部落。61子：指文公之子晉襄公（名驩），因文公未葬，襄公尙未卽位，故稱子。襄（ㄒㄩㄤ）：麻衣。絰（ㄉㄧㄝˊ）：麻的腰帶。62梁弘：晉大夫。御戎：駕戰車。萊駒：晉大夫。爲右：爲車右武士。63四月，辛巳：四月十四日。64晉于是始墨：晉國從此開始以黑色爲喪服，形成習俗。65文嬴：晉文公夫人，襄公嫡母，秦穆公女。請三帥：爲孟明等三人求情。66構：挑撥雙方關係。67不厭：不能滿足。68君何辱討焉：何必委屈您去懲罰他們呢？69逞：滿足。70武夫：武將。力：盡力。原：戰場。71暫：猝然，突然。免：釋放。72墮：同「隳」，毀壞。軍實：戰果。73亡：亡國。無日：沒有多長時間。顧：回轉頭。唾：吐唾。74陽處父：晉大夫。75釋左驂：解下左邊的馬。76累（ㄌㄟˊ）臣：猶言囚臣，孟明自稱。累：通「縲」，古時用以捆綁犯人的繩索。引申爲捆綁、囚禁。釁鼓：以血塗鼓而祭。77寡君：指秦穆公。之：如果。78秦伯：卽秦穆公。郊次：郊外。79鄉：同「向」。80孤：古代國君自稱。81替：廢棄。82眚（ㄕㄥˇ）：本指眼上的翳障，這裏指過錯。

【鑑賞】《秦晉殽之戰》記述秦晉在殽山的一次大戰的經過，作者通過蹇叔哭師

和秦師驕縱輕狂的描寫，反映了春秋時大國間的爭霸鬥爭，揭露了秦統治者師出不義的罪惡行徑，指出了秦軍失敗的必然性，總結了「以貪勤民」、「勞師襲遠」、「驕兵必敗」的經驗教訓。春秋時代是兼並戰爭極爲頻繁的動亂時代，弱肉強食，大國爭霸是這一時代的特點。當時秦晉是大國，鄭是小國。僖公三十年，秦晉兩國聯合圍攻鄭國，鄭大夫燭之武利用秦晉爭霸的矛盾，游說秦穆公，分化了秦晉聯盟，使秦與鄭另行訂立了盟約，加深了秦晉間的矛盾，這便是秦晉殽之戰的遠因。

按戰爭的起因、發展和結局，本篇可分爲三部分，隨着故事情節的展開，作者塑造了秦穆公、蹇叔、弦高、先軫等幾個生動的人物形象。

第一部分（自開頭到「秦師遂東」），包括卜偃傳命、杞子密報、蹇叔哭師三段情節，這是戰爭的醞釀準備階段，其中蹇叔哭師一段是貫穿全篇情節發展的主線，構成了全篇的綱。本篇是以卜官郭偃假托君命開端，告誡晉國大夫們「將有西師過軼我」，渲染出濃烈的戰爭氣氛，表明秦晉間爭霸中原的矛盾已十分尖銳，這是爆發殽之戰的根本原因。晉文公卒于僖公三十二年十二月，而在三十三年春，秦師就已過周北門了。可見秦師襲鄭的準備工作，當在卜偃傳命之前或同時，晉國出于對秦國的戒備，事先已獲得了秦師襲鄭的情報，所謂「柩有聲如牛」的裝神弄鬼，不過是要弄迷信手段進行戰爭動員而已。杞子密報則是秦師襲鄭而導致殽之戰的直接原因。秦穆公一心追求霸業，得到杞子「掌其北門之管」作「潛師」內應的密報後，秦穆公的野心立刻膨脹起來，準備勞師襲鄭了。他假惺惺地「訪諸蹇叔」，只不過是希望得到一個元老重臣的附和而已。因而當蹇叔陳述利害表示反對時，他心裏非常窩火，仍一意孤行，悍然侵鄭，點將出師于東門之外。在蹇叔哭師時，穆公竟惱羞成怒，咒罵蹇叔「爾何知？中壽，爾墓之木拱矣！」寥寥數語，把穆公的剛愎虛僞和利令智昏表現得活靈活現。蹇叔是一個老謀深算的有政治遠見的老臣形象，他竭力勸阻秦穆公出師伐鄭，從戰略上作了深謀遠慮的分析，毫不猶疑地否定了「勞師襲遠」的錯誤做法，指出秦方——「師勞力竭」，結果是「勤而無所，必有悖心」；鄭方——「師之所爲，鄭必知之」。「遠主備之」，潛師偷襲的意圖必然碰壁，杞子內應的有利條件也會喪失；晉方——「且行千里，其誰不知」，晉國必然密切注視秦軍態勢，抓住有利戰機，利用有利地形，「御師于殽」。蹇叔抓住秦晉爭霸利害關係所進行的戰略分析，是很中肯而有預見性的，但穆公完全聽不進去。雖然蹇叔的諫諍失敗了，卻不甘隱忍下去，又作攔師之諫，對與師出征的兒子作了哭送，不顧個人得失地大膽預言「吾見師之出而不見其入也」，希望穆公醒悟，停止侵略戰爭，以免國家和

人民毫無代價的損失。蹇叔忠誠謀國的生動形象，給人的印象很深刻。

　　第二部分（自「三十三年春」到「滅滑而還」）敍述秦軍在行軍途中的驕橫和襲鄭無功的情況，包括王孫滿觀師、弦高犒師和皇武子辭杞子三段情節，驗證蹇叔「鄭必知之」「遠主備之」的預言。秦軍過周北門，表現極爲驕橫傲慢，作者通過王孫滿觀師的議論，暗示秦軍驕兵必敗的結局。作者在這裏創造了一個聰穎銳敏的王孫滿形象。他不爲秦師表面的威武和強大所嚇倒，而是透過現象看到了秦軍紀律渙散驕傲輕敵的本質，得出「輕則寡謀，無禮則脫；入險而脫，又不能謀，能無敗乎？」的正確結論，秦軍在滑地碰上鄭國商人弦高。弦高是一個機智愛國的人物，當他知道自己的國家有被偷襲亡國的危險，就假托君命，慷慨地「以乘韋先，牛十二，犒師」，並「使遽告于鄭」，遲滯了秦軍的進軍，使鄭消除了內患，做好了防備突襲的準備。鄭穆公得到急報，覺察到杞子等人的內應行動，于是皇武子用一番巧妙的外交辭令，驅逐了杞子、逢孫、揚孫，使秦軍陷于「攻之不克，圍之不繼」的困境，被迫撤軍。至此，秦軍遠涉千里，襲鄭無功，師勞力竭，失敗的征象已露端倪。

　　第三部分（自「晉原軫曰」到「且吾不以一眚掩大德」）是戰爭的第二階段，寫秦晉殽之戰的爆發和結局，包括先軫論戰、秦軍敗師殽山、文嬴請三帥、先軫怒唾于朝、孟明謝賜、穆公悔過幾個情節，進一步驗證蹇叔「晉人御師必于殽」，「吾見師之出而不見其入」的預言。秦軍襲鄭無功，「勤而無所」，已疲憊不堪，士氣低落，在回師途中將經過晉國的險要之地殽山，對此，晉國絕不會放棄削弱霸敵的良機。先軫論戰就集中反映了晉國統治者的這一願望。他抓住了秦國「以貪勤民」師出不義的弱點，駁斥了欒枝「未報秦施而伐其師」的迂腐仁義說教，認爲「敵不可縱。縱敵患生」、「一日縱敵，數世之患」，明確地把秦晉爭霸中原的利害關係赤裸裸地提了出來。此外，先軫又提出伐秦的另一理由是「天奉我也」、「違天不祥」，用天命論來激勵士氣。先軫的鼓動完全代表了晉國統治階級的利益，晉襄公聯合了姜戎部落，帶孝親征，表明晉國動員面之廣，爭霸決心之大。秦晉兩軍，一勞一逸，一驕一愼，一方「入險而脫」，另一方據險而伏，秦師全軍覆沒，三帥被俘，結果完全在蹇叔的預料之中。文章到此，本可以結束，但《左傳》是一部編年史書，不但要交代前因，還要交代後果。文嬴請三帥以下則是殽之戰的尾聲，進一步暴露了秦晉間的深刻矛盾，預示兩國的爭霸鬥爭還將加劇，同時，在尾聲中通過先軫怒唾于朝、孟明謝賜和秦穆公悔過等情節和細節的描寫，將這三個人物形象刻畫得更加完整和豐滿。如先軫的耿直忠誠和深謀遠慮，已在他和欒枝的爭辨中表現出來了，尾聲中又增添了他問秦囚時盛怒之

下的「不顧而唾」的細節，就把先軫的魯莽暴烈突現出來。又如秦穆公，在蹇叔哭師中，作者主要刻劃他剛愎自用的一面，而在穆公向師而哭引咎認錯的尾聲中，則又表現他勇于改過、善于用人的一面。這樣，殽之戰由秦穆公執意孤行而起，又由他總結教訓承認錯誤結束。故事和人物性格就顯得比較完整了。

　　總起來看，《秦晉殽之戰》對戰爭的起因、性質、過程、結果以及蹇叔、王孫滿、先軫對戰爭的分析等等，都作了淋漓盡致的描寫和發揮，正確地表現了戰爭中一系列的戰略、策略原則，包含了許多古代軍事辯證法的正確因素。

　　在《左傳》記述戰爭的傳文中，《秦晉殽之戰》在寫作上很有代表性，它有三個鮮明的藝術特色：

　　一、善于圍繞主題來選擇和組織材料，重點突出，詳略得當。本文主要是表現侵略必敗的主題。爲了突出這一主題，文章選擇了蹇叔哭師、王孫滿觀師、弦高犒師、皇武子辭杞子、先軫論戰等幾塊材料，寫秦軍處處碰壁，突出表現秦師必敗，極力渲染戰爭氣氛，把戰爭的不義性質和戰略錯誤作了充分暴露，至于戰爭過程本身，只用「敗秦師于殽」一句帶過，其他如秦晉鄭三方在軍事上的部署和準備就沒有寫，但這絲毫也沒有影響對主題的表達。在人物的安排和處理上，包括一些很次要的人物，也是人人有着落，個個有交代。如原先充作內應的杞子，後來詭計被識破，便匆忙逃命，「奔齊」去了。連裝進棺材的晉文公，也沒有冷落他，殽之戰後，也順便帶了一筆：「遂墨以葬文公」。這種疏密相間的安排，使文章層次分明，結構嚴謹，重點突出。

　　二、善于用對話和行動刻劃生動的人物形象。如先軫，爲了晉國的利益，當他得知秦囚因文嬴的請求而被晉襄公放走之後，就咆哮著罵起來：「武夫力而拘諸原，婦人暫而免諸國。墮軍實而長寇讎，亡無日矣！」並「不顧而唾」。先軫在盛怒之下，不顧君臣尊卑，故意直呼文公夫人爲「婦人」，又用吐唾沫的行動表示他對襄公縱敵的鄙視和反感，這就把先軫的卓識、粗獷和對晉國的至誠，刻劃得很傳神。其他如秦穆公、蹇叔、弦高等，都通過他們的言行寫出了生動的個性。

　　三、外交辭令寫得委婉含蓄，曲折盡情。本篇寫了三段外交辭令，都各有特色。弦高犒師時說的一段話是意在言外，說得謙恭有禮，恰如其分，既不冒犯強秦又弦外有音，明確地暗示給秦軍，鄭國已知道了他們偷襲的企圖，做好了防衛的準備，迫使秦軍逡巡不敢進。而皇武子辭杞子的一段話則是旁敲側擊，在表示抱歉的客氣話中婉轉而又嚴峻地揭露了敵人的陰謀，下達了逐客令，使杞子等人感受到無形的威壓，再也無法呆在鄭國，只好倉皇出逃。弱小的鄭國就這樣不動一刀一槍排除了隱患，表現出對付厲兵秣馬的秦國駐軍的高妙鬥爭藝術。孟明謝

賜一段，卻是棉里藏針，話中有刺。孟明所謂「三年將拜君賜」表面上感恩戴德的客氣話，隱伏着雪耻報仇的切齒誓言，辛辣嘲笑了晉君放虎歸山的愚蠢，點破了陽處父誘捕他的企圖，流露出自己僥幸生還的得意心情。三年後，在文公三年的傳文中，記載有秦伯用孟明伐晉「濟河焚舟，取王官及郊，晉人不出，遂至茅津濟，封殽尸而還」的戰績，驗證了孟明三年報仇的誓言。這就更使我們體味到孟明謝賜這段雋永含蓄的外交辭令，對刻劃人物性格，表現大國之間的矛盾，有它特殊的作用。

（蘇學瞻）

晉楚鄢陵之戰　　　　　《左　傳》

　　晉侯將伐鄭。范文子曰①：「若逞吾願②，諸侯皆叛，晉可以逞：若唯鄭叛，晉國之憂，可立俟也。」欒武子曰③：「不可以當吾世而失諸侯。必伐鄭！」乃興師。欒書將中軍，士燮佐之；郤錡將上軍④，荀偃佐之⑤；韓厥將下軍⑥，郤至佐新軍；荀罃居守⑦。

　　郤犨如衞⑧，遂如齊，皆乞師焉⑨。欒黶來乞師⑩，孟獻子曰⑪：「有勝矣⑫！」戊寅，晉師起。

　　鄭人聞有晉師，使告于楚。姚句耳與往⑬。楚子救鄭⑭，司馬將中軍⑮，令尹將左⑯，右尹子辛將右⑰。

　　過申⑱，子反入見申叔時⑲，曰：「師其何如？」對曰：「德、刑、詳⑳、義、禮、信，戰之器也。德以施惠，刑以正邪，詳以事神，義以建利㉑，禮以順時㉒，信以守物㉓。民生厚而德正㉔，用利而事節㉕，時順而物成。上下和睦，周旋不逆；求無不具，各知其極㉖。故《詩》曰：『立我烝民，莫匪爾極㉗』。是以神降之福，時無災害。民生敦厖㉘，和同以聽㉙；莫不盡力，以從上命，致死以補其闕㉚：此戰之所由克也。今楚內棄其民，而外絕其好；瀆齊盟而食話言㉛；奸時以動㉜，而疲民以逞。民不知信，進退，罪也㉝。人恤所底

㉞，其誰致死！子其勉之，吾不復見子矣！」

姚句耳先歸，子駟問焉㉟。對曰：「其行速，遇險而不整；速則失志㊱，不整喪列㊲；志失列喪，將何以戰！楚懼不可用也。」

五月，晉師濟河。聞楚師將至，范文子欲反㊳，曰：「我僞逃楚，可以紓憂㊴。夫合諸侯㊵，非吾所能也；以遺能者。我若羣臣輯睦以事君㊶，多矣！」武子曰：「不可！」

六月，晉、楚遇于鄢陵㊷。范文子不欲戰。郤至曰：「韓之戰，惠公不振旅㊸；箕之役，先軫不反命㊹；邲之師，荀伯不復從㊺；皆晉之恥也！子亦見先君之事矣；今我避楚，又益恥也！」文子曰：「吾先君之亟戰也有故。秦、狄、齊、楚皆強，不盡力，子孫將弱；今三強服矣，敵，楚而已。唯聖人能外內無患；自非聖人，外寧必有內憂。盍釋楚以爲外懼乎㊻？」

甲午，晦㊼，楚晨壓晉軍而陳㊽。軍吏患之。范匄趨進㊾，曰：「塞井夷竈㊿，陳于軍中而疏行首[51]。晉、楚唯天所授，何患焉！」文子執戈逐之，曰：「國之存亡，天也。童子何知焉！」欒書曰：「楚師輕窕[52]。固壘而待之，三日必退；退而擊之，必獲勝焉！」郤至曰：「楚有六間[53]，不可失也：其二卿相惡[54]；王卒以舊[55]；鄭陳而不整；蠻軍而不陳[56]；陳不違晦[57]；在陳而囂[58]。合而加囂，各顧其後，莫有鬬心；舊不必良[59]，以犯天忌。我必克之！」

楚子登巢車以望晉軍[60]，子重使太宰伯州犁侍于王後[61]，王曰：「騁而左右[62]，何也？」曰：「召軍吏也。」「皆聚于中軍矣！」曰：「合謀也。」「張幕矣！」曰：「虔卜于先君也。」「徹幕矣！」曰：「將發命也。」「甚囂，且塵上矣！」曰：「將塞井夷竈而爲行也[63]。」「皆乘矣，左右執兵而下矣！」曰：「聽誓也[64]。」「戰乎？」曰：「未可知也。」「乘而左右皆下矣！」曰：「戰禱也[65]。」伯州犁以公卒告王。

苗賁皇在晉侯之側[66]，亦以王卒告。皆曰：「國士在[67]，且厚，不可當也。」苗賁皇言于晉侯曰：「楚之良，在其中軍王族而已。請分良以擊其左右，而三軍萃于王卒，必大敗之。」公筮之。史曰：「吉。其卦遇『復』[68]，曰：『南國蹙[69]；射其元王[70]，中厥目[71]。』」國蹙王

傷，不敗何待？」公從之。

有淖于前[72]，乃皆左右相違于淖[73]。步毅御晉厲公[74]，欒鍼爲右[75]。彭名御楚共王，潘黨爲右。石首御鄭成公，唐苟爲右。欒、范以其族夾公行，陷于淖。欒書將載晉侯，鍼曰：「書退！國有大任[76]，焉得專之[77]？且侵官[78]，冒也[79]；失官[80]，慢也[81]；離局[82]，奸也。有三罪焉！不可犯也。」乃掀公以出于淖[83]。

癸巳，潘尫之黨與養由基[84]，蹲甲而射之[85]。徹七札焉[86]！以示王，曰：「君有二臣如此，何憂于戰？」王怒，曰：「大辱國[87]！詰朝[88]，爾射死藝[89]！」

呂錡夢射月，中之，退入于泥。占之，曰：「姬姓，日也；異姓，月也，必楚王也。射而中之，退入于泥，亦必死矣。」及戰，射共王中目。王召養由基，與之兩矢，使射呂錡。中項[90]，伏弢[91]。以一矢復命。

郤至三遇楚子之卒，見楚子必下，免胄而趨風[92]。楚子使工尹襄問之以弓[93]，曰：「方事之殷也[94]，有韎韋之跗注[94]，君子也。識見不穀而趨[95]，無乃傷乎[96]？」郤至見客，免胄承命，曰：「君之外臣至[97]，從寡君之戎事；以君之靈，間蒙甲冑[98]，不敢拜命，敢告不寧君命之辱[99]。爲事之故，敢肅使者[100]！」三肅使者而退。

晉韓厥從鄭伯，其御杜溷羅曰：「速從之！其御屢顧，不在馬，可及也。」韓厥曰：「不可以再辱國君[101]。」乃止。郤至從鄭伯，其右茀翰胡曰：「諜輅之[102]。余從之乘，而俘以下。」郤至曰：「傷國君有刑。」亦止。石首曰：「衞懿公唯不去其旗，是以敗于熒[103]。」乃內旌于弢中[104]。唐苟謂石首曰：「子在君側，敗者壹大[105]，我不如子；子以君免[106]，我請止！」乃死。

楚師薄于險[107]。叔山冉謂養由基曰[108]：「雖君有命，爲國故，子必射！」乃射，再發盡殪[109]。叔山冉搏人以投，中車折軾。晉師乃止。囚楚公子茷。

欒鍼見子重之旌，請曰：「楚人謂夫旌，子重之麾也[110]，彼其子重也。日臣之使于楚也[111]，子重問晉國之勇；臣對曰：『好以衆整

⑫。』曰：『又何如？』臣對曰：『好以暇⑬。』今兩國治戎，行人不使⑭不可謂『整』；臨事而食言，不可謂『暇』。請攝飲焉⑮。」公許之。使行人執榼承飲⑯，造于子重，曰：『寡君乏使，使鍼御持矛，是以不得犒從者。使某攝飲。」子重曰：「夫子嘗與吾言于楚，必是故也。不亦識乎⑰！」受而飲之。免使者而復鼓。

　　且而戰，見星未已。子反命軍吏：「察夷傷⑱，補卒乘，繕甲兵，展車馬⑲；鷄鳴而食，唯命是聽。」晉人患之。苗賁皇徇曰⑳：「蒐乘補卒㉑，秣馬利兵，修陳固列㉒，蓐食申禱㉓；明日復戰！」乃逸楚囚㉔。

　　王聞之，召子反謀。穀陽豎獻飲于子反㉕，子反醉而不能見。王曰：「天敗楚也夫！余不可以待！」乃宵遁。

　　晉入楚軍，三日穀。范文子立于戎馬之前，曰：「君幼，諸臣不佞㉖，何以及此！君其戒之。《周書》曰：『惟命不于常㉗。』有德之謂㉘。」

　　楚師還，及瑕㉙。王使謂子反曰：「先大夫之覆師徒者，君不在。子無以爲過，不穀之罪也。」子反再拜稽首曰：」君賜臣死，死且不朽。臣之卒實奔，臣之罪也。」子重使謂子反曰：「初隕師徒者，而亦聞之矣㉚。盍圖之㉛！」對曰：「雖微先大夫有之㉜，大夫命側，側敢不義㉝！側亡君師，敢忘其死！」王使止之，弗及而卒。

〔注釋〕①范文子：即士燮，死謚文子。②若逞吾願：如果爲了逞一時的快意來滿足我們的欲望。③欒武子：即欒書，死謚武子。④郤錡：郤至、郤犨、郤克的同族。⑤荀偃：字伯游，即中行獻子，一稱中行伯。⑥韓厥：晉大夫。⑦荀罃：知庄子（荀首）的兒子。⑧如：往。⑨乞師：求援兵。⑩欒黶：欒書之子，一稱欒桓子。來：到魯國。左丘明爲魯人，故云。⑪孟獻子：魯之公族。⑫有勝：意思是說有戰勝的希望。⑬姚句（《ㄡ》耳：鄭大夫。⑭楚子：楚共王，名審。⑮司馬：即子反。⑯令尹：即公子嬰齊，字子重。⑰子辛：鄭公族公子壬夫的字。⑱申：國名。⑲申叔時：人名。⑳詳：同「祥」，指用心精誠專一。㉑義以建利：義指是非標準。有了標準，眞正對國家有利的措施才建立得起來。㉒順時：合于時宜。㉓守物：對各種事務專其職守。㉔生厚：生計富厚。㉕用：指人民所需。

利：便利。事：指祭祀之事。節：合理的規定和安排。㉖極：標準，原則。㉗「立我烝民，莫匪爾極」：見《周頌・思文》。大意是說，立下一個準則，使人民的行動有所依據。烝：衆。㉘敦：富貴。厖（夂尢ˇ）：大，引申爲富足。㉙和同：齊心一致。聽：聽從命令。㉚補其闕：補救國家的損失。㉛瀆：褻瀆。齊（ㄓㄞ）：通「齋」。齋盟：是指祭祀時齋肅明誓之事。話言：指善言，好話。㉜奸：通「干」。奸時：犯時，違時。㉝進退，罪也：意爲或進或退，都有犯罪的可能。㉞恤：憂。底（ㄓ~ˇ）：往，指開往前線。㉟子駟：鄭公族公子騑的字。㊱失志：思慮得不周密。㊲不整喪列：軍容不整齊，使隊伍失去紀律性。㊳反：同「返」。㊴紓：解除。㊵合諸侯：會聚諸侯使之聽命于晉。㊶輯睦：和睦。㊷鄢陵：鄭邑名。即今河南省鄢陵縣。㊸振旅：整軍而歸，僖公十五年，秦晉戰于韓，晉惠公爲秦所俘。㊹反命：答復使命。晉、戎戰于箕，晉帥先軫不介胄而入戎陣，爲射殺。㊺從：隨從君主。宣公十二年，晉、楚戰于邲，晉師大敗，荀罃爲楚師所俘。㊻盍釋楚以爲外懼乎：意思說，何不放過楚國，使晉君對外有所戒懼呢？㊼晦：夏曆每月的最後一天。㊽壓：逼近。陳：陣。㊾范匄（ㄍㄞˋ）：范文子之子。㊿夷：鏟平。〔51〕疏：疏散。行（ㄏㄤˊ）首：隊伍的前列。〔52〕輕窕：輕佻，指軍心浮躁。〔53〕六間：六個缺陷。〔54〕二卿相惡：指子反和子重兩人不和。〔55〕王卒以舊：楚王的新兵都是舊人，年紀已老。〔56〕蠻軍：指楚國帶來的南方少數民族的軍隊。〔57〕陳不違晦：古人以爲在晦日列陣是兵家的大忌。〔58〕囂：喧嘩。〔59〕舊：舊卒。良：精兵。〔60〕巢車：一種高的兵車，如樹上的鳥巢，可以望敵人。〔61〕太宰：官名。伯州犁：晉大夫伯宗之子，因父被殺，遂奔楚。〔62〕騁而左右：有人騎着馬左右奔跑。〔63〕爲行：列陣。〔64〕聽誓：士兵聽主帥發布誓師的命令。〔65〕戰禱：戰前祝禱鬼神。〔66〕苗賁皇：楚鬬椒之子，魯宣公四年奔晉。〔67〕國士：指楚王的新兵。〔68〕復：周易的卦名。〔69〕蹙（ㄘㄨˋ）：窘迫。〔70〕元王：意思指最高領袖。〔71〕厥：其。〔72〕淖（ㄋㄠˋ）：泥坑。〔73〕左右相違：從左右兩側繞行。〔74〕步毅：即郤毅，也是晉郤氏之族。〔75〕欒鍼：欒書之子，欒黶之弟。〔76〕大任：大事。〔77〕專：一手包辦。〔78〕侵官：侵奪他人的職責。〔79〕冒：冒犯。〔80〕失官：擅離職守。〔81〕慢：怠慢。〔82〕離局：遠離部下。〔83〕掀：擧起。〔84〕癸巳：甲午的前一天，這裏是倒敍戰前的事。潘尪之黨：這是一個省略句，意思是說，潘尪之子名叫黨的。〔85〕蹲：堆積。〔86〕徹：貫穿。七札：指七層甲。〔87〕大辱國：意思是說，只憑技藝而不懂謀略，是國家的耻辱。〔88〕詰朝：明朝。〔89〕死藝：指死于炫耀武藝。〔90〕項：頸項。〔91〕韔（ㄔㄤˋ）：弓套。〔92〕免胄而趨風：脫去盔胄，疾走如風，表示恭敬之意。〔93〕工尹襄：工尹，官名；襄，人名。問：饋贈。〔94〕靺（ㄇㄟˋ）：赤黃色。韋：熟牛

皮。跗注：古代一種緊身的軍服。有韎韋之跗注：指有一個穿着韎韋跗注的人。㊈不穀：王者自稱謙詞。㊉無乃傷乎：說不定受了傷罷！㊊外臣：外邦之臣。㊋閒：近來。蒙：穿上。㊌不寧君命之辱：等于是說，辱君之命，使我感到不安。⑽肅：合雙手下垂叫肅。⑾不可以再辱國君：成公二年晉齊戰于鞌，韓厥追逐齊侯。故此處說再辱。⑿諜：輕兵。輅（ㄧㄚˋ）：迎擊。⒀熒：熒澤，地名，在黃河以北。閔公二年，衞與狄戰于熒澤，衞懿公爲狄人所殺。⒁內：同「納」。⒂敗者壹大：戰敗的人，應該一心保護國君。壹：專一心志。大：指鄭君。⒃子以君免：你帶着國君快些逃走。⒄薄于險：在險碍地方被困住了。薄：同「迫」。⒅叔山冉：楚國的勇士。⒆殪（ㄧˋ）：死。⒇麾（ㄏㄨㄟ）：旗幟。(111)日：往日，以前。(112)好：喜歡。整：軍容整飭。(113)暇：閑暇，意思是指從容不迫。(114)行人不使：使節不相往來。(115)攝飲：指持酒往楚軍請子重飲酒。(116)執榼：指拿著食物。榼：盛食物的器具。承飲：拿著飲料。(117)識：記得。(118)夷傷：金屬創傷。(119)展：巡視。(120)徇：號令軍中。(121)蒐：查點。(122)修陳固列：整頓陣容，築固行列。(123)蓐食：在臥蓐上吃早飯。申禱：加重禱祝。(124)逸：有意放出。(125)穀陽豎：子反的小臣。(126)不佞：不才。(127)惟命不于常：語出《尚書・康誥》，意思是說，命運不是一成不變的。(128)有德之謂：這是解釋上一句話，聯繫起來看，這是說有德的人才能享受天命。(129)瑕：楚地名，在今湖北省隨縣。(130)初隕師徒者，而亦聞之矣：這兩句的大意是，當初那個在城濮之戰中打敗仗的人（指令尹子玉）是怎樣的結果，你大概也聽說了。(131)盍：何不。圖：考慮。子重勸子反自殺。(132)微：無，沒有。先大夫：指令尹子玉。(133)不義：指偷生無耻。

【鑑賞】世界上凡有悠久文化的民族，無一不是珍視自己民族的歷史的。我們偉大的中華民族，在文字形體還未確定時，就已經用龜甲獸骨記錄民族的活動。從安陽出土的甲骨文紀錄來看，與生產有關的活動乃至保衞民族生存的軍事活動都有記載。這裏，有一種顯著特點，凡記錄戰爭的甲骨，形體都特大，記錄也繁複，足見古人對戰爭的重視。發展到殷周春秋，長篇的戰爭記錄遂產生。《左傳》中的這部關于晉楚鄢陵之戰的記錄，不但寫得較詳細，而且積累了不少經驗教訓。不僅如此，而且寫出了千頭萬緒，生動活現的情景，其描述相當形象化，其中蘊含的經驗教訓，值得借鑒；從藝術手腕研究，則又非常值得我們欣賞。

談鑒賞我們則應重視其特點。戰事乃瞬息萬變，眞是目不暇接。行文繁則忌亂，要求有條不紊，有條不紊就要求著意安排，先寫後寫，分寫合寫，或提前或後敍，或暗示或點明，均安排恰當，這篇《晉楚鄢陵之戰》就有其特點。

　　它是事後追敍，因而，要眼觀全局，胸有成竹。高明的作者從結構上，視全篇爲整體，滿盤棋局布置得一絲不亂。方以類聚，物以羣分，作者以結構爲中心駕馭全文，值得人們細心地鑑賞。說鑑賞又包含兩方面，一是從中借鑒，學習執簡馭繁的藝術手腕。二是欣賞，欣喜贊嘆，有收穫，有受用。

　　本文是記兩個爭霸諸侯的強大兵力的角逐。雙方尖銳對立，矛盾激化遂爆發爲戰爭。矛盾的雙方對峙著，構成了一幅戰圖。作品的結構是用對稱來敍述。對稱的結構即是全文的最主要特色。

　　晉國的君主年幼少知，晉國的將領雖多爲宿將，但有主戰與否的不同。卽令范氏一家，士變父子主張也不同，士變一味主退兵，范匃雖童子，卻在強敵列陣壓住晉軍，作戰列陣困難時獻塡井毀灶在原地列陣之計，父子倆恰成一個小對稱。楚國雖強，但兩員主將不和，戰敗後還落井下石，逼子反自殺。晉國呢？主帥欒武子當機立斷，毅然決然地否定范文子僞逃楚的計畫，別的將領則分析敵情說明可勝，楚、晉雙方協調與不協調，又是一個對立。

　　兩軍相見，貴知敵情，知己知彼，方能必勝。而在戰事的舞台上又出現了一次最好的對稱。晉楚兩方都有個父被殺而投奔對方的兒子。雙方都爲主帥登高瞭望敵方，有見必告，有問必答。對稱之中，作者冷靜地予以區別。伯州犁只能說勝敗不可知，苗賁皇卻力排衆議，獻出分進合擊的戰略性妙計，對稱雙方又同中有異。如此交代，並非閑筆。

　　對稱的結構美還表現爲事必成雙。作戰勝負主要取決于楚王傷目和子反酒醉。晉呂錡旣做夢又圓夢，又占卜，然而寧死必射，晉將之忠於國事是一致的，不畏死但求勝。楚將呢？楚軍合鄭蠻之力，但實際上或陣而不整，或軍而不陣，是烏合之衆，各顧其後。相形之下一整一否，是一種反對稱。

　　同是射，呂錡寧死射敵，楚養由基射穿七札。楚王先斥其辱國，後只給兩箭，軍敗時由養由基發必殪晉之追者，晉師方止而不追，又是一個小矛盾。子反和苗賁皇的準備再戰也是一種結構的對稱。

　　全文又物以類聚，郤至、韓厥、欒鍼臨敵講禮。楚王遣行人問郤至，欒鍼請命使人獻酒。以相似事件布置一處，也是結構的用處。唐苟以死救主，呂錡寧死射敵君也是一對。伯州犁問答較詳，苗賁皇問答從略，獻計較詳，對稱而同中見異，有變化，有省略。敍事旣眉目清楚，勝敗的因果又極爲分明。五花八門，有條不紊，實爲敍述戰爭的典範文章。

　　　　　　　　　　　　　　　　　　　　　　　　　（段熙仲）

邵公諫厲王弭謗　　《國　語》

　　厲王虐①，國人謗王②。邵公告王曰③：「民不堪命矣④。」王怒。得衞巫⑤，使監謗者。以告⑥，則殺之。國人莫敢言，道路以目⑦。

　　王喜，告邵公曰：「吾能弭謗矣，乃不敢言⑧！」

　　邵公曰：「是障之也。防民之口，甚于防川。川壅而潰⑨，傷人必多；民亦如之。是故爲川者決之使導⑩，爲民者宣之使言⑪。故天子聽政，使公卿至于列士獻詩⑫，瞽獻曲⑬，史獻書⑭，師箴⑮，瞍賦⑯，矇誦⑰，百工諫⑱，庶人傳語⑲，近臣盡規⑳，親戚補察㉑，瞽、史教誨㉒，耆、艾修之㉓，而后王斟酌焉㉔，是以事行而不悖㉕。民之有口，猶土之有山川也，財用于是乎出㉖，猶其原隰之有衍沃也㉗，衣食于是乎生。口之宣言也，善敗于是乎興㉘。行善而備敗㉙，其所以阜財用、衣食者也㉚。夫民慮之于心而宣之于口，成而行之㉛。胡可壅也？若壅其口，其與能幾何㉜？」

　　王不聽。于是國人莫敢出言，三年，乃流王于彘㉝。

【注釋】①厲王：周厲王，名胡。公元前878年卽位。虐：殘暴。②國人：古代農夫住在田野小邑，稱爲野人；貴族、平民和工商業者住在都市大邑，稱爲國人。③邵公：邵穆公，名虎，周王重臣。「邵」一作「召」。④堪：忍受。命：政令。⑤衞巫：衞國的神巫。⑥告：告發。⑦道路以目：路人相遇，不敢交談，只能用眼色來表示心中的怨恨。⑧乃：終于。⑨壅（ㄩㄥ）：堵塞。潰：潰決，水冲破堤防。⑩爲川者：治水的人。決：疏浚。導：通暢。⑪爲民者：治理民事的。宣：開導。⑫公卿、列士：古代官爵名。詩：諷諫之詩，卽采自民間的諷諫政事的詩歌。⑬瞽（ㄍㄨˇ）：盲樂師。曲：樂曲，大都是采自民間，奏給國君聽，使國君了解民意。⑭史：史官。書：史籍。⑮師：樂師。箴：一種有勸戒意義的韵文。⑯瞍（ㄙㄡˇ）：眼中無瞳人的盲人。賦：不歌而誦，相當于現在的吟誦。⑰

矇：眼中有瞳人而不能見物的盲人。誦：誦讀。⑱百工：爲國君從事各種工藝的
人。一說工指樂工。⑲庶人：平民百姓。傳語：把意見傳給國君。⑳近臣：國君
左右的臣子。盡：進。規：規勸，規諫。盡規：進言規勸。㉑親戚：國君的同族
人。補：彌補。察：監察。補察：指糾正、監察國君的過失。㉒瞽、史敎誨：瞽
獻曲、史獻書，目的在規勸國君，遵守禮法。㉓耆、艾：六十歲曰耆，五十歲曰
艾。修：修飾，即有所糾正的意思。㉔斟酌：考慮取舍。㉕悖：違背。㉖是：
此，這。這裏指山川。㉗原：平原，寬闊之地。隰（ㄒㄧˊ）：低下潮濕之地。衍：
平坦的低地。沃：有河流灌漑之地。㉘善敗：好事和壞事。興：起，出現。㉙
備：防備。㉚阜：增多。㉛行：有自然流露的意思。㉜與：幫助。㉝彘（ㄓˋ）：
在今山西霍縣境內。

【鑑賞】《邵公諫厲王弭謗》一文是記述西周厲王暴虐無道，不聽邵公勸諫，終
于被人民流放的事情。

　　本文共分爲三段，第一段從「厲王虐」到「道路以目」。主要說明事情的前
因。文章一開頭就用「厲王虐」三個字，點明了事情發生的根源所在。王虐而「
國人謗王」，這是必然的結果。文章只用了兩句話，就概括了大量的事實。而邵
公所說「民不堪命矣」一句，則是更進一步點出了厲王的暴虐，點明了問題的嚴
重性。然而，厲王對此又是什麼態度呢？「王怒」。一個「怒」字說明了厲王的橫
暴。「怒」還不算，接下去，「得衛巫，使監謗者。以告，則殺之。」更可見厲王性
格之凶狠、手段之殘忍。寥寥數語，王虐民怨之狀，如在目前。這種高壓手段的
效果又是如何呢？「國人莫敢言，道路以目」。事情似了，而實未了，短短的「道
路以目」一句，就形象地反映了「于無聲處聽驚雷」的形勢，同時也爲下文「流
王于彘」設置下伏筆。這一段僅以四句話就交代了事情的前因和發展。這是「流
王」的根源，但不是文章的重點，這一點必須提而又不必多提。這樣才能使邵公
的一番諫言得以處于中心地位，從而符合作者以記言爲主的寫作意圖。

　　第二段從「王喜」到「其與能幾何」。這是全文的重點，主要說明邵公如何
進諫。「王喜，告邵公曰：『吾能弭謗矣，乃不敢言！』」這幾句話，不僅在結構
上起到了過渡作用，同時在內容表達上也極爲重要。聞謗而怒，監而殺之，其暴
可知；人莫敢言，弭謗而喜，其愚何及！一怒一喜，怒顯其暴，喜示其愚，這就
完整地顯示出厲王的爲人，含義極爲深刻。接著文章又分三層來記述邵公的諫
言。第一層說明民不能「壅」而必須「宣」的道理。邵公首先提出厲王這種弭
謗，「是障之也」的論斷。然後再以「防川」作喻。「川壅而潰，傷人必多；民亦

如之」，明確指出「弭謗」的危險所在。因此，必須像「爲川者決之使導」那樣，要「爲民者宣之使言」。這一句是全文的中心思想。比喻貼切，言簡意賅，說清了必須「宣之使言」的道理。第二層是指出「宣之使言」的具體措施。文章指出天子聽政（治理政事），不僅要求公卿、列士都要獻諷諫的詩，而且還要瞽獻曲、史獻書……，用各種方式來進言，有直接的，有間接的，有唱的，有講的，有寫的，有敎的。一句話，廣開言路，以供「斟酌」。只有這樣，天子所行的事，才不至于違背事理。邵公借古天子聽言求治的方法來諷諫厲王，希望他能夠效行。第三層是進一步說明「宣之使言」的好處。文章以「土之有山川」和「原隰之有衍沃」來比喻「民之有口」。這是客觀存在的事實，任何人也改變不了的。而更重要的是，「土之有山川也，財用于是乎出」，「原隰之有衍沃也，衣食于是乎生」，「口之宣言也，善敗于是乎興」。文章一連用了三個「于是乎」，前兩句是賓，後一句是主，借比喻突出了後者的重要意義。只有了解了「善」和「敗」，才能做到「行善」和「備敗」。這才是「阜財用、衣食」的關鍵所在。文章由比喻而引出主旨，由主旨而點出其巨大作用，把「宣言」提高到增加財用衣食的重要地位上來。這也就是說，這是一件關係到國家、人民生死存亡的大事，切不可等閑視之，這種說法確實是有很強的說服力的，接着文章用發語詞「夫」開頭，把文氣又推開一層，以反詰的語氣進一步發議論，強調人民「慮之于心而宣之于口，成而行之，胡可壅也？」點明障而弭謗是不符合事物發展的客觀規律的。最後，文章明確指出壅民的必然後果──「其與能幾何？」能有多少人贊助你呢？和前面的「道路以目」遙相呼應。這種說法是比較委婉的，是符合一個臣子的身分的。這一段從「宣之使言」的道理講到具體的措施，再談到「宣言」和「壅民」的利弊，從正面和反面（主要是正面）闡明了文章的主旨。層次分明，照應緊密。邵公這番話確實是有道理的。當然，這番打算還是爲了鞏固厲王的統治。然而就重視民意這一點來說，我們不能不承認，在當時的歷史條件下，這種主張是有其進步意義的。由於這番話講得有道理，而厲王拒而不納，這就使得兩個人物形成了鮮明的對照，從而達到了《國語》以記言爲主來評述人物的目的。

　　第三段從「王不聽」到「乃流王于彘」。主要說明事情的後果。「王不聽。于是國人莫敢出言」，短短一句，既交代了厲王對諫言的態度，又照應了前面提出的「國人莫敢言」。這絕不是無意義的重複，而是著重指出民不可侮的意義。前面的「國人莫敢言」，還只是引起人民「道路以目」的消極反抗；而在拒納邵公諫言以後的「國人莫敢出言」，結果卻引起人民積極反抗的行動：「三年，乃流王于彘。」從「道路以目」到「流王于彘」，這一變化有力地說明了邵公諫言的正確

和重要。

　　總之，全文以厲王的「王虐」、「王怒」、「王不聽」形成一條敍事的線索，和人民的「謗王」、「莫敢言」、「道路以目」、「流王于彘」交織在一起，形成了一個矛盾的兩個方面。文章簡潔明快地講清了事情發生、發展、結束的經過，卻又不是以敍事爲中心。至于邵公的一番諫言，則是重點所在，層層推進，有理有喩，言簡意賅，完全達到了作者以記言爲主來評述人物的寫作要求。

　　根據以上分析，本文在表現方面的特色，約可歸納爲以下三點：第一，敍事簡明，全文僅二百五六十字，在以記言爲主的前提下，卻能將事情的前因後果，一一交代清楚，要言不繁，結構謹嚴，形成一個有機整體。第二，記言層層推進，有理由，有辦法，有忠告，極富邏輯力量，我們可以從這些語言中，看出說話人的思想爲人。第三，運用比喩貼切自然；語言簡練而又形象化，從而大大增強了文章的說服力量。

（黄昌漢）

<h1 align="center">勾踐滅吳　　　　《國　語》</h1>

　　越王勾踐棲于會稽之上①，乃號令于三軍曰②：「凡我父兄、昆弟及國子姓③，有能助寡人謀而退吳者，吾與之共知越國之政④。」大夫種進對曰⑤：「臣聞之：賈人夏則資皮⑥，冬則資絺⑦，旱則資舟，水則資車，以待乏也⑧。夫雖無四方之憂⑨，然謀臣與爪牙之士⑩，不可不養而擇也⑪。譬如蓑笠，時雨既至，必求之。今君王既棲于會稽之上⑫，然後乃求謀臣，無乃後乎⑬？」

　　勾踐曰：「苟得聞子大夫之言⑭，何後之有？」執其手與之謀。

　　遂使之行成于吳⑮，曰：「寡君勾踐乏無所使⑯，使其下臣種，不敢徹聲聞于天王⑰，私于下執事⑱，曰：『寡君之師徒⑲，不足以辱君矣⑳，願以金玉、子女賂君之辱㉑。請勾踐女女于王，大夫女女于大夫，士女女于士，越國之寶器係從㉒，寡君帥越國之衆以從君之師徒，唯君左右之㉓。若以越國之罪爲不可赦也，將焚宗廟，繫妻

拏㉔，沈金玉于江，有帶甲五千人，將以致死㉕，乃必有偶㉖，是以帶甲萬人事君也㉗。無乃即傷君王之所愛乎㉘？與其殺是人也㉙，寧其得此國也㉚，其孰利乎？』」

夫差將欲聽與之成，子胥諫曰㉛「不可！夫吳之與越也，仇讎敵戰之國也㉜，三江環之㉝，民無所移。有吳則無越，有越則無吳，將不可改于是矣㉞！員聞之：陸人居陸，水人居水。夫上黨之國㉟，我攻而勝之，吾不能居其地，不能乘其車；夫越國，吾攻而勝之，吾能居其地，吾能乘其舟。此其利也，不可失也已㊱。君必滅之！失其利也，雖悔之，必無及已。」

越人飾美女八人㊲，納之太宰嚭㊳，曰：「子苟赦越國之罪，又有美于此者將進之。」太宰嚭諫曰：「嚭聞古之伐國者，服之而已㊴；今已服矣，又何求焉？」夫差與之成而去之㊵。

勾踐說于國人曰㊶：「寡人不知其力之不足也，而又與大國執讎㊷，以暴露百姓之骨于中原㊸，此則寡人之罪也。寡人請更㊹！」于是葬死者，問傷者，養生者；弔有憂㊺，賀有喜；送往者，迎來者；去民之所惡，補民之不足。然後卑事夫差㊻，宦士三百人于吳㊼，其身親爲夫差前馬㊽。

勾踐之地，南至于句無㊾，北至于御兒㊿，東至于鄞[51]，西至于姑蔑[52]，廣運百里[53]。乃致其父母昆弟而誓之[54]，曰：「寡人聞古之賢君，四方之民歸之，若水之歸下也。今寡人不能，將帥二三子夫婦以蕃[55]。令壯者無取老婦，令老者無取壯妻；女子十七不嫁，其父母有罪；丈夫二十不娶，其父母有罪。將免者以告[57]，公令醫守之。生丈夫[58]，二壺酒，一犬；生女子，二壺酒，一豚[59]；生三人，公與之母[60]；生二人，公與之餼[61]。當室者死[62]，三年釋其政[63]；支子死[64]，三月釋其政，必哭泣葬埋之，如其子[65]。令孤子、寡婦、疾疹[66]、貧病者，納官其子[67]。其達士[68]，絜其居[69]，美其服，飽其食，而摩厲之于義[70]。四方之士來者，必廟禮之[71]。」勾踐載稻與脂于舟以行[72]，國之孺子之游者[73]，無不餔也[74]，無不歠也[75]，必問其名。非其身之所種則不食，非其夫人之所織則不衣。十年不收于國

⑦，民俱有三年之食。

國之父兄請曰：「昔者夫差恥吾君于諸侯之國⑦，今越國亦節矣⑧，請報之！」勾踐辭曰：「昔者之戰也，非二三子之罪也，寡人之罪也。如寡人者安與知恥⑦？請姑無庸戰⑧！」父兄又請曰：「越四封之內⑧，親吾君也，猶父母也。子而怒報父母之仇，臣而思報君之讎，其有敢不盡力者乎？請復戰！」

勾踐既許之，乃致其衆而誓之，曰：「寡人聞古之賢君，不患其衆之不足也，而患其志行之少恥也⑧。今夫差衣水犀之甲者⑧，億有三千⑧，不患其志行之少恥也，而患其衆之不足。今寡人將助天滅之。吾不欲匹夫之勇也⑧，欲其旅進旅退也⑧，進則思賞，退則思刑；如此，則有常賞⑧。進不用命⑧，退則無恥；如此，則有常刑⑧。」

果行⑨，國人皆勸⑨。父勉其子，兄勉其弟，婦勉其夫，曰：「孰是吾君也⑨，而可無死乎⑨？」是故敗吳于囿⑨，又敗之于沒⑨，又郊敗之⑨。

夫差行成，曰：「寡人之師徒，不足以辱君矣！請以金玉、子女，賂君之辱。」勾踐對曰：「昔天以越予吳，而吳不受命。今天以吳予越，越可以無聽天之命而聽君之令乎？吾請達王甬、句東⑨，吾與君爲二君乎⑨！」夫差對曰：「寡人禮先壹飯矣⑨。君若不忘周室而爲敝邑宸宇⑩，亦寡人之願也。君若曰：『吾將殘汝社稷⑩，滅汝宗廟。』寡人請死！余何面目以視于天下乎？越君其次也⑩！」遂滅吳。

【注釋】①棲：停留。會稽：山名，在今浙江紹興東南十二里。②號令：傳告。古時傳令于大衆，都用傳呼的辦法，所以叫「號令」。號：呼。③昆弟：兄弟。昆：兄。國子姓：國君的同姓。④共知越國之政：共同管理越國的政事，意思是讓他做越國的卿相。知：主持，過問。⑤大夫種：文種，楚國人，曾爲楚國的宛（現在河南省南陽市）令，入越後爲大夫，與范蠡同助勾踐滅吳，功成，爲勾踐所忌殺。⑥賈（《ㄍㄨ）人：商人。資：蓄積。⑦絺（ㄔ）：細葛布，夏布。⑧乏：缺少。⑨四方之憂：指四鄰各國對本國進攻。⑩爪牙之士：指勇敢的將士。⑪養：培養。擇：選擇錄用。⑫既：已經。⑬無乃：未免，只怕。後：遲，晚⑭

子大夫：指文種。「大夫」是稱其官職，前面加上「子」子，是古人稱呼對方的敬稱。⑮行成：議和。成：和。⑯乏無所使：缺乏人才，沒有他人可以派遣。⑰徹：達。天王：指吳王。⑱：私下。指低聲下氣地私語。下執事：卽「執事」，等於說「在您手下的執事人員」。⑲師徒：指軍隊。⑳不足以辱君矣：不值得屈辱您親自來討伐了。辱：謙詞。㉑賂君之辱：奉獻給您，酬謝您的辱臨。㉒女於王：作王的婢妾。女：讀去聲，原意是以女嫁人，這裏是充婢妾的意思。畢從：全部隨著（進獻）。㉓唯君左右之：任憑君的調遣、處置。㉔係妻孥（ㄋㄨˊ）：把妻、子拘囚起來（這是表示令妻、子死生同命，不爲吳所擄虜）。係：用繩縛住。孥：妻子兒女。㉕致死：效死，拚命。㉖偶：對，兩個。意思是拚命戰鬥，一人必有兩人之用。㉗事君：伺侯君王。這是婉辭，實際是說與夫差作戰。㉘無乃：豈不是。卽：就。㉙是人：這些人。㉚寧其：這裏有「不如」「寧可」的意思。㉛子胥：伍員（ㄩㄣˊ），字子胥。吳王用他爲「行人」（官名，主管朝覲聘問等事），跟他共謀國事。㉜仇讎（ㄔㄡˊ）：仇敵。讎：與「仇」同義。㉝三江：指吳江、錢塘江、浦陽江。㉞是：代指吳和越勢不兩立的局面。㉟上黨之國：指中原各國。上：高。黨：所，處。㊱已：同「矣」。㊲飾：打扮。㊳納：致送，與現代漢語「交納」的意思相近。太宰嚭（ㄆㄧˇ）：太宰（官名）名嚭。㊴服之：使之降順馴服。㊵去：離開（越國）。㊶說於國人：指向越國人解釋。㊷執讎：結仇。㊸中原：原野之中。㊹更：改。㊺弔有憂：指人民有喪事就去弔唁。㊻卑事夫差：自居於卑賤的地位去侍奉夫差。㊼宦士：派士人去當臣僕。宦：爲宦豎（宮中小臣）。㊽其身：他自身（指勾踐）。前馬：前驅，在馬前開道的人。㊾句無：今浙江省諸暨縣南五十裏有勾無亭，卽其地。㊿御兒：在今浙江嘉興縣境。51鄞（ㄧㄣˊ）：今浙江寧波。52姑蔑：在今浙江衢縣境內。53廣運：東西爲廣，南北爲運。54致：招致，招集。55帥：同「率」。二三子：你們。蕃：繁殖人口。56取：同「娶」。57免：同「娩」，分娩。58丈夫：指男性，男孩。59豚（ㄊㄨㄣˊ）：小猪。60母：乳母。61餼（ㄒㄧˋ）：口糧。62當室者：指嫡子。死：死於國事。63釋其政：免除其家的賦役。政：通「徵」，指賦役。64支子：庶子。65如其子：像對待自己的嫡子一樣。66疾疹：患疾病的人。疹：同「疢」（ㄔㄣˋ），一種病。67納宦其子：把他們的兒子送入官府，加以教養而給其口糧。68達士：通達的人，賢者。69絜其居：（公家）把他們的住所收拾得很乾淨。絜：同「潔」。70摩厲：勸勉、鼓勵。一說，同「磨礪」，切磋、研討的意思。義：正當的道理。71廟禮之：在廟堂上接見，表示尊重。72稻：指米糧。一說，稻指「糜」，卽粥一類的食物。脂：油類。一說，指肉類。73孺子：小孩，

年輕人。游者：貴游子弟，未仕而在學者。≪周禮·地官·師氏≫：「凡國之貴游子弟學焉。」一說，游者指國中流浪無歸的年輕人。⑭餔（ㄅㄨ）：（給食物）吃。⑮歠（ㄔㄨㄛˋ）：（給水）喝。⑯不收於國：不向人民收賦稅。⑰耻吾君於諸侯之國：意思是在舉世皆知的情況下侮辱我們國君。耻：辱。⑱節：克制。一說，節是「有節度」，指越國的發展已步入常規，一切都上了軌道。⑲安與知耻：哪裏能列於知耻者之中；意思是哪裏懂得什麼叫受了耻辱。⑳姑：暫且。無庸：不用。㉑四封：四境。封：疆界。㉒患：憂。志行：志向行為。少耻：缺少知耻的精神。㉓衣：穿。水犀之甲：水犀皮製成的鎧甲。水犀：犀牛的一種。㉔億：十萬，不同於現代漢語的「億」。有：又。㉕匹夫之勇：一般人的血氣之勇。這裏有批評個人逞能的意思。㉖旅進旅退：同進同退。旅：俱。㉗常賞：合於常規的（指國家規定的）賞賜。㉘不用命：不服從命令。㉙常刑：合於常規的（指國家規定的）刑罰。㉚果行：果決地這樣做。㉛勸：互相勉勵。㉜孰：誰。㉝無死：不（為他）效死。㉞囿：笠澤，即松江。㉟沒：吳地名。不詳所在。㊱郊敗之：在吳國都城（指姑蘇，現在江蘇省蘇州市）的郊外把吳軍打敗。㊲達：遣送。甬：甬江。句：地名，句章，在今慈溪縣西南。㊳吾與君為二君：意思是，我同你仍然算是兩國的國君。㊴禮先壹飯：按長幼之禮說，我比您多吃了幾年飯，年歲大一些。這是想以長幼的關係求饒恕。壹：同一。也有人認為「壹飯」猶言「小恩惠」，是說自己曾有恩於越（指准許越國議和）。㊵不忘周室：吳國是周朝的同姓，所以夫差這樣說。為敝邑宸宇：做吳國的庇覆者（宗主國）。宸：屋霤（ㄌㄧㄡˋ），檐下接水的長槽。宇：屋邊，檐下。㊶殘：滅。㊷其次也：進駐吳國都城吧。次：舍，駐。

【鑑賞】≪勾踐滅吳≫這篇文章，全篇選錄≪國語·越語上≫。原文沒有標題，題目是根據過去古文選本後加的。

　　吳、越兩國，同處在長江下游以太湖流域為中心的地區，「同壤而世為仇讎」（≪左傳≫）。兩國都是到了春秋末期才在中國歷史上顯示出他們的地位。他們的歷史流傳於後世，為人們所稱道的，是兩國互相攻伐的故事。其初吳王闔閭起兵攻越，被越王勾踐擊敗，因傷致死。後來越王勾踐聽說吳王夫差日夜練兵，要報父仇，不顧范蠡的諫說，輕易起兵攻打吳國，被吳王夫差擊敗，受困在會稽山上。吳王夫差又不納伍子胥的忠告而聽從太宰嚭的勸說，准許勾踐求和，保存越國。越王勾踐因此贏得了休整的機會，經過大約二十年的艱苦備戰，乘吳王夫差驕傲自滿，在北方和齊、晉等國爭霸的時機，發兵反攻，最後把吳國滅掉。在

不長的歷史時間內，兩國都經歷了驚險的巨大的歷史性變化。驕傲自大，不聽忠言，就會失敗，以至於滅亡；艱苦奮鬭，依靠人民，就會贏得最後勝利：這種經驗教訓的鮮明對比，很能發人深省，引起廣泛的注意。大概由於這個緣故，許多關於雜記吳越兩國時事的傳說異聞，應運而生。《左傳》、《國語》、《史記》以及《越絕書》、《吳越春秋》和其他散見於子史百家書中的關於吳越兩國歷史故事，可能就是根據這些傳說異聞而各有不同的采擇，所以各書所載，都有不同程度的歧異。保存在《國語》裏面的吳越史事，有《吳語》一卷，《越語》二卷，共計三篇文章，內容互有詳略異同，要合起來，才能知道兩國戰爭的輪廓。《越語上》這篇文章，只記勾踐滅吳一段歷史，所以只是兩國戰爭史的片斷。我們現在來鑒賞這篇文章，就要從這裏談起。

　　截取片斷事實，演爲一篇文章，本來是記敍文的常用方法。《勾踐滅吳》是運用這種方法比較早見的一篇。柳宗元《非國語》說：《吳越之事無他焉，舉一國足以盡之，而反分爲二篇（當是合《越語》上下爲一篇），務以相乘，凡其繁蕪曼衍者甚衆」。他是綜合《吳語》和《越語》上下三篇文章來看吳越兩國歷史的，因此忽視《越語上》截取片斷，專記勾踐滅吳這一原作方法上的特點。《越語上》作爲專記勾踐滅吳一段故事，不但沒有「繁蕪曼衍」的毛病，相反的，它卻寫得自然完整，簡要矯健，成爲先秦散文的範例。柳宗元在《非國語序》又說：「左氏《國語》，其文深閎傑異，固世之所耽嗜而不已也。」這樣的評價，《越語上》當然包括在內。可見柳宗元也是《越語上》的欣賞者。

　　爲了便於說明，且看下面的分析。《勾踐滅吳》，是按事件的自然發展分段寫出的。起句至「執其手而與之謀」爲一段，記勾踐戰敗後的悔改；「遂使之行成於吳」至「夫差與之成而去之」爲一段，記勾踐忍辱求和和夫差輕敵自滿；勾踐說於國人」至「又郊敗之」爲一段，記勾踐動員全國人民，勵精圖治，進行反攻；「夫差行成」至「遂滅吳」爲一段，記夫差之死而吳亡。由勾踐對於過去輕意發動戰爭的錯誤作檢討，到忍辱求和以保存實力，到發動全國人民準備反攻，到最後轉敗爲勝，把吳國滅掉，文章正是按照這一歷史的過程，逐步展開，層次分明，一清到底。這樣的文章，當然不能說它「繁蕪曼衍」。

　　第一段，首句突起，引出全篇，是散文的善於發端。前人論詩，很早就注意到詩的發端問題。鐘嶸《詩品》論謝朓詩「大江流日夜」爲「善於發詩端」。其實散文也有很多這類例子。「越王勾踐栖於會稽之上」就是很早的證明。下面所有文字，都是從這一句發生出來。但作用還不止於此。作爲記敍吳越兩國戰爭史的一個組成部分，這篇文章也是由這一句和全體聯繫起來的。讀者可能會問，越

王勾踐爲什麼會栖於會稽山上呢？「栖」字據《史記‧勾踐世家》索隱引《六韜》，《軍處山之高者則曰栖》，是栖有據守高地的意思。《左傳》作「保於會稽之上」，《史記》作「保栖於會稽」，都表明勾踐是在大敗之後被圍困在會稽山上的。所以這一句是從上文發展而來的，是全體和片斷的連結點。勾踐號令於三軍的幾句話，集中凝練，是剝去浮辭，突出精華的表現。大夫種的對話，避開正面，旁敲側擊，勾踐的答辭，「苟得聞子大夫之言，何後之有？」憑空落筆，一語解嘲；所謂「深閎傑異」，不妨從這些地方去體會。末句「執其手而與之謀」，既是事態的自然結論，也是文章的巧結構。下段文章就這樣不著痕迹地和本段緊密連結起來了。

　　第二段，記勾踐求和（行成）的曲折過程，僅寫大夫種的致辭，伍子胥的諫阻和太宰嚭的促成三方面的應對。把它和《吳語》中相類情節作比較，就知道這篇文章所記是抓住主流，突出重點，而不是面面俱到。《吳語》稍嫌繁蕪，這一段卻簡明扼要。大夫種的致辭，開始幾句是古代下對上的客套話，除表示尊敬對方和自我謙虛外，別無其他意義。致辭的中心部分，卑中有亢，權衡利害，是好的辭令文章。伍子胥的諫諍，從兩國當時的形勢出發，「有吳則無越，有越則無吳」，企圖說服夫差。太宰嚭因爲受賄賂，全是打圓場的話。「嚭聞古之伐國者，服之而已；今已服矣，又何求焉？」是於無話可說時，找出話來，如聞其聲，如見其人。三人的話，都反映了各人的身分和立場，簡明而形象。像這樣以簡馭繁的表現手法，只有在好的記敍文中才會見到。

　　第三段，是全文的重點，寫得也比較詳備。全段分四層記敍：「勾踐說于國人」至「其身親爲夫差前馬」爲第一層，記勾踐一方面向全國人民做檢討，弔死扶傷，以安撫民心；一方面卑躬屈己，爲夫差服役，以麻痹敵人。「此則寡人之罪也」以上幾句，可爲古代封建帝王罪己詔的範本。「勾踐之地」至「民俱有三年之食」爲第二層，是《左傳》所說「十年生聚」的具體內容。「國之父兄請曰」至「如此，則有常刑」爲第三層，是《左傳》所謂「十年教訓」的具體內容。兩層都是本段的主要部分，所以作細節描寫。「果行，國人皆勸」至「又郊敗之」爲第四層，記敍備戰的結果。全段文章，也是依照事態發展的自然順序，層層遞進，一線到底。所以事實雖然千頭萬緒，文章卻了如指掌，讀起來並沒有繁蕪瑣碎的感覺。另外要注意的，一是「勾踐之地，南至於句無，北至於御兒，東至於鄞，西至於姑蔑，廣運百里」幾句話，一是「是故敗吳於囿，又敗之於沒，又郊敗之」幾句話，前幾句話，突然打斷了文氣，使文章避免順接，流於平淡；後幾句話，只是虛寫戰事的結局，順便逮住本段：都不是一般的表現方法。文章要有

兀傲的風貌，才能顯出傑異。讀者正不妨從這些地方去體認。可以設想一下，假如刪去「勾踐之地」六句，文章也能接下去，但就流於平直，而無奇致了。再像《吳語》那樣，把「是故敗吳於囿」三句換成一段戰爭的細節描寫，勢必破壞文章的原來結構，另成一路文章；或是使備戰工作和作戰經過，互相夾雜，以致文章臃腫繁碎，不能自舉。

　　第四段，是勾踐滅吳的結局。假如和《越語下》的同類情節相比較，就知道它是減省了一些枝節和浮辭，突出重點，扼要記述的。其結尾，不說夫差「遂自殺」，像《吳語》所記那樣，而代之以「遂滅吳」，也是值得注意的地方。「遂自殺」，是緊接「余何面目以視於天下乎？越君其次也」，是貼夫差一方面的好結句，也是這一段的好結句，但作用只止於此，不能作爲全文的結句，因爲它箝不住全文。「遂滅吳」就不同了，它卽和上一段的結句「是故敗吳於囿，又敗之於沒，又郊敗之」相呼應，成爲全文水到渠成的結句，又使文章戛然而止，顯得矯健峭拔。在這裏，「遂自殺」和「遂滅吳」兩句都是本段應有的文章，但前者不能代替後者，後者卻可以包涵住前者，爲了避免兩句連用，因而捨去前句而保留後句，就文章說，也是精心結撰的。以上的分析，只是從文章的章法上作了粗略的說明。限於篇幅。其他就不多說了。

（王氣中）

鄒忌諷齊王納諫　　《戰國策》

　　鄒忌修八尺有餘，而形貌昳麗①。朝服衣冠②，窺鏡③，謂其妻曰：「我孰與城北徐公美④？」其妻曰：「君美甚，徐公何能及君也！城北徐公，齊國之美麗者也。忌不自信，而復問其妾曰：「吾孰與徐公美？」妾曰：「徐公何能及君也！」旦日⑤，客從外來，與坐談，問之客曰：「吾與徐公孰美？」客曰：「徐公不若君之美也。」明日，徐公來，孰視之⑥，自以爲不如；窺鏡而自視，又弗如遠甚。暮寢而思之，曰：「吾妻之美我者，私我也⑦；妾之美我者，畏我也；客之美我者，欲有求於我也。」

於是入朝見威王⑧，曰：「臣誠知不如徐公美⑨。臣之妻私臣，臣之妾畏臣，臣之客欲有求於臣，皆以美於徐公⑩。今齊地方千里⑪，百二十城，宮婦左右莫不私王，朝廷之臣莫不畏王，四境之內莫不有求於王：由此觀之，王之蔽甚矣⑫！」

王曰：「善。」乃下令：「羣臣吏民，能面刺寡人之過者⑬，受上賞；上書諫寡人者⑭，受中賞；能謗議於市朝，聞寡人之耳者⑮，受下賞。」令初下，羣臣進諫，門庭若市；數月之後，時時而間進⑯；期年之後⑰，雖欲言，無可進者。

燕趙韓魏聞之，皆朝於齊⑱。此所謂戰勝於朝廷⑲。

【注釋】①鄒忌：齊國人，善鼓琴。曾爲齊相，封成侯。修：長，這裏指身高。八尺有餘：古代的尺比現代的短，所以人的身長能有八尺多。形貌昳（卜）麗：容貌很漂亮。昳麗：光艷。②朝（ㄓㄠ）：早晨。③窺：看。窺鏡：照鏡子。④孰：誰。⑤旦日：明日。⑥孰視：仔細看。熟：同「孰」。⑦美：動詞，稱美，贊美。私：偏愛。⑧威王：齊威王，名因齊。⑨誠：確實。⑩以美於徐公：以爲我比徐公美。以：以爲。「以」下省去賓語「我」。⑪方：方圓。⑫蔽：（受）蒙蔽。⑬面刺：當面指責。⑭諫：規勸。⑮謗議於市朝：在公共場所議論（君王的缺點）。聞寡人之耳：聞於寡人之耳⑯間（ㄐㄧㄢ）進：偶然進諫。間：間或，偶然。⑰期（ㄐㄧ）年：滿一年。⑱朝於齊：到齊國去進見齊王。⑲此所謂戰勝於朝廷：這就是所說的在朝廷上戰勝（敵人）。

【鑑賞】《鄒忌諷齊王納諫》，情節生動，語言精練，細致地刻畫了一個精細、聰明的謀臣形象，充滿幽默氣氛，通過藝術形象，給人以深刻的思想啓示。

「鄒忌修八尺有餘，而形貌昳麗。」先從客觀上肯定鄒忌的美，兩句話把他的身材面貌具體描繪出來，作爲鄒忌自我欣賞的物質基礎。「朝服衣冠，窺鏡」，轉入人物本身行動的描寫，展示人物內心活動。鄒忌既很漂亮，再穿戴起華貴的禮服，自己覺得必然更美了，不由得要照照鏡子來自我欣賞，活畫出他自滿的神情。可是，他聯想到以美聞名的徐公，不免又發生了一種恐不及徐公美的輕微的惶惑，忍不住向他妻子問道：「我孰與城北徐公美？」通過這些細節，揭示出鄒忌在刹那間復雜的內心活動。他妻子回答說：「君美甚，徐公何能及君也！」這口吻，充分流露出妻子對丈夫衷心的愛戀之情。鄒忌原很美，加上妻子對他的愛

戀，在她眼中，當然沒有人趕得上鄒忌的。在這裏插入「城北徐公，齊國之美麗者也」的敍述，是非常必要的，明確了徐公是齊國著名的美男子，鄒忌怕比不上他的嫌疑，才有現實根據，因此他對妻子的回答才有理由感到十分可靠。可是鄒忌有自知之明，也有判斷能力，爲了弄明眞象，他再問妾：「吾孰與徐公美？」妾的回答，同樣是肯定的，但是少了「君美甚」一句，肯定的程度就有所不同。不像妻那樣熱情的稱贊，只是爲了逢迎鄒忌的歡心而已。鄒忌一方面希望妻妾的回答是可信的，另一方面還在懷疑。第二天又問客：「吾與徐公孰美？」客的回答仍然是肯定的，「徐公不若君之美也。」不過語氣較妻、妾都輕微些。三問三答，同樣的內容，各有適合人物身分的不同語調，情態逼眞。妻、妾、客雖然異口同聲肯定鄒忌比徐公美，但是重視客觀事實的鄒忌，看到了徐公，就仔細觀察他的容貌，再悄悄地照了鏡子作比較，感到自己比他差遠了。這就不能不使他想起妻、妾、客爲什麼要那樣回答。這正表現了鄒忌的觀察精細，頭腦清醒，不受蒙蔽，重視客觀現實。經過思索。畢竟明白了其中的道理，他從共同的阿諛中找出不同的原因。這個不同正是爲人與人的不同關係所決定的：妻由於愛，而有所偏私；妾由於畏，而不敢直說；客由於有所求，而要討他的歡心。這一推斷，入情入理。鄒忌的明智、精細的性格特徵，至此已表現得十分突出。生活體驗給予他極大的啓示，他抓住這個生活現實問題，把它推廣到治國者的身上去，作爲規勸齊王的論據。這可以推測到他想規勸齊王納諫是早已存在的念頭，不過，在沒有很好的方式取得進諫效果時，他不敢冒險行動，因爲在君主統治時代，臣子向國君提意見，萬一觸怒國君，大則殺身，小則受辱，鄒忌自然不敢輕率。他在問妻、妾、客的過程中，逐步得到啓示，更加有意地要弄淸這些現象的實際內容。最後的結論，使他領悟了人與人之間的關係的復雜，是使人容易受到客觀現象的蒙蔽的原因，這個生動的事例，恰好是作爲規勸齊王的有力論據，因此緊接著就去謁見齊王。這些描寫，以人物的行動和對話，顯示了一個聰明、精細、善於推理的謀臣形象，從而進一層展開進諫的情節。「於是」將上下文緊密地聯繫起來，表明鄒忌就是用這個切身體會去進諫。他對威王的說辭分兩層：「臣誠知不如徐公美……皆以美於徐公。」先述說自己的生活體驗。所述事實，經過概括和提煉，旣具體，又幽默。「臣誠知不如徐公美」句，補充說明了他對妻、妾、客的發問，是有意識的擧動。在這裏明確提出，才能顯示他說辭的目的，才便於推論到下面的事實。他所陳述的生活體驗，先給了齊王一個淸晰的印象。然後再拿齊王所處的生活環境和自己的經歷一比較，齊王受蔽的嚴重，已是無可辨駁的了。現身說法，比喻貼切，語言幽默，論據確鑿，全從現實生活來啓發齊王自覺，使齊王一

聽即能領悟到鄒忌的話確實有道理，有接受的必要。齊王受鄒忌說辭的啓發，感到自己受蔽的嚴重，立即用懸賞的辦法，廣泛徵求臣民的意見。「令初下」時，形容「羣臣進諫」的擁擠，只用「門庭若市」四個字，就給了讀者一個具體的場面。說明「數月之後」進諫者逐漸稀少，就用「時時而間進」來表示。「期年之後，雖欲言，無可進者。」概括表明：齊王在納諫過程中，努力整頓和改革政治的實現。而「燕、趙、韓、魏聞之，皆朝於齊」，又以客觀現象顯示出納諫的巨大效果。最末的「此所謂戰勝於朝廷」，乃是作者對這一件事作出的一定評價。

　　本篇語言精練，表現人物與人物的關係尤爲細緻、生動。鄒忌和妻、妾、客的問答，同樣內容，不同的表現，每句只是一二字的增減或變化，恰當地表明了人物彼此間親疏遠近的關係。鄒忌向威王陳述自己的經歷時，內容也和第一段末尾一樣，但文字卻有變化，用「皆以美於徐公」一句代替了三個「美我者」。如果在這裏照上文重複一遍，文章的藝術性，就將大大削弱，使人感到枯燥無味；過於概括，又將因不具體而降低說服力，作者卻用不同的句式，恰如其分地表達了人物的精神面貌。其他如敍述事件的過程，或明寫或暗寫，全文充滿濃厚的生活氣息，從夫妻、賓主、君臣各方面的關係，勾勒出一幅統治集團內部的生活圖畫。不滿五百字的一篇作品，反映了如此深廣的社會生活，確是不可多得的傑作。

（劉憶萱）

魯仲連義不帝秦　　　《戰國策》

　　秦圍趙之邯鄲①，魏安釐王使將軍晉鄙救趙②，畏秦，止於蕩陰③，不進。

　　魏王使客將軍辛垣衍④，間入邯鄲⑤，因平原君謂趙王曰⑥：「秦所以急圍趙者：前與齊湣王爭強爲帝⑦，已而復歸帝⑧，以齊故⑨；今齊湣王已益弱⑩，方今惟秦雄天下，此非必貪邯鄲，其意欲求爲帝。趙誠發使尊秦昭王爲帝⑪，秦必喜，罷兵去。」平原君猶豫未有所決。

此時魯仲連適游趙，會秦圍趙⑫，聞魏將欲令趙尊秦爲帝，乃見平原君曰：「事將奈何矣？」平原君曰：「勝也何敢言事⑬！百萬之衆折於外⑭，今又內圍邯鄲而不能去⑮。魏王使客將軍辛垣衍令趙帝秦，今其人在是。勝也何敢言事！」魯連曰：「始吾以君爲天下之賢公子也，吾乃今然後知君非天下之賢公子也。梁客辛垣衍安在？吾請爲君責而歸之⑯。」平原君曰：「勝請召而見之於先生。」

平原君遂見辛垣衍曰：「東國有魯連先生⑰，其人在此，勝請爲紹介而見之於將軍。」辛垣衍曰：「吾聞魯連先生，齊國之高士也⑱。衍，人臣也，使事有職⑲，吾不願見魯連先生也。」平原君曰：「勝已泄之矣⑳。」辛垣衍許諾。

魯連見辛垣衍而無言。辛垣衍曰：「吾視居此圍城之中者，皆有求於平原君者也；今吾視先生之玉貌，非有求於平原君者，曷爲久居若圍城之中而不去也㉑？」魯連曰：「世以鮑焦無從容而死者㉒，皆非也。今衆人不知，則爲一身。彼秦者，棄禮義而上首功之國也㉓，權使其士㉔，虜使其民㉕；彼則肆然而爲帝㉖，過而遂正於天下㉗，則連有赴東海而死矣，吾不忍爲之民也！所爲見將軍者，欲以助趙也。」辛垣衍曰：「先生助之奈何？」魯連曰：「吾將使梁及燕助之㉘，齊、楚則固助之矣㉙。」辛垣衍曰：「燕則吾請以從矣㉚；若乃梁，則吾乃梁人也，先生惡能使梁助之耶㉛？」魯連曰：「梁未睹秦稱帝之害故也。使梁睹秦稱帝之害，則必助趙矣。」辛垣衍曰：「秦稱帝之害將奈何？」魯仲連曰：「昔齊威王嘗爲仁義矣㉜！率天下諸侯而朝周，周貧且微，諸侯莫朝，而齊獨朝之。居歲餘㉝，周烈王崩㉞，諸侯皆弔，齊後往。周怒，赴於齊曰㉟：『天崩地坼㊱，天子下席㊲，東藩之臣田嬰齊後至㊳，則斮之㊴！』威王勃然怒曰：『叱嗟㊵！而母㊶，婢也。』卒爲天下笑㊷。故生則朝周，死則叱之，誠不忍其求也。彼天子固然㊸，其無足怪！」

辛垣衍曰：「先生獨未見夫僕乎？十人而從一人者，寧力不勝、智不若耶？畏之也。」魯仲連曰：「然梁之比於秦，若僕耶？」辛垣衍曰：「然。」魯仲連曰：「然則吾將使秦王烹醢梁王㊹！」辛垣衍怏然不

悅⑤，曰：「嘻⑥！亦太甚矣，先生之言也！先生又惡能使秦王烹醢梁王？」魯仲連曰：「固也⑦！待吾言之：昔者鬼侯、鄂侯、文王⑧，紂之三公也。鬼侯有子而好⑨，故入之於紂，紂以爲惡⑤，醢鬼侯；鄂侯爭之急，辨之疾⑤，故脯鄂侯⑤；文王聞之，喟然而嘆⑤，故拘之於牖里之庫百日⑤，而欲舍之死⑤。曷爲與人俱稱帝王，卒就脯醢之地也？

「齊閔王將之魯⑤，夷維子執策而從⑤，謂魯人曰：『子將何以待吾君？』魯人曰：『吾將以十太牢待子之君⑤。』夷維子曰；『子安取禮而來待吾君⑤？彼吾君者，天子也。天子巡狩⑥，諸侯辟舍⑥，納於筦鍵⑥，攝衽抱几⑥，視膳於堂下⑥；天子已食，退而聽朝也⑥。』魯人投其籥不果納⑥，不得入於魯。將之薛，假涂於鄒⑥。當是時，鄒君死，閔王欲入弔。夷維子謂鄒之孤曰⑥：『天子弔，主人必將倍殯柩⑥，設北面於南方，然後天子南面弔也。鄒之羣臣曰：『必若此，吾將伏劍而死⑦。』故不敢入於鄒。鄒、魯之臣，生則不得事養⑦，死則不得飯含⑦，然且欲行天子之禮於鄒、魯之臣，不果納。今秦萬乘之國，梁亦萬乘之國；俱據萬乘之國，交有稱王之名⑦。睹其一戰而勝，欲從而帝之，是使三晉之大臣⑦，不如鄒、魯之僕妾也⑤。

「且秦無已而帝⑥，則且變易諸侯之大臣⑦，彼將奪其所謂不肖而予其所謂賢，奪其所憎而與其所愛；彼又將使其子女讒妾⑧，爲諸侯妃姬，處梁之宮⑦，梁王安得晏然而已乎⑧？而將軍又何以得故寵乎⑧？」

於是辛垣衍起，再拜謝曰：「始以先生爲庸人，吾乃今日而知先生爲天下之士也！吾請去，不敢復言帝秦！」

秦將聞之，爲卻軍五十里⑧。適會魏公子無忌奪晉鄙軍以救趙擊秦⑧，秦軍引而去。

於是平原君欲封魯仲連，魯仲連辭讓者三，終不肯受。平原君乃置酒，酒酣，起，前，以千金爲魯連壽⑧。魯連笑曰：「所貴於天下之士者，爲人排患、釋難、解紛亂而無所取也；卽有所取者，是商賈

之人也，仲連不忍爲也。」遂辭平原君而去，終身不復見。

【注釋】①邯鄲：今河北省邯鄲市，是當時趙國的首都。②魏安釐（ㄒㄧ）王：魏昭王之子，名圉。晉鄙：魏國的大將。③蕩陰：地名，今河南省湯陰縣，是當時趙、魏兩國交界處。④客將軍：原籍非魏而在魏國做將軍，故稱客將軍。辛垣衍：「辛垣」是姓，「衍」是名。⑤閒入：伺幾從小路進入。⑥因：這裏作「通過」解。平原君：趙國的公子趙勝，封平原君。趙王：趙孝成王，名丹。⑦齊湣王：齊王田遂。⑧已而：不久。歸帝：這裏指去掉自封的帝號。⑨以齊故：因爲齊王不稱帝的緣故。⑩益弱：更加衰弱。⑪秦昭王：秦王嬴則，在位五十六年（前306—前251），他屢次打敗各國，奠定了統一六國的基礎。⑫會：恰逢。⑬勝：平原君自呼其名。⑭折：損傷。⑮內：深入國內。去：指退敵。⑯責而歸之：斥責後讓他回去。⑰東國：齊在趙國東邊，故稱東國。⑱高士：道德高尚的士人。⑲使事有職：出使到趙國來有自己的職責。⑳泄之：指已把辛垣衍在趙活動的事洩露給魯仲連了。㉑曷爲：爲什麼。曷：當「何」或「什麼」講。若：這裏作「此」解。㉒鮑焦：春秋時隱士，因不滿現實，寧可抱樹餓死，也不願爲王侯效忠。無從容：缺乏氣量，氣量小。㉓上首功：上，同「尚」，崇尚，注重；首，首級，戰功。「上首功」就是以斬敵人首級多少來記功。㉔權使其士：以權詐之術對待有知識的人。㉕虜使其民：虜，俘虜，古代以俘虜爲奴隸；此言把人民當作奴隸使用。㉖肆然：肆無忌憚。㉗過而：甚而。正於天下：「正」同「政」，指用政治的力量來統治天下。㉘梁：魏遷都大梁（今河南開封）後，又稱梁。㉙固：本來。㉚從：聽從。㉛惡（ㄨ）：這裏當疑問詞「怎麼」解。㉜齊威王：齊王田嬰，在位三十六年（前378—前343），他曾打敗魏國，使齊國成爲當時強國。㉝居歲餘：過了一年多。㉞周烈王：名喜，在位七年（前375—前369）。㉟赴：同訃，報喪。㊱天崩地坼（ㄔㄜˋ）：此指周烈王死。坼：裂。㊲天子：指繼周烈王卽位的周顯王。下席：走下座席，古時居喪要睡草荐、枕土塊以示哀悼，不能像平常一樣生活，故云下席。㊳東藩：位在東方的藩國。藩國係屏衞周天子的國家。㊴斮（ㄓㄨㄛˊ）：砍殺。㊵叱嗟：怒斥聲。㊶而：汝，你。㊷卒：這裏作「終於」講。㊸固然：本來這樣。㊹烹醢（ㄏㄞˇ）：古代酷刑。烹：煮殺。醢：斬成肉醬。㊺怏然：鬱鬱不樂的樣子。說：同「悅」。㊻嘻：驚嘆聲。㊼固：當然。㊽鬼侯、鄂侯、文王：商朝紂王時的三個諸侯。㊾子：這裏當「女兒」講。㊿惡：這裏當「丑」講。51疾：劇烈、急切。52脯：古代酷刑，把人殺死後，做成肉乾。此處作動詞用。53喟然：嘆息貌。54脯（ㄧㄡˊ）里：地名，今

河南省湯陰縣北。　庫：這裏當「監獄」講。　⑤舍：置。　⑥齊閔王：卽齊湣王。
之：到，往。⑤夷維子：齊閔王的臣子。策：馬鞭。⑧太牢：牛、羊、豬各一，
叫太牢。⑨安取禮：根據什麼禮節。⑩巡狩：天子到各地巡視叫巡狩。⑪避舍：
（諸侯）退出原住的宿舍。⑫笯鍵：「笯」同「管」，「管鍵」卽開鎖簧的鑰匙。
⑬攝袵：卷起衣襟。抱几：捧著几案。⑭視膳：侍候天子用飯。⑮退而聽朝：退
下來處理自己的政務。⑯投其籥：下鎖閉關的意思。不果納：拒絕齊閔王入境。
⑰假涂：涂，同「途」，假涂卽借道。鄒：小國名，在今山東省鄒縣。⑱孤：指
已故鄒君之子，因父喪，故稱「孤」。⑲倍：同「背」，換個相反的方向。古代以
坐北朝南爲正位，故國君的靈柩放在北面。如以天子弔諸侯，則天子應座北面
南，居於正位，所以必須把諸侯的棺柩從坐北向南的方位移到坐南向北的方位
去，好讓天子面向南而弔。北面：卽面向北。南面：卽面向南。⑳伏劍而死：用
劍自殺。㉑事養：侍奉供養的意思。㉒飯含：古代的殯禮，用粟米和珠玉放在死
者口中。㉓交：這裏當「互相」、「彼此」講。㉔三晉：韓、魏、趙三國原是分晉
國的土地而成立起來的諸侯國，故合稱三晉。㉕僕妾：此指鄒魯的臣子。㉖無
已：這裏指逞欲不止。㉗變易：更換。㉘讒妾：專事毀賢嫉能以取寵的妾婦。㉙
處：居。㉚晏然：安適貌。㉛故寵：原來的寵愛。㉜卻：退。㉝魏公子：卽魏信
陵君，名無忌，設計奪取晉鄙兵符，領兵救趙，解邯鄲之圍。㉞爲壽：卽祝福的
意思。

【鑑賞】這篇文章見於《戰國策・趙策》，又見《史記・魯仲連傳》。兩書所記
基本相同。依時代《戰國策》文章在前，但也有人認爲今本《戰國策》這段文章
採自《史記》。且不論孰先孰後，這是一篇好文章，則爲世所公認。這篇文章塑
造了魯仲連這一「義士」形象，爲後人所激賞、贊美。唐代李白在其詩篇中寫
道：「齊有倜儻生，魯連特高妙……吾亦澹蕩人，拂衣可同調。」又寫道：「功成
拂衣在，搖曳滄州旁。」魯仲連旣能建不朽之功業又能輕世肆志不受羈束，使李
白極爲傾倒。南宋胡銓也在其名文《戊午上高宗封事》中寫道：「此魯仲連所以
義不帝秦，非惜夫帝秦之虛名，惜天下大勢有所不可也……不然，臣有赴東海而
死，寧能處小朝廷求活耶。」魯仲連支持抗秦並發誓寧赴東海而死而不忍爲之（
秦）民的事迹，贏得抗戰派胡銓的贊賞並被引用來闡述他抗金的主張和表達他寧
死不降的決心。魯仲連之所以爲後世贊賞、欽佩，是與這篇傳記性文章藝術上的
成功分不開的。

　　這篇文章塑造魯仲連的形象，主要突出了一個「義」字。文章的布局和人物

的刻畫都緊緊圍繞這一點。首先從布局看，全文共分三大段。第一大段先交代背
景、烘托氣氛。邯鄲被圍，救兵不至，辛垣衍令趙尊秦爲帝，是否帝秦——也就
是投降還是抵抗，到了作最後抉擇的緊要關頭。文章於此時安排魯仲連出場，便
顯示了他的重要性。魯仲連是齊國的布衣之士，路經此地，但他一聽到帝秦的消
息便挺身而出，主動干預這件關係天下興亡的大事。這一段表明魯仲連的活動，
是出於「義」的動機。第二大段寫魯仲連與辛垣衍的辯論。在魯仲連的言辭中也
突出了「義」的主題。他舉抱木而死的隱士鮑焦爲例，說明世上確有痛傷時艱不
惜一死的人物，而自己反對帝秦便正屬此類。他說明反對帝秦的理由是：「彼秦
者，棄禮義而上首功之國也，權使其士，虜使其民」。這是戰國時常見的反秦口
實，魯仲連強調這一點，是爲了說明他反對帝秦的正義性。另外，在整個辯論
中，魯仲連義正辭嚴，掌握主動，也顯示出他代表了正義的方面。第三大段寫事
件的結果。文章極力誇大魯仲連這一席話的作用，以肯定他的功勞。之後再寫他
功成不受賞，拂衣而去，便愈益顯出他品格的高尚。魯仲連信奉的行爲準則是：
「所貴於天下之士者，爲人排患、釋難、解紛亂而無所取也。」他的行動正是實
踐了這一「義」的準則。其次從人物刻畫看，文章主要採取對比的方法，突出了
魯仲連「義士」的形象。平原君趙勝是著名的戰國四公子之一，但在長平戰敗、
邯鄲被圍的緊急關頭，他卻表現得喪失信心、驚慌失措。與之相反，魯仲連則從
容鎮定、胸有成竹。他批評趙勝，要求面見辛垣衍，並穩操勝算地說，將「爲君
責而歸之」。通過對比，魯仲連的膽識、氣度給人留下了鮮明的印象。魏國的「
客將軍」辛垣衍，在這裏是以策士的面目出現的。他代表魏王迫令趙國帝秦，妄
圖以此換取邯鄲的暫時解圍。這樣便免除了魏國救趙的義務，保全了魏國的實
力。他代表的這種主張是短視的，絲毫沒有考慮到帝秦後的種種危害，對於這一
點，魯仲連徵引史實作了透闢的分析。辛垣衍的主張是建立在畏秦的心理基礎之
上的。他說：「先生獨未見夫僕乎？十人而從一人者，寧力不勝、智不若耶？畏
之也。」畏懼就只能服從，這是歷來投降派的觀點。針對這一點，魯仲連舉出
鄒、魯等小國之臣誓死維護國家尊嚴，不屈於強權的事例，辛辣地指斥說：「是
使三晉之大臣，不如鄒、魯之僕妾也。」辛垣衍正像許多策士一樣，是把個人利
益看得高於一切的。他不信在圍城中會有見義勇爲之士。大敵當前他首先考慮的
是怎樣苟且偷安。而魯仲連則寧赴東海也不折服；他因不謀私利故能做到認清形
勢，明辨是非。從魯仲連與辛垣衍的對比中，魯仲連大義凜然的形象才更有光
彩。

　　這篇文章的主要筆墨是用來寫魯仲連與辛垣衍的辯論的。辛垣衍代表魏王，

他的意見對於期待魏國救援的平原君來說，無疑是巨大的壓力。說服辛垣衍從而改變魏國的策略，便成了解決問題的關鍵。所以二人的辯論自然成了文章的重點。《戰國策》是以善寫言辭著稱的，這場辯論便寫得很有特色：第一點是寫出了論辯的進程。一見面，魯仲連並不開口，且取守勢，看一看辛垣衍的態度。辛垣衍卻咄咄逼人，主動進攻，他原本不願見魯仲連，也知道魯仲連的主張，於是就想先發制人，採取旁敲側擊的辦法，以堵住魯仲連之口。所謂「視先生之玉貌，非有求於平原君者」，明揚實抑，意謂如果你確實無求於平原君，那就應該馬上離開。但隨著論辯的展開，魯仲連掌握了主動權，步步進逼，而辛垣衍則居於守勢，只能被動應付，只是在對方語言出現「破綻」時才發起反擊。比如魯仲連說將使梁（卽魏）燕助趙，辛垣衍便立卽說：「吾乃梁人也，先生惡能使梁助之耶？」但這種反擊並不有力。魯仲連處處主動，說明眞理在他的一邊。辛垣衍由開始的主動進攻到最後完全被說服，是在論辯進程中發生的巨大變化，他最後贊嘆說：「始以先生爲庸人，吾乃今日而知先生爲天下之士也！」便是對這一進程的很好總結。第二點是雙方的論辯針鋒相對，大有脣槍舌劍之勢。魯仲連回答辛垣衍「曷爲久居若圍城之中而不去」的責難，引了鮑焦之事，並說：「今衆人不知，則爲一身。」反諷辛垣衍是不智的衆人，只懂得爲自身打算，實含有燕雀爲知鴻鵠之志的意思。當辛垣衍以十僕服從一主爲喩，說明諸國都畏懼秦國，因此只得尊秦爲帝時，魯仲連立刻尖銳地指出：「然梁之比於秦，若僕耶？」辛垣衍比喩不當，陷於被動。照常理應設法開脫，但他卻堅持自己的看法，並不顧及國家尊嚴。他回答得很乾脆：「然。」話說到這一步，似乎已無話可說。而結束辯論也正是辛垣衍的願望。但是魯仲連毫不放鬆，故作驚人之言，「吾將使秦王烹醢梁王！」這就迫使對方必須表態，然後才好進一步闡述、說明秦國一旦具有天子名份，便可以發號施令，諸侯王卽使甘爲奴僕，也免不了被烹醢的下場。這幾段辯論語言，寫得緊湊、尖銳，使人如聞其聲。第三點是魯仲連的言辭具有很強的說服力。他提出了不能帝秦的理由以及助趙抗秦的辦法，使其議論落在實處，而不流於空談。他徵引歷史的以及近時的故實來說明帝秦的危害，和受壓迫國家的値得效法的抗暴態度，都很有說服力。他預言帝秦後將會出現的情況，諸侯君臣將會面臨何種處境，由於這種預言是以前面引述的歷史敎訓爲根據的，故而十分令人信服，使得辛垣衍不能不轉變態度。

　　這篇文章的語言很有表現力，主要是傳神。我們不妨舉幾個例子。如魯仲連批評平原君說：「吾乃今然後知君非天下之賢公子也。」錢鍾書先生在《管錐編》中分析說：「『乃今然後』四字乍視尤若堆疊重複，實則曲傳躊躇遲疑：非所願

而不獲已之心思語氣。」「乃今然後」詞義重複，但卻加強了躊躇語氣，表達了十分遺憾的失望心情。又如平原君回答魯仲連的問話，中間三句話說了三件事：兵敗長平、邯鄲被圍、魏使辛垣衍令趙帝秦。三件事一氣說出，並不連貫，表現了一種緊迫感，而前後連呼「勝也何敢言事」，平原君束手無策，惶惶不可終日的情態便躍然紙上了。又如在論辯中辛垣衍取守勢，盡量不動聲色，但當魯仲連說：「吾將使秦王烹醢梁王」時，他終於被激動了，他「怏然不悅，曰：『嘻！亦太甚矣，先生之言也！』」文章以神態和話語生動地傳達了辛垣衍此時的心情——退無可退，忍無可忍。而感情一激動，辛垣衍的防線也就被突破了。

　　在人物的對話中，傳神的特點還表現爲一擒一縱（或一收一放）的形式。這種形式既顯得周詳又能增強感情色彩。陸以湉《冷廬雜識》曾舉下列幾句爲「擒縱」的例子：「曰：吾始以君爲天下之賢公子也，吾乃今然後知君非天下之賢公子也」；「曰：吾視居此圍城之中者，皆有求於平原君者也；今吾視先生之玉貌，非有求於平原君者」；「曰：梁未睹秦稱帝之害故也。使梁睹秦稱帝之害，則必助趙矣。」「曰：始以先生爲庸人，吾乃今日而知先生爲天下之士也！」這幾則例句，我們也可作這樣的分析：第一例以舊印象（揚）與新印象（抑）對比，表達了深沉的失望之情。第二例從一般情況（抑）中區別出特殊情況（揚），再加一問：「曷爲久居若圍城之中而不去也？」這是責難的語氣，是迫使對方離開的巧妙說辭。第三例先講因不了解情況，故而未採取正確的做法（抑），然後講如果了解了情況則必然會這樣做（揚），這樣講是替對方設想，給對方留有餘地，同時也是以退爲進，以便進行說服促其轉變。第四例則和第一例相反，先抑後揚，從對比中見變化，表達了由衷的敬佩之情。洪邁《容齋五筆》（卷五）也曾摘引本文中此類句子，贊爲淵妙，並評論說：「重沓熟複，如駿馬下駐千丈坡，其文勢正爾。」這類語句喜用重複詞，但卻自然，極能傳神。

　　這篇文章，雖然在歷史眞實性方面存在不少問題，有一些誇張失實之處。但總體上說，《魯仲連義不帝秦》是一篇好作品，可供學習借鑒之處很多。魯仲連這一歷史形象給予後世的巨大影響，便是有力的證明。

（郭維森）

觸讋說趙太后　　　《戰國策》

　　趙太后新用事①，秦急攻之。趙氏求救於齊②。齊曰：「必以長安君爲質③，兵乃出。」太后不肯，大臣強諫④。太后明謂左右⑤：「有復言令長安君爲質者⑥，老婦必唾其面⑦！」

　　左師觸讋言願見太后⑧。太后盛氣而揖之⑨。入而徐趨⑩，至而自謝曰⑪：「老臣病足，曾不能疾走⑫，不得見久矣。竊自恕⑬。而恐太后玉體之有所郄也⑭，故願望見太后。」太后曰：「老婦恃輦而行⑮。」曰：「日食飲得無衰乎⑯？」曰：「恃粥耳⑰。」曰：「老臣今者殊不欲食⑱，乃自強步⑲，日三四里，少益耆食⑳，和於身也㉑。」太后：「老婦不能。」太后之色少解㉒。

　　左師公曰：「老臣賤息舒祺㉓，最少㉔，不肖㉕；而臣衰，竊愛憐之。願令得補黑衣之數㉖，以衞王宮。沒死以聞㉗！」太后曰：「敬諾㉘。年幾何矣㉙？」對曰「十五歲矣。雖少，願及未填溝壑而托之㉚。」太后曰：「丈夫亦愛憐其少子乎㉛？」對曰：「甚於婦人㉜。」太后笑曰：「婦人異甚㉝。」對曰：「老臣竊以爲媼之愛燕后㉞，賢於長安君㉟。」曰：「君過矣㊱，不若長安君之甚。」左師公曰：「父母之愛子，則爲之計深遠㊲。媼之送燕后也，持其踵，爲之泣㊳，念悲其遠也㊴。亦哀之矣㊵。已行，非弗思也。祭祀必祝之，祝曰：「必勿使反㊶！」豈非計久長、有子孫相繼爲王也哉？」太后曰：「然。」

　　左師公曰：「今三世以前，至於趙之爲趙㊷，趙主之子孫侯者，其繼有在者乎㊸？」曰：「無有。」曰：「微獨趙㊹，諸侯有在者乎㊺！」曰：「老婦不聞也。」「此其近者禍及身，遠而及其子孫㊻。豈人主之子孫則必不善哉㊼？位尊而無功，奉厚而無勞㊽，而挾重器多也㊾。今媼尊長安君之位㊿，而封之以膏腴之地51，多予之重器，而不及今令有功於國52，一旦山陵崩53，長安君何以自托於趙54？老臣

以媼爲長安君計短也，故以爲其愛不若燕后。」太后曰：「諾㊱，恣君之所使之㊲！」於是，爲長安君約車百乘㊳，質於齊，齊兵乃出。

　　子義聞之㊳曰：「人主之子也，骨肉之親也，猶不能恃無功之尊㊳，無勞之奉，而守金玉之重也㊿，而況人臣乎？」

【注釋】①趙太后：趙惠文王后，趙孝成王母。新用事：剛剛執政。趙惠文王死，孝成王年幼，由趙太后執政。②趙氏：指趙國。③長安君：趙太后小兒子的封號。質（ㄓ）：這裏指人質。④強（ㄑㄧㄤˇ）諫：竭力勸告。⑤明謂左右：明確地告訴身邊的人。⑥復：再。⑦老婦：趙太后自稱。唾其面：吐他一臉唾沫。⑧左師：官名。戰國時趙國左師，是位高的閒職，常用來優待老臣。⑨盛氣：怒氣冲冲。揖：據王念孫《讀書雜誌》考證，是「胥」字的傳寫之誤。胥：同「須」，等待。⑩徐：緩慢。趨：小跑，當時臣見君的一種禮節。徐趨：慢跑。⑪自謝：自己告罪。⑫曾：乃，竟。走：跑。⑬竊：私下，表示謙虛的詞。竊自恕：私下自我原諒。⑭玉體：猶貴體。郤：同「隙」，不舒適。⑮恃：憑借。輦（ㄋㄧㄢˇ）：國君乘的車。⑯衰：減少。得無：該不會。⑰耳：罷了。⑱今者：近來。殊：很。⑲乃：卻。強（ㄑㄧㄤˇ）步：勉強步行。⑳益：增加。耆：通「嗜」，喜好。小益耆食：稍稍的增進了食欲。㉑和：舒適的意思。和於身：使身體舒適。㉒色：氣色。這裏指怒色。解：通「懈」，消退，鬆弛。㉓息：子。賤息：對自己兒子的謙稱。㉔少：年輕。㉕不肖：不賢，不成材。㉖黑衣：衞士的代稱。當時趙國宮廷衞士穿黑衣。願令得補黑衣之數：希望讓他在宮廷衞士中補進一個名額。㉗沒（ㄇㄛˋ）死：冒死。聞：使聞，稟告。㉘敬。表示客氣的詞。諾：允許。㉙年：年齡。㉚塡溝壑：是死的謙卑說法。㉛丈夫：男子的通稱。㉜甚：厲害，勝過。㉝異：特別。㉞媼（ㄠˇ）：對年老婦女的尊稱。燕后：趙太后的女兒，嫁給燕王爲后，所以稱燕后。㉟賢於：勝過。㊱過矣：錯了。㊲計：考慮，謀劃。㊳持：握，這裏作「跟」解。踵：腳後跟。爲：對。㊴念悲其遠也：惦記、悲傷她的遠嫁。㊵亦哀之矣：也算很悲痛了。㊶必勿使反：古代諸侯的女兒遠嫁別國，只有被廢或者亡國，才能回到父母身邊。反：同「返」。㊷三世：三代。趙之爲趙：前一「趙」字指趙氏，後一「趙」字指趙國。㊸繼：指繼承人。㊹微：非，不。㊺諸侯有在者乎：「諸侯」下，承上文省去「之子孫侯者，其繼」這幾個字。㊻遠者：遠者下承前文省「禍」字。㊼必不善哉：一定不好嗎？㊽奉：通「俸」，指俸祿。勞：功勞。㊾挾：持有。重器：這裏指金玉鼎彝

之類，象徵國家的權力。○50尊長安君之位：使長安君處在高貴的地位。○51膏腴（ㄩ）：肥沃。○52及今令有功於國：趁現在叫他爲國立功。○53山陵崩：古代喻君主死的一種尊敬而避忌的說法。○54何以自托於趙：憑什麼使自己在趙國立足。○55諾：表示答應的嘆詞。○56恣君之所使之：任憑你派遣他到什麼地方去。○57約車：給車套上馬。乘（ㄕㄥ）：量詞，古代車輛單位，一車四馬叫一乘。○58子義：趙國人。○59猶：還。尊：指高位。○60守金玉之重：保持貴重的金玉。

【鑑賞】公元前 265 年（周赧王五十年），趙惠文王去世，太子孝成王繼位，但年幼不能執事，於是趙太后執政。秦昭王深知趙太后缺乏政治經驗，便乘人之危，發兵攻趙，連下三城。趙國在存亡危急關頭，不得不向近鄰求救。齊國是秦的世仇，雖有救趙之心，卻提出先決條件，要趙太后的小兒子長安君作人質，方肯出兵。然而，趙太后不肯接受這個條件。無論朝臣如何強諫，都不能動搖她對小兒子的溺愛之心。她公然揚言：「有復言令長安君爲質者，老婦必唾其面！」作爲國家最高統治者，竟置社稷安危於不顧，溺愛幼子達到如此任性、感情用事的糊塗地步，真可謂目光短淺，昏聵無知了。文章第一段只引用了趙太后這一句話，就把她性格的弱點揭露無餘。如何打破這一僵局，說服太后，求得救兵，保住趙國？這就爲觸龍的出場作好了舖墊。左師觸龍是趙國富有經驗的老臣。他首先分析了趙太后「新用事」，缺乏統治經驗，又容易感情用事，所以，他不像別的朝臣那樣一味地犯顏直諫，而是抓住母性愛子這一心理，投其所好，動之以情，先消除她的怒氣，然後以理服人；他採用了迂回曲折的戰術來打破僵局，說服太后。首先，求其所同，避其鋒芒。太后一聽說觸龍來見，知他必爲長安君一事而來，早有幾分戒備，故意先發制人，「盛氣而揖之」。但是，觸龍卻利用了她重感情意氣這一弱點，從年邁人最喜歡別人關心自己健康飲食這一心理特點入手，一見面先表示對太后身體健康、飲食起居的關切，表現了同病相憐、相濡以沫的心情，喚起趙太后感情上的共鳴，找到了共同語言。從第二段所敍述的觸龍與趙太后的三組對話可以看到，儘管趙太后板着臉孔，態度冷漠，答話短促而重濁，儼然一副盛怒未息的樣子，然而，觸龍的態度總是那麼謙恭誠懇，和顏悅色，應對從容不迫，語調溫和親切。精誠所至，金石爲開。觸龍的赤誠和熱情終於消融了趙太后那冰冷的面孔和僵執的心，於是「太后之色少解」。然而，觸龍並不急於提出長安君的事。作爲一個老謀深算的重臣，他懂得如何投其所好，以乘其便。第三段就敍述了觸龍爲迎合趙太后愛子的心情，從自己想爲小兒子安排出路的心事說起，「老臣賤息舒祺，最少，不肖；而臣衰，竊愛憐之。願令得補

黑衣之數，以衛王宮。沒死以聞！」這就引起了趙太后的興趣：「丈夫亦愛憐其少子乎？」觸龍爲要反激太后愛子的感情，巧妙地回答道：「甚於婦人。」逼出了太后的內心話：「婦人異甚。」當然，觸龍的目的不在爭議誰最愛「少子」，而是爲了引出究竟怎樣才算眞正愛護子女這個問題。所以緊接着指出趙太后愛女兒燕后甚過愛幼子長安君，進一步逼出了趙太后愛女兒「不若長安君之甚」的眞心話。這樣，終於把趙太后誘入正題，使她不知不覺地接受了對長安君問題的討論。可是，觸龍仍然不直接指出趙太后溺愛幼子有什麼不對，而是從正面先提出一個論題：「父母之愛子，則爲之計深遠。」再用反證法，指出趙太后愛女兒燕后的態度才是「計久長」的正確態度。趙太后也不得不承認她確是這樣做的，也是這樣想的：「必勿使反」，使她「有子孫相繼爲王」。那麼，趙太后愛幼子長安君究竟有何不妥呢？觸龍還是不願觸及趙太后的心病。他故意繞開這個容易使太后敏感的問題，由遠而近地從側面迂回進擊，連續反問，啓發趙太后思考：「今三世以前，至於趙之爲趙，趙主之子孫侯者，其繼有在者乎？」「微獨趙，諸侯有在者乎？」問得趙太后懵裏懵懂，莫名其妙，只能連聲應答「無有」，「老婦不聞也」。這時，趙太后在理論上已完全被解除了思想武裝，處於被動地位。觸龍主動權在握，於是便以高屋建瓴之勢，滔滔不絕地向趙太后發起了理論進攻。第四段幾乎全部是在敍述觸龍的說理。他先從諸侯之子孫沒有三世而侯的原因說起，旁敲側擊，指出：「位尊而無功，奉厚而無勞，而挾重器多也。」然後，運用演繹推理方法，由一般到個別，推出「今媼尊長安君之位，而封之以膏腴之地，多予之重器，而不及今令有功於國，一旦山陵崩，長安君何以自託於趙？老臣以媼爲長安君計短也，故以爲其愛不若燕后。」一席話全部解答了前面的問題，指明了趙太后「爲長安君計短」的過失，高瞻遠矚，振聾發聵，說得趙太后茅塞頓開，心悅誠服，於是慷慨明快地表示：「諾，恣君之所使之！」立卽送長安君「質於齊，齊兵乃出」。矛盾解決，趙國得救。觸龍的成功，不僅在於他立論的正確，爲長安君「計深遠」；尤其在於他能從趙國存亡的急切利益出發，爲趙王子孫「相繼爲王」的長遠利益着想。觸龍的見識比一般朝臣們勝過一籌的是：他既善於站在歷史的高度分析形勢，又善於具體地分析對方的性格特點和心理活動，循循善誘地進行思想工作。趙太后也有她的可貴之處。應當看到，戰國時期，諸侯各國婦女執政的先例是罕見的。趙惠文王在位三十二年，享國日久。趙太后深居宮掖，一旦臨政，「新用事」，突然面對「愛子」與「愛國」的尖銳矛盾，一時爲母性的感情所蒙蔽，表現了狹隘、淺見和固執、任性，這也不足爲怪。難能可貴的是：一旦她認識到舍子質齊有益於社稷大計，便幡然改過，從善如流，表現了封

建政治家的器量大度。此文不僅讓人們領略到了作者善於生動傳神地刻畫人物行動神態、心理活動、語言表情的藝術手法，也從觸龍那種善於勸諫、以情感人的有效方法中學到了循循善誘的說理藝術。

（王吉明）

唐雎爲安陵君劫秦王　　《戰國策》

秦王使人謂安陵君①曰：「寡人欲以五百里之地易安陵②，安陵君其許寡人？」安陵君曰：「大王如惠③，以大易小，甚善；雖然，受地於先王④，願終守之，弗敢易。」秦王不說⑤。安陵君因使唐雎使於秦。

秦王謂唐雎曰：「寡人以五百里之地易安陵，安陵君不聽寡人，何也？且秦滅韓亡魏，而君以五十里之地存者，以君爲長者，故不錯意⑥也。今吾以十倍之地，請廣於君⑦，而君逆寡人者，輕寡人與⑧？」唐雎對曰：「否，非若是也。安陵君受地於先王而守之，雖千里不敢易也，豈直五百里哉⑨！」

秦王怫然怒⑩，謂唐雎曰：「公⑪亦嘗聞天子之怒乎？」唐雎對曰：「臣未嘗聞也。」秦王曰：「天子之怒，伏屍百萬，流血千里。」唐雎曰：「大王嘗聞布衣之怒乎⑫？秦王曰：「布衣之怒，亦免冠徒跣，以頭搶地爾⑬。」唐雎曰：「此庸夫之怒也⑭，非士之怒也⑮。夫專諸之刺王僚也⑯，彗星襲月；聶政之刺韓傀也⑰，白虹貫日；要離之刺慶忌也，倉鷹擊於殿上⑱。此三子者，皆布衣之士也。懷怒未發⑲，休祲降於天⑳，與臣而將四矣㉑。若士必怒，伏屍二人，流血五步，天下縞素㉒，今日是也。」挺劍而起㉓。

秦王色撓㉔，長跪而謝之㉕曰：「先生坐。何至於此！寡人諭矣㉖：夫韓、魏滅亡，而安陵以五十里之地存者，徒以有先生也㉗。」

【注釋】①秦王：嬴政，即後來的秦始皇。　安陵：在今河南省鄢陵縣西北。　②易：交換。③加：施予。④先王：死去的國君。⑤說：同「悅」。⑥錯：措。⑦廣：擴充。⑧與：同「歟」。⑨豈直：豈但。⑩怫然：盛怒貌。⑪公：你。⑫布衣：普通人。⑬走跣：赤腳。搶：撞。⑭庸夫：平庸的人。⑮士：這裏指有智勇之人。⑯專諸：春秋時吳國人。僚：吳國國君。⑰聶政：戰國時齊國人。韓傀（一名俠累）：韓國國相。⑱要離：春秋末吳國勇士。慶忌：吳王僚之子。倉：同「蒼」。⑲祲：發作。⑳休：吉祥。祲：不吉祥。㉑將四：將成爲四個人。㉒縞素：白色絲織品，這裏指喪服。㉓挺：拔。㉔色：臉色。撓：屈。㉕長跪：挺着身子跪。謝：道歉。㉖諭：喻，明白。㉗徒：只。以：因爲。

【鑑賞】《唐雎爲安陵君劫秦王》的題目爲後人所加，「劫」不是「劫持」，這麼講不符合原文。應講爲「脅迫」。　內容是寫唐雎奉安陵君之命出使秦國，與秦王展開面對面的激烈鬥爭，終於保全了安陵國土的故事。當時，靠近秦國的韓國、魏國相繼滅亡，其餘山東六國中的趙、燕、齊、楚，在連年不斷的戰爭中，早已被秦國日削月割，奄奄待斃了，又過幾年，秦就統一了天下。安陵在它的宗主國魏國滅亡之後，一度還保持着獨立的地位，這一次，秦王就想用欺騙的手段輕取安陵。出小餌而釣大魚以騙取利益，是秦君的故伎。秦惠文王曾派張儀入楚，把商於之地六百里許給楚懷王，條件是讓楚與齊斷交，結果傻頭傻腦的懷王上了當。秦昭襄王以十五城請易趙惠文王的和氏璧，結果騙局被藺相如識破，偷鷄不成蝕把米。這些事距唐雎出使，不過幾十年的時間。這一次，秦王嬴政又故伎重演，安陵君和唐雎是重蹈楚懷王的故轍，還是學藺相如的榜樣，與虎狼之秦作針鋒相對的鬥爭呢？唐雎選擇了後者。作爲區區五十里的小國之臣，在孤立無援的危難情況下，面對强大凶惡的敵人，居然臨危不懼，置個人生死於不顧，折服秦王，不辱使命，這種精神確是難能可貴的。

這是一篇記敍文，寫唐雎忠於使命，不畏强暴，敢於鬥爭、敢於勝利的英雄氣概，揭露秦王的驕橫欺詐，外强中乾，色厲內荏的本質，都不假修飾，卻十分鮮明生動，在刻畫人物性格方面，取得很高的成就。

首先，最引人注意的是人物的對白。除了很少幾句串場的敍述，幾乎全是對白；用對白交代事情的起因、經過和結局，重點突出，層次清晰；用對白表現人物的精神面貌，安陵君的委婉而堅定，唐雎的沉着幹練，口鋒銳利，義正辭嚴，秦王的驕橫無理，無不躍然紙上。開頭一段是秦王使者和安陵君的對話。使者轉達秦王要求以五百里之地易安陵，純屬詐騙。「使人謂」三字，劈頭卽自稱寡人

（只有對下，諸侯才可自稱寡人），見出秦王對安陵君的輕慢，「安陵君其許寡人」，着一命令副詞「其」，活現出秦王的盛氣凌人。安陵君識破騙局，婉言拒絕。「大王加惠，以大易小，甚善」，態度和言辭都十分婉和，但不是卑恭屈節，而是婉辭，是面對虎狼之敵的鬥爭藝術。「受地於先王，願終守之」，陳理爲據，無容置喙。「弗敢易」，於委婉中透出堅決的態度，必然會使「秦王不說」。秦王先設騙局，以強凌弱，以大欺小，首開禍端。安陵君婉辭堅拒，有理、有力、有節，不失明君風度。「秦王不說」，矛盾趨於激烈，安陵前程險惡。這時，唐雎出場，「使於秦」，繫國家人民的命運於一身，深入虎穴狼窩，令讀者不能不爲他捏一把汗！以下唐雎出使到秦國的文章分三個段落來做，也是唐雎與秦王面對面鬥爭的三個回合。唐雎如何到達秦國，怎樣拜見秦王，與本文中心無關，一概略去不寫，而直接寫會見時的對話，作者剪裁材料的眼光和膽識值得我們學習。

　　第一個回合，基本內容貌似是第一自然段的重複，其實不然，細細讀來，有三點不同：其一，地點不同了，是在虎狼之秦的朝廷上；其二，背景不同了，是在秦王碰了釘子，生了氣之後；其三，人物不同了，作爲區區小國的使臣所面對的卻是洶洶然不可一世的秦王。三點不同，使得唐雎比起安陵君所處的境地更加百倍地難於應對，國家命運，個人生死，全在此一舉。我們進而體會秦王與唐雎的語言，其意趣和從前也迥然不同。「秦王謂唐雎曰」之前，已經「不說」，這時，他是壓住火氣說話，不像秦使者那樣「簡而明」，而是亦拉亦打，於委婉中露出威脅，儼然是勝利者的口吻：「……安陵君不聽寡人，何也？」「今吾以十倍之地，請廣於君，而君逆寡人者，輕寡人與？」這是質問。「秦滅韓亡魏，而君以五十里之地存者」，純屬威脅。話中句句不離「寡人」如何，還偏要說「以君爲長者，故不錯意也」、「吾以十倍之地，請廣於君」，秦王的狡詐驕橫之態不言自明。唐雎早已胸有成竹，並不多與之周旋。「否，非若是也」，態度沉着明朗。接着再用一句，提要複述安陵君的答辭，但卻把安陵君的「弗敢易」換作一個反問句，並以「千里」對「五百里」提出，就遠比安陵君的回答更爲堅定有力，不給對方一點便宜。這必然引起「秦王怫然怒」，由「不說」到「怫然怒」，矛盾發展了，尖銳了，唐雎如何應付呢？於是展開了第二個回合的鬥爭。

　　第二個回合是鬥爭的高潮，從寫作來說是全文重心，因此寫得最細最詳。「秦王怫然怒」一句，籠罩全段。一個小國的使者如何治服大國暴君的盛怒，固然很難；作者如何在短短的文字中把這個場面寫出來，寫得入情入理，令人信服，也非易事。但《戰國策》的作者有這本領，而且勝任愉快，把這個場面寫得波瀾起伏，有聲有色，令人彷彿親臨其境。這一段作者分兩個層次來寫。第一層，秦

王怒氣沖沖，施以恐嚇，「公亦嘗聞天子之怒乎」，公然自稱「天子」，全不把一個小國及其使者放在眼裏。「天子之怒，伏屍百萬，流血千里」，如果聯繫「滅韓亡魏」的背景，委實令人不寒而慄。唐雎「臣未嘗聞也」一句，沉着冷靜，不爲秦王的恐嚇所動，實際上是按兵待敵。因而這一層猶如兩大浪峰中的一個浪谷。第二層，唐雎先是反唇相譏，「大王嘗聞布衣之怒乎」，照用秦王口吻，以「布衣」對「天子」，眞是寸步不讓。然後又用「此庸夫之怒也，非士之怒也」一正一反兩個判斷句，斷然駁掉秦王「免冠徒跣，以頭搶地爾」的誣蔑，於是條件成熟，反攻開始。先用三個排比句擺出專諸刺王僚、聶政刺韓傀、要離刺慶忌的事實，又說「與臣而將四矣」，打掉秦王的氣焰，再用「若士必怒」等五個四字短句，像滾木擂石般對準秦王打過去，以「二人」對「百萬」、「五步」對「千里」，不給他一點喘息時間，氣氛之緊張，令人屛息。最後唐雎「挺劍而起」，緊緊逼住秦王，這更是秦王所始料不及，於是精神防線完全被摧毀，只有繳械投降。這段文章之所以有說服力，還在於唐雎採用了完全正確的鬥爭策略。無論是以秦國和安陵，還是以秦王和唐雎來說，如若較力，簡直都不可同日而語，因此只可鬥智。在總體上來說，秦國和秦王當然是強大得多，但在某一個小的局部，在秦王的朝廷上，又是二人面對面，近在咫尺之間，秦王的一切有利條件都無濟於事了；反之，秦王怕死，而唐雎捨生取義，敢於鬥爭，這時的優勢在唐雎一邊。唐雎抓住了這種優勢，並且懂得這種優勢稍縱卽逝，所以用迅雷不及掩耳之勢取勝於秦王。作者也是十分聰明睿智的，他深深懂得寫好唐雎這段臺詞的重要，於是全力以赴，讓他來作這個回合的鬥爭的主角，給他大段的獨白，用排比，用節奏鮮明的短句，讓他痛快淋漓，激昂慷慨地大講特講，賦予他狂風掃地的氣勢，而風過氛淸，秦王已是一敗塗地了。秦王的心理活動抽不出筆墨來寫，或者更準確地說，是沒有必要寫，因爲秦王早已被這意外的一擊打昏了，他來不及思考一下眼前發生了什麼，而結局已經擺在他的面前，只有俯首就範而已。明寫唐雎，突出了他大義凛然的鮮明形象，虛寫秦王，也更符合這一特定情景。

第三個回合（第四個自然段），是事情的結局，其實已沒有什麼鬥爭，只不過是在風過氣淸之後，於衆目睽睽之下，讓秦王來請降。寫法上反過來了，虛寫唐雎，因爲唐雎的形象已經完成，再寫則會畫蛇添足；實寫秦王，讓他自己把自己靈魂中長期被驕橫凶殘掩蓋着的另一面——卑恭屈節，儒弱無恥展露給人們看。從「色撓」至於「長跪而謝」，這是此時此刻秦王的所做；「先生坐，何至於此」，這是此時此刻秦王的所言，簡直讓人難以相信還是剛才那個秦王幹的。「寡人諭矣：夫韓、魏滅亡，而安陵以五十里之地存者，徒以有先生也」，一方面，

君王的架子並不能完全放下，又一方面，對唐且的恭維顯然言過其實，這種自相矛盾之中，眞是奴顏卑膝之態可掬。秦王的這種兩面性表現無遺，一個完整的人物形象站起來了，文章也就戞然而止。

《唐雎爲安陵君刼秦王》的寫作特點之二，是用多種形式的對比和襯托來刻畫人物。兩種人物、兩種思想和行爲的對比，可以突出他們各自的特徵，讓讀者認識得更清楚，　這是一種廣泛使用而且行之有效的表達方法。　同樣，　俗話說，「紅花雖好，還需綠葉扶持」，襯托在很多種情況下，　也是十分必要的。本文把這兩種有效的表現方法結合起來，相輔相成，收到了顯著效果。我們先說本文中對比手法的運用。　首先，　本文中唐雎和秦王是對立而存在的，　他倆之間生死不容、唇槍舌劍的鬥爭，爲作者充分運用對比的手法，提供了堅實的生活基礎，因而作者緊緊抓住這一點，對比着來寫兩個人物。秦王和唐雎一會面就展開了針鋒相對的鬥爭。秦王是大國君主，盛氣凌人，又是質問，又是威脅，卻偏又擺出一副關心弱小之邦的虛僞面孔，力圖把自己的意見，強加於唐雎。唐雎是弱小之邦的使者，卻是從容鎮定，據理力爭，你有強權，我有正義，處在矮檐下，偏偏不低頭，絲毫不爲秦王的威脅所屈。一個先倨而後恭，「使人謂」──「不說」──「怫然怒」──「色撓，長跪而謝之」，這是秦王在事件全過程中態度的變化過程；另一個先恭後倨，臨危出使──沉着應對──針鋒相對──「挺劍而起」，這是唐雎在事件全過程中態度的變化過程。處境不同、態度不同、結果不同，　表現出不同的性格。　一個是色屬內荏、外強中乾的紙老虎；一個是臨危不懼、機智果敢的伏虎英雄。唐雎先恭後倨，是因爲他一開始就胸有成算，但由於處境危險，不可魯莽草率，故意含而不露，待機而發。秦王先倨後恭則根本不同。先倨，是因爲自己是大國強國，有恃無恐，誤以爲可以放膽作惡；後恭，是迫於眼前處境，黔驢技窮，不得已而爲之，並不能改變他的本性。一倨一恭，也形成對比，但這是另一種形式的對比，藝術上叫作相反相成，更有力地揭示了秦王這一復雜性格──旣是凶惡的，又是虛僞的。再看本文中襯托手法的使用，突出地表現在用安陵君來襯托唐雎。安陵君是作品的次要人物，但又是必不可少的人物。他是君，唐雎是臣，他的態度決定著唐雎的態度，他不失爲明君，但有了唐雎才稱得上是錦上添花。「大王加惠，以大易小，甚善」，這種話只能出自安陵君之口，他比唐雎軟弱，更缺乏才幹，大敵當前，他有見識，會應對，卻拿不出解決問題的辦法，找不到走出險地的途徑。而唐雎出使秦廷，面對秦王，一開口便勝安陵君一籌，「否，非若是也」，不卑不亢，接下去則一句比一句更有鋒芒。他看透了秦王的色屬內荏，只要掌握時機，就能一舉而戰勝之，但反回頭說，沒

有安陵君的支持信任，唐雎縱然渾身膽識，怕也難有用武之地。兩個人物，兩種性格，互爲表裏，相輔相成。

　　一篇六百餘字的短篇記敍文，同時寫了三個人物，故事首尾完整，人物形象生動。值得我們學習的優點，當然不只這兩個個方面，其他諸如剪裁的功力、情節的緊張曲折、人物語言的簡潔和個性化方面，本文都有很高成就。但只要掌握以上兩個方面，這幾點由讀者自己仔細領會，大概是不太困難的。

（劉桐孫）

燕昭王求士　　《戰國策》

　　燕昭王收破燕後①，卽位②，卑身厚幣③，以招賢者，欲將以報讎④。故往見郭隗先生曰⑤：「齊因孤國之亂而襲破燕，孤極知燕小力少，不足以報，然得賢士與共國⑥，以雪先王之恥，孤之願也。敢問以國報讎者奈何？」郭隗先生對曰：「帝者與師處⑦，王者與友處，霸者與臣處，亡國與役處。詘指而事之⑧，北面而受學⑨，則百己者至⑩；先趨而後息⑪，先問而後嘿⑫，則什己者至⑬；人趨己趨⑭，則若己者至⑮；馮几據杖⑯，眄視指使⑰，則廝役之人至；若恣睢奮擊⑱，呴籍叱咄⑲，則徒隸之人至矣⑳。此古服道致士之法也㉑。王誠博選國中之賢者，而朝其門下㉒，天下聞王朝其賢臣，天下之士，必趨於燕矣。」昭王曰：「寡人將誰朝而可？」郭隗先生曰：「臣聞古之君人㉓，有以千金求千里馬者，三年不能得。涓人言於君曰㉔：『請求之。』君遣之，三月得千里馬，馬已死，買其骨五百金，反以報君。君大怒曰：『所求者生馬，安事死馬㉕？而捐五百金㉖！』涓人對曰：『死馬且買之五百金，況生馬乎？天下必以王爲能市馬㉗。馬今至矣！』於是不能期年㉘，千里之馬至者三。今王誠欲致士，先從隗始。隗且見事㉙，況賢於隗者乎？豈遠千里哉！」

　　於是昭王爲隗築宮而師之。樂毅自魏往㉚，鄒衍自齊往㉛，劇辛

自趙往㉜；士爭湊燕㉝。 燕王弔死問生， 與百姓同其甘苦。 二十八年， 燕國殷富， 士卒樂佚輕戰㉞。 於是遂以樂毅爲上將軍， 與秦、楚、三晉合謀以伐齊㉟。齊兵敗， 閔王出走於外㊱。 燕兵獨追北㊲，入至臨淄㊳， 盡取齊寶， 燒其宮室宗廟；齊城之不下者， 唯獨莒、卽墨㊴。

【注釋】 ①收破燕後：收拾了殘破的燕國之後。 ②卽位： 繼承王位。 ③卑身厚幣：降抑自己的身分，拿出豐厚的禮物。幣：指禮物。④報讎：指向齊國報仇。讎：同「仇」。⑤郭隗（ㄨㄟ）：燕的賢士。⑥共國：共謀國政。⑦處：處理國事。「處」有決斷的意思。⑧詘指：屈己，指不堅持自己的意見。詘：同「屈」。指：同「旨」，意旨。事：侍奉。之：指賢者。⑨北面：面向北。 師坐北而面向南，故云。⑩百己者：比自己強百倍的人。⑪先趨而後息：行動時在賢者前， 休息則在賢者後。⑫先問而後嘿：先向賢者請教，最後才住口停問； 此言其虛心求教。嘿：同「默」。⑬什己者：比自己強十倍的人。什： 同「十」。⑭人趨己趨：跟在別人後面走。⑮若己者： 和自己能力相等的人。⑯馮： 同「憑」，倚靠。據：持。⑰眄（ㄇㄧㄢˇ）視：斜視。⑱恣睢奮擊：瞪眼睛， 拔拳頭。⑲呴（ㄒㄩˋ）籍叱咄：作踐人， 呵斥人。呴： 一作「跔」， 跳躍。籍： 同「藉」， 踐踏。⑳徒隸： 本指罪犯、俘虜，這裏指唯命是從的奴才之類。㉑服道致士之法： 行王道、得人才之法。㉒朝： 謁見。㉓君人： 卽人君，國君。㉔涓人： 指國君的近侍。㉕安事：何用。㉖捐： 花費， 損失。㉗市馬： 買馬。㉘不能： 不到。 期年： 一周年。㉙見事： 被重用。 ㉚樂（ㄩㄝˋ）毅：魏名將樂羊之後。入燕後， 燕昭王重用他統兵伐齊， 破七十餘城。昭王死後， 燕惠王中齊反間計， 懷疑樂毅， 樂毅乃奔趙。㉛鄒衍： 卽「騶衍」，齊人， 戰國時有名的學者， 陰陽家的代表。㉜劇辛： 原爲趙人，入燕後爲燕國策劃破齊之計。 後伐趙， 不勝， 爲趙人所殺（一說自殺）。㉝湊：奔赴。㉞樂失輕戰：心情愈決，精神辰奮，不怕爲灰復祖國而打仗。㉟三晉： 指韓、趙、魏， 從原來的晉國分成三國。㊱閔王： 齊宣王之子， 一作「湣王」， 田氏， 名地（一作「遂」），約公元前300—前284年在位。出走於處： 齊閔王曾聯合韓、魏， 連年進攻楚、秦， 繼而又攻滅宋國。後因各國聯合攻齊， 臨淄城被燕將樂毅攻破，他出走到莒，不久被殺。㊲燕兵獨追北：燕國的軍隊單獨追擊敗逃的齊軍。㊳臨淄： 齊國首都，今山東臨淄。㊴莒（ㄐㄩˇ）：地名， 今山東莒縣。卽墨： 地名， 故城在今山東平度縣東南。

【鑑賞】《燕昭王求士》是《戰國策》中的名篇之一。它描寫燕昭王即位後，為了給先王報仇雪恥，他廣招賢士，虛心求教，勵精圖治，並與百姓同甘共苦，使燕國得以復興強盛，並聯合秦楚等國，終於打敗了齊國。

這篇文章的開頭，就交代了燕昭王是在「收破燕後」即位的。他的父親燕王噲，是個昏庸的國君。燕王噲聽信鹿毛壽的話，效法堯的禪讓，把王位讓給其相子之，自己不問朝政，反而心甘情願地做子之的臣子，國家大事都取決於子之。燕國百姓不服子之，三年時間，造成燕國大亂。齊宣王乘機伐燕，燕國大敗，殺燕王噲及子之。二年後，趙武靈王送公子職回國即位，這就是燕昭王。燕國在遭受三年內亂之後，又受到齊國的侵略，其局面的殘破不堪，是可想而知的。因此，昭王即位後，所面臨的領導全國臣民復興國家的任務，是十分艱巨的。然而，燕昭王是一位勵精圖治的國君。為了給燕國雪恥報仇，為了復興祖國，他降低自己的身分，用豐厚的禮物，廣招賢士。他先拜訪了燕國的賢者郭隗先生。他牢記齊國是乘人之危而襲破燕國的，這是以強凌弱的行為，此仇不可不報。但他也非常清楚，燕國弱小，力量單薄，要報仇是頗為困難的。但他為先王雪恥，為燕國復仇的願望，卻是十分強烈的。因此，他特向郭隗先生請教：要給國家報仇，該怎麼辦？郭隗先生列舉古代實行王道獲得人才的方法，指出：成帝業的國君能以賢者為師，成王業的國君能以賢者為友，成霸業的國君能以賢者為臣，而亡國之君只能使用一些僕役小人。這就是說明：國君越是謙恭下士，有才能的賢者越會來投奔。郭隗先生還向昭王建議：廣泛地挑選國內的賢者，並親自登門拜訪，天下賢士聽說這種情況，就必然會奔赴燕國。昭王聽了郭隗先生這番話，覺得很有道理，於是進一步向他徵詢：你建議我親自謁見賢臣，那麼我去謁見誰合適呢？郭隗先生沒直接回答謁見誰的問題，而是先敘述一個古代國君用千金購買千里馬的故事。敘述完這個故事後，郭隗接著就回答昭王所提出的謁見誰合適的問題，他直截了當地對昭王說：現在您想真心得到賢士，就從我郭隗開始。像我郭隗這種人尚且被昭王重用，更何況比我賢明的那些賢士呢！難道那些賢士會嫌路途遙遠而不來投奔燕國嗎？郭隗這番話，說得入情入理，形象生動。他明為說馬，意在談士。高價買馬，良馬必來；重用賢臣，賢士爭赴。求馬與致士，雖有相似之點，但致士卻比求馬艱巨得多，它光憑重金不行，它還要求國君有思賢如渴的心情，有虛心求教的謙恭態度。昭王確是一位思賢如渴的國君。他聽了郭隗所說的道理後，深為佩服，並立即見諸行動。他為郭隗建築了宮室，並且尊他為師。果然不出郭隗所料，昭王此舉，天下震動。各國賢士紛紛奔赴燕國，魏國的樂毅，齊國的鄒衍，趙國的劇辛，先後來到燕國。還有許多賢士也爭著聚集到燕

國來。昭王不僅禮賢下士，而且還親自「弔死問生」，長期地與百姓同甘共苦。經過二十八年的努力奮鬥，使燕國變得富足，士卒生活過得安樂舒適，也不畏懼戰爭。當這一切條件都具備之時，正是為國報仇的好機會，昭王就任命樂毅為上將軍，聯合秦、楚、韓、魏、趙等國，共同伐齊。結果齊軍大敗。燕軍獨追敗軍，直攻下齊國首都臨淄，接連攻下齊國七十餘城。最後只剩下莒和卽墨二城。齊閔王逃亡於外，後來被他的臣子淖齒所殺。《燕昭王求士》這篇文章，就是通過對燕昭王廣招賢士，虛心求教，與百姓同甘共苦，努力奮鬥，終於戰勝齊國的整個過程的描寫，熱情歌頌了這位勵精圖治，復興祖國的英主。

這篇文章的藝術成就，在於成功地刻畫了兩個人物形象。其一是燕昭王的形象。對這一形象，作者著重從三方面來加以表現和描述。首先，描寫昭王禮賢下士。昭王卽位之初，燕國處於殘破不堪的局面。因此，要領導臣民恢復國家，那是一項十分艱巨的任務。但是，昭王是位有雄圖大略的國君，他沒有被眼前的困難所嚇倒。他考慮要想復國，最為重要的是要招攬人才。為了廣招賢者，他不顧個人尊顯的地位，屈身下士，虛心向燕國的一位普通賢者郭隗請教，並「築宮而師之」。昭王對一個普通賢者的態度，既謙恭，又重用。這就吸引更多的賢士來投奔他。先後來到燕國的著名賢士有樂毅、鄒衍、劇辛等人。昭王對樂毅「以客禮待之」（《史記·樂毅列傳》）；對鄒衍，他「擁彗（彗：掃帚）先驅，請列弟子之座而受業，築碣石宮，身親往師之」（《史記·孟子荀卿列傳》）。正由於昭王重視人才，又能虛心求教，使得大量賢士雲集於燕國。這就為他復興國家，創造了極為重要的條件。其次，描寫昭王與百姓同甘苦。昭王不僅訪求賢士，廣泛招攬人才，而且非常關注百姓的疾苦。二十八年來，他能經常「弔死問生」，能親自做到「與百姓同其甘苦」，因此，使燕國變得殷富，使士卒樂佚輕戰。昭王所以能復興燕國，打敗齊國，百姓的全力支持，是一個更為重要的條件。再次，描寫昭王知人善任。當昭王見到燕國賢士聚集，國家殷富，百姓支持，士卒輕戰，這些條件都具備後，就積極準備伐齊，正好這時，「湣王自矜，百姓弗堪」（《史記·樂毅列傳》），是伐齊的大好時機。昭王主動向樂毅詢問伐齊之事，樂毅回答說：齊國地大人眾，不易獨攻，要使伐齊，不如聯合趙、楚、魏等國，共同行動（《史記·樂毅列傳》）。昭王接受了樂毅的建議，派出使者聯合趙、楚、魏等國，並任命樂毅為上將軍，統帥五國軍隊，一舉打敗了齊國。這次伐齊的成功，跟樂毅的指揮是分不開的。樂毅為人，不僅賢明，而且深知兵法。任命樂毅為上將軍和伐齊統帥，這充分表現了昭王過人的眼力以及他的知人善任。

其二，是郭隗的形象。作者在描寫昭王時，主要是通過他的言和行來表現，

但在描寫郭隗時，卻完全是通過他與昭王的對話來表現。當昭王向他請教該怎麼辦，才能爲國家報仇時，他先引述古代實行王道收羅人才的方法，強調人君越是謙恭下士，越能羅致人才。如果昭王想得到天下賢士，那也必須這樣做，必須親自登門拜訪賢士。當昭王問及拜訪誰合適時，郭隗先敍述一個古代國君用千金購買千里馬的故事，再直接說明昭王眞想羅致賢士，就從他郭隗開始。昭王誠心誠意地按他的話去做，爲他築宮室，拜他爲師。果然，天下大批賢士爭先恐後地聚集到燕國來。這就證實郭隗的預見是正確的。對郭隗這一形象，作者雖著墨不多，但通過對他的言談描寫，卻充分表現出他是一個有歷史經驗、嫻於辭令、有從政才能的賢士。

（吳萬剛）

樂毅報燕惠王書　　　《戰國策》

昌國君樂毅①，爲燕昭王合五國之兵而攻齊②，下七十餘城，盡郡縣之以屬燕。三城未下③，而燕昭王死。惠王卽位④，用齊人反間⑤，疑樂毅，而使騎劫代之將⑥。樂毅奔趙，趙封以爲望諸君⑦。齊田單詐騎劫⑧，卒敗燕軍，復收七十餘城以復齊。

燕王悔，懼趙用樂毅乘燕之敝以伐燕。燕王乃使人讓樂毅，且謝之曰：「先王舉國而委將軍，將軍爲燕破齊，報先王之仇，天下莫不振動。寡人豈敢一日而忘將軍之功哉？會先王棄羣臣，寡人新卽位，左右誤寡人。寡人之使騎劫代將軍，爲將軍久暴露於外，故召將軍，且休計事⑨。將軍過聽，以與寡人有隙，遂捐燕而歸趙。將軍自爲計則可矣，而亦何以報先王之所以遇將軍之意乎！」

望諸君乃使人獻書報燕王曰：「臣不佞⑩，不能奉承先王之敎，以順左右之心，恐抵斧質之罪⑪，以傷先王之明，而又害於足下之義⑫，故遁逃奔趙。自負以不肖之罪，故不敢爲辭說。

「今王使使者數之罪⑬，臣恐侍御者之不察先王之所以畜幸臣之理⑭，而又不白於臣之所以事先王之心，故敢以書對。

「臣聞賢聖之君，不以祿私其親，功多者授之；不以官隨其愛，能當者處之。故察能而授官者，成功之君也；論行而結交者，立名之士也。臣以所學者觀之，先王之舉錯⑮，有高世之心，故假節於魏王⑯，而以身得察於燕。先王過舉，擢之乎賓客之中⑰，而立之乎羣臣之上，不謀於父兄⑱，而使臣爲亞卿⑲。臣自以爲奉令承教，可以幸無罪矣⑳，故受命而不辭。先王命之曰：『我有積怨深怒於齊，不量輕弱，而欲以爲事。』臣對曰：『夫齊，霸國之餘教而驟勝之遺事也㉑，閑於兵甲㉒，習於戰攻。王若欲伐之，則必舉天下而圖之。舉天下而圖之。莫徑於結趙矣㉓。且又淮北、宋地㉔，楚、魏之所同願也㉕，趙若許約，楚魏宋盡力，四國攻之，齊可大破也。』先王曰：『善。』臣乃口受令，具符節㉖，南使臣於趙。顧反命㉗，起兵隨而攻齊。以天之道，先王之靈㉘，河北之地，隨先王舉而有之於濟上㉙。濟上之軍奉令擊齊，大勝之。輕卒銳兵，長驅至國㉚。齊王逃遁走莒㉛，僅以身免㉜。珠玉財寶，車甲珍器，盡收入燕。大呂陳于元英㉝，故鼎反乎歷室㉞，齊器設於寧臺㉟。薊邱之植㊱，植於汶篁㊲。自五伯以來㊳，功未有及先王者也。先王以爲順於其志㊴，以臣爲不頓命㊵，故裂地而封之，使之得比乎小國諸侯。臣不佞，自以爲奉令承教，可以幸無罪矣，故受命而弗辭。

「臣聞賢明之君，功立而不廢，故著於春秋㊶，蚤知之士㊷，名成而不毀，故稱於後世。若先王之報怨雪恥，夷萬乘之強國㊸，收八百歲之蓄積㊹，及至棄羣臣之日㊺，遺令詔後嗣之餘義，執政任事之臣，所以能循法令、順庶孽者㊻，施及萌隸㊼，皆可以教於後世。臣聞善作者不必善成，善始者不必善終。昔者伍子胥說聽乎闔閭㊽，故吳王遠迹至于郢㊾；夫差弗是也，賜之鴟夷而浮之江㊿。故吳王夫差不悟先論之可以立功[51]，故沉子胥而弗悔；子胥不蚤見主之不同量[52]，故入江而不改。

「夫免身全功，以明先王之迹者，臣之上計也。離毀辱之非[53]，墮先王之名者[54]，臣之所大恐也。臨不測之罪，以幸爲利者，義之所不敢出也。

　　「臣聞古之君子，交絕不出惡聲；忠臣之去也，不潔其名⑤⑤。臣雖不佞，數奉教於君子矣⑤⑥。恐侍御者之親左右之說，而不察疏遠之行也⑤⑦。故敢以書報，唯君之留意焉。」

【注釋】①昌國君樂（ㄩㄝˋ）毅：燕昭王時任亞卿。公元前284年率燕軍破齊，封為昌國君。燕惠王即位，中齊反間計，猜疑樂毅，樂毅出奔趙國，被封為望諸君，後死在趙國。②燕昭王：公元前311年至前279年在位。五國之兵：即趙、楚、魏、韓、燕五國聯軍。③三城未下：指聊城、莒（ㄐㄩˇ）、即墨三城。未下者實為二城：即莒（今山東莒縣）與即墨（今山東平度東南）。④惠王：燕惠王，公元前278年至前272年在位。⑤反間（ㄐㄧㄢˋ）：用計離間敵人，使之內訌。⑥騎劫：人名，燕將。⑦望諸君：趙國給樂毅的封號。⑧田單：戰國時齊國臨淄人。樂毅破齊時他堅守即墨，用反間計使樂毅奔趙，又用火牛陣擊敗騎劫，被齊襄王任為相國。⑨且休計事：暫時休息，商議軍國大事。⑩不佞（ㄋㄧㄥˋ）：不才。自謙之辭。⑪斧質之罪：殺身之罪。斧質：殺人刑具。質：通「鑕」，腰斬用的墊座。⑫足下：對對方的尊稱。⑬數（ㄕㄨˇ）：列舉罪狀。⑭侍御者：不敢直斥惠王本人，故以此指代，如「執事」、「左右」等。⑮舉錯：措施。錯：通「措」。⑯假：借。節：外交使臣所持的符節。魏王：指魏昭王（公元前295年—前277年在位），魏襄王之子。⑰擢（ㄓㄨㄛˊ）：提拔。⑱父兄：指與燕王同族的宗室大臣。當時，國君有重大措施，都要和同姓大臣商量。⑲亞卿：官名，官位次於上卿。⑳幸：僥幸。㉑霸國：指春秋時國勢強大，處於主宰地位的諸侯國。齊國國君齊桓公曾稱霸諸侯，後來齊湣王也曾自稱東帝（秦昭王為西帝），所以這裏稱齊國為霸國。驟勝：屢勝。㉒閑：通「嫻」，熟練。㉓徑：直接。㉔淮北：淮河以北地區。宋地：今江蘇銅山、河南商丘、山東曲阜之間的地區。公元前286年，齊、魏、楚滅宋，各得地三分之一。上述兩地皆屬齊。㉕楚、魏之所同願：指楚國想奪取淮北地區，魏國想從齊國手中奪取原來的宋國土地。㉖具：準備。㉗顧：旋，不久。反：回復。㉘靈：指威望。㉙河北之地：指黃河以北的齊國土地。濟上：濟水旁邊。㉚國：指齊國國都臨淄。㉛齊王：即齊湣（ㄇㄧㄣˇ）王，公元前齊300年至前284年在位。㉜身免：單身逃脫。㉝呂：鐘名。元英：燕國宮殿名。㉞故鼎：指大軍殺燕王噲時，掠奪去的燕鼎。厲室：燕國的宮殿名。㉟寧臺：燕國的臺名。在今河北薊縣北。㊱薊邱：燕國都城，在今北京市。植：旗杆一類東西。這裏代指旗幟。㊲汶篁（ㄏㄨㄤˊ）：齊國汶水（今山東大汶河）邊的竹田。㊳五

伯：春秋五霸。通常指齊桓公、晉文公、楚莊王、秦穆公、宋襄公。 ㊴順於其
志：合乎他的志願。㊵頓：耽誤。㊶春秋：這裏指一般史書。㊷蚤：通「早」。
㊸萬乘：指大國。當時以「乘」（一車四馬）的多少來表示國家的強弱。這裏實
指齊國。㊹八百歲：指公元前1065年周武王封太公望於齊，至公元前284年樂毅
破齊，共 781 年。㊺棄羣臣：指燕昭王死去。㊻庶孼（ㄋㄧㄝˋ）：妾生的兒子。㊼
施（ㄧˋ）：延續。萌隸：百姓。㊽伍子胥：春秋時吳大夫，幫助吳王闔閭攻破楚
國。後來因他勸阻夫差伐齊，抵制越國求和，被夫差賜死。屍首裝在皮囊裏，沉
入江中。闔閭：春秋末年吳國國君。公元前514年至前496年在位。㊾郢：楚國都
城，在今湖北江陵。這裏指公元前 505 年吳國攻破郢都的事。㊿鴟（ㄔ）夷：
皮革製的口袋。51先論：指伍子胥生前曾指出吳國如果不滅掉越國，而去攻打齊
國，吳國將被越國攻滅。52量：氣量。53離：通「罹」，蒙受。54墮（ㄏㄨㄟ）：
毀壞。55潔：這裏是表白的意思。56數（ㄕㄨㄛˋ）：屢次。57疏遠：樂毅自指。

【鑑賞】書信，是散文中的一個品種，屬應用文一類。書信始於何時，現在尚無
定論；但春秋戰國時期，來往書信相當普遍，則是無可否認的事實。有人以為寫
信容易，只要認得字就能寫。其實不然，要把書信寫好並不容易。書信的內容非
常廣泛，從政治、軍事、理論、學術、文藝、思想，一直到個人生活瑣事等等，
無所不包。日常生活方面的書信，一般把要說的事情寫清楚就行了；涉及到理
論、學術探討，或軍政大事，或外交來往，或申述等性質的書信，則須字斟句
酌。有時，措辭的恰當與否，往往成為某件事能否辦成功的重要因素。從《樂毅
報燕惠王書》的鑑賞中，可以看出這類申辯性書信在寫作上的講究。

　　樂毅是戰國時期著名的軍事家，為燕昭王所重用，被任為上將軍。他輔助燕
昭王，於公元前284年聯合趙、楚、韓、魏四國，共同伐齊。在樂毅指揮下，奪
取齊國七十餘城，並攻下其國都，為燕昭王報了國仇。樂毅因此被封為昌國君。
不久，燕昭王死，惠王繼位，他中了齊國的反間計，懷疑樂毅要謀反，於是奪去
樂毅的兵權，以騎劫代之。樂毅因此出奔趙國。齊國田單用反間計成功後，又用
火牛陣大敗騎劫，收回失去的七十餘城，燕國由是出現危機。燕惠王害怕樂毅乘
機攻燕，所以，寫信給樂毅，希望他不要忘記燕昭王的恩遇。《樂毅報燕惠王
書》就是對惠王這封信的回答。

　　歷來評論家公認樂毅這封信寫得很好，是春秋戰國時期著名的書信之一。它
好在哪裏？讓我們先看看燕惠王的信是怎麼寫的。燕惠王的信，一是對樂毅的責
備，一是向樂毅解釋。責備什麼？他責備樂毅聽信流言，與他隔閡，棄燕奔趙。

問樂毅：「何以報先王之所以遇將軍之意乎！」他又解釋什麼呢？他解釋解除樂毅兵權的原因是「為將軍久暴露於外，故召將軍，且休計事。」就是說樂毅在野外作戰時間太長，太辛苦了，所以讓他回來休息並且商量軍國大事，沒有殺害之意。從上面介紹的背景看，惠王這封信是言不由衷的。他不但毫無自我批評，相反，指責樂毅棄燕奔趙，辜負燕昭王的恩遇。本來，樂毅的回信，可以直接揭露燕惠王在用人上不能做到用而不疑，才中了齊國的反間計。同時，可以駁斥惠王關於奪他的兵權是為了讓他回來休息和商量軍國大事的說法。但，樂毅的高明，就在於沒有這樣寫，避免了就事論事。在信的第一段中，樂毅並未回避棄燕奔趙屬「不肖之罪」，但他申述了所以棄燕奔趙的原因，即「不能奉承先王之教，以順左右之心，恐抵斧質之罪，以傷先王之明，而又害於足下之義。」第一句，說自己不能順從惠王的心意，回到燕國就會被殺。作者在這裏用「左右」，是一種委曲之詞，避免直接指責惠王。第二句，是說自己如果不奔趙而被殺，就難申不白之冤；而昭王過去提拔重用自己，就會有損於昭王的明察。第三句是說自己如果回來被殺，燕惠王就是錯殺了無辜功臣，就要蒙受不義之名。這三點，說明自己的遁逃，並非怕死，並非背叛，而都是為燕國着想，為昭王、惠王着想，十分委婉地回答了惠王的指責，也間接駁斥了惠王所謂召他回來是「且休計事」的說法。這一段開場白，文字雖少，蘊含極豐，可以視作全信之綱。第一段末尾有兩句，即「自負以不肖之罪，故不敢為辭說。」就是自己甘願承受不賢的罪名，而不去作任何解釋。至此，話似乎講完了，但還沒有很好地回答惠王的指責，信，還須寫下去，於是設置了第二段，說明「不敢為辭說」，為什麼又要寫信？原因就是「王使使者數之罪」，所以不能不回答。回答什麼？惠王來信的要點是責問樂毅：「何以報先王之所以遇將軍之意乎！」所以，樂毅也着重講兩個問題，即「先王之所以畜幸臣之理」和「臣之所以事先王之心。」這樣，既講清了寫信的緣由，又提出要說明的要點，成為此信的一個過渡段，承接首段，啟開下文。下面的文章便圍繞着「畜幸臣」和「事先王」來展開。把燕昭王對自己的恩遇寫足，從自己為魏使燕，到被燕昭王看中，「擢之乎賓客之中，而立之乎羣臣之上」，說明昭王「不以祿私其親」，「不以官隨其愛」，有「高世之心」。作者以事實為依據，闡明了君主用人之道。明線是頌揚燕昭王，而暗線則是對惠王的批評。即以昭王能識人才，量才錄用，用而不疑，來與惠王聽信離間之言，疑忌功臣，任用不得其人相對比，其賢愚明暗，便涇渭分明了。作者運用對比襯托，表面看只是褒揚昭王，實則隱含着對惠王的貶斥。這也是一種委曲之筆。另一方面，把自己事昭王之心寫足，從昭王以國事相托，到自己盡心盡力，為昭王出謀劃策，攻下

齊國七十餘城，使齊王「僅以身免。珠玉財寶，車甲珍器，盡收入燕。」說明自己對燕忠心耿耿，沒有辜負昭王的殊遇，也說明昭王重用自己是有遠見卓識的。作者詳寫這一人所共知的事實，證明自己根本不存在背叛燕國的問題；如果不是惠王「不察」，對他產生疑忌，自己是不會棄燕奔趙的。接着，作者又寫了一個公認的道理，卽「賢明之君，功立而不廢」，蓋知之士，名成而不毀」。從這一道理出發，寫了昭王所作所爲，舉凡「報怨雪恥，夷萬乘之強國，收八百歲之蓄積」等等，證明他有顯赫的功業，是創業之君。表面看，也似乎沒有一字批評惠王，但人們聯繫到惠王把七十餘城失掉的事實，自然知道違背昭王遺訓的是誰。而失去七十餘城，正與解除樂毅的兵權，任命不懂軍事的騎劫爲帥有密切關係，說明惠王不是守業的君主。特別是，這一段的後部分引用了伍子胥的典故，更見作者匠心。樂毅引這個典故，目的在於類比他同昭王、惠王之間的關係，在引了典故之後，又作了點睛的議論：故吳王夫差不悟先論（伍子胥生前勸諫的話——引者）之可以立功，故沉子胥而弗悔；子胥不蚤見主之不同量，故入江而不改。這個歷史事實和這些警策的總結，把昭王的賢明、惠王的昏暗、自己的忠心進一步點明了。可見，引一個恰當的典故，並作精湛的發揮，用字既省，而蘊含豐厚。最後兩段，與前面寫自己遁逃奔趙的原因相呼應，進一步表明自己的心迹，卽奔趙是爲了「免身全功，以明先王之迹。同時，提出「交絕不出惡聲」，忠臣「不潔其名」，表示自己的坦蕩與正直，暗示自己不會乘燕之危而做不利於燕的事。這些話，既回答了惠王，讓他放心，又向公衆表明自己的態度。這就是「名成而不毀」的用意。

　　總之，樂毅的信，以事實說理，以委曲婉轉的筆法，批駁了燕惠王的指責，同時，不就事論事，而是用昭王的賢明，襯托出惠王的愚鈍，含不盡之意於字裏行間。雖然，他的生命差點斷送在惠王之手，但他的信，仍表現了心平氣和、充分說理的風格。這一點，很值得我們寫此類文章時學習借鑑。

（張慕勛）

季氏將伐顓臾　　　《論　語》

季氏將伐顓臾①。冉有、季路見於孔子曰②：「季氏將有事於顓

臾③。」孔子曰：∟求④！無乃爾是過與⑤！夫顓臾，昔者先王以為東蒙主⑥，且在邦域之中矣⑦，是社稷之臣也⑧，何以伐為⑨？」

冉有曰：∟夫子欲之⑩，吾二臣者，皆不欲也。」孔子曰：「求！周任有言曰⑪：『陳力就列⑫，不能者止⑬。』危而不持，顛而不扶，則將焉用彼相矣⑭？且爾言過矣！虎兕出於柙⑮，龜玉毀於櫝中⑯，是誰之過與？」

冉有曰：「今夫顓臾，固而近於費⑰，今不取，後世必為子孫憂。」孔子曰：「求！君子疾夫舍曰『欲之』而必為之辭⑱。丘也聞有國有家者，不患寡而患不均，不患貧而患不安⑲。蓋均無貧，和無寡，安無傾。夫如是，故遠人不服⑳，則修文德以來之㉑；既來之，則安之。今由與求也，相夫子，遠人不服而不能來也，邦分崩離析而不能守也㉒，而謀動干伐於邦內。吾恐季孫之憂，不在顓臾，而在蕭牆之內也㉓！」

【注釋】①季氏：卽春秋時魯國的季孫氏，世為大夫，專擅國政，權勢極重。此指季康子，名肥，亦稱季孫肥。顓臾（ㄓㄨㄢ　ㄩˊ）：小國名，故城在今山東省平邑縣東。相傳為伏羲氏之後，風姓，為魯國附庸。②冉有、季路：孔子弟子。冉有名求，季路卽子路，姓仲名由。當時二人都是季氏家臣。見：謁見。③事：指攻伐顓臾的軍事行動。④求：指冉求，他曾為季氏聚斂民財，孔子對他十分不滿，曾說：「非吾徒也，小子鳴鼓而攻之，可也。」⑤無乃：豈不是，恐怕是。爾：你，指冉求。與：同「歟」。⑥先王：指周之先王。東蒙：卽東蒙山，在今山東蒙陰縣南，平邑縣之東（卽顓臾之東）。主：指周之先王封東蒙之地與顓臾，使其主持祭祀。⑦在邦域之中：猶言在國境之內。⑧社稷之臣：猶言國家之臣。顓臾已臣屬魯國，故有此說。⑨何以伐為：攻伐它幹什麼？為（ㄨㄟˊ）：表疑問語氣詞。⑩夫子：指季康子。⑪周任：古代良史。⑫陳力就列：擔任某一職位就應該發揮自己的才力。⑬止：休止，指辭職。⑭相：指扶持盲者行路的人。矣：呢。⑮兕（ㄙˋ）：犀牛。柙（ㄒㄧㄚˊ）：關猛獸的籠檻。⑯龜：指占卜所用的龜殼。玉：指祭祀所用的玉器。櫝（ㄉㄨˊ）：匣子。⑰固：指城廓完整堅固。費（ㄅㄧˋ）：季氏的采邑，今山東省費縣北。⑱疾：憎惡，憎恨。夫：那種。舍曰「欲之」：指內心貪求私利而嘴上避開不說之意。必為之辭：一定要另外找借口。⑲

「不患」二句，應爲「不患貧而患不均， 不患寡而患不安」（參見《春秋繁露。制度篇》《魏書・張普惠傳》所引《論語》）。意爲： 不擔心百姓財用不足，而擔心貧富懸殊；不擔心人口稀少，而擔心上下不能相安。寡： 人口少。⑳遠人：泛指魯國國境之外的人。㉑文德： 文敎和德化。來之： 使遠人前來歸附。㉒邦：指魯國。分崩離析： 指魯文公死後，孟孫、叔孫、季孫三家貴族分割魯國。至季康子時，更盛。㉓蕭： 借爲「肅」。牆： 指宮中當門的小牆，亦稱「屏」。臣見君之禮，到此更爲肅敬，因稱之爲「蕭牆」。「蕭牆之內」，卽宮廷之內，隱指魯哀公。

【鑑賞】本文是《論語》第十六篇《季氏篇》中的首章。季氏指季孫氏家族中的季康子，當時是魯哀公的正卿，把持國政，準備攻打魯國的屬國顓臾。季孫氏家族的由來，可追溯到魯桓公。據《春秋》記載，魯桓公將其君位傳其子莊公，莊公有三個弟弟叫慶父、叔樂、季友，這三個人的後代發展爲三族，稱孟孫氏、叔孫氏、季孫氏，因都是魯桓公的後代，史稱「三桓」。春秋後期，「三桓」逐漸把持魯國政權，權勢日重，公室自卑，季康子要攻打顓臾，不過是季氏專政之一例。統治者內部的權力再分配的鬥爭是不斷發生的。自季友專政，先後歷文子、武子、平子、 桓子而爲家臣陽虎所執， 皆爲孔子所親見， 魯哀公與季康子的矛盾，也日益尖銳。古姓和氏有區別，「二桓」等都姓姬，因魯早先本爲周公的封地，與周天子同姓。

全文主旨是，孔子抓住「季氏將伐顓臾」這一典型事例批評學生， 抨擊季氏，闡明自己的政治主張。 全文層次清楚， 脈絡分明， 冉有（求）、季路（子路）三次陳述，孔子三次對答。據說孔子的議論傳到季康子那裏，伐顓臾事只得作罷。文章一開頭就直陳其事： 季氏準備進攻小小的屬國， 冉求、 子路謁見孔子，將此事報告老師。上句明言爲「伐」，此處卻說「有事」，委婉含蓄。針對冉求等的滙報，孔子的回答亦頗能令人想見其神的：「求， 無乃爾是過與!」上文有冉有、子路同謁孔子，此處獨責冉求爲季氏聚斂，又參與軍事。語氣寬緩中見峭刻， 溫柔中見剛強，師生情誼之眷戀， 政見不合之實情， 兩相兼顧；此外， 表推測的語氣更能顯示出孔子的冷靜、穩重和他的老師的身分。下文用一遞進複句說明歷史眞相：「夫顓臾，昔者先王以爲東蒙主， 且在邦城之中矣」。前半部分係判斷性單句，靠先代權威以明之： 顓臾是周代先王主祭東蒙山神的人。還不止此，顓臾又是在魯國邦城之中的。憑這兩點，孔子作出推論， 語氣進了一步，以「何以伐爲」的反詰語氣深責之。這時，魯已四分其國，季氏取其二，孟孫、叔孫各取其一，獨附庸國顓臾因周代先王的關係使其成爲公臣，季康子又欲取以自益，

實在無理，故孔子在第一層對答中又可析層爲三：言顓臾爲先王封國，則不可伐；在邦域之中，則不必伐；是社稷之臣，則非季氏之所當伐。事理至當，不易之論，一言曲折，含義深邃，這與儒家強調用於當世，因而對社會務必有「折衷至當」之認識，緊相契合。第二段對答：冉求在孔子的深責下閃爍其詞，企圖將責任輕輕推走：「夫子（季康子）欲之，吾二臣者，皆不欲也。」孔子引古縱論一般道理，對答又直接針對冉求，且直呼其名：「求！周任有言曰：『陳力就列，不能者止。』」古之良史周任的話，既是史家政論，也是一般道德論原理。下文又說，見到盲人走不穩而不扶持，跌倒而不扶起，要用那個攙扶盲人的「相」幹什麼？道德倫理，經比喻而豁然，冉求、子路，未能盡輔政之職責，不可推諉。循此而入，進一步剖析冉求諉過之言的弊端，且仍用比喻說出，蘊含深邃，幾成對仗，爲千古名句：「虎兕出於柙，龜玉毀於櫝中，是誰之過與？」失虎、毀玉，自然是典守經管者之罪，冉求等責無旁貸，不言自明，既申史家之論，又連用兩個比喻，寓理於形象，以經喻明旨，可謂達到史學和美學的統一，讀來似承教誨，卻又不索然無味，先秦的政論和史論往往以精美文學手法贏得讀者，此亦典例。第三段對答：冉求再次僞飾。顓臾城廓堅固，牢不可破，近於季氏的封邑費。「今不取，後世必爲子孫憂」。冉求爲季氏謀，慮及子孫，不可謂不盡忠。然孔子的「忠」是有特定的階級內容的，忠爲內省，恕爲外施，忠恕之道，緣於克己復禮。季氏專制於魯，孔子很不滿意，攻打先王之後，於禮不合，故針對冉求貌似盡忠之飾詞，責之曰：「君子最討厭的是避開說想幹那件事卻一定爲它找個推托的藉口。」（「君子疾夫舍曰『欲之』而必爲之辭」）接着，孔子提出了著名的安國定邦之術：「不患寡而患不均，不患貧而患不安。」他要求對社會財富平均分配，平均了才上下各得其分，沒有貧窮；他要求做到上下和睦相處，和睦了就沒有人少勢弱的恐懼感；他還要求做到國家安定，安定了才沒有傾覆的危險。有此內政，還需修明禮樂仁義的外交，不宜勞師襲遠，以使遠方異族歸附，已經歸附了也不是到此爲此，還得使他們安居樂業。孔子政論，空間跨度已越出魯國的範圍，帶有空想的普遍性特徵。在那權力再分配的社會急劇變動時期，這些令人向往的政見不能不陷於古代烏托邦式的空想，正如孔子向往的古代「大同」那樣，欲以財富平均、上下和同、政事安寧治天下，同樣是不可能的。但這一曾經激越千古的政論，體現了孔子安邦定國的苦心，使人想見政論的提出者至少是一位富有善良的同情心和愛自己國家的正直的學者。以上述烏托邦式的政論標準對照冉求他們的所作所爲，竟是「遠人不服而不能來也，邦分崩離析而不能守也，而謀動干戈於邦內。」前兩件事所及的邏輯賓格是「民」，「謀動干戈」

遭殃的也是「民」，歸注云：「民有異心曰分，欲去曰崩，不及會聚曰離析。」國家的興衰以「民」爲轉移，這顯然是爲孔子發展了的春秋以來的「重民」、「以民爲本」的思想的具體應用，從烏托邦式的國策到「重民」的呼喚，這本身就體現了孔丘思想和現實間的矛盾。孔子在對話中接著同時責備子路和冉求，在本文中還是首次出現，前面獨責求是從政事上說的，此處並由與求而責之，是從仁義之論出發的。子路雖不參與爲季氏斂財，而亦不能伸張以義，故不得爲無罪而並責之。最後一句以第一人稱陳述之：「吾恐季孫之憂，不在顓臾，而在蕭牆之內也！」「蕭牆之內」隱指當時的魯哀公，這是一種含蓄的表示法，意卽魯哀公遲早要收拾他們。對此，季康子也是心領神會的，懼怕顓臾憑藉有利地勢幫助魯國，故欲先下手爲強，勝則費地的封邑可擴大，敗則藉機削弱了魯國的力量，增加了魯君向他動武的困難，可謂勝負兩利。孔子的話，等於揭穿了季康子內心的秘密，深刻刺痛了季氏之心。不久，魯哀公果然欲借越王勾踐的力量攻季氏，事見《史記·魯周公世家》。

　　本文爲政論散文，通過三大段的對答，孔子有針對性地闡明政見，層層駁詰，申明大義，善用譬喻，力避說教，故讀來仍多機趣。儒家的美學思想往往是把儒家的道德理性精神導向人生的倫常情感，一般不作抽象的說教，在表達方法上往往能使說理經過比喻而情感化，在思維特徵上往往能使理性的邏輯思維與藝術的形象思維緊相融貫，故不能說象《季氏》這樣的說理散文就無美可言。鑒賞《季氏》這樣的作品，既看到理性的教誨方面，又看到理性的美的滲透，進而體會到儒家理性美重在雕塑人的用世功利的理性美的靈魂。通觀全篇，無一不連著理性主義的美感教育。全文風格古樸，引古鑒今，政理明當，隱喻譬之，讀後發人深省，味之越醇。連文中所用的一些語言，也成了膾炙人口的成語，散射出哲理和智慧的光芒。「夫子風采，溢於格言。」（《文心雕龍·徵聖》）不能說政論散文《季氏》中就絲毫沒有人物形象意義，盡管這是次要的、潛在的。

（李開）

子路曾皙冉有公西華侍坐　　《論　語》

　　子路、曾皙、冉有、公西華侍坐。①。子曰：L以吾一日長乎爾②，毋吾以也③。居則曰④：『不吾知也⑤！』如或知爾⑥，則何以哉

⑦？」子路率爾而對曰⑧：「千乘之國⑨，攝乎大國之間⑩，加之以師旅⑪，因之以饑饉⑫，由也爲之⑬，比及三年⑭，可使有勇⑮，且知方也⑯。」夫子哂之⑰。「求，爾何如？」對曰：「方六七十⑱，如五六十⑲，求也爲之，比及三年，可使足民⑳。如其禮樂㉑，以俟君子㉒。」「赤，爾何如？」對曰：「非曰能之㉓，願學焉。宗廟之事㉔，如會同㉕，端章甫㉖，願爲小相焉㉗。」「點，爾何如？」鼓瑟希㉘，鏗爾㉙，舍瑟而作㉚。對曰：「異乎三子者之撰㉛。」子曰：「何傷乎㉜，亦各言其志也！」曰：「莫春者㉝，春服既成㉞，冠者五六人㉟，童子六七人，浴乎沂㊱，風乎舞雩㊲，咏而歸㊳。」夫子喟然嘆曰㊴：「吾與點也㊵。」

　　三子者出，曾晳後㊶。曾晳曰：「夫三子者之言何如？」子曰：「亦各言其志也已矣㊷！」曰：「夫子何哂由也？」曰：「爲國以禮㊸，其言不讓㊹，是故哂之。「唯求則非邦也與㊺？」「安見方六七十、如五十而非邦也者㊻？」「唯赤則非邦也與？」「宗廟會同，非諸侯而何㊼？赤也爲之小，孰能爲之大㊽？」

【注釋】①子路：姓仲，名由，字子路。曾晳（ㄒㄧ）：名點，曾參父。冉（ㄖㄢˇ）有：姓冉，名求，字子有。公西華：姓公西，名赤，字子華。四人都是孔子的學生。侍坐：陪孔子坐著。②以：因。乎：于，比。③毋（ㄨˊ）：不要。以：通「已」，止。④居：平時。則：輒，每每，往往。⑤不吾知：「不知吾」的倒裝，不了解我。⑥爾：作「你們」講。⑦何以：憑什麼才能（從政）。⑧率爾：輕率而很快的樣子。⑨千乘之國：有一千輛兵車的諸侯之國。⑩攝：夾的意思。⑪加：加上。師旅：這裏指戰爭。⑫因之：繼之。饑饉（ㄐㄧㄣˇ）：饑荒。⑬爲：治理。⑭比及：等到。⑮可使有勇：可以使老百姓勇敢善戰。⑯方：規矩。⑰哂（ㄕㄣˇ）：微笑。⑱方：見方，方圓。⑲如：或者。⑳可使足民：可以使老百姓豐衣足食。㉑如其禮樂：至於那禮樂教化。㉒俟（ㄙˋ）：等待。㉓非曰能之：我不敢說自己能夠做到。㉔宗廟之事：指祭祀的事。㉕如：或者。會：天子會合諸侯，隨時接見稱「會」。同：天子同時接見許多諸侯稱「同」。㉖端：玄端，古代的一種禮服。章甫：古代禮冠的名稱。㉗小相：相卽儐相，在諸侯祭祀或盟會時，主持讚禮和司儀的官。相分卿、大夫、士三個等級，小相是指最低的「士」這一級。㉘

鼓瑟（ㄙㄜ丶）：彈瑟。瑟是一種樂器，古時爲五十弦，後改成二十五弦。希：通
「稀」。㉙鏗（ㄎㄥ）爾：指彈瑟完畢時的最後一聲高音。㉚作：站起來。㉛撰：
才能。㉜何傷乎：有什麼關係呢。㉝莫春：夏曆三月。莫：同「暮」。㉞春服：夾
衣。成：定。㉟冠者：成年人。古代貴族子弟到二十歲爲成年，行冠禮。㊱沂
（ㄧˊ）：水名，發源於今山東南部，流經江蘇北部入海。㊲風乎舞雩（ㄩˊ）：在
舞雩台上乘涼。舞雩：地名，在今山東曲阜，是古代祭天求雨的地方，祭祀時築
台。㊳咏而歸：一路唱著歌回來。㊴喟（ㄎㄨㄟˋ）然：嘆氣的聲音。㊵與（ㄩˋ）：
讚許，同意。㊶曾晳後：曾晳後走。㊷也已矣：語助詞，相當於「也罷了」。㊸爲
國以禮：治理國家要講禮。㊹讓：禮讓，謙虛。㊺唯：句首語氣詞。邦：國家。
與（ㄩˊ）：同（歟），語氣詞。㊻安：怎麼。㊼宗廟會同，非諸侯而何：諸侯祭祀
和集會同盟，這不是諸侯的國家大計是什麼？㊽赤也爲之小，孰能爲之大：公西
華說自己願做小相，那誰還能做大相呢？

【鑑賞】在我國先秦散文裏，《論語》占有十分重要的地位。這部先秦儒家的主
要著作，不僅記載了孔子及其門人的言論，反映了儒家在衆多領域內的思想主
張，而且在我國古代文學史上具有極其重要的藝術價值。它那簡潔凝練的語言，
含蓄深刻的思想，生動深邃的名言警句，具體形象的記敍描繪，開創了一代藝術
風貌，《子路曾晳冉有公西華侍坐》（以下簡稱《侍坐》）可以說是頗具特點的
代表作之一。

　　《侍坐》如同《論語》中其他篇章一樣，都是論述孔門的思想和學問的，但
是思想和學問的傳播，不是靠空洞的說教，而是借助於特有的形象。它通過孔子
和四個弟子一次十分融洽的談話，表現了孔子的政治抱負和追求。作者在記述孔
子的抱負和理想時，不僅記錄了孔子四弟子各人的言行，更重要的是刻畫了一組
鮮明生動的人物形象。在四門生中，首先描繪了性格直率的子路，當老師剛提出
問題，讓學生們各言其志時，子路便「率爾而對」。他搶先發言，不假思索。那當
仁不讓、急迫的神情，表現了剛直，不說假話的性格。但他急不可待的舉動又說
明他遇事輕率，急躁和自負。冉有、公西華與子路恰恰相反，這兩位弟子都是在
老師問到他倆時才接着回答的，顯得十分禮讓。冉有一開口答曰：「方六七十，
如五十六……。」先說「六七十」，轉而改口爲「五六十」，數字上的微小變化，並
非是冉有的優柔寡斷，缺乏果決，而是他敦厚、謙虛性格的體現，這從冉有在理
政方面也能看出，「……求也爲之，比及三年，可使足民。」甚至連儒家十分關
注的「禮樂」大事，他也表示「以俟君子」。短短數語如見其人。同樣，公西華在

老師的催問下回答，也很謙虛，一開口，「非曰能之，願學焉。」自己沒有才能只能學學而已，即使是「宗廟之事，如會同」這種儒家注重的禮儀場合，他也只祈願「端章甫，願爲小相焉」。顯而易見，冉有和公西華都非常忍讓與虛心，然而呈現在我們面前的兩個人物的性格卻不雷同。如果說謙恭虛心對冉有來說是他性格的內涵，那麼對公西華來說則是他性格的外延。我們隱約感到公西華謙虛的言辭是他出自於「禮」的要求而作出的一種姿態，謙恭有餘的詞藻中蘊含著一絲非天性的成分。冉有、公西華從表面上看同屬溫厚謙遜，但從神情和語言描繪中又能辨析出他們同類性格的確定性是有微別的，他們實屬同中有異的人物形象。從他們身上，我們可以看到文章在刻畫人物性格特徵時那種細膩深入的筆法。當子路、冉有、公西華言罷其志後，最後只剩下曾晢，當老師發問時，他卻在操琴鼓瑟，當孔子點到他時，他並未憂然而止，而是「鼓瑟希，鏗爾，舍瑟而作」。這種細節描寫，把曾晢放達、洒脫、自得的性格表現得淋漓盡致。

孔子作爲《侍坐》一文的中心人物，是以思想深沉的師長的形象出現的，但他也並不是終日板着臉，而是十分和藹。在文章一開始孔子就說：「以吾一日長乎爾，毋吾以也。居則曰：『不吾知也！』如或知爾，則何以哉？」這眞誠的發問，耐心的啓迪，讓弟子盡情言志的語氣，顯示了孔子雍容謙恭的氣度。而當曾晢因爲「異乎三子者之撰」而不欲發言時，孔子又說：「何傷乎，亦各言其志也！」用如此親切的語氣和誠懇的態度啓發誘導學生，學生又怎麼會有顧慮而不言志呢？在這裏，作者刻畫的孔子是一位深明事理、循循善誘的長者的形象。文章在刻畫孔子形象時，還抓住了孔子在聽了學生言志後的神情和語態。特別是聽了子路發言後，只用了四個字「夫子哂之」以表示孔子的反應，一個「哂」字，寫出了孔子略帶譏誚的臉象和微微一笑的神態，把孔子對子路有所肯定（對其志向）又有所批評（不够禮讓）的複雜心理描寫得眞切入微。如果說文章是通過神情語態描繪了人物形象的話，那麼，在表述孔子政治理想時，文章則是通過生活內容來表現的。首先，作者安排了「侍坐」這一典型環境，這是一個極其平常普通的生活場景，師生圍坐一起促膝相談，通過孔子提問，讓弟子們一個個相繼言志，以鮮明的物象表達了耐人尋味的理趣。尤其是曾晢在回答老師問題時所說：「莫春者，春服既成，冠者五六人，童子六七人，浴乎沂，風乎舞雩，咏而歸。」從曾晢這一段言志中，我們看不到抽象的概念和邏輯的判斷。文章採用移情入景，以景抒情的手法，著力於道德實踐的描繪，它實際上是一幅春光明媚、惠風和暢，一群青少年結伴相遊的春景畫。如果把「侍坐」比作一軸畫卷，那麼曾晢對理想藍圖的描繪則是畫中之畫了。它所呈現的正是儒家的政治理想。孔子及其弟

子生活在春秋末年，當時社會正處於大動盪、大變革、風雲變幻的時代，孔子及其弟子們雖然看不到歷史發展的趨勢和社會前進的必然，但他們極不滿意社會的動亂，爲此，他們提出了治世的理想，而這種政治理想的提出是融合於平易曉暢的優美畫卷之中，說明了曾皙這一批受到儒家思想薰陶的人物，有志於在無事無爲之中，做出有事有爲的政績來的意向。近人楊樹達說：「孔子與曾點者，以點之所言爲太平社會之縮影也。」（《論語疏證》）本文就是運用生活畫面來表現社會理想和政治抱負的，把深刻哲理蘊含於詩情畫意之中，收到言盡而意無窮的藝術效果。

　　文章最後部分，孔子對學生的言志一一作了評論。他贊成曾皙的志向，卻也肯定了子路等人的志向，只不過「亦各言其志也已矣！」他解釋「哂之」也僅是「其言不讓」而已。從句式上講，基本上採用反問句，有問無答，答案尚待讀者思考，顯得比較含蓄。文章的句子比之《尚書》《春秋》要長一些，句式比較多，特別是「乎、矣、焉、哉」等語氣詞使用增多，使文中的對話更加委婉達意，更準確地表達了語氣，同時副詞、形容詞較多地使用，增加了形象感，文從字順、生動活潑，較之《尚書》的佶屈聱牙是大爲不同了。

　　總之，《侍坐》如同整部《論語》一樣，遵循了我國先秦散文的藝術規律，即偏重「實踐理性」，偏重於內省的智慧，致力於刻畫個性鮮明的文學形象和理論富於形象的藝術手法，使得文章至今仍具有一種文學魅力，尤其是文章的作者——這些「聖哲」的弟子們，更是把先師體現哲學思想的言行——偉大人格的外在表現，作爲一種美的對象加以記述，因此，文章在顯示其文學價值的同時，還顯示了它的美的價值。

　　　　　　　　　　　　　　　　　　　　　　　　　　　　（顧柏榮）

公　　輸　　　　《墨　子》

　　公輸盤①爲楚造雲梯②之械，成，將以攻宋。子墨子③聞之，起④于魯，行十日十夜而至于郢⑤，見公輸盤。

　　公輸盤曰：「夫子何命焉爲⑥？」

　　子墨子曰：「北方有侮臣⑦者，願借子殺之⑧。」

公輸盤不說⑨。

子墨子曰:「請獻千金⑩。」

公輸盤曰:「吾義⑪固不殺人。」

子墨子起,再拜,曰:「請說之⑫。吾從北方聞子爲梯,將以攻宋。宋何罪之有⑬?荊國⑭有餘於地而不足於民,殺所不足而爭所有餘⑮,不可謂智。宋無罪而攻之,不可謂仁。知而不爭⑯,不可謂忠。爭而不得,不可謂強。義不殺少而殺衆,不可謂知類⑰。」

公輸盤服。

子墨子曰:「然⑱,胡不已乎?」

公輸盤曰:「不可,吾既已言之王⑲矣。」

子墨子曰:「胡不見⑳我於王?」

公輸盤曰:「諾。」

子墨子見王,曰:「今有人於此,捨其文軒㉑,鄰有敝輿㉒而欲竊之;捨其錦綉,鄰有短褐㉓而欲竊之;捨其粱肉㉔,鄰有糠糟而欲竊之。此爲何若㉕人?」

王曰:「必爲竊疾矣。」

子墨子曰:「荊之地,方五千里,宋之地,方五百里。此猶文軒之與敝輿也㉖。荊有雲夢㉗,犀兕㉘麋鹿滿之,江漢之魚鱉黿鼉爲天下富㉙,宋,所謂無雉兔鮒魚㉚者也。此猶粱肉之與糠糟也。荊有長松文梓楩枏豫章㉛,宋無長木㉜。此猶錦繡之與短褐也。臣以王之攻宋也,爲㉝與此㉞同類。臣見大王之必傷義而不得。」

王曰:「善哉㉟。雖然㊱,公輸盤爲我爲雲梯,必取宋。」

於是見㊲公輸盤。子墨子解帶爲城,以牒㊳爲械。公輸盤九設攻城之機變㊴,子墨子九距㊵之。公輸盤之攻械盡,子墨子之守圉㊶有餘。

公輸盤詘㊷,而㊸曰:「吾知所以㊹距子矣,吾不言。」

子墨子亦曰:「吾知子之所以距我,吾不言。」

楚王問其故。

子墨子曰:「公輸子之意,不過欲殺臣。殺臣,宋莫能守,乃可

攻也。然臣之弟子禽滑釐㊺等三百人，已持臣守圉之器，在宋城上而待楚寇矣。雖殺臣，不能絕也。」

　　楚王曰：「善哉。吾請無攻宋矣。」

【注釋】①公輸盤（ㄅㄢ）：魯國人，能造各類器械的巧匠。公輸是姓，盤是名，也寫作「公輸班」或「公輸般」。民間稱他魯班。②雲梯：攻城時用來登城的器械。③子墨子：即墨翟。④起：出發，動身。⑤郢（ㄧㄥˇ）：楚國都城，今湖北省江陵縣。⑥何命焉為：（有）什麼見教呢？⑦臣：「我」的謙稱。⑧子：您。⑨說：同「悅」。⑩千金：千斤的代價。⑪義：信念。⑫說之：說說我的意思。⑬何罪之有：有何罪的倒裝。⑭荊國：楚國的別稱。⑮殺所不足而爭所有餘：葬送不足的而爭奪有餘的。⑯爭：據理力爭。⑰類：指事物的大和小、多和寡、全體和部分。⑱然：那麼。⑲王：指楚惠王。⑳見（ㄒㄧㄢˋ）：引見。㉑文軒：彩飾的車。㉒敝輿（ㄩˊ）：破車。㉓褐（ㄏㄜˋ）：粗布襖。㉔粱肉：好飯好菜。㉕何若：如何，怎樣。㉖猶……之與……也：好像……同……相比。㉗雲夢：楚國的大澤，跨長江南北，包括現在的洞庭湖和江北的洪湖、白鷺湖等湖沼。㉘兕（ㄒㄧ）：犀牛。兕（ㄙˋ）：古代犀牛一類的獸名。㉙鼉（ㄊㄨㄛˊ）：猪婆龍，鱷魚類。㉚鮒（　）魚：像鯽魚的一種小魚。㉛文梓：梓樹。文：同「紋」。楩（ㄆㄧㄢˊ）：即黃楩木。柟（ㄋㄢˊ）：同「楠」。豫章：樟樹。㉜長木：大樹。㉝以……為：認為……是。㉞此：代指舍文軒、竊敝輿等。㉟善哉：好呀。㊱雖然：即使這樣。㊲見：召見。㊳牒：木片。㊴九：表示次數多。機變：機巧變化。㊵距：同「拒」。㊶圉：同「禦」。㊷詘（ㄑㄩ）：同「屈」，折服。㊸而：同「乃」。㊹所以：用什麼（方法）。㊺禽滑（ㄍㄨˇ）釐：魏國人。

【鑑賞】《公輸》主要是通過對話的形式，記敍了墨子用道理說服公輸盤，迫使楚王不得不放棄對宋國的侵略意圖的經過。作品出色地表現了墨子的才智、勇敢和反對攻伐的精神，是墨子「兼愛」「非攻」主張的生動而又具體的體現。

　　公輸盤替楚國製造成了雲梯，準備作侵略弱小的宋國之用。就在這場不義之戰一觸即發之際，墨子聞訊奔到楚國郢都，會見了公輸盤。墨子要勸說公輸盤與他一起去制止即將發生的楚侵宋的不義戰爭，倘若沒有巧妙的說理藝術，談何容易！墨子說服公輸盤，並不是開門見山、徑言直說的，而是採取了迂迴戰術，巧設比喻誘使對方說出同攻宋目的自相矛盾的話，先說服了公輸盤，接著在道理上

說服了楚惠王，並又用實際行動使楚惠王放棄了攻宋的行動。墨子徑直巧設比喻誘使公輸盤說出同攻宋目的自相矛盾的話。墨子首先向公輸盤提出了「借子殺之」的請求，這使公輸盤「不說」。這「不說」表明公輸盤本是一個不願殺人的人，這是他之所以能接受墨子規勸的思想基礎。墨子再提出「請獻千金」，公輸盤則明確表態：「吾義固不殺人。」這就使公輸盤的言論與其行動發生了矛盾。墨子牢牢地抓住了「吾義固不殺人」這句話，採用了迂回說理的方法，先指出：公輸盤爲楚國製造雲梯攻打弱小而無過錯的宋國，是一種不義之舉，因爲楚國土地有餘而人民不足，在這種情況下，楚國竟要葬送不足的百姓而去爭奪多餘的土地，這是不明智的作法；楚國企圖侵略宋國，這是不仁的舉動；知道了這個道理而不去勸阻楚王，這是不忠的行爲；勸阻而達不到目的，這是沒有力量的表現。最後歸結到公輸盤前後言論的不一與行動之間的抵牾上：義當不殺少數人卻去殺多數人，就是不懂得類推道理。墨子的這一番話，從公輸盤的「義不殺人」說開去，在指出公輸盤之舉不仁、不忠、不強之後，又回到勸阻公輸盤去制止楚惠王攻宋這個根本問題上，指出公輸盤所說的「義不殺人」與先前替楚製造雲梯去攻打宋國是相互矛盾的。這樣，公輸盤只好心悅誠服地認輸。這是墨子止楚攻宋的關鍵性的第一步。墨子規勸楚惠王遠比規勸公輸盤艱難得多，從而也就更突出了墨子的論辯才能。墨子首先巧設了三個生動的比喻：捨文軒而竊敝輿，捨錦繡而竊短褐，捨粱肉而竊糠糟。墨子在巧設這三個比喻之後，誘使楚惠王對「此爲何若人」這個問題作出回答。問者有心而答者無意。於是楚惠王不假思索地回答：「必爲竊疾矣。」這就誘使楚惠王就範。接著，墨子窮追不捨，又通過三組對比，從道理上使楚惠王納善言。他十分明確地指出：方圓五千里的楚國去侵略方圓僅五百里的宋國，猶如捨文軒而竊敝輿；楚國猶如粱肉，宋國猶如糠糟，楚攻宋好比是捨其粱肉而竊鄰人糠糟；又猶如捨其錦孟而竊鄰人短褐。這三組對比與比喻相結合，說理生動、透徹，令人信服。接著，墨子明確指出，強楚攻弱宋是一種不仁不義的行爲。這就把楚惠王誘使到自己的認識與自己的實際行動發生矛盾的窘境上去了。這是墨子勸阻楚惠王放棄攻宋主張的一個重大突破。但是，楚惠王理屈詞不窮，他只承認「竊疾」在道義上的不是，卻不肯放棄攻宋的主張。這使墨子的勸阻過程出現了僵局。於僵局後，墨子另闢蹊徑，將說理辯論轉到以實際行動迫使楚惠王放棄攻宋的主張上來，這就是與公輸盤較量攻守之術。最終使得楚惠王折服了。

在《公輸》中，墨子的論辯藝術是值得重視的。《公輸》中有少量的敍述性文字，大量的則是墨子同公輸盤與楚惠王之間的論辯性的對話。在對話中，充分顯示了墨子令人折服的雄辯能力。這雄辯能力主要表現爲巧設比喻和運用對比誘

使對方講話造成自相矛盾，置對方於被動地位，然後在迂迴論辯中進行邏輯推理，得出止楚攻宋是「仁愛」的表現，達到宣傳「非攻」思想的目的。論辯一開始，墨子對公輸盤說：「北方有侮臣者，願借子殺之。」墨子說話有意，而公輸盤無意，所以聽了「不說」，表示「吾義固不殺人」。這樣，公輸盤在無意中已經被誘使而走上了墨子爲他布設的言論和行動相矛盾的軌道，因此，公輸盤只好服服帖帖地認輸了。墨子在與楚惠王的論辯中，將設喻與對比巧妙地結合起來加以運用，終於使得毫無思想準備的楚惠王也陷入了自相矛盾的地位。這些都是墨子的心機和智巧的表現。

　　另外，《公輸》記敍的論辯過程充滿了曲折和波瀾，於情節發展轉換上饒有趣味。如：墨子與公輸盤論辯時，墨子首先向公輸盤提出「借子殺之」的事，而公輸盤則堅持「義固不殺人」，通過論辯之後，讀者方知，墨子「借子殺之」是假，勸說公輸盤停止幫助楚國攻宋才是眞；公輸盤口稱「義固不殺人」是假，而「義不殺少而殺衆」才是眞，其結果是「公輸盤服」。這是論辯中的一折。墨子與楚惠王論辯，楚惠王承認「三捨三竊」之擧是有「竊疾」，是一折；而堅持「必取宋」又是一折；公輸盤與墨子「攻城」與「距城」的較量是一折，最後楚王決定「無攻宋」結束了這場論辯。《公輸》雖爲記敍論辯之事，然而其間頗有波瀾，引人入勝，毫無呆板的說敎之感。

（姜漢林）

齊桓晉文之事　　　　　《孟　子》

　　齊宣王問曰①：「齊桓、晉文之事②，可得聞乎？」

　　孟子對曰：「仲尼之徒，無道桓、文之事者③，是以後世無傳焉；臣未之聞也④。無以，則王乎⑤？」

　　曰：「德何如則可以王矣？」

　　曰：「保民而王⑥，莫之能禦也⑦。」

　　曰：「若寡人者⑧，可以保民乎哉？」

　　曰：「可。」

　　曰：「何由知吾可也⑨？」

曰：「臣聞之胡齕曰⑩：『王坐於堂上，有牽牛而過堂下者，王見之，曰：「牛何之⑪？」對曰：「將以衅鐘⑫。」王曰：「舍之！吾不忍其觳觫⑬，若無罪而就死地⑭。」對曰：「然則廢衅鐘與⑮？」曰：「何可廢也，以羊易之⑯。」』不識有諸⑰？」

曰：「有之。」

曰：「是心足以王矣⑱！百姓皆以王爲愛也⑲，臣固知王之不忍也。」

王曰：「然，誠有百姓者⑳。齊國雖褊小㉑，吾何愛一牛！卽不忍其觳觫，若無罪而就死地，故以羊易之也。」

曰：「王無異於百姓之以王爲愛也㉒。以小易大，彼惡知之㉓？王若隱其無罪而就死地㉔，則牛羊何擇焉㉕？」

王笑曰：「是誠何心哉㉖！我非愛其財而易之以羊也，宜乎百姓之謂我愛也㉗。」

曰：「無傷也㉘，是乃仁術也㉙，見牛未見羊也。君子之於禽獸也：見其生，不忍見其死；聞其聲，不忍食其肉；是以君子遠庖廚也㉚。」

王說曰：「≪詩≫云㉛：『他人有心，予忖度之㉜。』夫子之謂也㉝。夫我乃行之㉞，反而求之㉟，不得吾心㊱；夫子言之，於我心有戚戚焉㊲。此心之所以合於王者何也㊳？」

曰：「有復於王者曰㊴：『吾力足以舉百鈞㊵，而不足以舉一羽；明足以察秋毫之末㊶，而不見輿薪㊷。』則王許之乎㊸？」

曰：「否！」

「今恩足以及禽獸㊹，而功不至於百姓者㊺，獨何與㊻？然則一羽之不舉，爲不用力焉㊼；輿薪之不見，爲不用明焉；百姓之不見保㊽，爲不用恩焉。故王之不王㊾，不爲也，非不能也。」

曰：「不爲者與不能者之形㊿，何以異？」

曰：「挾太山以超北海(51)，語人曰(52)：『我不能。』是誠不能也。爲長者折枝(53)，語人曰：『我不能。』是不爲也，非不能也。故王之不王，非挾太山以超北海之類也；王之不王，是折枝之類也。

「老吾老(54)，以及人之老；幼吾幼(55)，以及人之幼，天下可運於掌(56)。《詩》云：『刑於寡妻，至於兄弟，以御於家邦(57)。』言舉斯心加諸彼而已(58)。故推恩足以保四海(59)，不推恩無以保妻子。古之人所以大過人者(60)，無他焉(61)，善推其所爲而已矣！今恩足以及禽獸，而功不至於百姓者，獨何與？權(62)，然後知輕重；度(63)，然後知長短。物皆然，心爲甚(64)。王請度之。

「抑王興甲兵(65)，危士臣(66)，構怨於諸侯(67)，然後快於心與？」

王曰：「否，吾何快於是！將以求吾所大欲也(68)。」

曰：「王之所大欲，可得聞與(69)？」

王笑而不言。

曰：「爲肥甘不足於口與(70)？輕煖不足於體與(71)？抑爲彩色不足視於目與(72)？聲音不足聽於耳與？便嬖不足使令於前與(73)？王之諸臣，皆足以供之，而王豈爲是哉！」

曰：「否，吾不爲是也。」

曰：「然則王之所大欲可知已(74)：欲辟土地(75)，朝秦、楚(76)，莅中國而撫四夷也(77)。以若所爲，求若所欲，猶緣木而求魚也(78)。」

王曰：「若是其甚與(79)？」

曰：「殆有甚焉(80)。緣木求魚，雖不得魚，無後災；以若所爲，求若所欲，盡心力而爲之，後必有災。」

曰：「可得聞與？」

曰：「鄒人與楚人戰(81)，則王以爲孰勝？」

曰：「楚人勝。」

曰：「然則小固不可以敵大，寡固不可以敵衆，弱固不可以敵強。海內之地(82)，方千里者九(83)，齊集有其一(84)；以一服八(85)，何以異於鄒敵楚哉！蓋亦反其本矣(86)！今王發政施仁(87)，使天下仕者皆欲立於王之朝，耕者皆欲耕於王之野，商賈皆欲藏於王之市(88)，行旅皆欲出於王之涂(89)，天下之欲疾其君者(90)，皆欲赴愬於王(91)，其若是，孰能禦之？」

王曰：「吾惛(92)，不能進於是矣(93)！願夫子輔吾志，明以教我。

我雖不敏，請嘗試之！」

　　曰：「無恒產而有恒心**者**㉞，　惟士爲能。若民㉟，　則無恒產，因無恒心。苟無恒心㊱，　放辟邪侈㊲，　無不爲已。及陷於罪，然後從而刑之，是罔民也㊳。焉有仁人在位，罔民而可爲也！是故明君制民之產㊴，必使仰足以事父母，俯足以畜妻子㊵，樂歲終身飽㊶，凶年免於死亡㊷；然後驅而之善，故民之從之也輕㊸。今也制民之產，仰不足以事父母，俯不足以畜妻子，樂歲終身苦，凶年不免於死亡。此惟救死而恐不贍㊹，　奚暇治禮義哉！　王欲行之，　則盍反其本矣！　五畝之宅㊺，　樹之以桑，　五十者可以衣帛矣；　雞豚狗彘之畜㊻，　無失其時，七十者可以食肉矣；百畝之田㊼，勿奪其時㊽，八口之家，可以無饑矣㊾；謹庠序之教㊿，　申之以孝悌之義(51)，　頒白者不負戴於道路矣(52)。　老者衣帛食肉，　黎民不饑不寒(53)，　然而不王者，未之有也。」

【注釋】①齊宣王：姓田，　名辟疆，　公元前320—前301年在位。②齊桓：齊桓公。晉文：晉文公。事：稱霸的事。③道：說。④未之聞：卽「未聞之」。⑤以：同「已」，停止。無以：不肯停上。⑥保：安撫，愛護。⑦莫之能禦：「莫能禦之」的倒裝。⑧若：像。⑨何由：根據什麼。⑩臣：孟子自稱。胡齕（ㄏㄜˊ）：齊宣王的近臣。⑪之：往，到……。⑫釁鐘：古代新鐘鑄成之後，殺牲取血，塗抹孔隙設祭，叫「釁鐘」。⑬觳觫（ㄏㄨˊ ㄙㄨˋ）：恐懼戰栗貌。⑭若：似這般。就：走向。⑮然則：那麼就……。⑯易：替換。⑰識：知道。諸：兼詞，之於。⑱王（ㄨㄤˋ）：稱王。⑲愛：本爲愛惜，這裏有吝嗇的意思。⑳然：是的。誠：確實。㉑褊小：狹小。㉒無異：莫怪。㉓惡（ㄨ）：何，哪裏。㉔隱：憐憫，不忍。㉕擇：選擇。㉖心：念頭。㉗宜乎：該當。㉘無傷也：沒有損害，不要緊。㉙術：途徑。仁術：行仁政的途徑。㉚是以：因此。遠：遠避，遠離。庖廚：廚房。引申爲宰殺牲畜的地方。㉛《詩》：《詩經》。此處所引爲《小雅·巧言》。㉜忖度（ㄘㄨㄣˇ ㄉㄨㄛˋ）：揣測衡量，推測。㉝夫子：指孟子。……之謂也：說的就是……。㉞夫：語助詞。乃：如此。行：做。㉟反而求之：反過來再去探求我這種行動。㊱心：意思，思想。㊲戚戚：心有所動貌。㊳合：符合。㊴復：報告。㊵鈞：三十斤。㊶明：指視力。察：看清楚。秋毫：秋天野獸新生的毫毛，

其端很細。末：尖端。㊷薪：柴。㊸許：相信，同意。㊹恩：恩德，恩惠。及：達到，施及。㊺功：功德，政績。㊻獨何與：偏偏又是什麼緣故呢？獨：單，偏。㊼爲（ㄨㄟˋ）：因爲。㊽見保：被愛護，被安撫。㊾故王之不王（ㄨㄤˋ）：所以大王你之所以尚未稱王天下。㊿形：指外在的表現。(51)挾（ㄒㄧㄝˊ）：夾在胳膊下面。太：同「泰」。超：跳過，跳越。北海：指渤海。(52)語：告訴。(53)長者：老人。折枝：按摩軀體。枝：同「肢」。(54)老吾老：敬愛自己的老人。前一個「老」字作動詞用。(55)幼吾幼：愛護自己的幼子。前一個「幼」字作動詞用。(56)運：運轉。(57)刑：同「型」，作「示範」解。寡妻：此指國君的正妻，謙語。御：治。家邦：家和國。(58)斯：此。(59)推恩：推廣恩德。四海：指稱天下。(60)大過：遠遠超過。(61)他：別的，其他的。(62)權：權衡。(63)度（ㄉㄨㄛˋ）：度量。(64)物皆然，心爲甚：這句意思是：對於東西尚且都需如此衡量一下，對於人的思想就更需要加以衡量了。(65)抑：還是。甲：甲衣。兵：兵器。(66)危：使……受危害。(67)構怨：結仇。(68)大欲：指最想得到的東西。(69)可得聞與：可以講給我們聽聽嗎？(70)肥甘：肥美香甜的食品。(71)輕煖：輕軟保暖的衣服。(72)采：同「彩」。(73)便嬖（ㄆㄧㄢˊ ㄅㄧˋ）：爲國君所寵幸的近侍。(74)已：同「矣」。(75)辟：開闢。(76)朝秦、楚：使秦、楚等諸侯來朝拜稱臣。(77)莅（ㄌㄧˋ）：臨。中國：卽國中，指中原。撫：安撫。四夷：中原以外四方邊遠地區的少數民族。(78)緣：攀援。(79)甚：嚴重，厲害。(80)殆（ㄉㄞˋ）：恐怕，只怕。有：同「又」。(81)鄒：小國名，今山東省鄒縣。(82)海內：天下。(83)方千里者九：九倍於方千里的土地。(84)集：湊集，會集。(85)服：使……降服。(86)蓋（ㄏㄜˊ）：同「盍」，何不。反：同「返」。本：指治國的根本。(87)發政施仁：發布政令，施行王道仁政。(88)商賈：商人。藏：居住。(89)涂：同「途」。(90)疾：痛恨，憎恨。(91)愬：同「訴」，申訴。赴愬：跑來申訴。(92)惛：同「昏」，思想昏亂。(93)進：達到，做到。(94)恒產：固定的產業，指土地、山林等。恒心：長久不變之心。(95)若：「至於」的意思。(96)苟：假如。(97)放：放蕩。辟：同「僻」，指行爲不正。邪：與「辟」義同。侈：與「放」義同。(98)罔：引申作「坑陷」解。(99)制：規定。(100)畜：養活，撫養。妻子：妻和兒女。(101)樂歲：豐年。(102)凶年：災年。(103)輕：容易。(104)惟：只，僅。贍（ㄕㄢˋ）：足。(105)五畝之宅：孟子認爲，按古制每丁應分得五畝土地，供建造住宅用。(106)豚（ㄊㄨㄣˊ）：小猪。彘（ㄓˋ）：大猪。(107)百畝之田：孟子認爲，古代所實行的井田制，每丁分耕百畝。(108)勿奪其時：不失農時。(109)謹：重視。(110)庠（ㄒㄧㄤˊ）序：泛指學校。(111)申：反復叮嚀和說明。悌（ㄊㄧˋ）：兄弟相愛叫「悌」。(112)頒：同「斑」。頒白者：指頭發半黑半白的人。這裏指老年人。負：背負。戴：頭上頂着東西。(113)黎民：

指黑頭髮的壯年百姓。

【鑑賞】在先秦散文中，孟子的文章以博辯宏偉、氣勢縱橫獨樹一幟。《齊桓晉文之事》，是孟子晚年第二次到齊國和齊宣王的一次談話記錄。它系統地闡明了行仁政而王天下的學說，充分表現出曲折盡情、氣盛言和的特色，洋溢着沉雄豪宕、波瀾壯闊的氣勢美。孟子是戰國中期具有「浩然之氣」的思想家。北宋古文家蘇轍贊美孟子的文章「寬厚宏博，充乎天地之間，稱其氣之小大」。原因是，「其氣充乎其中，而溢乎其貌；動乎其言，而見乎其文」（《上樞密韓太尉書》）。《齊桓晉文之事》就體現了這一特點。

一、針對現實，居高臨下。孟子和齊宣王的關於王霸道的論辯，事關如何統一天下，是當時社會矛盾在思想界的一個強烈反映。戰國中期，「天下方務於合縱連橫，以征伐為賢」（《史記·孟子荀卿列傳》）。齊國在威王時曾兩次大敗魏軍（前353，桂陵；前341，馬陵），在宣王時又破燕都（前314），雄踞東方，威震諸侯，齊宣王早有以戰求霸、君臨天下之志。然而，諸侯大國的「爭地以戰，殺人盈野；爭城以戰，殺人盈城」（《離婁》上）的攻伐兼併，造成社會動蕩，給人民帶來了深重的災難。在魏國，「民有饑色，野有餓莩（《梁惠王》上）；在齊國，人民「父子不相見，兄弟妻子離散」，「樂歲終身苦，凶年不免於死亡」（《梁惠王》下）。針對這種民不堪命的社會現實，孟子為維護統治階級的根本利益，高瞻遠矚，獨倡王道，意在適當滿足人民過安定生活的願望，節制統治階級的窮奢極欲，緩和社會矛盾，恢復發展生產，以求長治久安，天下統一。這也是本篇立意的依據和出發點。孟子曾從十幾個不同的側面向齊宣王進仁義之言，而僅此一次抓住了機會大做貴王賤霸的文章。這不僅在當時有積極意義，而且在古代政治思想史上也具有深遠的影響。孟子十分痛恨霸道。他認為：「五霸者，先王之罪人也；今之諸侯，五霸之罪人也。」（《告子》下）齊宣王自不例外。孟子真理在握，在這類驕奢淫逸的君主面前，他具有「說大人，則藐之，勿視其巍巍然」（《盡心》下）的氣概。以上兩個方面，成了他居高臨下的精神優勢，加上他那善於因勢利導的機智，使他始終掌握這場論辯的主動權，這是文章理直氣壯的前提。

二、論點深刻，論據雄辯。孟子針對現實矛盾，提出了「保民而王，莫之能禦」的總論點，並從王道可為（以不忍人之心，行不忍人之政）、王道何為（富民，教民）兩個方面提出分論點。這些觀點正是孟子仁政學的核心。在孟子的這些論點面前，齊宣王暴露出愛牛而罔民的假仁、好戰「大欲」的不義。孟子仁

民、富民、教民的主張，雖有空想的成分，但在後世長期的封建社會裏卻有權威性的影響。「性善論」的哲學思想，是孟子仁政學說的出發點和基礎，也是本篇論題的基本理論論據。我們固然不贊成這種美化統治階級本性的唯心主義偏見，可是也要看到它是針對統治階級中的「民賤」思想提出的。它指出人皆可以為堯舜，人人都有為善的可能，所以又有積極意義。在此次論辯中，孟子用它來剖析事例，批判了齊宣王「恩足以及禽獸，而功不至於百姓」的錯誤，論證了「推恩」的可能性與意義，「興甲兵，危士臣，構怨於諸侯」的禍害，使齊宣王理屈而愈陷困境。同時，孟子又援引多種比喻婉言曉喻，發出警告，列舉虐政罔民、民不聊生的事實進行指斥，又使齊宣王難以置辯，不得不聽取「發政施仁」的種種意見。可見這些論據是雄辯的。

　　三、論證嚴密，步步緊逼。議論文的氣勢，還要靠論證富於邏輯力量。齊宣王是一個擁有實力的好戰分子，要用王道折服他，很不容易。理不能不說透，又不能鋒芒畢露，刺激過強；否則，「王變乎色」，或「王顧左右而言他」，就達不到宣傳的目的。孟子圖全勝而不求速勝，以縱而後擒、誘而入套之法，漸次張開論證的邏輯之網，最終將論敵嚴嚴實實地罩住。對於敵論，在局部，他分割包剿，各個擊破，逐城奪取；在總體，他邊破邊立，步步緊逼，窮追不捨。論辯一開始，齊宣王以「齊桓、晉文之事」攻來，孟子敏察其意，虛與委蛇，避開其鋒芒而又亮出自己「保民而王，莫之能御」的總論點。他由以羊易牛的故事推演出齊宣王有「不忍」之心，肯定他有行仁政的基礎，又以「百姓皆以王為愛」諷之，暴露其不肯「推恩」的錯誤，並引譬取喻，證明「王之不王，不為也，非不能也」。接着引徵經典，論證「推恩」的意義與「不推恩」的惡果，然後以選言推理逼出齊宣王的「大欲」，證明這正是「不推恩」的原因；並經設喻類比，證明對「大欲」「盡心力而為之，必有後災」。這樣就從根本上駁倒了齊宣王的霸道思想。緊接着，以一組假言判斷推出「發政施仁」、天下無敵的光輝前景，引得齊宣王表示有意圖王，隨即從分析「恒產」和「恒心」的關係入手，總提「富民」、「教民」的必要，進而闡述具體內容，並緊扣總論點，以雙重否定判斷作結。這種發揚蹈厲、無懈可擊的邏輯陣勢，若雄勁之軍長驅大進，一路斬關奪隘，掃蕩得痛快淋漓，遍插起獵獵旌旗。

　　四、通篇一貫，曲折起伏。本篇章法，適應表達複雜內容的需要，通篇一貫，對比鮮明，跌宕起伏，順理成章。所以文章渾浩流轉，雖涇暢百變，而其氣若一。全文緊扣論題，分別從有基礎，有可能，有必要，有辦法等四個部分，以層進式步步深入地論證求霸有害，施仁無敵。這樣，不僅各個局部的內容都密切

環繞中心，在文字上也前後貫通，首尾呼應。例如：「保民而王，莫之能禦也」
——「是心足以王矣」——「王之不王，不爲也，非不能也」——「推恩足以保四海，
不推恩無以保妻子」——「其若是，孰能禦之」——「然而不王者，未之有也」。善
於運用對比，是本篇組織材料進行論證的技巧之一。王道與霸道總攝全局之比。
從開頭以羊易牛引出的「恩足以及禽獸，而功不至於百姓」，到「不爲」與「不
能」，鄰人與楚人。直到結尾「明君制民之產」與「今也制民之產」等等，對比
層疊展開，起到突出矛盾、揭示本質、闡明意義的作用，又收取章法錯綜開合回
旋之功效。另一方面，論證的層次段落隨文意而迭起迭落，善行善止，淵然而留
以蓄勢，沛然飛瀉而沖騰。總之，本篇構思與表現，正如唐朝李德裕所說：「鼓
氣以勢壯爲美」；「氣不可以不貫」，而「勢不可以不息」，宜「如川流迅激，必有
回洑逶迤，觀之者不厭」（《文章論》）。

　　五、簡約清暢，靈活多變。孟子遣詞造句，文約事豐，詞微意顯。認識的深
刻和表達的精密，每有「道人之所不道，到人之所不到」（孫樵《與王林秀才書》）
處。本篇的論斷，不僅論題概括精湛，分論點和斷語也簡潔顯豁。通篇以記言說
理，敍事取喩凝練傳神，分析推斷精闢確當又不乏含蓄委婉之處。如虛詞的運
用，「非」、「否」、「不」、「勿」、「誠」、「可」、「必」、「皆」之類，使判斷恰如其
分；「無已」、「然則」、「是以」、「故」、「而」之類，承轉自然；「何」、「惡」、「奚」
「豈」、「焉」之類，緣事理而發問；「乎」、「哉」、「也」、「與」、「矣」之類，因情
調而助結。凡此種種，取於心而注於手，使語意清暢雄健。本篇句法靈活多變。
簡短者每句一二字，若清露滴梧；繁豐處妙語連翩，似鼓角齊鳴。表達方式以議
論爲主，又兼用敍述、說明、抒情，語勢富於變化。句子的語氣類型，陳述、疑
問居多，雜有祈使、感嘆，且隨和襯用虛詞，語氣抑揚頓挫自然。散化與排偶交
錯，或如漫流湯湯，或如驚濤拍岸。如此疏密相宜，洪細相關，緩急相濟，徐疾
相得，使語言節奏快暢淋漓，生出錯落連綿的波瀾。

　　總之，《齊桓晉文之事》的深沉雄辯的思想，剛正豪壯的情感，回環激蕩於
字裏行間，行文如源源江河，沖風激浪，汹湧澎湃。正如劉大櫆在《論文偶記》
中說的：「歌而咏之，神氣出矣。」

（張維新）

魚，我所欲也　　　《孟子》

孟子曰：

魚，我所欲也；熊掌①，亦我所欲也。二者不可得兼，捨魚而取熊掌者也。生，亦我所欲也；義，亦我所欲也。二者不可得兼，捨生而取義者也。

生亦我所欲，所欲有甚於生者，故不爲苟得也②。死亦我所惡，所惡有甚於死者，故患有所不辟也③。

如使人之所欲莫甚於生④，則凡可以得生者，何不用也⑤？使人之所惡莫甚於死者，則凡可以辟患者，何不爲也？由是則生，而有不用也。由是則可以辟患，而有不爲也。是故所欲有甚於生者，所惡有甚於死者；非獨賢者有是心也，人皆有之，賢者能勿喪耳⑥。

一簞食⑦，一豆羹⑧，得之則生，弗得則死；嘑爾而與之⑨，行道之人弗受⑩；蹴爾而與之⑪，乞人不屑也⑫。

萬鐘則不辨禮義而受之⑬，萬鐘於我何加焉⑭？爲宮室之美，妻妾之奉，所識窮乏者得我與⑮？

鄉爲身死而不受⑯，今爲宮室之美爲之；鄉爲身死而不受，今爲妻妾之奉爲之；鄉爲身死而不受，今爲所識窮乏者得我而爲之；是亦不可以已乎⑰？此之謂失其本心⑱。

【注釋】①熊掌：熊的脚掌，爲一種珍貴的食品。 ②苟得：苟且求得（生存）。意思是只爲求活，不擇手段。③患：禍患。辟：同「避」。④如使：如果，假使，下文「使」同義。⑤何不用也：什麼手段不可用呢？⑥喪：喪失。⑦簞（ㄉㄢ）：古代盛飯的竹器。⑧豆：古代盛肉或其他食物的木器。 ⑨嘑（ㄏㄨ）爾：輕蔑或粗暴地呼喝。嘑：同「呼」。爾：語助詞。⑩行道之人：過路的人。⑪蹴（ㄘㄨˋ）：踐踏。⑫不屑：不以爲潔，卽不願接受。屑：潔。⑬萬鐘：很厚的俸祿。鐘：

古代的量器。六斛四斗爲一鍾。⑭何加：（有）什麼益處。⑮得我：感激我的恩
德。得：通「德」，感恩的意思。⑯鄉：同「向」，向來，先前。⑰已：止，罷
休。⑱本心：指羞惡之心。

【鑑賞】《魚，我所欲也》大意是說：人人都知道「義」是比「生」更可貴的，
人人也知道「不義」是比「死」更可惡的。然而只有賢者能把這一信條貫串於他
人生實踐的始終，一般人卻難免要受環境牽制，往往改變初衷。因此，孟子要求
人們，無論在何種情況下，都要像賢者那樣，把「義」置於首位，必要時，還應
做到「捨生取義」。

　　孟子爲何如此看重「義」？甚至把「義」看得比「生」還重要？蓋孟子主性
善，「義」恰恰是其性善說的主要內容之一。孟子在他的書中反復宣揚「性善說」。
「捨生取義」，就是他的「性善說」的一個重要組成部分。然而，「義」畢竟是一個
抽象的概念，不像「生」那樣，可以使人切實具體地把握它的價值。爲了讓「義」
的價值能夠較爲形象具體地呈現在人們眼前，孟子在《魚，我所欲也》一文中採
用了譬喻的寫作手法。劉向在《說苑・善說》中曾指出，所謂譬喻，即「以其所
知喻其所不知，而使人知之。」在這篇文章中，孟子設喻，乃從人的口腹之欲開
始；通篇議論，也圍繞着人的口腹之欲展開。

　　孟子首先以魚與熊掌比喻「生」與「義」這一對概念。魚是美味，但人人得
而食之；熊掌也是美味，但其美遠甚於魚，且不易得。孟子以魚喻「生」，以熊
掌喻「義」，形象地區別出「生」與「義」的價值高下。由此，孟子提出「捨生
取義」的主張，也就不難爲人所接受了。

　　孟子接着指出，「捨生取義」這一人生態度，是人人所具有的，是人的「本
心」。所以，人們在生與義不能得兼時，寧可取義，也不願苟且偷生；在遇到死
與不義不能同時避開時，寧可赴死，也不願躬行不義。但既如此，爲什麼世人的
行爲仍有賢與不肖，義與不義的區別呢？孟子指出，這是因爲，賢者能堅持「捨
生取義」，始終「勿喪」；一般人則難免因環境的改變，而「失其本心」。爲了說
明這一點，孟子又以口腹之欲爲例（請注意「例」與「喻」的區別：「喻」，根據
《莊子・寓言》的說法，是「藉外論文」；「例」，則是與論題本身有直接聯繫的
具體事例）。他指出，簞食豆羹，得之則生，弗得則死。但如果施與者態度不好，
被施與者，即使是處於社會最低層的乞丐，也往往寧死而不受食。因爲接受這種
「嗟來之食」，將陷自身於不義，人們天生的羞惡之心阻止自己這樣去做。反之，
萬鍾之粟，得之雖可增宮室之美、妻妾之奉，還可使所識窮乏者感激自己；弗得

卻也不致有生命之虞。然而某些昔日寧死不受嗟來之食的人，此時卻不辨禮義而受之。如何解釋這種現象呢？只能說這類人是在無盡的利欲的引誘下喪失了本心。孟子曾以異常激烈的語氣，指責這些不辨禮義，擅取萬鐘，魚肉百姓的統治者：「庖有肥肉，廄有肥馬，民有饑色，野有餓莩，此率獸而食人也。」（《孟子‧滕文公下》）在孟子看來，這些喪失了本心的傢伙，已屬「非人」，歸入禽獸一流了。在本文中，孟子雖然討論的是一般人的道德標準，但其指責的鋒芒，卻明顯是指向統治者的。

《魚，我所欲也》一文雖僅三百餘字，包容量卻很廣，給後人的啓示也是多方面的。在本文中，孟子對於統治者的指責，體現了他「民貴君輕」的政治思想。這是孟子思想中最可寶貴的成分。不論孟子宣揚「民貴君輕」的目的如何，其進步與合理的內核，是不容忽視的。孟子提倡的「捨生取義」，和孔子所提倡的「殺身成仁」一起，成爲中華民族的最高道德準則，激勵着歷代仁人志士，爲國捐軀，慷慨赴難。而孟子由口腹之欲推衍到道德之美的獨特論證方法，則既體現了中華民族以善爲美、美善合一的獨特審美觀念，和人類由官能快感上升到審美認識的審美歷程；同時也表現出孟子深入淺出的寫作特點。而後者又是以前者爲條件的。否則，不符合民族習慣的比喻、暗示、例證等等，就不能爲本民族所接受，當然也就談不上「深入淺出」了。這一點，又在藝術創造上給後人以有益的啓廸。

（錢南秀）

舜發於畎畝之中　　《孟　子》

孟子曰：

舜發於畎畝之中①，傅說舉於版築之間②，膠鬲舉於魚鹽之中③，管夷吾舉於士④，孫叔敖舉於海⑤，百里奚舉於市⑥。

故天將降大任於是人也⑦，必先苦其心志，勞其筋骨，餓其體膚，空乏其身⑧，行拂亂其所爲⑨，所以動心忍性⑩，曾益其所不能⑪

人恒過⑫，然從能改。困於心⑬，衡於慮⑭，而後作⑮。徵於

色⑯，發於色，而後喻⑰。入則無法家拂士⑱，出則無敵國外患者⑲，
國恒亡。

　　然後知生於憂患⑳，而死於安樂也㉑。

【注釋】①發：起，指被起用。畎（ㄑㄩㄢˇ）：田間的水溝。畝：田壟。「畎畝」
連用泛指田野。據說舜原來在歷山耕田，三十歲才被堯舉用。②傅說（ㄩㄝˋ）：
殷朝武丁時代的宰相。舉：被舉用，被選拔。版：築土牆用的夾板。築：搗土用
的杵。築牆時先把土倒在兩夾板之間，再用築搗結實。③膠鬲（ㄍㄜˊ）：殷紂時
賢臣，最初販賣魚鹽，周文王舉薦於紂。後來他又輔佐周武王。④管夷吾：即管
仲。士：獄官。舉於士：指從獄官手裏被釋放並舉用。⑤孫叔敖：春秋時楚人，
隱居海濱，後楚莊王舉以為相。⑥百里奚：春秋時虞人，曾被楚人捉去放牛，秦
穆公知其名，把他贖買到秦，舉以為相。舉於市：意思是從奴隸市場中被舉拔。
⑦任：責任。⑧空乏：資財缺乏。空乏其身，就是使他身受貧窮之苦。⑨拂：違
背。亂：擾。⑩動心：使心驚動。忍：堅。動心忍性：使他們心裏常常保持警
惕，使他們的性格變得堅強。⑪曾：同增。益：與增同義。曾益其所不能：大意
是說對他們本來不能做的事有所參加，等於說增加了他們的能力。⑫恒：常。
過：犯錯誤。⑬困：苦，指苦苦思索。⑭衡：同橫，梗塞，指不順利。⑮作：奮
起，指有所作為。⑯徵：察驗。色：容色，臉色。⑰喻：了解。⑱入：指在國
內。法家：有法度的世臣。拂（ㄅㄧˋ）：同弼，匡正過失。拂士：能直諫匡過的
臣。⑲出：指在國外。⑳生於憂患：意思是憂患能激勵人勤奮，因而得生。㉑死
於安樂：意思是安樂使人怠惰，可使身亡。

【鑑賞】本文選自《孟子‧告子下》。作者試圖通過這篇論說文，闡明「生於憂
患，死於安樂」的道理。文章開頭，作者一連列舉了六位古代聖賢在困難憂患中
崛起的事例，來證明「天將降大任於是人也，必先苦其心志，勞其筋骨，餓其體
膚，空乏其身，行拂亂其所為，所以動心忍性，曾益其所不能」這一著名論斷。
這個推理過程屬於邏輯學上的歸納推理，即由前面六個特殊的事例，歸納出後面
帶普遍意義的結論；又通過後面的結論，說明了前面六個人物所以成功的原因：
艱苦的環境，一方面給人們以困苦，饑餓、貧困、疲乏、憂慮，每每就不如人
意……；但另一方面，也正是這些困難，堅定、振奮人們的意志，使人們在不斷
克服困難、求得生存的過程中增加了聰明才幹。然而道理在這兒還沒有說完，上
面只談到，在人與客觀環境這一對矛盾中，客觀環境對人的促動，反過來，人的

主觀世界對此又是怎樣做出反應的呢？孟子接着指出：「人恒過，然後能改。困於心，衡於慮，而後作。徵於色，發於聲，而後喻。」客觀環境的困難和自身判斷的失誤，造成人在改造客觀的過程中的錯誤，而他也就在不斷克服困難的過程中積累了經驗教訓，從而達到「能改」的境界──這個「能」，從語義上講，不僅體現了人的願望、決心，也體現了人的能力。他因為自身所遭遇的困難而憂慮、痛苦、困惑，造成內心的壓抑，而他也就在不斷沖破這些心理壓抑的嘗試中，活躍了自己的思維，激發了自己的創造力。更重要的一點，人是有感情的，又是社會性的，他有痛苦，有憂慮，想發憤，想創造，必然表現在形色上，吐發在言辭中，期望得到理解與同情，啓發與幫助。人就在這一切與憂患的鬥爭中，一方面求得了物質的生存可能，另一方面更求得了精神的生存，表現了他的活力、意志、情感、創造能力，一句話，表現了他「生」的價值。這，就是「生於憂患」的全部含義。

劉熙載在《藝概·文概》裏指出：「昌黎（韓愈）以『是』、『異』二字論文，然二者仍須合一。若不『異』之『是』，則庸而已；若不『是』之『異』，則妄而已。」這種主張，實在起於孟子的影響。孟子在提出「生於憂患」這一「是」命題的同時，也提出了它的「異」命題：「死於安樂」。請看，「入則無法家拂士，出則無敵國外患。」在內沒有能幹的大臣，時時注意修明法度；沒有敢於直諫的賢士，處處提醒國君克己慎終。在外又沒有敵國的抗衡、外寇的侵略。如此安適的環境，首先帶來的必然是精神的怠惰和意志的消沉。這是精神上的死亡。緊接著必然是物質上的死亡──「國恒亡」。

「生於憂患，死於安樂」，一反一正，一是一異，相輔相成地說明了同一人生哲理的兩面。既不使讀者因正面說教而感沉悶，又不為邀人眷顧故而發驚人之談；既娓娓動聽，又給人警策；既不庸，又不妄。

尤其值得注意的是：「生於憂患，死於安樂」這一命題的明確提出，在孟子也許只是為了給人以政治道德上的啓迪。但作為一條具普遍意義的人生哲理，其影響決不僅僅表現在政治道德上。特別是「困於心，衡於慮，而後作。徵於色，發於聲，而後喻」兩句，直接導引了中國古典文學藝術創造的一條極重要的美學原則的形成，這就是「發憤抒情」。「發憤抒情」說的起源，也許並不單在孟子的「生於憂患」說；但確是因為孟子「生於憂患」說的明確提出，人們才深刻認識到「發憤抒情」這一美學創作原則。這，大約也是千百年來，孟子此篇所以膾炙人口的原因吧！

在修辭上，《舜發於畎畝之中》也是很有特色的。《孟子》善用排比句，往

往採用一連串結構相同的句式，對於同一論題，進行多角度多層次的說明，有如千流萬壑，一時俱下，形成滔滔萬里不可阻擋的氣勢。孟子文之稱雄摯，這類句式的採用是很重要的一個原因。《舜發於畎畝之中》，配合歸納的推理方式，便採用了這種句子，一起首連舉六位聖賢的成功事跡，從數量上給讀者以深刻印象，使讀者覺得「生於憂患」確是一種普遍存在的社會現象；接著又極力鋪排艱難環境給人們帶來的磨難，反襯了聖賢成功的不易；然後再歷述聖賢面對艱難憂患的正確態度與處理方法，最終得出「生於憂患，死於安樂」的結論，很有說服力。一般說來，鋪陳排比的寫法，固可造成宏大氣勢；若處理不當，也可致繁複拖沓之虞。其後的漢大賦，由於片面強調了這一特點，往往使人難以卒讀。而孟子的這篇文章，雖通篇採用排比句子，卻仍給人以行文簡潔的印象。原因在於，孟子十分注意遣詞用字，盡量擴充每一詞語，尤其是動詞的容量。以起首一段為例，共六句話，六個動詞，包括一個「發」，五個「舉」，既表現了人物由微賤趨向顯達的運動過程，又暗示了人物身分：舜是君，是聖人，他的成功，固然因為堯的賞識，但主要靠的是他自身的才能與努力，故曰「發」；傅說等是臣，是賢人，他們的成功，固然因為自身的才能與努力，但主要靠的是明主的知遇，故曰「舉」。

如同所有成就輝煌的文人學者一樣，孟子的一生也是不甚得意的。《舜發於畎畝之中》寫得如此出色，大約也是「發憤抒情」的結果吧。

（錢南秀）

逍　遙　遊　　　　《莊　子》

北冥有魚①，其名為鯤②。鯤之大，不知其幾千里也；化而為鳥，其名為鵬。鵬之背，不知其幾千里也；怒而飛，其翼若垂天之雲③。是鳥也，海運則將徙於南冥④。南冥者，天池也。

《齊諧》者，志怪者也⑤。《諧》之言曰：「鵬之徙於南冥也，水擊三千里，摶扶搖而上者九萬里，去以六月息者也⑥。」野馬也，塵埃也，生物之以息相吹也⑦。天之蒼蒼，其正色邪？其遠而無所至極邪？其視下也，亦若是則已矣⑧。

　　且夫水之積也不厚⑨，則其負大舟也無力。覆杯水於坳堂之上，則芥爲之舟；置杯焉則膠⑩，水淺而舟大也。風之積也不厚，則其負大翼也無力。故九萬里則風斯在下矣，而後乃今培風，背負青天而莫之夭閼者，而後乃今將圖南⑪。

　　蜩與學鳩笑之曰：「我決起而飛，槍榆枋，時則不至，而控於地而已矣⑫；奚以之九萬里而南爲⑬？」

　　適莽蒼者，三飡而反，腹猶果然；適百里者，宿舂糧；適千里者，三月聚糧⑭。之二蟲⑮，又何知！

　　小知不及大知，小年不及大年，奚以知其然也⑯？朝菌不知晦朔，蟪蛄不知春秋，此小年也⑰。楚之南，有冥靈者，以五百歲爲春，五百歲爲秋；上古有大椿者，以八千歲爲春，八千歲爲秋，此大年也⑱。而彭祖乃今以久特聞，衆人匹之⑲，不亦悲乎！

　　湯之問棘也是已：「窮髮之北⑳，有冥海者，天池也。有魚焉，其廣數千里，未有知其修者㉑，其名爲鯤。有鳥焉，其名爲鵬，背若泰山，翼若垂天之雲，摶扶搖羊角而上者九萬里，絕雲氣，負青天，然後圖南且適南冥也㉒。斥鴳笑之曰：『彼且奚適也！我騰躍而上，不過數仞而下，翱翔蓬蒿之間，此亦飛之至也㉓。而彼且奚適也！』」。此小大之辯也㉔。

　　故夫知效一官，行比一鄉，德合一君，而徵一國者，其自視也，亦若此矣㉕。而宋榮子猶然笑之㉖。且舉世譽之而不加勸，舉世非之而不加沮，定乎內外之分，辨乎榮辱之境，斯已矣㉗。彼其於世，未數數然也㉘。雖然，猶有未樹也㉙。

　　夫列子御風而行，泠然善也，旬有五日而後反㉚。彼於致福者㉛，未數數然也。此雖免乎行，猶有所待者也㉜。若夫乘天地之正而御六氣之辯，以游無窮者，彼且惡乎待哉㉝！故曰：至人無己，神人無功，聖人無名㉞。

　　堯讓天下於許由㉟，曰：「日月出矣，而爝火不息㊱；其於光也，不亦難乎！時雨降矣，而猶浸灌㊲；其於澤也㊳，不亦勞乎！夫子立而天下治㊴，而我猶尸之㊵，吾自視缺然㊶，請致天下㊷。」

　　許由曰：「子治天下，天下既已治也；而我猶代子，吾將爲名乎？名者，實之賓也[43]；吾將爲賓乎？鷦鷯巢於深林[44]，不過一枝，偃鼠飲河[45]，不過滿腹。歸休乎君[46]，予無所用天下爲[47]！庖人雖不治庖[48]，尸祝不越樽俎而代之矣[49]！」

　　肩吾問於連叔曰[50]：「吾聞言於接輿[51]：大而無當[52]，往而不反[53]：吾驚怖其言，猶河漢而無極也[54]；大有逕庭[55]，不近人情焉。」連叔曰：「其言謂何哉？」曰：「藐姑射之山[56]，有神人居焉；肌膚若冰雪，淖約若處子[57]，不食五穀，吸風飲露，乘雲氣，御飛龍，而游乎四海之外；其神凝[58]，使物不疵癘而年穀熟[59]。吾以是狂而不信也[60]。」

　　連叔曰：「然。瞽者無以與乎文章之觀[61]，聾者無以與乎鐘鼓之聲；豈唯形骸有聾盲哉[62]！夫知亦有之[63]。是其言也，猶時女也[64]。之人也[65]，之德也，將旁礴萬物以爲一。世蘄乎亂[66]，孰弊弊焉以天下爲事[67]！之人也，物莫之傷：大浸稽天而不溺[68]，大旱金石流、土山焦而不熱[69]。是其塵垢粃穅將猶陶鑄堯、舜者也[70]，孰肯以物爲事[71]！宋人資章甫而適諸越[72]，越人斷髮文身[73]，無所用之。堯治天下之民，平海內之政，往見四子藐姑射之山、汾水之陽[74]，窅然喪其天下焉[75]。」

　　惠子謂莊子曰[76]：「魏王貽我大瓠之種[77]，我樹之成而實五石[78]。以盛水漿，其堅不能自舉也[79]。剖之以爲瓢，則瓠落無所容[80]。非不呺然大也[81]，吾爲其無用而掊之[82]。」莊子曰：「夫子固拙於用大矣！宋人有善爲不龜手之藥者[83]，世世以洴澼絖爲事[84]。客聞之，請買其方百金。聚族而謀曰：『我世世爲洴澼絖，不過數金；今一朝而鬻技百金[85]，請與之。』客得之，以說吳王[86]。越有難，吳王使之將，多與越人水戰，大敗越人，裂地而封之[87]。能不龜手一也；或以封，或不免於洴澼絖，則所用之異也。今子有五石之瓠，何不慮以爲大樽而浮於江湖[88]，而憂其瓠落無所容，則夫子猶有蓬之心也夫[89]！」

　　惠子謂莊子曰：「吾有大樹，人謂之樗[90]；其大本擁腫而不中繩墨[91]，其小枝卷曲而不中規矩[92]，立之涂[93]，匠者不顧。今子之言，

大而無用，衆所同去也㉞。」莊子曰：「子獨不見狸牲乎㉟？ 卑身而伏， 以候敖者㊱；東西跳梁㊲， 不辟高下㊳， 中於機辟㊴， 死於網罟㊵。今夫犛牛㊶， 其大若垂天之雲；此能爲大矣，而不能執鼠。今子有大樹，患其無用，何不樹之於無何有之鄉㊷，廣莫之野㊸，徬徨乎無爲其側㊹， 逍遙乎寢臥其下； 不夭斤斧㊺， 物無害者。 無所可用㊻， 安所困苦哉？」

【注釋】①北冥： 北海。冥： 同「溟」。海水深黑爲溟。 ②鯤： 本是魚卵，此處借指大魚。③怒而飛： 鼓翼奮發。垂天： 天邊。垂： 同「陲」，邊際。④海運：大海波濤翻騰動蕩。徙（ㄒㄧˇ）： 遷移。 ⑤《齊諧》： 書名。志： 記述。⑥摶（ㄊㄨㄢˊ）： 拍擊。扶搖： 盤旋而上的大風、狂飆。息： 氣息，指風。 ⑦野馬： 指地面水分蒸發，水氣上騰如奔馬。生物： 有生機之物。相吹： 吹它們。⑧其： 代天。邪： 同「耶」，疑問詞，含有測度之意。後一「其」字，選擇連詞，抑或，還是。若是： 像這樣，指像從地面望天穹一樣。則已矣，罷了的意思。⑨且： 遞進連詞。夫： 語助詞，表示要發議論。且夫（ㄈㄨˊ）： 表示要進一步說下去。積：積蓄。厚： 深。⑩覆： 倒。坳（ㄠ）： 低窪。芥： 小草。爲之舟： 做它（水）的小船。置杯焉則膠： 放一個杯子在水上就粘住不能動了。焉： 於此，在這裏。⑪風斯在下矣： 風就在（大鵬之）下了。斯： 則，就。今： 即。而後乃今： 然後隨即……。培： 憑。夭閼（ㄜˋ）： 阻擋。圖南： 計劃向南飛行。⑫蜩（ㄊㄧㄠˊ）： 蟬。學鳩： 小鳥名。決： 同「赽」，迅疾。槍： 突過。榆枋（ㄈㄤ）： 榆樹和檀樹。時則不至： 有時或許飛不到。則： 或。控： 投，落下。⑬奚以： 那裏犯得著。爲（ㄨㄟˊ）： 表疑問語氣助詞。奚以……爲： 即「何以……爲」，要……做什麼？⑭適： 往，到……去。莽蒼： 曠野草色發青的景色。三湌： 一天。反： 同「返」。果然： 形容飽的樣子。適百里者， 宿舂（ㄔㄨㄥ）糧： 到百里遠的地方去的，隔夜搗米準備糧食。舂： 用杵在臼中搗米。⑮二蟲： 指蜩與學鳩。⑯知： 同「智」。年： 指壽命。小年： 指壽命短的。奚以： 何以，根據什麼。然： 這樣，如此。⑰朝菌： 朝生暮死的一種菌。晦朔： 夏曆每月最後一天叫晦，最初一天叫朔。這裏指上月的最後一天和下月的最初一天。蟪蛄（ㄏㄨㄟˋ ㄍㄨ）： 即寒蟬。寒蟬春生則夏死，夏生則秋死，活不到一年。所以說「蟪蛄不知春秋」。春秋： 指一年。⑱冥靈： 一說木名，即檽（ㄋㄢˊ）樹： 一說爲海中靈龜。大椿： 即椿樹。⑲彭祖：傳說中的長壽者。乃今： 而今，如今。以久特聞： 因長壽特別出名。匹： 比。⑳

棘（ㄐㄧˊ）：商湯時的大夫。《列子・湯問》篇云：「殷湯問於夏革。」棘卽夏革。窮髮：傳說中北極的不毛之地。㉑修：長。㉒羊角：風名，其風旋轉而上似羊角。絕：窮絕，穿透。且：將。㉓斥鴳（ㄧㄢˋ）：小雀。斥：據清郭慶藩《莊子集釋》，「斥」通「尺」。仞：八尺，一說七尺爲仞。飛之至也：飛行的最高限度。㉔辯：同「辨」。㉕知效一官：才智只能勝任較低的官職。效：效能，引申作「勝任」。行：品行。比：比合，適合。一說「比」卽「庇」，庇護。指其人行事，僅能庇護其一鄉之地。而：與「能」字音近義同，作「能力」、「才能」解。徵：信，作「取信」解。㉖宋榮子：卽宋鈃，戰國宋人，其思想近於墨家。猶然：在這裏是形容笑的樣子。㉗勸：勸勉，鼓勵，引申作「奮勵」、「努力」。沮：沮喪。內外：內我與外物。斯已矣：如此而已，這樣罷了。㉘彼其於世：宋榮子對於人世。未數數（ㄕㄨㄛˋ　ㄕㄨㄛˋ）然也：不常見的。㉙樹：樹立，指立德。㉚列子：列御寇，鄭國人。御風：駕風。泠（ㄌㄧㄥˊ）然：輕妙的樣子。旬：十天。有（ㄧㄡˋ）：通「又」。㉛致福：求福。㉜有所待：有依靠的東西（指風）。㉝若夫：至於。乘天地之正：順應天地萬物的自然之性。六氣：陰、陽、風、雨、晦、明。辯：同「變」。無窮：指時空的無始無終、無邊無際。惡（ㄨ）：何，什麼。㉞至人無己：至德之人無我（卽物我不分）。神人無功：修養神化的人無意有功於人類。聖人無名：有道德學識的聖人無意於求名。㉟許由：傳說中的上古高士。相傳堯讓天下給他，他不受，逃隱箕山，農耕而食。堯又召爲九州長，他不欲聞，洗耳於潁水之濱。㊱爝（ㄐㄩㄝˊ）火：火炬，此指小光。㊲浸灌：灌溉，澆灌。㊳澤：指潤澤禾苗。㊴夫子：指許由。㊵尸：古時享祭的神主，引申爲無其實而空居名位的人。㊶缺然：不足。㊷致：送，給與。㊸賓：從屬、附屬之物。㊹鷦鷯（ㄐㄧㄠ　ㄌㄧㄠˊ）：一種巧於築巢的小鳥，又名巧婦鳥。㊺偃鼠：一作鼴鼠，喜飲河水，常於田中穿穴而行。㊻歸休乎君：「君歸休乎」的倒裝句。君：指堯。歸休乎：猶言「回去吧，算了」。㊼予無所用天下爲（ㄨㄟˊ）：天下對我有什麼用！爲：表感嘆的語助詞。㊽庖人：厨工。不治庖：不管好膳食。㊾祝：祭祀祝辭者。因其對神主（尸）而祝，故又稱「尸祝」。樽：酒器。俎：盛肉之器。㊿肩吾、連叔：大約是作者虛擬的人物。舊說二人是「古之懷道者」。(51)接輿：春秋時楚國隱士，佯狂避世，與孔子同時。(52)當（ㄉㄤˋ）：底。大而無當：大而沒有邊際。(53)往而不反：漫無邊際。反：同「返」。(54)河漢：銀河。極：邊際。(55)逕庭：差別甚大。逕：門外路。庭：堂前地。謂相距極遠。(56)藐：遙遠。姑射（ㄧㄝˋ）之山：傳說中的神山。(57)淖約：同「綽約」，體態柔美的樣子。處子：處女。(58)凝：指精神凝注、專一。(59)疵癘（ㄌㄧˋ）：亦作疵厲，惡疾，災害。

⑥狂:「誑」的假借字，荒誕，⑥瞽者: 盲人。與: 參與。文章: 文采。⑥形骸: 形體。⑥知: 同「智」。⑥時: 同「是」。女: 同「汝」。⑥之: 這。下句的「之」字意同此。⑥旁礴 (ㄅㄛˊ): 無所不包，無所不及。蘄: 同「祈」，求。⑥弊弊: 疲憊不堪。⑥大浸: 大水。稽: 至。⑥金石流: 金石熔化爲流質。⑦粃糠: 亦作秕糠。穀不熟爲粃，穀皮爲糠，比喻瑣細無用之物。陶鑄: 燒製瓦和熔鑄金屬的模具，這裏是培植、造就的意思。⑦以物爲事: 把外物（指治理天下）作爲自己的事業。⑦資: 採買，購置。章甫: 古代的一種禮冠。⑦斷髮文身: 剪斷長髮，身刺花紋。⑦四子: 司馬彪以爲指王倪、齧缺、被衣、許由。《莊子》書中視之爲得道者。汾水之陽: 汾水之北，指今山西平陽縣，相傳堯曾都於此。⑦窅 (ㄧㄠˇ) 然: 悵然。喪: 忘掉。⑦惠子: 卽惠施，戰國時宋人，曾爲梁（魏）惠王相，與莊子同時。⑦瓠 (ㄏㄨˋ): 蘆葫。⑦樹: 種植。實: 果實。五石: 言其大可容五石。石，原爲䄷。《說文》: 䄷，百二十斤也。⑦堅: 堅固程度，不能自舉: 承受不住，不能提舉。⑧瓠落: 廓落，大而平淺之意。無所容: 無法容納東西。⑧呺 (ㄒㄧㄠ) 然: 空虛而巨大的樣子。⑧掊 (ㄆㄡˇ): 擊破。⑧龜: 同「皸」(ㄐㄩㄣ)，皮膚因天冷而凍裂。⑧洴澼 (ㄆㄧㄥˊ ㄆㄧˋ); 漂洗。絖 (ㄎㄨㄤˋ): 細棉絮⑧鬻 (ㄩˋ): 賣。技: 指製不龜手之藥的技術。⑧說 (ㄕㄨㄟˋ): 游說。⑧裂地而封之: 分割出一塊土地封賞給他。⑧慮: 通「攄」，挖空。⑧蓬: 蓬蒿，莖短而曲。有蓬之心: 指喩惠子見解迂曲狹隘。有: 語助詞。⑨樗 (ㄕㄨ): 亦稱臭椿，樹幹高大而木質粗劣。⑨大本: 主幹。擁腫卽臃腫。指樹幹多瘦節、瘢痕。中 (ㄓㄨㄥˋ): 符合。繩墨: 木匠用以取直的工具。⑨卷: 同「蜷」。規: 圓規。矩: 矩尺。⑨涂: 同「途」。⑨去: 棄。⑨狸: 同「貍」，野猫。牲 (ㄕㄥ): 當爲狌，俗名黃鼠狼。⑨敖: 同「遨」。敖者: 卽游者，指游動的鷄鼠之類動物。⑨跳梁: 同「跳踉」，跳躑，跳躍。⑨辟: 同「避」。⑨機: 弩機。辟: 陷阱。⑩罔: 同「網」。罟 (ㄍㄨˇ): 網。⑩犛 (ㄌㄧˊ) 牛: 卽牦牛。⑩無何有之鄉: 莊子所幻想的超越時空、一無所有、絕對自由的境界。⑩廣莫之野: 廣大無邊的原野。⑩彷徨: 徘徊。無爲: 無所事事，無所用心。⑩夭: 夭折。斤: 大斧。⑩無所可用: 沒有什麼用處。

【鑑賞】 我國古代散文，到戰國時代，已發展到長篇說理階段，現存的材料顯示出道家哲理文較儒家《孟子》更爲前進，莊周及其流派所寫作的《莊子》是其代表。《莊子》書中雖分爲內、外、雜等篇，但內篇最爲成熟，已有較完整的結構，不同於《孟子》的尚未脫離《論語》形式的格局。我們不必認爲內篇是莊周

所作，應當認爲莊周學派成熟時的代表作。散文形式的演進是有過程的。內篇的第一篇≪逍遙遊≫，和次篇≪齊物論≫，前者提明目的，後者闡明手段，從文學的角度出發，≪逍遙遊≫更能表現≪莊子≫藝術特色。

　　莊周爲亡宋之蒙（今蒙城）人，宋亡後屬梁，所謂亡國之餘。他曾作漆園小吏。「宋人」在先秦書中是被嘲弄的對象（傻瓜），莊周精神上所受的壓力是不小的，他要求擺脫。據說楚威王曾聘以爲相，他謝絕了，寧願作泥中曳尾的活龜，不肯「爲有國者所羈」，作廟堂上留骨的神龜。他的精神狀態，使他不甘心入竊國爲諸侯的仁義之門。他和孟子甚至孔子的周游列國不同，他幻想著逍遙之遊。他對亡國的看法，見於書中的凡伯對待國亡的態度。「楚王與凡君坐。少焉，楚王左右曰『凡亡』者三。凡君曰；『凡之亡也，不足以喪吾存。如此則楚之存，不足以存存。由是觀之，則凡未始亡，而楚未始存也。』」存亡得喪，在幻想中統一了。這種極端個人主義和虛無主義的合一當然是詭辯，成了莊周的精神武器，無可懷疑是必須批判的。他的詭辯足以否定一切，但它伴隨著相當的藝術性。延及東晉南渡之後，世極艱危而辭多夷泰，正因此，莊子玄言流行於當時的知識分子與貴介子弟。莊周論齊物是他無視是非得失小大存亡之辯的自我麻醉的手段。但其文吸取民間文學的寓言形式，用寓言故事、比喩等等形式錯綜複雜地突出其主題思想，又從鯤鵬的特別大到雀與學鳩的非常小，從八千歲爲春秋的特別長到不知晦朔的異常短的強烈對襯中論述問題，這些藝術手法仍不失其可借鑒之用。

　　全文開始卽運用寓言，天池海運是荒唐之言、謬悠之說，作者形象地刻畫大鵬之飛，仍不能無所待：待海運，必須水擊三千里，九萬里風在下，才有力負起偌大的翼，六月才能息於天池，種種限制，有待卽非逍遙。從背面傅粉的反襯用在哲理散文之中，結合了形象思維與邏輯思維，有助於說理之透徹。作者又引用其出於≪齊諧≫作證。作者不曾上天，卻能設想大鵬在高空下視想到「天之蒼蒼」「其運而無所至極邪」？這雖言之者謬悠而聽之者津津有味，自然入其玄中，因事理的推衍，寓言中又加以后言的手法。作者又引出了兩個小蟲，蜩與學鳩，居然自得其樂，嘲笑大鵬「奚以之九萬里而南爲」？輕輕逗出「小知不及大知」這個命題，更陪襯以「小年不及大年」。其行文游刃有餘，得心應手。彭祖比之大椿，仍是小年，此「小大之辯」也。湯之問棘則又是一種傳說。總之，大者有待，小者有限，其非逍遙則一。順應自然，無所待而游乎自然，自然爲我乘御（控制）則可以無窮，無待無窮才是逍遙。結論是至人無己，神人無功，聖人無名。

　　原文第二大段分段說明並論證這三言。堯讓天下於許由，是傳說，但許由有塚，似乎和堯都非寓言。這是採用以重言爲眞的手法，用名與實的命題作爲說明。堯與許由都是聖人，堯不願尸其名，許由不願爲賓，證明了聖人無名。最後的「歸休乎君，予無所用天下爲」掉頭不顧的神態，使人如聽兩聖人的問答。接著證明神人無功，仍以重言手法爲主。肩吾引接輿之言，若有若無地從遙遠的藐姑射之山說起，其後堯又見四子於姑射之山。二山是一是二，和汾水之陽是一地還是兩地，眞有「山在虛無縹緲間」之感，而其中綽約多仙子出現於此山。宋玉神女賦寫巫山神女，莊子寫的是一位女神，塑造女神像超乎宋玉。哲理文中具此形象，可謂絕無僅有。連叔再三道出：「孰弊弊焉以天下爲事！」「孰肯以物爲事！」這就說出，不以爲事，亦卽神人無功之功。最後說明至人無己，點出逍遙。至人無己，才能無功無名，也才是無窮無待，再度突出本文的主題思想。惠施嘲諷，莊子解答，運用對話形式的手法。對話的題材有比喻，有故事。生動而形象化的語言運用於哲理散文的寫作，在先秦說理散文中，《莊子》是獨樹一幟的。

（段熙仲）

庖丁解牛　　　　《莊　子》

　　庖丁①爲文惠君②解牛③，手之所觸，肩之所倚，足之所履，膝之所踦④，砉然嚮然⑤，奏刀騞然⑥，莫不中音⑦：合於《桑林》⑧之舞，乃中《經首》⑨之會⑩。

　　文惠君曰：「譆⑪，善哉！技蓋至此乎？」

　　庖丁釋刀對曰：「臣之所好者道⑫也，進乎技矣。始臣之解牛之時，所見無非牛者；三年之後，未嘗見全牛也。方今之時，臣以神遇而不以目視，官知⑬止而神欲⑭行。依乎天理⑮，批⑯大郤⑰，導大窾⑱，因其固然；枝⑲經⑳肯㉑綮㉒之未嘗，而況大軱㉓乎！良庖歲更刀，割也；族庖㉔月更刀，折也。今臣之刀十九年矣，所解數千牛矣，而刀刃若新發於硎㉕。彼節者有間，而刀刃者無厚；以無厚入有間，恢恢乎㉖其於游刃㉗必有餘地矣。是以十九年而刀刃若新發於硎。雖然，每至於族㉘，吾見其難爲，怵然㉙爲戒，視爲止，行爲

遲。動刀甚微，謋㉚然已解，如土委地。提刀而立，爲之四顧，爲之
躊躇滿志，善刀㉛而藏之。」

文惠君曰：「善哉！吾聞庖丁之言，得養生㉜焉。」

【注釋】①庖丁：厨師。②文惠君：魏國國君梁惠王。③解牛：宰牛之後割離
骨、肉。④踦（ㄐㄧˇ）：一隻脚站立，用膝蓋盡力地抵住牛的意思。⑤砉（ㄏㄨㄛˋ）
然嚮然：皮肉相離發出響聲。嚮：同「響」。⑥騞（ㄏㄨㄛ）：刀解物的聲音，其
聲大於砉。⑦中（ㄓㄨㄥˋ）音：合乎音樂節奏。⑧《桑林》：商湯的樂名。⑨《
經首》：堯樂《咸池》中的一章。⑩會：節奏。⑪譆：嘻的異體字，猶「啊」。⑫
道：從掌握技術進一步所體會出的原理。⑬官知：指感覺器官。⑭神欲：指精神
活動。⑮天理：指牛的天然結構。⑯批：擊，砍。⑰郤：通「隙」，指筋骨連接處
的空隙。⑱窾（ㄎㄨㄢˇ）：空穴，指骨節間的竅穴。⑲枝：筋脈。⑳經：經絡。㉑
肯：粘着骨頭的肉。㉒綮（ㄑㄧㄥˇ）：筋肉聚結處。㉓大軱（ㄍㄨ）：大腿骨。㉔
族庖：指技術一般的厨師。㉕硎（ㄒㄧㄥˊ）：磨刀石。㉖恢恢乎：寬綽的樣子。
㉗游刃：轉動刀刃。㉘族：這裏指筋骨交錯之處。㉙怵（ㄔㄨˋ）然：警惕的樣
子。㉚謋（ㄏㄨㄛˋ）：骨肉相離的聲音。㉛善刀：拭刀。㉜養生：指養生之道。

【鑑賞】本文首先描繪庖丁解牛的情景。「手之所觸，肩之所倚，足之所履，膝
之所踦，砉然嚮然」，組成完整的解牛圖。記述這四個動作，突出了庖丁手脚利
索，活畫出這位厨師的姿態。以上是描繪庖丁動作的快，下面則是表現他動作的
美。「奏刀騞然莫不中音：合於《桑林》之舞，乃中《經首》之會。」這就是說屠
刀伸進皮肉裏，發出的聲音，沒有不合上拍子的，跟《桑林》舞一樣美妙，跟《
咸池》樂一樣動聽。這些都是比附手法。經過比附，形成了誇張，文意也較之上
一層有了遞進，庖丁的動作不僅熟練，而且富於節奏，具有美感性。文惠君曰：
「譆，善哉！技蓋至此乎？」文惠君的贊嘆，連用兩個語氣詞，是對庖丁絕技的高
贊賞。「技蓋至此乎？」本領怎麼會這麼高明呢？這句發問，開拓了文路，引起了
庖丁的議論。庖丁談到他解牛的經歷、經驗和感受。「始臣之解牛之時，所見無
非牛者」。一開始宰牛的時候，在眼中把牛看成是一頭整牛。「三年之後，未嘗見
全牛也。」他之所以不再把牛看成是一個不可分的整，是因爲對牛的結構已經爛
熟於心，它給予庖丁的感覺是可以自由拆卸的零件了。從對整頭牛的感受發展到
對零碎牛體的感受，實際上反映了庖丁技術的精進。接著，是寫庖丁在解牛時的

具體的感受。「以神遇而不以目視，官知止而神欲行。依乎天理，批大郤，導大窾，因其固然」。庖丁解牛已達到如此高妙的地步，他不是憑五官的感覺來感觸牛，而是憑自己的感受來感受牛，在這裏，五官的作用已經到達熟透而昇華的境地，精神的作用可以說是入乎其妙了。這是什麼原因呢？庖丁作了自我解釋：「依乎天理，批大郤，導大窾，因其固然」。這就是說，要按照對象——牛本來的情形，依據天生的結構，分開自然的縫隙，通過那自然的空當。這是從規律性上闡述問題的。接著，文意形成遞進，寫了庖丁如何利用空隙，以保存自己。「良庖歲更刀」，每年都得換一把刀，是什麼原因呢？這是因為他是在那裏切削。「族庖月更刀」，每月就得換一把刀，又是什麼原因呢？是因為他砍缺了刀口。庖丁用「良庖」和「族庖」作為反襯，來說明自己技法的高超。「今臣之刀十九年矣，所解數千牛矣，而刀刃若新發於硎。」他的這把屠刀，用了有十九年之久，宰殺的牛達幾千頭之多，但刀刃如新。為什麼這位庖丁能使屠刀歷久仍如初始時那樣鋒利呢？這是因為他能在牛身上尋找空隙。庖丁善於發現空隙、尋找空隙、利用空隙，而刀鋒並沒有空隙那麼厚，這樣，就「恢恢乎其於游刃必有餘地矣」。游刃有餘，就能在其間大可回旋了。「是以十九年而刀刃若新發於硎」是對上文的總結，揭開了十九年屠牛數千而鋒刃如初的根本原因，文章的肌理文路十分清晰。以上庖丁談的是解牛的一般經驗，側重於尋找空隙。下面庖丁談的是解牛的特殊經驗，著眼於精神專注。「每至於族，吾見其難為」，庖丁不是沒有遇到困難，有時也確實碰到不易解決的難題。作者這樣寫，倒反而增強了文章的眞實性，說明庖丁不是神，而是在實踐過程中不斷遇到困難，而又善於克服困難的好厨師。作者這樣寫道：「怵然為戒，視為止，行為遲，動刀甚微」。活畫出庖丁的神情擧止。「怵然為戒」，顯示出他的高度警惕。「視為止」，目不斜視，視線固定。「行為遲」，行動遲緩，見出細心謹愼。「動刀甚微」，輕輕地下刀。由於這樣細心地對待難題，那麼，關鍵也就頃刻解開。「如土委地」，一個比喻，表現了克服困難所帶來的成果——牛上的「關鍵」像坍塌的泥土一樣落在地上。接著是一段庖丁克服困難以後欣喜情態的生動描畫：「提刀而立，為之四顧，為之躊躇滿志，善刀而藏之。」你看，他提著刀站在那裏，四下裏張望，那股勁兒眞是活靈活現，得意洋洋，然後把刀擦擦乾淨收藏起來。由初遇困難而始有畏怯，到克服困難而得意非凡，人物情態有變化，文章的層次也出現變化波瀾。

　　這篇散文的思想內容比較複雜，反映了莊子思想的複雜性。為了把問題說清楚，我們想從這樣兩個方面來分析：一是莊子論述的原意。莊子的≪庖丁解牛≫選自內篇≪養生主≫。所謂「養生主」就是養「生之主」，也就是養精神的意思。那

麼，如何養精神呢？就是要像「庖丁解牛」那樣，善於尋找空隙，集中精神注意，「依乎天理，批大郤，導大窾，因其固然」，避開矛盾，像保護刀刃一樣地保護自己。這導源於莊子的世界觀和哲學觀。二是莊子的這則寓言所提供的客觀意義。這則寓言是莊子用以說明自己觀點的材料。這段材料給了我們這樣一些啓示：解牛，要掌握牛的內部結構；處理事情，要掌握事物的本來規律。掌握了規律，「依乎天理」，就能適應這種規律，進而妥善地把事情辦好。庖丁解牛之所以勤作那麼快、那麼美，是因爲他實踐得多。實踐之初，見「全牛」；實踐之後，「未嘗見全牛」。多方實踐後，十九年屠刀鋒利如初，遊刃有餘地駕馭了事物。這些觀點，不是莊子固有的，而是我們從這則寓言材料中引申出來的。這一點，應予注意。

　　≪史記・老子韓非列傳≫說≪莊子≫「大抵率寓言也」。這則寓言在藝術表現上也是有成就的。它體現了先秦諸子散文的哲理美，而這一哲理美的追求，不是作純理論思辨，乃是通過某一具體的形象感強烈的故事、畫面體現出來。本文前章描述充分，後文論述合理。一開始用十六字：「手之所觸，肩之所倚，足之所履，膝之所踦」，寫出了解牛時的動人姿態，繼之又寫出了合舞合樂的美妙。描寫出了這一切，文惠君的贊嘆才有依據。有文惠君的贊嘆，才會有庖丁的議論。這樣，文意的承接轉合，就顯得異常自然。概括描述和集中刻畫相結合。庖丁介紹解牛的經驗時，對三年前後的感受，十九年用刀的情況，作了概括性的描述。而在概述中又有集中的刻畫，例如集中刻畫了庖丁解決難題的情景，尤其是難題解決後「提刀而立」爲之四顧，爲之躊躇滿志，善刀而藏之」，其得意之情狀，躍然於紙面。

（丁　章）

愚　公　移　山　　≪列　子≫

　　太行、王屋二山①，方②七百里，高萬仞③。本在冀州④之南，河陽⑤之北。

　　北山愚公者，年且⑥九十，面山而居⑦。懲⑧山北之塞⑨，出入之迂⑩也，聚室而謀⑪曰：「吾與汝⑫畢力平險⑬，指通豫南⑭，達

於漢陰⑮，可乎？」雜然相許⑯。其妻獻疑⑰曰：「以君之力，曾不能損魁父之丘⑱，如太行、王屋何⑲？且焉置土石⑳？」雜曰：「投諸渤海之尾㉑，隱土㉒之北。」遂率子孫荷擔者三夫㉓，叩石墾壤，箕畚㉔運於渤海之尾。鄰人京城㉕氏之孀妻㉖有遺男㉗，始齔㉘，跳往助之。寒暑易節㉙，始一反焉㉚。

河曲智叟㉛笑而止之曰：「甚矣，汝之不惠㉜。以殘年餘力，曾不能毀山之一毛，其如土石何㉝？」北山愚公長息㉞曰：「汝心之固，固不可徹㉟，曾不若孀妻弱子。雖我之死㊱，有子存焉；子又生孫，孫又生子；子又有子，子又有孫；子子孫孫無窮匱㊲也，而山不加增，何苦㊳而不平？」河曲智叟亡以應㊳。

操蛇之神㊵聞之，懼其不已㊶也，告之於帝㊷。帝感其誠㊸，命夸娥氏二子㊹負㊺二山，一厝朔東㊻，一厝雍㊼南。自此，冀之南，漢之陰，無隴斷㊽焉。

【注釋】①太行山：在山西高原和河北平原之間；王屋山：在山西省陽城縣西南。②方：原指面積，這裏是周圍的意思。③仞：古代以七尺或八尺爲一仞。④冀州：禹所分九州之一，包括今河北省、山西省、河南省黃河以北、遼寧省遼河以西的地區。⑤河陽：黃河北岸。⑥且：將。⑦面山而居：向著山住著，即住在山北。面：向著。⑧懲：戒，這裏是苦於的意思。⑨塞：阻塞。⑩迂：曲折，繞遠。⑪聚室：集合全家。謀：商量。⑫汝：你，這裏是複數「你們」的意思。⑬畢力：盡全力。⑭指：直。豫：豫州，禹所分九州之一，在今河南省黃河以南。⑮漢陰：漢水南岸。⑯雜然：紛紛地。許：贊同。⑰獻疑：提出疑問。⑱曾（ちㄥ）：竟。損：削減。魁父：小山名。丘：土堆。⑲「如……何」：即「把……怎麼樣」。⑳且：況且。焉：哪裏。置：安放。㉑諸：「之于」的合音。㉒隱土：古代傳說中的地名。㉓荷：負荷，挑。三夫：三人。㉔畚（ㄅㄣˇ）：土筐。㉕京城：姓。㉖孀（ㄕㄨㄤ）妻：寡婦。㉗遺男：遺孤，孤兒。㉘始：剛。齔（ㄔㄣˋ）：換牙。㉙易：變換。節：季節。㉚反：往返。㉛叟：老頭。㉜甚矣：太過分了。惠：同「慧」聰明。㉝其：加在「如……何」前面，有加強反問語氣的作用。㉞長息：長嘆。㉟固：頑固。徹：通。㊱雖：即使。㊲窮匱（ㄎㄨㄟˋ）：窮盡。㊳苦：愁。㊳亡（ㄨˊ）：同「無」。㊵操蛇之神：神話中的山神，手裏拿著

蛇，故叫操蛇之神。㊶已：停止。㊷帝：神話中的天帝。㊸感其誠：被他的誠心所感動。㊹夸蛾氏二子：神話中的兩個力氣很大的神。㊺負：背。㊻厝（ㄘㄨㄛˋ）：同「措」，放置。朔東：朔方東部，今山西省北部一帶。㊽雍：雍州，今陝西省、甘肅省一帶。㊾隴斷：山岡高地的阻隔。隴：通「壟」，高地。

【鑑賞】《列子・愚公移山》，是一篇具有樸素的唯物主義和樸素的辯證法思想的寓言故事。它借愚公形象的塑造，表現了我國古代勞動人民有移山填海的堅定信心和頑強毅力，說明了「愚公不愚，智叟不智」，只要不怕困難，堅持奮鬪，定能獲得事業上的成功，這對人們有很大的啓發。

　　這則寓言一開始簡介了「太行、王屋二山」旣高且大，位當南北交通要道。老愚公「面山而居」，出入不便，需要繞山而行，這就揭示了人和山的矛盾，卽愚公移山的原因。愚公已是「年且九十」的老翁了，要去移「方七百里，高萬仞」的兩座大山，是有很大困難的，但他堅決要化移山的強烈願望爲移山的實際行動，於是召集全家人商量，說：「吾與汝畢力平險，指通豫南，達於漢陰，可乎？」「畢力」顯示了愚公移山的鬪志之堅；「指通」，說明了愚公移山的信心百倍，在這裏初步表現了愚公有迎難而上的精神。愚公的倡議，得到大家的熱烈響應，「雜然相許」，可以想見到全家人的歡騰情緒。而「其妻獻疑曰：『以君之力，曾不能損魁父之丘，如太行、王屋何？且焉置土石？』」這裏的「疑」，不能說沒有道理。小山尙且不能移掉，又何況乎大山？——此一「疑」，實際上擺出了主觀方面的困難，從由彼及此的推想上讓人們感知移山的確不易；卽使能把兩座大山移掉，哪有地方來安置大量的土石呢？——此二「疑」，實際上是提出了困難的客觀原因，從退一步的考慮上讓人們覺得移山的十分艱巨。承認這些困難，並非是被困難嚇倒了，而是爲了克服困難，使移山的理想成爲現實。也就是說，要解決人和山的矛盾，必須要有切實的移山措施。針對愚公妻子的所「疑」，大家獻計獻策，「雜曰：『投諸渤海之尾，隱土之北。』」這表明愚公移山有著群衆基礎，正因爲如此，所以才出現了「叩石墾壤，箕畚運於渤海之尾」的場面，連鄰居孀婦的七八歲的孤兒也投入到移山的行列中來。緊接著上面的敍述，文章中插入了愚公和智叟二人的對話，蘊含著寓言所特具的哲理，頗能發人深省。「河曲智叟笑而止之曰：『甚矣，汝之不惠。以殘年餘力，曾不能毀山之一毛，其如土石何？』」智叟的「笑」，是對愚公移山不屑一顧的輕蔑情態；智叟的「止」，是對愚公移山不以爲然而進行粗暴的干涉。這個自以爲多智的老頭子，在他的眼裏，愚公能移山簡直是不可思議的事，所以脫口而出，給愚公潑冷水。智叟譏笑愚公笨拙，所持理由與愚公的妻子相同

但兩者態度迥異，一個是自視其高，加以阻撓，一個是提出疑問，目的是爲解決問題。智叟，智於其表，愚在其中，因此愚公對智叟的冷嘲熱諷，先報之以一聲長嘆，表示遺憾，想不到智叟竟是這樣的木然無知，接著，針鋒相對地進行駁斥：「汝心之固，固不可徹，曾不若孀妻弱子。雖我之死，有子存焉；子又生孫，孫又生子；子又有子，子又有孫；子子孫孫無窮匱也，而山不加增，何苦而不平？」出語尖銳犀利，畢露鋒芒。這段話含有很大的思想容量，闡述了「有限」和「無限」的樸素的辯證關係，進一步表現了愚公迎難而上的精神。智叟只看到愚公的「殘年餘力」及山高難以削平的一面，而看不到人類延續不斷及山不會增高的一面，所以堪稱「固不可徹」，比起愚公的目光來實是知淺。愚公藐視大山，敢於移山，知難而進，堅韌不拔，是因爲他看到了人的作用，通過努力，事物是能够轉化的。由此可見愚公形愚而實智。文章篇末以移山取得了最後勝利，矛盾獲得了解決，作爲故事的結局，充滿了浪漫主義的色彩。由於古代生產力和自然科學不發達的緣故，往往幻想著能有超人力量來幫助人們移山填海，征服大自然，所以作者運用了浪漫主義的藝術想像，寫「操蛇之神」聽說愚公要永不停息地挖山而害怕起來，將此事告訴了「天帝」，「帝感其誠」，就派遣了兩個大力士把兩座大山背走了。這顯然是神話，在客觀現實中是不存在的，但卻反映了當時人們有「人定勝天」的強烈願望，和變革大自然的雄偉氣魄，也反映了作者對作品中所闡述的哲理思想的堅信，以神話的形式給予了肯定。寄未來理想的實現於神話，寓哲理思想於想像，作者這樣寫，就是爲了讓人們在精神上得到鼓舞，在情緒上受到感染。

這則寓言在寫作上，有兩個顯著的藝術特色：第一，對比手法的運用相當成功。爲了突出愚公「挖山不止」的精神，強調矛盾可以互相轉化的哲理思想的正確，就以「子子孫孫無窮匱」與「山不加增」對比；爲了表現移山時不畏艱險的氣概，激勵人們去掌握這一哲理思想，就以「年且九十」的愚公，「子孫荷擔者三夫」的家庭，「始齔」的助手，與「方七百里，高萬仞」的兩座大山對比；爲了說明愚公並不愚，智叟並不智，顯示這一哲理思想所產生的威力，就以智叟的一開始的「笑而止之」與被駁後的「無以應」對比，等等，在對比中逐步完成了愚公藝術形象的塑造。第二，故事情節的安排比較巧妙。全文篇幅短小，然而卻寫得曲折多姿，波瀾起伏，加之行文緊湊，筆墨舒洒自如，令人讀後興味盎然。文章擺出了人和山的矛盾，寫愚公「聚室而謀」，全家人紛紛表示贊成，接著就該是行動起來一起移山，誰知愚公之妻獻疑，產生了波折，而所疑的都是移山中碰到的具體問題，這些具體問題不解決，那人和山的矛盾也就不能解決。經過討論，商量了辦

法，出現了移山勞動的盛況，接著就該是苦戰不休，不料跳出來個智叟，形成了移山的阻碍，老愚公就和智叟展開了激烈的辯論，在辯論中揭示出寓言所包含的哲理思想，這樣既突顯了愚公精神的可貴，同時深化了作品的主題思想。在一個僅有三百餘字的簡單的故事裏，將較多的矛盾集中起來描寫，能夠收到戲劇性的藝術效果，否則順流平坡地寫下去，還不只是索然寡味，更重要的是所要強調的內容得不到強調，不能使主題通過人物形象的塑造而圓滿地表達出來。一般地講，從簡單中見複雜，在情節安排上並不容易，因此處理得不好，就會使人感到複雜中仍然顯得簡單。《愚公移山》故事本身簡單，但由於在情節的處理上沒有平鋪直敍，而是從矛盾相繼出現的尖銳性上去顯示複雜性，這樣就增強了文章跌宕的氣勢，引人入勝。解決矛盾，沒有簡單化，愚公說服其妻，不是以空話大話壓服，而是靠衆人拿出辦法；駁倒智叟，不是泛泛頂撞，而是據理而言。愚公的「理」，非等閑之論，它是作品中哲理思想的精髓，字字如錘擊出的火星，句句似脫了弦的利箭，都是性格化的語言，又都是有哲理思想深度的語言。正是如此，理直才能氣壯，理屈必然詞窮，愚公駁得智叟啞口無言。兩個人的辯論將故事情節推上了高潮，使寓言的寓意得到充分的展示。

（周溶泉、徐應佩）

晏子使楚　　《晏子春秋》

　　晏子使楚①，楚人以晏子短②，爲小門於大門之側而延晏子③。晏子不入，曰：「使狗國者，從狗門入；今臣使楚，不當從此門入。」儐者更道，從大門入④。見楚王。王曰：「齊無人耶？」晏子對曰：「齊之臨淄三百閭⑤，張袂成陰⑥，揮汗成雨，比肩繼踵而在⑦，何爲無人？」王曰：「然則何爲使子乎⑧？」晏子對曰：「齊命使，各有所主，其賢者使使賢主⑨，不肖者使使不肖主⑩。嬰最不肖，故直使楚矣⑪。」

　　晏子將使楚，楚王聞之，謂左右曰：「晏嬰，齊之習辭者也⑫，今方來⑬，吾欲辱之，何以也⑭？」左右對曰：「爲其來也⑮，臣請縛一人⑯，過王而行，王曰：『何爲者也？』對曰：『齊人也。』王曰：『何

坐⑰　？』曰：『坐盜⑱。』」晏子至，楚王賜晏子酒，酒酣⑲，吏二縛一人詣王⑳。王曰：「縛者曷爲者也㉑？」對曰：「齊人也，坐盜。」王視晏子曰：「齊人固善盜乎？」晏子避席對曰㉒：「嬰聞之，橘生淮南則爲橘，生於淮北則爲枳㉓，葉徒相似，其實味不同㉔。所以然者何？水土異也。今民生長於齊不盜，入楚則盜，得無楚之水土使民善盜耶㉕？」王笑曰：「聖人非所與熙也㉖，寡人反取病焉㉗。」

【注釋】①使：出使。②以：因爲。短：身材矮小。③爲小門：開小門。延：請，引進。④儐者：接引賓客的人。⑤臨淄：齊都城，故址在山東省淄博市東北舊臨淄。三百閭：極言人口衆多。二十五家爲閭。⑥袂（ㄇㄟˋ）：衣袖。⑦比肩繼踵：肩膀靠肩膀，脚尖碰脚跟。比：靠。踵：脚後跟。⑧使：派遣。⑨其賢者使使賢者：那些賢能的人被派遣出使到賢明的君主那兒。前一個「使」是使、命令、派遣的意思；後一個「使」是出使的意思。⑩不肖：不賢。⑪直：只。⑫習辭：善於辭令，很會說話。⑬方：將要。⑭何以：用什麼辦法。⑮爲其來：意思是當他來的時候。這裏的「爲」相當於「於」。⑯請：請允許我做某事。⑰何坐：犯了什麼罪。⑱盜：偷竊。⑲酒酣：喝酒喝得正高興的時候。⑳詣（ㄧˋ）：到（指到尊長那裏去）。㉑曷：同「何」。㉒避席：離開坐位。㉓枳（ㄓˇ）：也叫「枸橘」，果實酸苦。現在我們知道，橘和枳是不同種的，橘化爲枳的說法是不科學的。不過，淮河以北的自然條件的確不適於橘的生長。㉔實：果實。㉕得無：莫非。㉖聖人非所與熙也：聖人是不可同他開玩笑的。㉗反取病焉：反而自討沒趣了。病：辱。

【鑑賞】傳頌千古的晏子使楚的故事，十分典型地體現了他政治家、外交家的風度。晏子出使楚國，不辱使命，發揮機智勇敢的精神，同傲慢愚笨的楚王進行了既針鋒相對而又很有分寸的抗爭，終於以辭令戰勝了楚王的戲侮，維護了齊國的尊嚴，表現了晏子忠實於祖國的品格與機巧善辯的才能。

　　第一則故事，寫晏子出使楚國，在「從何門入」與「齊國是否無人」兩個問題上所展開的抗爭。這則故事，分爲兩個層次來敍述。

　　第一層從開頭至「從大門入」，寫「入門」之爭。春秋末期，幾個較強的諸侯國都想憑藉實力稱霸諸侯，他們頻繁地進行軍事與外交活動，以便爭得有利形勢奪取霸主的地位。當時齊楚兩國處於並峙爭雄的局面，但實力上則楚強而齊弱。因

此，晏子這次出使楚國，也必將是一場外交上的艱鉅抗爭。果然，晏子剛到楚國就遭到了戲侮，「楚人以晏子短，爲小門於大門之側而延晏子」。楚王的這一玩笑，其實是包含有政治陰謀的。如果在晏子下車伊始就一棒打下他的臉面，楚國在這一場外交鬥爭中無形就佔據了上風。因爲一個被對方捉弄了的使臣，想要與對方完全處於平等的地位進行外交活動，達到出使的目的，顯然是不可能的。但是楚王的這一戲侮，畢竟又是帶有玩笑的性質。如果晏子一開始就翻臉，不只會鬧成僵局，同時也顯得使臣笨拙與無能，有損大國的風度。面對著這微妙的局面，晏子機警而又有分寸地展開了抗爭。他首先採取了「不入」的行動，其次又在言辭上進行批駁。從「不入」來看，已經維護了齊國的尊嚴，表現了晏子凜然不可犯的態度；再從批駁來看，也是符合邏輯事理的。「使狗國者，從狗門入」，是晏子藉以說明問題而虛擬的大前提；「今臣使楚」，是小前提；「不當從此門入」，是結論。晏子不自覺地利用邏輯三段論式來折服對方。這一義正辭嚴的批駁，一方面爲他「不入」的行動提供了堅實的理由，沒有這樣有力的說理，他的行動則失去了根據；另一方面又在批駁中爲對方留有餘地，「不當從此門入」的結論在把楚國比作狗國之後又輕鬆巧妙地把楚國同狗國巧妙地區分開來。這樣就使得對方自討沒趣，辯解不能，哭笑不得，只好「更道，從大門入」。晏子取得了第一回合的勝利。

第二層從「見楚王」至結尾，寫「無人」之爭。楚王一見晏子就莫名其妙地提出了一個問題：「齊無人耶？」言下之意指的是爲什麼要派你這樣一個貌不驚人的使臣來楚國。不過楚王旣未言明這層含義，晏子想要籠統而又得體地作出答覆也是難於斟酌下詞的。但晏子畢竟是善於言詞的精明的外交家，他不願傷及情面，因而只是就題答題地乘便把齊國國都誇耀了一番，結果反而在氣勢上壓倒了對方。他的回答分爲三層：首先指出「臨淄三百閭」，以表現齊國都城之大；其次又用「張袂成陰，揮汗成雨，比肩繼踵而在」三句來具體描述人口衆多。這三句旣是形象化的描寫，同時也含有誇飾的成分。前兩句是生動的比喻，後一句是具體的形容，在誇飾之中又給人以眞實之感，令人無由不服。最後用「何爲無人」這一反詰問句作結，進一步肯定了自己所說的內容。至此，楚王也無法否認齊國人多的事實。但是楚王並不甘心自己的失敗，他到底還是說穿了自己的眞實意圖，提出了第二個問題：「然則何爲使子乎？」對晏子的貌視溢於言詞。對此，晏子又進了行巧妙的還擊。這一還擊，依然是符合邏輯上的三段論的。首先，又虛擬了一個齊國委派使臣的原則是「賢者使使賢主，不肖者使使不肖主」的大前提；其次，又提出「嬰最不肖」的小前提；最後得出結論：「故直使楚矣。」這樣，晏子含蓄地把楚

王稱爲不肖主，徹底挫敗了楚王的戲侮，取得了第二回合的勝利。

　　第二則故事，寫晏子出使楚國時，在宴會上的曲折而又巧妙的抗爭。這則故事，也可以分爲兩個層次來敍述的。

　　第一層從開頭至「曰：坐盜」，寫楚國君臣事前的密謀策劃。晏子將要出使楚國但還未到達，楚國內部已展開了緊張的謀劃活動，他們企圖當著晏子的面來侮辱齊國。但是楚王也知道晏子是「齊之習辭者」，不好輕易對付，他雖然「欲辱之」，卻無計可施，於是要臣下拿出辦法來。他的左右近臣想出了縛齊人而過王的毒計。

　　第二層從「晏子至」至結尾，寫晏子巧言善辨，機智地粉碎楚國君臣的陰謀。晏子到楚國後，楚王依禮設宴款待，就在酒酣之時，楚國君臣按照預謀誣陷齊人爲盜，這種栽贓害人的做法當然是極端卑鄙的。但是，問題的複雜在於這種並非眞實的偶然性事件又是以完全有可能出現的必然性的形式表現出來的，因此儘管晏子知道這是惡意的誣陷，但在無法弄清事實的情況下，又必須作出不辱國家尊嚴的解釋，這對於晏子的外交才能無疑是一個嚴峻的考驗。晏子是在退一步假定被縛者是爲盜的齊人的前提下進行批駁的。他首先作了一個生動的比喻：「橘生淮南則爲橘，生於淮北則爲枳」，並指出這是因爲「水土異也」；以此來說明「今民生長於齊不盜，入楚則盜」，乃是因爲「楚之水土使民善盜」。「橘化爲枳」的傳聞在我國古已有之，姑不論這種說法是否符合現代植物學的觀點，僅就其轉化的條件是因爲水土相異這一點來說，晏子用來比喻「民生長於齊不盜，入楚則盜」確是十分高明的。這樣就在片言之間化被動爲主動，占據了辯論中的有利形勢。相反，楚王由於無法解釋被縛者入楚而爲盜之由，只得自我解嘲地笑著說：「聖人非所與熙也，寡人反取病焉。」

　　全文寫人敍事簡潔明確，展開矛盾抗爭曲折深入而又合乎情理，尤其是人物的刻畫具有形象鮮明、個性突出的特點。文中的主要人物有兩個，卽晏子與楚王。晏子是在楚強而齊弱的客觀形勢下出使楚國的，這本身就是一個極爲不利的條件，再加上他天生的身材矮小，就更被以強凌弱的楚國找到了方便。面對著傲慢又蓄意欺人的楚王，晏子展開了抗爭。在入門時，以「使狗國者，從狗門入」爲理由，迫使楚王另開大門表示歡迎。見楚王時，他又從容作答，以「不肖者使使不肖主」回擊了楚王的譏諷，打擊了楚王的囂張氣焰。在宴會上，他「避席」以對，顯示了莊嚴的態度，同時又引用「橘化爲枳」的故事，推導出「楚之水土使民善盜」的結論。此外，他又非常注意掌握說話的分寸，寓剛於柔，把十分確定的反擊對方的語言用模棱兩可的揣度疑問的形式表達出來，多次運用了「得無」、「耶」、

「乎」等一類虛詞，使語氣變得委婉，旣維護了尊嚴，又不使對方過於難堪以致損害兩國關係。總之，他憑著自己機智善辯的才能，採用以子之矛攻子之盾的方式，義正辭嚴而又不卑不亢地折服了對方，勝利地完成了出使的任務，充分地體現了他把原則性與靈活性結合起來的政治家與外交家的風度。文中楚王的形象也刻畫得甚爲鮮明。他先是趾高氣揚，傲慢自大，滿以爲耍了一些小聰明就可以壓倒晏子，侮辱齊國。而當他的發問被晏子一一駁回，他的詭計被晏子逐個戳穿時，則又只能節節敗退，弄得窘態百出，最終只有無可奈何地承認失敗，十足地表現出他偷鷄不著蝕把米的愚笨形象。

（柳士鎮）

謀　攻　　《孫　子》

　　孫子曰：凡用兵之法，全國爲上，破國次之①；全軍爲上，破軍次之；全旅爲上，破旅次之；全卒爲上，破卒次之；全伍爲上，破伍次之②。是故百戰百勝，非善之善者也③；不戰而屈人之兵④，善之善者也。

　　故上兵伐謀⑤，其次伐交⑥，其次伐兵⑦，其下攻城。攻城之法，爲不得已。修櫓轒轀⑧，具器械⑨，三月而後成；距闉⑩，又三月而後已。將不勝其忿，而蟻附之⑪，殺士三分之一⑫，而城不拔者⑬，此攻之災也⑭。故善用兵者，屈人之兵，而非戰也⑮；拔人之城，而非攻也；毀人之國，而非久也⑯。必以全爭於天下⑰，故兵不頓而利可全⑱，此謀攻之法也。

　　故用兵之法，十則圍之⑲，五則攻之，倍則分之⑳；敵則能戰之㉑，少則能逃之㉒，不若則能避之㉓。故小敵之堅，大敵之擒也㉔。

　　夫將者㉕，國之輔也㉖。輔周則國必強㉗，輔隙則國必弱㉘。

　　故君之所以患於軍者三㉙：不知軍之不可以進，而謂之進㉚；不知軍之不可以退，而謂之退，是謂縻軍㉛。不知三軍之事，而同三軍之政㉜，則軍士惑矣㉝。不知三軍之權㉞，而同三軍之任㉟，則軍士

疑矣。三軍旣惑且疑，則諸侯之難至矣㊱，是謂亂軍引勝㊲。

故知勝有五㊳，知可以戰與不可以戰者勝；識衆寡之用者勝㊴；上下同欲者勝㊵；以虞待不虞者勝㊶；將能而君不御者勝㊷。此五者，知勝之道也。

故曰：知彼知己，百戰不殆㊸；不知彼而知己，一勝一負㊹；不知彼，不知己，每戰必殆。

【注釋】①全：完整地降服。破：以武力擊破或殲滅。②軍、旅、卒、伍：古代軍隊編制；以一萬二千五百人爲一軍，五百人爲一旅，一百人爲卒，五人爲伍③非善之善：雖好而不是最好。④屈：使之屈服，收降。⑤上兵：最高明的用兵之法。伐謀：粉碎敵人的計謀，使敵人的作戰計劃瓦解。⑥伐交：破壞、瓦解敵方的聯盟，使敵方孤立無外援。按，春秋戰國時的戰爭，常是敵對雙方各以外交手段聯結與國，彼此聲援，因此使敵方孤立，是當時戰爭的重要策略。⑦伐兵：攻破敵方的武裝力量。兵：武器，引申爲武裝，軍隊。⑧修：製造，裝備。櫓：大盾，攻城護身用。轒轀（ㄈㄣˊㄨㄣ）：四輪戰車，蒙以堅固的皮革，爲古代車戰時攻城所用。⑨具：裝備齊全。器械：指雲梯、橹木等攻城的器具。⑩距闉：登上土阜。距：公鷄脚爪，引申爲脚趾，又引申爲攀登，闉（ㄧㄣ）：通堙，堆土成山阜用以偵視城內或踞以攻城。⑪將：泛指指揮攻城的將領。不勝（ㄕㄥ）：不能忍耐，抑制不住。蟻附：密集的兵士附城而上。⑫殺士：犧牲士卒。⑬拔：攻克，拿下。⑭災：壞結果，害處。⑮非戰：不依靠武力拼搏。⑯非久：迅速解決，不曠日持久。⑰全：指全國、全軍等不戰而屈人之謀。爭於天下：爭勝於天下，與敵國較量中取勝。⑱頓：有拖延時、日頓、困受挫諸義。⑲十：十倍於敵方的兵力。下「五」：五倍。⑳倍：較敵方的兵力多一倍。分：分散敵方兵力，割裂敵勢。㉑敵：敵我兵力相等。㉒逃：退卻，不與敵人接戰。㉓不若：兵力不如敵方。避：隱蔽，免受攻擊。㉔小敵：力量弱小的一方。堅：固執，不量力而硬拼。大敵：力量強大的一方。擒：俘虜，殲滅。㉕夫（ㄈㄨˊ），發語詞，有「故凡」的意思。將：這裏指一國的統帥。㉖國：兼指國家和國君。輔：輔佐，推行國政的支持者。㉗周：周詳，嚴密。㉘隙：疏失，有漏洞。㉙患於軍：（因不曉軍事）使軍事力量受到損害。㉚謂之：命令它。㉛糜軍：束縛了軍隊的手足，使軍隊不能隨形勢的變化而進退。㉜同三軍之政：干預三軍的內部事務。三軍：泛指全軍。古代諸侯國建上、中、下（或稱左、中、右）三軍。㉝惑：思想混亂，

不知所措。㉞權：權變，計謀。㉟任：安排人員，指揮軍隊。㊱諸侯之難(ㄋㄢˋ)：諸侯敵國乘隙進犯。 難： 敵對， 怨仇。㊲亂軍： 使軍隊發生混亂。致： 招引。勝： 強敵。㊳知： 預料，判知。㊴衆寡之用： 敵我大小強弱不等時的用兵之法。㊵上下同欲： 君臣將士意志統一， 齊心合德。欲： 願望。㊶虞： 料度，準備。不虞： 卽沒有遠見，缺乏準備。㊷能： 有指揮才能，善於用兵。御： 駕駛，這裏指牽制，管得太死。㊸殆： 危險，困乏。㊹一勝一負： 勝敗參半，或勝或敗都有可能。

【鑑賞】《孫子》或全稱《孫子兵法》，是世界上最早、最完整的軍事學經典性著作。經過二千五百年時間的考驗，雖然今昔的戰爭已大不相同，但此書所闡述的用兵作戰的原則依然有效，仍被世界各國的軍事家奉爲圭臬。

據《漢書、藝文誌》著錄， 《孫子》原有八十二篇， 並有圖九卷， 但後世所傳的只有十三篇，從現存的十三篇中，可以看到對於軍事和政治、經濟、外交自然條件等相互關係的全面論述； 既有充滿辨證法思想的對於軍事戰略的闡述，也有站在戰略的高度上論戰術、戰法的運用。其方法的精神不僅適用於軍事， 對各種社會現象和社會行爲，都有廣泛的啓示作用。

本篇是今存十三篇中的第三篇，以論述策劃進攻的戰略戰術原則爲中心， 提出要「全」不要「破」，「不戰而屈人之兵」的用兵最高境界； 分析各種進攻方法的利弊； 指出進攻中敵我兵力不同時的戰術原則； 並從君臣兩方陳述了致勝的條件，要求爲將者「輔周」， 爲君者不妨礙爲將者強立指揮權的必要； 最後歸結出判知勝敗的原則，而以「知彼知己」爲要旨所歸。全篇邏輯嚴密，有高度的理論說服力。

從行文來說， 全文多用排偶句， 既簡練有力， 又反復開闔， 每段都有結語，極頓挫之妙。 各段均用 「故」字作領， 多樣中見統一， 結構上也有其特點。因此，本篇雖是議論文，但對駕馭文字，立意謀篇方面，卻有美學上的價值。

(何滿子)

勸 學 篇　　《荀 子》

君子曰①： 學不可以已②。 靑， 取之於藍， 而靑於藍③； 冰， 水爲之， 而寒於水。木直中繩④， 輮以爲輪⑤， 其曲中規⑥。 雖有槁

曝，不復挺者，輮使之然也⑦。故木受繩則直⑧，金就礪則利⑨，君子博學而日參省乎己⑩，則知明而行無過矣⑪。……

　　吾嘗終日而思矣⑫，不如須臾之所學也⑬；吾嘗跂而望矣⑭，不如登高之博見也。登高而招，臂非加長也，而見者遠⑮；順風而呼，聲非加疾也⑯，而聞者彰⑰。假輿馬者⑱，非利足也⑲，而致千里⑳；假舟楫者㉑，非能水也㉒，而絕江河㉓。君子生非異也㉔，善假於物也㉕。……

　　積土成山，風雨興焉；積水成淵，蛟龍生焉㉖；積善成德，而神明自得，聖心備焉㉗。故不積跬步㉘，無以至千里；不積小流，無以成江海。騏驥一躍㉙，不能十步；駑馬十駕，功在不舍㉚。鍥而舍之，朽木不折㉛；鍥而不舍，金石可鏤㉜。蚓無爪牙之利，筋骨之強，上食埃土，下飲黃泉，用心一也。蟹八跪而二螯㉝，非蛇蟺之穴無可寄託者，用心躁也㉞。……

【注釋】①君子：指有道德有知識的人。②學不可以已：求學不可以讓它停止，即學習是無止境的。已：停止。③青：靛（ㄉㄧㄢˋ）青，一種染料。取：提取。前一個「青」字是名詞，後一個「青」字是形容詞。於：前一個「於」字當「從」講，後一個「於」字表差比（即此勝於彼），相當於「比……還（更）……」。藍：藍草，也叫蓼藍，葉子可制染料。④中（ㄓㄨㄥˋ）繩：合乎墨線取直的要求。中：符合。繩：木工取直用的墨線。⑤輮（ㄖㄡˊ）以為輪：（把它）彎曲成車輪。輮：使直的東西彎曲。為：成為。⑥其曲中規：它彎曲的程度符合圓規取圓的要求。規：圓規。⑦有：又。槁：枯乾。曝（ㄆㄨˋ）：晒。挺：直。然：這樣。⑧受繩：用墨線量過。⑨金：金屬，這裏指金屬製成的刀劍。就：靠近，這裏指磨。礪（ㄌㄧˋ）：磨刀石。利：鋒利。⑩博學而日參（ㄙㄢ）省（ㄒㄧㄥˇ）乎己：廣泛地學習，而且每天再三地對照檢查自己。參：同「三」，再三，多次。省：反省，檢查。乎：於。⑪知：同「智」。知明：明白道理的意思。⑫吾嘗終日而思：我曾經一天到晚地思考。嘗：曾經。⑬須臾（ㄩˊ）：片刻。⑭跂（ㄑㄧˋ）而望：踮起腳尖來望。⑮見者遠：距離很遠的人都能看見。⑯加疾：加強。疾：這裏指聲音激揚。⑰彰：清楚明白。⑱假：憑藉，利用。輿：車。⑲利足：腳走得快。⑳致：達到。㉑舟：船。楫（ㄐㄧˊ）：槳。㉒能水：會游泳。㉓絕：橫渡。㉔生（ㄒㄧㄥˋ）：同「性」，指人的稟性、能力。㉕善假於物：善於利用外物。這

裏指善於學習。㉖積土成山，風雨興焉；積水成淵，蛟龍生焉：積土成爲高山，
（能使氣候變化）風雨就會從山裏興起；　積水成爲深潭，　蛟龍就會在深潭裏生
長。這是古人對自然現象的幼稚理解。焉：（在）這裏。㉗神明：精神和智慧。
聖心：聖人的思想。備：具備。㉘跬（ㄎㄨㄟˇ）步：半步。古人以跨出一脚爲
跬，再跨出一脚爲步。㉙騏（ㄑㄧˊ）驥（ㄐㄧˋ）：駿馬。㉚駑馬：劣馬。十駕：
馬拉着車走一天的路程叫一駕。功：成功，效果。不舍：不止。㉛鍥（ㄑㄧㄝˋ）：
用刀刻。舍：停止。㉜鏤（ㄌㄡˋ）：雕刻。㉝跪：足。螯（ㄠˊ）：第一對足，形如
鉗。㉞蟺：黃蟺。躁：浮躁不安定。

【鑑賞】荀子的《勸學》是歷來爲人們所傳誦的名篇，其中有些警句，已成爲勉
勵學習常用的成語。這裏節選三段，其在原文中本不相連，但是意脈一貫，可以
獨立成篇。

文章開篇就鄭重地寫道：「君子曰：學不可以已。」這不但是《勸學》篇的第
一句，也是整個《荀子》著作的第一句。爲什麼首先提出學習問題呢？因爲荀子
認爲人的本性是「惡」的，必須用禮義來矯正，所以他特別重視學習。「性惡論」
是荀子社會政治思想的出發點，他在著作中首先提出學習不可以停止，就是想抓
住關鍵，解決根本問題。因爲他十分重視這個問題，所以他把自己的見解，通過
「君子」之口提出來，以示鄭重。在措辭上，他不說應該不斷學習，而說學習不
可以停止，這對糾正人們學習上常犯的不能持之以恒的毛病，更有針對性。從學
派傳統來說，儒家一向勸導人們好好學習，　如《論語》的第一句就說：「子曰：
學而時習之，不亦說（悅）乎！」荀子自稱是孔子的繼承人，他的著作第一句也
說：「學不可以已。」這從表面上看，只是繼承了儒家的「勸學」傳統，其實他強
調的程度顯然不同。因爲在孔子看來，「生而知之者上也，學而知之者次也。」（
《論語·季氏》）而荀子則認爲禮義道德和系統知識，只有靠後天學習才能獲得。
所以，荀子是在新的認識論基礎上，發展了儒家的「勸學」傳統，把學習的重要
性提到了一個新的高度。就行文來說，開頭就提出了中心論點，語言簡勁，命意
深廣，因而很自然地引出了下文的滔滔闡述。文章先以「青，取之於藍，而青於
藍；冰，水爲之，而寒於水」，來比喻任何人通過發憤學習，都能進步，今日之
我可以勝過昨日之我，學生也可以超過老師。這兩個比喻，使學習的人受到很大
的啓發和鼓舞。不過，　要能「青於藍」、「寒於水」，　決不是「今日學，明日輟」
所能辦到的，必須不斷地學，也就是說：「學不可以已」。所以，這兩個比喻深刻
有力地說明了中心論點，催人奮進。接着，文章進一步設喻，，從根本上闡明道

理:「木直中繩, 輮以爲輪, 其曲中規。 雖有槁曝, 不復挺者, 輮使之然也。」
這正如梁啓超所說, 意思是「喩人之才質, 非由先天本性而定, 乃後起人功而定
也」 (見《荀子柬釋》引)。荀子認爲人的本性是「惡」的, 但學習可以使人由
「惡」變「善」, 因此, 他強調「輮」的作用。通過這個比喩, 說明卽使原來是
地地道道的「不善」之人, 經過學習, 也可以「改變」成完全合乎道德規範的
人。這顯然是對學習者更大的鼓勵。在強調了學習的重要作用後, 文章以設喩引
出論斷:「故木受繩則直, 金就礪則利, 君子博學而日參省乎己, 則知明而行無
過矣。」木材經過墨線量過就會取直, 金屬製成的刀劍之類拿到磨刀石上去磨就
會鋒利, 這就好比君子廣泛學習, 而且每天檢查省察自己, 就會知識通達, 行爲
沒有過錯。這樣以設喩引出論斷, 顯得更有說服力。論斷句中的「日」字, 與起
句「學不可以已」的「已」字, 緊密呼應, 突出了要「知明而行無過」, 就必須
不斷學習, 從而有力地闡明了中心論點。開篇至此爲第一段。這一段說明了學習
在改變人的素質、提高人的智力方面的重大意義。學習意義重大, 那麼, 如何學
呢? 荀子認爲, 學習不能單靠坐在房子裏苦思冥想, 必須利用外界事物, 向實際
學習。因此, 第二段首先說明:「吾嘗終日而思矣, 不如須臾之所學也」。荀子以
親身的體驗, 通過「終日思」與「須臾學」的對比, 強調空想不如學習。而這個
與空想相對的「學」字, 不言而喩, 也就是指利用外界事物, 向實際學習。這種
對於學習的見解, 也是荀子基於他的認識論提出來的。荀子否認孟子所說的人有
天生的「良知」「良能」, 因此他強調從外界實際事物中學習。他在這裏提出的「
學」的概念, 就具有唯物主義因素。接着, 連設五喩, 展開論證。荀子先從生活
經驗說起: 站在高處望, 比踮起脚見得廣濶; 登高招手, 順風呼喊, 手臂並非更
長了, 聲音並非更大了, 可是人家卻能遠遠地看到, 清楚地聽到: 可見利用高
處、利用順風的作用之大。推而廣之,「假輿馬」、「假舟楫」的人, 也並非善於
走路或擅長游泳, 可是他們卻能「致千里」、「絕江河」, 足見利用交通工具的重
要意義。這些都喩示學習要善於利用外物。由於設喩所用的事例都是日常生活中
常見的, 因此讀起來不但感到親切, 而且覺得可信。隨着不斷設喩, 闡明的道理
越來越深入讀者心靈, 於是水到渠成地得出了結論:「君子生非異也, 善假於物
也。」這就是說, 君子之所以會有超過一般人的才德, 就是因爲他們善於利用外
物來好好學習。推論起來, 人如果善於利用外物好好學習, 也就可以變爲有才德
的君子。這與第一段所說的靑出於藍、冰寒於水、直木可以「輮」爲車輪, 意脈
是一貫的, 結構上也是暗相呼應的。此外, 荀子把「所學」與「善假於物」聯繫
起來,「這意味着學習的目的是要認識客觀事物的規律, 並利用這些規律性知識

去改造客觀世界。」（引自嚴北溟關於≪勸學≫的說明）這與他的「制天命」的思想也是聯繫着的。至此，第二段結束。這一段說明學習必須善於利用外物。然而，在從外界實際事物中學習的時候，還有需要注意的地方，所以，第三段作了進一步的說明。文章先設兩喩引出論點：「積土成山，風雨興焉；積水成淵，蛟龍生焉；積善成德，而神明自得，聖心備焉。」這說明學習要注意積累。荀子根本不承認「天生聖人」的說法，他指出人只要努力學習，「積善成德」，就可以具備聖人的思想。聖人也是不斷學習而成的，正如他在≪性惡≫篇中所說的：「積善不息」，「塗之人可以爲禹」。他充分強調「積善」的作用，這與開頭提出的「學不可以已」也是一脈相承、遙相呼應的。在筆法上，以設喩引出論點，更加強了論點的語勢，使論點一出現就具有一定的說服力。接着，文章又進行申述：「故不積跬步，無以至千里；不積小流，無以成江海。」這是從反面設喩來說明積累的重要。經過一正一反的設喩，學習要注意積累的道理已初步闡明，但是爲了深入說明，文章又反復設喩對比：先以「騏驥一躍，不能十步」與「駑馬十駕，功在不捨」相比，再以「鍥而捨之，朽木不折」與「鍥而不捨，金石可鏤」相比，從而充分顯示出「不捨」的重大意義，而學習要注意積累的道理，也得到了進一步的證明。當然，學習要做到「不捨」，要不斷積累，那就必須專一，不能浮躁。因此，文章再以「蚓無爪之利，筋骨之強」，能夠「上食埃土，下飲黃泉」與「蟹八跪而二螯」，卻「非蛇蟺之穴無可寄託」進行對比，說明學習必須專心致志，不能粗心浮氣。這兩個比喩，強調了學習必須堅持不懈，並照應了上文的層層論述。第三段至此結束，通過這一段的層層比喩，我們可以清楚地理解學習必須持之以恒。至此，開篇提出的「學不可以已」的中心論點，已得到了深入的闡發和充分的證明。≪勸學≫的這三段，論述了學習的重要性，指出了學習應該採取的態度和方法。雖然荀子論學的基礎是唯心主義的「性惡論」，但是對批判孟子的「先天道德論」起了積極作用。至於文中闡述的要重視學習以及學習必須「善假於物」、逐漸積累、持之以恒等見解，就是在今天，對我們來說，也還有一定的啓發作用和借鑑意義。

　　文中除少數地方直接說明道理外，幾乎都是比喩。通過比喩闡述道理、證明論點，這是本文在寫作上的一大特色。由於創造比喩的技巧很高，因此這些比喩精警動人。如「青，取之於藍，而青於藍」（脫化成「青出於藍而勝於藍」）以及「不積跬步，無以至千里；不積細流，無以成江海」、「鍥而捨之，朽木不折；鍥而不捨，金石可鏤」等等，都被人們當作指導學習的格言來稱引。同時，運用比喩的方式方法也靈活多樣，闡述一層意思，有的單獨設喩，有的連續設喩；有的從

正面設喻，有的從反面設喻；有的以比喻互相映襯，有的以比喻進行對比。如此層層推進，上下呼應，使本身表現力很強的比喻，更充分地發揮作用，因而把道理闡述得十分透澈。再說，由於運用比喻，文章的語言顯得具體形象、精練有味。而且，隨着用比的連續和手法的變換，形成整齊而又富於變化的句式，產生鏗鏘起伏的節奏，表現出荀子諄諄勸學的激情。因此，這不僅是一篇出色的古代教育論文，而且可以當作一篇文學作品來欣賞。

（陳玉麟　蘇來琪）

天　論　　《荀　子》

天行有常，不爲堯存，不爲桀亡①。應之以治則吉，應之以亂則凶②。疆本而節用，則天不能貧；養備而動時，則天不能病；循道而不貳，則天不能禍③。故水旱不能使之飢，寒暑不能使之疾，祅怪不能使之凶④。本荒而用侈，則天不能使之富；養略而動罕，則天不能使之全；倍道而妄行，則天不能使之吉⑤。故水旱未至而飢，寒暑未薄而疾，祅怪未至而凶⑥。受時與治世同，而殃禍與治世異，不可以怨天，其道然也⑦。故明於天人之分，則可謂至人矣⑧。

不爲而成，不求而得，夫是之謂天職⑨。如是者，雖深，其人不加慮焉；雖大，不加能焉；雖精，不加察焉。夫是之謂不與天爭職⑩。天有其時，地有其財，人有其治，夫是之謂能參⑪。捨其所以參，而願其所參，則惑矣⑫！

列星隨旋，日月遞炤，四時代御，陰陽大化，風雨博施⑬，萬物各得其和以生，各得其養以成，不見其事而見其功，夫是之謂神⑭。皆知其所以成，莫知其無形，夫是之謂天功⑮。唯聖人爲不求知天

⑯　。……

　　治亂，天邪⑰？曰：日月、星辭、瑞歷，是禹、桀之所同也，禹以治，桀以亂，治亂非天也⑱。時邪？曰：繁啓蕃長於春夏，畜積收臧於秋多，是又禹、桀之所同也，禹以治，桀以亂，治亂非時也⑲。地邪？曰：得地則生，失地則死，是又禹、桀之所同也，禹以治，桀以亂，治亂非地也。《詩》曰：「天作高山，大王荒之；彼作矣，文王康之⑳。」此之謂也。

　　天不爲人之惡寒也輟多，地不爲人之惡遼遠也輟廣，君子不爲小人之匈匈也輟行㉑。天有常道矣，地有常數矣，君子有常體矣㉒。君子道其常，而小人計其功㉓。《詩》曰：「禮義之不愆，何恤人之言兮㉔。」此之謂也。

　　楚王後車千乘，非知也；君子啜菽飲水，非愚也，是節然也㉕。若夫志意修，德行厚，知慮明，生於今而志乎古，則是其在我者也㉖。故君子敬其在己者，而不慕其在天者㉗；小人錯其在己者，而慕其在天者㉘。君子敬其在己者，而不慕其在天者，是以日進；小人錯其在己者，而慕其在天者，是以日退也㉙。故君子之所以日進，與小人之所以日退，一也㉚。君子小人之所以相縣者在此耳㉛！……

　　星隊木鳴㉜，國人皆恐。曰：是何也？曰：無何也。是天地之變，陰陽之化，物之罕至者也。怪之，可也；而畏之，非也。夫日月之有蝕，風雨之不時，怪星之黨見，是無世而不常有之㉝。上明而政平，則是雖並世起，無傷也㉞。上闇而政險，則是雖無一至者，無益也㉟。夫星之隊，木之鳴，是天地之變，陰陽之化，物之罕至者也。怪之，可也；而畏之，非也㊱。

　　物之已至者，人祅則可畏也㊲。楛耕傷稼，耘耨失薉，政險失民，田薉稼惡，糴貴民饑，道路有死人，夫是之謂人祅㊳。政令不明，舉措不時，本事不理，夫是之謂人祅㊴。禮義不修，內外無別，男女淫亂，則父子相疑，上下乖離，寇難並至，夫是之謂人祅㊵。祅是生於亂，三者錯，無安國㊶。其說甚爾，其菑甚慘㊷。勉力不時，則牛馬相生，六畜作祅㊸。可怪也，而不可畏也。傳曰㊹：「萬物之

怪，書不說⑤」。無用之辯， 不急之察，棄而不治。 若夫君臣之義，
父子之親，夫婦之別，則日切瑳而不舍也⑥。

　　雩而雨，何也⑦？曰：無何也，猶不雩而雨也。日月食而救之，
天旱而雩，卜筮然後決大事，非以爲得求也，以文之也⑧。故君子以
爲文，而百姓以爲神。以爲文則吉，以爲神則凶也⑨。

　　在天者莫明於日月，在地者莫明於水火，在物者莫明於珠玉，在
人者莫明於禮義。故日月不高，則光暉不赫⑤；水火不積，則暉潤不
博⑤；珠玉不睹乎外，則王公不以爲寶⑤；禮義不加於國家，則功名
不白⑤。故人之命在天，國之命在禮⑤。君人者，隆禮尊賢而王，重
法愛民而霸⑤， 好利多詐而危，權謀傾覆幽險而盡亡矣⑥。

　　大天而思之，孰與物畜而制之⑤？從天而頌之，孰與制天命而用
之⑤？望時而待之，孰與應時而使之？因物而多之，孰與騁能而化之
⑤？思物而物之，孰與理物而勿失之也⑥？願於物之所以生，孰與有
物之所以成⑥？故錯人而思天，則失萬物之情⑥。

〔註釋〕①天：指自然或自然界。行：運行，變化。常：常規，一定的規律。爲
（ㄨㄟ）：因爲。②應（ㄧㄥ）：適應，對待。之：代指自然界的客觀規律。治：
正確、合理的措施。吉：順利，吉祥。亂：不合理的措施。③彊：同「強」，加強。
本：指農業生產。不能貧：即「不能使之貧」，下文「不能病」、「不能禍」都是使
動句。養備：養生的東西充足完備。養：指衣養等生活資料。動時：行動適時。
循：遵循。道：指規律。貳：有二心，不專一，這裏是違背的意思。④祅：同「
妖」。祅怪：指自然災害等異常現象。⑤本荒：農業生產荒廢。略：簡略，不充
足。養略：指衣食等生活資料不充足。罕：少。倍：同「背」，違背。⑥薄：迫
近。⑦受時：指亂世所遇到的天時。其：代指亂世。然：這樣。⑧分（ㄈㄣ）：
職分。明予天人之分：即明了天（自然）和人各有不同的職分。至人：最明白事
理的人。 ⑨爲（ㄨㄟ）：做。夫：句首語氣詞。是之謂： 這就叫做。下文「此
之謂」與此句意同。天職：自然的職能。⑩如是：如此。其人：上文所指的「至
人」。不與天爭職：不同自然的職能相爭。⑪參：參與，配合。⑫舍：放棄。所
以參：指人們用來配合的方面， 即人的職分。 舍其所以參： 意思是放棄人的努
力。願：期待，指望。所參：參與的對象，即天地自然的職能。願其所參：意思

是等待自然的恩賜。惑：糊塗。⑬列星隨旋：衆星隨著大地旋轉。這是地球中心說，是不科學的。遞：交替。炤：同「照」，照耀。代：輪流，交替。御：進，運行。陰陽：我國古代樸素的唯物主義思想家把運動中的萬事萬物概括爲陰陽兩個對立的範疇，以陰陽的交錯變化來說明物質世界的形成和變化。化：變化，生成。博：同溥，普通。⑭其：代指陰陽、風雨等。和：和諧。養：滋養。以：同「而」。不見其事而見其功：看不見陰陽相化、風雨滋潤之事的形迹而只看到陰陽相化、風雨滋潤的功效。⑮皆知其所以成：都知道萬物生成的道理。莫知其無形：這句的大意是說，對於自然化育萬物而無形迹可尋這一點，卻是沒有人了解的。⑯聖人：即上文的「至人」。所指的是明了自然化育萬物的道理的人。⑰治亂，天邪：社會的治和亂是天決定的嗎？邪：同「耶」。⑱瑞曆：曆象，指天文歲時等自然現象。以：因，憑藉。⑲繁：衆多。啓：萌芽，發生。蕃：茂盛。畜：同「蓄」，積聚。臧：同「藏」。⑳《詩》：《詩經》，引詩見《周頌・天作》。作：創造。高山：指岐山，在今陝西省岐山縣東北。大（ㄉㄞ）王：此指周文王姬昌的祖父古公亶父。荒：開墾，開闢。之：指岐山。彼：指大王。作：創立基業。康之：使岐山康莊發展。㉑惡（ㄨ）：厭惡。輟（ㄔㄨㄛˋ）：廢止，廢除。匈匈：同洶洶，形容聲音嘈雜。㉒常：固定的，一定的。道：規律。數：法則。體：行動的準則。㉓道：遵行。常：常體，常在的法度。計：計較。功：功利，指個人的利害得失。㉔《詩》：此處所引不見於今本《詩經》，當爲佚詩。恤（ㄒㄩˋ）：顧慮。㉕後車：侍從的車子。知：同「智」。啜（ㄔㄨㄛˋ）：吃。節：節遇。㉖若夫：至於，表示要發議論。修：善，好。厚：敦厚，高尚。知慮：智慧思慮。明：精明。志：記，了解。志乎古：即了解古代。在我者：在於人的自己努力。㉗敬：肅敬，認眞對待。在己者：同「在我者」。不慕其在天者：不慕求自然的恩賜。㉘錯：同「措」，措置，擱下。㉙是以日進也：因此一天比一天有所進步。㉚一：此處指道理一樣。㉛縣（ㄒㄩㄢˊ）：同「懸」，懸殊，差別。㉜隊：同「墜」，墜落。木：樹木。㉝黨：同「倘」，偶然。見：同「現」，出現。㉞上：在上位者。並世：即同世。㉟闇（ㄢˋ）：同「暗」，昏昧。㊱畏之，非也：懼怕自然界的異常現象是不對的。㊲物之已至者：過去已經發生的事情。人祆：人爲的災禍。㊳楛（ㄎㄨˋ）：粗糙低劣。耘（ㄩㄣˊ）耨（ㄋㄡˋ）失薉（ㄏㄨㄟˋ）：耕作不及時而失之於荒蕪。耘耨：鋤草。薉：同「穢」，荒蕪。糴（ㄉㄧˊ）：買糧。㊴不時：不合時宜。本事：農業生產。㊵乖離：違背，離心離德。寇：外患。難：內亂。㊶錯：交錯。㊷爾：同「邇」（ㄦˇ），淺近。菑（ㄗㄞ）同「災」。㊸勉力：役使民力、畜力。六畜：馬、牛、羊、猪、狗、鷄。㊹傳：指古代文獻。㊺書：經書。說：解釋。㊻切瑳（ㄘㄨㄛ）：研究，

探討。㊼雩（ㄩˊ）：求雨的祭祀。雨：下雨。㊽卜筮（ㄕˋ）：灼裂龜殼用以算卦叫「卜」，用蓍草算卦叫「筮」。文：文飾。㊾以爲文則吉，以爲神則凶也：卜筮祈禱，當作神道是不吉利的，而作爲政治的文飾是吉利的。㊿暉（ㄏㄨㄟ）：同「輝」。赫：明亮，強烈。(51)潤：潤澤，這裏指水的濕度。博：廣大。(52)睹：同「睹」。這裏作顯現，鮮明解。(53)白：顯赫，顯著。(54)人之命在天：人的命運在於自然界。(55)君：作「統治」解。隆：尊崇，重視。(56)權謀：耍權術。傾覆：搞顛覆活動。幽險：陰險，搞陰謀活動。(57)大：尊大。思：思慕。孰與：何如。物畜：作爲物畜養起來。制：控制。(58)從：順從，聽從。頌：歌頌，讚美。天命：指自然規律。(59)因：因循，聽任。多之：希望它增多。騁（ㄔㄥˇ）能：施展人的智能。化：變，繁殖。(60)思物而物之：思慕萬物而希望得到它。前一個物字爲名詞，後一個爲動詞。(61)願：希望，羨慕。所以生：指萬物的自然生長。孰與有物之所以成：何如輔助萬物使之成長。有：通「佑」，輔助。(62)錯人而思天：放棄人的努力而空想自然的恩賜。錯：同「措」。失萬物之情：不符合萬物的實際情況。

【鑑賞】《天論》是古代樸素唯物主義的自然哲學論文，有很高的成就。在這篇文章中，作者明確指出，自然規律是客觀的，人們應順應自然規律，掌握自然規律，爲自己造福。作者還在哲學史上破天荒地提出了「制天命而用之」，卽人定勝天的思想，至今仍散射出智慧的光芒。《天論》作爲哲學論文，無美可言嗎？否！論述的對象「天」的本身就是美的實體。這關係到古代的一個基本的美學觀點：以「大」爲美。古代漢民族以壯大爲美，荀子自己就說過：「長巨姣美，天下之傑也。」（《非相》）淸王念孫的名著《經義述聞》云：「『大』與『美』義相近。」古人的以「大」爲美，也體現在對自然美的觀賞上，《莊子・天道》說：「夫天地者，古之所大也，而黃帝堯舜之所共美也。」《天論》卽論天，把天描寫成有規律，可認識，可利用的自然，這樣，天「大」而非大而無當，這本身就是一種自然美，是儒家「充實之謂美」的美學思想的具體體現。問題是，《天論》中的自然美鑒賞是和對天的科學認識結合在一起的，或者說，科學的認識是構成天「大」之美的基礎。文章一開頭就提出天體運行的規律問題。「天行有常」，「天」卽自然，「行」卽運動，「常」卽規律。這句話是全文的總綱，全文綿綿圍繞這一總綱而展開論點，如「明於天人之分」的「分」是指規律，具體表現爲空間範圍和所起的作用；「制天命而用之」的「天命」也是指自然變化的規律。這句話也是荀子自然哲學的邏輯起點，包含著對古代先進思想的繼承和對錯誤觀念的批判。從上古到周秦，人們反覆思考過抬頭卽見的「天」。一種認識是把「天

看作有形之物，如≪詩經≫說「彼蒼者天」，屈原≪天問≫則提出一系列關於天的問題。大多數認識則限於古代生產力水平的低下，把天說成有人格，有意志的主宰，如≪尙書・泰誓中≫：「天乃佑命成湯，降黜夏命，惟受罪浮（過）於桀。」孔子重儒家道德功利，故「子罕言利與命與仁」（≪論語・子罕≫），「夫子之言性與天道，不可得而聞也。」（≪論語・公冶長≫）荀子≪天論≫「天行有常」之說，眞可謂截斷中流，橫空出世之科學眞諦，它激越千古，啓廸後人，文中科學的敎益已遠遠勝過以天爲「大」的美的鑒賞。「不爲堯存，不爲桀亡」一句，實際上是對「天行有常」的補充，重申了天無意識、無情感的特性，因而於堯於桀均無愛憎。自然規律獨立於人事之外，人「應之以治則吉，應之以亂則凶」，如果人們能按規律辦事，發揮人的能動作用，「強本而節用」，「養備而動時」，「循道而不貳，則天不能加禍於人。反之，「倍道而妄行，則天不能使之吉。」天有運行規律，人有自動能力，以能動地適應規律和利用規律，這正是美的科學的出發點，也是欣賞自然美的起點和過程。「明於天人之分，則可謂至人矣。」卽弄明白天和人的各自的特殊規律，天的自然力量和人的能動力量各自的作用範圍，這樣的人就可稱爲「至人」卽「聖人」。如果說，天之大可謂「充實之謂美」，明於天人之分而達聖人境地，則已進入「大而化之之謂聖」的高一級美學境界。這種美學境界的建立，沒有脫離能動地認識和利用規律，因而達到了「眞」與「美」的統一。荀子的這種儒家美學思想的高級境界，一定程度上已吸取了道家思想，如≪莊子・天道≫云：「不離於眞」謂之至人。」荀子爲我們描繪了大自然的壯美運行圖景，也是由「聖」而「神」的儒家美學的最高境界：「列星隨旋，日月遞炤，四時代御，陰陽大化，風雨博施，萬物各得其和以生，各得其養以成，不見其事而見其功，夫是之謂神。」接著，荀子還提出了天情、天官、天養、天政等一系列範疇，分別說明情志、修養、攝生、政事等，且無一不體現儒家的最高美學境界「聖」與「神」與道家的「眞」在邏輯上的縫合之處。有理由認爲，≪天論≫的哲學美學思想，或者說文章本身的科學美的境界，正是儒道互補的、樸素唯物論的眞、善、美統一的美的圖景。≪天論≫進一步針對人們所關切的問題論證人和天的關係。「治亂，天邪？」治和亂是天決定的嗎？荀子從自然規律和歷史事實兩個方面作了回答，一方面，日月星辰等運行（瑞歷），是禹、桀所共同經歷的自然條件。另一方面，「禹以治，桀以亂」，不同的人憑藉相同的條件得到治與亂的不同結果，從而得出了「治亂，非天也」的結論，依次類推，不是天時的原因，也不是土地的原因，那是什麼原因呢？≪天論≫引≪詩・周頌・天作≫云：「天作高山，大王荒之；彼作矣，文王康之。」意卽天造高山，周大王擴大他的墾

地，大王開闢了土地，其孫文王又在這裏使百姓安康地定居下來，說明吉凶由人，周就是靠大王、文王的努力興盛起來的。接著，荀子描述了一幅自然變化的圖景，星墜木鳴，日月有蝕，風雨不時。怪星或見，包括社會在內，也有許多醜惡現象，統稱之爲「人祅」。這和前面描述的天體運行的壯美圖景形成鮮明對照。在醜惡面前怎麼辦？荀子的回答是，感到奇怪是可以的，感到害怕就不對了，並兩次說到這句話，說明作者要解決一般人對特殊自然現象的恐懼感。而對於「人祅」，荀子也認爲「可怪而不可畏」，解決的辦法是拋棄「無用之辯」、「不急之察」，而於禮義則「日切瑳而不舍」。衆所周知，荀子的「禮義」已有了儒、法兼蓄的新的內容，在當時不失爲救世的辦法，當然收效甚微。≪天論≫全篇常把自然、人事結合在一起論述，相互啓發，深作研討，重在探討各自的特殊規律，與唯心的「天人合一」存在著根本對立。人事要求助於天嗎？日月蝕而救之，天旱而求雨，卜筮然後決大事。這些做法的實質，荀子一語道破，「君子以爲文」，這是從美的角度回答的，順人情以爲文飾點綴，滿足感情上的需要而已，於事實無大妨碍；「百姓以爲神」，這是從眞的角度說的，信以爲眞，孜孜以求，就不能不陷於愚昧，「以爲神則凶也」。英國十八世紀歷史家吉朋（Gibbon）嘗謂衆人視各教皆眞，哲人視各教皆妄，官人視各教皆有用。荀子以「以爲神則凶」昭示天下，力圖解除百姓對天的恐懼，且告之「以爲神則凶」的眞諦；而「君子以爲文」則又從美飾的角度回答之，絕無≪易・象≫所論「聖人以神道說教」之嫌。這些，都是荀子的高明之處和徹底之處。荀子再次用明亮絢麗的色彩描寫了自然美的圖景，日月的光輝，水火的「潤暉」，珠玉的光彩，乃至禮義的「隆眷」，體現了作者熱愛自然，和對新的生活，新的思想的探求。值得注意的是，荀子並沒有停留在「大天」，以天爲大這種傳統的靜態美學觀上，而是要求掌握自然規律，從而進入了動態的美學觀，「大天而思之，孰與畜而制之？」還不止此，無論在鑒辯方法和理論建樹上，都越出了動態的散點透視和動態的美學觀，而進入「制天命而用之」，要求按照對規律的預成的認識來改造外物，這是中國古代的樸素唯物主義的能動的美學觀。荀子一連用了五個對偶排句闡明這種人定勝天的科學思想和能動的美學思想，鑒辯這種科學美之餘，不能不嘆爲美學史上的奇迹。荀子指出，如不循物理，舉措失當，「錯人而思天」，不將外物爲我所用，舍人世現實而玄想天道並祈求之，「則失萬物之情」，既失物的本性，也失人的本來就應具有的能動的品格。綜≪天論≫全文，有識天：天行有常；責天：「治亂，天邪？」任天：修人事而役萬物；征天：「從天而頌之，孰與制天命而用之？」從而得出了人定勝天的結論。論天，卻處處討論天與人的關係，討論在

治天和治國中發揮人的主觀作用，這就使≪天論≫全文不斷地在其內在邏輯上從自然哲學領域向知識論和美學靠攏。自然美圖景的鑒賞，科學美的教益，理性的用世功利的美育，從科學哲學到美學思想的邏輯線索，深邃的美學思想要點，無一不引起我們對≪天論≫的美的鑒賞和美的思考。

（李　開）

扁鵲見蔡桓公　　韓　非

　　扁鵲見蔡桓公，立有間①，扁鵲曰：「君有疾在腠理②，不治將恐深③。」桓侯曰：「寡人④無疾。」扁鵲出，桓侯曰：「醫之好治不病以爲功⑤！」居十日⑥，扁鵲復見，曰：「君之病在肌膚⑦，不治將益深。」桓侯不應⑧。扁鵲出，桓侯又不悅⑨。居十日，扁鵲復見，曰：「君之病在腸胃，不治將益深。」桓侯又不應。扁鵲出，桓侯又不悅。居十日，扁鵲望桓侯而還走⑩。桓侯故⑪使人問之，扁鵲曰：「疾在腠理，湯熨之所及也⑫；在肌膚，針石⑬之所及也；在腸胃，火齊⑭之所及也；在骨髓，司命之所屬，無奈何也⑮。今在骨髓，臣是以⑯無請⑰也。」居五日，桓侯體痛，使人索㉑扁鵲，已逃秦矣。桓侯遂死。

【注釋】①有間：有一會兒。②腠（ㄘㄡˋ）理：皮膚部分。③將恐：恐怕要。深：甚，厲害。④寡人：古代諸侯對自己的謙稱。⑤好‧喜歡。不病：沒有病。以爲：以之爲。⑥居：止，停。⑦肌膚：肌肉。⑧應（ㄧㄥˋ）：答應，理睬。⑨悅（ㄩㄝˋ）：高興。⑩還同「旋」，回轉，掉轉。⑪故：特意。⑫湯：同「燙」，用熱水焐。熨：用藥物熱敷。⑬針石：金屬針和石頭針。這裏指用針刺治病。⑭火齊（ㄐㄧˋ）：火齊湯，一種清火、治腸胃病的湯藥。齊：同「劑」。⑮司命：傳說中掌管生死的神。屬：管。奈何：怎麼辦，怎麼樣。⑯是以：就是「以是」，因此。⑰無請：不問，意思是不再說話。請：問。⑱索：尋找。

【鑒賞】≪扁鵲見蔡桓公≫選自≪韓非子‧喻老≫。≪韓非子‧喻老≫篇是韓非

用歷史故事與民間傳說來闡發《老子》思想的哲學文章。「喻」指的是用具體事例來說明抽象道理的一種方法。在《喻老》篇中，韓非將《老子》哲學中的一些命題注入了新的內容，克服了原有的消極玄虛的唯心主義糟粕，改造並發展了其中的樸素辨證法，同時還把現實鬥爭中的一些具體經驗上升到了哲學的高度，使之具有普遍意義。韓非在闡發《老子》第六十三章「天下之難事必作於易，天下之大事必作於細」這一哲學命題時，提出了「欲制物於其細」的觀點。接着，他又引用了一些歷史故事與民間傳說來說明這一觀點。《扁鵲見蔡桓公》就是其中的一則。《扁鵲見蔡桓公》以二百字的篇幅，分爲五個層次敍述了一個結構完整而意味雋永的故事。從「扁鵲見蔡桓公」至「醫之好治不病以爲功」爲第一層，是故事的發生，寫扁鵲指出蔡桓公有病，但桓公卻懷疑扁鵲此說的用心。「扁鵲見蔡桓公」一句，交代了故事中的兩個人物。扁鵲，古代名醫，姓秦名越人，又稱盧醫，鄭縣（位於今河北省任邱縣）人，由於醫術高明，人們就用傳說中黃帝時名醫扁鵲的名字來稱呼他。蔡桓公，即下文的桓侯，名封人，蔡國國君，公元前714年至前695年在位（《史記·扁鵲倉公列傳》引此事時作齊桓侯，與《韓非子》異）。扁鵲指出桓侯有病並非憑空妄說，「立有間」一句表明了醫師對病人有過一個觀察容貌氣色而後診斷的過程。此時桓侯的病症尚在表皮，只須藥物熱敷即可除去。但桓侯對於這種萌芽狀態的疾病並未引起重視，他先是斷然否認，自稱「寡人無病」；又在扁鵲離開之後，把這位其時已負盛名的絕代名醫看作沽名釣譽之徒，認爲扁鵲「好治不病以爲功」。這就眞正是諱疾而又忌醫了。從「居十日」至「桓侯又不悅」爲第二層，是故事的發展，寫桓侯之病已發展到肌膚，扁鵲復見，桓侯不予理睬。「居十日」三字，反映了桓侯之病所以由腠理發到肌膚經歷的過程（以下幾個層次含義與此同）；「扁鵲復見」一句說明他對桓侯採取的是負責任的態度，並未因爲桓侯斷然否認有病而放棄對他的諫勸治病；「君之病在肌膚」，回應前文「不治將恐深」，這證明了扁鵲的擔憂正在變成現實。雖然此時桓侯的病症也還只是在肌膚，用金針石針就可以治療，但扁鵲的話仍未引起桓侯應有的重視，他不僅未予理睬，而且對扁鵲的做法表示了不悅。接下來的「居十日」至「桓侯又不悅」爲第三層，是故事的進一步發展，寫桓侯之病已發展到腸胃，但桓侯依然不加理睬。再往後的「居十日」至「臣是以無請也」爲第四層，是故事的高潮，寫桓侯之病已發展到骨髓，釀成不治之症，扁鵲也感到無可奈何了。這一層起首就寫「扁鵲望桓侯而還走」，表明了桓侯之病已到了不可救藥的地步，連扁鵲這樣的名醫也無計可施。接下來寫扁鵲「還走」的做法雖然引起了桓侯的驚奇，然而也僅僅是對扁鵲行爲的驚奇而已，他並未理解這一行爲的

含義，更沒有覺察到問題的嚴重，因而只是「使人問之」，而毫無求醫的意向，可見他的思想已經痲木到了何等的程度。 以上數句說明桓侯之病的幾個發展階段，以及在這幾個階段中尚可奏效的治療方法。最後指出桓侯之病已深入骨髓，是「司命之所屬」，而非人力之可及，同時也是交代了扁鵲「望桓侯而還走」的原因。 從「居五日」至「桓侯遂死」為第五層， 是故事的結束， 寫桓侯病重身死。扁鵲多次諫勸桓侯及時治療，桓侯均未採納。一直到遍體疼痛之後才「使人索扁鵲」，但已為時過晚， 終於不治而死。扁鵲逃秦， 一方面說明他對桓侯之病實已無能為力， 另一方面也說明了他對統治者慣常的遷怒與諉過的做法深 感 畏懼。故事至此雖戛然而止，但它卻留給了我們極為深刻的啓示。它說明一切禍患在開始發生時都是極其細微的，難於覺察的，但如果不注意防止，必將產生由量到質的變化，以致最終釀成大害；同時也從反面提醒我們，要避免禍患，必須見微而知著， 及早加以提防。 桓侯之病正經歷了這樣一個由隱蔽向顯著發展的過程。它由腠理而至肌膚，由肌膚而至腸胃，一時雖未造成徹骨之痛，但病情卻仍在不間斷地逐步發展，以致由腸胃而至骨髓，發生了由量向質的轉化，終於使桓侯陷入了無可挽回的絕境。此外， 這則故事還告訴我們，認眞聽取意見，尤其是聽取有遠見卓識的意見，是十分重要的；而固執己見，剛愎自用則是取禍之由。試想桓侯若是聽取了扁鵲的建議，卽使在病入腸胃之時，也還有救治的餘地，決不至於喪命。正由於他拒絕了扁鵲的正確建議，才惹下了致死之禍，使扁鵲這樣的名醫也回天乏術了。

這篇文章在結構上也頗具特色。全文以桓侯之病為線索，層層深入地敍述了病情的發展、扁鵲的再三諫勸以及桓侯的執拗態度。每一層次中對於病情的敍述旣是上一層次的必然發展， 又為下一層次作了必要的鋪墊， 顯得自然而合乎情理。在語言運用上，也顯得平直而貼切。作者意在敍事，全無夸飾的形容，扁鵲敏銳入微的觀察，認眞負責的精神以及桓侯固執不知變通的態度，雖不事詞藻的修飾，卻都寫得自然明白。說理部分也採用逐步深入的方式，由表及裏，由淺入深，寫得脈絡清晰，確切可信。最後以扁鵲逃秦，桓侯體痛遂死作結，無一贅言而使結局順理成章，主題頓然顯豁。

（柳士鎭）

戰　於　郎　　　≪禮記≫

　　戰於郎①。公叔禺人遇負杖入保者息②，曰：「使之雖病也③，任之雖重也④，君子不能爲謀也⑤，士弗能死也⑥，不可！我則旣言矣。」與其鄰重汪踦往⑦，皆死焉。魯人欲勿殤重汪踦⑧，問於仲尼。仲尼曰：「能執干戈以衞社稷⑨，雖欲勿殤也，不亦可乎？」

【注釋】①郎：魯國地名，在今山東省魚臺縣。②公叔愚人：魯昭公之子。負杖：把杖橫放在頸子上，兩手扶著。保：堡壘。息：休息。③使：指徭役。病：勞苦。④任之：使老百姓增加負擔。⑤君子：上層統治者。爲：籌劃。謀：計謀。⑥士：統治集團的下層分子。⑦重：當作「童」。往：奔向。⑧殤：未成年而死。這裡是說「用葬孩子的喪禮」。勿殤：不想用葬孩子的喪禮。⑨干戈：武器。

【鑑賞】≪戰於郎≫這篇短小精練的古文，是從≪禮記‧檀弓≫篇裏選出來的。≪禮記≫是儒家的經典之一，相傳是孔子以後的儒家所記。在這本書裏面，保存了很豐富的學術史料，像它的≪學記≫篇，對古代的教育學有極精闢的發揮；≪樂記≫篇論音樂也非常有名；再像宋朝的學者用作教科書的≪大學≫、≪中庸≫等篇也是從≪禮記≫裏選出來的。≪禮記≫除了保存了富有學術價值的各個篇章以外，還記載了不少含有豐富意義的小故事。≪檀弓≫的上、下兩篇就是由很多小故事組成的。這篇≪戰於郎≫就是≪檀弓≫下篇裏的一篇短文。這篇文章講的是魯國抵抗齊國侵略的一次戰爭。這次戰爭發生在魯哀公十一年，也就是公元前484年。這一年，齊國侵略魯國，魯國人在「郎」這個地方和齊國軍隊作戰。「郎」是靠近魯國都城的一個地方。戰場離都城很近，這說明齊國軍隊已經深入魯國。那麼，魯國人是怎樣起來抵抗的呢？對這一點，作者卻並不進行全面的描寫，只是選擇了兩個人的行動來寫：一個是魯昭公的兒子公叔禺人，一個是公叔禺人的鄰居的孩子汪踦。選擇這兩個人物來寫，可以說明一種情況，那就是這場戰爭打得很激烈。在春秋時代，參加作戰的主要是農民。而這裏寫的兩個人，一個是貴族，一個是貴族的鄰居。貴族都是住在城裏的，和貴族做鄰居，也該住在

城裏，因此汪踦也不會是農民。作者寫這兩個人，正說明爲了保衛祖國，除了農民以外，連以前國君的兒子和他鄰居的孩子都起來作戰了。這是選擇個別反映一般的手法，寫的雖然只是兩個人，卻能夠使人感到當時魯國處境的危急。這正和文章開頭第一句就寫「戰於郎」三個字一樣，光舉出一個地名，就能使人感到戰事的嚴重，說明敵人已經深入魯國，這都是本文寫得精練的地方。

　　作者所以選擇這兩個人來寫，是有深刻的含義的。我們先來看他怎樣寫公叔愚人這個人物。「公叔禺人遇負杖入保者息」，「杖」就是兵器，「保」就是堡壘。這是說，公叔禺人到「郎」這個地方參加戰鬥，到了前線，碰到戰士背著兵器到堡壘中來休息。兵器，在戰爭時候本來都是用手拿著的，這裏說背著，是寫戰士已經勞累到極點了。公叔愚人看到這種情況，就感慨地說「使之雖病也，任之雖重也」。這兩句話的意思是說：使用人民來替公家服役，縱然勞累到極點，要人民負擔賦稅，縱然極端繁重，可是人民還是盡力爲保衛祖國而戰鬥。緊接著，公叔禺人又說「君子不能爲謀也，士弗能死也，不可」。「君子」是指做官的人。這三句話是說，碰到國家有危難的時候，做官的不能出謀劃策來挽救祖國的危難，士人不能爲國犧牲，不可以！公叔禺人憤慨地說「不可」，這兩個字明顯地斥責了當時的貴族和士人。他自己既然指斥了貴族和士人不能拯救國難，但是他自己也是貴族，那又怎麼樣呢？他說「我則既言矣」。我既然這樣說了，就該實踐我的話。「與其鄰重汪踦往，皆死焉。」「重」卽童，孩子的意思。於是，他和鄰居的孩子一起投入戰鬥，英勇地犧牲了。這裏，作者只用了寥寥幾筆，就寫出了公叔禺人光輝的愛國精神，寫出了他同情農民斥責貴族的進步思想。他是魯昭公的兒子，是個沒有當權的貴族，可是他跟魯國當權的貴族不同，在國難嚴重的時候，不是逃避，不是推卸責任，而是親上前線、爲國犧牲。他看到勞累不堪的戰士回來休息，不是責備他們，而是想到他們平時過著痛苦的生活，如今還能盡力爲國作戰；想到貴族那樣不負責任，替貴族覺得可恥。不光這樣，通過他的話，還透露出農民被壓迫被剝削的痛苦，和他們的愛國精神。僅僅這幾句話就包含了這樣豐富的內容，真可以說是精練極了。

　　文章的下半段集中地寫了童子汪踦這個人物。作者寫公叔禺人的時候，主要寫他的言論；寫汪踦，卻用了另外一種筆法。他不正面寫這孩子，只是附帶地說一下：公叔禺人和這個孩子一起都死在戰場上了。除了這兩句以外，作者著重寫的是魯國人對待這個孩子的態度。「魯人欲勿殤重汪踦，問於仲尼。」孩子死了叫「殤」，「勿殤重汪踦」，就是說不用葬孩子的禮節來葬汪踦。這裏有兩層意思：第一，古時候，人死了都要按一定的禮節來埋葬，葬孩子的禮節不如成人隆重。汪

踦是孩子，但是他能爲國犧牲，爲了對他表示尊敬，要用成人的喪禮來葬他；第二，汪踦是有家屬的，現在給他辦喪事的不是他的家屬，而是魯國人，也就是說，要由魯國人來公葬他，這表示國人對他的尊敬。在這裏，我們又可以看到作者的筆法多麼精練，只一句話，就有兩層含義可供我們體味。從「魯人欲勿殤重汪踦」這句話裏還透露出一點消息，就是公叔禺人和汪踦犧牲以後，魯國人打得非常勇敢，終於打退了侵略的敵人，解除了魯國的國難，所以魯國人才可以擧辦公葬。這也就說明這兩個人的犧牲，在打退敵人保衞祖國上是有作用的。但是，對孩子擧行公葬，畢竟是以前沒有過的，所以，魯國人就去向仲尼請敎。「仲尼」就是孔子的表字。孔子說：「能執干戈以衞社稷，雖欲勿殤也，不亦可乎？」「干戈」就是武器，「社稷」是指國家，孔子的答覆是：能够掌起武器來保衞國家的孩子，就是不把他當作孩子看待，而用成人的喪禮來擧行公葬，難道不也是應該的嗎？孔子是儒家推崇的聖人，引用孔子的話，正表示對孩子汪踦給予了極崇高的評價。

　　這篇短文的分析到這兒就完了。關於它的思想性和寫作技巧前面已經說過一些了，現在再來總結一下：第一，作者善於選取材料，他能够從片斷的言行中反映出人物的精神面貌。第二，作者善於對不同的人物進行不同的描寫，寫公叔禺人著重寫他的言行，寫孩子汪踦則著重寫魯國人和孔子對他的態度。通過不同的描寫表現了深刻的含義。第三，作者在極短小的篇幅裏，所概括的生活面很廣，挖掘得也深。比方，只用「使之雖病也，任之雖重也」這兩句話，就把魯國的階級矛盾、把統治者對人民的高度壓迫和剝削反映出來了，同時也把農民的愛國情神表達出來了。第四，作者還善於通過具體事件作出對人物的評價，對公叔禺人是這樣，對汪踦也是這樣。

（周振甫）

苛政猛於虎　　　　《禮記》

　　孔子過泰山側，有婦人哭於墓者而哀。夫子式而聽之①，使子路問之曰②：「子之哭也，壹似重有憂者③。」而曰：「然，昔者吾舅死於虎④，吾夫又死焉，今吾子又死焉。」夫子曰：「何爲不去也？」

曰:「無苛政。」夫子曰:「小子⑤識之⑥,苛政猛於虎也。」

【注釋】①式: 同「軾」,車前橫木,供人扶持,這裏作動詞用,靠在軾上。②子路: 孔子弟子仲由,或稱季路。③壹: 實在。④舅: 丈夫的父親。⑤小子: 對學生的稱呼。⑥識(业): 記。

【鑑賞】這是≪禮記・檀弓≫裏的一則小故事。這則故事語淺義深,文短情長,款款道來, 順暢自然。 全文以孔子的情感發展爲主線, 一句一個層次,步步深入, 漸入神境。「苛政猛於虎」這一自然結論, 形象而又深刻地揭示了暴政的吃人本質,兩千年來膾炙人口,傳誦不衰。
　　首句「孔子過泰山側,有婦人哭於墓者而哀」。孔子於何年何月因何事而過泰山側,文章沒有明確交代,也不可詳考,似乎是作者的疏忽。但細細品味,卻疏而不漏。 如果直寫某年某月某日, 只不過是一條史料而已。 不寫具體年月日期,既省筆墨, 又給讀者留下了想像的空間。 聯系孔子一生事迹, 我們不難想像:他於某年某月的一天,或從故鄉魯國的都城率徒出發,去游說諸侯,勸說他們恢復周公禮制,推行仁政,正滿懷希望,沿途觀賞泰山的壯麗景色;或從某個諸侯國碰壁歸來,心情沉重,正閉目深思。忽然,一陣令人心碎的痛喪聲從路旁新坟上傳來,擾亂了他的興致或思緒,這就增加了故事的戲劇性。
　　第二句:「夫子式而聽之,使子路問之曰:『子之哭也,壹似重有憂者。』」「式而聽之」, 就是弓身扶軾傾聽,這種姿勢在古代是表示敬意的禮節。在這裏,孔子對一個在荒野深山裏哭墓的貧賤婦女自然不必行這種大禮,只是表示他作爲一個政治家隨時注意體察下情,關心民間疾苦。在這種情況下,也許孔子感到同這樣的婦女直接談話,是有失他貴族君子的身分吧! 儘管近在咫尺,聲息相聞,他仍讓身分較低的學生子路去詢問, 因此子路在這裏就成了一個不可缺少的角色了。「壹似重有憂者」, 實在像有幾件或幾重不幸的傷心事。「壹似」卽實在像,「壹」在這裏有強調、加重語氣的作用。
　　第三句:「而曰:『然,昔者吾舅死於虎,吾夫又死焉,今吾子又死焉。』」哭墓婦女對子路的提問作了肯定的回答,沉痛地傾訴了公公、丈夫和兒子祖孫三人都先後死於虎口的悲慘遭遇。
　　第四句寫孔子在旁聽了哭墓婦女的訴說之後,由同情憐憫繼而產生了一個困惑不解的疑問。在孔子看來,「君子喻於義,小人喻於利」,趨利避害是小人的本性,而這個哭墓女人的一家,居住在虎患肆虐的荒山野林裏,公公、丈夫和兒子

相繼慘死虎口，仍不搬走離開，這豈不是坐以待斃嗎？一時間，孔子竟忘記了自己的高貴身分，不待子路啓齒，便情不自禁地脫口而出：「何爲不去也？」第五句「無苛政」三字，是哭墓女人對孔子問話的直接回答，字字千鈞，深深地打動了孔子，使他鬱積已久的對禮崩樂壞、仁政不施的社會現實的怨恨情緒一下子找到了一個噴發口，於是故事的最後一句「苛政猛於虎」，就成了自然結論，水到渠成，旣具有無可辯駁的邏輯說服力，更富於生動具體的藝術感染力。但這句話，孔子講得非常得體，他不對哭墓婦人說，因爲「民可使由之，不可使知之。」對她說豈不等於鼓動她造反作亂嗎？也不直接對推行苛政的執政暴君說，那樣不合「怨而不怒」、「溫柔敦厚」的規範。而是以教師的口吻，教育他的學生：「你們記住，苛政比老虎厲害啊！」這就把孔子這個歷史人物完全寫活了。

　　推行仁政，反對苛政，以禮治天下，是儒家的一貫主張，是個大題目。這則小故事，只區區八十三字，簡單樸實的五句對話，不僅把孔子這個大人物寫得栩栩如生，還能把儒家的這一重要思想表達得如此充分而又有說服力，其奧妙何在？清人劉熙載在其《藝概》卷一「文概」中指出：「『檀弓』語少意密，顯言直言所難盡者，但以句中之眼，文外之致含藏之，使人自得其實。」整個故事沒有一句從正面用「直言」、「顯言」來寫當時各國暴君如何推行苛政，塗炭人民，也不用正面說教來鼓吹仁政、禮制的好處，而是把筆墨投向當時反動統治者的勢力還達不到的荒山野林，以曲筆寫這裏的虎患猖獗，從而反襯出人禍比虎患更加殘酷的黑暗現實。「無苛政」三字，便是這「句中之眼」，是統攝全文的「點睛」之筆，也是作者精心結撰、巧妙安排的神來之筆。全文設事寓理，渾化自然，人們可以從中得到深刻的啓示。

　　　　　　　　　　　　　　　　　　　　　　　　　　　　（朱家維）

卜　居　　　《楚辭》

　　屈原旣放，三年不得復見①。竭智盡忠，而蔽障於讒②，心煩慮亂，不知所從③。乃往見太卜鄭詹尹曰④：余有所疑，願因先生決之⑤。詹尹乃端策拂龜⑥，曰：君將何以敎之⑦？屈原曰：吾寧悃悃款款，樸以忠乎；將送往勞來，斯無窮乎⑧？寧誅鋤草茆⑨，以力耕

乎；將游大人以成名乎⑩？寧正言不諱以危身乎⑪，將從俗富貴以偸
生乎？寧超然高舉以保眞乎⑫，將呢訾栗斯、喔咿嚅唲、以事婦人乎
⑬？寧廉潔正直以自清乎，將突梯滑稽、如脂如韋、以絜楹乎⑭？寧
昂昂若千里之駒乎⑮，將泛泛若水中之鳧乎⑯，與波上下偸以全吾軀乎
⑰？寧與騏驥亢軛乎⑱，將隨駑馬之迹乎⑲？寧與黃鵠比翼乎⑳，將
與鷄鶩爭食乎㉑？此孰吉孰凶㉒、何去何從？世溷濁而不清㉓：蟬翼
爲重，千鈞爲輕㉔；黃鐘毀棄㉕，瓦釜雷鳴㉖；讒人高張㉗，賢士無
名。吁嗟默默兮㉘，誰知吾之廉貞？

　　詹尹乃釋策而謝曰㉙：夫尺有所短，寸有所長；物有所不足，知
有所不明；數有所不逮㉚，神有所不通。用君之心，行君之意，龜策
誠不能知此事㉛。

【注釋】①放：放逐。見：朝見，親近楚王。②讒：讒人，奸佞之人。③所從：
所往，引申爲怎麼辦。④太卜：官名，爲卜筮官之長，掌王家吉凶占卜事。鄭詹
尹：人名。按，這是作者假設的人名，詹尹是多言的官之意。⑤因：由，通過。
⑥端策：將著莖擺整齊。拂龜：將龜甲拂拭乾淨。著莖和龜甲是占卜用的器物。
古代卜則不筮，筮則不卜，沒有兩樣並用的，可見是虛構的設詞。⑦何以教之：
有何見教，有什麼問題。⑧寧：應該。悃悃款款：誠懇盡心。樸：質樸，老實。
將：還是。勞：逢迎。斯：以。⑨誅鋤：鋤除。茆：同「茅」，指雜草。⑩遊：遊
說，交遊。大人：貴人。⑪諱：隱瞞，說假話。⑫高舉：遠離世俗。眞：純潔（
的本性）。⑬呢（ㄋㄨˊ）訾（ㄗˇ）：以言求媚。察顏逢迎。栗斯：畏葸戒懼貌。斯
是助辭，「栗斯」猶「栗然」。嚅（ㄖㄨˊ）唲（ㄦˊ）：強裝笑臉以表順從之狀。事：侍
候。婦人：指楚懷王寵妃鄭袖。⑭突梯：滑汰，油滑。滑稽：模棱兩可，圓博自
如。如脂：肥澤。如韋：柔軟。絜楹：將木柱削光磨圓，鏟去棱角，喩圓滑而無個
性。⑮昂昂：挺奮狀。千里之駒：奔馳超羣的駿馬。⑯泛泛：隨波漂流貌。鳧：
野鴨。⑰偸：苟且。⑱騏驥：駿馬。亢：通「抗」。軛：車轅前橫木。亢軛：意爲
併駕。⑲駑馬：劣馬，疲敝之馬。迹：猶後塵。⑳黃鵠：一飛千里的大鳥。比：
並。㉑鶩：鴨。㉒孰：何。凶：不利。㉓溷（ㄏㄨㄣˋ）濁：混亂，黑白不分。㉔
鈞：三十斤爲一鈞。㉕黃鐘：古樂十二律之一，聲調最宏亮，代表堂堂正正之音。
此指廟堂中音律合於黃鐘的樂鐘。㉖瓦釜：陶質的鍋。㉗高張：趾高氣揚。㉘吁
嗟：嘆息聲。默默：意同「墨墨」，猶言天下一片漆黑。㉙釋策：放下著草。謝：

辭謝。㉚知: 通智，智慧。數: 定數，指占卜所能求得的吉凶徵兆。逮: 及。㉛
誠: 實在。知: 預見，解決。

【鑑賞】「卜居」義卽「卜處」，古代「居」、「處」同義，故《易・繫辭》「上古
穴居而野處」，兩字是同義互文。因此，此篇題目「卜居」的意思，就是請敎處世
的方法。

漢人王逸編的《楚辭章句》，將本篇列爲屈原的作品。但屈原作品見於《史
記》本傳的，只有《離騷》、《天問》、《招魂》、《哀郢》、《懷沙》等五
篇；《漢書・藝文誌》載屈賦二十五篇，王逸定爲屈原作的有《離騷》、《天
問》、《九歌》（十一篇）、《九章》（九篇）、《遠遊》、《卜居》和《漁
父》，篇數和《藝文誌》相同。可是《卜居》、《漁父》兩篇，體裁、風格都和
《離騷》、《九歌》等篇不同，歷來不少研究《楚辭》的學者都表懷疑，認爲係
後人根據屈原生平所仿作。但也只是據風格、文氣和推理而得，所以迄無實據可
作定論。

雖然難以肯定本篇確是屈原的作品，但內容是和屈原的性格和情操吻合的。
文中的屈原與太卜鄭詹尹的問答顯然是一種假設，其實是憤世嫉俗的屈原的一篇
內心獨白。是隨波逐流、諂媚取寵以苟且偸生呢，還是保持高尚純潔的本性、與
世俗抗爭而獨行其是呢？屈原心裏早已有了結論，他不過是借與卜者的問答揭露
那些趨炎附勢、蠅營狗苟的卑汚的靈魂，並以自己所向往的高潔的志行與之對照
罷了。他所謂「余有所疑」，其實是一句充滿憤慨的言辭: 在如此黑白昭彰、是非
分明的對照下，何以世人能容忍那種卑劣頹敗的行徑，而對潔身自好、羞於同流
合汚的「廉貞」之士，卻毫不理解呢？

這種頹敗混濁的世風，正是屈原悲劇之所由生，也是行將覆亡的楚國社會
的眞實寫照，因此屈原的控訴具有深廣的社會意。

全篇的重點，因此就是屈原所卜的一大段，亦卽他列舉正反兩種行爲作對比
的一系列排句。從「吾寧悃悃款款」至「誰知吾之廉貞」，是全篇正文，每句用脚
韵。如「忠」、「窮」、「耕」、「名」、「身」、「生」……等。換韵自由，句注或對偶，
或長短不一，但仍保持著自然的諧和的音律。正文前的數行有如辭賦的序，末尾
數行有如辭賦的亂。看來沒有法度，而法度自在。

本篇和《漁父》所設的主客問答體，以及排偶自由，前後不用韵的格式，爲
《離騷》、《天問》、《九歌》等屈原其他作品所未有，但常爲後來辭賦作家所
仿效。相傳爲屈原弟子的宋玉的《風賦》，漢代司馬相如的《子虛賦》、《上林

賦≫，班固的≪兩都賦≫等，都使用這一格式。延至六朝的小賦、唐宋的散賦，也常有用主客問答和韵散兼行的體例，因此，本篇在賦體的發展史上也有重要的意義。

（何滿子）

風　賦　　　　宋　玉

　　楚襄王遊於蘭台之宮①，宋玉、景差侍②。有風颯然而至③。王乃披襟而當之④，曰：「快哉此風！寡人所與庶人共者邪⑤？」宋玉對曰：「此獨大王之風耳，庶人安得而共之？」

　　王曰：「夫風者，天地之氣，溥暢而至⑥。不擇貴賤高下而加焉。今子獨以爲寡人之風，豈有說乎⑦？」宋玉對曰：「臣聞於師：枳句來巢⑧，空穴來風。其所托者然，則風氣殊焉⑨。」

　　王曰：「夫風，始安生哉？」宋玉對曰：「夫風生於地，起於青苹之末⑩。侵淫溪谷，盛怒於土囊之口⑪。緣泰山之阿，舞於松柏之下⑫。飄忽溯滂，激颺熛怒⑬。耾耾雷聲，回穴錯迕⑭。蹶石伐木，梢殺林莽⑮。至其將衰也，被麗披離，衝孔動楗⑯。眴煥燦爛，離散轉移⑰。故其清凉雄風，則飄舉升降。乘凌高城，入於深宮⑱。邸華葉而振氣⑲，徘徊於桂椒之間，翱翔於激水之上，將擊芙蓉之精⑳，獵蕙草㉑，離秦衡㉒，概新夷㉓，被荑揚㉔。回穴冲陵，蕭條衆芳㉕。然後倘佯中庭，北上玉堂㉖。躋於羅帷，經於洞房㉗。乃得爲大王之風也。故其風中人㉘：狀直憯凄惏慄，清凉增欷㉙。清清冷冷，愈病析醒㉚。發明耳目，寧體便人㉛。此所謂大王之雄風也。」

　　王曰：「善哉論事！夫庶人之風，豈可聞乎？」宋玉對曰：」夫庶人之風，塕然起於窮巷之間，堀堁揚塵㉜。勃鬱煩寃㉝，衝孔襲門。動沙堁，吹死灰㉞。駭溷濁，揚腐餘㉟。邪薄入甕牖，至於室廬㊱。故其風中人：狀直憞溷鬱邑㊲，毆溫致濕㊳。中心慘怛，生病造熱㊴。中唇爲胗，得目爲蔑㊵啗齰嗽獲㊶，死生不卒㊷。此所謂庶人

之雌風也。」

【注釋】①楚襄王：即楚頃襄王，戰國後期楚國君主，楚懷王之子。蘭台：宮苑名，舊址在今湖北省鐘祥縣。②景差：楚國辭賦作家，與宋玉齊名。③颯（ㄙㄚˋ）：風聲。④披：敞開。當：迎受。⑤庶人：衆人，指百姓。⑥溥（ㄆㄨˇ）：普遍。暢：暢通。⑦說：說法。⑧枳（ㄓˇ）：樹名。句：同「勾」。枳句：指枳樹的樹杈。⑨托：依托，憑藉。然：如此。殊：不同，異樣。⑩青萍：大水萍。≪爾雅≫：「萍其大者曰萍。」末：尖端。⑪侵淫：逐漸進入。土囊：大山洞。⑫緣：沿著。阿：山曲，山凹。⑬飄忽：迅速的樣子。溯湖（ㄆㄥ　ㄆㄤ）：風擊物聲。激颺（ㄧㄤ）：疾飛的樣子。熛（ㄅㄧㄠ）怒：像火焰一樣地怒號。熛：火勢飛揚。⑭耾耾（ㄏㄨㄥˊ）雷聲：這裏比喻風聲如雷聲。回穴：回旋。錯迕：交錯。⑮蹶（ㄐㄩㄝˊ）：搖動。伐：砍。伐木：指吹折樹木。梢：擊。林莽：樹林深處。⑯被麗披離：形容風力不集中，向四處分散。衝孔：衝擊洞穴。鍵（ㄐㄧㄢˋ）：門閂。⑰眴（ㄒㄩㄢˋ）煥：鮮明的樣子。⑱乘凌：上升凌越。⑲邸：通「抵」，觸。華葉：花葉。振：震動。氣：指花的香味。⑳芙蓉：荷花。精：通「菁」，即花（見≪廣雅≫）。㉑獵：掠過。蕙草：香草名。㉒離：屬。這裏也是掠過之意。秦衡：產於秦地的香木杜衡。㉓概（ㄍㄞˋ）：通「溉」，吹平。新夷：即辛夷，香木名。㉔被：披蓋。蕛（ㄊㄧˊ）：同「稊」，植物的嫩芽。蕛楊：初生的楊樹。㉕冲陵：冲擊侵襲。蕭條衆芳：使衆多香花香草凋零冷落。㉖倘佯（ㄔㄤˊㄧㄤˊ）：徘徊。玉堂：宮殿的美稱。㉗躋（ㄐㄧ）：升上。羅帷：絲織品製的帳幔。洞房：內室。㉘中（ㄓㄨㄥ）人：風吹到人身上。㉙直：特，但。憯（ㄘㄢˇ）淒：悲痛。懍（ㄌㄧㄣˇ）慄：寒冷。增欷：抽咽聲。㉚析酲（ㄔㄥˊ）：解除酒醉。析：解。酲：酒病。㉛發明耳目：使人耳聰目明。寧體便人：使人身體安寧。㉜壎（ㄒㄩㄥ）然：風忽然刮起的樣子。堀（ㄎㄨ）：突起。堁（ㄎㄜˋ）塵土。㉝勃鬱：憤怒，形容風突然刮起塵土時似乎憤怒不平。㉞死灰：冷卻的灰。㉟駭：這裏作攪起解。溷濁：同下句的腐餘，均指污穢骯髒之物。腐餘：剩餘的腐爛東西。㊱邪：斜。薄：迫。邪薄：指風從旁侵入。甕牖（ㄨㄥˋㄧㄡˇ）：用破罌口做的窗戶。一說：甕口大小的窗戶。室廬：住房。㊲懤（ㄔㄡˊ）溷：煩濁的樣子。鬱邑：憂悶。㊳毆：驅。毆溫致濕：≪文選≫李善注：「此風毆溫濕氣來，令致濕病也。」致：招致。㊴慘怛（ㄉㄚˊ）：憂勞，悲傷痛苦。造熱：招致熱病。㊵胗（ㄓㄣˇ）：唇瘡。蒑（ㄇㄧㄝˋ）：通「瞑」（ㄇㄧㄝˋ）」，眼病。㊶啑（ㄉㄞˋ）：吃。齰（ㄗㄜˋ）：嚼。嗽：吮吸。獲：通「嚄（ㄏㄨㄛˋ）」，大叫，大喚。㊷卒：終了。死生不卒：不死不活。

【鑑賞】《風賦》是戰國時代楚國辭人宋玉的作品。相傳宋玉是屈原的弟子，他的文學成就僅次於屈原。後代的人常常將屈宋並稱。現在我們能見到的屬於宋玉名下的作品共有十四篇，其中大半是後人偽托的。歷來公認為宋玉作品的是見於王逸《楚辭章句》的《九辯》。見於同書的《招魂》和見於蕭統《文選》的《神女賦》、《高唐賦》、《登徒子好色賦》與《風賦》，雖然有人懷疑但並沒有充分的理由否認宋玉是它們的作者。

根據這些作品並參考關於宋玉的軼事記載，我們知道宋玉本是出身卑微的一個「貧士」，他在楚懷王宮廷做過「小臣」。他和楚襄王的關係比較密切，是襄王的「文學侍從」之一。

宋玉不但擅長文學，同時也嫻於詞令。他的語言才能也運用於辭賦。《風賦》就是一篇措辭巧妙，意味深長的「諷諫」文字。

《風賦》以敍述楚襄王在蘭台之宮披襟當風開端。以下借楚王和宋玉的幾番問答展開關於風的文章。先泛泛描述風由發生而散布，然後漸漸強烈，又漸漸微弱以至於停息的一般現象。接下去用兩段文字分別描寫兩種不同的風。一種是潔淨的、涼爽的甚至帶來香氣的風。它給人快感，有益身體。這是國王（或統治階級中的貴人們）所享受的風，叫做「雄風」。另一種是挾帶著塵垢、腐敗物體和濕氣，散播疾病，使人痛苦的風。這是平民大眾所專有的風，叫做「雌風」。這三段文字告訴讀者：風在大自然中，無論是「青苹之末」還是「泰山之阿」或「松柏之下」，本來只有一種，並無「雌」、「雄」之別，但是當它到了深宮之中，玉堂之上，就成了造福於「大王」的「雄風」；到了「窮巷」，進入「甕牖」，就成了加害於「庶人」的「雌風」。很明顯，作者認為造成風的分化與不公平的是人類不平等的社會，不是造物的本意。這篇賦顯然不是對於風作科學的說明，也不是為描寫而描寫風。作者只是借此把王公貴族和平民的生活作對比，指出貴賤貧富不齊和苦樂不均的現象。對楚王指出這個現象，就等於說：請看，你自己身在天堂，你的人民卻生活在地獄裏。在言語之外，實際上同時提出了一個問題，就是要不要採取措施減輕人民的痛苦？這就是《風賦》的諷諫意義。宋玉本是「貧士」，他了解「窮巷」中人的生活，也有要求改善那些人的生活的願望，同時又有一定的正義感推動他為那些人鳴不平，否則他不能寫出這篇《風賦》。

《風賦》是兩千多年前的作品，它有這樣的思想內容，不能不說是難能可貴的。杜甫的詩句「朱門酒肉臭，路有凍死骨」使千古讀者為之動容，給予很高的評價。《風賦》的尖銳雖然不如杜甫的那兩句詩，但是同樣用對比的方法指出了社會上的不平等現象，客觀上反映了被剝削階級對現狀的不滿。在古代的文學裏這

樣的例子能有多少呢？

　　《風賦》雖然有些地方用韵，就整篇說來很近散文。賦中沒有多少鋪陳，描寫適可而止，給人的印象是活潑而簡淨。最後一段把庶人之風寫完了就立刻帶住，不再多費一詞，而諷意全在言外，這種地方見出筆墨的經濟。賦中把風分爲雌雄兩類，認爲某種風可以爲某一類人所專有，出人意表，頗有詼諧和詭譎的意味，因爲不全作「莊語」，所以有較多的活潑性。但是讀完之後加以回味，又覺得它命意深刻，能够啓發人的深思，並不是淺薄的俳諧。賦家的諷諭精神，依照傳統的說法是原本於《詩經》。其語言便捷，態度詼諧的趣味，多少受到了滑稽家諧隱風氣的影響。如果能以巧妙的語言表達深刻的諷諭便是賦家所重視的「譎諫」。賦家重視「譎諫」，但賦中成功的譎諫卻不多。因此，拿傳統的論賦的標準來衡量《風賦》，它是難能可貴的。

（余冠英）

對楚王問　　　宋　玉

　　楚襄王問於宋玉曰①：「先生其有遺行與②？何士民衆庶不譽之甚也③？」宋玉對曰：「唯，然，有之④。願大王寬其罪，使得畢其辭⑤。

　　「客有歌於郢中者⑥。其始曰《下里》《巴人》⑦，國中屬而和者數千人⑧。其爲《陽阿》、《薤露》⑨，國中屬而和者數百人。其爲《陽春》《白雪》⑩，國中屬而和者，不過數十人。引商刻羽⑪，雜以流徵⑫，國中屬而和者，不過數人而已。是其曲彌高⑬，其和彌寡⑭。故鳥有鳳而魚有鯤⑮。鳳凰上擊九千里，絕雲霓、負蒼天⑯，翺翔乎杳冥之上⑰。夫蕃籬之鷃⑱，豈能與之料天地之高哉⑲？鯤魚朝發昆侖之墟⑳，暴鬐於碣石㉑，暮宿於孟諸㉒。夫尺澤之鯢㉓，豈能與之量江海之大哉？故非獨鳥有鳳而魚有鯤也，士亦有之。夫聖人瑰意琦行㉔，超然獨處㉕。夫世俗之民，又安知臣之所爲哉？」

【注釋】①楚襄王：卽楚頃襄王，懷王之子，公元前298—263年在位。②其：副

詞，與「殆」、「恐」同義。遺行：有失檢點的行為作風。與：同「歟」，疑問詞。③衆庶：衆人，百姓。不譽：不稱讚，非議。甚：厲害。形容動詞「不譽」，倒裝在句末是為了加強語氣。④唯，然，有之：都是應詞，意卽「啊，是的，有這麼一回事」。⑤畢其辭：把話講完。⑥郢：楚國的都城，在今湖北江陵縣北。⑦《下里》《巴人》：當地俚俗的民間曲調。⑧屬：續，卽接著唱的意思。⑨《陽阿》：亦作《揚荷》，古代民間歌曲。《薤（ㄒㄧㄝ）露》：古代挽歌。⑩《陽春》《白雪》：古代高雅的曲調。⑪引商刻羽：使音調高低宛轉。引是提高，刻是降低。商和羽都是五音之一。⑫雜以流徵（ㄓㄥ）：雜，摻雜，加入。徵，五音之一。流，形容音調多變。⑬彌：越，更。⑭其和彌寡：能應和它的人就更少。⑮鯤：傳說中的一種大魚。⑯絕雲霓：超過雲霓。絕：超越。負蒼天：背負蒼天，卽緊貼青天，俯視大地的樣子。⑰杳冥：極高極遠，不見邊際之處。⑱藩籬：籬笆。鷃：鷃雀，一種小鳥。⑲料：計算，估量。⑳墟：山坡。㉑暴鰭：晒魚背。暴：同「曝」。鰭（ㄑㄧˊ）：魚脊上的骨翅。碣石：山名，在今河北昌黎縣境內，本在渤海中。㉒孟諸：古大澤名，故址在今河南商丘縣。㉓尺澤：一尺見方的水塘。鯢：小魚。㉔瑰意琦行：指優美高尚的情操和行為。瑰和琦都是美玉，象徵高潔堅貞。㉕超然獨處：獨立於衆人之上，卽不同於流俗的意思。超然：高遠貌。

【鑑賞】 宋玉《對楚王問》的藝術技巧非常高超：意象憑空而來，絡繹奔赴，大有一氣呵成之勢。本文旣是宋玉對楚王的答辯，當也屬駁論一類的文體。文章一開頭陡發兩問，首先擺出錯誤的論點，為下文批駁亮出靶子，這從駁論文的寫法上來說，原也平常，無足稱道。但這只是問題的一個方面。另一方面，本文對錯誤論點的提出卻是很有講究的。文章並非寫楚王直截了當地對宋玉進行責難，而是轉彎抹角，借他人之口，用疑問的語氣將問題提了出來，這就顯得委婉而有風趣。從這一問話中，我們也可窺見楚王的狡黠。楚王的責問固屬巧妙，而宋玉的回答更是新奇。宋玉分明要為自己辯解，可是聽了楚王的話語，卻「對曰：『唯，然，有之。』」這就叫人摸不著頭腦。原來，楚王是個妒賢忌能的君主。在這樣的君主面前說話，自然應十分留意。如果宋玉的言辭衝突，勢必引起楚王的反感。那樣一來，宋玉不但達不到為自己辯解的目的，反而要惹出新的麻煩，把事情弄得更糟。現在宋玉以謙恭的態度，溫和的口氣，一連答上三語，就造成楚王心理上的好感。只有如此，才有機會把要說的話說出來，並且叫楚王樂於聽進去。由此看來，宋玉的回答，並非是漫不經心的應諾，實在是當時情勢的使然。「將飛

者翼伏，將奮者足跼。」宋玉正是採用這種以退為進的戰術，先放寬一步，承認確有其事，然後慢慢辯駁，這就不但使自己的回擊顯得巧妙，而且非常有力。這樣寫，行文跌宕起伏，可給讀者造成懸念，使之急於追讀下文。所以說，宋玉的這一回答格外新奇，妙不可言。

「願大王寬其罪，使得畢其辭」兩句緊承上文。「寬其罪」承應「有遺行」，「畢其辭」攝取下文。言辭委婉，為下文的辯解緩和氣氛。接著的一段文字中，宋玉全不從正面辯解，而是平空設想，運用虛筆，杜撰出這樣一個在郢市屬和而歌的故事，說得有聲有色，煞有介事，使人如墜五里霧中，不明所向。但是，仔細思量，卻是了然。原來，他運用設比的方式，暗將自己比作最高雅的曲調，把毀謗自己的流俗之士比作不識歌曲的「屬而和者」。歌曲越低紙，「屬而和者」就越多；歌曲越高雅，「屬而和者」就越少。言外之意便是：像我宋玉這樣品行高尚的人，自然是不為流俗所容的，是一定要遭到別人的指責甚至毀謗的。宋玉設下的這一番暗喻，極巧妙地為自己作了辯解。

行文至此，我們以為宋玉在上段設下比喻說明事理之後，現在定要進行正面的辯解了。不然。他仍不提及自己，還是運用虛筆，繼續作比，一個勁兒地去說別的事物。最終將自己比作鳳凰與鯤，把世俗之人比作鷃雀與鯢。鷃雀不能同鳳凰一道「料天地之高」，鯢魚無法與鯤魚一同「量江海之大」；我跟流俗之愚迥異，志趣各殊，既然如此，我的遭到毀謗又有什麼奇怪的呢？與前文相比，這一番辯解更是進了一層，因而也就更具有說服力。從文學的角度看，這段話寫得相當精彩。宋玉既以鳳、鯤自喻，而將世俗之人比作鷃、鯢，為了表示自己強烈的愛憎之情，他在行文上是深有講究的。寫鳳，寫鯤，濃墨重彩，皆連下數語。說「上擊」，說「絕」，說「負」，極言鳳凰翱翔之高，表現出鳳凰的「超群絕倫」；言「朝發」，言「暮宿」，極狀鯤魚遨遊之速；曰「昆侖」，曰「孟諸」，形容鯤魚經歷之廣，烘托出鯤魚的「出類拔萃」。寫鷃，寫鯢，輕描淡寫，均只著一詞。「藩籬」襯托出鷃雀的異常渺小；「尺澤」襯托出鯢魚的極其齷齪。作者就是通過這樣詳略不同的描寫，運用對照的手法，將鳳、鯤的高雅偉岸與鷃、鯢的卑小庸陋的形象有力地突現出來，造成強烈、鮮明的印象，從而獲得極好的藝術效果。這是文章的第一個妙處。

讀著宋玉的這段話，我們會聯想到莊子的《逍遙遊》，宋玉寫鷃、鯢不能同鳳、鯤一道「料天地之高」，「量江海之大」，莊子寫斥鴳笑大鵬不應「圖南」，其意都在說明大小迥異、賢愚不同、志趣各殊的兩個事物是無法互相理解的；在運用藝術誇張手法來描寫事物的形象，通過對照來突出事物之間的差異這一點上，也

是完全相同的。正因爲如此，我們有理由說，宋玉的文章是摹仿並巧妙地化用了莊子的《逍遙遊》的。這是文章的第二個妙處。

從全文來看，作者在這裏用酣暢淋漓之筆，極力描摹鳳凰與鯤，意在爲下文轉入「故非獨鳥有鳳而魚有鯤也，士亦有之」一語蓄勢。唯其此處已將鳳凰與鯤的形象寫透。所以下文對士的論述雖極簡潔，但卻是十分有力的。這是文章的第三個妙處。

前面先寫國人和歌情景，然後以「是其曲彌高，其和彌寡」一語收束，是先開後合；後面先下「故鳥有鳳而魚有鯤」一語總攝下文，然後分兩幅將鳳與鯤分別描寫，是先合後開。章法有變，便覺活潑。在連續兩段比喻的基礎上，作者徑進筆鋒，直抒己見，揭示了前文設比的意義，陡然接入對士的論述，正面說明自己「瑰意琦行」，有如「聖人」，非「世俗之民」所可比者，水到渠成地歸結出「安知臣之所爲哉」一句以結束全文，這就雄辯地解釋了「士民衆庶不譽之甚」的原因，有力地駁斥了楚王的責問。值得注意的是，宋玉在這裏只言「士」，只言「聖人」，而不將自己點明說盡，這樣來寫，文章就顯得含蓄雋永，耐人尋味。

全文以問句開篇，又以問句結尾，章法新穎。楚王發問，綿裏藏針，意在責難，問中潛藏著幾分狡黠；宋玉反問，剛柔並濟，旨在辯解，問中包含著無限慨嘆，同時也流露出一種自命不凡，孤芳自賞之情。首尾相映成趣。

（何伍修）

察　傳　　《呂氏春秋》

夫得言不可以不察①，數傳而白爲黑，黑爲白。故狗似玃②，玃似母猴③，母猴似人，人之與狗則遠矣。此愚者之所以大過也④。聞而審則爲福矣⑤，聞而不審，不若無聞矣。齊桓公聞管子於鮑叔⑥，楚莊聞孫叔敖於沈尹筮⑦，審之也，故國霸諸侯也⑧。吳王聞越王勾踐於太宰嚭⑨，智伯聞趙襄子於張武⑩，不審也，故國亡身死也。

凡聞言必熟論⑪，其於人必驗之以理。魯哀公問於孔子曰⑫：「樂正夔一足⑬，信乎？」孔子曰：「昔者舜欲以樂傳敎於天下⑭，乃令重黎舉夔於草莽之中而進之⑮，舜以爲樂正。夔於是正六律⑯，和五

聲⑰，以通八風⑱，而天下大服。重黎又欲益求人⑲，舜曰：『夫樂，天地之精也⑳，得失之節也㉑，故唯聖人爲能和，樂之本也㉒。夔能和之，以平天下㉓。若夔者一而足矣㉔。」故曰夔一足，非『一足』也。」宋之丁氏，家無井而出溉汲㉕，常一人居外㉖。及其家穿井，告人曰：「吾穿井得一人。」有聞而傳之者曰：「丁氏穿井得一人。」國人道之，聞之於宋君㉗，宋君令人問之於丁氏，丁氏對曰：「得一人之使㉘，非得一人於井中也。」求能之若此，不若無聞也。

　　子夏之晉㉙，過衞，有讀史記者曰㉚：「晉師三豕涉河㉛。」子夏曰：「非也，是己亥也。夫『己』與『三』相近㉜，『豕』與『亥』相似㉝。」至於晉而問之，則曰「晉師己亥涉河」也。辭多類非而是㉞，多類是而非。是非之經㉟，不可不分，此聖人之所慎也。然則何以慎？緣物之情及人之情以爲所聞則得之矣㊱。

【注釋】①察：審察。②玃（ㄐㄩㄝˊ）：大母猴。③母猴：又叫沐猴，獼猴，比玃稍小。④過：用如動詞，指犯錯誤。⑤審：審察。⑥齊桓公：名小白，春秋「五霸」之首。管仲：名夷吾，春秋時代大政治家。鮑叔：鮑叔牙。管仲年輕時候和鮑叔牙是朋友。後來鮑叔牙事齊公子小白，管仲事公子糾。小白與公子糾爭位，公子糾敗，管仲被囚，鮑叔牙勸小白重用管仲，管仲終於輔佐小白建立了霸業。⑦楚莊：楚莊王侶，春秋「五霸」之一。沈尹筮：楚國大夫，名筮，沈，邑名，尹，官名。楚莊王想請他爲相，他推辭，另薦楚國隱士孫叔敖。孫叔敖爲相十二年，莊王遂成霸業。⑧霸：稱霸。⑨吳王：吳王夫差，公元前495年卽位，至前473年爲越王勾踐所敗，自殺。太宰嚭（ㄆㄧˇ）：吳國的太宰伯嚭。公元前494年越王勾踐爲吳王夫差所敗，他賄賂太宰嚭，請求講和，夫差不聽伍子胥的勸諫，聽信了伯嚭的話，後來勾踐發憤圖強，反而滅掉了吳國。⑩智伯：名瑤。趙襄子：名無恤。都是春秋時晉國大夫。張武：智伯的家臣。張武先敎智伯滅掉晉大夫范氏、中行氏，以後又敎他向韓、趙、魏三家要求割地，韓、魏都答應了，只有趙襄子不肯。智伯便率領韓、魏攻打趙襄子，把趙襄子圍在晉陽。後來趙襄子用張孟談計，暗地聯合韓、魏，滅了智伯。⑪熟論：仔細考慮研究。⑫魯哀公：名將，公元前494年一前468年在位。⑬樂正：樂官之長。夔（ㄎㄨㄟˊ）：人名，相傳爲舜時的樂正。一足：獨脚。⑭傳敎：傳播敎化。⑮重黎：人名，相傳爲顓頊（ㄓㄨㄢ ㄒㄩˋ）的後代．堯的掌管時令的官，後爲舜臣。草莽：草野，指民間。

⑯正：定。六律：我國古代十二種音律中的黃鐘、大簇、姑洗、蕤（日ㄨㄟˊ）賓、夷則、無射（丨ˋ）。⑰和：協調。五聲：我國古代音樂中的五種音階，卽宮、商、角、徵（ㄓˇ）、羽。⑱通：調和。八風：八方的風，又叫八卦之風，卽東風、南風、西風、北風、東南風、東北風、西南風、西北風。這裏指陰陽之氣。⑲益求人：多找些象夔這樣的人。⑳精：精華。我國古代認爲音樂是協合天地自然的音響而成，所以說是「天地之精」。㉑節：關鍵。古人很重視音樂，認爲音樂的興廢，是一個國家治亂的關鍵。㉒這兩句依許維遹說，應爲：「故唯聖人爲能和；和，樂之本也。」大意是：只有聖人才能做到和，而和是音樂中最根本的東西。㉓平：使……安定。㉔足：夠。㉕溉：灌注。汲：從井中打水。㉖一人居外：派一人住在外面，專管打水。㉗聞：使……聞。㉘使：使用。意思是說，現在家裏有了井，無須專派一人住在外面打水，等於多得到一人使用。㉙之：到……去。㉚史記：記載歷史的書。㉛豕：豬。涉河：過黃河。㉜己：古文字與「三」相似。㉝亥：古文字與「豕」同形。㉞辭：言辭。㉟經：界，界線。㊱緣：循著。爲：指審察。這句大意是，遵循事物的規律和人的情理。用這種方法來審察自己所聽到的傳聞，就可以得到眞實的情況。

【鑑賞】本文是《呂氏春秋・愼行論》中的末篇，《愼行論》共有六篇：《愼行》、《無義》、《疑似》、《壹行》、《求人》、《察傳》。本文和《疑似》的內容很相似，堪稱姐妹篇。《疑似》講要善於辨察事物的相似，不要被表面現象所迷惑，「亡國之主似智，亡國之臣似忠」，故「似之迹，不可不察」。「疑似」卽相似。本文講的是要善於辨察傳聞之言，不要輕信謠傳，「辭多類非而是，多類是而非」，故「是非之經，不可不分」。「經」卽界限。

　　文章一開頭就說：「得言不可以不察，數傳而白爲黑，黑爲白。」這不僅是告誡一般道理，而且是當時社會現實的實際狀況。衆所周知，戰國末期，「邦無定交，士無定主」（《日知錄》），策士橫議，「熒惑諸侯，以是爲非，以非爲是」，反覆於各諸侯國之間，獵取高位。張儀曾說他有一張嘴在，榮華富貴便無問題。呂不韋本人轉商業投機爲政治投機，相秦十餘年，他目睹各諸侯國爭相養士，自愧不如，亦「招致士，厚遇之，至食客三千人」，使他們「人人著其所聞」。《呂氏春秋》全書對諸家兼容並包，但呂不韋主觀上有意側重於道家，全書保存《莊子》最多，原書序中說，全書「上揆之天，下驗之地，中審之人」。原書注者高誘說，此書所尙，尙能「以忠義爲品式，以公方爲檢格」。本文一開頭就批評黑白不分、傳聞謠言的做法，也可算是「中審之人」的持平之論，合乎原書的「品

式」和「檢格」，對時風不無鞭撻之意。文章用了歷史上的典故說明「聞而審則為福」，如齊桓公從鮑叔牙那裏聽說了管仲而用之，遂霸天下。反之，「聞而不審，不若無聞」，如吳王夫差聽信太宰嚭而寬容勾踐，終於國亡身死。文章用正反兩方面的史實以誡當世。從修辭上看，用典也是一種修辭手法，所謂「據事以類義，援古以證今」（《文心雕龍‧事類》）。它能節省筆墨，收到良好的藝術效果。

文中舉了魯哀公「樂正夔一足」的詢問和孔子的回答，孔子的結論是，「若夔者，一而足矣。」「非『一足』也」。這固然是個對語言表達的分析問題，但孔子的答覆遠非限於表層，而把道理講得很深，闡明了儒家的重要美學原理，它至少回答了以下五個問題：音樂是上古聖人用來輔助教化的，從而說明音樂的間接教育作用；傳說上古就有管理音樂的專門官員，名樂正；音樂的教育作用是通過調動音樂本身的藝術手段來完成的，如正六律，和五聲，協八風；音樂的內容之本在於含天地精華，故而成為調節成敗得失的關鍵；音樂語滙的根本是「和」（和諧），「和」的作用是使天下太平。如此看來，這一段對音樂的教化作用，音樂的管理，音樂的藝術手段，音樂的起源，音樂的內容之本，音樂的根本語滙等都一一作了回答，實在是中國美學史上不可多得的文獻資料。不消說，這一段雖是講音樂原理的，但儒家風教，溢於言表。

接著舉了「穿井得一人」一例。此處行文節奏放慢，眞能令讀者產生戲劇性的懸念，結論是「求能（智）之若此，不若無聞也」。

下文「晉師己亥涉河」誤讀爲「三豕」涉河，亦頗令人捧腹。《呂覽》多舊史佚事，妙生情趣，其作用是寓哲理於趣味之中。古文「己」與「三」、「亥」與「豕」形體相近，故誤讀「己亥」爲「三豕」，鑄成笑料。形近而外，「豕」與「亥」古音通轉，用耳聞發現問題亦不易。子夏是習「文學」的孔門弟子，熟諳典籍，是傳《春秋》的學術領袖，審文字形、音至愼，故能隨卽糾之曰：「非也，是己亥也！」後來「亥豕」成了文字形近而誤的典故，成語有「魯魚亥豕」，可與「背謬矛盾」對舉，頗可玩索。

全文舉例多立足於史實，均持之有故，但並非在同一平面上考察。齊桓公得管仲，吳王輕信伯嚭，說明審與不審會釀成不同結果，哀公聘問孔子，則明「驗之以理」的必要性，丁氏穿井和晉師涉河，重在了解辨別，故全文錯落有致，觀察角度各異。再說，聞賢人之說源於史實，「夔一條腿」有礙常情，穿井得人之說不合事物之情形，又「聞賢」、「夔一足」之說類雅，「穿井」、「涉河」舉例似俗，作者多方設例，不拘一格，散於各類，收於「是非之經」，頗有立體感。

　　需要指出的是，作者的結論，主張「驗之以理」、「緣物之情及人之情以爲所聞」，還只是一種常識性的尊重事實的客觀態度，很難說就是科學的方法。但全文能融史實、事理、常情和事實而成散文藝術，堪稱融合史學和美學、科學和藝術的一種嘗試。而引用孔子的那一段話，概括了古代的音樂美學理論，其意義則遠遠超過原文關於如何分清是非的結論。

（李　開）

察　今　　《呂氏春秋》

　　上胡不法先王之法①？ 非不賢也， 爲其不可得而法②。 先王之法，經乎上世而來者也③，人或益之，人或損之④，胡可得而法！雖人弗損益，猶若不可得而法⑤。東夏之命⑥，古今之法，言異而典殊⑦。故古之命多不通乎今之言者⑧，今之法多不合乎古之法者。殊俗之民⑨，有似於此，其所爲欲同，其所爲異⑩。口惛之命不愉⑪，若舟車衣冠滋味聲色之不同。人以自是，反以相誹⑫。天下之學者多辯⑬，言利辭倒⑭，不求其實，務以相毀⑮，以勝爲故⑯。先王之法，胡可得而法？雖可得，猶若不可法。

　　凡先王之法，有要於時也⑰，時不與法俱至⑱，法雖今而至⑲，猶若不可法。故擇先王之成法，而法其所以爲法⑳。先王之所以爲法者，何也？先王之所以爲法者，人也㉑。而己亦人也㉒。故察己可以知人，察今可以知古。古今一也，人與我同耳。有道之士，貴以近知遠，以今知古，以所見知所不見。故審堂下之陰㉓，而知日月之行，陰陽之變㉔；見瓶水之冰， 而知天下之寒， 魚鱉之藏也㉕。 嘗一脟肉，而知一鑊之味，一鼎之調㉖。

　　荊人欲襲宋㉗，使人先表澭水㉘，澭水暴益㉙，荊人弗知，循表而夜涉㉚，溺死者千有餘人，軍驚而壞都舍㉛。向其先表之時可導也㉜，今水已變而益多矣，荊人尚猶循表而導之，此其所以敗也。今世之主法先王之法也，有似於此。其時已與先王之法虧矣㉝，而曰此先

王之法也，而法之。以此爲治，豈不悲哉！

　　故治國無法則亂，守法而弗變則悖㉞，悖亂不可以持國㉟。世易時移，變法宜矣。譬之若良醫，病萬變，藥亦萬變；病變而藥不變，向之壽民，今爲殤子矣㊱。故凡舉事必循法以動㊲，變法者因時而化。若此論，則無過務矣㊳。夫不敢議法者，衆庶也㊴；以死守法者，有司也㊵；因時變法者，賢主也。是故有天下七十一聖㊶，其法皆不同；非務相反也㊷，時勢異也。故曰：良劍期乎斷，不期乎鏌鋣㊸；良馬期乎千里，不期乎驥、驁㊹。夫成功名者，此先王之千里也㊺。

　　楚人有涉江者，其劍自舟中墜於水，遽契其舟㊻，曰：「是吾劍之所從墜㊼。」舟止，從其所契者入水求之。舟已行矣，而劍不行。求劍若此，不亦惑乎㊽？以故法爲其國㊾，與此同。時已徙矣㊿，而法不徙，以爲治，豈不難哉！

　　有過於江上者，見人方引嬰兒而欲投之江中[51]，嬰兒啼。人問其故，曰：「此其父善游。」其父雖善游，其子豈遽善游哉[52]！以此任物[53]，亦必悖矣。荊國之爲政，有似於此。

【注釋】①上：國君。胡：何。法：前一個是動詞，效法。後一個是名詞，法令制度。先王：指古代君主。②賢：好，完善。爲：因爲。不可得：沒有可能。③經：經由。上世：古代。④益：增補。損：刪減。⑤猶若：還是。⑥東：指東夷，古代中國東部的少數民族。夏：即諸夏，指中原地區各國。命：名，名稱。⑦典：法典。殊：不同。⑧乎：於。⑨殊俗：風俗習慣不同。⑩其所爲欲同：他們的欲望（如穿衣吃飯）是相同的。爲：衍文。其所爲異：他們的做法即生活方式（如穿什麼吃什麼）卻不一樣。⑪口惛（ㄏㄨㄣ）：猶口吻。口惛之命：口頭上的稱呼，指口語方言。愉：通「渝」，解。⑫人以自是：各人認爲自己對。反以相誹：反過來譏笑別人不是。⑬辭：巧妙的語言。⑭言利辭倒：言語鋒利而是非顛倒。⑮務：極力。相毀：對別人毀謗譏笑。⑯以勝爲故：把取勝於人當作自己的能事。故：事。⑰要於時：適應當時的需要。⑱時不與法俱至：指時代的客觀情況和條件是不斷發展的，不可能與訂立的成法一起傳下來。⑲法雖今而至：先王之法即使流傳至現今還保存了下來。⑳澤：通「釋」，丟開，舍棄。成法：已

制訂好的法令。法其所以爲法：取法他們用來制訂法令的方法。第一個法作效法講。㉑人：意謂以人爲依據。㉒己：指制法的人。亦人：也是以人爲根據的。㉓審：察看。堂：大廳。陰：指日月照射的影子。㉔陰陽之變：指早晚寒暑的變化。㉕藏：潛伏。㉖脟（ㄌㄨㄢˊ）：同「臠」，切成塊狀的肉。這裏表示肉的量。鑊（ㄏㄨㄛˋ）：古時烹煮用的一種鍋子。鼎：古時烹煮用的器物，三足兩耳。調：調味。㉗荆人：楚國人。荆：楚的別稱，因楚國在古時的荆州。宋：春秋戰國時國名。今河南省商丘以東、江蘇銅山縣以西一帶地區。㉘表：標記，這裏用作動詞。澭（ㄩㄥ）水：黃河的一條支流。㉙暴益：突然大漲。益：同「溢」，漲水。㉚循：順，引申爲依照。涉：徒步渡水。㉛軍驚而壞都舍：士卒驚駭之聲如同城裏房屋崩塌一樣。而：如。都舍：房屋。㉜向：先前，當初。導：涉水。㉝觽：通「詭」，差異。㉞悖：背謬，行不通。㉟悖亂：指錯誤而紊亂的法令。持國：掌握國政。㊱殤子：未成年而死的人。㊲擧：行。循法以動：根據法令制度來進行。㊳過務：錯誤不當的事情。㊴衆庶：百姓。㊵有司：官吏。㊶有天下七十一聖：古代統治天下的七十一代君主。又據≪史記・封禪書≫，「七十一」應作「七十二」。這裏是虛指其多。㊷非務相反：不是一定要有所不同。㊸期：期望，要求。斷：斬斷，這裏指劍的鋒利。鏌鋣（ㄇㄛˋ ㄧㄝˊ）：古代利劍名。㊹驥、驁（ㄠˊ）：都是千里馬名。㊺夫成功名者，此先王之千里也：那所謂「成功名」，是古代國君所懸的目標，好像人們期待千里馬一樣。㊻遽（ㄐㄩˋ）：急忙，立刻。契：同「鍥」，刻。㊼所從墜：掉下去的地方。㊽惑：糊塗。㊾爲：治理。㊿徙：遷移，這裏引申爲「變化」的意思。(51)引：拉扯。(52)豈遽：難道就。(53)任物：用事，指處理國家政事。

【鑑賞】本篇言察今之時勢而變法，故以「察今」名篇。全文以生動的比喻和有趣的故事反覆說明機械地死守先王成法之危害和因時而變之必要。文章一開頭就設問：「上胡不法先王之法？」「上」一字，表明≪察今≫全文國君應讀。當今之君不能效法古代先君之法制，「今」、「古」的相對時間概念十分明確，此貫穿全文。不能效法先王的成法，並非先王之法本身不好，是因爲它不可能脫離一定的條件被效法。原因有二，首先，「先王的法制」，經過先代發展而來，有人增加它，有人減少它，似已改變面目，「胡可得而法！」此外，卽使無人增損，仍是「原件」，還是不可能去效法。作者用一「對文」句式表明空間和時間雙重考察的結論：「東夏之命，古今之法，言異而典殊。」是說「東夏之命言異，古今之法典殊」，卽東夷和華夏對事物的稱名不同，古今典章制度不同，故「古之稱說多

不通於今之稱說，今之法制，多不符合古代法制」。時、地而外，又及人事，處於「時準」、「地異」的「殊俗之民」，卽使追求相同的目標，追求的方式也不一樣。「口惛之命不愉」，意卽對各種事物的稱名術語也聽不明白，這就像不同習俗的人民所坐車船、衣飾及流行音樂、繪畫皆不同是一樣的。作者以稱名術語爲立論准繩，其他比附之，邏輯中心與比喻修辭相輔相承。再說到當時的現實，「天下之學者」，辯家蜂起，能說會道，用語尖刻，用詞顛倒是非，用心用力相詆毁。這些原因決定先王之成法不可效法，卽得眞傳，亦不可法。論述「先王之法不可法」，邏輯層次步步遞進，故文勢咄咄逼人。先王之法不可法，那麼，先王之法就一無可取了嗎？先王之法符合當時的需要而產生，而今時間、空間都發生了變化，故法的本身不可效法。但問題還有另外一方面，就是先王制定法律的根據，按實際情況制定法律的基本原則，卻是可以效法的。「故擇先王之成法，而法其所以爲法。」棄成法之敎條而活用其「所以爲法」的基本原則，這一結論，標志著古代華夏民族理論思維的高度成熟。值得注意的是，作者並不到此爲止，還具體論述了「所以爲法」這一抽象原則的內容：「先王之所以爲法者，人也。」先秦以來，關於「人」的概念已有了極大的發展，被稱爲「顯學」之一的墨家已把人分成「別」（壞）、「兼」（好）兩大類（《兼愛》下）。由於先秦邏輯中「類」概念的發展，「人」顯然已被理解成「同類」概念，《呂氏春秋》有《愛類篇》講到人的「類」，「仁也者，仁乎其類者也。」把「人」作爲立法的依據，顯然是指部分「人類」的實際需要。至於如何認識這個人的「類」，《呂氏春秋》當然還不可能有科學的方法論，但提出了不失爲人類認識階梯上的一個認識方法，卽「察已則可以知人，察今則可以知古」，這個「察」卽細看，或稱觀察，它之所以可靠，在於「人與我同耳」，古人和今人有相同的「常可」，此處把儒家學說作爲認識「人類」方法的深層依據。精義奧衍，卻經下文的比喻顯明之：觀察堂下的影子可知日月的運行；觀察瓶水結冰，可知季節變化，結論是「嘗鼎一臠」。由那時的觀察水平而得此結論，是正確的，能啓廸智慧，發人深省。接著，文章講了一個楚人攻宋的故事，來說明法先王成法的危害。此處把「今世之主法先王之法」的做法比作楚人循表夜涉，至爲形象而準確，有效地說明了全文的中心論點。接著，文章作了更爲嚴密的論述，先王之法不可用，是否不要法了呢？否！「治國無法則亂，守法而弗變則悖」，治國一定要有法，一定要變法，不變則亂，亂則失國，這就是結論。而變法的依據是世道的不同，社會的變化，所謂「世易時移，變法宜矣」。這一依據，猶如良醫治病，病萬變，藥也萬變，如果病變而藥不變，那麼，從前能活九千歲的「壽民」，遇到今天的庸醫，只能變成未成年

就去世的「殤子」。一立論，一比喻，結論是「凡舉事必循法以動，變法者因時而化」。這正是≪韓非子‧五蠹≫「事因於世而備適於事。世異則事異，事異則備變」之旨。再則，「化」字甚妙，「化」略異於「變」，「變」多外部變動，「化」多內部變化，「因時」而從根本上變動，這就是≪察今≫作者的要求。文章還就對變法的態度把人分爲三種：「不敢議法者，衆庶也；以死守法者，有司也；因時變法者，賢主也。」圍繞變法而立論取譬，議論再三，可謂淋漓盡致。下文「非務相反也，時勢異也」一語，說變法並非刻意標新立異，而是時代和形勢的不同所使然，這是對「七十一聖」「其法皆不同」的正面解釋。察今變法的目的是什麼呢？成就功名，幹一番事業。對一把好劍的期求，在於它的鋒利無比，斷物之用，不在於吳王佩帶的「鎮鋣」劍的美名；對好馬的期求，在於牠行千里，馳騁之功，不在於驥、騄等古代駿馬的美名。成就功名，垂史業迹，這就是先王的「千里」，當然也是今之聖主的「千里」，而求虛名是徒勞無益的。文章至此，先王成法不可法，先王「所以爲法」的察今之原則當法，聖主當察今而因時從根本上變法，察今變法的目的在於成就功名等，要講的得到充分的表達。下文還有餘波，講了兩則寓言，決非「蛇足」。先秦散文，章法不如後代嚴，有利於發揮諸子思想，淋漓盡致而後快。兩則寓言，一則是刻舟求劍。一則是引兒投江，並爲行文，一堪笑，一爲悲，對照成章，自有其發人深省之處，亦卽文章中心所在：時已徙而法不徙，爲政於此，豈不難哉！這對於加強文章的說服力自有其作用。

(李　開)

諫逐客書　　　李　斯

　　臣聞吏議逐客，竊以爲過矣①！昔繆公求士②，西取由余於戎③，東得百里奚於宛④，迎蹇叔於宋⑤，求丕豹、公孫支於晉。⑥。此五子者，不產於秦，而繆公用之，并國二十，遂霸西戎。孝公用商鞅之法⑦，移風易俗，民以殷盛，國以富彊，百姓樂用，諸侯親服，獲楚、魏之師，舉地千里，至今治彊⑧。惠王用張儀之計⑨，拔三川之地⑩，西并巴、蜀，北收上郡，南取漢中⑪，包九夷，制鄢、郢⑫，東據成臯之險，割膏腴之壤⑬，遂散六國之從，使之西面事秦，

功施到今⑭。昭王得范睢⑮，廢穰侯，逐華陽，彊公室，杜私門⑯，蠶食諸侯，使秦成帝業。此四君者，皆以客之功。由此觀之，客何負於秦哉⑰！向使四君卻客而不內，疏士而不用，是使國無富利之實，而秦無彊大之名也⑱。

今陛下致昆山之玉⑲，有隨、和之寶⑳，垂明月之珠㉑，服太阿之劍㉒，乘纖離之馬㉓，建翠鳳之旗㉔，樹靈鼉之鼓㉕：此數寶者，秦不生一焉，而陛下說之，何也？必秦國之所生然後可，則是夜光之璧，不飾朝廷；犀、象之器，不爲玩好㉖；鄭、衞之女，不充後宮㉗；而駿良駃騠，不實外廄㉘；江南金錫不爲用，西蜀丹青不爲采㉙。所以飾後宮、充下陳、娛心意、說耳目者㉚，必出於秦然後可，則是宛珠之簪、傅璣之珥、阿縞之衣、錦繡之飾，不進於前㉛；而隨俗雅化，佳冶窈窕，趙女不立於側也㉜。夫擊甕叩缶，彈箏搏髀㉝而歌呼鳴鳴快耳目者，眞秦之聲也。鄭、衞、桑間，韶、虞、武、象者，異國之樂也㉞。今棄擊甕叩缶而就鄭、衞，退彈箏而取韶、虞，若是者何也？快意當前，適觀而已矣㉟。今取人則不然。不問可否，不論曲直，非秦者去，爲客者逐。然則是所重者，在乎色、樂、珠、玉；而所輕者，在乎人民也。此非所以跨海內、制諸侯之術也㊱。

臣聞地廣者粟多，國大者人衆，共彊則士勇㊲。是以太山不讓土壤㊳，故能成其大；河海不擇細流，故能就其深；王者不卻衆庶，故能明其德㊴。是以地無四方，民無異國，四時充美，鬼神降福，此五帝三王之所以無敵也。今乃棄黔首以資敵國，卻賓客以業諸侯㊵，使天下之士，退而不敢西向，裹足不入秦，此所謂藉寇兵而齎盜糧者也㊶。夫物不產於秦，可寶者多；士不產於秦，而願忠者衆。今逐客以資敵國，損民以益仇，內自虛而外樹怨於諸侯，求國無危，不可得也。

【注釋】①吏：指秦的宗室大臣。議：商議決定。客：客卿，諸侯國授給外來人士的官職。過：錯。②繆（ㄇㄨˋ）公：卽秦穆公，名任好（前659—前621在位），春秋時五霸之一。繆：一作穆。士：泛指有才能的人。③由余：晉國人。先在西戎供職。後秦穆公延攬至秦國，採其策略，滅十二個戎國。戎：春秋時我國西部

少數民族的統稱。④百里奚：楚國宛人，任虞國大夫，晉滅虞後，把他作爲陪嫁的奴隸送給秦國。他逃回家鄉，被楚國邊兵俘獲，穆公聽說他有才能，將他贖回，重用他爲大夫。⑤蹇叔：本是岐（今陝西岐山縣東北）人，住在宋國，由於百里奚的推薦，秦穆公用厚禮聘請他爲上大夫。⑥丕豹：晉國人，丕鄭之子，逃到秦國，秦穆公用他爲大將。公孫支：字子桑，原爲晉國人，爲秦穆公謀臣，官任大夫。⑦孝公：卽秦孝公，名渠梁（前361—前338在位），任用商鞅變法，使秦國由弱變強。⑧樂用：樂爲國家效力。親服：聽命。獲：俘獲，戰勝。師：軍隊。獲楚、魏之師：秦孝公二十二年（前 340），商鞅率秦軍打敗魏軍，魏國割河西大片土地求和，同年，又打敗楚國的軍隊。舉地：攻取土地。彊：同「強」，安定強大。⑨惠王：卽秦惠文王，名駟（前337—前311在位）。張儀：魏國人，曾爲秦國宰相，施展連橫策略。⑩拔：攻取。三川：黃河、洛水、伊水。⑪巴、蜀：當時的兩個小國，在今四川省東北部和西部。上郡：郡名，今陝西西北部。漢中：今陝西西南和湖北西北部。⑫包：兼並。九夷：指當時楚國境內的少數民族。制：控制。鄢：今湖北宜城縣。郢：楚都。⑬成皋：又名虎牢，今河南省滎陽縣西北部。膏腴之壤：肥沃的土地。⑭散：拆散，瓦解。從：同「縱」。六國之從：指趙、韓、魏、齊、楚、燕六國聯合抗秦的合縱策略。施（卜）：延續。⑮昭王：卽秦昭襄王，名則（前306—前251在位）。范睢：魏國人，公元前 270年爲秦客卿，公元前266至前255年，爲秦昭襄王相。他提出遠交近攻的策略。⑯穰（ㄖㄤˊ）侯：姓魏名冉，封於穰，故稱穰侯。公室：指當時的中央集權機構。杜：杜塞。私門：指貴族豪門。⑰負：對不起。⑱向使：假使。卻：拒絕。內：通「納」，接納。⑲致：得到。昆山之玉：昆侖山北麓的和田縣產美玉，也稱和田玉，卽昆山之玉。⑳隨、和之寶：指隨侯珠與和氏璧，都是稀世的珍寶。㉑明月之珠：夜光珠。㉒太阿（ㄜ）之劍：相傳是吳國著名的冶匠干將與歐冶子所鑄造的名劍。㉓纖離：駿馬名。㉔翠鳳之旗：用翠鳳的羽毛裝飾的旗子。㉕靈鼉（ㄊㄨㄛˊ）：又名猪婆龍。㉖說：悅。犀、象之器：犀牛角、象牙製品。玩好：珍貴的玩賞之物。㉗後宮：古代帝王后妃居住的宮室。充後宮：充當嬪妃。㉘駃騠（ㄐㄩㄝˊ ㄊㄧˊ）：駿馬名。廄（ㄐㄧㄡˋ）：馬棚。㉙丹青：卽丹砂、靛青之類。采：指彩色，顏料。㉚下陳（ㄔㄣˊ）：指階下歌舞的美女。陳：堂下之途。說：悅。㉛宛珠：宛地出產的珠子。傅：同「附」。璣：是珠的一種。珥：耳環。阿：齊國東阿（今山東東阿）。縞：白色生絹。㉜隨俗雅化：隨着時代風尚的變化打扮得非常標致時髦。佳冶窈窕：裝飾漂亮，體態優美好看。趙女：古代趙國以出美女著名。㉝甕（ㄨㄥˋ）、缶（ㄈㄡˇ）：日用陶器。秦用作打擊樂器。叩：叩打。搏髀

（ㄅㄛ）：拍大腿，打拍子。㉞鄭、衞：指鄭、衞兩國的樂曲。桑間：原爲地名，在衞國濮水之濱，今河南濮陽地區，相傳爲衞國青年男女聚會歡唱的地方。韶、虞：相傳是舜時的樂曲。武、象；周武王的樂曲稱武，樂舞稱象。武象是表演作戰的樂舞曲。㉟適觀：欣賞起來感覺舒適。㊱跨：據有。海內：全中國。㊲兵：兵器。㊳太山：泰山。讓：捨棄。㊴明：顯示。德：德行。㊵黔首：秦稱百姓爲黔首。業：在這裏作動詞用。業諸侯：使諸侯成就功業。㊶藉：借。齎（ㄐㄧ）：給與，贈送

【鑑賞】秦始皇十年，卽公元前237年，發生了一起有名的「鄭國事件」：首當強秦威脅的韓國，借秦國大事修建的機會，派出著名的水利專家鄭國游說秦王，勸秦王修一條分涇水東流入洛水、全長三百里的大型灌漑渠，企圖以此來消耗秦國的人力財力，緩和對韓國的軍事威脅。鄭國的使命無疑帶有間諜性質。事情暴露了，王室貴族便抓住這個事件大做文章，「皆言秦王曰：『諸侯人來事秦者，大抵爲其主游間於秦耳，請一切逐客。』」此議被秦王採納，結果李斯也在被逐之列。在被逐途中，李斯寫了這篇《諫逐客書》。秦王看後馬上取消了逐客令，恢復了李斯的職務。《諫逐客書》是李斯上給秦王的奏章，實際上是一篇說理的文字。文章一開頭便提出論點：「臣聞吏議逐客，竊以爲過矣！」開門見山，直截了當，給人以明快之感，令人一望而知其宗旨之所在。這樣開頭，容易引起讀者的震動，使之追讀下文：逐客到底錯在哪裏？李斯怎樣說服秦王？宋人李涂對此文的評價甚高，他說：「文字起句發意最好。李斯上秦皇逐客書起句，至矣盡矣，不可以加矣。」（《文章精義》）話語雖然不無溢美的成分，但這個開頭的確很好。俗話說，事實勝於雄辯。要說明某一個道理，或者要駁倒某一個論點，最有力的莫過於擺出事實。秦國宗室大臣建議秦王趕走客卿的理由，是說客卿在秦做事，並非眞心實意爲了秦國，而是來進行挑撥離間。李斯要駁倒宗室大臣的言論，就勢必要舉出大量的、確鑿的客卿有功於秦的史實。接下去的文章正是這樣來寫的。作者按照時間的先後，由遠及近，一口氣歷數了四位秦國君主任用客卿的情形。一是秦穆公。他從西方的戎地求取由余，從東邊的宛地得到百里奚，從宋國迎來蹇叔，從晉國獲得丕豹和公孫支。這五個人不出生在秦國，但秦穆公任用他們，結果吞併了眾多的小國，遂稱霸於西戎。二是秦孝公。他任用商鞅，實行了變法，人民因此富足，國家因此強盛，百姓願意爲國出力，諸侯親順聽命，從而打敗了楚國的軍隊，攻占了千里土地，至今統治鞏固，國力強大。三是秦惠文王。他採用張儀的計策，攻占了三川地區，兼併了西邊的巴蜀，獲得了北邊的上

郡取得了南邊的漢中，併吞了九夷，控制了楚都鄢、郢，占據了東邊險要的成皋，奪取了肥沃的土地，於是瓦解了六國聯合抗秦的合縱策略，使他們西向臣服於秦。四是秦昭襄王。他得到范雎之後，廢黜穰侯魏冉，趕走華陽君羋戎，強固了王室的權力，杜絕貴族豪門專權的弊病，逐步吞併了各國諸侯，使秦日益成就了帝王的事業。所有這些事實，集中表明這樣一點：客卿於秦之功大矣！所以在敍述史實之後，文章總鎖一句：「此四君者，皆以客之功。」進而合乎邏輯地作出結論：「由此觀之，客何負於秦哉？」使用反詰語氣，既有力，又含蓄，隱然流露出作者的憤慨之情。為了周密、透徹，在正面敍事之後，再宕開一筆，以假設的口吻，從反面進行推理：「向使四君卻客而不內，疏士而不用，是使國無富利之實，而秦無彊大之名也。」到此為止，文章的論點得到了有力的說明。從寫作的角度來看，這段文字很有特色。一是選材非常典型。在秦國的歷史上，任用客卿的國君並非穆公、孝公、惠王、昭王四位；而這四位國君任用的客卿又並非止於文中提到的八人。但是，穆公任用「五子」，「并國二十，遂霸西戎」，和孝公任用商鞅，惠王任用張儀，昭王任用范雎而國富民強的事實，在秦國的歷史上卻是極為典型的，它最能說明「客何負於秦哉」這樣一個道理。李斯精心地挑選這些材料作為論據，便能雄辯地駁倒秦國宗室大臣就「鄭國事件」借題發揮來攻擊客卿的言論，從而維護自己論點的正確性。二是用事高度概括。文章所列舉的四位秦君任用客卿以使秦國繁榮的史實，倘要加以鋪敍和描繪，完全可以寫成厚厚的幾個長篇。但李斯並沒有那樣去做。他只是運用極為簡練的筆墨，高度概括地將史實敍述出來。例如，寫穆公用客，只有八句；寫用事結果，只有八字。這樣當然是十分簡練、十分概括的了。李斯之所以這樣寫，道理很簡單：《諫逐客書》的主要任務是說理議論，闡明客未負秦的道理。文章所舉穆公、孝公、惠王、昭王四君用客的史實，僅是用作闡明道理的一個論據，它無需也不必作細緻的鋪敍與描寫。如果那樣，反而要分散文章的中心，掩沒文章的論點。三是行文整飭而又富於變化。文章敍述四位秦君任用客卿的情形，都是按照一定的順序來行文的，即先寫用客，後寫用客的結果。由於這樣，文章自然地形成了四個極為分明的層次。這是行文的整飭之處。但是具體到寫每一位秦君用客的時候，側重之點卻是有所不同，句子的多少也並不一致。例如寫秦穆公，重點放在求士上，一共寫了八句，而用士的結果，只有兩語。寫孝公就不同。如何用客，只提一句，——「孝公用商鞅之法」，而用客的結果，作為重點，一連寫了八句。這是行文的變化之處。這樣，文章既具有整齊的美感，又呈現出活潑的丰姿，無疑增強了表達的效果。用秦國的歷史來說明問題，是所謂「援古以證今」的寫法，說服力很

強。唐彪的《讀書作文譜》中有這樣一段話:「文章說到此理已盡，似難再說，拙筆至此，技窮矣，巧人一轉彎，便又另是一番境界，可以生出許多議論，理境無窮。若要更進，未嘗不可再轉也。」李斯便是這樣的「巧人」。前段文章用無可辯駁的事實，說明了「客何負於秦哉」的道理，論證了「吏議逐客，竊以爲過矣」的論點，文意已盡，似無話可說了。可是李斯卻使用大開大闔的手法，將筆鋒一轉，由回顧歷史而寫到眼前的現實，生出一段新的議論，眞有如奇峰突起!「今陛下致昆山之玉，有隨、和之寶，垂明月之珠，服太阿之劍，乘纖離之馬，建翠鳳之旗，樹靈鼉之鼓: 此數寶者，秦不生一焉，而陛下悅之，何也?」——先明言秦王對寶之悅，隱伏對客之逐。「何也」一問，截住上文，作一小頓，發人深思，並引出下文。「必秦國之所生然後可，則是夜光之璧，不飾朝廷; 犀、象之器，不爲玩好; 鄭、衞之女，不充後宮; 而駿良駃騠，不實外廐; 江南金錫不爲用，西蜀丹靑不爲采。」——再作假設推論，揭露矛盾。六個「不」字，有力地說明「必秦國之所生然後可」的弊病。「所以飾後宮、充下陳、娛心意、說耳目者，必出於秦然後可，則是宛珠之簪、傅璣之珥、阿縞之衣、錦綉之飾，不進於前; 而隨俗雅化，佳冶窈窕，趙女不立於側也。」——針對秦王愛好，指出「必出於秦然後可」之弊，尤能打動秦王之心。此節與上節意思相同，但行文所有變化，讀來但覺其妙，不覺其煩。上文就珍寶美女而言，語氣肆宕，彩色爛然，文意淋漓盡致，似乎可以擱筆了。可是李斯不然。他又將筆鋒一轉，再以音樂設喩，衍出一大段文章，眞個是「強弩穿甲，勁勢未已。」文章說，敲擊瓦罐瓦盆，彈奏秦箏，拍着大腿打節拍，嗚嗚呀呀地歌唱，以此來使耳目娛樂的，這是道道地地的秦國音樂。而鄭、衞之地的樂曲和韶、虞、武、象這樣的高雅古樂，都是別國的音樂。如今拋掉敲擊瓦罐瓦盆而採用鄭、衞音樂，棄擲秦箏而欣賞古曲韶虞，這樣做是爲了什麼呢? 無非是眼前快樂，看着舒服罷了。李斯說上這樣一番話，目的只是反襯秦王對人的取捨態度的不正確。所以文章緊接一句，兜轉上文:「今取人則不然」，明白指出秦王的態度是:「不問可否，不論曲直，非秦者去，爲客者逐。」然後順理成章，推出結論:「然則是所重者，在乎色、樂、珠、玉; 而所輕者，在乎人民也。」這樣做自然要帶來危害，於是文章進而指出:「此非所以跨海內、制諸侯之術也。」就逐客一事而提到不利於「跨海內、制諸侯」的戰略高度來認識，李斯可謂高瞻遠矚，具有遠大的政治家眼光。這一段文字寫得非常精形，有兩個顯著的特色。其一，設彩奇麗。古人論畫，有所謂「隨類賦形」的說法。「隨類賦形」，就是描繪不同類別的事物時運用不同的色彩。「設彩」也叫「賦彩」，就是繪畫中的着色。繪畫的着色不限於使用彩色; 就是墨色，因

爲有濃淡之分，也同樣可以用來着色的。文章也是如此。色彩旣可以使用有顏色的字眼，也可以使用無顏色的字眼。《諫逐客書》兩者兼而用之。不過使用有色彩的字眼，只是少數句子，如「建翠鳳之旗」的「翠」，「西蜀丹青不爲采」的「丹青」。大多數句子的設彩，都是不靠顏色字眼的。如「昆山之玉」、「宛珠之簪」、「阿縞之衣」、「鄭衞之女」等，是用著名產地來設彩；「隨和之寶」、「太阿之劍」、「纖離之馬」等，是用名牌來設彩；「靈鼉之鼓」、「犀象之器」等，是用質量優良來設彩。通過這樣的多方設彩，寶物便顯得琳琅滿目，富麗珍奇；而人物便顯得高雅尊榮，美麗華貴了。還須指出一點，此處設彩所運用的詞藻，雖不免給人以誇飾之感，但卻是結合了秦王的宮廷生活的。因爲秦王平時所服用的寶物和所愛好的美女就是豐富繁多的。這樣說，此段的設彩雖然奇麗，卻也自然。其二，句多排比。「致昆山之玉」等七句，每句字數相同，結構完全一致，是一組很好的排比，它將秦王喜愛珠寶的特性表現得十分突出。文章讀來，但覺其氣勢充沛，不可遏制。「則是夜光之璧，不飾朝延」等六句，雖然不如前一組排比嚴格，但氣勢極有宕折，表達的效果也是很強的。在援引史實證明卻客之非，通過設喻對比指出逐客之錯的基礎上，文章於最後再從正面說理，進一步指出逐客不利於秦的統一事業。「臣聞地廣者粟多」三句，是直接說理；「是以太山不讓土壤」六句，是類比推理；「是以地無四方」五句，是引證說理；「今仍棄黔首以資敵國」五句，是對比說理。經過層層論述，逐客不利於秦的統一事業的道理就得到了透徹的說明。最後一段是對全文的總結。「夫物不產於秦，可寶者多」，歸結對物的標準，照應了前文；「士不產於秦，而願忠者衆」，歸結對人的標準，亦照應了前文；「今逐客以資敵國，損民以益仇，內自虛而外樹怨於諸侯，求國無危，不可得也。」歸結逐客的錯誤在於致國困危，並呼應篇首，結束全文。條理清楚，章法謹嚴。秦王逐客之舉，本因「鄭國事件」而生，但《諫逐客書》卻不去就事論事，而是從秦國「跨海內，制諸侯」的戰略高度去看問題。通過援引史實，取譬眼前，說古道今，論人議物，深刻地闡明了逐客的錯誤和危害，是所謂「高處立論，闊處行文」。這樣寫，文章就顯得道理重大，內容精深了。

（何伍修）

過　秦　論（上）　　　賈　誼

秦孝公據殽函之固，擁雍州之地，君臣固守，以窺周室①；有席

卷天下，包舉宇內，囊括四海之意，併吞八荒之心②。當是時也，商
君佐之，內立法度，務耕織，修守戰之備，外連衡而鬭諸侯③。於是
秦人拱手而取西河之外④。

　　孝公既沒，惠王、武王、昭王蒙故業，因遺策⑤，南取漢中，西
舉巴蜀，東割膏腴之地，收要害之郡⑥。諸侯恐懼，會盟而謀弱秦，
不愛珍器、重寶、肥饒之地，以致天下之士⑦。合從締交，相與爲一
⑧。當此之時，齊有孟嘗，趙有平原，楚有春申，魏有信陵⑨：此四
君者，皆明知而忠信，寬厚而愛人，尊賢而重士。約從離衡⑩，兼
韓、魏、燕、楚、齊、趙、宋、衞、中山之衆⑪。於是六國之士有甯
越、徐尙、蘇秦、杜赫之屬爲之謀⑫，齊明、周最、陳軫、邵滑、樓
緩、翟景、蘇厲、樂毅之徒通其意⑬，吳起、孫臏、帶佗、兒良、王
廖、田忌、廉頗、趙奢之朋制其兵⑭。嘗以什倍之地，百萬之師，仰
關而攻秦。⑮秦人開關而延敵，九國之師，遁逃而不敢進⑯。秦無亡
矢遺鏃之費，而天下固已困矣⑰。於是從散約敗，爭割地而賂秦⑱。
秦有餘力而制其弊，追亡逐北，伏屍百萬，流血漂櫓⑲；因利乘便，
宰割天下，分裂山河⑳，強國請服，弱國入朝。

　　施及孝文王、莊襄王，享國之日淺，國家無事㉑。

　　及至始皇，奮六世之餘烈㉒，振長策而御宇內，吞二周而亡諸侯
㉓，履至尊而制六合，執敲朴以鞭笞天下，威振四海㉔。南取百越之
地，以爲桂林、象郡㉕；百越之君，俛首繫頸，委命下吏㉖。乃使蒙
恬北築長城而守藩籬，卻匈奴七百餘里，胡人不敢南下而牧馬，士亦
不敢貫弓而報怨㉗。於是廢先王之道，燔百家之言，以愚黔首㉘，墮
名城，殺豪俊，收天下之兵，聚之咸陽，銷鋒鍉，鑄以爲金人十二，
以弱天下之民㉙。然後踐華爲城，因河爲池，據億丈之城，臨不測之
谿以爲固㉚。良將勁弩，守要害之處，信臣精卒，陳利兵而誰何㉛。
天下已定，始皇之心，自以爲關中之固，金城千里，子孫帝王萬世之
業也㉜。

　　始皇既沒，餘威振於殊俗㉝。然而陳涉，甕牖繩樞之子，氓隸之
人，而遷徙之徒也㉞。材能不及中人，非有仲尼、墨翟之賢，陶朱、

猗頓之富也⑤。躡足行伍之間，俛仰阡陌之中⑥，率罷散之卒，將數百之衆，轉而攻秦⑦。斬木爲兵，揭竿爲旗⑧。天下雲會響應，贏糧而景從，山東豪俊遂并起而亡秦族矣⑨。

　　且天下非小弱也⑩；雍州之地，殽函之固自若也⑪；陳涉之位，非尊於齊、楚、燕、趙、韓、魏、宋、衞、中山之君也；鉏耰棘矜，非銛於句戟長鎩也⑫；適戍之衆，非儔於九國之師也⑬；深謀遠慮，行軍用兵之道，非及鄉時之士也⑭。然而成敗異變，功業相反也⑮。嘗試使山東之國，與陳涉度長絜大，比權量力，則不可同年而語矣⑯。然而秦以區區之地，致萬乘之權，抑八州而朝同列，百有餘年矣⑰。然後以六合爲家，殽函爲宮。一夫作難而七廟墮，身死人手，爲天下笑者，何也⑱？仁義不施，而攻守之勢異也⑲。

【注釋】①秦孝公： 名渠梁。 他任用商鞅變法， 獎勵耕戰， 國勢日強。 殽（ㄒ一ㄠ／）： 同「崤」，崤山， 在今河南洛寧縣西北。函： 函谷關， 在今河南靈寶縣東北。擁： 擁有。雍州： 我國古九州之一， 今陝西、甘肅大部分和青海小部分地區。窺： 暗中察看、暗中算計。周室： 周王朝。②包擧： 像用布包裹東西那樣全部拿去。宇內： 天下。囊（ㄋㄤ／）括： 像用口袋那樣全部裝去。四海： 天下。古代認爲中國四面環海， 故稱中國爲海內， 稱外國爲海外。八荒： 八方之地。③商君： 即商鞅，秦孝公封給他商於之地， 故稱商君。務： 努力。連衡： 即連橫。當時外交上有兩派： 一派以張儀爲首，主張六國聯合以事秦， 叫連衡； 一派以蘇秦爲首， 主張六國聯合以抗秦， 叫合縱。鬥諸侯： 使諸侯相鬥。鬥： 這裏作使動詞用。④拱手： 拱着手， 形容輕而易擧。西河： 魏地， 在今陝西大荔縣一帶。因在黃河以西而得名。⑤沒： 通「歿」。 死亡。惠文王： 秦惠文王， 孝公子。武王： 秦武王，惠文王子。昭王： 秦昭襄王， 武王弟。蒙： 蒙受， 繼承。因： 沿襲， 遵循。遺策： 遺留下來的政策。⑥擧： 攻取。巴： 在今四川省東部一帶地方。蜀： 在今以成都爲中心的川中、川北一帶地方。秦惠文王二十二年（前316）司馬錯伐蜀而滅。割： 割取。膏腴（ㄩ／）： 肥沃。⑦弱： 削弱。致： 招致，羅致。⑧合從（ㄗㄨㄥ／）締交： 運用合縱的戰略締結盟約。合從： 同「合縱」。⑨孟嘗： 孟嘗君田文， 齊國公子。平原： 平原君趙勝， 趙惠文王的弟弟。春申： 春申君黃歇， 相楚二十餘年。信陵： 信陵君魏無忌， 魏昭王的少子。他們合稱戰國四公子， 各招養食客幾千人。⑩約從離衡： 結約爲合縱以破壞秦國的連衡政策。

離：拆散，破壞。⑪兼：聚合。宋、衞、中山：都是戰國時的小國。宋在今河南商丘市一帶。衞在今河北南部、河南北部一帶。中山在今河北定縣一帶。⑫甯越：趙人。徐尙：宋人。蘇秦：東周洛陽人，縱橫家。先說秦惠王不用，於是又東說燕、趙等六國，聯合起來抗秦。杜赫：周人。之屬：這一類人。⑬齊明：東周臣，歷事秦、楚及韓。周最：東周成君之子，仕於齊。最（ㄐㄩˋ）：同「聚」。陳軫（ㄓㄣˇ）：夏人，歷仕秦、楚。邵滑（ㄍㄨˊ）：爲楚人。樓緩：魏文侯弟。翟（ㄓㄞˊ）景：魏人。蘇厲：蘇秦之弟，仕齊。樂（ㄩㄝˋ）毅：魏人。本齊臣，後入燕，燕昭王以爲亞卿、上將軍，後又仕趙。之徒：這一班人。通其意：宣傳「合從」抗秦的道理。⑭吳起：魏人，善用兵，初仕魏，後爲楚相。孫臏：軍事家，孫武之後，齊大將，著有《孫臏兵法》。帶佗（ㄊㄨㄛˊ）：楚將。兒（ㄋㄧˊ）良、王廖：都是當時天下知名豪士。田忌：齊大將。廉頗、趙奢：都是趙大將。之朋：這一批人。制其兵：替六國訓練、率領軍隊。⑮關：函谷關。⑯延敵：迎擊敵軍。九國：卽前述韓、魏、燕、楚、齊、趙、宋、衞、中山等九國。這裏係指秦惠文王二十年（前 318）山東諸國攻秦之事。⑰亡、遺：這裏都是損失的意思。鏃（ㄗㄨˊ）：箭頭。困：疲乏無力。⑱賂（ㄌㄨˋ）秦：向秦國賄賂、討好。⑲制其弊：利用諸侯的困弊。追亡逐北：追逐戰敗逃亡的敵人。北：戰敗。漂：浮起。櫓：大的盾牌。⑳因利乘便：憑藉、利用便利的形勢，抓緊時機。因：憑藉。乘：趁，利用。㉑施：延。孝文王：昭襄王之子，卽位後三天死去。莊襄王：孝文王之子，在位三年死去。享國：指在位。淺：短。㉒始皇：秦始皇，莊襄王子，名政。公元前221年消滅六國，統一天下。奮：發揚。六世：指孝公、惠文王、武王、昭襄王、孝文王、莊襄王等六代。餘烈：留傳下的功業。㉓振：舉起。策：馬鞭。御：駕馭，統治。吞二周：吞併東周和西周。㉔履至尊：登上皇帝之位。履：踐，登。六合：上、下、東、南、西、北稱「六合」，此指天下。敲朴：木杖之類的刑具。短的稱「敲」，長的稱「朴」。鞭笞（ㄔ）：鞭打。㉕百越：又稱百粵，是對當時住在南方各地越族的總稱。桂林：郡名，約今廣西北部地區。象郡：秦置，郡治臨塵（今廣西崇安）。㉖俛：同「俯」。繫頸：用繩子拴在頸上。委命下吏：把性命交給秦王朝的下級官吏。委：委托，交給。㉗蒙恬（ㄊㄧㄢˊ）：秦國大將。藩籬：籬笆。這裏引申爲邊境的意思。卻：擊退。匈奴：我國古代北方的少數民族。胡人：指匈奴人。士：指原六國的遺民。貫：通「彎」。貫弓：拉滿弓。㉘燔（ㄈㄢˊ）：焚燒。百家之言：各學派的書籍。言：言論。這裏指記載言論的書籍。愚黔首：使（百姓）愚昧無知。愚：這裏作使動詞用。黔首：黎民百姓。秦始皇二十六年，改稱民爲「黔首」。㉙墮（ㄏㄨㄟˋ）：通「

隳」，毀壞。兵：兵器。咸陽：秦都，故城在今陝西省咸陽市東北。銷：熔化。鋒鏑（ㄉㄧˊ）：刀刃、箭鏃之類。鏑：同「鏑」。金人：銅人，用熔化兵器的銅鑄造而成。以弱天下之民：削弱人民反抗的力量。⑳踐華爲城：沿着華山作爲城郭。踐：循，沿。華：華山，在今陝西華陰縣東南。因河爲池：憑藉黃河作爲護城河。河：黃河。池：護城河。谿：同「溪」，山谷間的流水。㉛勁弩：強弓。信臣：忠誠的臣子。何：通「呵」。誰何：呵叱、盤查行人。㉜關中：在今以陝西西安市爲中心的一帶地方。因爲其地在東函谷關、西大散關、南武關、北蕭關之中，故名。金城：比喩城郭堅固。帝王：稱帝稱王。㉝殊俗：不同的風俗。這裏指邊遠地區。㉞陳涉：名勝，我國歷史上第一次農民大起義的領袖。甕牖（ㄨㄥ ㄧㄡˇ）繩樞：用破甕口做窗戶（一說：窗戶做成甕口大小。），用繩子繫着門樞。形容家庭極窮困。氓（ㄇㄥˊ）：農民。隷：被判刑的人。遷徙（ㄒㄧˇ）：遷移，指陳勝被征發戍守漁陽。㉟中人：平常的人。陶朱：春秋時范蠡（ㄌㄧˇ）輔助越王勾踐滅吳後，辭官至陶（今山東定陶縣），經商致富，自號陶朱公。猗（ㄧ）頓：春秋時魯人，亦以經商致富。㊱躡（ㄋㄧㄝˋ）足：奔走。躡：踐履，踏。行（ㄏㄤˊ）伍：軍隊。俛仰：進退。「躡足」、「俛仰」；都有「出身於……」的意思。阡陌：田間的小路。這裏泛指田野。㊲罷散：疲困散亂。罷：同「疲」。轉：掉轉頭來。㊳斬木爲兵：砍下樹木做兵器。揭竿：擧起竹竿。揭：高擧。㊴贏糧：帶着糧食。贏：擔負。景從：如影隨形那樣地跟從着。景：同「影」。山東：泛指崤函以東的廣大地區。秦族：指秦王朝。㊵且：語助詞，用在句首，猶「夫」。且天下非小弱也：秦的力量並沒有縮小和減弱。㊶自若：依然如故。㊷鉏（ㄔㄨˊ）：同「鋤」。耰（ㄧㄡ）：古代的一種農具，形如榔頭。棘矜（ㄐㄧㄣˊ）：用棘木做的杖。矜：矛柄。銛（ㄒㄧㄢ）：鋒利。句戟（ㄍㄡ ㄐㄧˇ）：彎曲的戟。句：同「鈎」。戟：古兵器的一種。長鎩（ㄕㄚ）：長矛。㊸適戍（ㄓㄜˊ ㄕㄨˋ）：征調去守邊。適：同「謫」。儔（ㄔㄡˊ）：同「輩」。這裏是比的意思。㊹鄉時：先前。指六國聯合攻秦的時候。㊺成敗異變：成功和失敗有着相反的變化。㊻度（ㄉㄨㄛˋ）長絜（ㄒㄧㄝˊ）大：較量長短大小。度：測度。絜：比量。㊼區區：微小的樣子。萬乘（ㄕㄥˋ）之權：帝王的權力。周朝制度，天子擁有兵車萬乘（輛），故後世以萬乘稱帝王。抑：壓抑。八州：這裏指八州的百姓。古時分全國爲九州，秦據有雍州，所以總稱其他諸侯據有的土地爲八州。朝：朝拜。這裏作使動詞用，使（同列）來朝拜。同列：這裏指同列的諸侯。㊽七廟墮：宗廟毀滅。古代帝王的祖廟裏奉祀七代祖先。身死人手：指秦二世和秦王子嬰被殺死。㊾攻守之勢異也：指進攻和防守的形勢發生了完全不同的變化。

【鑑賞】兩漢時期探討秦之興亡的作品極多，而其中成就最高、影響最大的，卻無過於賈誼的《過秦論》。僅在《史記》和《漢書》中，它就先後被三次引用。司馬遷以之論贊《秦始皇本紀》，褚少孫用它補綴《陳涉世家》，而班固在《漢書》中，又將它置於《陳涉項羽傳》之後。這三位史學家政治觀點各不相同，思想風格也互有差異，但對《過秦論》推崇和贊賞卻完全一致。可見它在思想、學術界的影響，確是異乎尋常的。魏晉以後，《過秦論》精湛的寫作技巧更是有口皆碑，以至被人奉爲楷模，目爲圭臬。著名詩人左思在自詡其文才時，便傲然聲稱自己「著論準《過秦》，作賦擬《子虛》」；《後漢書》的作者范曄在《獄中與諸甥侄書》中，也自我標榜他所寫的一些傳論和序論，「皆有精意深旨」，「其中合者，往往不減《過秦》篇。」《過秦論》之所以蜚聲文壇，得到歷代學者文人之尊重、欽敬，自然決非偶然。它是經過反覆推敲、千錘百煉而成的。直到今天，藝術上仍有不少值得我們學習、借鑒之處。

　　《過秦論》分上、中、下三篇，但這三篇又是一個統一的整體。它們在思想內容上既獨立成篇、各有中心，又互有聯繫、彼此呼應。上篇通過回顧秦代興亡的驚心動魄的過程，反覆啓發人們的思考，而後引人注目地歸結出秦朝覆滅的根本原因：「仁義不施，而攻守之勢異也」。中篇則是對這一論點的詳細論證，指出秦的統一本來爲人民所擁護，但是秦王「先詐力而後仁義」，所以亡國了。「夫兼併者高詐力，安定者貴順權」，作者認爲詐力不是不可用，但它只能以之對敵，不能用於對付人民。秦王朝的根本錯誤就在於未看到形勢的變化，認錯了對象。下篇則是對前兩篇論點的進一步補充。作者認爲卽使在陳涉起義，各地紛紛響應之後，秦王子嬰本來仍有可能守住秦國原有的地方，可是由於他「孤立無親，危弱無輔」，秦俗又多忌諱之禁，人們不敢講話，「奸不上聞」，無法力挽狂瀾，所以終於覆亡了。秦朝最後是亡於「壅蔽」。作者最後寫道：「野諺曰：『前事之不忘，後事之師也』」，如能吸取這一歷史教訓，則「曠日持久，而社稷安矣」。這當然不僅是下篇的點睛之筆，而應該是《過秦論》三篇的結束語。《過秦論》三篇在批判的對象上也有所分工。上篇旨在指出始皇之過，中篇重點批判胡亥之失，下篇主要分析子嬰之亡。因此，就思想內容而言，三篇相輔相成，缺一不可。如果沒有中、下兩篇詳細論證，上篇便會如汪士鐸《乙丙日記》所說的那樣：「《過秦論》歸於仁義不施，此官話不著痛癢也」，顯得十分疏漏了。但是，就結構而言，上篇卻最爲奇特，最爲人們所稱道。從蕭統的《文選》開始，歷代選家便往往只將上篇入選。

　　宋朝李涂《文章精義》說：「文字有終篇不見主意，結句見主意者，賈生《

過秦論≫：『仁義不施， 而攻守之勢異也』。 韓退之≪守戒≫：『在得人』之類是也。」這裏所說的，便僅僅是≪過秦論≫（上）的特點。所謂文章的結構，就是根據主題需要， 如何選擇和組織安排材料及謀篇布局的問題。 ≪過秦論≫（上）的布局是頗為別致的。 它把全文分成三大段： 第一段敍秦之興， 第二段述秦之亡，這兩段史實的敍述佔了全文的絕大部分，卻絲毫未涉及議論。第一大段又把自孝公至始皇這七代君王分成四個階段來敍述，首言秦孝公憑藉崤函天險和雍州的資源，「內立法度， 務耕織， 修守戰之備， 外連衡而鬥諸侯」， 卽對內加強國力， 對外施行欺詐手段， 以詐力取得初步成功。 次說惠文王、武王、昭襄王時期，諸侯們的全力反撲。這三朝（前338—前251）共有八十餘年，是秦與六國激烈鬥爭的主要時期，作者用了大量的筆墨，極力鋪敍六國人才、物資、軍力的充裕，然而， 鬥爭的結果卻是「秦無亡矢遺鏃之費， 而天下固已困矣」。再次， 講到孝文王、莊襄王時期，卻輕描淡寫地說他們「享國之日淺， 國家無事」，故意放鬆一筆。最後才寫始皇「奮六世之餘烈，振長策而御宇內，吞二周而亡諸侯，履至尊而制六合，執敲扑以鞭笞天下，威振四海。」把秦的聲威推到頂峰。這時「始皇之心，自以為關中之固， 金城千里， 子孫帝王萬世之業也」，於是他「廢先王之道，燔百家之言， 以愚黔首」， 開始用原來對付敵人的辦法對付人民了。

在第二大段中，首先說明「始皇既沒， 餘威振於殊俗」， 力量還十分強大。而反秦大起義的領導者陳涉，卻不過是「甕牖繩樞之子，甿隸之人，而遷徙之徒也。材能不及中人」。可是當他「率罷散之卒，將數百之衆， 轉而攻秦」時， 卻使「天下雲會響應， 嬴糧而景從」， 很快把秦消滅了。事實是最雄辯的。 經過一、二兩大段中對秦之興亡過程的介紹，儘管作者未作一字評論，而前後兩階段情況的鮮明對照，已深深印在讀者腦中了。

隨後在第三段中，作者根據一、二段中羅列的事實，提出了一系列耐人尋味的對比，然後自問自答，作出結論。有趣的是，如此洋洋洒洒的大塊文章，眞正的議論卻只有結尾一句。

渲染、誇張、襯托、對照等手法的巧妙運用，是作者在謀篇布局中獨具匠心的重要特點之一。如第一大段中極力寫六國的地大物博，兵多將廣，謀士如雲，用心卻在襯托秦國之強；第二大段中盡量寫陳涉的出身貧賤、才能拙劣、地位卑下，起義軍之人少力弱、疲弊不堪，目的卻是反襯秦朝敗亡之易。就一、二兩段看，第一大段用了大半的篇幅，詳述孝公以來秦之興起過程，用意也在為第二段中秦的迅速崩潰作對照和鋪墊。 對前者的大肆渲染， 主旨卻在極力誇張後者，「揚」秦正是為了「過」秦。這種先揚之於九天之上，然後猛然一扣，擊之於九地

之下的手法，實在堪稱警絕。爲了加強文章的力量，作者大膽地運用了誇張手段，以至往往不符合歷史的眞實。例如在文中列舉的許多六國抗秦之士中，吳起其實在秦孝公出生前便死了，樂毅之勛績在伐齊，孫臏之功勞在攻魏，都與謀秦無關。又如把「吞二周」之事記在始皇的帳上，然而實際上「乃始皇之曾祖與父，非始皇也」。但賈誼文可貴之處，在於他雖然對某些事件的敍述往往失實，卻能保持其本質的眞實。這倒不禁使我們想起西方印象派的圖畫，印象派後期大師塞尙說過：「我們旣不太細，也不太誠實，又不太順從大自然，可是，我們多少總是自己的模特兒的主人。」賈誼的《過秦論》（包括他的其他政論文）也是這樣，旣不像歷史家司馬遷那樣精雕細刻，也不像左思的《三都賦》那樣言必有據。他描繪的歷史進程與實際並不完全一致。但是，他卻是「自己的模特兒的主人」，他的描述，不僅符合歷史本質的眞實，並且給人以更強烈的印象。因而他所總結的歷史經驗教訓，也就能够深入人心。所以儘管它在細節上有失眞之處，歷來人們仍然予以高度評價。

處處按伏筆，步步設機關，使文章聯繫緊密，脈絡分明，做到前後有照顧，首尾有呼應，是本文材料組織安排中的又一特點。如第一段的「內立法度」數句卽埋下了「詐力」二字，並在以後用「蒙故業，因遺策」，「奮六世之餘烈」等語，使之一直貫穿到底。及至始皇統一了天下，「廢先王之道，燔百家之言，以愚黔首」時，就標志著他拋棄「仁義」轉而用「詐力」對付人民了，這就爲自己的滅亡製造了條件。由於作者採用了寓論斷於敍事的手法，不僅上篇結論早就包含於前面的敍述之中，而且也爲中篇進一步指出始皇「先詐力而後仁義」的錯誤，從而作出「夫兼並者高詐力，安定者貴順權」的分析奠定了基礎。因而作者的結論雖然簡括，讀者卻不僅不感到突然，而且有恍然大悟、茅塞頓開之感。文章在每段的前後兩個部分和一、二兩大段的敍述中，又有意突出了許多對立或矛盾的現象，如秦國江山形勢之險，吞並地域之大及興起時的所向無敵和後來的一敗塗地、土崩瓦解；關東九國的謀士如雲、兵強馬壯與陳涉起兵時的烏合之衆、財窮力屈，秦吞並天下時的長期慘淡經營和最後的亡於一旦等等，都是鮮明的對照。隨後，作者把它一一揭破，提出了一連串的矛盾和問題，讓它們在我們腦海中不斷盤旋，末尾才作出了簡短有力的結論：「仁義不施，而攻守之勢異也。」把問題一下炸開，使人眞相大白。這種起伏呼應的方法，眞是巧奪天工。

根據近代的寫作理論，一般都認爲論說文「要充分說理，要對事物進行周密細致的分析。在分析、論證過程中，要運用一定的推理、論證的方法，使分析、論證合乎邏輯地展開」，它應該由「論點、論據、論證三要素組成」等等。如果

按這些要求去衡量《過秦論》（上），那麼它是不完全符合標準的。但是，這決不妨礙它成爲一篇絕妙的論說文。其實，論說文本來就毋需千篇一律。《文心雕龍·論說》篇就指出：「詳觀論體，條流多品：陳政則與議、說合契，釋經則與傳、注參體，辯史則與贊、評齊行，詮文則與敍、引共紀。……八名區分，一揆宗『論』」。錢鐘書先生在《管錐篇》中根據《過秦論》（上）的經驗，認爲其實還可加上一句：「敷陳則與辭、賦通家。」錢先生還援引一系列前人關於「文無常體」的議論，並得出結論說：「足見名家名篇，往往破體，而文體亦因以恢弘焉」。

（張　瑋　王同順）

治 安 策　　　<small>賈 誼</small>

　　臣竊惟事勢，可爲痛哭者一，可爲流涕者二，可爲長太息者六，若其它背理而傷道者，難徧以疏舉①。進言者皆曰天下已安已治矣②，臣獨以爲未也。曰安且治者，非愚則諛③，皆非事實知治亂之體者也。夫抱火厝之積薪之下而寢其上④，火未及燃，因謂之安，方今之勢，何以異此！本末舛逆⑤，首尾衡決⑥，國制搶攘⑦，非甚有紀，胡可謂治！陛下何不壹令臣得孰數之於前⑧，因陳治安之策，試詳擇焉。……

　　夫樹國固必相疑之勢⑨，下數被其殃，上數爽其憂⑩，甚非所以安上而全下也。今或親弟謀爲東帝⑪，親兄之子西鄉而擊⑫，今吳又見告矣⑬。天子春秋鼎盛⑭，行義未過，德澤有加焉，猶尙如是，況莫大諸侯⑮，權力且十此者乎！

　　然而天下少安，何也？大國之王幼弱未壯，漢之所置傅相方握其事⑯。數年之後，諸侯之王大抵皆冠⑰，血氣方剛，漢之傅相稱病而賜罷，彼自丞尉以上徧置私人⑱，如此，有異淮南、濟北之爲邪！此時而欲爲治安，雖堯舜不治。

　　黃帝曰：「日中必熭，操刀必割⑲。」今令此道順而全安⑳，甚

易；不肯早爲，已乃墮骨肉之屬而抗剄之㉑，豈有異秦之季世乎！夫以天子之位，乘今之時，因天之助，尙憚以危爲安，以亂爲治。假設陛下居齊桓之處㉒，將不合諸侯而匡天下乎？臣又以知陛下有所必不能矣。假設天下如曩時㉓，淮陰侯尙王楚㉔，黥布王淮南㉕，彭越王梁㉖，韓信王韓㉗，張敖王趙㉘，貫高爲相㉙，盧綰王燕㉚，陳豨在代㉛，令此六七公者皆亡恙，當是時而陛下卽天子位，能自安乎？臣有以知陛下之不能也。天下淆亂，高皇帝與諸公並起，非有仄室之勢以豫席之也㉜。諸公幸者，乃爲中涓㉝，其次廑得舍人㉞，材之不逮至遠也。高皇帝以明聖威武卽天子位，割膏腴之地以王諸公，多者百餘城，少者乃三四十縣，德至渥也㉟。然其後十年之間，反者九起㊱。陛下之與諸公，非親角材而臣之也，又非身封王之也，自高皇帝不能以是一歲爲安，故臣知陛下之不能也。然尙有可諉者，曰疏。臣請試言其親者。假令悼惠王王齊，元王王楚，中子王趙，幽王王淮陽，共王王梁，靈王王燕，厲王王淮南㊲，六七貴人皆亡恙，當是時陛下卽位，能爲治乎？臣又知陛下之不能也。若此諸王，雖名爲臣，實皆有布衣昆弟之心㊳，慮亡不帝制而天子自爲者。擅爵人，赦死罪，甚者或戴黃屋㊴，漢法令非行也。雖行不軌如厲王者，令之不肯聽，召之安可致乎！幸而來至，法安可得加！動一親戚，天下圜視而起㊵，陛下之臣雖有悍如馮敬者㊶，適啓其口，匕首已陷其匈矣㊷。陛下雖賢，誰與領此？故疏者必危，親者必亂，已然之效也㊸。其異姓負強而動者，漢已幸勝之矣，又不易其所以然。同姓襲是迹而動，旣有徵矣，其勢盡又復然。殃禍之變，未知所移，明帝處之尙不能以安，後世將如之何！

　　屠牛坦一朝解十二牛㊹，而芒刃不頓者㊺，所排擊剝割㊻，皆衆理解也㊼。至於髖髀之所㊽，非斤則斧㊾。夫仁義恩厚，人主之芒刃也；權勢法制，人主之斤斧也。今諸侯王皆衆髖髀也，釋斤斧之用，而欲嬰以芒刃㊿，臣以爲不缺則折。胡不用之淮南、濟北？勢不可也。

　　臣竊迹前事，大抵強者先反。淮陰王楚最強，則最先反；韓信倚

胡，則又反；貫高因趙資，則又反；陳豨兵精，則又反；彭越用梁，則又反；黥布用淮南，則又反；盧綰最弱，最後反。長沙乃在二萬五千戶耳(51)，功少而最完，勢疏而最忠，非獨性異人也，亦形勢然也。曩令樊、酈、絳、灌據數十城而王(52)，今雖以殘亡可也(53)；令信、越之倫列爲徹侯而居(54)，雖至今存可也。然則天下之大計可知已。欲諸王之皆忠附，則莫若令如長沙王；欲臣子之勿菹醢(55)，則莫若令如樊、酈等；欲天下之治安，莫若衆建諸侯而少其力(56)。力少則易使以義，國小則亡邪心。令海內之勢如身之使臂，臂之使指，莫不制從，諸侯之君不敢有異心，輻湊並進而歸命天子(57)，雖在細民，且知其安，故天下咸知陛下之明。割地定制，令齊、趙、楚各爲若干國，使悼惠王、幽王、元王之子孫畢以次各受祖之分地(58)，地盡而止，及燕、梁它國皆然。其分地衆而子孫少者，建以爲國，空而置之，須其子孫生者，舉使君之。諸侯之地其削頗入漢者(59)，爲徙其侯國，及封其子孫也，所以數償之；一寸之地，一人之衆，天子亡所利焉，誠以定治而已，故天下咸知陛下之廉。地制壹定，宗室子孫莫慮不王，下無倍畔之心，上無誅伐之志，故天下咸知陛下之仁。法立而不犯，令行而不逆，貫高、利幾之謀不生(60)，柴奇、開章(61)之計不萌，細民鄉善，大臣致順，故天下咸知陛下之義。臥赤子天下之上而安，植遺腹，朝委裘(62)，而天下不亂。當時大治，後世誦聖。壹動而五業附(63)，陛下誰憚而久不爲此？

天下之勢方病大瘇(64)，一脛之大幾如要(65)，一指之大幾如股，平居不可屈信(66)，一二指搐，身慮亡聊(67)。失今不治，必爲錮疾(68)，後雖有扁鵲(69)，不能爲已。病非徒瘇也，又苦跖戾(70)。元王之子，帝之從弟也；今之王者，從弟之子也。惠王之子，親兄子也。今之王者，兄子之子也(71)。親者或亡分地以安天下，疏者或制大權以逼天子(72)，臣故曰非徒病瘇也，又苦跖戾。可痛哭者，此病是也。……

【注釋】①徧：同「遍」。疏舉：逐條列舉。②進言者：向皇帝陳述意見的人。③諛：奉承拍馬。④厝（ㄘㄨㄛˋ）：放置。⑤舛（ㄔㄨㄢˇ）逆：錯亂。⑥衡同「

横」。決：割裂。⑦搶攘：紛亂。⑧孰：同「熟」。⑨樹國：建立諸侯國。固：堅固，強大。相疑：相互猜疑，引伸爲對立。⑩爽：傷。據≪淮南子・精神訓≫：「五味亂口，使口爽傷」。⑪親弟：指漢文帝劉恒的弟弟淮南厲王劉長。謀爲東帝。陰謀當皇帝。劉長於漢文帝六年（前 174）勾結匈奴謀反，事敗後自殺。因爲他的封地位於都城長安東方，所以自稱東帝。⑫親兄之子：指漢文帝哥哥齊悼惠王劉肥的兒子、濟北王劉興居。西鄉而擊：漢文帝三年（前 177）劉興居發動叛亂，舉兵向西襲擊滎陽，被粉碎。鄉：同「向」。⑬吳：指吳王劉濞。見告：被人告發。⑭春秋：指年紀。鼎：正當。⑮莫大：最大。⑯傅相：傅指太傅，相指丞相。 漢代爲了加強對諸侯王的監督， 委派親信的人擔任諸侯國的太傅、 丞相。⑰冠（《 ㄨ ㄢˋ）：古代男子二十歲行加冠禮，表示已長大成人。⑱丞尉：漢朝制度，郡（縣）設丞，輔佐郡守（縣令）處理全郡（縣）政事；並設郡（縣）尉，掌管一郡(縣)的軍事。⑲黃帝： 傳說中的古帝王，實際上是原始社會後期的部落聯盟首領，這裏的引文見≪六韜・守土≫。○（ㄏ ㄨ ㄟˋ）：晒。⑳令：使。㉑墮：同「隳」，毀壞。 抗到 （ㄐ丨ㄥˋ）：卽殺頭的意思。㉒齊桓：卽齊桓公，春秋時齊國國君。㉓曩（ㄋㄤˇ）時： 從前，指漢高帝劉邦時。㉔淮陰侯：卽韓信。漢初封爲齊王。 後改封爲楚王， 以後又降爲淮陰侯。 漢高帝十一 （前 196）勾相結東豨謀反，被處死。王（ㄨㄤˋ）：做王。㉕黥（ㄑ丨ㄥˊ）布：卽英布，因曾受過黥刑（臉上刺字）。所以又稱黥布。漢初封爲淮南王。高帝十一年 （前 196）因謀反被殺。㉖彭越： 漢初封爲梁王， 高帝十年 （前 197）因謀反被殺。㉗韓信：指韓王信，戰國時韓襄王的孫子，歸漢後被封爲韓王，高帝七年（前200），他勾結匈奴叛漢，兵敗被殺。㉘張敖：漢高帝的女婿。漢初趙王張耳的兒子，張耳死後，繼爲趙王，後因趙相貫高謀刺劉邦一事被貶爲宣平侯。㉙貫高：趙王張敖的丞相，因謀刺漢高帝劉邦，被捕入獄，後自殺。㉚盧綰（ㄨㄢˇ）漢初封爲燕王，後參與陳豨謀反，陰謀暴露，投奔匈奴，被匈奴封爲東胡盧王，死在匈奴。㉛陳豨（ㄒ丨）：漢初任趙相，被封爲陽夏侯，漢高祖十年 （前 197）勾結匈奴反漢，自立爲代王，兵敗被殺。㉜仄（ㄗ ㄜˋ）：同「側」。仄室： 古代稱卿大夫的妾所生的兒子爲側室。仄室之勢：指帝王宗族的勢力。豫席：豫，同「預」；席，藉，墊在下面，引伸爲憑藉，依靠。㉝中涓：官名，親近的侍從。㉞厘：音義同「僮」。 舍人：官名，管理宮中事務的官。㉟渥（ㄨ ㄛˋ）：優厚。㊱反者九起：指漢高帝五年到十一年間 （前202—前196）韓王信、貫高、韓信、彭越、英布、陳豨、盧綰、利幾、臧荼等人的謀反。 ㊲悼惠王： 劉邦的兒子劉肥， 封爲齊王，「悼惠」是他的謚號。以下「元」、「幽」、「共」、「靈」、「厲」，同此。元王：劉邦

的兄弟劉交，封爲楚王。中子：劉邦的兒子劉如意，封爲趙王。幽王：劉邦的兒子劉友，封爲淮陽王。共王：劉邦的兒子劉恢，封爲梁王。靈王：劉邦的兒子劉建，封爲燕王。厲王：劉邦的兒子劉長，封爲淮南王。㊳布衣：平民，老百姓。昆弟：兄弟。㊴黃屋：皇帝車上絲織的黃色車蓋。戴黃屋：使用皇帝才能用的車蓋，在輿服上不合法度。㊵圜（ㄏㄨㄢˊ）：同「環」。圜視：向四面注視。圜視而起：指當時分裂割據的諸侯王國互相串連謀反。㊶馮敬：漢文帝六年時爲典客（管外交事務），執行御史大夫事，曾上書彈劾淮南王劉長，被刺客殺死。㊷匈：同「胸」。㊸已然：已經。效：驗證。㊹坦：人名，春秋時人，擅長殺牛。㊺芒刃：鋒利的刀刃。頓：同「鈍」。㊻排：剔除；擊：砍；剝離：割：割斷。皆爲剖牛的動作。㊼理解：指肌肉容易切割的地方。理：肌肉。㊽髖髀（ㄎㄨㄢ ㄅㄧˋ）：胯骨和大腿骨。這裏泛指大骨頭。㊾斤斧：砍東西的工具，橫刃叫斤，堅刃叫斧。㊿釋：放棄。嬰：同「攖」，迫近，此處引申爲施加。51長沙：指漢初被封爲長沙王的吳芮。在：通「才」。52樊：樊噲，漢初封爲舞陽侯。酈：酈商，漢初封爲曲周侯。絳：即絳侯周勃。灌：灌嬰，漢初封爲潁陰侯。53雖：即使。以：通「已」。54徹侯：爵位名，後因避漢武帝劉徹之諱，改稱通侯或列侯。55菹醢（ㄐㄩ ㄏㄞˇ）：把人剁成肉醬，古代的一種酷刑。56建：建立。少：減少，削弱。57輻湊：車條湊集於車軸，意喻諸侯集聚一處。58畢：都，全部。次：次序，指長幼次序。分（ㄈㄣˋ）地：諸侯王的封地。59其削頗入漢者：指諸侯王因犯罪有一些土地被削減收回朝廷。削：削減。頗：多。60利幾：人名，原是項羽的部將，後歸順劉邦，被封爲潁川侯，因反叛被殺。61柴奇、開章：淮南王劉長的兩個謀士，都參與劉長謀反。62朝：朝拜。委：放置。裘：皮衣，這裏指皇帝的衣服，朝委裘：新君未立，置亡君之衣冠於帝位，使百官朝拜。63五業：即明、廉、仁、義、聖。64瘇（ㄓㄨㄥˇ）：脚腫病。65脛：小腿。要：同「腰」。66平居：指睡坐。信：同「伸」。67亡聊：失去依靠。亡：同「無」。68錮疾：久治不癒的疾病。69扁鵲：戰國時名醫，姓秦，名越人。70跖（ㄓˊ）：脚掌。戾：扭轉。跖戾：脚掌扭轉，不能行走。71今之王者，兄子之子：楚元王劉交是漢高祖的弟弟，元王的兒子劉郢是漢文帝的堂弟。賈誼上書時的楚王劉戊是劉郢的兒子，也就是漢文帝堂弟的兒子。此句意爲比較遠的親屬。72親者：血緣關係密切。疏者：親屬關係較遠。

【鑑賞】戰國時，社會上活躍的士階層可分兩類，一是哲學家，一是縱橫家。哲學家不一定得志，縱橫家口說取富貴，立談致卿相，語言技巧得到發展。秦漢統

一，士風變了。散文獲得發展，謀國者的政論文勃興，爲天子定大計決策，文體之名曰疏。《治安策》，一名《陳政事疏》，爲西漢初文帝時最有名的文士賈誼所作。其代表作兩篇：《過秦論》與《治安策》。論則氣勢磅礴，分析暴秦得失天下的原因；策則高瞻遠矚，提出漢家長治久安的大計。

所謂治安，賈生自己說了明確的意思：建久安之勢，成長治之業。其所以上疏陳政事的動因，是爲著當時事勢，可爲痛哭者一，可爲流涕者二，可爲長嘆息者六。顯然，是用著激越的情感寫作的，而不是縱橫家的危言聳聽。

傳世的本子有三種，《漢書》本傳剪裁成爲痛哭一、流涕二、長嘆息三；這和陳壽《三國志》的《魏志・高堂隆傳》一致。另一種本子是同《吳志・華覈傳》一致，長嘆息有六，但有總目而不詳。另一種龍溪精舍刊本合流涕爲一，長嘆息有四。本文兼取盧文弨所校定的選本。文字依《漢書》，說明間採盧校本。

之所以評賈生高瞻遠矚，是由於他以卓越敏銳的眼光，洞察漢初存在的對內對外兩大主要矛盾。對內的矛盾產生是由於項羽霸權從秦代進步的統一的地方行政區劃的郡縣制，開歷史倒車退步到戰國時禍患顯著的分裂的制度，分封項氏功臣和重立六國之後，析土爲王。劉邦爲平項羽的形勢要求，封功臣大者韓信、彭越、英布等爲王。同時又仿效周初分封，立兄弟子侄爲王。賈生深察其錯誤，分析其形勢，得出劉邦時最強的功臣先反的規律。功臣平後，一波未全平一波又起，同姓的王傳襲子孫，一代代的由親變疏。楚元王是劉邦之弟，傳子爲文帝的堂弟，第三世是堂弟之子。齊悼惠王劉肥，是文帝親兄。賈生策中，已有「今……親兄之子……又見告矣」的明證。同姓諸王七國之反，事在賈長沙身後，可爲我們評價的明證。賈生的決策是「衆建諸侯而少其力」。

「策」中繼承戰國游士的技巧，文中多用比喻，明白曉暢，而且說明當時天下之勢有採取措施的迫切性。力破非愚則諛的謬論，指出所謂「天下少安」的表面現象，是「大國之王幼弱未壯，漢之所置傅相方握其事」。及今不圖，彼時而「欲爲治安，雖堯舜不治」。疏者必危，親者必亂，已然之效，亦事有必至，急切地指明：「天下之勢方病大瘇，一脛之大幾如要，一指之大幾如股，平居不可屈信」，「失今不治，必爲錮疾，後雖有扁鵲，不能爲已。病非徒瘇也，又苦跖盭。」「親者或亡分地以安天下，疏者或制大權以逼天子」。結論是：「臣故曰非徒病瘇也，又苦跖盭。可痛哭者，此病是也。」此比喻較之「尾大不掉」，更形象。評爲明白曉暢，比之「海大魚」的猜謎，不可同日而語。

樹國固必相疑之勢，是賈生指明病源；衆建諸侯而少其力，是賈生的處方。

賈生所深察的另一矛盾，是對外存在的。漢家自高帝、文帝至武帝、宣帝，

匈奴所造成的外患是巨大的，乃應考慮、應解決的大策，賈生認爲可流涕者。矛盾是從秦、趙二國開始，趙之李牧，秦之蒙恬是守邊的名將，牧築長城（局部），恬收復河南地。匈奴冒頓單于時南與中原爲敵國，攻太原，到晉陽（今太原）下。漢高帝自將三十萬衆待擊，冒頓精騎四十萬圍高帝於平城者七日方解。高后時，冒頓致書呂后，妄言侮辱，文帝時來則拒之。賈生策言：「天下之勢方倒懸。天子者天下之首，上也；蠻夷者天下之足，下也。今匈奴爲天下患，而漢歲致金絮采繒以奉之，足反居上，首頸居下。倒懸如此，莫之能解，猶爲國有人乎？一方病矣，醫能治之而上不使，可爲流涕者此也」。又言：「陛下何忍以帝皇之號爲戎人諸侯，勢旣卑弱，而禍不息，長此安窮！德可遠施，威可遠加，而直數百里外威令不伸，可爲流涕者此也」。這是可爲流涕者二。匈奴爲中原大患，賈誼年未三十，慷慨陳詞：「行臣之計，請必係單于之頸，舉匈奴之衆唯上之命」。賈長沙恥國無人，壯懷激烈，要求雪恥，並非大言欺人，武帝時終於「春秋復九世之仇」，衞霍出兵。宣帝時匈奴五單于爭立，呼韓邪稱臣，甘露三年（前51）《漢書・宣帝紀》寫下：匈奴遂定。」

《治安策》中又有可爲長嘆息者四事，盧氏校本中明著銅布一事，《漢書》錄入《食貨志》（下）。今博禍可除而七福可致，久退七福而行博禍，臣誠傷之。可爲長嘆息者，此其一也。」憂國憂民之賈長沙發出深沉的長嘆。這裏未點明賈生的長嘆所由發的歷史根源，且補記一下。《漢書・鄧通傳》記載：文帝自以「能富通在我，賜通蜀嚴道銅山，得自鑄，鄧氏錢布天下」。「策」中銅布有言：「銅布於下則民鑄錢。不禁鑄錢則錢常亂，僞錢無止，錢用不信，採銅鑄錢，其罪黥，禁鑄錢必以死罪，此民私錢犯罪至死。」鄧通何以能得自鑄？賈生爲銅布於下爲天下蓄言之，通得自鑄，公耶私耶？賈生之長嘆息，蓋有由也。「民不畏死，奈何以死懼之？」

其他三嘆息依《漢書》之紋次談談管見。賈生是儒家者流（能誦詩書），儒家易服色制度、改正朔、定官名、興禮樂，生乃草具其儀法。第一聲長嘆息卽與服色制度有關，服以地位而定，天子與后之禮服席而不宴，因禮之隆殺而定。賈生見古天子之服，富人大賈召客以被牆。庶人屋壁得爲帝服，倡優下賤得爲后飾，天下財力豈能不盡？帝之身自衣皂綈，而富民牆屋被文繡，天子之后以緣其領，庶人賤妾緣其履，謂之奸。尊卑貴賤之等亂。不僅如此。百人作之不能衣一人，欲天下無寒豈可得。一人耕之，十人聚而食之，欲天下無飢不可得。飢寒切於民之肌膚，欲其無爲奸邪不可得，國已屈矣，盜賊直須時耳。危機如此，進計者猶曰無爲，如此無爲豈可得無爲而治？漢初尙黃老，文帝不例外，賈生所以長

嘆息，所以評他憂國憂民，在賈生，國卽君，卽劉氏。這是一。

在《漢書》的第二可爲長嘆息是定經制，「經制不定猶度江河無維楫，中流而遇風波，船必覆矣」。賈生以爲「立君臣，等上下，使父子有禮，六親有紀，不修則壞。」引管子禮義廉恥，是謂四維，「四維不張，國乃滅亡」。可爲寒心。秦滅四維，奸人並起，萬民離叛，凡十三歲而社稷爲墟。四維未備，奸人幾幸，衆心疑惑。定經制，令君君臣臣，上下有差，父子六親各得其宜，奸人無所幾幸，而羣臣信上而不疑惑，此業一定，世世長安。

盧氏校新書，刪去羣臣下衍文衆字，文從字順。顏氏注《漢書》，不知衆爲衍文，句讀錯誤，從而誤解衆信爲共爲忠信，文理不通，《漢書》點校本惜未校正。盧書結尾有「悲夫」二字而無長太息，其他卷亦有悲夫幾處，可能是長太息其五其六的脫漏，缺乏舊本作證據了。

此下原文有一小節比較禮與法，言「湯武置天下於仁義禮樂，秦王置天下於法令刑罰，今或言禮義之不如法令，敎化之不如刑罰，人主胡不引殷、周、秦事以觀之也？」看來，賈生在上文批判老子君人之術，此節又批判法家，漢代統治者或重黃老，或重申韓，賈生非無定論，說賈生是儒家者流，是有論據的。

第三長太息專論體貌大臣之必要性。「主上遇其大臣如遇犬馬，彼將犬馬自爲也。頑頓無恥，廉恥不立。主上有患，則吾苟免而已。有便吾身者，則欺賣而利之耳。人主將何便於此？羣下至衆，主上至少，（臣下）俱無恥，俱苟妄，則主上最病。夫將爲我危，故吾得與之皆安。顧行而忘利，守節而仗義，故可以寄六尺之孤，此屬廉恥行禮義之所致也。

賈誼發此論非無稽之談，在其本身親見蕭何、周勃之事，深感劉邦父子待大臣之無禮義，是有爲而言，切中時弊。項羽死後，劉邦大會羣臣，問所以得天下及項羽所以失之故，親口歸美於吾得三傑，留守後方，支援前線，蕭何之功最大。而論功則有功人功狗人之比，出言鄙俚。其父如此，其子亦然。文帝劉恒得立爲皇帝，論功周勃在陳平之上。老而罷免居封邑，小人誣告其反，囚禁獄中。周勃出獄後嘆息說：「吾乃今知獄吏之尊」，求生而已。賈長沙卒後，晁錯成爲六國同姓反叛的禍首罪魁，朝衣斬東市，劉氏安而晁氏夷族。一般認爲劉邦豁達大度，司馬遷評劉啓天資刻薄，其實都是不體貌大臣的封建統治者的家法！

李義山《賈生》詩云：「宣室求賢訪逐臣，賈生才調更無倫。可憐夜半虛前席，不問蒼生問鬼神！」這首短詩，正道着賈長沙可悲的遭遇。賈生雖然高瞻遠矚，切中時弊，但只是一位才調無倫的逐客。爲什麼？漢文帝與張釋之談話中云：「卑之無甚高論，令今可施行也。」而賈長沙正是高論！賈長沙是何等人物，

司馬遷爲之作傳，未列於漢初人物中，而提前與屈原合傳。賈生年少時，博聞強志，明於治亂，彷彿靈均。太史公大書特書：「自屈原沉汨羅後百有餘年， 漢有賈生。」這是司馬公對屈原的評價。

（段熙仲）

論積貯疏　　　賈　誼

　　管子①曰：「倉廩實而知禮節。」②民不足而可治者，自古及今，未之嘗聞③。古之人曰：「一夫不耕， 或受之飢④；一女不織， 或受之寒。」生之有時而用之亡度⑤， 則物力必屈⑥。古之治天下， 至孅至悉⑦也， 故其畜積足恃⑧。今背本而趨末⑨， 食者甚衆，是天下之大殘也⑩；淫⑪侈之俗， 日日以長⑫，是天下之大賊也。殘賊公行，莫之或止⑬；大命將泛⑭，莫之振救。 生之者甚少， 而靡⑮之者甚多，天下財產何得不蹶⑯？漢之爲漢⑰， 幾⑱四十年矣，公私之積，猶⑲可哀痛⑳！失時不雨，民且狼顧㉑，歲惡不入，請賣爵子㉒。既聞耳矣㉓， 安有爲天下阽危者若是而上不驚者㉔！

　　世之有飢穰，天之行也㉕， 禹、湯被之矣㉖。卽不幸有方二三千里之旱㉗，國胡以相恤㉘？卒然㉙邊境有急， 數十百萬之衆，國胡以餽之㉚？兵旱相乘㉛，天下大屈，有勇力者聚徒而衡擊㉜，罷夫羸老易子而咬其骨㉝。 政治未畢通也㉞， 遠方之能疑者， 並舉而爭起矣㉟。乃駭而圖之㊱，豈將有及乎㊲？

　　夫積貯者，天下之大命也。苟㊳粟多而財有餘，何爲而不成㊴？以攻則取㊵，以守則固，以戰則勝。懷敵附遠㊶，何招而不至㊷？今驅民而歸之農㊸，皆著於本㊹，使天下各食其力，末技游食之民㊺，轉而緣南畝㊻，則畜積足而人樂其所矣。可以爲富安天下㊼，而直爲此廩廩也㊽！竊爲陛下惜之㊾！

【注釋】①管子：卽管仲，字夷吾，春秋時名相，輔佐齊桓公建立霸業。後人輯

錄其說成《管子》一書。②倉廩實而知禮節：語見《管子‧牧民》。廩（ㄌㄧㄣˇ）：糧倉。③未之嘗聞：「未嘗聞之」的倒裝。未曾聽說過這件事。④一夫不耕，或受之飢：一個男子不種地，就有人受飢餓。或：意為有的人。⑤生之有時而用之亡（ㄨˊ）度：生產財富有時間限制，但消費財富沒有限度。⑥物力必屈（ㄐㄩㄝˊ）：社會上的財富一定會缺乏。屈：竭，窮盡。⑦至孅（ㄒㄧㄢ）至悉：極細致極周到。孅：通「纖」，細小。⑧畜：同「蓄」，蓄積。恃：依靠。⑨背：棄。本：古人以農桑為本。末：古人以工商為末。趨：趨向，〔這裏是「從事」的意思。⑩是：同「此」。殘：同下文的「賊」是互文都是「害」的意思。⑪淫：過分，引申為「講究」。⑫以：作連詞「而」解。長：增長。⑬莫：沒有誰。之：代指「殘賊公行」這種情形。⑭大命將泛（ㄈㄥˊ）：國家的命運將要覆滅。大命：此處作「天命」解，指漢王朝政權；下文「天下之大命」句中的「大命」，作命脈或最重要的事情解釋。泛：傾覆的意思。⑮靡：耗費。⑯蹷（ㄐㄩㄝˊ）：傾竭。⑰漢之為漢：漢朝建立漢朝政權以來。為：成為，引申為「建立」。⑱幾：近。⑲猶：還。⑳哀痛：痛心。㉑狼顧：狼性多疑，行走時常回頭顧望。這裏比喻人們看到天不下雨，恐懼不安。㉒歲惡不入，請賣爵子：年景不好納不了稅，朝廷賣爵位，人民賣子女（彌補收支虧空）。請：作「願」解。㉓既：已經。耳：語氣助詞。㉔為：這裏作「治理」解。阽（ㄉㄧㄢ）：欲墜貌，危險的意思。㉕飢：代指荒年。穰（ㄖㄤˊ）：代指豐年。飢穰：此處偏指荒年。天：自然。行：常道，法則。㉖禹湯被之矣：夏禹、商湯遇到過這種情況。禹有九年之水，湯有七年之旱。被：此處作「遭受」解。㉗卽：假若。㉘胡以：卽「何以」，以何，憑什麼。相：表示一方對另一方的動作。恤：救濟。㉙卒（ㄘㄨˋ）然：突然。卒：同「猝」。㉚餽（ㄎㄨㄟˋ）：原意是贈送，這裏指發放糧餉。之：代指上句的「衆」，卽軍隊。㉛兵旱相乘：兵災、旱災交相趁勢侵襲。乘：趁勢。㉜衡：同「橫」。衡擊：橫行劫擊。㉝罷（ㄆㄧˊ）夫羸（ㄌㄟˊ）老易子而咬其骨：老弱的人相互交換子女而食其肉充飢。罷：同「疲」。羸：瘦弱。㉞政治未畢通也：政局沒有完全貫通、穩定。㉟遠方之能疑者，並舉而爭起矣：遠方對朝廷有二心的人，爭相起事。「能」是衍文；疑：疑心，有二心。「並舉」和「爭起」都是競相起事的意思。㊱乃駭而圖之：於是（皇上）驚駭起來，圖謀（對付）他們。㊲豈將有及乎：難道還來得及嗎？及：至，趕上。㊳苟：如果。㊴何為：幹什麼。成：成功。㊵以攻則取：憑藉這個攻打敵人就能取勝。以：憑藉。「以」字後邊省略賓語「之」字。㊶懷：安撫，指用安撫政策對待歸降的敵人。附：使……歸附。㊷何招而不至：招撫誰又不來呢？㊸驅：驅使、推動之意。㊹著：附着，從事。㊺

末技遊食之民：從事工商這種末等技藝的人和到處遊蕩白吃飯的人。㊻轉而緣南畮：轉變行業走向田間，從事農業。緣：沿着，走向。畮：同「畝」。南畮：泛指田間。㊼可以爲富安天下：本來可以使天下富足安定。爲：做，造成。㊽直：竟然。廩廩：通「懍懍」，危懼貌。㊾竊：表示謙虛的自稱。惜：痛惜。

【鑑賞】在我國文學史上，賈誼是一位年輕早熟、才識出衆的作家；在賈誼的作品中，《論積貯疏》是一篇剴切時弊、爲國遠慮的著名政論文。漢帝國自高祖以後，便採取多種措施，鞏固其統治基礎，同時也懾於秦末農民大起義的偉大力量，不得不對生產關係的某些方面作了調整，使社會生產有所恢復和發展。但是封建制度本身所無法克服的封建生產關係中的許多矛盾，在潛流中加劇。文帝即位後，「國近戰國，皆背本趨末」（《漢書・食貨志》）。大地主兼併土地的現象漸趨嚴重，「富者田連阡陌，貧者無立錐之地」（同上）。大商人加緊活動，不斷控制着關係到國計民生的冶鐵、煮鹽、鑄錢等手工業和商業，爲所欲爲，大發橫財。在繁重的壓迫和剝削下，廣大農民破產逃亡，紛紛流向城市，淪爲工商業主的佣工或奴隸，有的甚至成了無家無業的遊食之民。農村勞動力的銳減，使得「生穀之土未盡墾，山澤之利未盡出」（同上），糧食的生產和積存成了嚴重問題。面對這種有碍於鞏固封建統治的現實，作爲地主階級的忠實謀臣的賈誼，便以奏疏的形式向文帝陳述了自己的政見。《論積貯疏》即其代表作之一。

這篇奏疏的中心論點是：發展農業，儲存糧食，對於治國安民具有重大的政治意義。爲了充分申述自己的論點，作者從三個不同角度加以反覆論證：從對現實形勢的分析，證明「積貯」的緊迫性；從對社會規律的闡述，證明不「積貯」的危害性；從對具體措施的設想，證明「積貯」的可行性。

文章開頭在借用《管子》的話立論之後，即引出自己的基本觀點：要想治好國家，就必須使老百姓有飯吃；要使老百姓有飯吃，就必須發展農業，儲存糧食。可是現實恰恰相反：「背本而趨末」。經商的人不斷增多，務農的人驟然減少，加之奢侈成風，浪費無度，既不開源，又不節流，公家和私門都無「積貯」。長此下去，國家必將毀滅。作者把現實的形勢說得如此嚴重，目的是要震動文帝思想，使他認識到「積貯」是當務之急，是刻不容緩的大事。

作者不僅從正面強調「積貯」的緊迫性，還進一步從反面說明倘不「積貯」，必會釀成極大危害，因爲某些天災人禍的發生，是自古以來就難以避免的。如果一旦發生水旱災害，國家沒有充足的存糧，將何以救災？如果一旦發生戰爭，沒有充足的軍餉，軍隊何以打仗？如果災害和戰爭同時發生，社會財源枯竭，人民

無法生存，不是餓死，就是相互殘食，或者起而造反，到那時再採取措施就無濟於事了。因此必須居安而思危，防患於未然。

作者不僅從正面和反面闡明「積貯」之利和不儲之弊，從理論上闡明「積貯」的意義，還在實踐上指明「積貯」的具體辦法和途徑：國家要以農業爲主，壓縮工商業；增加農業人口，減少工商人員；驅使棄農經商的人去從事農業生產，命令無業遊民從城市轉入農村。這樣，糧食的消費者就可變成生產糧食的勞動者。糧食積存多了，人們就會安居樂業；人們安居樂業了，國家政權自會穩定鞏固。

《漢書・食貨志》在引錄賈誼這篇奏疏之後，緊接着寫道：「於是上感誼言，始開籍田，躬耕以勸百姓。」這些記載顯然有誇大、美化之處，但也一定程度地證實了《論積貯疏》在當時所產生的積極作用，統治者對農業生產多少有了一些重視。事實上，賈誼的一些政治主張在其死後，都爲景帝、武帝等朝所陸續採納和實施。

從根本上說，賈誼的政治主張都是爲了地主階級的「富安天下」，防止勞動人民的「不知禮節」和「犯上作亂」。但是作爲一個有才識的文學家，賈誼不同於一般御用文人，不囿於陳言套語，沒有粉飾太平、歌功頌德，而敢於正視現實、思考問題。在「文景之治」的初期，他就看到了嚴重的社會危機；透過「太平盛世」的假象，他揭露了尖銳的矛盾。把發展農業、積存糧食這類經濟問題，突出地提到關係着國家安危的政治問題的高度來認識，這是難能可貴的。

在以小農經濟爲基礎的封建社會，農業總是國家賴以生存的最重要的經濟部門。賈誼一再論證發展農業生產、增加糧食儲備的重要性，這符合社會發展的規律，適應了生產力發展的需要，有利於上升中的新興地主階級政權的鞏固。同時，在客觀上也符合人類生存發展的基本要求，反映了人民羣衆在長期戰亂動蕩之後渴望有一個比較安定的環境來從事生產的熱切要求。

有人認爲賈誼在《論積貯疏》中把農業和工商業對立起來的看法是錯誤的。我們覺得這要作具體的歷史的分析。在我國歷史上，商品生產古已有之。商朝就開始了商品的買賣。但那時只有奴隸主和少數自由民才能經商，商業和手工業的發展不會改變奴隸制的經濟基礎，所以奴隸社會不存在抑商的問題。但到賈誼生活的時代，封建制的生產關係剛建立不久，如果對工商奴隸主和地方割據勢力控制下的商業和手工業不進行必要的抑制，任其泛濫，兼併農人，就會使獲得土地並有一定生產積極性的農民重新淪爲奴隸，直接瓦解封建制的經濟基礎，把社會拉向後退。當然，如果到了封建社會的末期，手工業生產向資本主義生產過渡

並出現資本主義萌芽的時候，再提抑制商業，那就是對社會發展的反動了。在賈誼的思想中，重農抑商是一個問題的兩個方面，抑商是爲了重農，重農必須抑商。抑商的着眼點不是不要商業和手工業，而是要抵制和打擊豪商巨富對農人的兼併，防止農人離開土地「棄本逐末」，保護新興的封建制的經濟基礎。因此，在當時條件下，這種主張的歷史意義，是無可非議的。

　　《論積貯疏》不僅有其一定的歷史價值，作爲一篇政論文，它在我國散文史上也有其值得借鑒的藝術價值。這首先表現在它慷慨陳辭，雄放恣肆。由於作者有明確的政治觀點，對現實有清醒的認識，同時寫作本文時可能正得皇帝的信任，所以開門見山，直抒己見，滿腔憂思，噴薄而出。在具體論述過程中，他再三強調時弊之嚴重，語言激切，似無顧忌。「殘賊公行，莫之或止；大命將泛，莫之振救。」「安有爲天下阽危者若是而上不驚者！」對於最高統治者來說，聽了這些話可能有點刺耳，但他也會感到觸目驚心，甚至會引起警覺，採取措施。這就發揮了奏疏這一特殊工具的作用。對於讀者來說，透過這些淋漓直截的語言，彷彿看到作者感情昂揚、據理極諫的形象躍然紙上。

　　論述周詳，說理圓暢，是《論積貯疏》的又一寫作特點。這篇奏疏總共才有幾百字，但並不感到內容單薄，言詞空洞。作者在提出問題之後，卽針對論題從正面和反面、歷史和現實、目前和未來、成功和失敗等各個方面作了比較分析。在合乎邏輯的推論之後，又水到渠成地提出了解決問題的根本辦法。層層推進，步步深入，但又無不緊扣「積貯」二字。論點鮮明突出，論證確鑿嚴密，論據雄辯有力。讀了令人信服，發人深思。

　　一篇優秀的政論文，不光是要把抽象複雜的道理講清楚，還要讓人易於理解和接受，使人感動而不覺枯燥。《論積貯疏》在這方面明顯的成功之處是：語言流轉，文筆多姿。由於作者也是著名的辭賦家，在本篇行文之中，常常穿插着排比句式，使文章氣勢雄健，整齊警策。但整齊之中又富於變化，跌宕有致，或用連續的反詰句，滔滔問難；或用連續的設問句，避開平板議論。這種反復嗟嘆和抑揚頓挫的筆調，巧妙地把議論、敍事、抒情有機地結合起來，產生了強烈的感染力量。著名的文學批評家劉勰在其《文心雕龍・奏啓》中對這篇奏疏曾給予很高的評價：「自漢以來，奏事或稱上疏；儒雅繼踵，殊採可觀。若夫賈誼之務農，……理旣切至，辭亦通暢，可謂識大體矣。」正是由於思想內容和藝術形式較好地結合，所以，儘管賈誼在《論積貯疏》中提及的問題是兩千多年以前的歷史陳跡，但今天讀着它仍有扣動心弦的魅力。它確實不失爲我國古代文學寶庫中的一份寶貴遺產。　　　　　　　　　　　　　　　　　　　　　（陸堅）

鵩鳥賦

賈　誼

　　單閼之歲兮①，四月孟夏。庚子日斜兮②，鵩集予舍③。止於坐隅兮④，貌甚閑暇⑤。異物來萃兮⑥，私怪其故⑦。發書占之兮⑧，讖言其度⑨，曰：「野鳥入室兮，主人將去。」請問於鵩兮：「予去何之⑩？吉乎告我，凶言其災⑪。淹速之度兮⑫，語予其期⑬。」鵩乃嘆息，舉首備翼；口不能言，請對以臆⑭：

　　「萬物變化兮，固無休息。斡流而遷兮⑮，或推而還⑯。形氣轉續兮⑰，變化而嬗⑱。沕穆無窮兮⑲，胡可勝言⑳！禍兮福所倚㉑，福兮禍所伏㉒；憂喜聚門兮㉓，吉凶同域㉔。彼吳強大兮，夫差以敗；越棲會稽兮，勾踐霸世㉕。斯游遂成兮，卒被五刑㉖。傅說胥靡兮，乃相武丁㉗。夫禍之與福兮，何異糾纆㉘；命不可說兮，孰知其極㉙！水激則旱兮，矢激則遠㉚；萬物回薄兮㉛，振蕩相轉㉜。雲蒸雨降兮㉝，糾錯相紛㉞；大鈞播物兮㉟，坱圠無垠㊱。天不可預慮兮，道不可預謀㊲；遲速有命兮，焉識其時㊳！且夫天地為爐兮㊴，造化為工㊵；陰陽為炭兮，萬物為銅㊶。合散消息兮㊷，安有常則㊸？千變萬化兮，未始有極㊹！忽然為人兮㊺，何足控摶㊻；化為異物兮㊼，又何足患！小智自私兮，賤彼貴我㊽；達人大觀兮㊾，物無不可㊿。貪夫殉財兮[51]，烈士殉名。夸者死權兮[52]，品庶每生[53]。怵迫之徒兮[54]，或趨西東[55]；大人不曲兮[56]，意變齊同[57]。愚士係俗兮[58]，窘若囚拘[59]；至人遺物兮[60]，獨與道俱[61]。眾人惑惑兮[62]，好惡積億[63]；真人恬漠兮[64]，獨與道息[65]。釋智遺形兮[66]，超然自喪[67]；寥廓忽荒兮[68]，與道翱翔[69]。乘流則逝兮[70]，得坻則止[71]；縱軀委命兮[72]，不私與己[73]。其生兮若浮[74]，其死兮若休[75]；淡乎若深泉之靜[76]，泛乎若不繫之舟[77]。不以生故自寶兮[78]，養空而浮。德人無累[79]，知命不憂[80]。細故蔕芥，何足以疑[81]！」

【注釋】①單閼（ㄔㄢˊ ㄜˋ）十二歲陰之一，太歲在卯曰單閼。這一年是漢文帝六年，丁卯年。②庚子：四月裏的一天。③集：止，棲息。⑷坐隅：古人席地而坐，坐隅卽坐席的一角。⑤閑暇：從容之態。⑥異物：指鵩鳥。萃：止。⑦私：暗自。⑧發：打開。書：這裏指占卜所用之書。⑨讖（ㄔㄣˋ）：預示吉凶的話。度：吉凶的定數。⑩之：往。⑪凶言其災：是凶事，請把災禍言明。⑫淹速：指死生的迅速。⑬語（ㄩˋ）：告訴⑭臆：胸。⑮斡（ㄨㄛˋ）流：運轉。⑯推：推移。還：回。⑰形：指有形物。氣：指無形物。⑱而：如。蟺（ㄕㄢˋ）：蛻化。⑲沕（ㄨˋ）穆：精微深遠的樣子。⑳勝：盡。㉑倚：因。㉒伏：藏。語出老子≪道德經≫。㉓聚門：聚集在一門之內。㉔同域：同在一個區域。㉕彼吳強大四句：（指春秋末年）吳、越相攻伐，越王勾踐終於滅吳之事。㉖斯游遂成：指李斯游宦於秦，而卒爲丞相之事。五刑：指秦二世時，李斯被腰斬死。㉗傅說（ㄩㄝˋ）：傳說中傅說在傅岩服勞役，殷高宗武丁以爲他是賢人，用以爲相。胥靡：古代一種刑罰，把罪人係在一起，使服勞役。㉘糾：兩股交織在一起的繩索。纆（ㄇㄛˋ）：三股交織在一起的繩索。㉙說：解說。極：究竟。㉚旱：通「悍」，指水奔湧。㉛回：返。薄：迫。㉜振：同「震」。轉：轉化。㉝蒸：因熱而上升。降：因冷而下降。㉞糾錯：糾纆錯雜。紛：紛亂。㉟鈞：指製造陶器所用的轉輪。大鈞：造化。播物：運轉造物。㊱坱（ㄧㄤˇ）圠（ㄧㄚˋ）：無邊無際的樣子。㊲預慮、預謀：預見。㊳識：預知。時：期限。㊴爐：冶煉之爐。與下文之工、炭、銅皆比喻。㊵工：冶煉工匠。㊶炭：喻陰陽。銅：喻鑄化成的物。㊷合：聚。消：滅。息：生。㊸常則：一定的法則。㊹未始：未嘗。極：終極。㊺忽然：偶然。㊻控：引。摶（ㄊㄨㄢˊ）：持。㊼化爲異物：指死。㊽小智：智識短淺的人。自私：只顧自己。㊾達人：通達之人。大觀：胸懷寬闊。㊿可：合適。(51)殉：以身從物。(52)夸者：貪求虛名之人。(53)品庶：指一般人。每：貪。(54)怵（ㄔㄨˋ）：爲利所誘。迫：爲貧賤所迫。(55)趨西東：東奔西走，趨利避害。(56)大人：偉人。曲：指爲物欲所屈。(57)意：億萬。(58)係俗：爲俗累所係。(59)囚拘：像罪人一樣地受拘束。(60)至人：指有至德之人。≪莊子・天下≫：「不離於眞，謂之至人」。遺物：遺棄物累。(61)獨與道俱：獨與大道同行。(62)惑惑：惑亂到極點。(63)億：億萬。(64)眞人：指得天地之道的人。恬：安。漠：靜。(65)與道息：與大道同處。(66)釋智：放棄智慮。遺形：遺棄形骸。(67)超然：超脫於萬物之外。自喪：自忘其身。(68)寥廓：空遠。忽荒：同「恍惚」。(69)翺翔：浮游。(70)逝：去。(71)坻（ㄔˊ）：水中小洲。(72)縱：放縱。(73)不私與己：不私愛身軀把它歸於自己作爲私物。(74)浮：浮寄。(75)休：休息。(76)淡：安靜。(77)泛：浮游。(78)自寶：自我寶

貴。⑦德人：≪莊子・天地≫云，「德人者，居無思，行無慮，不藏是非美惡。」
累：牽累。⑧知命：知曉天命。⑧細故：細小事故。蒂芥：卽芥蒂，指細微。這
裏指鵩鳥入舍事。

【鑑賞】賈誼以天才橫溢的少年才華受到漢文帝的賞識，二十歲卽被召爲博士，
一年中超升爲大中大夫。然而政治上的嶄露頭角招來了執政大臣的妒忌和排斥。
文帝五年（前 175）他二十六歲時便被放爲長沙王太傅，於是悵然出京，途經湘
江時寫下了千古流傳的≪弔屈原賦≫，表達了對自己懷才不遇的悲憤和對現實社
會的不滿之情。他在長沙落落寡歡，又加上不習慣南方的潮濕，深恐年命不永，
死期將近。於是借鵩鳥飛來爲由，寫下了這篇≪鵩鳥賦≫以自慰自悼。

　　鵩鳥就是現在說的猫頭鷹，楚人以爲它的降臨是一種不祥之兆，預示了屋主
卽將去世，因而此文主要從生死問題上發論。文章從開頭到「語予其期」，是全文
的引子，交代了鵩鳥棲於其舍，遂引出下面的一篇議論。作者借鵩鳥之口首先提
出了禍福互相倚伏的道理，從而說明吉凶同域。然後列擧了吳王夫差、越王勾
踐、李斯、傅說等古人的先例，申言禍福無常，彼此相因。「命不可說兮」以下，
以各種形象的比喩說明事物的變化及因果關係是極爲複雜的：水受激則流得快，
箭受激就射得遠，事物也是知此，一旦彼此激蕩也就生出種種變化。雲的升騰，
雨的下落，猶如萬物因果的錯綜複雜。於是作者感嘆造物無窮，人事不可預測，
得出「遲速有命」的結論。隨後又以冶鑄爲喩：天地爲爐，造化爲冶匠，陰陽爲
炭，萬物爲銅，以此說明世上事物的合散變化沒有一定的規律。「小智」以下二十
句，分說各種人物的情狀，證明萬物紛紜，人情各異。然其中以「達人」、「大
人」、「至人」、「眞人」與「小智」、「怵迫之徒」、「愚士」、「衆人」等構成對比，
強調了通達有道之士能知生死禍福之理，不爲外在物欲所屈，因而對萬物一視同
仁，與道冥合。「釋智遺形兮」以下十六句寫作者理想中作人處世的態度。那種
能超然於物的人，處世如隨流而行，觸物卽止，完全將軀體交托給自然命運的安
排，不作爲一己的私物，因而他生活在世上便如暫時的寄居，他的去世就像一次
長久的休息，於是他沒有絲毫顧慮，不以生命爲可貴了。最後二句看似一氣貫
下，實爲還扣首段主人問鵩鳥的話，意謂死生榮枯等事，不過是細故蒂芥，而鵩
鳥來止、主人將死的傳說也就不足憂慮，所以清代的顧施禎說：「此二句，作賦
之本旨。」（≪文選六臣滙注疏解≫）

　　賈誼此賦的思想基礎是黃老哲學，文中宣揚的順天委命，齊死生、等榮辱等
思想，顯然都在≪老子≫和≪莊子≫中可找到其淵源。如文中「禍兮福所倚，福

兮禍所伏」二句卽出於《老子・道德經》，而齊死生的說法則來自《莊子・齊物論》。這種思想帶有較濃厚的消極因素，體現了老莊虛無遁世的人生觀。但我們不能脫離時代來看賈誼，他在此文中所表現的正是時代思想的反映。漢初數十年中，黃老哲學大盛，幾乎成爲當時的統治思想。自漢初曹參用黃老無爲而治的理論治國，至竇太后則更尊用黃老之言，甚至「帝及太子諸竇，不得不讀黃帝老子，尊其術。」（《史記・外戚世家》）故當時論學者也大多以黃老爲宗，這在司馬談的《論六家要旨》和成於淮南王劉安門客之手的《淮南子》中都可見到，而賈誼自然受到這種時代學術風尚的影響，所以表現在他的人生哲學中便是儒道兼具，特別是在他政治上受挫折時，便以老莊避世的面目出現。

　　另外，我們還應看到，在這種消極思想的背面，正蘊藏著作者對自己不幸遭遇的怨憤和對黑暗現實的不滿。賈誼少年得志，正在青雲有路，希望一展抱負的時候受讒遭貶，其心中的鬱恨自不待言。此文中故作曠達，力求超脫，其實正表現了他未能忘情於世，不甘置身物外的隱情。這在他後來被召回京後，復「數上疏，陳政事，多所欲匡建」（《史記・賈誼傳》）中可見。無怪乎司馬遷說：「讀《鵬鳥賦》，同生死，輕去就，又爽然而自失矣。」（《史記・賈誼傳贊》）覺得賈誼此賦中反映的思想與他的行爲不盡一致。問題的癥結是司馬遷沒有注意到在曠達的背後還包含著悲憤和憂郁，還是清人陳螺渚說得深刻：「此賦一死生，齊得喪，正是打不破死生得喪關頭，依托老莊，強爲排遣耳。」（《文選集評》引）清代的古文家梅曾亮在論《莊子》時也說：「莊周也，屈原也，司馬遷也，皆不得志於時者之所爲也，皆怨悱之書也，然而《莊子》之怨悱也隱矣。」這種說法用來評賈誼此文也正恰當。他的一死生，齊得失，正是「痛哭」、「流涕」、「長大患」（見其《治安策》）的另一種表現，而其實質是相通的。

　　本文在思想內容上一個頗值得重視的現象是賈誼繼承了道家樸素辨證法的思想，如他引用《老子》的話，提示了禍福相互依賴和轉變的關係。又如「水激則旱兮，矢激則遠；萬物回薄兮，振蕩相轉」和「且夫天地爲爐兮，造化爲工；陰陽爲炭兮，萬物爲銅。合散消息兮，安有常則？千變萬化兮，未始有極」等句，都肯定了萬物變化發展的原則，具有較深刻的哲學道理。所以劉勰在《文心雕龍・詮賦》中說：「賈誼《鵬鳥》，致辨於情理。」紀昀評曰：「《鵬賦》爲談理之始。」都指出了此文的富於哲理。此外，文中「貪夫殉財兮，列士殉名。夸者死權兮，品庶每生」諸句，簡括地揭露了封建社會中一些名利之徒的真實面目，具有一定的針砭現實的意義。

　　此文在表現形式和藝術手法上也有其獨特之處，體現了從楚辭到漢賦發展過

程中的中介形式的某些特點，是後人研究賦史不可或缺的一環。首先，它上承楚辭，還帶有一些楚辭的特點，賈誼的賦句式整齊，帶兮字調、通篇用韵、富於抒情色彩。這些特點都說明了它們與楚辭之間的血緣關係，因而後人把賈誼的賦稱爲騷賦，就是說他的作品與以《離騷》爲代表的騷體相近。如此文的句法往往兩句一組，而奇句末尾加兮字，與楚辭的句式略同；從開頭到「胡可勝言」都是三韵相叶，後面兩韵相叶，有著明顯的押韵規律；至於此文抒情說理的特點就更加顯殊。《昭明文選》雖然將此文作爲賦體鳥獸類的頭一篇，其實賈誼此文與後面所選的禰衡《鸚鵡賦》、張華《鷦鷯賦》、顏延之《赭白馬賦》、鮑照《舞鶴賦》等咏鳥獸的作品迥然不同，故何焯說它：「因鵩鳥以爲賦，非賦鵩鳥也，與鸚鵡、鷦鷯等賦作法自是不同。」（《文選集評》）

其次，此文也已開啓了後來漢賦的某些特點。如它採用問答的形式，就爲後來漢代賦家廣泛運用，如稍後的枚乘《七發》，漢賦的奠基者司馬相如的《上林》、《子虛》，以及後來揚雄的《長楊》、《羽獵》等都是。另外，此文雖不及後來漢賦作品的鋪張揚厲，窮極形容，但其中排句的運用，比喻的工巧，典實的引征，都說明了賦體趨於鋪陳誇飾的傾向。

此文見於《史記》、《漢書》和《昭明文選》，三本的文字略有異同，以《文選》本最爲通行。至於《鶡冠子》中也錄有此文，柳宗元辨之已詳，以爲是《鶡冠子》「反用《鵩賦》以文飾之，非誼有所取之，決也」（《辨〈鶡冠子〉》）。歷來以爲定案，故此不再詳論。

（王鎭遠）

論貴粟疏　　　晁　錯

聖王在上，而民不凍饑者，非能耕而食之，織而衣之也，爲開其資財之道也①。故堯、禹有九年之水，湯有七年之旱，而國亡捐瘠者，以畜積多而備先具也②。今海內爲一，土地人民之衆不避湯、禹，加以亡天災數年之水旱，而畜積未及者，何也③？地有遺利，民有餘力，生穀之土未盡墾，山澤之利未盡出也，游食之民未盡歸農也④。民貧，則姦邪生⑤。貧生於不足，不足生於不農，不農則不地著，不

地著則離鄉輕家，民如鳥獸⑥。雖有高城深池，嚴法重刑，猶不能禁也⑦。夫寒之於衣，不待輕暖；饑之於食，不待甘旨；饑寒至身，不顧廉恥⑧。人情，一日不再食則饑，終歲不製衣則寒⑨。夫腹饑不得食，膚寒不得衣，雖慈母不能保其子，君安能以有其民哉⑩！明主知其然也，故務民於農桑，薄賦斂，廣畜積，以實倉廩，備水旱，故民可得而有也⑪。

民者，在上所以牧之，趣利如水走下，四方亡擇也⑫。夫珠玉金銀，饑不可食，寒不可衣，然而眾貴之者，以上用之故也。其為物輕微易藏，在於把握，可以周海內而亡饑寒之患⑬。此令臣輕背其主，而民易去其鄉，盜賊有所勸，亡逃者得輕資也⑭。粟米布帛生於地，長於時，聚於力，非可一日成也⑮；數石之重，中人弗勝，不為奸邪所利，一日弗得而饑寒至⑯。是故明君貴五穀而賤金玉。

今農夫五口之家，其服役者不下二人，其能耕者不過百畝。百畝之收，不過百石⑰。春耕夏耘，秋穫冬藏，伐薪樵，治官府，給徭役⑱；春不得避風塵，夏不得避暑熱，秋不得避陰雨，冬不得避寒凍，四時之間，亡日休息；又私自送往迎來，弔死問疾，養孤長幼在其中⑲。勤苦如此，尚復被水旱之災，急政暴虐，賦斂不時，朝令而暮改⑳。當具，有者半賈而賣；亡者取倍稱之息，於是有賣田宅、鬻子孫以償債者矣㉑。而商賈大者積貯倍息，小者坐列販賣，操其奇贏，日遊都市，乘上之急，所賣必倍㉒。故其男不耕耘，女不蠶織，衣必文采，食必粱肉，亡農夫之苦，有仟佰之得㉓。因其富厚，交通王侯，力過吏勢，以利相傾㉔，千里遊遨，冠蓋相望，乘堅策肥，履絲曳縞㉕。此商人所以兼并農人，農人所以流亡者也。今法律賤商人，商人已富貴矣；尊農夫，農夫已貧賤矣㉖。故俗之所貴，主之所賤也；吏之所卑，法之所尊也。上下相反，好惡乖迕，而欲國富法立，不可得也㉗。

方今之務，莫若使民務農而已矣㉘。欲民務農，在於貴粟；貴粟之道，在於使民以粟為賞罰㉙。今募天下入粟縣官，得以拜爵，得以除罪㉚。如此，富人有爵，農民有錢，粟有所渫㉛。夫能入粟以受

爵，皆有餘者也；取於有餘，以供上用，則貧民之賦可損，所謂損有餘補不足，令出而民利者也㉜。順於民心，所補者三：一曰主用足，二曰民賦少，三曰勸農功㉝。今令民有車騎馬一匹者，復卒三人㉞。車騎者，天下武備也，故爲復卒㉟。神農之教曰：「有石城十仞，湯池百步，帶甲百萬，而亡粟，弗能守也㊱。」以是觀之，粟者，王者大用，政之本務㊲。令民入粟受爵，至五大夫以上，乃復一人耳，此其與騎馬之功相去遠矣㊳。爵者，上之所擅，出於口而亡窮㊴；粟者，民之所種，生於地而不乏。夫得高爵與免罪，人之所甚欲也。使天下人入粟於邊，以受爵免罪，不過三歲，塞下之粟必多矣㊵。

【注釋】①聖王：聖明帝王。食（ㄙ）之：給他們吃。衣（ㄧ）之：給他們穿。資財之道：獲得物質財富的途徑。②九年之水：九年水災。七年之旱：七年旱災。亡：無。捐：拋棄。瘠：瘦弱。捐瘠：這裏是餓死餓瘦的意思。備：指備災的物資。具：充分準備。備先具：備災的物資早就準備齊全。③海內爲一：全國統一。不避：不讓，不亞於。畜積未及：指糧養的儲備趕不上湯禹的時代。畜：同「蓄」。④遺利：餘利，指土地還有潛力。山澤之利：山林湖泊中的物產。游食之民：游蕩吃閑飯的人。⑤奸邪：指奸詐邪惡的事情。⑥著：附着。地著：定居下來依附土地爲主。離鄉輕家：離開鄉土，不戀家庭。民如鳥獸：老百姓像鳥獸一樣到處亂飛亂跑，隨處就食。⑦池：護城河。⑧輕暖：指又輕又暖的衣服。甘旨：甜美的食物。不顧廉恥：不考慮廉潔和羞恥，指農民起來反抗。⑨人情：人的實際情況，指生活需要。再：第二次。不再食：不吃第二餐飯。終歲：一年到頭。⑩保：撫養，養育。君安能以有其民：君主怎能因此而擁有他的百姓。以：因。「以」字後面省了「之」字。之：指上文的「飢不得食」「寒不得衣」。⑪務：使……專力從事。務民：使百姓努力從事。薄：輕。賦斂（ㄌㄧㄢˋ）：賦稅。廣：擴大。⑫上：指皇帝。牧：牧養，引申爲統治。趨利：追逐財利。如水走下：如水向低處流。亡擇：沒有選擇。亡：同「無」。⑬把握：手掌裏。在於把握：拿在手中。周：遍，此爲走遍、周游的意思。患：憂慮。⑭背：背離，背叛。去：離開。勸：鼓勵，這裏有助長的意思。亡逃者：逃亡的人。輕資：輕便易於攜帶的財物。⑮長於時：長成要一定的時間。聚：聚集，這裏指收穫。聚於力：收穫要費很多人力。⑯石：古代一種容量單位，以十斗爲一石，一百二十斤。數石：意卽若干石的糧食。中人：中等體力的人。弗勝：拿不動。奸邪：指奸詐邪惡的壞

人。利：　認爲有利。所利：　所貪求。⑰服役：　給官府服勞役。⑱薪樵：　木柴。治官府：　修理官府的房屋。給：　供給。給徭役：　應官差。⑲私自：　私下。卽個人之間。送往迎來：　指交際往來。弔死問疾：　祭奠死人，慰問病人。孤：　幼而無父。養孤：　撫養孤兒。長：　「養育」的意思。長幼：　撫育兒童。⑳尙、復：　都當「還」講。被：　遭受。政：　同「征」，征收。急政：　緊急征收賦稅。不時：　不定期，指無節制。朝令而暮改：　早上發布命令，晚上就把賦稅內容改了。㉑具：　交納。當具：　這裏指當交納賦稅的時候。倍稱：　加倍。糶（ㄊㄧㄠˋ）：　賣。㉒商賈：　泛指商人。積貯：　囤積，這裏主要指囤積糧食等商品。倍息：　加倍的利潤。坐列：　開設店舖。操：　操縱，掌握。奇：　指餘物。贏：　餘利，利潤。操其奇贏：　牟取暴利。㉓文采：　指華美的衣服。粱：　精細的糧食。仟佰（ㄇㄛˋ）：　同「阡陌」，田地的疆界，這裏指田地。㉔因：　憑藉。交通：　交往勾結的意思。力：　勢力。吏勢：　官吏的勢力。力過吏勢：　指那些大商人與地方勢力相勾結，其勢力超過了朝廷委派的官吏。相傾：　互相排擠。㉕游遨：　游逛。乘堅策肥：　坐好車，趕肥馬。履絲：　穿絲鞋。曳（一ㄝˋ）：　拖着。縞（ㄍㄠˇ）：　白色絲織品。㉖今法律賤商人：　據《史記‧平準書》，「天下已平，高祖乃令：賈不得衣絲乘車，重租稅以困辱之。孝惠高后時，爲天下初定，復弛商賈之律。」㉗好（ㄏㄠˋ）惡（ㄨˋ）：　愛憎。迕（ㄨˋ）：　顚倒：　乖迕：　相違背。立：　樹立，這裏有貫徹的意思。㉘方今：　當前。務農：　專事搞農業。㉙以粟爲賞罰：　用糧食作爲賞罰手段。㉚募：　號召。縣官：　指官府。爵：　封建社會裏只有名譽而無官職的貴族等級。拜爵：　封給爵號。㉛渫：　同「泄」，分散，流通。粟有所渫：　使糧食從富人手裏分散出來。㉜損：　減少。令出：　法令公布。民利：　對人民有好處。㉝主用足：　官府的需要充足，勸農功：　鼓勵農業生產。㉞今令：　現行法令。車騎：　戰車戰馬。車騎馬：　能駕戰車的馬。復：　免。復卒：　免除兵役。㉟武備：　軍隊的裝備。㊱神農：　傳說中的古代帝王。相傳他首先敎人種植。湯池：　以沸湯爲池，比喩護城河的深險，不易通過。步：　古代的一種長度單位，約等於當時的六尺。帶甲：　穿鎧甲的，指武裝的軍隊。㊲大用：　意卽很寶貴的東西。政：　政治，這裏有治理國家的意思。本務：　根本性的大事。㊳五大夫：　漢代第九等爵位。功：　功效。此其與騎馬之功相去遠矣：　這與交納戰馬的功效相比，差得太遠了。㊴擅：　專有。㊵塞下：　邊疆，當時指長城一帶。

【鑑賞】民以食爲天，糧食問題，自西漢初就成爲迫切需要解決的問題。秦、楚之際，四方兵起，農民失去作業，大饑饉的災難，致使一石米錢五千，人相食，死者過半。劉邦下令獎耕農桑，休養生息。時天下旣定，民無儲蓄，天子遂不能

駕純一色的四馬之車，將相或乘牛車。文帝時，人民受戰國餘風的影響，捨本逐末。賈長沙提出了警告，「管子曰：『倉廩實而知禮節。』民不足而可治者，自古及今，未之嘗聞。」又引古語：「一夫不耕，或受之饑；一女不織，或受之寒。」「今背本而趨末，食者甚衆，是天下之大殘也；淫侈之俗，日日以長，是天下之大賊也。……生之者甚少，而靡之者甚多，天下財產何得不蹷！」賈長沙痛哭流涕地警告：「漢之爲漢，幾四十年矣，公私之積，猶可哀痛！……安有爲天下阽危者若是而上不驚者！」「積貯者，天下之大命也。苟粟多而財有餘，何爲而不成？以攻則取，以守則固，以戰則勝，懷敵附遠，何招而不至？今驅民而歸之農，皆著於本（所謂地著），使天下各食其力，末技游食之民，轉而緣南畝，則畜積足而人樂其所矣。可以爲富安天下，而直爲此廩廩也！竊爲陛下惜之！」賈誼從長治久安的願望出發，採重農抑商的政策，兼顧漢初的內憂外患而貢此大計，憂深思遠，是政治理論家的識見。

　　和賈誼之論有同又有不同的是晁錯的《論貴粟疏》。賈生爲富民安天下而設計，晁錯的立論基點主要的是安劉氏，這就與賈生有所不同。他赤裸裸地提出以具體的辦法積粟、固邊；是貴粟而不是貴貯。「錯之爲文峭直刻深」，原是一脈相傳於商鞅思想。《商君書・農戰篇》的開始是：「凡人主之所以勸民者，官爵也；國之所以興者，農戰也。」因此，從性格、思想學術師承根源來看，晁比賈更爲激切。

　　晁錯寫作政論文的特色，在於他宦途得意，官至亞相；政治實踐的經驗豐富，發爲文章，事理的說明，細緻深入，反復而透徹，說服力強。他引古帝王傳流的功績，從反面、正面，論述達到「畜積多而備先具」的必要條件。九年之水，七年之旱，國無損瘠是古昔。「今海內爲一，土地人民之衆不避湯、禹，加以無天災數年之水旱，而畜積未及」的根源是「地有遺利，民有餘力，生穀之土未盡墾，山澤之利未盡出也，游食之民未盡歸農也。民貧，則奸邪生。貧生於不足，不足生於不農，不農則不地著，不地著則離鄉輕家，民如鳥獸，雖有高城深池，嚴法重刑，猶不能禁也。」從因果關係之層層推演中逼出結論，邏輯性相當強，正反的對照相當明顯。接着，文章同樣一反一正地比較，從生活的習慣現象，從不待輕暖、不待甘旨一轉而至於不顧廉恥，從一日不再食則饑，終歲不製衣則寒的一般經驗直接到必然的結果，從慈母的不能保其子直接到「君安能以有其民哉」的必然結果。文章藉以簡單而明確地推論：明主知其然也，故務民於農桑，薄賦斂，廣蓄積，以實倉廩，備水旱。以此確立君子之必有爲。

　　第二節說明粟之貴，導致明君貴五穀而賤金玉的客觀可能性與必要性。比較

珠玉金銀饑不可食，寒不可衣，而衆貴之的根源在上用之故，指出其所具特點輕微易藏，在於把握，可以周海內而無饑寒之患，臣因以輕背其主，盜賊歆羨，亡逃者得便。而粟米布帛生於地，長於時，聚於力，不可一日成，數石之重，中人弗勝，一日弗得而饑寒至。運用極平常的常識，說理卻異常明白易曉，這構成晁氏政論文的特色。

第三節是全文的精彩部分。晁錯深切指出農夫五口之家的苦難生活，以及商賈無農夫之苦，卻有仟佰之得，因其富厚，交通王侯，於是，大聲疾呼：「此商人所以兼幷農人，農人所以流亡者也。」行文痛快淋漓，是全文中最痛快的對商人的揭發。當然，剝削豈限於商人？作者就粟論粟，僅看到中間剝削者的罪惡，卻未能深入，這是其局限性。

然後，作者尖銳地指出俗之所貴，主之所賤，吏之所卑，法之所尊，上下相反，好惡乖異，而欲國富法立，不可得也。實際上彌補了前文的不足。最後以「入粟於邊」綰住全文。

（段熙仲）

七發·觀濤　　　枚　乘

客曰：「將以八月之望，與諸侯遠方交游兄弟，並往觀濤乎廣陵之曲江①。至則未見濤之形也，徒觀水力之所到，則恤然足以駭矣②。觀其所駕軼者，所擢拔者，所揚汩者，所溫汾者，所滌汔者，雖有心略辭給，固未能縷形其所由然也③。怳兮忽兮，聊兮慄兮，混汩汨兮④。忽兮慌兮，俶兮儻兮，浩瀇漾兮，慌曠曠兮⑤。秉意乎南山⑥，通望乎東海；虹洞兮蒼天，極慮乎崖涘⑦。流攬無窮，歸神日母⑧。汩乘流而下降兮，或不知其所止。或紛紜其流折兮，忽繆往而下來⑨。臨朱汜而遠逝兮，中虛煩而益怠⑩。莫離散而發曙兮，內存心而自持⑪。於是澡概胸中，洒練五藏；澹澈手足，頮濯髮齒⑫。揄棄恬怠，輸寫淟濁，分決狐疑，發皇耳目⑬。當是之時，雖有淹病滯疾，猶將伸傴起躄、發瞽披聾而觀望之也，況直眇小煩懣、酲醴病酒之徒哉⑭？故曰：發蒙解惑⑮，不足以言也。」

太子曰：「善，然則，濤何氣哉？」

客曰：「不記也⑯。然聞於師曰，似神而非者三：疾雷聞百里；江水逆流，海水上潮；山出內雲，日夜不止⑰。衍溢漂疾⑱，波湧而濤起。其始起也，洪淋淋焉⑲，若白鷺之下翔。其少進也，浩浩溰溰，如素車白馬帷蓋之張⑳。其波湧而雲亂，擾擾焉如三軍之騰裝㉑。其旁作而奔起也，飄飄焉如輕車之勒兵㉒。六駕蛟龍，附從太白㉓；純馳浩蜺，前後駱驛㉔。顒顒卬卬，椐椐彊彊，莘莘將將㉕；壁壘重堅，沓雜似軍行㉖匈隱匈磕，軋盤湧裔，原不可當㉗。觀其兩傍，則滂渤怫鬱，闇漠感突，上擊下律㉘，有似勇壯之卒，突怒而無畏。蹈壁沖津㉙，窮曲隨限，逾岸出追㉚。遇者死，當者壞。初發乎或圍之津涯，荄軫谷分㉛。回翔青篾，銜枚檀桓，弭節伍子之山，通屬胥母之場㉜。凌赤岸，篲扶桑㉝，橫奔似雷行。誠奮厥武㉞，如振如怒；沌沌渾渾，狀如奔馬。混混庉庉㉟，聲如雷鼓。發怒庢沓，清升逾跇，侯波奮振，合戰於藉藉之口㊱。鳥不及飛，魚不及回，獸不及走。紛紛翼翼，波湧雲亂㊲；蕩取南山背擊北岸；覆虧丘陵，平夷西畔㊳。險險戲戲，崩壞陂池，決勝乃罷㊴。瀄汩潺湲，披揚流洒㊵，橫暴之極；魚鱉失勢，顛倒偃側，沈沈湲湲，蒲伏連延㊶。神物怪疑，不可勝言。直使人踣焉，洄闇悽愴焉㊷。此天下怪異詭觀也㊸。太子能彊起觀之乎？」太子曰：「僕病，未能也。」

客曰：「將為太子奏方術之士有資略者，若莊周、魏牟、楊朱、墨翟、便蜎、詹何之倫㊹，使之論天下之精微㊺，理萬物之是非。孔、老覽觀，孟子持籌而算之，萬不失一㊻。此亦天下要言妙道也，太子豈欲聞之乎？」

於是太子據几而起，曰：「渙乎若一聽聖人辯士之言㊼。」涊然汗出，霍然病已㊽。

【注釋】①望：夏曆十五日。廣陵：今江蘇揚州。曲江：在今揚州市西南長江邊，原址已不可考。②怵（ㄒㄩˋ）然：驚恐貌。③駕軼：凌駕超越。擢（ㄓㄨㄛˊ）拔：高聳突起。揚汩（ㄍㄨˇ）：水波激蕩的樣子。溫汾：凝聚。潎洌（ㄌㄧˋ）：沖刷。

心略：智慧，心計。辭給：辯才。縷形：詳盡細致地描述、形容。④怳忽：通「恍惚」，指江濤浩蕩無邊，看不眞切。聊慄：驚恐的樣子。混汩汩：水相合而疾流的樣子。⑤俶儻（ㄊㄨˋ ㄊㄤˇ）：亦作「倜儻」，洒脫。這裏指江濤無阻。潢漾（ㄨ ㄤˇ ㄧㄤ）：同「汪洋」，水勢深廣的樣子。怳：浩茫。怳曠曠：指江濤汪洋一片。⑥秉意：執意。這裏有集中注意力的意思。⑦虹洞：同「澒（ㄏㄨㄥˇ）洞」，天水相連的樣子。極慮：窮思極想，引申爲縱目遠望。崖涘（ㄙˋ）：邊際。⑧流攬：卽「流覽」，四面展望。歸神：集中注意力。日母：太陽。⑨繆往：斜結著流去。繆：斜結。⑩朱汜：南方的水涯。虛煩：空虛煩怠。⑪莫：通「暮」。莫離散而發曙兮：晚潮退去，早潮到來。內：內心。持：安定。⑫澡概：洗濯，蕩滌。概：通「溉」。洒練：洗滌，冲刷。五臟：心、肝、脾、肺、腎。臟：同「臟」。澹澈（ㄔㄜˋ）：洗滌。頯（ㄏㄨㄟˊ）濯：洗刷。⑬揄棄：驅除。恬怠：倦困，懶散。輸寫：排除。寫：同「瀉」。渳（ㄊㄧㄢˊ）濁：骯髒。發皇：開朗。⑭傴（ㄩˇ）：駝背。躄（ㄅㄧˋ）：跛脚。發瞽：張開瞎眼。直：不過，僅僅。煩懣（ㄇㄣˋ）：煩悶。酲（ㄔㄥˊ）：酒病。醲：醇酒。酲醲：卽病酒。⑮發蒙：意卽啓蒙。解惑：解除迷惑。⑯不記：沒有記載。⑰出內：吞吐。內：同「納」。⑱衍溢：漫出。漂疾：流得很快。⑲洪淋淋焉：像山洪奔流而下的樣子。⑳浩浩溰溰（ㄞˊ ㄞˊ）：白茫茫的一片大水。帷蓋：篷幕。張：張設。㉑騰裝：整裝奔騰前進。㉒如輕車之勒兵：像將軍坐著輕便的戰車在指揮軍隊。勒：約束，統率。㉓六駕蛟龍：用六條蛟龍駕著車子。附從：跟隨。太白：河伯，河神。㉔純馳：直馳。浩蜺：白色的虹。蜺：同「霓」。駱驛：卽「絡繹」，連續不斷。㉕頒頒（ㄩㄥˊ）印印（ㄤ）：指波濤高大的樣子。椐椐（ㄐㄩ）彊彊：一浪推一浪的樣子。莘莘將將（ㄑㄧㄤ）：波濤冲激的樣子。㉖沓雜：衆多的樣子。軍行：軍隊的行列。㉗訇（ㄏㄨㄥ）隱匈磕（ㄎㄜ）：波濤撞擊怒吼的聲音。軋盤涌裔：形容波濤翻滾沸騰。㉘滂渤怫鬱，闇漠感突：都是波濤激怒翻騰的樣子。律：當作「硉」。石從高處滾下叫硉，這裏形容波濤冲擊，像半空落下。㉙蹈壁：拍打岸壁。蹈：踩，這裏作「拍擊」解。冲津：冲擊渡口。㉚窮曲隨限（ㄨㄟ）：江灣曲折處，波濤無所不到。追：古「堆」字，指沙堆。㉛或圍：地名。津涯：渡口邊。茇（ㄍㄞ）：通「陔」，山隴。軫（ㄓㄣˇ）：轉動。㉜靑篾：地名。枚：狀如筷子，古代行軍時令士兵銜在口中，以免喧嘩。銜枚：喻波濤無聲地前進。檀桓：地名。伍子之山：卽伍子山，因紀念伍子胥而得名。通厲：遠奔。胥母：吳國地名，今屬江蘇省。㉝赤岸：廣陵附近地名。篲（ㄏㄨㄟˋ）：掃帚，此作「掃」解。扶桑：傳說中日出之處。㉞厥：猶「其」，代名詞。㉟沌沌渾渾：指浪濤滾滾，前後

相隨的樣子。混混屯屯（ㄊㄨㄣˊ）：波濤的聲音。㊱窒（ㄓ）沓：指江濤被阻碍而湧起。窒：通「窒」，阻塞。清升：清波揚起。逾跇（ㄔˋ）：超越。指清波一浪超過一浪。侯波：指陽侯（水神名）之波，即大波。藉藉：地名。口：指港口。㊲紛紛翼翼，波湧雲亂：形容鳥魚獸交錯紛亂的樣子。㊳覆虧：傾覆破壞。平夷：鏟成平地。西畔：西岸。㊴險嶮戲戲：傾倒危險的樣子。戲戲：傾危貌。陂（ㄆㄧˊ）池：蓄水池，指堤防。㊵潏（ㄐㄩㄝˋ）泪：波濤相擊的樣子。潺湲（ㄔㄢˊㄩㄢˊ）：水流的樣子。披揚流洒：浪花四濺。㊶偃側：翻覆，傾倒。沈沈（ㄧㄡˊ）湲湲：形容魚鱉顛倒狼狽的樣子。蒲伏：同「匍匐」，伏地爬行。連延：一個跟一個，起伏不絕。㊷踣（ㄅㄛˊ）：跌倒。洞闇：嚇得昏頭昏腦。㊸詭觀：奇景。㊹奏：推薦。方術：道術。資略：才智。莊周、魏牟、楊朱、墨翟、便蜎、詹何：皆春秋戰國時期的學者。㊺精微：精深微妙的道理。㊻孔、老：孔子、老子。覽觀：審閱鑒定。籌：古代計算用的籌碼。㊼據几：扶著几案。渙乎：忽然清醒的樣子。㊽涊（ㄋㄧㄢˇ）然：汗出透的樣子。霍然：迅速解散的樣子。

【鑑賞】《七發》是枚乘的獨創，在漢賦中自成一體。關於《七發》，其結構是用七段文字描寫七件事。枚乘寫《七發》，是借楚太子有病，吳客去問病，用七段話的一問一答所構成的一篇文章，正如前人早就指出是「說七事以啓發太子」。它的諷諭性是比較鮮明的。枚乘之後，「七」體繁興，仿作有《七啓》、《七命》等，但沒有哪篇可與《七發》相比。《七發》的作意是在於以「論天下之精微，理萬物之是非」的「要言妙道」（正確的道理）來啓發太子，讓他能够從安逸享樂的精神牢籠中超脫出來，把自己的心病治好。枚乘生活在文景的時代。初爲吳王劉濞的郎中，後爲梁孝王的門客。他目睹了當時的貴族生活方式的糜爛腐朽，於是這篇《七發》假設吳客與楚太子的問答，使吳王與貴族們看了受到思想上的警戒。

　《七發》除首段作爲序曲外，下面分別寫吳客以音樂、飲食、車馬、遊覽、田獵、觀濤這六個方面的進說皆不能於根本上激發楚太子的興緻，用它們來陪襯最後一個方面，即只有聖人辯士之「要言妙道」，才是使楚太子心病霍然而愈的唯一方法——這是全文的主旨，也是通篇的歸結。「觀濤」一段，寫得汪洋恣肆，鋪採摛文，尤能體現《七發》的侈麗閎衍的藝術特色。這一段一共有兩大節文字。第一大節寫江濤的慣常景象，突顯它的壯觀；第二大節寫江濤的特殊景象，突顯它的奇觀。江濤壯而且奇，自然就會令人駭異，使讀者爲之震蕩，心胸開朗。看起來，整段形在寫濤，實際上意在寫人，緊緊扣住了開啓思想來進行精神治療這

個馳騁談辯的中心，所以氣骨崢嶸，體勢雄渾，在文酣墨暢中滲透著作者的用心。第一大節是按觀濤之前、觀濤之時、觀濤之後的時間順序，逐層去寫江濤澎湃壯觀的景象的。在觀濤之前，一寫選擇時間。時間放在「八月之望」，卽指夏曆八月十五日月滿之際。這個時期，是潮水最盛的時期，也正是觀濤的最好的時期。二寫決定地點。地點放在「廣陵之曲江」。連朋友兄弟們也自遠方來揚州城外的曲江一覽江濤之勝，可見這裏是遐邇有名的觀濤佳地。三寫目視水力。初至時還沒有看到「濤之形也」，但「徒觀水力之所到，則恤然足以駭矣」。看「水力之所到」就如此驚駭，那江濤之貌不就能夠想像得到嗎？看那水力所淩駕的、所拔起的、所播揚和激亂的、所結聚和滾動的、所滌除和洗蕩的種種狀態。卽使是可用言辭略作敍述，也很難自始至終地去作詳盡細致的形容。這是爲寫江濤準備蓄勢的，是見水力而知濤形的伏筆。在觀濤之時，首先通過觀濤者的視覺，出現了江濤壯偉的形像。「怳兮忽兮，聊兮慄兮，混汩汩兮。忽兮慌兮，倏兮儵兮，浩瀁瀁兮，慌曠曠兮。」浪濤滾滾而來了，只見其浩蕩無邊，恍惚迷離，不禁心驚膽戰。初時茫茫一片，少時浪峰突起，忽而汪然曠遠。在這裏，窮態極形，將江濤的急速變化，描繪得恰如目前！作者有意把「怳忽」、「聊慄」、「忽慌」、「倏儵」諸詞拆開來，以中間夾著「兮」字的排句，來顯示筆下的水勢的起伏連綿，使其產生一個比表層的形像組合更爲豐富並有著想像餘地的江濤盛境。其次通過觀濤者的感覺，出現了江濤變幻的妙景。「秉意乎南山，通望乎東海；虹洞兮蒼天，極慮乎崖涘。」「南山」，指江濤發源之地；「東海」，指江濤所往之地。觀濤者凝眸遠眺江潮從南山滔滔奔湧，又縱目直望江潮向東海泱泱流去，好一派大開眼界的氣象！正因爲觀濤者要「秉意」，卽集中注意力飽覽這江濤世界，所以他們才要透過天水相連的廣闊畫面去盡睹到江潮的歸處。然而，任憑他們如何想像也無法知曉其邊際的深秘。作者用反跌手法，使讀者在難以想像的想像中，獲得了一個超越江濤描寫本身的審美空間。觀濤者隨著江潮而「流攬無窮」，便將心神聚集到旭日升起的東方，只見浪頭飛速地下馳，有時不知道會到什麼地方才能停住，有時紛亂曲折地棄瀉，糾結著一去則不返回。這就把因順水與逆水而引起的波浪流轉的變化，畢現於眼底；又把因目迷神亂而使觀濤者欲尋求得浪踪濤迹的心理，傾露在紙上。當浪濤沖到南岸而「遠逝」的時候，觀濤之人的內心不免虛竭煩躁，更加倦怠，對江濤的印象久久不忘，從夜裏直至天明，好不容易才讓自己心安神定下來。這就把曲江觀濤的發人遐思，溢於筆端，又把江濤對人們心靈的衝擊，形於言表。觀濤之後，人們有深刻的感受：從觀濤的精神效果上說，看了江潮胸中彷彿經過浸洗似的，五臟如同經過沖刷一樣，手足、髮齒、顏面又好像經過滌汰般

地乾乾淨淨，這樣就能揚棄懶散而思振作，就能去盡塵垢而潔自身，就能排除疑惑而斷是非， 就能拋含智昏而亮聽聰， 一言以蔽之， 就能改變一個人的精神面貌； 從觀濤的令人神往上說，在這時刻，即使有纏綿日久的老病，也會「伸傴起躄，發聾披聾而觀望之也」。 連駝背者也伸直身軀， 跛脚者也提足走路，甚至連失明者也睜開眼睛，失聰者也掰開聾耳，竭力克服這些生理上的困難，去看一看浩浩蕩蕩的江潮，由此可想見到江濤的壯觀具有多麼大的吸引力量。既然觀濤能如此把殘疾者的興緻調動起來， 那何況還不過是些小煩悶 、 昏醉病酒的這班人呢？作者借助吳客以彼推此，因勢利導去啓發楚太子的這些侃侃之論，喚起了讀者的聯想，讓江濤的非凡景象再現於腦海之中。這種回應手法，既是觀濤描寫的補充， 又是觀濤內容的深化，並爲「發蒙解惑」的結語，提供了充足的理由。

　　第二大節以大濤激蕩奔騰的種種形貌爲脈絡， 挨次去寫江濤詭怪的奇 觀 景象。僅就江濤的壯觀，已足以使人們覺得耳目一新，再推出江濤的奇觀，那就更使人們感到驚心動魄了。文章始而總說江濤的三點特徵：聲若迅雷，傳響有百里之遙，此爲一；江水倒流，「海水上潮」，此爲二；山中雲氣吞吐，「日夜不止」，此爲三。而這三點，「似神而非」，看去似有神助，其實並非神力所致，給人有懸想莫測的神秘之感。正是因爲如此，才形成了流水由平趨急，隨後便波湧濤起的勢態。繼之，作者運用一連串的比喻，鋪張揚厲，極寫江濤水勢的浩大及氣勢的雄偉，給人以誇麗風駭，膏潤於筆的藝術美的莫大享受。文章用「白鷺之下翔」來比爲山洪奔流而下，貼切地形容了濤在初起時的狀態；用「素車白馬帷蓋之張」來比爲白茫茫的一片大水奔馳而來，鮮明地形容了濤在上漲時的樣子；用「三軍之騰裝」來比爲衆浪「雲亂」般地滾滾向前，生動地形容了濤在汹湧時的聲勢；用「輕車之勒兵」來比爲潮頭橫出和上揚的井然有序，傳神地形容了濤在流行時的形姿。這些精當的設喻取譬，籠江濤於形內，而且騁奇思於意中，使其形象化，增強了可感性， 創造了一個壯潤的境界。 作者對江濤奇觀的描寫， 沒有就此滿足， 於是接下去潑墨揮灑，把用喩與擬人化的手法結合起來，進一步賦予曲江大濤以奇辭異彩，構成尋繹無竟的想像之境，文筆如噴洪吐浪，令讀者振其華繪。你看，江濤放縱而來，勢如六龍駕車，在隨著帥旗所指的方向轉移，忽而像白色的虹霓，相連不斷地飛馳，狀貌逼眞維肖，可謂切至極矣！「顒顒卬卬，椐椐彊彊，莘莘將將」， 用這排疊的三個短句，將波濤的高大，波濤的相逐，波濤的冲激，統攝進去。這種句型，正好與江濤似軍營之壁壘樣層層堅固地豎立，也正好與濤奔時像軍隊之行列般挨擠著前進的比喩，取得了形式和內容的契合，折射出作者的審美觀念。圍繞濤高、波逐、浪急，寫它們撞擊怒吼—— 繪聲，寫它們翻

滾沸騰——繪形，其聲其形，強化了大水的勢不可當。看那兩邊岸旁，受阻的水流左衝右突，那升起的浪峰大起大落，簡直就像從半空中推石而下，這正如勇壯的士卒，勢猛無比，毫不畏懼。再看江濤，拍打著岸壁，衝擊著渡口，凡江灣深曲之外，無所不至，甚至能跨出崖堤，越過沙堆，誰若碰著就會死亡、崩潰。這些奇觀被描寫得神采飛動，讀之如臨其境，波狀濤聲，實在叫人心駭神悸。作者在以上用了衆多的比喻，沒有刻鵠類鶩之嫌，卻有新穎鮮活之妙！下面是以地名表歷程來寫大濤的奔向：開始時從或圍這裏的水邊出發，逢山隴處而回轉，遇川谷而分流，到青篾一帶時盤桓回旋，到檀桓一帶時無聲急進，到伍子山那裏減速流動，然後再遠奔胥母之地。由於江濤勢大，侵逼赤岸而東行，直可掃及扶桑。由於江濤勢洶，橫奔像滾雷，大顯淫威，發怒無常。作者窮極自己想像所能達到的刺域，把江濤流經各處的變化，寫得洪纖不漏，氣吞大荒，顯示了其駕馭文字的功力之深。最後，文章寫到巨流滔滔，狀似奔馬；水聲混混，猶如擂鼓，由它來承上啓下，假想濤在受阻時發怒旁溢，漸緩時清波高揚，而又在名叫藉藉的港口互鬥相戰起來，以「鳥不及飛，魚不及回，兔不及走」，致使它們遭殃，來形容水勢的凶險；以掃蕩南山，擊潰北岸，顛覆丘陵，鏟平西岸，來形容大濤的狂暴；以崩壞江堤，莫能御之，來形容洪波的猛烈；以魚鱉不由自主地顚顚倒倒，橫七豎八，來形容巨浪的翻騰。凡此種種，連水神也驚愕難言，怎不叫人嚇得喪神失智。這就很自然地導出觀濤的結論：「此天下怪異詭觀也」。

　　觀濤一段，筆路疏放，馳墨不羈，多見鏗鏘有聲之句，也不乏繽紛絢爛之詞，的確給人以浩觀滿目，喧濤盈耳的美感。作者通過精巧的構思和豐富的想像，略形取神，將江濤的千滙萬狀的性格連綴成文，寫得縱橫開闊，波瀾迭起，顯出了描寫江濤的特有風格。不過，我們在承認枚乘寫觀濤，於所作的層層鋪敍渲染中表現了他的藝術才能和博聞多識的同時，也認爲延文衍義有時過繁，彩繪藻飾有時過腴，極度誇張有時過玄，開了漢賦某些地方鋪揚過多的先端。

（周溶泉　徐應佩）

獄中上梁王書　　　鄒　陽

　　臣聞：忠無不報，信不見疑。臣常以爲然，徒虛語耳。昔者荊軻慕燕丹之義①，白虹貫日②，太子畏之③。衞先生爲秦畫長平之事

④，太白食昴⑤，昭王疑之。夫精誠變天地，而信不諭兩主⑥，豈不哀哉！今臣盡忠竭誠，畢議願知⑦，左右不明，卒從吏訊⑧，爲世所疑，是使荆軻、衛先生復起，而燕秦不寤也。願大王熟察之！

昔玉人獻寶⑨，楚王誅之⑩。李斯竭忠，胡亥極刑⑪。是以箕子陽狂⑫，接輿避世⑬，恐遭此患也。願大王察玉人、李斯之意，而後楚王、胡亥之聽⑭。毋使臣爲箕子、接輿所笑。

臣聞比干剖心⑮，子胥鴟夷⑯，臣始不信，乃今知之。願大王熟察，少加憐焉。

語曰：「白頭如新，傾蓋如故。」⑰何則？知與不知也。故樊於期逃秦之燕⑱，藉荆軻首以奉丹事；王奢去齊之魏⑲，臨城自剄，以卻齊而存魏。夫王奢、樊於期非新於齊、秦而故於燕、魏也，所以去二國、死兩君⑳者，行合於志，而慕義無窮也。是以蘇秦不信於天下，爲燕尾生㉑。白圭戰亡六城㉒，爲魏取中山。何則？誠有以相知也。

蘇秦相燕，人惡之於燕王，燕王按劍而怒，食以駃騠㉓。白圭顯於中山㉔，人惡之於魏文侯，文侯投以夜光之璧㉕。何則？兩主二臣，剖心析肝相信，豈移於浮辭哉！故女無美惡，入宮見妒。士無賢不肖，入朝見嫉。昔者司馬喜臏腳於宋㉖，卒相中山。范雎摺脅折齒於魏㉗，卒爲應侯。此二人者，皆信必然之畫㉘，捐㉙朋黨之私，挾孤獨之交㉚，故不能自免於嫉妒之人也。是以申徒狄蹈雍之河㉛，徐衍負石入海㉜，不容身世，義不苟取比周㉝於朝，以移主上之心。故百里奚乞食於路㉞，繆公委之以政；寧戚飯牛車下㉟，而桓公任之以國。此二人豈素宦於朝，借譽於左右㊱，然後二主用之哉！感於心，合於行，親於膠漆，昆弟不能離，豈惑於衆口哉！

故偏聽生奸，獨任成亂。昔魯聽季孫之說㊲，逐孔子；宋信子冉之計，囚墨翟。夫以孔墨之辯，不能自免於讒諛，而二國以危。何則？衆口鑠金，積毀銷骨也㊳。是以秦用戎人由余㊴，而霸中國，齊用越人子臧㊵，而強威宣；此二國豈拘於俗，牽於世，繫奇偏之辭㊶哉？公聽並觀㊷，垂明當世。故意合則胡越爲昆弟㊸，由余、子臧是矣；不合則骨肉爲仇敵，朱、象、管、蔡㊹是矣。今人主誠能用齊、

秦之明，後宋、魯之聽，則五伯不足侔㊺，三王易爲比也。

是以聖王覺寤，捐子之之心㊻，而不說田常之賢，封比干之後㊼，修孕婦之墓，故功業覆㊽於天下。何則？欲善無厭也。夫晋文公親其仇，而強霸諸侯；齊桓公用其仇，而一匡天下㊾。何則？慈仁殷勤，誠加於心，不可以虛辭借㊿也。

至夫秦用商鞅之法，東弱韓魏，立強天下，而卒車裂之(51)。越用大夫種之謀，禽勁吳而霸中國(52)，遂誅其身。是以孫叔敖三去相而不悔(53)，於陵子仲辭三公爲人灌園(54)。今人主誠能去驕傲之心，懷可報之意，披心腹，見情素(55)，隳肝膽(56)，施德厚，終與之窮達(57)，無愛於士，則桀之犬可使吠堯，而跖之客可使刺由(58)，何況因萬乘之權，假(59)聖王之資乎？然則荆軻湛七族(60)，要離燔妻子(61)，豈足爲大王道哉！

臣聞明月之珠，夜光之璧，以暗投人於道，衆莫不按劍相眄者(62)。何則？無因而至前也。蟠木根柢，輪囷離奇，而爲萬乘器者(63)。何則？以左右先爲之容也。故無因而至前，雖出隨侯之珠(64)，夜光之璧，秖(65)足結怨而不見德。故有人先談，則枯木朽株，樹功而不忘。今天下布衣窮居之士，身在貧賤，雖蒙堯舜之術，挾伊管(66)之辯，懷龍逢(67)比干之意，欲盡忠當世之君，而素無根柢之容，雖竭精神，欲開忠信，輔人主之治，則人主必襲按劍相眄之迹矣。是使布衣之士，不得爲枯木朽株之資也。

是以聖王制世御俗(68)，獨化於陶鈞(69)之上，而不牽乎卑辭之語，不奪乎衆多之口。故秦皇帝任中庶子蒙嘉之言(70)，以信荆軻之說，而匕首竊發。周文獵涇渭，載呂尚而歸(71)，以王天下。秦信左右而亡(72)，周用烏集(73)而王。何則？以其能越拘攣之語(74)，馳域外之義，獨觀於昭曠之道也。今人主沈於諂諛之辭，牽於帷墻(75)之制，使不羈之士與牛驥同皁(76)，此鮑焦(77)所以忿於世，而不留富貴之樂也。

臣聞盛飾入朝者，不以私汙義。砥厲名號(78)者，不以利傷行。故里名勝母，曾子不入(79)；邑號朝歌(80)，墨子回車。今欲使天下恢廓之士⑱，誘於威重之權，脇於位勢之貴，回面(82)汙行，以事諂諛之人，

而求親近於左右，則士有伏死堀穴岩藪⑱之中耳，安有盡忠信而趣闕
下者哉!

【注釋】①荆軻: 戰國時衞人。 燕丹: 燕太子丹。 丹曾入秦爲人質， 秦待之無
禮，於是逃回。②白虹貫日: 白色長虹穿日而過，比喩天象的異常。③畏之: 畏
其不去。④衞先生: 秦國人。長平之事: 長平在今山西省高平縣西北。秦昭襄王
四十七年 (前 260)，秦將白起在此大破趙軍。⑤太白: 卽金星。 昴: 星宿名。
食: 遮蔽，指趙地將有兵事。⑥喩: 使了解。⑦畢議願知: 把計議說盡了，希望
大王知道。⑧卒: 終於。 從: 聽從。 訊: 審訊。 ⑨玉人: 指卞和。⑩誅之: 刑
之。⑪胡亥: 秦二世名。⑫箕子: 殷紂王叔父， 名胥余，「封於箕，因諫被囚，
佯狂。陽: 同「佯」。⑬接輿: 春秋時楚國隱士。避世: 隱居。⑭後: 作動詞用，
放在後面。⑮比干: 殷紂王之賢臣，因強諫被剖心。⑯子胥: 伍子胥，春秋時吳
國大臣。鴟夷: 皮制的袋子。伍子胥諫夫差伐齊，被夫差所殺，用鴟夷盛屍體，
投於江中。⑰蓋: 車蓋。 傾蓋: 停車交談。⑱樊於 (ㄨ) 期: 秦將，因罪逃到
燕國，荆軻刺秦王前，希望得樊頭能見幸秦王，樊慷慨自殺。⑲王奢: 齊臣，因
罪逃到魏國。齊伐魏時自殺以救魏。⑳去: 離開。二國: 指秦、齊。死: 效命 。
兩君: 指燕太子丹和魏君。㉑蘇秦: 戰國時縱橫家。尾生: 人名，據傳他與一女
子橋下約會，女子不至，水漲，尾生抱柱而淹死。㉒白圭: 戰國時中山國將領，
戰敗後逃到魏國，助魏滅中山。㉓騄驥 (ㄐㄩㄝˋ ㄊㄧˊ): 良馬名。㉔顯於中山:
以拔中山之功而尊顯。㉕投: 投贈。夜光之璧: 一種寶玉製成的璧。㉖司馬喜: 宋
國人。臏脚: 割去膝蓋骨。㉗范雎: 魏國人，被讒遭打。摺(ㄌㄚˊ): 拉斷。脅: 肋
骨。㉘畫: 計畫。㉙捐: 拋棄。㉚挾: 持。孤獨之交: 指交友少。㉛申徒狄: 殷
末人，諫君，不被聽信，自投雍水而死。㉜徐衍: 周末人，因不滿亂世，負石沉
海而死。㉝苟取: 拿不該拿的東西。比周: 結黨。㉞百里奚: 春秋時虞國人。虞
亡逃楚，被秦穆公用五張羊皮贖來，助成霸業。㉟甯戚: 春秋時衞國人。飯: 這
裏作動詞用。㊱借譽於左右: 借助國君左右的人說好話。㊲季孫: 魯國大夫。㊳
鑠、銷: 熔化。毀: 毀謗。㊴由余: 春秋時晉人，逃西戎，被秦穆公招致，助霸
業。㊵子臧: 春秋時越人，被齊國重用。強盛。㊶奇偏之辭: 一面之辭。㊷公聽
幷觀: 公正地聽意見，全面觀察事情。㊸胡: 北方民族。越: 南方民族。昆弟:
兄弟。㊹朱: 丹朱，堯之子。象: 舜之弟。管: 管叔。蔡: 蔡叔。俱周武王之弟。
㊺侔: 相等。㊻捐: 棄。子之: 戰國時燕王噲的相，騙燕王讓位，燕國大亂。㊼
田常: 春秋時齊簡公的相，弒簡公。封比干: 武王伐紂後封比干之子。㊽覆: 覆

蓋。⑲仇：指寺人（宦官）披。匡：正。⑳借：給予。㉑車裂：酷刑，用牛或馬
分裂人體。㉒種：文種。禽：同「擒」。勁吳：強大的吳國。㉓孫叔敖：楚國令
尹，三次解職又復職。悔：恨。㉔於（ㄨ）陵：在今山東省長山縣南。子仲：
又名陳仲子。三公：秦漢時指丞相、太尉、御史大夫。這裏指丞相。㉕情素：情
志。㉖瀝（ㄌㄧˋ）肝膽：披肝瀝膽。㉗窮：逆境。達：順境。㉘愛：吝惜。桀：
夏暴君。跖（ㄓˊ）：盜跖。由：許由。㉙假：憑藉。㉚湛（ㄔㄣˊ）：同「沉」，沉
沒。這裏作消滅講。　七族：七類親族。㉛要離：春秋時吳人。　爲吳王闔閭刺慶
忌，勸王殺其妻子以取信於慶忌。燔：燒。㉜投人：投向人。道：道路。眄（
ㄇㄧㄢˇ）：顧盼。㉝蟠：屈曲。木：樹木。根柢：樹根。輪囷：盤曲。萬乘器：天
子的珍器。容：雕飾。㉞隨侯之珠：相傳春秋時隨侯救蛇所得之珠。㉟秪：只。
㊱伊：伊尹。管：管仲。均爲賢臣。㊲龍逢：關龍逢，夏桀時賢臣，因諫被殺。
㊳制世御俗：治理國家。㊴獨：獨自。化：敎化。陶鈞：製陶器用的圓輪。㊵中
庶子：太子的屬官，職如侍中。蒙嘉：秦國寵臣。㊶涇渭：二水名，在今陝西
省。呂尙：姓姜，因祖先封於呂，故稱呂尙，輔佐武王成王業。㊷：左右：指蒙
嘉。亡：危亡。㊸烏集：偶然遇合，指用呂尙。㊹拘攣：沾滯，固執。㊺帷墻：
比喻寵臣。㊻皁：馬槽。㊼鮑焦：春秋時人。㊽砥、厲：磨刀石。名號：名聲。
㊾曾子：孔子弟子。以孝著稱，故不入「勝母」之里。里：里巷。㊿朝歌：紂時
都邑，在今河南省湯陰縣南。墨子主張「非樂」，故不入「朝歌」。51恢廓之士：
指抱負遠大的人。52回面：轉變面容。53堀：同「窟」。藪：湖澤。

【鑑賞】 在漢初著名的辭賦作家中，鄒陽是一個很有膽識的人。他早年仕吳，與
嚴忌、枚乘等人同以文辭著稱。文帝時，吳王劉濞稱疾不朝，「陰有邪謀」，鄒陽
曾上書加以勸阻，但不爲其采納。因與嚴忌、枚乘一起去吳之梁，從梁孝王游。
梁孝王是竇太后的少子，備受朝廷恩寵。史書載其多次入朝，與天子同車，其舊
臣、山東游說之士羊勝、公孫詭等人因此勸其「求爲漢嗣」。孝王本人也早存此
心，他曾恃竇太后的溺愛和助景帝平息吳楚七國之亂有功，「上書願賜容車之
地，徑至長樂宮，自使梁國士衆築作甬道朝太后」，但遭到朝廷大臣爰盎等人的
反對和景帝的拒絕，因而懷恨在心，派人殺了爰盎，引起景帝的懷疑和責詢。孝
王遂與羊勝、公孫詭「有謀」，企圖與朝廷對抗。這時，新來梁國的嚴忌、枚乘都
不敢諫阻，惟獨鄒陽一人「爭以爲不可」，故爲羊勝等人讒害，不僅累絏加身，而
且被判了死刑。在這種幾乎是坐以待斃的危急中，鄒陽「恐死而負累」，於是在獄
中上書梁王，對自己「以讒見禽」的遭遇慷慨陳詞，竭力辯析（以上皆見《漢書

・鄒陽傳》)。

　　上書以「臣聞忠無不報，信不見疑。臣常以爲然，徒虛語耳」幾句開端，直接明了地提出全文所要論述的忠信問題。其中「常以爲然」，表明自己對臣忠君信的深信不疑；而「徒虛語耳」四字文意陡轉，其間蘊含了作者懷忠見讒的滿腔激憤。忠信歷來被奉爲封建社會處理君臣關係的道德規範，作者在書中開宗明義地對此提出懷疑和否定，這就造成了一種先聲奪人氣勢，使孝王不得不引起注意。文章接着以荊軻刺秦王、衞先生請求增兵的「精誠」能「變天地」而不爲燕、秦兩主所悟，來比喩自己「盡忠竭誠」卻反從吏訊的遭遇；以玉人獻寶、李斯竭忠而終陷不測，來暗示自己之所以不象箕子、接輿那樣避世遠禍，目的在於對人主有所報效。「臣聞比干剖心，子胥鴟夷，臣始不信，乃今知之」，承前寫來，情辭甚爲悲愴。比干和子胥都是古代著名的忠臣，他們因強諫而爲人主所疾，一被剖心，一被殺戮後裝入皮囊、投進江中，這是暴君虐殺忠臣的典型事例。作者於此特意點出，並謂「始不信」、「今知之」，在思想上是與其對「忠無不報，信不見疑」的始信終疑一脈相承的，但感情更爲沉痛。我們從中可以看到嚴酷的現實所給予作者的深刻教育，以及作者對自己身陷囹圄、前途未卜的擔憂。故文章於此第三次提出「願大王熟察，少加憐焉」，可見其心中的悲哀和感情的迫切。按理說，身爲囚犯的人爲了求得君主的寬大處理，一般多有哀戚乞憐之意。鄒陽這篇上書卻恰恰相反，它在於「願大王熟察」三致意之後，反而理直氣壯、痛快淋漓地陳述了自己對君臣遇合的明確看法。

　　首先，他引用「白頭如新，傾蓋如故」的諺語，指出君臣遇合的關鍵不在於彼此交往時間的長短，而在於相知與否。他舉例說，秦將樊於期對於秦國來說不是新人，但當其因罪逃至燕國，荊軻爲刺秦王而求其頭顱爲信時，他卻慷慨允承；齊臣王奢對魏國來說不是故舊，但當齊軍兵臨魏國城下時，卻自願捐軀解圍。這兩位義士的舉動並不受新舊之國的牽制，完全是「行合於志，而慕義無窮」的結果。同樣，縱橫家蘇秦失信於天下，對燕國卻極盡忠誠；中山將白圭戰失六城，卻爲魏國攻滅中山，其原因在於當有人在燕王和魏文侯面前進讒時，兩主對他們不但不疑，反而賜信有加。在從臣和從君雙方說明遇合在於相知之後，作者進一步指出，士之入朝猶如女之入宮，無論其賢不肖和美惡，必然會遭到嫉妒。如果像司馬喜、范睢那樣「信必然之畫，捐朋黨之私，挾孤獨之交」，更容易爲人讒毀，殷周時的申徒狄、徐衍的蹈河和入海，卽爲此。因此對於人主來說，應該善於發現和任用這種人才，就像穆公委政於乞食的百里奚、桓公任國於飯牛的寧戚那樣，而不問其是否「素宦於朝」或「借譽於左右」。文章在論及這

一點特感慨良深。可以看出，這是鄒陽的有感而發。鄒陽等人至梁，較羊勝、公孫詭爲晚，其新來而受羊勝之讒，難免會對孝王的信舊疑新有所不滿。他的這段議論，是很有針對性的。

其次，他認爲作爲一個聖明的君主，應該是「公聽並觀，垂明當世」的，如果偏聽獨任，則難免會滋生奸亂。他說過去魯君因聽了季孫的話而驅逐孔子，宋君用了子冉的計謀而囚禁墨子，像孔、墨這樣能言善辯者都會被人讒害，是由於「衆口鑠金，積毀銷骨」的緣故。相反，秦國和齊國因不爲世俗所拘，不爲偏辭所惑，用了戎人由余和越人子臧，結果國家富強、聲威遠揚。因此他的結論是：「今人主誠能用齊、秦之明，後宋、魯之聽，則五伯不足侔，三王易爲比也。」不但如此，在鄒陽看來，要成就一番功業，人主還必須「欲善無厭」，在遠離子之、田常一類陰謀者的同時，要大力褒揚那些像比干、孕婦那樣被暴君虐殺的臣民，甚至要有像晉文公、齊桓公爲了事業而不避仇的那種胸懷，「慈仁殷勤，誠加於心」，而不說空話。

接着作者以秦國任用商鞅而成強國，商鞅本人卻慘遭車裂和越君用了文種的計謀吞滅吳國，而文種本人卻被誅殺爲例，說明從人臣這方面來說，爲君盡忠的下場往往是可悲的。因此楚國的賢臣孫叔敖曾三次辭官，子仲則寧願爲人灌園。卽便如此，鄒陽在信中還表示：如果人主能赤誠待士，士是願意爲其盡忠的；如果遇到聖明的人主，士更是萬死不辭。像荆軻被籍七族、要離焚死妻子這樣的事，是不足「爲大王道」的。作者的這番表白，集中反映了「士爲知己者死」的典型思想，它出自一個生死未卜者之口，確實是能震撼人心的。在作了這番披肝瀝膽的陳述後，作者用了一個非常巧妙的比喻，來解釋近者易親、遠者易疏的社會現象，用以消除孝王對「布衣窮居之士」「欲盡忠當世之君」的疑慮。他說，如果有人在夜間將明月之珠、夜光之璧投之路人，人們一定會按劍相視，不知所措；而一些曲木歪棍，卻往往被當作國寶，其原因在於前者「無因而至前」，後者「左右先爲之容」，這樣就產生了出珠獻寶者結怨、「有人先談」者樹功的反常現象。而人主對身在貧賤、「素無根柢之容」者的忠誠，必然會像路人那樣心有所疑，於是布衣之士連那些枯木朽株也比不上了。鑒於這種情況，作者提出了「是以聖王制世御俗，獨化於陶鈞之上，而不牽乎卑辭之語，不奪乎衆多之口」的命題。他指出，秦皇聽了中庶子蒙嘉信任荆軻的話，結果圖窮匕首見，最終不免亡國；周文王獵於渭水，遇見呂尙，同載而歸，最終成就了王業。「今人主沈於諂諛之辭，牽於帷墻之制，使不羈之士與牛驥同皁，此鮑焦所以忿於世，而不留富貴之樂也。」作者在此對孝王的聽信左右諂辭諛語作了尖銳的指責，它體現了鄒

陽「抗直不撓」(史≪記≫本傳太史公論語)、傲儷不馴的性格。

最後,作者更以名譽節操自勵。他表示:前有「里名勝母,曾子不入;邑號朝歌,墨子回車」的先例,現在「欲使天下恢廓之士,誘於威重之權,脇於位勢之貴,回面汙行,以事諂諛之人,而求親近於左右」,那麼「士有伏死堀穴岩藪之中耳,安有盡忠信而趣闕下者哉」!這段文字大膽潑辣,且又氣宇軒昂,大有置生死於度外的非凡氣概。

≪漢書‧鄒陽傳≫稱其「爲人有智略,慷慨不苟合」,這篇獄中上書正反映出他的這種性格特點。梁孝王在漢代素有「待士」之稱,鄒陽在上書中就緊緊抓住這一點,先曉之以君臣遇合重在相知,「偏聽生奸,獨任成亂」之大義,繼動之以士能爲君殺身成仁之眞情,末又故作激憤語,以若此將失天下士警之,使孝王在其正義嚴詞前無法回避,此謂「有智略」。同時,文章中又不乏對孝王的尖銳批評,如謂其「惑於衆口」、須「去驕傲之心」、「沈於諂諛之辭,牽於帷墻之制」、使恢廓之士「回面汙行,以事諂諛之人」,等等。這些都表現出他的「慷慨不苟合」。清人劉熙載曾將其與禰衡的≪鸚鵡賦≫相比,認爲其「氣盛語壯」,與「禰正平賦鸚鵡於黃祖長子座上,蹙蹙焉有自憐依人之態」者迥然不同。≪古文辭類纂≫引李申耆語,也謂其「迫切之情,出以微婉;鳴咽之響,流爲激亮。此言情之善者也」。正因爲此,孝王在讀了這篇上書後,立刻爲其所動,不但將鄒陽「立出之」,而且「卒爲上客」(≪漢書‧鄒陽傳≫)。

從藝術上看,這篇上書有兩個顯著特點,這就是前人指出的「喻巧而理至」(≪文心雕龍‧論說≫)和「隸事至多而以俊氣擧之」(≪古文辭類纂≫引吳至父語)。漢初諸侯王自理國政,養士招客之風甚盛,故當時一些書奏論說之作頗有戰國游說辭令的遺風,鄒陽的這篇上梁王書卽很典型。同時,文章句式較整齊,且多用對偶,以「臣聞」、「是以」、「何則」、「至夫」等詞連接轉折,在形式上開了後代駢體文的先聲。≪史記≫太史公曰:「鄒陽辭雖不遜,然其比物連類,有足悲者,亦可謂抗直不撓矣」,是對這篇作品的中肯評價。

(曹明綱)

子 虛 賦　　　　　　司馬相如

楚使子虛使於齊,王悉發車騎,與使者出畋①。畋罷,子虛過姹

烏有先生②，亡是公存焉。坐定，烏有先生問曰：「今日畋樂乎？」子虛曰：「樂。」「獲多乎？」曰：「少。」「然則何樂？」對曰：「僕樂齊王之欲夸僕以車騎之衆，而僕對以雲夢之事也。」曰：「可得聞乎？」子虛曰：「可。王車駕千乘，選徒萬騎，畋於海濱，列卒滿澤，罘網彌山③，掩兔轔鹿④，射麋腳麟⑤，鶩於鹽浦⑥，割鮮染輪⑦，射中獲多，矜而自功，顧謂僕曰：『楚亦有平原廣澤游獵之地饒樂若此者乎？楚王之獵，孰與寡人乎？』僕下車對曰：『臣，楚國之鄙人也。幸得宿衞十有餘年⑧，時從出游，游於後園，覽於有無，然猶未能遍睹也，又焉足以言其外澤乎？』齊王曰：『雖然，略以子之所聞見而言之。』僕對曰：『唯唯。』

『臣聞楚有七澤，嘗見其一，未睹其餘也。臣之所見，蓋特其小小者耳，名曰雲夢。雲夢者，方九百里，其中有山焉。其山則盤紆茀鬱⑨，隆崇崒崒⑩，岑岩參差⑪，日月蔽虧。交錯糾紛，上干青雲⑫；罷池陂陀⑬，下屬江河⑭。其土則丹青赭堊⑮，雌黃白坿⑯，錫碧金銀，衆色炫耀，照爛龍鱗⑰。其石則赤玉玫瑰，琳瑉昆吾⑱，瑊玏玄厲⑲，硬石碔砆⑳。其東則有蕙圃：蘅蘭芷若㉑，芎藭菖蒲㉒，江蘺蘪蕪㉓，諸柘巴苴㉔。其南則有平原廣澤：登降陁靡㉕，案衍壇曼㉖，緣以大江，限以巫山；其高燥則生葳薪苞荔㉗，薛莎青蘋㉘；其埤濕則生藏莨蒹葭㉙，東薔雕胡㉚，蓮藕觚盧㉛，菴閭軒于㉜：衆物居之，不可勝圖。其西則有湧泉清池：激水推移，外發芙蓉菱華㉝，內隱鉅石白沙；其中則有神龜蛟鼉，瑇瑁鱉黿㉞。其北則有陰林：其樹楩楠豫章㉟，桂椒木蘭，蘗離朱楊㊱，櫨梨梬栗㊲，橘柚芬芳；其上則有鵷雛孔鸞㊳，騰遠射干㊴；其下則有白虎玄豹，蟃蜒貙犴㊵。

『於是乎乃使剸諸之倫㊶，手格此獸。楚王乃駕馴駮之駟㊷，乘彫玉之輿，靡魚須之橈旃㊸，曳明月之珠旗㊹，建干將之雄戟㊺，左烏號之雕弓㊻，右夏服之勁箭㊼。陽子驂乘㊽，纖阿為御㊾，案節未舒，即陵狡獸㊿，蹴蛩蛩[51]，轔距虛[52]，軼野馬[53]，轊陶駼[54]，乘遺風[55]，射游騏[56]。儵眒倩浰[57]，雷動猋至，星流霆擊，弓不虛發，中

必決眦⑱，洞胸達掖⑲，絕乎心繫⑳，獲若雨獸，揜草蔽地㉑。於是楚王乃弭節徘徊，翱翔容與，覽乎陰林，觀壯士之暴怒，與猛獸之恐懼，徼㊀受詘㉒，殫睹衆物之變態㉓。

　　『於是鄭女曼姬，被阿緆㉔，揄紵縞㉕，雜纖羅㉖，垂霧縠㉗，襞積褰縐㉘，紆徐委曲，鬱橈谿谷㉙。衯衯裶裶㉚，揚袘戌削㉛，蜚襳垂髾㉜。扶輿猗靡㉝，翕呷萃蔡㉔；下靡蘭蕙，上拂羽蓋；錯翡翠之威蕤㉟，繆繞玉綏㊱。眇眇忽忽㊲，若神仙之髣髴。於是乃相與獠於蕙圃㊳，媻姍孛窣㊴，上乎金隄㊵。揜翡翠㊶，射鵕鸃㊷，微矰出㊸，孅繳施㊹。弋白鵠㊺，連駕鵝㊻，雙鶬下㊼，玄鶴加㊽。怠而後發，游於清池㊾。浮文鷁㊿，揚旌栧〔51〕，張翠帷，建羽蓋。罔瑇瑁〔52〕，鉤紫貝。摐金鼓〔53〕，吹鳴籟〔54〕。榜人歌〔55〕，聲流喝〔56〕。水蟲駭，波鴻沸，湧泉起，奔揚會〔57〕。礧石相擊〔58〕，硠硠礚礚〔59〕，若雷霆之聲，聞乎數百里之外。將息獠者，擊靈鼓〔60〕，起烽燧〔61〕，車按行，騎就隊，纚乎淫淫〔62〕，般乎裔裔〔63〕。

　　『於是楚王乃登雲陽之台〔64〕，怕乎無爲，憺乎自持〔65〕，勺藥之和具〔66〕，而後御之。不若大王終日馳騁，曾不下輿，脟割輪焠〔67〕，自以爲娛。臣竊觀之，齊殆不如。』於是齊王無以應僕也。」

　　烏有先生曰：「是何言之過也！足下不遠千里，來貺齊國〔68〕；王悉發境內之士，備車騎之衆，與使者出畋，乃欲戮力致獲，以娛左右，何名爲夸哉？問楚地之有無者，願聞大國之風烈〔69〕，先生之餘論也。今足下不稱楚王之德厚，而盛推雲夢以爲高，奢言淫樂，而顯侈靡，竊爲足下不取也。必若所言，固非楚國之美也；無而言之，是害足下之信也。彰君惡，傷私義〔70〕，二者無一可，而先生行之，必且輕於齊而累於楚矣！〔71〕且齊東陼鉅海〔72〕，南有琅邪〔73〕，觀乎成山〔74〕，射乎之罘〔75〕，浮渤澥〔76〕，游孟諸〔77〕。邪與肅愼爲鄰〔78〕，右以湯谷爲界〔79〕；秋田乎青丘〔80〕，彷徨乎海外，吞若雲夢者八九於其胸中，曾不蔕芥〔81〕。若乃俶儻瑰瑋〔82〕，異方殊類，珍怪鳥獸，萬端鱗崪〔83〕，充牣其中〔84〕，不可勝記，禹不能名，卨不能計〔85〕。然在諸侯之位，不敢言遊戲之樂，苑囿之大；先生又見客〔86〕，是以王辭不復，何爲無以應哉？」

【注釋】①畋（ㄊㄧㄢˊ）：射獵。②過：過訪。奼：詫的假借字，意夸耀。③罘（ㄈㄨˊ）網：捕兔之網。彌：布滿。⑷掩：掩捕。轔：輾壓。⑤脚：動詞，意謂抓住麟的一脚。麟：雄鹿。⑥騖：馳騁。鹽浦：指產鹽的海濱。⑦鮮：生肉。染輪：血染車輪；一說為擦取輪上的鹽。⑧宿衞：在王宮禁中值宿守衞。⑨盤紆、岪鬱：皆山屈曲貌。⑩隆崇：高峻貌。嵂崒（ㄌㄩˋ ㄗㄨˊ）：峻險貌。⑪岑崟（ㄘㄣˊ ㄧㄣˊ）：高峻貌。⑫干：觸犯。⑬罷池（ㄆㄧˊ ㄔˊ）：坡傾斜貌。陂陀（ㄆㄛ ㄊㄨㄛˊ）：山寬廣貌。⑭屬：連接。⑮丹：朱砂。青：石青。赭（ㄓㄜˇ）：赤土。堊（ㄜˋ）：白土。⑯雌黃：又名石黃，一種可作顏料的礦物。白坿：白石英，一說卽石灰。⑰照：光照。爛：燦爛。⑱琳：美玉。瑉（ㄇㄧㄣˊ）、昆吾：均為次於玉的美石。⑲瑊玏（ㄓㄣ ㄌㄜˋ）：次於玉的石。玄厲：可磨刀的黑石。⑳碝（ㄖㄨㄢˇ）石：白中帶赤之石；碔砆：赤底白采之石，皆次於玉。㉑蘅：杜蘅；芷：白芷；若：杜若，皆香草。㉒芎藭（ㄑㄩㄥ ㄑㄩㄥˊ）：香草名。㉓江離、蘪蕪：兩種水生香草。㉔諸柘：卽甘蔗。巴苴：卽巴蕉。㉕登降：此指高低。陁（ㄓˇ）靡：斜長貌。㉖案衍：低下貌。壇曼：平寬貌。㉗葴（ㄓㄣ）：卽馬藍；菥（ㄒㄧ）：似燕麥；苞：似茅；荔：似蒲而小，皆草名。㉘薛、莎：兩種不同的蒿。青薠（ㄈㄢˊ）：似莎而大，草名。㉙藏莨（ㄗㄤ ㄌㄤˊ）：卽狗尾草。蒹：荻。葭：蘆。㉚東薔（ㄑㄧㄤˊ）：水蓼種，似葵，可食。雕胡：卽菰米，俗稱茭白。㉛觚：一作菰，卽菰茭。盧：一作蘆，卽蘆筍。㉜菴閭：蒿艾類草。軒于：卽蕕草。㉝芙蓉：荷花。華：同花。㉞瑇瑁（ㄉㄞˋ ㄇㄟˋ）：龜類動物。黿：似鱉而大。㉟楩（ㄆㄧㄢˊ）、柟（ㄋㄢˊ）、豫章：三種高大喬木。㊱檗（ㄅㄛˋ）：卽黃蘗。離：山梨。朱楊：赤莖柳。㊲樝（ㄓㄚ）：似梨，味甘。梬（ㄧㄥˇ）栗：又名梬棗，似柿而小。㊳鵷雛：傳說中一種像鳳的鳥。孔：孔雀。鸞：鸞鳥。㊴騰遠：猿類動物，因善攀樹援木而名。射（ㄧㄝˋ）干：一種緣木動物，似狐而小。㊵蟃蜒：應作獌狿，一種似狸大獸。貙犴（ㄔㄨ ㄢˋ）：一種類狸而大的猛獸。㊶剸諸：卽專諸，春秋時吳國猛士，曾為公子光刺殺吳王僚。倫：類。㊷駮：同駁，謂馬毛色不純。駟：同駕一車的四匹馬。㊸靡：同麾，通揮。須：同鬚。橈旃：曲柄旗。㊹曳：搖動。明月：指明月珠，一種旗飾。㊺建：高擧。干將：春秋時吳人，善鑄劍，後因以代指利劍或利刃。雄戟：鋒利的三刃戟。㊻烏號（ㄏㄠˊ）：卽桑柘，質堅勁，宜製弓。亦為良弓的代稱。㊼夏服：夏后氏的箭囊。服：袋、囊。㊽陽子：春秋時秦人，以善相馬著名，名孫陽，字伯樂。驂乘：陪乘。㊾孅阿：傳說中善御馬者。㊿陵：陵轢、踐踏。(51)蹴（ㄘㄨˋ）：踐踏。蛩（ㄑㄩㄥˊ）蛩：青色獸，狀如馬，善奔走。(52)距虛：似騾而小，亦善奔走。(53)軼（ㄧˋ）：超越。(54)轊（ㄙㄨㄟˋ）：車軸

頭，此作動詞，謂以車軸頭冲撞。陶駼(ㄊㄨˊ)：北方良馬，一說卽野馬。(55)遺風：千里馬名。(56)騏：青驪色馬。(57)倏眒(ㄕㄣ)、倩浰(ㄌㄧㄢˋ)：均疾速奔逐貌。(58)決：裂開。眦(ㄗˋ)：卽眥，目眶。(59)洞：貫穿。掖：同「腋」。(60)絕：斷。心繫：指連心之血脈經絡。(61)揜(ㄧㄢˇ)：覆蔽、遮蓋。(62)儌(ㄧㄠ)：攔截。𠜊(ㄐㄩˋ)：疲極。詘：同「屈」，謂力盡。(63)殫：盡。(64)鄭女：鄭地的女子，古云鄭地多美女。曼姬：美女。曼：指女子膚色嬌美有光彩。阿(ㄜ)：細繒。緆(ㄒㄧ)：細布。(65)揄(ㄩˊ)：拖曳。紵：麻布。縞：素絹。(66)纖羅：細羅。(67)霧縠(ㄏㄨˊ)：輕薄如霧的薄紗。以上阿緆、紵縞、纖羅、霧縠皆指用這些織品製的衣服。(68)襞(ㄅㄧˋ)積：裙上的折叠。褰縐(ㄑㄧㄢ ㄓㄡˋ)：折叠成裥(ㄐㄧㄢˋ)。(69)鬱橈：深曲貌。這句說女子衣服折裥深曲如谿谷。(70)衯(ㄈㄣ)、裶(ㄈㄟ)：皆衣長貌。(71)衪：裳裙下端之邊緣。戌削：衣服邊緣整齊貌。(72)蜚：古「飛」字。襳(ㄒㄧㄢ)：婦人上衣下垂的長帶，形如刀圭，上廣下狹。髾(ㄕㄠ)：婦人上衣的下端，形如燕尾。(73)扶輿猗靡：形容衣服合身、體態美好。(74)翕呷、萃蔡：皆衣服飄動聲。(75)錯：雜。翡翠：水鳥名，紅羽爲翡，青羽爲翠。威蕤(ㄖㄨㄟˊ)：羽毛光盛貌。威通「葳」。此句說，女子以光淨鮮美的翡翠羽毛雜置頭上作首飾。(76)繆：同繚。綏：車上引人登車的繩索。玉綏：用玉裝飾的綏。(77)眇眇：縹渺。忽忽：飄忽不定。(78)相與：指楚王與衆女子一起。獠：獵。(79)嫳(ㄆㄢˊ)姍敦窣(ㄙㄨˋ)：在林莽間行走貌。(80)金隄：堅固如金屬的隄。(81)揜：以網捕獲。(82)鵔(ㄐㄩㄣˋ)鸃(ㄧˊ)：雉類，羽呈五彩。(83)矰：短矢。(84)孅：同「纖」。繳：繫於矰尾的生絲繩。(85)弋：以帶繩的箭射鳥。(86)連：指用矰繳牽連而下。駕(ㄐㄧㄚ)鵝：野鵝。(87)鶬：鶬鴰(ㄘㄤ ㄍㄨㄚ)，似雁而黑。下：墜。(88)加：爲矢所中。(89)清池：雲夢西部的湧泉清池。這兩句說，楚王與美女們游獵疲倦後又游於清池。(90)浮：泛舟。鷁：水鳥名，古代天子之舟頭部畫鷁，因以鷁代船。文鷁：畫有文彩的船。(91)旌：船上的旌旗。枻(ㄧˋ)：槳。(92)罔：通「網」。(93)摐(ㄔㄨㄤ)：敲擊。(94)籟：簫。(95)榜人：船夫。(96)流喝：聲音悲嘶。喝讀若嗄。(97)奔揚：濤。(98)礧(ㄌㄟˊ)石：衆石。(99)硠(ㄌㄤˊ)硠礚(ㄎㄜ)礚：礧石轉動相擊發出的聲音。(100)靈鼓：六面的鼓。(101)起烽燧：在高處燃起薪火。(102)纚(ㄌㄧˊ)：連屬貌。淫淫：漸進貌。(103)般：盤旋。裔裔：流行貌。(104)雲陽之台：卽陽台，在雲夢南部巫山下。(105)怕：同「泊」；憺：同「澹」，均安靜貌。(106)勺藥之和：中有勺藥，五味調和的食品，古人認爲有和臟順氣的功用。具：備。(107)脟(ㄌㄨㄢˊ)：同「臠」，肉塊。焠(ㄘㄨㄟˋ)：烤炙。一說同「染」。(108)貺(ㄎㄨㄤˋ)：惠賜。(109)風：美好的風俗。烈：光輝的事業。(110)私義：指子虛個人的信義。(111)累：牽累。(112)陼(ㄓㄨˇ)：同「渚」，濱臨。(113)琅邪：山名，在山東諸城縣東南。(114)觀：游觀。成山：山名，在山東榮成縣東。(115)之罘(

ㄈㄨˊ）：山名，在山東福山縣東北。⑯渤澥（ㄒㄧㄝˋ）：渤海邊的港灣。澥：海邊港灣。⑰孟諸：古代藪澤，在今河南省商丘市東北。⑱邪：同「斜」。肅慎：古國名，在今遼寧、吉林、黑龍江等省境內。⑲湯（ㄧㄤ）谷：即暘谷，古人認爲是日出處。右當作左，古人以東爲左。⑳田：同「畋」，射獵。青丘：國名，相傳在大海東三百里。㉑薟（ㄅㄧ）芥：果蓏草芥，小鯁細刺。㉒俶儻（ㄊㄧˋ　ㄊㄤˇ）氣度不凡。瑰瑋：宏偉奇特。㉓崒（ㄘㄨㄟˋ）：同「萃」，集。㉔牣（ㄖㄣˋ）：滿。㉕离：古「契」字，堯時司徒。㉖見：受到。客：禮遇。

上 林 賦　　　　　司馬相如

　　亡是公听然而笑曰①：「楚則失矣，而齊亦未爲得也。夫使諸侯納貢者，非爲財幣，所以述職也；封疆畫界者，非爲守禦，所以禁淫也。今齊列爲東藩②，而外私肅慎③，捐國逾限④，越海而田⑤，其於義固未可也。且二君之論，不務明君臣之義，正諸侯之禮，徒事爭於遊戲之樂，苑囿之大，欲以奢侈相勝，荒淫相越，此不可以揚名發譽，而適足以㟍君自損也⑥。

　　「且夫齊楚之事，又烏足道乎！君未睹夫巨麗也？獨不聞天子之上林乎⑦？左蒼梧，右西極⑧，丹水更其南⑨，紫淵徑其北⑩。終始灞滻⑪，出入涇渭⑫；酆、鎬、潦、潏⑬，紆餘委蛇⑭，經營乎其內，蕩蕩乎八川分流，相背而異態。東西南北，弛騖往來：出乎椒丘之闕⑮，行乎洲淤之浦⑯，經乎桂林之中，過乎泱莽之壄⑰。汩乎混流，順阿而下，赴隘陜之口。觸穹石⑱，激堆埼⑲，沸乎暴怒，洶湧澎湃。滭弗宓汩⑳，偪側泌㵧㉑，橫流逆折，轉騰潎洌㉒、滂濞沆溉㉓；穹隆雲橈㉔，宛潬膠盭㉕；踰波趨浥㉖，涖涖下瀨㉗；批岩冲擁㉘；奔揚滯沛㉙，臨坻注壑㉚，瀺灂霣墜㉛；沈沈隱隱，砰磅訇礚㉜；滭浡滵汩㉝，湁潗鼎沸㉞。馳波跳沫，汩㵤漂疾㉟。悠遠長懷，寂漻無聲，肆乎永歸。然後灝溔潢漾㊱，安翔徐回；翯乎滈滈㊲，東注太湖，衍溢陂池㊳。

「於是乎蛟龍赤螭[39]，鯨鰽漸離[40]，鰅鰫鰬魠[41]，禺禺魼鰨[42]，揵鰭掉尾[43]，振鱗奮翼，潛處乎深岩。魚鱉讙聲[44]，萬物衆夥，明月珠子[45]，的皪江靡[46]，蜀石黃硬[47]，水玉磊砢[48]，磷磷爛爛，彩色澔汗[49]，藂積乎其中。鴻鵠鵠鴇[50]，鴐鵝屬玉[51]，交精旋目[52]，煩鶩庸渠[53]，箴疵鵁盧[54]，羣浮乎其上。汎淫泛濫[55]，隨風澹淡，與波搖蕩，奄薄水渚[56]，唼喋菁藻[57]，咀嚼菱藕。

「於是乎崇山矗矗[58]，巃嵸崔巍[58]，深林巨木，嶄岩嵾嵯[59]。九嵕巀嶭[60]，南山峩峩，岩陁甗錡[61]，摧崣崛崎[62]。振溪通谷，蹇產溝瀆[63]，谽呀豁閜[64]，阜陵別隝[65]，崴磈嵔廆[66]，丘虛崛礨[67]，隱鱗鬱壘[68]，登降施靡，陂池貏豸[69]，沇溶淫鬻[70]，散渙夷陸，亭皋千里，靡不被築[71]。揜以綠蕙，被以江蘺，糅以蘪蕪[72]，雜以留夷。布結縷，攢戾莎[73]，揭車衡蘭[74]，槀本射干[75]，茈薑蘘荷[76]，葴持若蓀[77]，鮮支黃礫[78]，蔣芧青薠[79]，布濩閎澤[80]，延曼太原[81]，離靡廣衍，應風披靡，吐芳揚烈，郁郁菲菲[82]，衆香發越，肸蠁布寫[83]，晻薆咇茀[84]。

「於是乎周覽泛觀，縝紛軋芴[85]，芒芒恍忽[86]，視之無端，察之無涯，日出東沼[87]，入乎西陂[88]。其南則隆冬生長，踊水躍波；其獸則㺎旄獏犛[89]，沈牛麈麋[90]，赤首圜題[91]，窮奇象犀[92]。其北則盛夏含凍裂地，涉冰揭河[93]；其獸則麒麟角端[94]，騊駼橐駝[95]，蛩蛩驒騱[96]，駃騠驢騾[97]。

「於是乎離宮別館，彌山跨谷，高廊四注[98]，重坐曲閣[99]；華榱璧璫[100]，輦道纚屬[101]；步櫩周流[102]，長途中宿[103]。夷峻築堂[104]，累台增成，岩窔洞房[105]，頫杳眇而無見，仰攀橑而捫天[106]；奔星更於閨闥[107]，宛虹拕於楯軒[108]。青龍蚴蟉於東箱[109]，象輿婉僤於西清[110]；靈圉燕於閑館[111]，偓佺之倫，暴於南榮[112]。醴泉湧於清室[113]，通川過於中庭。盤石振崖，嶔岩倚傾[114]，嵯峩嶵嶫，刻削崢嶸[115]。玫瑰碧琳，珊瑚叢生，瑉玉旁唐[116]，玢豳文鱗[117]；赤瑕駮犖[118]，雜臿其間，晁采琬琰，和氏出焉[119]。

「於是乎盧橘夏熟[120]，黃甘橙楱[121]，枇杷橪柿[122]，亭柰厚朴[123]，樗棗楊梅，櫻桃蒲陶[124]，隱夫薁棣[125]，荅遝離支[126]，羅乎后宮，列乎

北園，陁丘陵[127]，下平原。揚翠葉，扤紫莖[128]，發紅華，垂朱榮[129]，煌煌扈扈，照曜鉅野[130]。沙棠櫟櫧[131]，華楓枰櫨[132]，留落胥邪[133]，仁頻並閭[134]，欔檀木蘭[135]，豫章女貞[136]，長千仞，大連抱，夸條直暢，實葉葰楙[137]，攢立叢倚，連卷欐佹[138]，崔錯登骪[139]，坑衡閜砢[140]，垂條扶疏，落英幡纚[141]，紛溶箾蔘[142]，猗狔從風，藰莅芔歙[143]，蓋象金石之聲，管籥之音[144]。偨池茈虒[145]，旋還乎後宮，雜襲絫輯[146]，被山緣谷，循阪下隰，視之無端[147]，究之無窮。

「於是乎玄猨素雌[148]，蜼玃飛蠝[149]，蛭蜩蠷猱[150]，獑胡縠蛫[151]，棲息乎其間。長嘯哀鳴，翩幡互經[152]，夭蟜枝格[153]，偃蹇杪顚[154]，踰絕梁[155]，騰殊榛[156]，捷垂條[157]，掉希間[158]，牢落陸離[159]，爛漫遠遷[160]。若此者數百千處，娛遊往來，宮宿館舍，庖厨不徙，後宮不移，百官備具。

「於是乎背秋涉冬[161]，天子校獵。乘鏤象[162]，六玉虯[163]；拖蜺旌[164]，靡雲旗[165]，前皮軒[166]，後道遊[167]。孫叔奉轡[168]，衞公參乘[169]，扈叢橫行[170]，出乎四校之中[171]，鼓嚴簿[172]，縱獵者。江河爲阹[173]，泰山爲櫓[174]，車騎靁起[175]，殷天動地，先後陸離[176]，離散別追，淫淫裔裔，緣陵流澤，雲布雨施。生貔豹[177]，搏豺狼，手熊羆[178]，足壄羊[179]；蒙鶡蘇[180]，綺白虎[181]；被班文[182]，跨壄馬[183]。凌三嵕之危[184]，下磧歷之坻[185]；徑峻赴險，越壑厲水[186]。椎蜚廉[187]，弄獬豸[188]；格蝦蛤[189]，鋋猛氏[190]；羂騕褭[191]，射封豕[192]。箭不苟害[193]，解脰陷腦[194]；弓不虛發，應聲而倒。

「於是乎乘輿弭節乎徘徊[195]，翱翔往來，睨部曲之進退，覽將帥之變態。然後侵淫促節，儵夐遠去[196]。流離輕禽[197]，蹴履狡獸[198]；轊白鹿[199]，捷狡兔[200]；軼赤電，遺光耀[201]；追怪物，出宇宙；彎蕃弱，滿白羽[202]；射游梟[203]，櫟蜚遽[204]。擇肉而後發，先中而命處[205]；弦矢分，藝殪仆[206]。然後揚節而上浮[207]，凌驚風，歷駭猋，乘虛無，與神俱。蹴玄鶴，亂昆雞[208]；遒孔鸞，促鵕鸃[209]；拂翳鳥[210]，捎鳳凰[211]；捷鴛雛，揜焦明[212]。道盡涂殫，回車而還；消搖乎襄羊[213]，降集乎北紘[214]；率乎直指，晻乎返鄉[215]。蹷石闕，歷封巒，過鳷鵲，望露寒

[216]，下棠梨，息宜春[217]。西馳宣曲，濯鷁牛首[218]，登龍台，掩細柳[219]。觀士大夫之勤略[220]，均獵者之所得獲，徒車之所轥轢[221]，步騎之所蹂若[222]，人臣之所蹈藉，與其窮極倦𠜑[223]，驚憚讋伏[224]，不被創刃而死者，他他籍籍[225]，塡阬滿谷，掩平彌澤[226]。

「於是乎遊戲懈怠，置酒乎顥天之台[227]，張樂乎膠葛之寓[228]；撞千石之鐘[229]，立萬石之虡[230]；建翠華之旗[231]，樹靈鼉之鼓[232]。奏陶唐氏之舞[233]，聽葛天氏之歌[234]；千人唱，萬人和；山陵爲之震動，川谷爲之蕩波。巴渝、宋、蔡[235]，淮南干遮[236]，文成顚歌[237]，族居遞奏[238]，金鼓迭起，鏗鎗闛鞈[239]，洞心駭耳[240]。荆吳鄭衞之聲[241]，韶濩武像之樂[242]，陰淫案衍之音[243]，鄢郢繽紛[224]，激楚結風[245]，俳優侏儒[246]，狄鞮之倡[247]，所以娛耳目樂心意者，麗靡爛漫於前。靡曼美色，若夫青琴宓妃之徒[248]，絕殊離俗[249]，妖冶嫺都[250]，靚妝刻飾[251]，便嬛綽約[252]，柔橈嫚嫚[253]，嫵媚孅弱，曳獨繭之褕袣[254]，眇閻易以卹削[255]，便姍嫳屑[256]，與俗殊服。芬芳漚鬱[257]，酷烈淑郁[258]；皓齒粲爛，宜笑的皪[259]；長眉連娟[260]，微睇緜藐[261]；色授魂與，心愉於側。

「於是酒中樂酣，天子芒然而思[262]，似若有亡，曰：『嗟乎，此大奢侈！朕以覽聽餘閑，無事棄日[263]，順天道以殺伐[264]，時休息於此，恐後葉靡麗[265]，遂往而不返，非所以爲繼嗣創業垂統也[266]。』於是乎乃解酒罷獵，而命有司曰：『地可墾闢，悉爲農郊，以贍萌隸[267]。隤牆塡塹[268]，使山澤之人得至焉。實陂池而勿禁，虛宮館而勿仞[269]。發倉廩以救貧窮，補不足，恤鰥寡，存孤獨。出德號[270]，省刑罰，改制度，易服色[271]，革正朔[272]，與天下爲更始[273]。』

「於是歷吉日以齋戒[274]，襲朝服，乘法駕，建華旗，鳴玉鸞[275]，遊於六藝之囿，馳騖乎仁義之塗，覽觀《春秋》之林[276]。射貍首，兼騶虞[277]，弋玄鶴，舞干戚[278]；載雲罕[279]，揜羣雅[280]；悲《伐檀》，樂樂胥[281]；修容乎禮園，翺翔乎書圃[282]；述易道，放怪獸[283]；登明堂[284]，坐淸廟[285]；次羣臣，奏得失；四海之內，靡不受獲[286]。於斯之時，天下大說，鄉風而聽[287]，隨流而化；芔然興道而遷義，刑錯而不用[288]；德隆於三王，而功羨於五帝[289]；若此，故獵乃可喜也。若夫終

日馳騁，勞神苦形；罷車馬之用㉘，抏士卒之精㉙；費府庫之財，而無德厚之恩；務在獨樂，不顧衆庶；忘國家之政，貪雉兎之獲：則仁者不繇也㉚。從此觀之，齊楚之事，豈不哀哉！地方不過千里，而囿居九百，是草木不得墾闢而人無所食也。夫以諸侯之細，而樂萬乘之侈，僕恐百姓被其尤也㉛。」

　　於是二子愀然改容㉜，　超若自失㉝，　逡巡避席曰㉞：「 鄙人固陋，不知忌諱，乃今日見教，謹受命矣。」

【注釋】①听（ㄧㄣ╰）然：笑貌。②東藩：東方的藩國。③私：私自往來。肅愼：見≪子虛賦≫注。④捐：棄，離開。踰限：指超出藩國的邊界。⑤越海而田：指≪子虛賦≫中「秋田乎靑丘」。⑥夛：古貶字。自損：損害自身。⑦上林：苑名，在長安西，本秦舊苑，漢武帝時廣建，廣三百里，有離宮七十所。⑧左：東方；右：西方。⑨丹水：水名，發源於陝西商縣西北，東流入河南。更：經歷。⑩紫淵：淵名，在長安北。徑：同「經」。⑪終始：動詞，謂灞滻二水始與終皆在苑中。灞、水名，源出陝西藍田縣，向西北合流後入渭水。⑫出入：指涇、渭流經苑中。涇、渭：水名，源出甘肅，東至陝西高陵縣合流。⑬酆：水名，源出陝西寧陝東北，西北流經西安，注入渭水。鎬：水名，源出長安南，北入渭水。潦：水名，源出陝西戶縣南，北入渭水。潏（ㄐㄩㄝˊ）：又名沉水，源出秦嶺，西北入渭水。⑭紆（ㄩ）余委蛇（ㄨㄟ ㄧˊ）：水流宛轉曲折貌。⑮椒丘：長著椒木的小山。闕：宮闕，此謂山峰對峙如闕。⑯渻：古「嶼」字，卽洲。浦：水邊。⑰泱漭（ㄧㄤ ㄇㄤˇ）：廣大貌。埜：古「野」字。⑱穹：大。⑲堆埼（ㄑㄧˊ）：曲岸上的沙堆。⑳潭（ㄅㄧˋ）弗：水盛大貌。宓汨（ㄇㄧˋ ㄍㄨˇ）：水迅疾貌。㉑偪側：相逼迫。偪同「逼」。泌瀄（ㄅㄧˋ ㄐㄧㄝˊ）：水流相擊。㉒潎冽（ㄆㄧㄝˋ ㄌㄧㄝˋ）：水沖擊聲。㉓滂（ㄆㄤ）濞：水勢澎湃。沆（ㄏㄤˋ）漑：水勢翻騰貌。㉔穹隆：水勢高起貌。雲橈：謂水勢低曲旋轉如云。㉕宛潬（ㄕㄢˇ）：猶蜿蜒，水流回旋貌。膠盭：水流縈繞貌。盭：古戾字。㉖趨浥（ㄧˋ）：流向低下幽濕之處。㉗潗潗：水流貌。瀨：水在沙磧上流過時形成的急湍。㉘批：擊。擁：同壅，曲堤。㉙奔使：奔騰激揚。滭沛：迅疾貌。㉚坻（ㄔˊ）：水中高凸處。㉛滰潚（ㄑㄧㄢˊ　ㄓㄨㄛˊ）：小水聲。霣：同隕，墜落。㉜硡磕訇礚（ㄏㄨㄥ ㄎㄜˋ）：水流撞擊聲。㉝滭滭滵滵（ㄍㄨˇ ㄍㄨˇ）：水盛涌出貌。㉞洽潗（ㄒㄧ ㄐㄧˊ）：沸騰貌。㉟泪湟（ㄏㄨㄥˊ）：陡旋轉貌。漂疾：水勢凶悍迅疾。㊱灝溔（ㄧㄠˇ）潢漾：水勢浩渺無垠貌。㊲翯（ㄏㄜˋ）：水光。滈滈：同「浩浩」。

㊳衍溢：水滿溢出。陂池：池沼。㊴螭（ㄔ）：一種無角的龍類動物。㊵䱴鰽（ㄍㄥˋ ㄇㄥˋ）：一種似鱔的魚。漸離：魚名，狀未詳。㊶鰅（ㄩˊ）：一種皮有文採的魚。鰫（ㄩㄥˊ）：形似鰱魚，色黑。鰬（ㄑㄧㄢˊ）：形似鱔。魠（ㄊㄨㄛ）：又名黃頰，頰黃口大。㊷禺禺：一種皮有毛、黃底黑文的魚。魼鰨（ㄑㄩ ㄋㄚˋ）：魚名，屬比目魚類。㊸揵（ㄑㄧㄢˊ）：揚起。掉：搖動。㊹讙（ㄏㄨㄢ）：通「喧」。㊺明月：大珠。珠子：指小珠。㊻的皪（ㄉㄧˋ）：光彩閃爍貌。江靡：江邊。㊼蜀石、黃碝（ㄖㄨㄢˇ）：兩種石名，皆次於玉。㊽水玉：水晶石。磊砢：累積貌。㊾澔汗：光澤煥然貌。㊿鴻：大雁。鷫：鷫鵊（ㄙㄨˋ ㄐㄧㄚˊ），似雁。鴇：黃鴇。鴚：似雁而無後趾。(51)屬玉：水鳥名，似鴨而大。(52)交精：鳥名，形似凫。旋目：水鳥名，比鷺大。(53)煩鶩：似鴨而小。庸渠：俗名水鷄，似凫，鷄足。(54)箴疵、鵁（ㄐㄧㄠ）盧：皆水鳥，善捕魚。(55)汎淫泛濫：浮游逐波貌。(56)奄：休息。薄：聚集。(57)唼喋（ㄕㄚˋ ㄉㄧㄝˊ）：銜食。(58)巃嵸（ㄌㄨㄥˇ ㄙㄨㄥˇ）：崇峻貌。(59)嶄岩：險峻貌。嵾嵯：高下錯落貌。(60)九嵕（ㄗㄨㄥ）：山名，在今陝西醴泉縣。嶻（ㄐㄧㄝˊ）辥（ㄜˋ）：高峻貌。(61)南山：終南山。岩：險峻。陁（ㄓˇ）：傾斜。甗（ㄧㄢˇ）：甑。錡（ㄑㄧˊ）：三脚的釜。此處以甗錡形容山的形狀。(62)摧委（ㄨㄟˇ）：即崔巍。崛崎：山陡絕貌。(63)蹇（ㄐㄧㄢˇ）產：屈折貌。(64)谽呀（ㄏㄢ ㄒㄧㄚ）：大貌。豁閕（ㄒㄧㄚ）空虛貌。此句形容溪谷之形狀。(65)阜：丘，土山。(66)崴（ㄨㄟ）磈（ㄎㄨㄟˇ）嵔（ㄨㄟˇ）廆（ㄍㄨㄟ）：皆高峻貌。(67)丘虛堀礨（ㄌㄟˇ）：皆堆壟不平貌。(68)隱轔（ㄌㄧㄣˋ）鬱𡾋（ㄌㄩˋ）：皆山不平貌。(69)陂池：讀如「坡陀」，傾斜貌。貏（ㄅㄧˇ）豸（ㄓˋ）：山勢漸平貌。(70)沇（ㄧㄢˇ）溶淫鬻：水緩流於溪谷間貌。(71)夷陸：平野。亭：平。皋：水旁地。被築：築地使之平的意思。(72)綠蕙、江蘺、蘪蕪：皆香草名。(73)結縷：草名，蔓生，著地之處，皆生細根，如線相結。攢：叢聚而生。戾莎：綠色的莎草。(74)揭車：香草名。(75)槀（ㄍㄠˇ）本、射（ㄧㄝˋ）干：皆香草名。(76)茈（ㄗˇ）薑：子姜。蘘（ㄖㄤˊ）荷：葉如初生甘蔗，根如姜芽。(77)葴（ㄓㄣ）持：寒漿。又名酸漿草。若：杜若。蓀（ㄙㄨㄣ）：香草名。(78)鮮支：香草名，可染紅色。黃礫：香草名，可染黃色。(79)蔣：菰。苧（ㄓㄨˋ）：草名，即荆三稜。(80)布濩（ㄏㄨˋ）：滿布。閎澤：大澤。(81)延曼：蔓延。太：大。(82)郁郁菲菲：形容香氣濃烈。(83)肸（ㄒㄧˋ）蠁（ㄒㄧㄤˇ）：香氣四達而入人心。布寫：猶言四布。(84)晻薆（ㄢˇ ㄞˋ）咇茀（ㄅㄧˊ ㄅㄛˊ）：皆形容香氣感。(85)縝（ㄓㄣˇ）紛：繁盛貌。軋芴（ㄧㄚˋ ㄨˋ）：不可分辨貌。(86)芒芒恍忽：眼花繚亂貌。(87)東沼：指上林苑東面的池沼。(88)西陂：池名，在上林苑西。(89)獑：牛類動物。旄：即旄牛，野牛。貘：同貊，形似熊。犛：黑色野牛。(90)沈牛：水牛，因能沉沒水中而名。麈：似鹿，尾大。麋：似鹿而大。(91)赤

首、圖題：兩種南方野獸。圖同圓，題即蹄。⑨窮奇：獸名，狀似牛，蝟毛，食人。犀：犀牛。⑨揭河：謂搴衣渡河。⑨角端：似猪，鼻上端生角。⑨駒駼（ㄊㄠˊ　ㄊㄨˊ）：獸名，形類馬。橐駝：即駱駝。⑨蛩蛩：青色獸，其狀如馬，善走。驒騱（ㄉㄧㄢ　ㄒㄧ）：一種野馬。⑨駃騠（ㄐㄩㄝˊ　ㄊㄧˊ）：善於奔馳的馬。⑨四注：四下相連。⑨重坐：兩層樓房。⑩華榱（ㄘㄨㄟ）：雕繪花紋的屋椽。璫（ㄉㄤ）：椽頭。璧璫：以璧玉裝飾的璫。⑩輦道：可以乘輦而行的閣道。纚（ㄌㄧˇ）屬：連屬。⑩步櫚（ㄌㄨˊ）：走廊。⑩長途中宿：夸言長廊太長，不易走完，中途需停宿。⑩夷：平，用作動詞。峻：高山。⑩岩窔（ㄧㄠˋ）：幽深貌。⑩橑（ㄌㄧㄠˇ）：屋椽。捫：摸。⑩更：經歷。闔闥（ㄊㄚˋ）：宮中小門。⑩宛：彎曲。拖：同拕，越過。楯（ㄕㄨㄣˇ）：欄杆。軒：窗。⑩青龍：為神仙駕車的馬。蚴（ㄧㄡˇ）蟉（ㄌㄧㄡˊ）：龍行貌。箱：通「廂」。⑩象輿：用象駕著的車，此指仙人之車。婉僤（ㄕㄢˇ）：猶蜿蜒。西清：西廂清淨之處。⑪靈圄：衆仙之名。燕：閑居。⑫偓佺（ㄨㄛˋ　ㄑㄩㄢˊ）：仙人名。暴：同「曝」。南榮：南檐下。⑬醴泉：甘泉。⑭嶔岩：深險貌。倚傾：傾側。⑮嵯（ㄐㄧㄝˊ）嶫（ㄧㄝˋ）：山石高危貌。刻削：指山石形狀奇特，如經刻削。⑯旁唐：文石，一說旁唐猶磅礴，廣大貌。⑰玢豳（ㄅㄧㄣ　ㄅㄧㄣ）：玉彩紛陳。文鱗：言紋理如魚鱗般細致有序。⑱赤瑕：赤玉。駮犖（ㄅㄛˊ　ㄌㄨㄛˋ）：色彩斑駁。⑲晁采、琬琰、和氏：皆美玉名。⑳盧橘：即金橘。㉑黃柑：即黃甘，橘類。榛（ㄔㄨˊ）：小橘。㉒樗（ㄖㄨˊ）：酸棗。㉓亭：一作樗，即棠梨，俗稱海棠果。奈（ㄋㄞˋ）：蘋果類水果。厚朴：木名，實味美。㉔蒲陶：即葡萄。㉕隱夫：木名，一說即棠棣。薁隸：即郁李。薁同郁。㉖荅遝（ㄉㄚˊ　ㄊㄚˋ）：果似李。離支：即荔枝。㉗酏：通迤，連綿。㉘扚（ㄨˋ）：搖動。㉙朱榮：紅花。《爾雅·釋草》：「木謂之榮，草謂之華（同花）。」㉚煌煌扈扈：光彩鮮艷貌。鉅野：廣大的原野。㉛沙棠：果樹名，形似棠，黃花赤實。其實味似李，無核。櫟：木名，其實名橡實。櫧（ㄔㄨ）：木名，葉多不落，實如橡實。㉜華：樺樹。枰：即銀杏樹。櫨（ㄌㄨˊ）：一名黃櫨，實扁圓而小，可采蠟。㉝留落：即劉杙，實如梨，味酸甜而核堅。一說即石榴。胥邪：即椰子樹。㉞仁頻：即檳榔樹。並閭：棕樹。㉟檘（ㄔㄞˊ）檀：即檀樹。㊱女貞：即多青樹。㊲夸：「荂」字之省，即華字。葰楙：即峻茂。㊳連卷：同連蜷，屈曲。欐佹（ㄌㄧˇ　ㄍㄨㄟˇ）：樹木枝柯相依附交錯貌。㊴崔錯：交錯。癹（ㄅㄛˊ）慨（ㄨㄟˋ）：盤紆糾結。㊵坑衡：同抗衡，徑直貌。閜砢（ㄏㄜˇ　ㄌㄨㄛˇ）：相扶持。㊶落英：落花。幡纚：飛揚貌。㊷紛溶：枝榦竦擢貌。箾蔘：同蕭森，高長貌。㊸猗狔：同旖旎。蓊（ㄉㄧㄡˊ）茷（ㄉㄚˋ）：風吹樹木時所發之淒清之聲。㷀藹（ㄏㄨㄟˊ　ㄏㄨˇ　ㄒㄧˊ）：

同乎吸，此指風聲迅速。⑭金石：指鐘磬。籥：管樂器，有三孔。⑮倏（ㄕ）池：
即差池，參差不齊。茈虒：義同差池。⑭旋還：環繞。雜襲：相因。纍輯：積
累。纍：古累字。⑰無端：無邊。⑱玄猨：黑色雄猿。素雌：白色雌猿。⑲蜼（
ㄨㄟ）：同狖（ㄧㄡ），形似母猴。玃·（ㄐㄩㄝ）：母猴。飛蠝（ㄌㄟ）：又名鼯
鼠，似鼠，能飛。⑳蛭（ㄓ）：獸名，有四翼，能飛。蜩（ㄊㄧㄠ）：似猴，善爬
樹。蠗猱（ㄐㄩㄝˊ ㄋㄠˊ）：即獼猴。⑤獑（ㄔㄢˊ）胡：似猿而足短，善騰躍。㲉
（ㄏㄨˇ）：即白狐子，似鼬而大。蜪（ㄍㄨㄟ）：似龜；一說爲猿類動物。⑫蝚蝯：
同蝚蝯，猿類動物。互經：互相經過往來。⑬夭蟜（ㄐㄧㄠˇ）：懸掛攀附。枝格：
枝柯。⑭偃蹇：蹲臥躲藏。杪顛：枝頭。⑮絕梁：指無橋水澗。⑯殊榛：特別的
叢林。⑰捷：通接。⑱掉：一作踔，投身於空間。希間：指枝葉空稀處。⑲牢落：
零星、散亂。陸離：參差不齊。⑯爛漫：四下分散貌。⑯背：去。涉：入。⑫鏤
象：象牙鑲鏤的車輅，此指車。⑬玉虯：用玉裝飾的馬。虯：通虹，代指駿馬。
⑭拖：曳。蜺旌：飾有虹蜺的旗幟。⑮靡：即麾，見《子虛賦》注。雲旗：畫有
狀似雲氣熊虎的旗幟。⑯皮軒：以獸皮裝飾的車。⑰道游：道車和游車。道同
導。⑱孫叔：指漢武帝時太僕公孫賀（字子叔），一說爲古善御者孫陽。奉轡：
駕車。⑲衞公：指漢武帝時大將衞青，一說爲古善御者衞莊公。參乘：見《子虛
賦》注。⑰扈從：護從，此指天子侍衞。⑰四校：天子射獵時的四支隊伍。⑫
簿：鹵簿，天子出行時的儀仗侍衞隊。⑬阹（ㄑㄩ）：獵人圈獸的圍陣。⑭櫓：
瞭望樓。⑮靁：古雷字。⑯陸離：分布貌。⑰生：生擒活捉。貙（ㄔㄨ）：豹類
猛獸。⑱手：徒手格殺。⑲足：以足踏獲。羳羊：野羊；一說是羚羊。⑱蒙：此
爲戴之意。鶡蘇：指用鶡尾裝飾的帽子。鶡（ㄏㄜˊ）：鳥名，似雉而性猛。蘇：尾。
⑱絝：同袴，此作動詞。白虎：指有白虎圖案的褲子。⑫被；穿着。班文：指虎
豹類獸皮。⑳跨：騎。⑭凌：一作「陵」，升，登。三峻：猶三重、三疊。⑮磧
歷：不平貌。坻：或作阺，山阪。⑯屬：涉。⑰椎：擊殺。蜚廉：龍雀，鹿頭鳥
身。⑱獬（ㄒㄧㄝˋ）豸：傳說中的神獸，似鹿，一角。⑲格：搏擊。蝦蛤：猛獸名。
⑩鋋（ㄔㄢˊ）：鐵柄短矛，此作動詞。猛氏：獸名，似熊而小。⑪羂（ㄐㄩㄢˋ）：
用網羅擒捕禽獸。騕裹（ㄧㄠˇ ㄋㄧㄠˇ）：傳說中的神馬，赤毛金嘴，日行千里。
⑫封豕：大野豬。⑬苟：任意。⑭解：分解。脰（ㄉㄡˋ）：頸項。⑮弭節：放鬆
繮繩，使馬慢行。⑯儵夐（ㄧㄡˋ ㄒㄩㄥˋ）：倏忽。⑰流離：困苦之，意指用網掩
捕，使之困苦難逃。⑱蹴履：踐踏。⑲轊（ㄙㄨㄟˋ）：套在車軸末端的金屬製的圓
筒狀物。此處用如動詞，以其撞殺。⑳捷：疾取。㉑軼：超越。遺：拋在後面。
此處形容乘輿奔馳之急，超越電光。㉒蕃弱：古代夏后氏良弓名。滿：引弓直至

箭頭叫滿。白羽：以白羽爲裝飾的箭。㊇游梟：一名梟羊，怪獸名。似人，長唇披髮，食人。㊔櫟（ㄌㄧˋ）：擊。蜚（ㄈㄟ）遽：鹿首龍身之神獸。㊕擇肉而後發：擇肥者而射之。先中而命處：每射必先言其將射之處，然後依言㠯中之。㊖藝：應作槸，古臬字，射的，此處指被射的禽獸。殪（ㄧˋ）：一發而死。仆：倒斃。㊗節：旌節。上浮：上游於天空。㊘亂：亂其行列。昆雞：鳥名，似鶴，黃白色。㊙道、促：皆逼迫而掩捕之的意思。㊚拂：擊。㊛捎：箭之假借字，以竿擊打。㊜揜：掩捕。焦明：西方鳥名，形似鳳。㊝消搖：同逍遙。襄羊：同徜徉。㊞降集：自天下降止息。北紘（ㄏㄨㄥˊ）：極北之地。㊟率乎直指：率然一直前去。晻：同奄，忽然。反鄉：順着來時的方向返回。鄉：同向。㊠蹴：踏。石闕及下封巒、鳷（ㄓ）鵲、露寒：觀名，皆在甘泉宮外。㊡棠梨、宜春：皆宮名。㊢宜曲：宮名。濯：通櫂。鷁：古時畫鷁於船頭，故借指爲船。濯鷁（ㄓㄠˋ）：以櫂行船。牛首：池名，在上林苑西頭。㊣龍臺、細柳：皆觀名。掩：休息。㊤勤：辛勤。略：智略；一說作獲得解。㊥輢轢：以車輪蹂躪輾軋。㊦步騎：步兵騎兵。蹂若：踐踏。㊧勆（ㄐㄩ）：疲倦之極。㊨讋伏：因恐懼而潛伏不動。㊩他他籍籍：禽獸屍體縱橫交錯貌。㊪平：平原。㊫顯天：臺名，因臺高聳天宇而名。㊬膠葛：深遠空曠。寓：古「宇」字，室宇。㊭千石：一石一百二十斤，共十二萬斤，極言鐘大。㊮虡（ㄐㄩˋ）：掛鐘的木架。㊯翠華之旗：飾有五彩羽毛的旗幟。㊰靈鼉（ㄊㄨㄛˊ）之鼓：以鼉皮蒙面的鼓。㊱陶唐氏之舞：指堯時舞樂，名咸池。㊲葛天氏之歌：葛天氏，傳說中的古代帝王。《呂氏春秋·古樂篇》：「葛天氏之樂，三人操牛尾，投足以歌八闋。」㊳巴渝：舞名，出於蜀地。宋、蔡：先秦時二國名，此指其地音樂。㊴淮南：漢代諸侯國名，此指其地音樂。干遮：樂曲名，干一作于。㊵文成：漢遼西縣名。顚：卽滇，漢西南小國，此指二地歌曲。㊶族居：集聚；一說爲族舉，並舉。㊷鏗鎗：卽鏗鏘，鐘聲。閤輷（ㄊㄤ　ㄊㄚˋ）：鼓聲。㊸洞心：響徹心胸。㊹荆、吳、鄭、衛：周時四國名，此指其地。㊺韶：虞舜之樂。濩：商湯之樂。武：大武樂，周武王之樂。象：周公之樂。㊻陰淫案衍：猶言淫靡放縱。㊼鄢、郢：楚地名，此指兩地的舞蹈。㊽激楚：楚地歌曲名。結風：猶急風，謂樂聲迅促如風。㊾俳優：古代雜戲藝人。侏儒：矮小者，常於戲中逗樂取笑。㊿狄鞮（ㄉㄧ）：古代西方民族。倡：樂人。(248)青琴：傳說中的神女名。宓妃：洛水女神。(249)絕殊：指容貌非常。(250)嫻都：雅麗。(251)靚（ㄐㄧㄥˋ）妝：以粉黛爲飾。刻飾：指以膠刷鬢，雕飾打扮。(252)便嬛（ㄒㄩㄢ）：輕麗。(253)柔橈（ㄋㄠˊ）：柔婉，形容女子身材婀娜。嫚嫚：卽嫚嫚，柔美貌。(254)獨繭：一繭，此謂綢衣出於一繭之絲，色質純淨。裣：襜裣（ㄔㄢ　ㄩˊ），

直襟外罩單衣。緳（ㄒㄧㄝˋ）：一作衪，裳裙下端的邊緣。(255)眇：美好貌。閻易：衣長貌。邮削：同「戌削」，衣邊齊整貌。(256)便姍、嫳屑（ㄆㄧㄝˋ）：衣服娑婆貌。(257)漚鬱：香氣積聚濃烈。(258)淑郁：香氣清徹醇厚。(259)宜笑：露齒微笑。的皪（ㄉㄧˋㄌㄧˋ）：鮮明貌。(260)連娟：細長彎曲。(261)微睇：暗視。綿藐：目光含情貌。(262)芒然：同茫然，悵然的意思。(263)無事棄日：不能以虛棄光陰爲事。(264)順天道以殺伐：指秋獵，古人順因秋天的肅殺之氣以行獵。(265)後葉：後世子孫。靡麗：奢靡。(266)往而不返：沉溺於奢靡生活，不知回首。創業垂統：開創事業，建立典範，以傳後世。(267)萌隸：平民百姓。(268)隤：同「頹」，摧毀。(269)仞：滿。(270)德號：指推恩行德的號令。(271)易服色：改變衣服車輿的顏色。此爲古代改革政治常用的一種措施。(272)正：每年正月。朔：每月初一。(273)更始：謂開創一個新時期、一種新局面。(274)歷：選。(275)朝服：君臣在朝會時所穿之服。法駕：天子的車駕。玉鸞：鈴。(276)六藝：六經。涂：通「途」。≪春秋≫：六經之一。≪史記集解≫引郭璞說：「≪春秋≫所以觀成敗，明善惡也。」覽觀≪春秋≫之林：意卽以≪春秋≫作爲政治的借鑒。(277)貍首：古代諸侯行射禮時所奏的≪貍首≫樂章。騶虞：≪詩經≫召南之末篇，古代天子行射禮時奏之。(278)玄鶴：相傳舜有樂歌名和伯之樂，奏時舞玄鶴。干戚：相傳舜舞干戚而有苗氏服。干：盾。戚：斧。(279)雲罕（ㄏㄢˇ）：原指張於空中捕鳥之網，此處有雙關意，亦指天子出行時前驅的旌旗。(280)雅：通鴉。此處有雙意，指文雅賢俊之士。(281)悲≪伐檀≫：≪伐檀≫，≪詩經≫魏風篇名，舊說以爲「刺賢者不遇明王」。此處說天子積極網羅賢俊，故讀≪伐檀≫而興悲。樂胥：≪詩經・小雅・桑扈≫云，「君子樂胥，受天之祜。」鄭箋：「王者樂臣下有才智，知文章，則賢人在位，庶官不曠，政和而民安，天予之福祿。」這句說天子讀樂胥詩，因賢人在位而感高興。(282)此二句說天子習禮觀書，勤於修養道德。(283)放獸：天子因潛心六藝，不復畋獵。(284)明堂：天子朝見諸侯、辨明尊卑之處。(285)清廟：太廟，天子祭祀列祖列宗之廟。(286)受獲：以田獵有所獲比喻蒙受天子恩澤。(287)鄉：同「向」。風：天子的風敎德政。(288)錯：同措。刑錯：刑罰廢置。此句說百姓蒙受了天子的敎化，道德提高，不復犯罪，故而刑罰無處施用。(289)隆：高，盛。三王：夏、商、周三代開國之賢君，卽夏禹、商湯、周文王、周武王。羨：富饒，此處作超過解。五帝：黃帝、顓頊、帝嚳、堯、舜。(290)罷：同「疲」。(291)抏（ㄨㄢˊ）：損耗。精：銳氣。(292)繇：同「由」，從。(293)尤：過失。(294)愀然：變色貌。(295)超若：悵然。(296)逡（ㄑㄩㄣ）巡：後退。

【鑑賞】西漢政權經過六十多年的休養生息，到了漢武帝時，不斷上升的國勢猶

如麗日經天，光芒四射。就在這時，兩位中國歷史上的文化巨人相繼誕生了，這就是被後人稱爲「兩司馬」的文學家司馬相如和史學家司馬遷。司馬相如既是一個風流倜儻的才子，又是一個頗有經學根基和政治才幹的學人。其早年爲景帝時的武騎常侍，後客游梁，與當時著名的辭賦作家鄒陽、枚乘、嚴忌等人交游，頗爲自得。梁孝王死後歸蜀，娶臨邛富人卓王孫之女㒼㒼㒼㒼妻。武帝時因鄉人楊得意的推薦，被武帝召見，「請爲天子游獵賦」（《史記・司馬相如列傳》）。據近人考證，其時約在元光元年（前 134）前後。《史記》、《漢書》本傳中所載的這篇「天子游獵賦」，後來在南朝梁昭明太子所編的《文選》中被分爲《子虛賦》和《上林賦》二篇。但從我們今天所見的內容來看，這篇作品構思完整、文意連貫，顯然作於一時，沒有理由將其強拆爲兩篇。關於作品的題目，有人主張按《史》《漢》所載，稱其爲《天子游獵賦》。我們鑒於「子虛」、「上林」之名自《文選》問世以來已爲人所普遍接受的事實，以及舊題西晉葛洪所撰《西京雜記》中有「相如爲上林子虛賦」一語，故在此暫把它稱爲《子虛上林賦》。《子虛上林賦》是司馬相如的代表作。據《西京雜記》記載，司馬相如作此賦時「意思蕭散，不復與外事相關。控引天地，錯綜古今，忽然如睡，躍然而興，幾百日而後成」，可見其用力甚巨。正是這篇結構宏大、氣象非凡的作品，使司馬相如不僅在當時獲得了漢武帝的賞識，而且也奠定了他在中國文學史上的重要地位。

　　古人云，文如看山不喜平。作爲一篇洋洋數千言的巨作，《子虛上林賦》之所以受到歷代評論家和作家的青睞，其情節跌宕、舖寫起伏是一個很重要的原因。《史記》本傳云：「相如以『子虛』，虛言也，爲楚稱；『烏有先生』者，烏有此事也，爲齊難；『亡是公』者，無是人也，明天子之義。故空藉三人爲辭，以推天子諸侯之苑囿。」我們看到，整篇作品的敍述和舖寫即是以此爲主幹而展開的。賦一開始先寫楚國使者子虛出使齊國，在應邀參加了齊國國君的出畋後，遇到齊國大臣烏有先生和天子的命官亡是公。於是子虛便在他們面前誇耀起楚國的雲夢和楚王出獵的盛況，以爲「齊殆不如」。烏有先生聽了不服，一面指責其不應「奢言淫樂，而顯侈靡」，一面又以齊地疆域遼闊「吞若雲夢者八九於其胸中，曾不蒂芥」爭而勝之。這時在座的亡是公「听然而笑」，他以天子代表的身分，講了一番諸侯國應納貢述職、封疆禁淫的道理，然後也大肆渲染了天子上林苑的廣大和出獵的壯觀。不同的是，他在極力舖述之後，又寫了天子對於「大奢侈」的幡然省悟，下令「解酒罷獵」、「隳牆塡塹」，以禮治國。最後二人在亡是公的批評下「愀然改容」，「逡巡避席」。這種生動曲折的情節，使作品一波三折，引人入勝。

　　同時，作品的舖墊和挽合也十分巧妙。篇首在交待子虛出畋歸來遇到烏有先

生時，帶了一句「亡是公存焉」，看似漫不經心，其實爲其將對子虛與烏有先生的
爭執作出評斷埋下了伏線；篇中「亡是公听然而笑」，又與篇末「二子愀然改容」
遙相對照，反映出天子的絕對勝利。另外，作品對楚、齊和天子的苑囿、出獵也
作了不同的處理。其先寫楚國的雲夢，頗見其地域的廣闊和楚王出獵的盛大；繼
寫齊國，爲了爭勝，理應要作更多的鋪張，但作品卻用了「吞若雲夢者八九於其胸
中，曾不蔕芥」這樣簡潔和形象的語言，就取得了以少勝多、出奇制勝的效果，並
爲後面高潮的迭起作了必要的準備。描寫天子苑囿和出獵盛況是作品用力最多、
最精彩的部分。作者在此調動了所有的手段和詞滙，對山水草木、飛禽走獸、宮
館園林、縱獵宴樂等作了層層具體和細致的描摹。不僅景象的闊大和場面的壯觀
遠非楚、齊二國所能相比，卽使在思想精神上，天子的警悟「大奢侈」，對楚、
齊二國「以諸侯之細，而樂萬乘之侈」的行爲，也是一種明顯的壓力。作品的這
種構思和布局，使其具有一種波瀾迭起的聲勢和愈轉而愈深的魅力。故前人稱「
其空中設景、布陣，最虛眇闊達，前後一氣，嘘吸回薄，鼓蕩如大海回風，洪濤
隱起，萬里俱動，使人目眩而神駭」（淸姚鼐《古文辭類纂》引張廉卿語）。

　　與其精妙的構思和布局相得益彰的，是作品中出神入化的描寫。這種描寫最
可注意的有下述幾點：

　　一、視野廣闊、氣魄宏大。其寫上林，曰「左蒼梧，右西極」，「日出東沼，
入乎西陂」，「其南則隆冬生長，踊水躍波」，「其北則盛夏含凍裂地，涉冰揭
河」；其寫苑中景物，則高山崇陵、巨川大河、奇草異木、水禽土獸，凡自然界
的一切地貌生態、耳聞目見，莫不包羅聚集，一一列於筆端。宋人程大昌在《演
繁露》中曾謂「亡是公賦上林，蓋該四海而言之。……彼於日月所照，霜露所
墜，凡土毛川珍，孰非園囿中物，敍而置之，何一非實」，準確地說出了作品旣
以上林爲原形，又不受其限制，並以其象徵四海的藝術特點。這一特點充分顯示
了作家俯仰天地、牢籠百態的宏偉氣魄。在中國古代文學史上，還很難找出一篇
像《子虛上林賦》這樣取材廣博的作品來與之相比。

　　不僅如此，作品還非常善於表現雄奇和壯美的景物和場面，其寫水勢「蕩蕩
乎八川分流，相背而異態」，寫山形「崇山矗矗」、「摧崣崛崎」，寫宮館「彌山跨
谷」、「高廊四注」，寫草木「垂條扶疏」、「被山緣谷」，都給人一種心胸頓闊的感
覺。其中描繪天子縱獵和觀樂的場面，則更是意境雄渾、壯采紛呈：

　　　　鼓嚴簿，縱獵者。河江爲阹，泰山爲櫓，車騎靁起，殷天動地，先後陸
離，離散別追，淫淫裔裔，緣陵流澤，雲布雨施……。

　　　　於是乎遊戲懈怠，置酒乎顥天之台，張樂乎胶葛之寓；撞千石之鐘，立

萬石之虡，建翠華之旗，樹靈鼉之鼓。奏陶唐氏之舞，聽葛天氏之歌；千人唱，萬人和；山陵爲之震動，川谷爲之蕩波。

這些文字彷彿把我們帶到了古代的校獵場所，眼前是千騎萬乘滿山遍野地獵殺野獸的情景，耳邊回蕩著震撼陵谷山川的鼓樂。那種場面，那種聲勢，那種色彩，那種氣氛，眞可叫天地爲之低昂、鬼神爲之辟易、人心爲之發狂。據《禮記》等書記載，古人有多秋狩獵的禮俗，其目的不僅在殺獲禽獸，而且更在練習隊列、武藝和聲揚國威。作品對上林的「巨麗」和天子校獵的壯觀所作的這種描寫，正是西漢王朝在漢武帝時那種威懾四海的國勢和雄風，於文學作品中的生動體現。

二、虛實相間、鋪寫有序。在用瑰麗的色彩描繪絢爛多彩、遼闊廣大的景物和場面的同時，作品還運用一種以虛映實的方法，將其表現更擴大數倍、數十倍，乃至百千倍，使其實際容涵大大超過了現有的篇幅。如子虛在吹噓楚國苑囿的廣大時，自稱其爲「宿衞十有餘年，時從出游」，然於後園「猶未能偏睹」。作者在此並未多花筆墨，但楚王後園之大，已在不言之中。又其於實寫「方九百里」的雲夢之前，先虛帶一筆曰：「臣聞楚有七澤，嘗見其一，……蓋特其小小者耳，名曰雲夢。」先言其小，後寫其大，是以小見大、以實例虛。再加其於描寫上林苑中的宮館和園林之後，又點明「若此者數百千處，娛遊往來，宮宿館舍，庖厨不徙，後宮不移，百官備具」，其規模之巨大，又可想而知。這正如清人劉熙載所言，「相如一切文，皆善於架虛行危。其賦既會造出奇怪，又會撤入窈冥，所謂『不似人間來』者，此也」《《藝概·賦概》》。

然而在鋪寫實景時，作品又極有條理和章法。其寫雲夢，先以「雲夢者，方九百里，其中有山焉」總起，然後分寫「其山」、「其土」、「其石」；接著又分「其東」、「其南」、「其西」、「其北」；在「其南」中又細別爲「其高燥」與「其埤濕」，在「其北」中也分列「其上」和「其下」。層層寫來，絲毫不亂，同時又具有一種注重對稱的和諧。其寫上林也是如此：先狀水勢，帶出水禽；次擬山勢，帶出花草走獸；繼摹宮館，帶出果木猱蝯。這種鋪寫，實際上就是司馬相如所謂「合纂組以成文，列錦繡而爲質，一經一緯，一宮一商，此賦之迹也」(《西京雜記》)的具體運用。它使作品既能蘊涵博富，洋洋洒洒，又能有條不紊，井然有序。

三、模形繪狀、像其物宜。前人曾把司馬相如「模山範水」的技巧稱爲「末事」，卽便如此，這種技巧也顯示出作家捕捉事物、刻畫形象和運用語言的非凡能力。其實繪上林八川分流的水勢：「汨乎混流，順阿而下，赴隘陝之口。觸穹石，激堆埼，沸乎暴怒，洶湧澎湃，……臨坻注壑，瀺灂霣墜；沈沈隱隱，砰磅訇礚；潏潏淈淈，湁潗鼎沸。馳波跳沫，汩濦漂疾。悠遠長懷，寂漻無聲，肆乎

永歸。然後灝溔潢漾，安翔徐回；翯乎滈滈，東注太湖。」把水流出山入谷、隨物變形、由湍急暴怒到委曲徐迂的種種勢態，表現得維妙維肖，淋漓盡致。其擬狀水禽嬉戲於湖旁澤畔：「鴻鷫鵠鴇，駕鵝屬玉， 交精旋目， 煩鶩庸渠， 箴疵鵁盧，羣浮乎其上，汎淫泛濫，隨風澹淡，與波搖蕩，奄薄水渚，唼喋菁藻，咀嚼菱藕」，則充滿了逗人的自然情趣，使人流連忘返。又如其描寫楚獵罷巡視曰：「獲若雨獸，揜草蔽地。於是楚王乃弭節徘徊，翱翔容與，覽乎陰林，觀壯士之暴怒，與猛獸之恐懼，微矰受詘，殫覩衆物之變態。」人物在觀賞獵物時的那種志得意滿之情躍然紙上，給人留下了鮮明而深刻的印象。所有這些，都體現了司馬相如作爲一代文豪的大家手筆。

另外，《子虛上林賦》的設爲問答和韵散兼用的形式，也爲辭賦發展作出了重要的貢獻。魯迅先生曾指出，「漢興好楚聲， 武帝左右親信， 如朱買臣等，多以楚辭進，而相如獨變其體，益以瑋奇之意，飾以綺麗之辭，句之短長，亦不拘成法，與當時甚不同」（《漢文學史綱要》）。以後一些作家如揚雄、班固和張衡等人，作賦也多仿效此賦的形式，故司馬相如的這篇作品歷來被奉爲漢賦的圭臬。

《子虛上林賦》在歷史上的影響是很大的。從漢代的司馬遷、揚雄開始，卽對它進行了各自的評價 。 但在當時， 議論的焦點主要在於作品是否具有諷諫之義、這種諷諫是否有作用。從西晉左思起，對它的誇張描寫也提出了異議。這些問題的提出，大都與當時還未能對文學創作的本身規律有所認識有關。從今天的眼光來看，作品過去不少被人指摘的地方，倒恰恰是文藝創作的規律得以體現和運用的場合。能比較準確地評價其藝術成就的，是唐代以後的一些論者。其中明代王世貞《藝苑卮言》謂司馬相如此賦「材極富，辭極麗，而運筆極古雅，精神極流動，意極高，所以不可及也」；謝榛《四溟詩話》也謂其「命意宏博，措辭寓麗，千滙萬狀，出有入無， 氣貫一篇， 意歸數語，此長卿所以大過人者也」，都是很有見地的看法。

至於賦的有些描寫堆梁辭藻、文字奧僻，那是一個有時代和個人雙重因素的複雜問題，似乎不能因此苛求古人，或成爲我們今天來發掘這篇作品珍貴的文學價值的障礙。

（曾明綱）

鴻 門 宴　　　　司馬遷

　　楚軍夜擊阬秦卒二十餘萬人新安城南，　行，　略定秦地。　至函谷
關，有兵守關，不得入①。又聞沛公已破咸陽②。項羽大怒，使當陽
君等擊關。項羽遂入，至於戲西③。沛公軍霸上，未得與項羽相見
④。沛公左司馬曹無傷使人言於項羽曰：「沛公欲王關中，使子嬰爲
相，珍寶盡有之⑤。」項羽大怒，曰：「旦日饗士卒，爲擊破沛公軍
⑥！」當是時，項羽兵四十萬，在新豐鴻門；沛公兵十萬，在霸上
⑦。范增說項羽曰：「沛公居山東時，貪於財貨，好美姬；今入關，
財物無所取，婦女無所幸，此其志不在小⑧。吾令人望其氣，皆爲龍
虎，成五采，此天子氣也⑨。急擊勿失！」

　　楚左尹項伯者，　項羽季父也，　素善留侯張良⑩。　張良是時從沛
公，項伯乃夜馳之沛公軍，私見張良，具告以事，欲呼張良與俱去，
曰：「毋從俱死也⑪！」張良曰：「臣爲韓王送沛公，沛公今事有急，
亡去不義，不可不語⑫。」良乃入，具告沛公。沛公大驚，曰：「爲之
奈何？」張良曰：「誰爲大王爲此計者？」曰：「鯫生說我曰┗距關，
無內諸侯，秦地可盡王也┛。故聽之⑬。」良曰：「料大王士卒足以當
項王乎⑭？」沛公默然，曰：「固不如也！ 且爲之奈何？」張良曰：
「請往謂項伯，言沛公不敢背項王也⑮。」沛公曰：「君安與項伯有故
⑯？」張良曰：「秦時與臣游，項伯殺人，臣活之⑰。今事有急，故
幸來告良⑱。」沛公曰：「孰與君少長⑲？」良曰：「長於臣。」沛公
曰：「君爲我呼入，吾得兄事之⑳。」張良出，要項伯㉑。項伯卽入
見沛公。沛公奉巵酒爲壽，約爲婚姻，曰：「吾入關，秋毫不敢有所
近，籍吏民、封府庫而待將軍㉒。所以遣將守關者，備他盜之出入
與非常也㉓。日夜望將軍至，豈敢反乎！願伯具言臣之不敢倍德也
㉔。」項伯許諾，謂沛公曰：「旦日不可不蚤自來謝項王㉕！」沛公

曰：「諾。」於是項伯復夜去，至軍中，具以沛公言報項王；因言曰：「沛公不先破關中，公豈敢入乎！今人有大功而擊之，不義也。不如因善遇之㉖。」項王許諾。

沛公旦日從百餘騎來見項王，至鴻門，謝曰：「臣與將軍戮力而攻秦，將軍戰河北，臣戰河南，然不自意能先入關破秦，得復見將軍於此㉗。今者有小人之言，令將軍與臣有郤㉘。」項王曰：「此沛公左司馬曹無傷言之。不然，籍何以至此？」項王即日因留沛公與飲。項王、項伯東向坐；亞父南向坐──亞父者，范增也；沛公北向坐；張良西向侍㉙。范增數目項王，舉所佩玉玦以示之者三，項王默然不應㉚。范增起，出，召項莊，謂曰：「君王為人不忍，若入前為壽，壽畢，請以劍舞，因擊沛公於坐，殺之㉛。不者，若屬皆且為所虜㉜！」莊則入為壽，壽畢，曰：「君王與沛公飲，軍中無以為樂，請以劍舞。」項王曰：「諾。」項莊拔劍起舞，項伯亦拔劍起舞，常以身翼蔽沛公，莊不得擊㉝。於是張良至軍門見樊噲㉞。樊噲曰：「今日之事何如？」良曰：「甚急！今者項莊拔劍舞，其意常在沛公也。」噲曰：「此迫矣！臣請入，與之同命㉟！」噲即帶劍擁盾入軍門。交戟之衛士欲止不內，樊噲側其盾以撞，衛士仆地㊱。噲遂入，披帷西向立，瞋目視項王，頭髮上指，目眥盡裂㊲。項王按劍而跽曰：「客何為者㊳？」張良曰：「沛公之參乘樊噲者也㊴。」項王曰：「壯士！賜之卮酒！」則與斗卮酒㊵。噲拜謝，起，立而飲之。項王曰：「賜之彘肩㊶！」則與一生彘肩。樊噲覆其盾於地，加彘肩上，拔劍切而啗之㊷。項王曰：「壯士！能復飲乎？」樊噲曰：「臣死且不避，卮酒安足辭！夫秦王有虎狼之心，殺人如不能舉，刑人如恐不勝，天下皆叛之㊸。懷王與諸將約曰：『先破秦入咸陽者王之。』今沛公先破秦入咸陽，毫毛不敢有所近，封閉宮室，還軍霸上，以待大王來。故遣將守關者，備他盜出入與非常也。勞苦而功高如此，未有封侯之賞，而聽細說，欲誅有功之人，此亡秦之續耳，竊為大王不取也㊹。」項王未有以應，曰：「坐！」樊噲從良坐。坐須臾，沛公起如廁㊺，因招樊噲出。

沛公已出，項王使都尉陳平召沛公㊻。沛公曰：「今者出，未辭

也，為之奈何！」樊噲曰：「大行不顧細謹，大禮不辭小讓⑰。如今人方為刀俎，我為魚肉，何辭為⑱！」於是遂去。乃令張良留謝⑲。良問曰：「大王來何操⑳？」曰：「我持白璧一雙，欲獻項王；玉斗一雙，欲與亞父㉑。會其怒，不敢獻，公為我獻之㉒。」張良曰：「謹諾。」當是時，項王軍在鴻門下，沛公軍在霸上，相去四十里，沛公則置車騎，脫身獨騎，與樊噲、夏侯嬰、靳強、紀信等四人持劍盾步走，從酈山下，道芷陽，間行㉓。沛公謂張良曰：「從此道至吾軍，不過二十里耳，度我至軍中，公乃入。」沛公已去，間至軍中，張良入謝曰：「沛公不勝桮杓，不能辭；謹使臣良奉白璧一雙，再拜獻大王足下；玉斗一雙，再拜奉大將軍足下㉔。」項王曰：「沛公安在？」良曰：「聞大王有意督過之，脫身獨去，已至軍矣㉕。」項王則受璧，置之坐上。亞父受玉斗，置之地，拔劍撞而破之，曰：「唉！豎子不足與謀㉖！奪項王天下者，必沛公也！吾屬今為之虜矣！」沛公至軍，立誅殺曹無傷。

【注釋】①行：繼續進軍。略：奪取。定：平定。函谷關：在今河南省靈寶縣西南。②沛公：即劉邦。咸陽：秦王朝國都。③戲西：戲水之西。戲水在今陝西省臨潼縣東。④軍：作動詞用，駐軍。霸上：亦作「灞上」，即灞河西白鹿原，在今陝西長安縣東。⑤左司馬：司馬，掌軍政之官，此稱左司馬，時沛公的屬官當有右司馬。王：這裏用作動詞，稱王。關中：秦的心臟地區，因四周有關，故稱關中。子嬰：秦朝的最後一個王，秦二世的侄子。公元前206年，劉邦入關，子嬰出降，秦亡。⑥旦日：明日。饗：以酒食犒賞。⑦新豐：在今陝西省臨潼縣東，本是秦的驪邑，劉邦稱帝后，改名新豐。鴻門：山坡名，在新豐東十七里，後名項王營。⑧范增：項羽的主要謀臣。山東：戰國時泛稱國六國之地為山東，因六國在崤山函谷關以東。幸：古代稱受君主的親近、寵愛叫「幸」。⑨望其氣：這是迷信說法。秦漢時的方士，多自稱有望氣之術，說望雲氣就可測知吉凶。皆為龍虎，成五彩：即所謂的「眞龍氣」。⑩左尹：官名，令尹之佐。項伯：名纏字伯。張良：劉邦的主要謀士，劉邦稱帝后，封張良為留侯。⑪具告以事：即「以事具告」。毋從俱死：不要跟著（劉邦）一道去送死。⑫臣：舊時謙稱。為韓王送沛公：項梁立楚懷王后，張良勸說項梁立韓王成，張良為申徒（即司徒）。後良引兵從沛公，西向進入武關。這是張良自述往事，說明他和劉邦的關係。事見

≪史記·留侯世家≫·亡去：逃去。語（ㄩˋ）：告知。⑬鯫（ㄗㄡ）生：意爲淺陋無知的小人。鯫：雜小魚名，喻小人。章炳麟≪新方言·釋言≫：「古人凡言短小，義兼愚陋。高祖罵人，一曰『鯫魚』，二曰『豎儒』，三曰『腐儒』，皆同意。」距：通「拒」，把守。內：同「納」。⑭當：抵擋。⑮背：違反，背叛。⑯故：舊交誼。⑰臣活之：我救了他（項伯）的命。活：動詞，使動用法。⑱幸：蒙。⑲孰：其，誰。少長：年歲大小。⑳兄事之：以侍奉兄長之禮來侍奉他。㉑要：同「邀」。㉒奉：捧。卮（ㄓ）：酒器。爲壽：祝其健康長壽。古代進酒於尊長之前而致祝詞，叫上壽，卽爲壽。毫：細毛。秋毫：獸類新秋更生之毛，喻細。籍吏民：登記官吏人民於簿籍上，卽造好吏民清册。將軍：指項羽。㉓備：防範。非常：意外變故。㉔倍德：忘恩負義。倍：背，負。㉕蚤：同「早」。謝項王：向項王謝罪。㉖善遇之：好好地對待他。㉗從百餘騎：帶著一百多人。從：隨從。騎：一人一馬。河北：泛指黃河以北。下句「河南」，亦泛指黃河以南。不自意：自己沒料到。㉘有郤：有裂痕，比喻關係不好。㉙東向坐：古代在室內以坐西邊面向東爲尊。亞父：是僅次於父親的意思，這是對范增的尊稱。侍：侍候，陪從。㉚目：以目示意。玉玦（ㄐㄩㄝˊ）：環形有缺口的玉，古人借喻決心與斷絕。㉛項莊：項羽堂弟。不忍：不忍心，心腸軟弱。若：你。㉜不者：否則，不然的話。不：同「否」。若屬：你們。㉝翼蔽：像鳥用翅膀那樣遮蔽、掩護。㉞樊噲（ㄎㄨㄞˋ）：沛人，與劉邦一同起義，屢立戰功。㉟與之同命：跟他（指項羽）拼命。㊱交戟：持戟交叉。戟：古兵器。㊲披帷：揭開帷帳。瞋（ㄔㄣ）目：張大眼睛，表示憤怒。頭髮上指，目眦（ㄗˋ）盡裂：頭髮向上豎起，眼眶都要裂開了，形容極端憤怒。㊳跽（ㄐㄧˋ）：半跪。客何爲者：來客是幹什麼的？㊴參乘：卽驂乘，古人車右陪乘的人，指近侍警衞。㊵斗卮：一大杯。斗：大酒器。㊶彘（ㄓˋ）肩：整條猪腿。㊷覆其盾於地：把他的盾牌反合在地上。加彘肩上：把猪腿安放在反合的盾牌上。啗（ㄉㄢˋ）：同「啖」，吃。㊸殺人如不能舉，刑人如恐不勝：殺人多得不能全數，加刑於人唯恐不重。舉：全。勝：盡，引申有「極」的意思。㊹細說：小人的話。續：繼承者。不取：不採取（亡秦的老路）。㊺如厠：上厠所。如：往。㊻都尉：武官。陳平：當時是項羽部隊中的都尉，第二年卽離楚歸漢，成爲劉邦的主要謀士。㊼大行不顧細謹，大禮不辭小讓：幹大事的不計較細枝末節，行大禮的不講究瑣細的謙讓。㊽人方爲刀俎（ㄗㄨˇ），我爲魚肉：人家正做刀和砧板，我們正做魚和肉。俎：切肉的砧板。㊾留謝：留下（向項王）辭謝。㊿操：執持，攜帶。(51)璧：玉器，圓形，中有小孔。玉斗：玉製的酒器。(52)會其怒：適逢他們憤怒。(53)置車騎：放棄車馬。置：

抛棄。夏侯嬰：沛人，劉邦好友；從劉邦起義，後因功封汝陰侯。靳強：曲沃人，從劉邦擊項羽，因功封汾陽侯。紀信：劉邦部將，後項羽圍劉邦於滎陽，紀信假裝劉邦誑楚軍，劉邦因而得脫，紀信則被項羽燒死。步走：徒步逃跑。走：逃。酈山：卽驪山，在鴻門西。道芷陽，間行：取道芷陽，抄近路走。芷陽：在今陝西省長安縣東白鹿原霸川上的西阪。⑤間至軍中：由小路到軍中。不勝：禁不起。桮杓：同「杯勺」，酒器，這裏作爲酒的代稱。足下：古代對人的敬稱，這裏指項羽。大將軍：指范增。⑤督過：責備。⑤竪子：小子，庸人。

【鑑賞】《鴻門宴》是《史記‧項羽本紀》的一個片斷，其中涉及到的許多人物，各各閃耀著個性的光芒。在這裏，同是封建軍事集團的領袖，項羽和劉邦就各具風貌，神態迥異；作爲兩個對立營壘的謀士，范增和張良的機謀策略，也各有千秋。至於「勇士」樊噲頭髮上指，目眦盡裂的憤怒形色，飲酒食肉時的粗獷舉止，以及責備項羽時既氣勢逼人而又暗藏機巧，更以極大的鮮明性展示了他的特有性格。

　　作爲歷史著作，無論寫人敍事，都必須言之有據，信而有徵，決不允許像文學創作那樣憑空虛構。《史記》的寫作是嚴格按照這一要求的。誠如班固所説，它「辨而不華，質而不俚，其文直，其事核，不虛美，不隱惡，故謂之實錄。」（《漢書‧司馬遷傳贊》）那麼，司馬遷又怎能在《鴻門宴》等篇章中，把人物的個性敍寫和塑造得這樣成功呢？這裏當然有著生活的原因。社會生活本來是最生動、最豐富、最基本的文學藝術原料的礦藏，在實踐中，形形色色的人物本來就顯示著千差萬別的個性，而司馬遷又能在樸素唯物主義指導下，「鳩集國史，採訪家人」（劉知幾《史通‧六家篇》）。一方面「紬史記石室金匱之書」，一方面「網羅天下放失舊聞」，根據總結「歷代成敗興亡之理」的要求，對紛紜雜亂的資料和傳聞加以精心研究，去粗取精、去僞存眞，從而抓住了各種歷史人物的個性特點。除此以外，《鴻門宴》等篇章的人物刻畫之所以各具風姿，栩栩如生，也是和司馬遷的卓越藝術才能分不開的。

　　司馬遷善於抓住關鍵性的歷史事件，在錯綜複雜的矛盾鬥爭中刻畫人物。「鴻門宴」發生以前，項羽曾經在新安城南「擊阬秦卒二十餘萬人」，派當陽君等統兵猛擊函谷關。事後數日，又「西屠咸陽，殺秦降王子嬰，燒秦宮室，火三月不滅」。這些事件的規模和場面，都比「鴻門宴」大得多；但從鬥爭的總形勢上考察，「鴻門宴」既是劉、項從盟友轉爲敵手的開始，也是項羽從勝利走向敗亡的轉折。正因爲如此，一場觥籌交錯的宴會，實際上比千軍萬馬的廝殺更爲尖銳

複雜、驚心動魄，因而更加有利於人物形象的刻畫。也正因爲如此，司馬遷敍述「西屠咸陽」等事件，不過寥寥數筆，而「鴻門宴」卻花上了一千五百多字。

「鴻門宴」是一場鬥智謀、耍權術的政治搏鬥。在這場搏鬥中，敵對陣營中的智囊人物張良和范增得到了細緻的刻畫，顯示了各自的性格特點。應該說，張良和范增都是十分機智的，他們都看到了劉、項之爭的性質、趨勢和可能出現的後果。但是他們機智的表現卻又各有其內容和形式。張良的才能是在使劉邦集團化被動爲主動的過程中顯示出來的。由於兵力懸殊，他在得知項氏集團準備即日進擊的急迫形勢下，爲劉邦定下了賴帳並叫屈的計策。考慮到項羽喜歡沽名釣譽的特點及其「亞父」的老謀深算，他一方面親自跟隨劉邦冒著風險前往鴻門，一方面爲了以防萬一，帶去了勇士樊噲等精幹的百餘騎，作了種種臨機應變的準備。結果如願以償，在千鈞一髮之際，力挽狂瀾，轉危爲安。范增的深謀遠慮則更多地表現在事先定策，席間暗算和事後斷言等方面。他一眼看出「好酒及色」的劉邦入關以後「財物無所取，婦女無所幸，此其志不在小」，所以就竭力慫恿項羽「急擊勿失」。在「鴻門宴」上，他以玉玦暗示無效，立即意識到項羽已改變初衷，爲了達到消滅劉邦的目的，隨即指派項莊「入壽」舞劍，圖謀擊殺劉邦。劉邦脫險以後，他深感良機已失，失敗的端倪已經表露，所以激憤地斷言「奪項王天下者，必沛公也」。在「鴻門宴」這場尖銳複雜的智鬥中，張良全局在胸、從容沉著的特點以及范增驕狂浮躁、心地狹窄的缺點也得到了充分的表現。項伯夜見張良時，已值決鬥前夕，兩軍距離只有四十里，劉邦的兵力只及項羽的四分之一。在這晴天霹靂面前，張良卻鎮靜自若，「臣爲韓王送沛公，沛公今事有急，亡去不義，不可不語」云云，表面上似乎只是要說明自己的身分和態度，實際上卻是向項伯發起的思想攻勢。項伯是講究「義」的，他連夜通風報信，就是報答救命之恩的「義舉」，張良用「義」來打通項伯，無疑是一帖靈丹妙藥。接著張良去見劉邦，張良當時對劉邦是不滿意的，因爲像「距關，毋內諸侯」這樣關係到全局成敗的大事，劉邦意未和他商量。所以在劉邦驚慌失措，連聲問計的當兒，張良卻出其不意地發出了「誰爲大王爲此計者」的反詰。然而，張良並未給劉邦過分難堪，他的兩次提問，明顯包含著勸導劉邦，曉以利害的目的。特別是在劉邦默然認錯以後，他便不再糾纏往事，開始爲劉邦謀劃對策了。從這裏，我們清楚地看到了張良顧全大局的氣度和品質。跟張良相比，范增卻相形見絀。在項羽決定次日進攻劉邦時，他就以爲穩操勝券，萬事大吉了。所以只是要項羽急擊勿失，而對項伯等與敵方有著千絲萬縷聯繫的人，卻完全喪失了警惕。直到鴻門宴上，也仍然沒有弄清事情的來龍去脈。面對項羽的變卦，特別是對他

的多次示意毫無反響，范增被激怒了，他擅自召來項莊，命他去行刺，並氣冲冲地說：「不者，若屬皆且爲所虜！」這裏，他顯然已自置於項氏集團之外了。劉邦走脫後，他甚至當著項羽和敵方謀士張良的面，發出了「豎子不足與謀」的辱罵。應該說，范增的決策是符合項氏集團的根本利益的，但是由於他心胸狹窄，老氣橫秋，所以終於未能被項羽所理解和接受，也就鑄成了無可挽回的敗局。問題還在於，對於這種嚴重的錯誤，范增始終缺乏認識，一味責怪項羽，以致把自己集團內部的矛盾暴露在敵人面前，終致被劉邦所利用，通過陳平的反間計，挑起了項羽對范增的猜疑，落得了自己憤然出走和項羽烏江自刎的下場。

注意歷史人物的出身和經歷，描述其獨特的言論和行動，這是司馬遷刻畫歷史人物形象的另一種方法。司馬遷不是階級論者，卻具有樸素唯物主義的思想因素和辯證法觀點。所以他有可能從不同歷史人物的言行舉止、聲容笑貌中，看到各自的出身和經歷的烙印。加上他在創作中又堅持了「不虛美、不隱惡」的嚴肅態度，所以≪史記≫所塑造的歷史人物常常是個性鮮明的典型。以劉邦和項羽爲例：劉邦雖然出身貧賤，但「不事人生產」，是個市井無賴。他慣於耍弄手腕。爲了實現自身的目的，往往不擇手段，不顧信義。項羽則出身於「世爲楚將」的貴族家庭，他一方面驕橫放縱，草菅人命；一方面恪守禮敎，貪圖虛名。在反抗暴秦的長期鬪爭中，劉邦與項羽又各有其獨特的經歷。劉邦力量較小，但經常出奇制勝，因而越來越「善權謀作詐術」；項羽卻因取得了「巨鹿之戰」等巨大勝利，成了「諸侯上將軍」，所以愈益沽名釣譽，剛愎自用。「鴻門宴」上，他們的種種表現，正是其不同出身和各自經歷在性格上的必然反映。

劉邦本是個「貪於財貨，好美姬」的人，進入咸陽以後，卻一變而爲「財物無所取，婦女無所幸」。這不是本性有了改變，而是爲了爭奪天下、騙取民心而施展的權謀。但是，他過早地想「王關中」的愚蠢行動激起了項羽的憤怒。面對瀕臨覆滅的深淵，他不免驚慌失措；但一經張良「請往謂項伯，言沛公不敢背項王」的點化，他霎時醒悟，頃刻之間就粉墨登場，假戲眞唱，而且「唱」得十分迷人。你看，他請來項伯，「兄事之」，親爲敬酒、祝壽，「約爲婚姻」……。這還不算，他又信誓旦旦地把收攬民心的權謀名之謂「籍吏民、封府庫而待將軍」；把「王關中」的野心美化爲「備他盜之出入與非常」。這分明是「賴」和「騙」，可劉邦卻神態逼眞，言之鑿鑿。一副市井無賴的狡詐嘴臉，在這裏可謂暴露無遺了。更有甚者，「旦日」在鴻門與項羽見面時，劉邦的模樣變得分外醜惡了。他卑躬屈膝，言必稱「將軍」，把先入咸陽的行動說成是以往不敢有的夢想，把「得復見將軍」當作自己莫大的幸福。爲了逃避罪責和摸清底細，他還把項羽的憤

怒歸咎於「小人」的挑撥，裝出一副受盡委屈的可憐相。作爲劉邦對立面的項羽，出身和經歷跟劉邦很不一樣，所以個性也就別具一格。他飛揚跋扈，目中無人，不願受人支配，更不容別人跟他對抗。所以劉邦「距關」，他暴跳如雷，決定進擊。可是聽了劉邦的甜言蜜語，他立即軟化，頗覺內疚。爲了自我解釋，居然還主動把曹無傷告密的事說了出來。范增示意其殺劉邦，他視而不見，默然不語。至於劉邦爲什麼要「距關」？爲什麼主動登門請罪？范增又爲什麼必欲置劉邦於死地？這些問題，項羽根本沒有考慮。他壓根兒被眼前虛假的現象所迷惑，因而不知如何是好。項羽還嚴重束縛於封建禮教，親親之誼使他不僅沒有處分私通敵方的項伯，反而聽信其「今人有大功而擊之，不義也。不如因善遇之」的說詞，並按此行事。范增示意之際，項莊舞劍之時，他未始沒有觸動，但那個「義」字制約了他，使他不願在宴會上暗算敵手。結果放走了劉邦，帶來了無窮的後患。這一樁樁，一件件，聯繫項羽的出身和經歷來看，都不是偶然的。正因爲如此，所以項羽等歷史人物既眞實可信，又栩栩如生。

司馬遷寫歷史人物，還有一個特點，就是並不事無巨細，兼收並蓄，而能抓住其特定環境中的典型特徵加以敍寫和刻畫。第一，他從總結歷史經驗的需要出發，十分注意歷史人物本身在某些方面本來具有的典型性，捕捉其主導方面，刪略其次要方面。比如，他爲張良作傳，就聲明絕不糾纏於張良的那些與天下興亡無關的瑣碎小事，而集中於運籌帷幄、決勝千里的重要事件。再如，從《項羽本紀》的實際來看，他顯然扣緊了項羽的悲劇性格，從勇猛頑強、剛愎自用和思慮浮淺、沽名釣譽等方面著筆。第二，根據寫作的需要，司馬遷總是把歷史人物的最關重要的言行寫進其本人的傳記；爲了不影響作者對歷史人物的褒貶評價，又往往依據不同篇目的不同要求，把傾向各異的歷史材料作分散的處理。拿《鴻門宴》來說，它互見於《項羽本紀》、《高祖本紀》、《留侯世家》和《樊噲列傳》。但《高祖本紀》和《樊噲列傳》，僅有二百字左右，《留侯世家》則不足一百五十字。相比之下，要算《項羽本紀》最爲詳盡。但劉邦、張良、樊噲等人在「鴻門宴」上的言行，在其本人的傳記中，也有詳於《項羽本紀》的地方。像《樊噲列傳》中，樊噲跟項羽的對話，就多出如下數句：「大王今日至，聽小人言，與沛公有隙，臣恐天下解。心疑大王也。」司馬遷這樣做，一方面是爲了經濟筆墨，避免重複；另方面又爲了使各篇所傳更加集中，保持其相對的獨立與完整。第三，司馬遷往往把歷史人物性格的各個側面，分別放到最適合其表現的事件中來加以刻畫。像以「屠狗」起家的樊噲，既有著衝鋒陷陣、斬關奪隘的匹夫之勇，又深受劉邦、張良等的薰陶，頗有一點心計。爲了表現後者，作者就匠心

獨運地在「鴻門宴」這個複雜鬥爭環境中作了詳細的刻畫。

　　畫訣說：「石有三面，樹有四枝」。意思是筆法必須有陰陽向背之分，才能使物體具有立體感。畫是如此，文學作品的形象塑造也頗有相似之處。司馬遷寫歷史人物，就不僅注意正面的描繪，而且著力於側面的烘托，還善於透露其背面的言行。這是他刻畫人物形象的又一種獨到的方法。在「鴻門宴」中，項羽的粗疏自尊的性格有著多方面的表現，其中極為重要的一點是不殺劉邦的決策事前未和范增商量。這一點作品雖然未作正面交代，但在宴會過程中，范增之所以多次焦急地用玉玦示意，嚴厲召令項莊拔劍起舞，侍從們之所以果斷而又蠻橫地阻擋樊噲進入宴會場所，都說明自范增以下，所有人都在按老皇歷辦事，都不了解項羽的新決策。這就從背面有力地揭示了項羽的上述性格，與此相類的是，在「鴻門宴」前，張良和劉邦的有關計謀，司馬遷也未作直接交代。但在項莊舞劍、威逼劉邦的緊張時刻，門外的樊噲一見張良劈頭便問：「今日之事何如？」從這一急迫而又短促的問話中，足見樊噲與張良靈犀相通。他早已知道內情，並作好了應變的準備。更加耐人尋味的是，樊噲在闖宴責項時，不僅言語得體，連謊話也和劉邦昨夜講的一模一樣。顯然，張良等人在定計以後，是曾經跟有關將領作了徹夜的周密準備。這種通過樊噲來對張良等進行側面烘托和反面交代的寫法，不僅擴大了作品的容量，而且使張良的沉著機智的性格顯得更加飽滿、生動和真實。

　　「《史記》敍事，文外無窮，雖一溪一壑，皆與長江大河相若。」（劉熙載《藝概》）「鴻門宴」雖然只是《項羽本紀》的一個片斷，但它事事與劉、項之爭的全局相關聯，處處都體現了司馬遷的高度藝術技巧，人人皆是不朽的形象典型。宋代的劉辰翁曾說：「鴻門宴」「歷歷如目睹，無毫髮滲漉，非十分筆力，模寫不出」。我們覺得，劉辰翁這種贊語，「鴻門宴」及其作者是當之無愧的。

（談鳳梁　張　瑗）

陳涉起義　　司馬遷

　　陳勝者，陽城①人也，字涉。吳廣者，陽夏②人也，字叔。陳涉少時，嘗與人傭耕③，輟耕之壟上④，悵恨久之⑤，曰：「苟富貴，無相忘⑥！」傭者笑而應曰：「若⑦為傭耕，何富貴也」陳涉太息⑧曰：「嗟乎⑨！燕雀安知鴻鵠之志哉⑩！」

二世元年⑪七月，發閭左適戍漁陽九百人⑫，屯大澤鄉⑬。陳勝、吳廣皆次當行⑭，爲屯長⑮。會⑯天大雨，道不通，度已失期⑰。失期，法皆斬。陳勝、吳廣乃謀曰:「今亡⑱亦死，舉大計⑲亦死；等⑳死，死國㉑可乎！」陳勝曰:「天下苦秦㉒久矣。吾聞二世少子㉓也，不當立㉔，當立者乃公子扶蘇㉕。扶蘇以數諫㉖故，上使外將兵㉗。今或聞㉘無罪，二世殺之。百姓多聞其賢，未知其死也。項燕㉙爲楚將，數有功，愛士卒，楚人憐之㉚，或以爲死，或以爲亡。今誠以吾衆詐自稱公子扶蘇、項燕，爲天下唱㉛，宜多應者㉜。」吳廣以爲然。乃行卜㉝。卜者知其指意㉞，曰:「足下㉟事皆成，有功。然足下卜之鬼乎㊱？」陳勝、吳廣喜，念鬼㊲，曰:「此教我先威衆耳㊳。」乃丹書帛曰:「陳勝王㊴」，置人所罾魚腹中㊵。卒買魚烹㊶食，得魚腹中書，固以怪之矣㊷。又間令㊸吳廣之次所㊹旁叢祠㊺中，夜篝火㊻，狐鳴㊼呼曰:「大楚興，陳勝王。」卒皆夜驚恐。旦日，卒中往往語㊽，皆指目㊾陳勝。

吳廣素愛人，士卒多爲用㊿者。將尉(51)醉，廣故(52)數言欲亡，忿恚尉(53)，令辱之以激怒其衆(54)。尉果笞(55)廣。尉劍挺(56)，廣起奪而殺尉。陳勝佐(57)之，並(58)殺兩尉。召令徒屬(59)曰:「公等遇雨，皆已失期。失期，當斬；藉弟令毋斬(60)，而戍死者固十六七(61)。且壯士不死卽已(62)，死卽舉大名(63)耳。王侯將相，寧(64)有種乎！」徒屬皆曰:「敬受命(65)。」乃詐稱公子扶蘇、項燕，從民欲(66)也。袒右(67)，稱大楚。爲壇而盟(68)，祭以尉首(69)。陳勝自立爲將軍，吳廣爲都尉。

攻大澤鄉，收而攻蘄(70)，蘄下(71)。乃令符離(72)人葛嬰將兵徇(73)蘄以東，攻銍、酇、苦、柘、譙(74)，皆下之。行收兵(75)，比至陳(76)，車六七百乘(77)，騎千餘，卒數萬人。攻陳，陳守令(78)皆不在，獨守丞與戰譙門中(79)，弗勝，守丞死。乃入據陳。數日，號令召三老、豪傑與皆來會計事(80)。三老、豪傑皆曰:「將軍身被堅執銳(81)，伐無道，誅(82)暴秦，復立楚國之社稷(83)，功宜爲王。」陳涉乃立爲王，號爲張楚(84)。當此時，諸郡縣苦秦吏者，皆刑其長吏(85)，殺之以應(86)陳涉。

【注釋】①陽城：在今河南省登封縣東南。②陽夏：在今河南省太康縣。③嘗：曾經。與：給。傭：雇傭。④輟：停止。之：到。壟：田埂。⑤悵恨久之：長時間憤憤不平。⑥苟：假使。無：勿，不要。⑦若：你。⑧太息：長嘆。⑨嗟乎：唉。感嘆詞。⑩燕雀：小雀，喻小，這裏比喻見識短淺的人。鴻鵠：天鵝，喻大，這裏比喻有抱負的人。⑪二世元年：公元前209年。二世：秦朝的第二代皇帝胡亥。⑫閭(ㄌㄩˊ)：裏門。閭左：平民居住的地方。秦時，貧苦人住在閭門左邊，貴族富豪住在閭門右邊。適(ㄓㄜˊ)：同「謫」，調遷。戍（ㄕㄨˋ)：防守。漁陽：在今北京市密雲縣西南。⑬屯：駐扎。大澤鄉：在今安徽省宿縣境內。⑭次：編制的次序。⑮屯長：駐扎軍的小頭領。⑯會：正趕上。⑰度(ㄉㄨㄛˋ)：估計。失期：誤期。⑱亡：逃跑。⑲舉大計：發動大事（指起義）。⑳等：相等，一樣。㉑死國：死於國，爲國而死。㉒苦秦：爲秦所苦。㉓二世少子：二世是秦始皇的小兒子。㉔不當立：不應當立爲皇帝。㉕扶蘇：秦始皇的長子。㉖諫：下對上的規勸。㉗上：皇帝。將（ㄐㄧㄤˋ）兵：帶兵。㉘或聞：有人聽說。㉙項燕：楚國的貴族，項羽的祖父。㉚憐：愛。之：指項燕。㉛誠：如果。吾衆：我們這些人（指戍卒)。詐：冒充，假托。唱：同「倡」，倡導。「以……爲……」：卽「用（把）……作爲……」。㉜宜：應當。應：響應。㉝行卜：去占卜吉凶。㉞指意：意圖。指：通「旨」。㉟足下：古時對人的敬稱。㊱卜之鬼：向鬼神請教。㊲念鬼：揣摩卜者說「鬼」的意思。㊳威衆：威於衆，樹威於羣衆之中。㊴丹：朱砂。書：寫。帛：絲織品，古時也用來寫字。王（ㄨㄤˋ)：這裏作動詞用，稱王。㊵罾（ㄗㄥ）：魚網，這裏當動詞用，用網捕到。㊶烹：煮。㊷以：同「已」。怪之：以之爲怪。之：指魚腹中的書。㊸間（ㄐㄧㄢˋ）令：暗使。㊹次所：駐扎的地方。㊺叢祠：樹林中的神廟。㊻篝火：在籠裏點着火。這裏是用篝火裝作鬼火。㊼狐鳴：狐狸叫喚。㊽往往：處處。語：議論。㊾指目：用手指用眼看，二字都作動詞用。㊿爲用：爲他所用，聽他使用。(51)將尉：這裏指押送戍卒的軍官。(52)故：故意。(53)忿恚(ㄏㄨㄟˋ)：惱怒：(54)之：指吳廣。其：他的。衆：這裏指公憤。(55)笞（ㄔ）：竹板。這裏用作動詞，用竹板子打。(56)挺：拔。(57)佐：幫助。(58)並：一共。(59)召令徒屬：號召部下。(60)藉弟令：三字一義，作「卽使」講。弟：通第。斬：這裏用作被動詞，被殺頭。(61)十六七：十分之六七。(62)卽已：倒也罷了。(63)擧：做，幹。大名：大事(指起義)。(64)寧：豈，難道。(65)敬受命：遵從命令。(66)從民欲：依從人民的願望。(67)袒右：露出右臂（作爲起義的標志)。(68)爲壇而盟：建築高台，立誓結盟。(69)祭以尉首：以尉首祭之。(70)收：收集（起義軍)。蘄（ㄑㄧˊ）縣：今安徽省宿縣南。(71)下：攻下。(72)符離：今安徽

省宿縣。⑦徇（ㄒㄩㄣˋ）：占領。⑦銍（ㄓˋ）、譙：在今安徽省。苦、鄼（ㄗㄢˋ）、柘（ㄓㄜˋ）：在今河南省。⑦行收兵：沿途收納兵衆。⑦比：等到。陳：在今河南省淮陽縣。⑦乘（ㄕㄥˋ）：這裏是量詞，「輛」的意思。⑦守令：郡守和縣令。郡守，郡的長官。縣令，縣的長官。⑦譙門：城樓下面的門。城上築樓望敵叫做譙，樓下的門叫譙門。守丞：官名，縣令的助手。⑧三老：掌教化的鄉官。豪傑：這裏指當地有聲望的人。皆：同「偕」。會計：一起來商議。⑧被堅執銳：披着堅固的甲冑，拿着銳利的武器。被：通「披」。⑧誅：殺，消滅。⑧社稷：古代封建國君祭祀的土地神和五穀神，用作國家的代稱。⑧號爲張楚：定國號爲「張楚」。⑧刑：作動詞，懲辦。其：指秦朝。長吏：長官。⑧應：響應。

【鑑賞】公元前221年，秦始皇用武力吞併了齊、楚、燕、趙、韓、魏六國，建立了中國歷史上第一個中央集權的封建國家。秦統一中國後，統治階級更加驕奢淫逸，殘酷地剝削和壓迫人民，農民階級同地主階級的矛盾不斷激化，出現了「富者田連阡陌，貧者無立錐之地」，「男子力耕不足糧餉，女子紡織不足衣服」和「刑者相半於道，而死人日成積於市」的悲慘局面，大量農民喪失土地而只得「與人傭耕」。再有，築長城、修馳道、戍邊境，儘管這些在歷史上有其進步的意義，但卻加重了廣大人民的徭役負擔，特別是營造阿房宮及驪山墓，則更加激起了人民的反抗情緒。公元前209年卽秦二世元年七月，終發爆發了以陳涉、吳廣爲領袖的我國歷史上第一次大規模的農民起義。

　　本文記載了陳涉、吳廣發動和組織這次農民起義的原因、過程及影響。它通過輟耕壟上、大澤鄉起事、據陳稱王等幾方面的典型情節，展示了陳涉、吳廣的思想性格。形象鮮明生動，文字簡潔洗練，有很高的藝術性，堪稱一篇優秀的古代散文作品。

　　首先，文章寫陳涉輟耕壟上，揭示了陳涉起義的基礎。「輟耕之壟上」的對話使讀者對陳涉日後的有所作爲留下了總的感覺。陳涉處於「傭耕」的地位，「悵恨」的感慨情態，說明了他有改變這種生活處境的迫切要求。他跟同伴們說出了「假如富貴了，大家相互之間不要忘記」的話，揭開了他內心所蓄積着的造反願望。這種「有福同享，有難同當」的樸素的平等思想，在當時的歷史條件下是值得肯定的。陳涉的話，一時不能爲同伴們所理解，說明了在部分農民中有着因襲的精神束縛，不敢「犯上作亂」，這是客觀的歷史局限性所致。「嗟乎！燕雀安知鴻鵠之志哉！」這是陳涉針對「傭者」那「若爲傭耕，何富貴也」的疑問所作的氣勢凌雲的回答，發抒了自己的遠大理想和激情，同時對同伴們安於現狀和對他不

理解深表惋惜。至此，作者生動地描繪了一個充滿反抗精神的青年雇農的形象。

其次，文章寫陳涉大澤鄉起事，展開了陳涉揭竿而起的鬥爭畫幅。陳涉、吳廣等九百多名貧苦百姓被徵發到漁陽去防守邊塞，途經大澤鄉，「會天大雨，道不通」，這是不能按期到達目的地的原因，而秦法規定，不能按期到達就要斬首，這又是陳涉、吳廣決定率衆起義的導火線。由此可知，暴雨斷道而失期限，這是偶然的事件。在此情況下，為了求生，不得不轉戈反秦，這成了必然的結果，是苛酷的秦法把陳涉、吳廣逼上了起義的道路。要起義，就得在關鍵時刻拿出計畫來，見諸行動，還得人心齊聚，於是陳涉、吳廣同謀，對形勢作了周密的分析：「今亡亦死，舉大計亦死；等死，死國可乎！」無論是「亡」，還是「舉大計」都是「死」，但權衡輕重，以「亡」而死的道路是消極的，而「舉大計」，即使「死」，也比前者來得有價值。這裏指出了起義的必要性。陳涉說：「天下苦秦久矣」，進一步指出了起義的必然性。接着文章又着重寫了陳涉起義會取得勝利的可能性：「吾聞二世少子也，不當立，當立者乃公子扶蘇。扶蘇以數諫故，上使外將兵。今或聞無罪，二世殺之。百姓多聞其賢，未知其死也。項燕為楚將，數有功，愛士卒，楚人憐之，或以為死，或以為亡。」在這裏，陳涉對秦王朝統治集團內部矛盾和與六國的舊矛盾作了具體分析。陳涉之所以要作這樣的分析，是為了尋找起義的策略根據。借用扶蘇、項燕的旗號，作為起義的號召，有利於發動羣衆「宜多應者」，正是在分析上述種種矛盾的基礎上得出的結論，預示着起義勝利的可能性。

文章在寫了陳涉起義的必要性、必然性與勝利的可能性之後，繼寫陳涉起義的現實性。陳涉、吳廣利用迷信方法製造輿論，這是一種宣傳手段。陳涉、吳廣「行卜」，得到卜者的啓示，就用「魚腹書帛」和「篝火狐鳴」這兩條「疑神弄鬼」的計策，在羣衆中樹立起自己的威望。這裏反映了陳涉、吳廣為鼓動人心，爭取羣衆的用心之苦。一切都準備就緒了，作者寫到陳涉、吳廣設法殺尉。「吳廣愛人，士卒多為用者」，因此他有意「數言欲亡」，使將尉惱怒以辱自己，就能得到羣衆的支持，激起羣衆的公憤。「尉果笞廣」，吳廣、陳涉乘機斬殺了兩尉，旋即借題發揮，召集戍卒進行宣傳鼓動──「公等遇雨，皆已失期」，擺出了當前的處境；「失期，當斬」，指出了面臨的結局；「藉第令毋斬，而戍死者固十六七」，以退一步的假設，推斷出死多活少的命運；「且壯士不死卽已，死卽舉大名耳。王侯將相，寧有種乎！」用激昂慷慨的語言，去點燃在場者的的反抗怒火。這一席一步比一步緊的陳詞，如滾珠相逐，鏗然作響，動人肺腑，說的盡是九百戍卒的心裏話，尤其是「王侯將相，寧有種乎」一句話，有着極強的鼓舞鬥志的力量！戍卒們齊呼「敬受命」，固然表示了對陳涉、吳廣的眞誠擁護，更重要

的是顯示了他們早就願意並且敢於向封建統治者宣戰的大無畏氣概！陳涉、吳廣按照原定的起義策略，正式建立了起義的隊伍，舉行了起義的儀式，「袒右，稱大楚。爲壇而盟，祭以尉首」，這種揚眉吐氣的生動場景，反映了起義羣衆造反的堅強決心和一呼百應的巨大聲勢！

最後，文章寫陳涉據陳稱王，表現了陳涉領導的農民革命戰爭的威力之大，影響之廣。陳涉、吳廣率領起義軍，勢如破竹地向各地進發，攻下了一個又一個的城池，所到之處，迅速改觀，人民紛起響應，武裝力量不斷壯大。經過了一番激戰，他們很快地占領了陳縣，致使秦王朝處於風雨飄搖之中。在陳縣，起義軍「號令召三老、豪傑與皆來會計事」。陳涉稱王，「號爲張楚」——這是中國歷史上的第一個農民革命政權，從此，「諸郡縣苦秦吏者，皆刑其長吏，殺之以應陳涉」，進一步表明了起義風暴席捲四方，起義軍的聲勢浩蕩壯闊。

綜上所析，《陳涉世家》較眞實地記敍了這次農民大起義的經過，反映了一定的歷史面貌。司馬遷把陳涉列入「世家」，肯定了陳涉，是因爲「天下之端，自涉發難」，曾一度掌握國家政令，爲由秦到漢的中介人物，而沒有把他提到和項羽一樣的地位，則又可見作者存在着一定的正統觀念和階級偏見。

《陳涉世家》在寫作技巧上有不少可供借鑒的地方：第一，本文以事件發展的順序來組織全文，有完整的故事情節，也有着力刻畫的人物形象。有關起義以前的事迹，只選其典型事例來介紹陳涉高出常人的言行，寫得比較簡略，然而卻能讓人看出他對世道的不滿，和對改變處境的向往，與「傭者」的隨遇而安形成了鮮明對比。有關起義籌劃過程和起義場面，寫得十分詳盡，潑以濃墨，這主要是爲了突出陳涉在起義中所嶄露出來的英雄色彩，令讀者對這位農民起義領袖的非凡的音容舉止，產生深刻的印象。到了寫作戰過程時，則又寫得相當概括，以免把人物形象淹沒在大場面的活動之中。由於作者能緊扣「起義」這個中心，詳略得宜地寫了起義的前前後後，顯得重點明確，有助於作品主題的揭示，更有助於陳涉形象的勾勒。第二，本文言簡而意完整，話少而情洋溢。如「攻大澤鄉，收而攻蘄，蘄下。」「攻」、「收」、「下」，這些動詞用得很活。再如，「且日，卒中往往語，皆指目陳勝」，活靈活現地寫了士卒敬仰陳涉的微妙神態。還有，「尉劍挺，廣起奪而殺尉。陳勝佐之，並殺兩尉。」「挺」、「奪」、「殺」、「佐」幾個富有動作層次的詞，將在一瞬間裏所發生的一場激烈搏鬪，傳神地寫出來了。作者沒有工筆細描，只抓住幾個有着表現力的詞，就情味濃郁地在讀者面前舒展出一幅幅反映某一事件全貌的畫圖，以少勝多，語言潔淨如洗。

（周溶泉、徐應佩）

管晏列傳

司馬遷

　　管仲夷吾者①，潁上人也②。少時常與鮑叔牙游③，鮑叔知其賢。管仲貧困，常欺鮑叔④，鮑叔終善遇之，不以爲言。已而鮑叔事齊公子小白，管仲事公子糾⑤。及小白立爲桓公，公子糾死，管仲囚焉⑥。鮑叔遂進管仲⑦。管仲既用，任政於齊，齊桓公以霸。九合諸侯⑧，一匡天下⑨，管仲之謀也。

　　管仲曰：「吾始困時，嘗與鮑叔賈，分財利，多自與，鮑叔不以我爲貪，知我貧也。吾嘗爲鮑叔謀事而更貧困，鮑叔不以我爲愚，知時有利不利也。吾嘗三仕三見逐於君，鮑叔不以我爲不肖，知我不遭時也。吾嘗三戰三走，鮑叔不以我爲怯，知我有老母也。公子糾敗，召忽死之，吾幽囚受辱，鮑叔不以我爲無恥，知我不羞小節，而恥功名不顯於天下也。生我者父母，知我者鮑子也。」

　　鮑叔既進管仲，以身下之。子孫世祿於齊⑩，有封邑者十餘世，常爲名大夫。天下不多管仲之賢而多鮑叔能知人也⑪。

　　管仲既任政相齊，以區區之齊，在海濱，通貨積財，富國彊兵，與俗同好惡。故其稱曰⑫：「倉廩實而知禮節，衣食足而知榮辱。上服度⑬，則六親固⑭。四維不張⑮，國乃滅亡。下令如流水之原，令順民心⑯。」故論卑而易行⑰。俗之所欲，因而予之；俗之所否，因而去之。

　　其爲政也，善因禍而爲福，轉敗而爲功。貴輕重⑱，愼權衡⑲。桓公實怒少姬，南襲蔡⑳，管仲因而伐楚，責包茅不入貢於周室㉑。桓公實北征山戎㉒，而管仲因而令燕修召公之政㉓。於柯之會㉔，桓公欲背曹沫之約㉕，管仲因而信之，諸侯由是歸齊。故曰：「知與之爲取，政之寶也㉖。」

　　管仲富擬於公室，有三歸㉗、反坫㉘，齊人不以爲侈。管仲卒，

齊國遵其政，常彊於諸侯。後百有餘年而有晏子焉。

晏平仲嬰者，萊之夷維人也㉙。事齊靈公、莊公、景公，以節儉力行重於齊。既相齊，食不重肉，妾不衣帛。其在朝，君語及之㉚，即危言㉛；語不及之，即危行。國有道，即順命㉜；無道，即衡命㉝，以此三世顯名於諸侯㉞。

越石父賢㉟，在縲紲中㊱。晏子出，遭之途，解左驂贖之㊲，載歸。弗謝㊳，入閨㊴，久之，越石父請絕。晏子懼然㊵，攝衣冠謝曰㊶：「嬰雖不仁，免子於厄，何子求絕之速也？」石父曰：「不然。吾聞君子詘於不知己而信於知己者㊷。方吾在縲紲中，彼不知我也。夫子既已感寤而贖我㊸，是知己；知己而無禮，固不如在縲紲之中。」晏子於是延入爲上客。

晏子爲齊相，出，其御之妻從門間而窺其夫㊹。其夫爲相御，擁大蓋㊺，策駟馬，意氣揚揚，甚自得也。既而歸，其妻請去。夫問其故。妻曰：「晏子長不滿六尺，身相齊國，名顯諸侯。今者妾觀其出，志念深矣㊻，常有以自下者。今子長八尺，乃爲人僕御，然子之意，自以爲足，妾是以求去也。」其後，夫自抑損㊼。晏子怪而問之，御以實對。晏子薦以爲大夫。

太史公曰：吾讀管氏《牧民》、《山高》、《乘馬》、《輕重》《九府》㊽，及《晏子春秋》㊾，詳哉其言之也。既見其著書，欲觀其行事，故次其傳。至其書，世多有之，是以不論，論其軼事。

管仲世所謂賢臣，然孔子小之㊿。豈以爲周道衰微，桓公既賢，而不勉之至王，乃稱霸哉？語曰：「將順其美，匡救其惡，故上下能相親也[51]。」豈管仲之謂乎[52]？

方晏子伏莊公屍哭之，成禮然後去[53]，豈所謂「見義不爲無勇」者邪[54]？至其諫說，犯君之顏，此所謂「進思盡忠，退思補過」者哉[55]！假令晏子而在，余雖爲之執鞭，所忻慕焉[56]。

【注釋】①管仲：名夷吾，春秋前期齊相，曾輔佐桓公成就霸業，桓公尊之爲「仲父」。死後賜號「敬」，又稱敬仲。②潁上：今安徽潁上。③鮑叔牙：齊國大

夫。下文「鮑叔」，指鮑叔牙。游：交游，來往。④欺：這裏是占便宜的意思，指下文「分財利多自與」。⑤已而兩句：公元前 686 年，齊襄公昏庸無道，齊將亂。爲了避難，管仲、召忽奉公子糾（襄公弟）奔魯，鮑叔奉公子小白（亦襄公弟）奔莒。⑥及小白三句：公元前 686 年，襄公被殺。前 685 年，魯國派兵護送公子糾回齊爭位，先由管仲帶兵阻擋莒、齊要道，射中小白帶鈎。小白佯死，使魯國延誤了公子糾的行程。小白因而先入齊，立爲桓公。桓公以齊軍拒魯，大敗魯軍。魯國被迫按桓公的要求殺了公子糾，召忽自殺，管仲請囚。⑦鮑叔遂進管仲：桓公卽位後，想用鮑叔爲相，鮑叔從五個方面說明自己不如管仲，極力推薦管仲。於是桓公以解射鈎之怨爲借口，要求魯國用囚車押回管仲。管仲返齊，桓公任他爲相。⑧九合諸侯：指齊桓公九次以盟主的身分邀集各國諸侯會盟。⑨一匡天下：使天下歸正。⑩子孫世祿：指鮑叔牙的子孫世世代代在齊吃俸祿。⑪多：讚美的意思。⑫其稱曰：他自己稱述。指管仲在《管子》一書中的稱。⑬上服度：居上位者服御之物有度。服：服御，使用。度：節度。⑭六親：指父母妻子兄弟。固：安固。⑮四維：指禮義廉恥。⑯下令兩句：意爲下達政令要像流水的源頭，順流而下，使政令順着百姓的心意。⑰論卑而易行：政令符合下情，容易爲百姓所執行。論卑：指爲政符合下面的民情。⑱輕重：分清事的輕重。⑲權衡：指衡量事情的得失。⑳桓公實怒兩句：少姬（卽蔡姬，桓公夫人）曾蕩舟戲弄桓公，桓公驚懼變色，制止不聽，因而發怒，將她遣送回國，但未斷絕關係。蔡人卻將蔡姬嫁人，所以桓公發兵侵蔡。㉑管仲兩句：《左傳·僖公四年》載，齊桓公伐楚，使管仲責之曰：「爾貢包茅不入，王祭不共，無以縮酒。」古代祭祀時，以束成捆的菁茅置匣中，用來縮酒（濾酒）去滓。《尚書·禹貢》：「包茅乃荆州所貢」。這時楚已三年不向周貢天子進包茅。包茅：裹束成捆的菁茅。包：裹束。茅：菁茅。㉒山戎：卽北戎，古種族名。春秋時，在今河北北部，經常威脅齊燕的安全。公元前 663 年，山戎攻燕，齊桓公因救燕而伐山戎。㉓召公：姓姬名奭，周之同姓。曾佐武王滅商，被封於薊（北燕）。因採邑在召（今陝西岐山西南）故稱召公或召伯。成王時任太保，與周公旦分陝而治，很有政績。㉔柯之會：齊桓公攻魯，約請魯莊公在柯（今山東陽谷縣東）地相會。曹沫當莊公的侍從，他用匕首劫持桓公，脅迫桓公訂立盟約，收回了失地。㉕曹沫：卽春秋時曹劌，以勇力事莊公。㉖知與兩句：引自《管子·牧民》㉗三歸：管仲有建築華麗的臺，稱爲三歸。㉘反坫（ㄉㄧㄢˋ）：周代諸侯相會宴飲，在正堂兩旁設有放空酒杯的土臺叫「坫」。諸侯互相敬酒後，將空爵反置在坫上。管仲不是國君也在正堂兩旁設有安放空酒杯的坫。㉙萊：卽萊州，治所在今山東

掖縣。夷維：萊的邑名，今山東高密。㉚君語及之：國君問到他。㉛即危言：就正直地陳述意見。危：高聳，引申爲正直。㉜順命：順着命令去做。㉝衡命：根據命令斟酌情況去做。㉞三世：指靈公、莊公、景公三世。㉟越石父：齊國賢人。㊱縲紲(ㄌㄟˇ ㄒㄧㄝˋ)：拘繫犯人的繩索，引申爲囚禁。㊲驂：一車三馬或一車四馬左右兩旁的馬叫驂。㊳謝：辭別，告辭。㊴閨：內室。㊵戄(ㄐㄩㄝˊ)然：驚異敬畏的樣子。㊶攝：整。㊷詘：同「屈」。信：同「伸」。㊸感寤：受到感動而醒悟。寤：同「悟」。㊹御：車夫。下句的「御」作動詞用。門間(jiàn)：門縫。㊺擁：遮，障。蓋：古代車上遮蔽陽光和雨的傘。㊻志念：志向和思想。㊼抑損：謙卑退讓。抑：謙下。損：退損。㊽《牧民》、《山高》、《乘馬》、《輕重》、《九府》：均爲《管子》篇名。㊾《晏子春秋》：舊題春秋齊晏嬰撰，實際上是戰國時記載晏嬰言行的書，共八卷。㊿孔子小之：《論語・八佾》中有「管仲之器小哉」的話。(51)將順其美三句：見《孝經・事君》。將順：隨順。匡救：救正。上下：指君臣。(52)豈管仲之謂乎：或許說的是管仲吧！豈：大概，或許。(53)伏莊公屍兩句：《左傳・襄公二十五年》載，崔杼殺莊公，晏嬰枕莊公屍股哭之，成禮而出。(54)豈所謂句：難道是所說的「見義不爲無勇」嗎？《論語・爲政》：「見義不爲，無勇也。」(55)進思盡忠兩句：見《孝經事君》。意爲，做官時想的是盡自己的忠心，退出朝廷時，想的是彌補自己的過錯。(56)忻：歡喜。

【鑑賞】《管晏列傳》是齊國兩個名相的合傳，作者對這兩個人是採取讚美和褒揚的態度的。我們知道，司馬遷對統治階級中的王侯將相，或歌頌、或諷刺，態度十分明確。他的是非標準經常是以這些人對國家及人民的功或過爲分界線的。比如對「先國家之急而後私仇」的藺相如，「眷顧楚國，繫心懷王，不忘欲反」的屈原，主動關心愛護人民的穰苴，都充滿了深沉的懷念和敬意。管仲和晏嬰是建功立業的賢相，在他們身上常常寄托着人民的正義要求，司馬遷歌頌他們正是代表了人民的理想和信念。全文分成前後各自獨立的兩大部分，中間用「後百有餘年而有晏子焉」這句話作爲紐帶加以銜接。管仲、晏子相距年代很長，但他們都是齊人，都是名相，作者抓住他們的共同點進行膠粘。

第一部分寫管仲，共分爲六個自然段。第一、二、三自然段爲第一層，主要寫管鮑交誼。第一個自然段作者先總括管仲的特點，「鮑叔知其賢」，用筆不多但交代清楚，概括扼要。接下去從歷史文獻的記載或可靠的傳說中，擇出最有典型性的事跡，突出他們各自的主要方面。鮑叔知道管仲有賢才，雖然「管仲貧困，常欺鮑叔」，但「鮑叔終善遇之，不以爲言」。在各爲其主爭位的關鍵時刻，他倆

又處於水火不相容的對立地位。後來公子糾敗後，鮑叔卻費盡心機一定要把管仲討回來。他對魯國國君說：「子糾親也，請君討之；管召仇也，請受而甘心焉。」魯國中計把管仲押送回齊，到堂阜地方鮑叔就把他釋放了。鮑叔又告訴桓公：「管夷吾治於高傒，使相可也。」管仲於是得到重用，「齊桓公以霸。九合諸侯，一匡天下，管仲之謀也。」當時，並不是每一個人都能真正了解管仲，特別是在那複雜的歷史環境，多變的時代風雲中，鮑叔能獨具慧眼，識別英豪，「千里馬常有，而伯樂不常有」，鮑叔的膽識和魄力便躍然紙上。

第二自然段寫管仲對鮑叔的知己之感。作者採用人物獨白的方法，形成唱嘆的格調，極寫兩人那久經考驗、忠貞不渝，二千年來為人所稱道的友誼。管仲舉了五件事，說明鮑叔善於從大處着眼。一般人可能看到管仲的貪、愚、不肖、怯和無恥，但是鮑叔卻能更深一步看到與表面現象截然相反的可貴的正面素質，使管仲刻骨銘心，引為知己。那一氣呵成的排比句中，濃縮着管仲的歌哭歡笑，最後他滿懷深情地說：「生我者父母，知我者鮑子也。」我們不僅可以想見管仲此刻內心的激動，而且也更清晰地想見鮑叔那目光犀利，識見深遠的形像。

第三自然段寫「鮑叔既進管仲，以身下之」，所以鮑叔之賢為世人所熱烈稱道──「天下不多管仲之賢而多鮑叔能知人也。」司馬遷筆挾熱浪，親切自然地抒發着他的感受，形象地樹立起那個社會先進的道德高尚的典範。在這些人身上正寄托着他的人生理想。司馬遷是反對暴政的，他希望居高位者能減輕賦斂，讓人民安居樂業。他無情地暴露封建統治階級的罪惡，舉凡殘忍暴虐的商紂，滅絕人性的呂雉，嚴刑峻法的酷吏，以及統治者的窮兵黷武，驕奢淫逸都一一給予揭露及鞭撻，使人感到他寫着這一切的時候，是完全背離了統治階級的道德標準，而接近於人民的要求和願望。鮑叔正是以國家的興亡，人民的安危為重，所以他對管仲能長期地負責地考察，審慎地果斷地推薦，終於由於管仲的治理，使齊國強盛起來。這些看來好像平靜的敘述，卻不能不透露出司馬遷靈魂深處的憂歡，顯示了他思想中可貴的人民性。

第四、第五自然段為第二層，是通過內政、外交兩方面寫管仲一生主要的功業。在這有限的筆墨中，剪裁枝蔓，突出主幹，從提煉上見功力，表現出司馬遷高度的藝術修養。管仲是十分注意經濟建設的。齊國地處東海之濱，具有漁鹽之利，紡織業也很發達，首都臨淄在當時是一個最大的工商業城市。所以如此，是管仲用通貨積財的辦法使齊國兵強國富起來。司馬遷很重視「商」，他把商和工、農、虞（開採山澤之利的人）並列，認為這是國家富足的四大來源。他懂得從經濟角度來考察社會問題，因此盛讚管仲治國能達到「倉廩實而知禮節，衣食足而

知榮辱」的地步。管仲的施政原則是「與俗同好惡」，他能順應時勢民情的發展變化而不斷改變政策、方針、方式、方法。「俗之所欲，因而予之；俗之所否，因而去之。」管仲能够把人心向背做爲施政取捨的準則，能了解到經濟發展對國計民生的重要性，這是難能可貴的。

　　第五自然段寫管仲在政治外交方面的貢獻。管仲善於「因禍而爲福，轉敗而爲功」，他懂得爲政之寶，在於「知與之爲取」。作者舉了三件大事，採取了對比的手法。管仲是處於諸侯爭霸，連年混戰不休的時代，他輔佐齊桓公稱霸經過了一場又一場驚心動魄的鏖戰。就以桓公侵蔡來說，實際上是爲了發洩私憤，「蔡潰，遂伐楚」，連楚成王都向他們發出莫名其妙的責問：「君處北海，寡人處南海，唯是風馬牛不相及也。不虞君之涉吾地也，何故？」在這關鍵時刻，如果處理得不好，不僅師出無名，且將失信於天下。可是卻被管仲找着了大題目，責問他們包茅不入貢於周室，一下子從霸權的膨脹轉爲正義的伸張。作者把他和齊桓公放在對比的情況下來寫，愈顯出天下多變，滄海橫流的英雄本色。管仲能充分利用他所處的地位，盡最大努力，撥轉航向，正面引導，使齊國的外交沿着有利於齊國強大的路線發展下去。司馬遷寫作這一切的時候，他心目中不僅有一個賢相的標準，也有一個賢相的形象。他是反對奢侈的，但在第六個自然段裏他寫了「管仲富擬於公室，有三歸、反坫」的事例，但齊人不認爲管仲是不對的，因爲他的功勞太大了。甚至管仲死後，齊國遵照他的辦法來治國，也可以「常彊於諸侯」，可見他所制定的內政、外交等方面政策的正確性。雖然只有一筆，說明管仲是多麼富有遠見卓識！他的治國之策處處從齊國人民的長遠利益着想，精心謀劃；他能認眞分析形勢，掌握事物發展規律，從而取得無往而不勝的效果。回顧篇首，司馬遷在文章一開始所強調的「賢」字到此就有了非常充實、具體的內涵，「齊人不以爲侈」，實在是從另一角度強調他的功勞和才能，強調他在人民中的深遠影響。短短幾句，充滿了追思及緬懷的情味。

　　文章的第二大部分是晏嬰列傳，作者分三大段來寫，第一段和寫管仲列傳有相似之處，也是先總寫他的經歷和特點。晏子輔佐靈公、莊公、景公三世，而三世都顯名於諸侯。他的施政特點是以「節儉力行重於齊」，雖在高位而能嚴於律己，並以這種精神去影響別人。此外勇於諍諫也是他的優點。他對國君的話，既不盲目服從，也不輕率反對，而是採取謹愼的態度。「其在朝」下邊的幾句，說明他善是在不同的具體情況下，經過深思熟慮而後做出正確的抉擇。晏子是齊國的習辭者，《晏子使楚》是人們所熟知的故事，他那機智尖銳的巧思捷對，表現了對齊國的一片赤誠，這正是司馬遷所以要謳歌他的原因。

　　第二、第三大段作者寫了晏子的兩則軼事。晏子身爲齊相，能禮賢下士，善於從下層人物當中發現人才。越石父是個賢人，不幸而爲囚犯，晏子在路上遇到他時，急不可待地解左驂贖之，表現出他那求賢若渴的心情。我們從「越石父請絕」的描述中，可以了解到他是一個有才能節操的志士，他雖被晏子贖回，並沒有受寵若驚，相反他不甘屈辱，認爲「知己而無禮，固不如在縲絏之中」，他以很高的道德標準去衡量、要求晏子那攝衣冠謝罪的態度，深爲駭異的心情口吻裏，可以看出晏子內心的震動。晏子並不因爲自己地位高而盛氣凌人，也並不因爲曾經救了越石父而居功自傲。胸次恢宏，仁而下士的晏子眞是活靈活現地站在讀者的面前。

　　第二則軼事，是從御者之妻的觀察中，再一次形象地表現出晏子的情操。晏子身爲齊相，名顯諸侯，然而「志念深矣，常有以自下者。」他的御者卻與他相反。御者之妻從門間窺視其夫，身長八尺，爲人僕御，卻意氣揚揚，甚爲自得，所以她感到氣憤悲哀，要求離去。作者抓住她在門間窺視時那特定的姿態和神色，來揭示這一女子內心的隱秘。這一瞬間，她雖然沒有說話，但從她後來「請去」的要求來推測，此時此刻她的胸中正翻捲着感情的波濤。她那一番閃耀着光芒的言論，表現出她非凡的志趣。司馬遷寫御者之妻，着墨不多，卻形神兼備。寫御者的形象就完全使用了白描，只見他「擁大蓋，策駟馬，意氣揚揚，甚自得也。」形象十分生動。接下去並沒有寫御者的思想鬥爭，只從「自抑損」三字上，就揭示出這一人物較長時間的心理狀態。他表現得謙虛退讓，說明他是從善如流，勇於責己的。而在一旁冷眼旁觀的有心人晏子，已十分敏銳地覺察了御者的變化。他默默地從御者表情神態的變化中發現了他的才和德，便大膽地推擧他出來爲國所用。在這兩則軼事裏，作者運用了細節的描寫，從刻畫人物的言行入手，通過不同側面展示晏子的精神面貌。千載之下，晏子那熱愛國家、忠於職守、嚴於律己、愛護人民的形象猶栩栩如生的呈現在讀者面前。不論從史料的選擇，或字裏行間的感情色彩來看，都可以感到作者用那枝飽蘸熱情的筆在抒發他自己的理想和願望。

　　在這篇傳記的結尾，作者用綜合的方法，對兩個人的生平都加以補充和評論。「假令晏子而在，余雖爲之執鞭，所忻慕焉。」這反映了司馬遷對統治階級中的優秀人物的眞誠愛慕，也寄託着他深沉的感慨。

（邱瑞平）

魏公子列傳

司馬遷

　　魏公子無忌者，魏昭王少子，而魏安釐王異母弟也①。昭王薨②安釐王即位，封公子爲信陵君③。是時，范睢亡魏相秦④，以怨魏齊故，秦兵圍大梁⑤，破魏華陽下軍⑥，走芒卯⑦。魏王及公子患之。

　　公子爲人仁而下士，士無賢不肖，皆謙而禮交之，不敢以其富貴驕士。士以此方數千里爭往歸之，致食客三千人⑧。當是時，諸侯以公子賢，多客，不敢加兵謀魏十餘年。公子與魏王博⑨，而北境傳舉烽⑩，言「趙寇至，且入界」。魏王釋博，欲召大臣謀。公子止王曰：「趙王田獵耳，非爲寇也。」復博如故。王恐，心不在博。居頃，復從北方來傳言曰：「趙王獵耳，非爲寇也。」魏王大驚，曰：「公子何以知之？」公子曰：「臣之客有能深得趙王陰事者⑪，趙王所爲，客輒以報臣，臣以此知之。」是後魏王畏公子之賢能，不能任公子以國政。

　　魏有隱士曰侯嬴，年七十，家貧，爲大梁夷門監者⑫。公子聞之，往請，欲厚遺之。不肯受，曰：「臣修身潔行數十年，終不以監門困故而受公子財。」公子於是乃置酒大會賓客。坐定，公子從車騎，虛左，自迎夷門侯生，侯生攝敝衣冠⑬，直上載公子上坐，不讓，欲以觀公子。公子執轡愈恭。侯生又謂公子曰：「臣有客在市屠中⑭，願枉車騎過之⑮。」公子引車入市，侯生下見其客朱亥，俾倪故久立⑯，與其客語，微察公子。公子顏色愈和。當時是，魏將相宗室賓客滿堂，待公子舉酒。市人皆觀公子執轡。從騎皆竊罵侯生。侯生視公子色終不變，乃謝客就車。至家，公子引侯生坐上坐，遍贊賓客⑰，賓客皆驚，酒酣，公子起，爲壽侯生前⑱。侯生因謂公子曰：「今日嬴之爲公子亦足矣。嬴乃夷門抱關者也⑲，而公子親枉車騎，自迎嬴於衆人廣坐之中，不宜有所過⑳，今公子故過之㉑。然嬴欲就公子之名㉒，故久立公子車騎市中，過客，以觀公子，公子愈恭。市人皆以嬴爲小人，而以公子爲長者，能下士也。」於是罷酒，侯生遂

爲上客。侯生謂公子曰：「臣所過屠者朱亥，此子賢者，世莫能知，故隱屠間耳。」公子往數請之，朱亥故不復謝㉓。公子怪之。

　　魏安釐王二十年，秦昭王已破趙長平軍㉔，又進兵圍邯鄲㉕。公子姊爲趙惠文王弟平原君夫人㉖，數遺魏王及公子書，請救於魏。魏王使將軍晉鄙將十萬衆救趙。秦王使使者告魏王曰：「吾攻趙，且暮且下，而諸侯敢救者，已拔趙㉗，必移兵先擊之。」魏王恐，使人止晉鄙，留軍壁鄴㉘，名爲救趙，實持兩端以觀望㉙。平原君使者冠蓋相屬於魏㉚，讓魏公子曰㉛：「勝所以自附爲婚姻者，以公子之高義，爲能急人之困。今邯鄲且暮降秦，而魏救不至，安在公子能急人之困也！且公子縱輕勝，棄之降秦，獨不憐公子姊邪？」公子患之，數請魏王，及賓客辯士說王萬端。魏王畏秦，終不聽公子。公子自度終不能得之於王，計不獨生而令趙亡㉜。乃請賓客，約車騎百餘乘㉝，欲以客往赴秦軍，與趙俱死。

　　行過夷門，見侯生，具告所以欲死秦軍狀。辭決而行。侯生曰：「公子勉之矣！老臣不能從。」公子行數里，心不快，曰：「吾所以待侯生者備矣，天下莫不聞。今吾且死，而侯生曾無一言半辭送我，我豈有所失哉！」復引車還，問侯生。侯生笑曰：「臣固知公子之還也。」曰：「公子喜士，名聞天下。今有難，無他端，而欲赴秦軍㉞，譬若以肉投餒虎㉟，何功之有哉！尚安事客㊱！然公子遇臣厚，公子往而臣不送，是知以公子恨之復返也。」公子再拜，因問。侯生乃屏閒人語曰㊲：「嬴聞晉鄙之兵符常在王臥內㊳，而如姬最幸㊴，出入王臥內，力能竊之。嬴聞如姬父爲人所殺，如姬資之三年㊵，自王以下欲求報其父，仇莫能得。如姬爲公子泣，公子使客斬其仇頭，敬進如姬。如姬之欲爲公子死，無所辭，顧未有路耳，公子誠一開口請如姬，如姬必許諾，則得虎符奪晉鄙軍㊶，北救趙而西卻秦，此五霸之伐也㊷。」公子從其計，請如姬，如姬果盜晉鄙兵符與公子。

　　公子行，侯生曰：「將在外，主令有所不受，以便國家。公子卽合符，而晉鄙不授公子兵而復請之，事必危矣。臣客屠者朱亥可與俱，此人力士。晉鄙聽，大善；不聽，可使擊之。」於是公子泣。侯

生曰:「公子畏死邪? 何泣也?」公子曰:「晉鄙嚄唶宿將[43], 往恐不
聽, 必當殺之, 是以泣耳, 豈畏死哉! 」於是公子請朱亥。朱亥笑曰:
「臣乃市井鼓刀屠者[44], 而公子親數存之[45], 所以不報謝者, 以爲小
禮無所用。今公子有急, 此乃臣效命之秋也[46]。」遂與公子俱。公子
過謝侯生[47]。侯生曰:「臣宜從, 老不能; 請數公子行日, 以至晉鄙
軍之日, 北鄉自剄以送公子[48]。」公子遂行。

　　至鄴, 矯魏王令代晉鄙[49]。晉鄙合符, 疑之, 舉手視公子曰:
「今吾擁十萬之衆, 屯於境上, 國之重任。今單車來代之[50], 何如哉?」
欲無聽。朱亥袖四十斤鐵椎, 椎殺晉鄙, 公子遂將晉鄙軍。勒兵下令
軍中曰[51]:「父子俱在軍中, 父歸; 兄弟俱在軍中, 兄歸; 獨子無兄
弟, 歸養[52]。」得選兵八萬人[53], 進兵擊秦軍。秦軍解去, 遂救邯鄲,
存趙, 趙王及平原君自迎公子於界, 平原君負韊矢爲公子先引[54]。趙
王再拜曰:「自古賢人未有及公子者也。」當此之時, 平原君不敢自
比於人。公子與侯生決[55]。至軍, 侯生果北鄉自剄。

　　魏王怒公子之盜其兵符, 矯殺晉鄙, 公子亦自知也, 已卻秦存
趙, 使將將其軍歸魏, 而公子獨與客留趙。趙孝成王德公子之矯奪晉
鄙兵而存趙[56], 乃與平原君計, 以五城封公子。公子聞之, 意驕矜而
有自功之色。客有說公子曰:「物有不可忘[57], 或有不可不忘。夫人
有德於公子, 公子不可忘也; 公子有德於人, 願公子忘之也。且矯魏
王令, 奪晉鄙兵以救趙, 於趙則有功矣, 於魏則未爲忠臣也。公子乃
自驕而功之, 竊爲公子不取也。」於是公子立自責, 似若無所容者[58]。
趙王掃除自迎[59], 執主人之禮[60], 引公子就西階[61]。公子側行辭讓[62]
從東階上。自言辠過[63]: 以負於魏[64], 無功於趙。趙王侍酒至暮, 口
不忍獻五城[65], 以公子退讓也。公子竟留趙。趙王以鄗[66]爲公子湯沐
邑[67], 魏亦復以信陵奉公子。公子留趙。

　　公子聞趙有處士毛公藏於博徒, 薛公藏於賣漿家[68], 公子欲見兩
人, 兩人自匿不肯見公子[69]。公子聞所在, 乃間步往, 從此兩人游[70],
甚歡。平原君聞之, 謂其夫人曰:「始[71]吾聞夫人弟公子天下無雙,
今吾聞之, 乃妄從博徒賣漿者游, 公子妄人耳[72]。」夫人以告公子。

公子乃謝夫人去，曰：「始吾聞平原君賢，故負魏王而救趙，以稱平原君⑦。平原君之游，徒豪舉耳⑭，不求士也。無忌自在大梁時，常聞此兩人賢，至趙，恐不得見。以無忌從之游，尚恐其不我欲也⑦，今平原君乃以爲羞，其不足從游！⑩」乃裝爲去⑦。夫人具以語平原君。平原君乃免冠謝⑱，固留公子。平原君門下聞之，半去平原君歸公子。天下士復往歸公子。公子傾平原君客⑲。

公子留趙十年不歸。秦聞公子在趙，日夜出兵東伐魏。魏王患之，使使往請公子。公子恐其怒之，乃誡門下⑳：「有敢爲魏王使通者，死。」賓客皆背魏之趙，莫敢勸公子歸。毛公、薛公兩人往見公子曰：「公子所以重於趙，名聞諸侯者，徒以有魏也，今秦攻魏，魏急而公子不恤㉑，使秦破大梁而夷先王之宗廟㉒公子當何面目立天下乎？」語未及卒，公子立變色，告車趣駕歸救魏㉓。

魏王見公子，相與泣，而以上將軍印授公子㉔，公子遂將。魏安釐王三十年，公子使使遍告諸侯，諸侯聞公子將，各遣將將兵救魏。公子率五國㉕之兵，破秦軍於河外㉖，走蒙驁㉗。遂乘勝逐秦軍至函谷關，抑秦兵㉘，秦兵不敢出。當是時，公子威振天下，諸侯之客進兵法，公子皆名之㉙，故世俗稱《魏公子兵法》，秦王患之，乃行金萬斤於魏㉚，求晉鄙客，令毀公子於魏王曰：「公子亡在外十年矣㉛，今爲魏將，諸侯將皆屬，諸侯徒聞魏公子，不聞魏王。公子亦欲因此時定南面而王，諸侯畏公子之威，方欲共立之。」秦數使反間，僞賀公子得立爲魏王未也㉜。魏王日聞其毀，不能不信，後果使人代公子將。

公子自知再以毀廢㉝，乃謝病不朝㉞，與賓客爲長夜飲㉟，飲醇酒㊱，多近婦女。日夜爲樂飲者四歲，竟病酒而卒。其歲㊲，魏安釐王亦薨。秦聞公子死，使蒙驁攻魏，拔二十城，初置東郡㊳。其後秦稍蠶食魏㊴，十八歲㊵，而虜魏王㊶，屠大梁。

高祖始微少時㊷，數聞公子賢。及卽天子位，每過大梁，常祠公子㊸。高祖十二年㊹，從擊黥布還㊺，爲公子置守冢五家，世世歲以四時奉祠公子。

太史公曰：吾過大梁之墟⑩，求問其所謂夷門。夷門者，城之東門也。天下諸公子亦有喜士者矣，然信陵君之接岩穴隱者⑪，不恥下交⑩，有以也⑩。名冠諸侯，不虛耳。高祖每過之，而令民奉祠不絕也。

【注釋】①魏昭王：名遫，魏國第五君。安釐王：名圉，魏國第六君。②薨（ㄏㄨㄥ）：諸侯之死曰薨。③信陵：在今河南省寧陵縣西。④范雎：魏人，後爲秦相。⑤大梁：魏國都城，今河南省開封市。⑨華陽：在今河南省鄭縣境內。下軍：三軍中之一軍。⑦走：逃跑。芒卯：魏將。⑧致：招致。⑨博：下棋。⑩擧烽：烽火報警。⑪陰事：秘事。⑫夷門：大梁東城門。監者：守城人。⑬虛左：空出左邊的坐位，以示恭敬。攝：整頓。敝：破舊。⑭市屠中：街市上的屠戶。⑯枉：繞道而行。⑮俾（ㄅㄧˋ）倪：睥睨，斜視。⑰贊：贊揚性的介紹。⑱爲壽：祝酒。⑲抱關者：管城門的人。⑳過：訪問。㉑故：竟然。㉒就：成就㉓復謝：答謝。㉔秦昭王：秦昭襄王，名則。長平：在今山西省高平縣。㉕邯鄲：趙國都城，今河北省邯鄲市。㉖平原：今山東省德縣南。平原君：趙公子趙勝的封號。㉗拔：攻下。㉘壁：紮營。鄴：在今河北省臨漳縣西。㉙兩端：兩面態度㉚冠：冠冕。蓋：車蓋。相屬：連續不斷。㉛讓：責。㉜計：決計。㉝約：湊集。㉞他端：其他辦法。㉟餒虎：餓虎。㊱尚安事客：還要門客幹什麼？㊲閑語：密語。㊳臥內：臥室。㊴如姬：魏王的寵姬。最幸：最得寵愛。㊵資：蓄積。㊶虎符：銅鑄虎形兵符，中剖開，國王和帶兵將領各執一半。㊷五霸：齊桓公、晉文公、宋襄公、秦穆公、楚莊王。伐：功業。㊸嗃（ㄏㄨㄛˋ）：大笑。嗃（ㄕㄜˋ）：大叫。嗃嗃：指威武。宿將：老將。㊹鼓：動。㊺數（ㄕㄨㄛˋ）：屢次。存：照應。㊻效命：貢獻生命。㊼過謝：辭行。㊽北鄉：向北方。㊾矯令：假借命令。㊿單車：只有乘坐而無隨護的車輛。51勒兵：整頓軍隊。52歸養：歸養父母。53選兵：挑選精兵。54負：背着。韣（ㄉㄨˊ）：盛箭之器。矢：箭。先引：在前頭開路。55決：訣別。56趙孝成王：趙惠文王之子，名丹。德：感激。57物：事。58容：容身。59掃除：洒掃庭階。60執：執行。61就：湊近。62側行：偏着身子走路，表示恭敬。63辠：古罪字。64以：因爲。負於：有負於。65口不忍：不好開口。66鄗（ㄏㄠˋ）：今河北柏鄉縣北。67湯沐邑：天子賜給諸侯之地。68處士：不做官的士人。博徒：賭徒。賣漿家：酒店。69自匿：自己躲藏。70間步：趁空時步行。從游：交朋友。71始：當切。72妄人：胡作非爲的人。73稱：滿足。74徒：只不

過。豪擧：以之作為自豪。⑦⑤不我欲：「不欲我」的倒裝，不要我。⑦⑥從遊：交遊。⑦⑦裝：整理行裝。⑦⑧免冠：脫帽。謝：謝罪。⑦⑨傾：盡數。⑧⑩誡：警告。⑧①徒以：只因為。不恤：不顧惜。⑧②夷：平。先王：魏國先世。⑧③趣駕：趕忙套車。⑧④上將軍：戰國時的軍隊的最高統帥。⑧⑤五國：指趙、韓、燕、齊、楚。⑧⑥河外：黃河以南。⑧⑦蒙驁：秦國上卿。⑧⑧抑：壓制。⑧⑨名：署名。⑨⑩行：行賄。⑨①亡：流亡。⑨②偽：假裝。⑨③以：因。毀：毀謗。廢：罷廢。⑨④謝病：托辭有病。⑨⑤長夜：通宵。⑨⑥醇酒：美酒。⑨⑦其歲：那一年，指公元前242年。⑨⑧東郡：秦郡名，在今河北、山東交界之處。⑨⑨稍：漸漸。⑩⑩十八歲：指信陵君死後十八年，即公元前225年。⑩①虜：俘虜。⑩②微少：微賤。⑩③祠：祭祀。⑩④十二年：指公元前195年。⑩⑤黥布：英布，曾為項羽部將。⑩⑥墟：廢墟。⑩⑦接岩穴隱者：指交結侯嬴等人。⑩⑧不恥下交：不以和下層人交結為恥。⑩⑨以：道理。

　　【鑑賞】信陵君無忌是歷史上的著名人物，可以入傳的材料浩如烟海，加之司馬遷對公子又是一往情深，曾親往大梁考察他的事迹，因此，≪史記・魏公子列傳≫即使要寫成洋洋大觀的長篇巨著，也委實不難辦到。然而，作者沒有這樣做，他只用了三千餘字，就使這個名揚古今的人物神情畢肖·立於紙面。這是與作者的精心裁剪分不開的。

　　一、以情綴文。魯迅先生說，≪史記≫「不拘於史法，不囿於字句，發於情，肆於心而為文」（≪漢文學史綱要≫）。司馬遷對信陵君禮賢下士、急人之難的俠義精神非常欽佩，他在≪史記・太史公自序≫裏說：「能以富貴下貧賤，賢能詘於不肖，唯信陵君為能行之。」在本篇中，他連用了一百四十多個「公子」，在公子身上傾注了真摯而又深沉的崇敬愛戴之情，文章中材料的取舍和剪削都從表現感情的需要出發。文章主要寫了信陵君一生中的兩樁大事，一是救趙，二是存魏，因為這兩件事最能表現公子的俠義精神。其他的則一概剪去不提。可是，在文章的開頭，作者卻興致勃勃地講了一個公子與魏王賭棋的故事。說「賭棋」，卻又不講二人棋藝高低、賭注大小、勝負如何，很明顯，這些塑造公子的形象、表現作者的感情關係不大。太史公緊緊抓住不放的是，在「北境傳擧烽」的危急關頭，兄弟二人的神情動作。盡管這個故事總共才一百來字，作者還是剝繭抽絲般地寫了魏王的「釋」、「恐」、「驚」、「畏」，公子的「止王」、「復博」和從實相告。魏王的膽小無能、心胸狹窄，公子的賢能沉著、襟懷坦白，無不躍然於紙面。

　　全文不枝不蔓。公子一死，文章理應結束，可是，作者卻又橫添上兩節文字。一節寫公子死後，秦如何「攻魏」、「拔二十城」、「虜魏王」、「屠大梁」；一節寫高祖對公子的敬佩，「常祠公子」、「為公子置守冢五家」。這裏形象地告訴人

們：公子是魏國的中流砥柱，公子又是光耀後代、萬世景仰的一顆明星。根據金聖嘆的說法，這首尾兩處分別運用了「弄引法」和「獺尾法」。所謂「有一段大文字，不好突然便起，且先作一段小文字在前引之。」「一段大文字後，不好寂然便住，更作餘波演漾之。」（《讀第五才子書法》）作者所以運用這兩種寫法，則完全是根據表達感情的需要。開頭的一個故事是公子的第一個亮相，寄寓了作者強烈的愛憎，鮮明的褒貶，為全篇定下了感情的基調，最後兩節文字，是作者不可遏止的感情潮水的餘波，是完成公子形象的最後一筆。

　　二、以賓拱主。作者寫救趙，卻又將公子如何求如姬，如姬如何竊得虎符，公子如何與秦交戰等等，一並從略。反而去大寫公子如何交結侯生，侯生怎樣料事如神、怎樣獻竊符之策、怎樣朱亥同行，朱亥又怎樣欣然前往，筆墨大多落在門客而又筆筆寫的公子。這正是本文的一大特色。首先，「救趙」、「存魏」、「諸侯不敢加兵謀魏十餘年」，都不是由於有一個貴族公子無忌，而是由於有一個「多客」的信陵君。眾多的門客是他的智囊團和敢死隊。沒有這些門客，他如何救得邯鄲？因此，寫門客是再現了歷史的眞實，又一次反映了司馬遷所傾心的俠義精神。再者，無忌之所以能多客，能「傾平原君客」，門客又之所以心甘情願為他盡忠盡力、獻計獻策，是由於公子仁而謙恭，禮而下士。因此，作者越是把門客寫得忠誠可靠、精悍能幹，也就越是能表現公子虛懷若谷、不恥下交的謙遜作風。還有，我們從「救趙」這件事本身來看，寫門客也是為了寫公子。侯生之所以能巧獻兩條戰略性的至關全局的計謀，大的原因是公子能放下架子，親往車騎而迎之，拜為上賓。直接原因是公子在心急如焚之時能夠保持清醒冷靜的頭腦，保持禮賢下士的作風，行到中途而「復引車還」。如姬之所以能舍生忘死竊得虎符，是由於公子曾為其報殺父之仇。朱亥欣然前往椎殺晉鄙，是因為公子「往數請之」。侯生最後北向自剄，也正是為了報答公子之厚遇。這裏，公子始終是作者熱情謳歌的中心人物。金聖嘆說：「欲畫月也，月不可畫，因而畫雲。畫雲者，意不在雲也，意不在雲者，意固在於月也。」（《第六才子書》卷四《驚艷》首評）司馬遷所用的以賓拱主之法，正有烘雲托月之妙。

　　三、以少總多。這篇傳記在運用典型材料方面也有值得稱道的。如前所述，公子一生事迹甚多，只寫「救趙」、「存魏」，其中又以「救趙」為詳，一來是因為「救趙」是公子一生中的大事，二來也因為這件事典型。強虜壓境有如狂飆席卷，矛盾集中激烈而又尖銳複雜。各種人物都必須在這大是大非面前「亮相」，公子急人之難的英雄性格也最容易在這樣的諸端矛盾撞擊中迸射出耀眼的光芒。公子與魏王是異母兄弟，同生同長在宮廷之內，一起嬉戲遊玩何止一「博」，而作者只寫「這

一次」，是因爲「這一次」發生在「北境傳舉烽」這樣的典型環境之中，最能表現兄弟二人迥然不同的性格特徵。公子「食客三千人」，可寫的很多，而文中提到的有姓氏的門客卻只有侯嬴、朱亥、毛公、薛公四人。這四個人一個是夷門監者，一個是市井鼓刀者，一個是賣漿者，一個是賭徒。門客中地位低下者莫過於他們。既然公子對這些又窮又賤的人物都是十分謙恭，那麼，對其他有膽有識的門客，公子是何種態度也就不言而喻了。正因爲這四個門客具有高度的典型性，所以，最能表現公子「能以富貴下貧賤」，「不敢以富貴驕士」的高尙品質。葛立方《韵語陽秋》說：「嘗鼎一臠，可以盡知其味。」由於作者所寫的人物、事件、環境，都具有高度的典型性，因而能够起到以少總多的藝術效果，使讀者「睹一事於句中，反三隅於字外」（劉知幾：《史通・敍事》）。

四、以小見大。公子將晉鄙軍後，進攻秦軍，是一場激烈的戰鬥。本來可以寫得場面闊大：旌旗蔽空，鼓聲震天，金戈鐵馬，塵烟滾滾……。然而，作者卻只寫了公子勒兵時發布的一道命令：「父子俱在軍中，父歸。兄弟俱在軍中，兄歸。獨子無兄弟，歸養。」然後，就交代戰鬥的結果。公子千辛萬苦，不惜違君臣之禮、絕兄弟之誼，竊虎符，矯王命，揮淚殺晉鄙，不都是爲了與秦決一死戰嗎？可是，對如此至關全局的戰鬥，作者卻只寫一道命令，豈不吝嗇？其實，這又是作者的高明之處。兩軍對壘，擊鼓而戰，古之然也，而公子的這道命令卻是「古之不然」。它驚世駭俗，集中體現了公子的仁愛。再說，這道命令一下，將士的情緒、鬥志也就可想而知，不必細說。還有，諸侯皆畏公子賢能、多客，秦威嚇魏王，也正是恐公子率兵而至，今公子就在陣前，秦豈敢戀戰，魏之勢如破竹、秦之土崩瓦解，讀者都不難想像。所以，作者以小見大，寫一道命令而略去戰鬥全過程的描寫，無疑是裁剪大師巧奪天工的一刀。我們一點也不覺得單薄或不足。公子自迎侯生一段，也是運用以小見大寫法的成功的範例。公子大會賓客，待賓客坐定之後，率領車騎，虛出左位，親往夷門，迎接侯生卻猶嫌不足，故意在大庭廣衆之下，四考公子。穿著破舊，毫不推讓，直坐尊位，這是一考；要公子駕車枉道，讓他去拜訪殺狗的朋友，這是二考；與朋友滔滔不絕，高談闊論，令公子久立於市中，這是三考；宴會之上並不辭謝，堂而皇之地高坐於首席之上，這是四考。這四考，試題都不大，難度卻不小，它考出了信陵君思才如渴、慧眼識賢、仁而下士的品質。同時，也充分表明侯生不畏權貴，沉著機警，胸有韜略，並非等閑之輩。

唐彪《讀書作文譜》曾引毛稚黃的話說：「又或略其巨，詳其細，瑣瑣而不厭；恒情熟徑，我其舍之。斯神化之境矣。」唐彪認爲這是「古文之別境，不可不

知。」《魏公子列傳》雖寫救趙大事，卻每每津津樂道那些瑣細之事。略巨而詳細，以小而見大，達到了出神入化的地步，歷來爲人們所稱道。司馬遷是剪裁的行家，他苦心經營，去蕪存精，使作品詳略有致，疏密相間，達到了爐火純青的境地，其間有不少值得繼承的寶貴經驗。

　　　　　　　　　　　　　　　　　　　　　　　　（陸志平）

廉頗藺相如列傳　　　　司馬遷

　　廉頗者，趙之良將也。趙惠文王十六年①，廉頗爲趙將，伐齊，大破之，取陽晉②，拜爲上卿③，以勇氣聞於諸侯。

　　藺相如者，趙人也，爲趙宦者令④繆賢舍人⑤。

　　趙惠文王時，得楚和氏璧⑥。秦昭王⑦聞之，使人遺⑧趙王書，願以十五城請易璧。趙王與大將軍廉頗諸大臣謀：欲予秦，秦城恐不可得，徒見欺⑨；欲勿予，即⑩患秦兵之來。計未定，求人可使報秦者⑪，未得。

　　宦者令繆賢曰：「臣舍人藺相如可使。」王問：「何以知之？」對曰：「臣嘗有罪，竊計欲亡走燕⑫。臣舍人相如止臣，曰：『君何以知燕王？』臣語曰：『臣嘗從大王與燕王會境上⑬，燕王私握臣手，曰：『願結友。』以此知之，故欲往』相如謂臣曰：『夫趙強而燕弱，而君幸⑭於趙王，故燕王欲結於君。今君乃亡趙走燕，燕畏趙，其勢必不敢留君，而束⑮君歸趙矣。君不如肉袒伏斧質⑯請罪，則幸得脫矣。』臣從其計，大王亦幸赦臣。臣竊以爲其人勇士，有智謀，宜可使。」

　　於是王召見，問藺相如曰：「秦王以十五城請易寡人之璧，可予不？」相如曰：「秦強而趙弱，不可不許。」王曰：「取吾璧，不予我城，奈何？」相如曰：「趙以城求璧而趙不許，曲⑰在趙；趙予璧而秦不予趙城，曲在秦。均之二策⑱，寧許以負秦曲⑲。」王曰：「誰可使者？」相如曰：「王必無人⑳，臣願奉㉑璧往使。城入趙而璧留秦；城不入，臣請完璧歸趙㉒。」趙王於是遂遣相如奉璧西入秦。

秦王坐章台㉓見相如，相如奉璧奏㉔秦王。秦王大喜，傳以示美人㉕及左右，左右皆呼萬歲。相如視秦王無意償趙城，乃前曰：「璧有瑕㉖，請指示王。」王授璧。相如因持璧卻㉗立，怒髮上衝冠㉘，謂秦王曰：「大王欲得璧，使人發書至趙王，趙王悉召羣臣議，皆曰：『秦貪，負其強㉙，以空言求璧，償城恐不可得。』，議不欲予秦璧。臣以爲布衣之交㉚尙不相欺，況大國乎！且以一璧之故逆強秦之歡㉛不可。於是趙王乃齋戒㉜五日，使臣奉璧，拜送書於庭㉝。何者？嚴㉞大國之威以修敬也。今臣至，大王見臣列觀㉟。禮節甚倨㊱；得璧，傳之美人，以戲弄臣。臣觀大王無意償趙王城邑，故臣復取璧。大王必欲急㊲臣，臣頭今與璧俱碎於柱矣！」

相如持其璧睨㊳柱，欲以擊柱。秦王恐其破璧，乃辭謝㊴，固請㊵，召有司案圖㊶，指從此以往十五都㊷予趙。

相如度秦王特㊸以詐佯爲予趙城，實不可得，乃謂秦王曰：「和氏璧，天下所共傳寶㊹也，趙王恐，不敢不獻。趙王送璧時齋戒五日。今大王亦宜齋戒五日，設九賓㊺於廷，臣乃敢上璧。」秦王度之終不可強奪，遂許齋五日，舍相如廣成傳舍㊻。

相如度秦王雖齋，決負約不償城，乃使其從者衣褐㊼懷其璧，從徑道㊽亡，歸璧於趙。

秦王齋五日後，乃設九賓禮於廷，引趙使者藺相如。相如至，謂秦王曰：「秦自繆公㊾以來二十餘君，未嘗有堅明約束㊿者也。臣誠恐見欺於王而負趙，故令人持璧歸，間至趙矣[51]。且秦強而趙弱，大王遣一介之使[52]至趙，趙立奉璧來。今以秦之強而先割十五都予趙，趙豈敢留璧而得罪於大王乎？臣知欺大王之罪當誅，臣請就湯鑊[53]。唯[54]大王與羣臣孰[55]計議之。」

秦王與羣臣相視而嘻[56]。左右或欲引相如去[57]，秦王因[58]曰：「今殺相如，終不能得璧也，而絕秦趙之歡。不如因而厚遇之[59]，使歸趙。趙王豈以一璧之故欺秦邪[60]？」卒[61]廷見相如，畢禮而歸之。

相如既歸，趙王以爲賢大夫，使不辱於諸侯[62]，拜相如爲上大夫[63]。

秦亦不以城予趙，趙亦終不予秦璧。

其後⑭秦伐趙，拔石城⑮。明年，復攻趙，殺二萬人。秦王使使者告趙王，欲與王爲好會於西河⑯外澠池⑰。趙王畏秦，欲毋行⑱。廉頗、藺相如計曰：「王不行，示趙弱且怯也。」趙王遂行，相如從。廉頗送至境，與王訣⑲曰：「王行，度道里會遇之禮畢⑳，還，不過三十日。三十日不還，則請立太子爲王，以絕秦望。」王許之。遂與秦王會澠池。

秦王飲酒酣㉑，曰：「寡人竊聞趙王好音，請奏瑟㉒。」趙王鼓瑟秦御史㉓前書曰：「某年月日，秦王與趙王會飲，令趙王鼓瑟。」藺相如前曰：「趙王竊聞秦王善爲秦聲，請奉盆瓴秦王㉔，以相娛樂。」秦王怒，不許。於是相如前進瓴，因跪請秦王。秦王不肯擊瓴。相如曰：「五步之內，相如請得以頸血濺大王㉕矣！」左右欲刃㉖相如，相如張目叱之，左右皆靡㉗。於是秦王不懌㉘，爲一擊瓴。相如顧㉙召趙御史書曰：「某年月日，秦王爲趙王擊瓴。」秦之羣臣曰：「請以趙十五城爲秦王壽㉚。」藺相如亦曰：「請以秦之咸陽㉛爲趙王壽。」

秦王竟酒㉜，終不能加勝於趙。趙亦盛設兵以待秦，秦不敢動。

既罷，歸國，以相如功大ˇ拜爲上卿，位在廉頗之右㉝。

廉頗曰：「我爲趙將，有攻城野戰之大功，而藺相如徒以口舌爲勞㉞，而位居我上。且相如素賤人㉟，吾羞，不忍爲之下㊱！」宣言曰：「我見相如，必辱之。」相如聞，不肯與會。相如每朝時，常稱病，不欲與廉頗爭列㊲。已而㊳相如出，望見廉頗，相如引車避匿。

於是舍人相與諫曰：「臣所以去親戚而事君㊴者，徒慕君之高義㊵也。今君與廉頗同列，廉君宣惡言而君畏匿之，恐懼殊甚，且庸人尙羞之，況於將相乎！臣等不肖㊶，請辭去。」藺相如固止之，曰：「公之視廉將軍孰與秦王㊷？」曰：「不若㊸也。」相如曰：「夫以秦王之威，而相如廷叱之，辱其羣臣。相如雖駑㊹，獨畏廉將軍哉？顧㊺吾念之，強秦之所以不敢加兵於趙者，徒以吾兩人在也。今兩虎共鬪，其勢不俱生。吾所以爲此者，以先國家之急而後私仇也。」

廉頗聞之，肉袒負荆㊻，因賓客㊼至藺相如門謝罪，曰：「鄙賤

之人，不知將軍⑱寬之至此也！」

　　卒相與歡，爲刎頸之交⑲。

【注釋】①趙惠文王十六年：公元前 283 年。趙惠文王名何，趙武靈王的兒子。②陽晉：地名，在今山東省鄆城縣西。③上卿：戰國時代最高級的官。④宦者令：宦官的頭目。⑤舍人：門下的客人。⑥和氏璧：楚國人卞和發現的一塊寶玉。相傳卞和在山裏得到一塊璞玉，獻給楚厲王，厲王不認識是玉，以爲卞和欺君，就砍斷他的左脚。武王卽位以後，他又獻給武王，武王也以爲他欺君，又砍斷他的右脚。等到文王卽位，他抱着璞玉在荊山下痛哭，文王派人問他，他說：我不是因爲斷了雙脚而悲哀，我悲哀的是寶玉被人認做石頭，忠貞的人被人認做說謊者。文王使人把璞玉外層的石質鑿去，果然是塊寶玉，這塊寶玉後稱爲「和氏璧」。⑦秦昭王：就是秦昭襄王。⑧遺（ㄨㄟˋ）：送給。⑨徒見欺：白白地被欺騙。見：被，受。⑩卽：則，就。⑪可使報秦者：可以爲使臣去答復秦國的。⑫竊計欲亡走燕：私下打算要逃到燕國去。⑬境上：指趙國邊境上。⑭幸：得寵。⑮束：綁縛。⑯肉袒伏斧質：赤身伏在斧質上。斧質：古代一種腰斬的刑具。質：也寫作「鑕」，鐵砧。⑰曲：理虧。⑱均之二策：比較這兩個對策。⑲寧許以負秦曲：寧可答應將璧給秦國，使它負理虧的責任。⑳王必無人：大王果眞沒有人的話。㉑奉：捧。㉒完璧歸趙：把璧完完整整地帶回趙國。㉓章台：秦宮名，舊址在今陝西省長安縣故城西南角。㉔奏：獻給。㉕美人：指秦王的妃子和宮女。左右：指左右侍從人員。㉖瑕（ㄒㄧㄚˊ）：玉石上的斑點。㉗卻：退。㉘怒髮上衝冠：憤怒得頭髮直豎，好像衝動了帽子。形容暴怒的樣子。㉙負其強：憑藉着它的強大。負：憑藉，倚仗。㉚布衣之交：普通人交朋友。㉛逆強秦之歡：觸怒強秦的感情。逆：拂逆，傷害。㉜齋戒：古時候舉行祭祀，主祭的人先要齋戒，住在淸淨的房子裏，不同外人往來，誠心誠意準備敬神。㉝拜送書於庭：（趙王）在朝廷上行了禮，送出國書。拜：叩頭。庭：同「廷」，國君聽政的朝堂。㉞嚴：尊重。㉟列觀（ㄍㄨㄢˋ）：一般的宮殿（不是正殿），指章台。觀：建築物的一種。㊱倨（ㄐㄩˋ）：傲慢。㊲急：逼迫。㊳睨（ㄋㄧˋ）：斜視。㊴辭謝：婉言道歉。㊵固請：堅決請求。㊶召有司案圖：召喚管版圖的官吏察看地圖。有司：官吏的通稱。㊷都：城。㊸特：只。㊹天下所共傳寶：大家公認的寶物。㊺九賓：也稱「九儀」，古時外交上最隆重的禮節，由九個儐相依次傳呼接引上殿。㊻舍相如廣成傳舍：把相如安置在廣成賓館。前一個「舍」字作「安置」講，動

詞。傳舍：招待賓客的館舍。廣成傳舍：賓館名。⑰從者衣褐：隨從的人穿着粗布便衣（化裝成老百姓的樣子）。衣：這裏是動詞，穿。⑱徑道：便道。⑲繆公：卽秦穆公，春秋時五霸之一。繆：同「穆」。㊿堅明約束：堅守信約。㋑間（ㄐㄧㄢˋ）：便道。㋒一介之使：一個使者。一介：一個。㋓就湯鑊（ㄏㄨㄛˋ）：受湯鑊之刑。湯鑊：古代酷刑之一，用滾湯烹煮被認爲犯死罪的人。鑊：無足的大鼎。㋔唯：表示「希望」的語氣助詞。㋕孰：這裏同「熟」，仔細。㋖嘻：表示又驚又怒的感情的聲音。這裏作動詞用。㋗引相如去：拉相如去（處死）。㋘因：就，於是。㋙因而厚遇之。就此好好地招待他。㋚邪：同「耶」，表示疑問。㋛卒：終於。㋜使不辱於諸侯：出使諸侯之國，能不受欺辱。㋝上大夫：比卿低一級的官。㋞其後：指趙惠文王十八年（前281）。㋟拔：攻取。石城：在現在河南省林縣西南。㋠西河：在現在陝西省大荔縣一帶。㋡澠（ㄇㄧㄣˇ）池：在現在河南省澠池縣境。㋢欲毋行：想不去。㋣訣（ㄐㄩㄝˊ）：告別。㋤度道裏會遇之禮畢：估計從在路上行走一直到會見的禮節完畢。㋥酣（ㄏㄢ）：飲酒到高興的時候。㋦奏瑟（ㄙㄜˋ）：彈瑟。下文的「鼓瑟」意思相同。瑟：樂器名，似琴。㋧御史：戰國時，史官稱「御史」。㋨請奉盆缻（ㄈㄡˇ）秦王：請獻盆缻給秦王（請秦王敲盆缻）。缻：同「罐」，盛酒漿的瓦器。秦人唱歌時，擊罐爲節奏。㋩以頸血濺大王：把頭頸裏的血濺在你的身上。㋪刃：用刀刺，這裏作動詞用。㋫靡（ㄇㄧˇ）：退卻。㋬懌（ㄧˋ）：高興，悅。㋭顧：回頭。㋮爲秦王壽：獻給秦王做賀禮。㋯咸陽：秦國的都城，舊址在今陝西省咸陽市東。㋰竟酒：酒筵完畢。竟：完畢。㋱右：上。古時以右爲上。㋲徒以口舌爲勞：只憑言詞立下功勞。㋳素賤人：本來是出身卑賤的人。指相如出身於宦者令的舍人。㋴不忍爲之下：不願自己的職位在他以下。㋵爭列：爭地位的先後。㋶已而：過了些時候。㋷去：離開。君：這裏指藺相如。㋸高義：崇高的品德。㋹不肖：不才。㋺孰與：「哪個」（厲害）。㋻不若：比不上。㋼駑：無能。㋽顧：但。㋾肉袒負荆：光着上身，背着荆條，表示願受責罰，認錯賠罪。荆：荆條，打人的鞭子。㋿因賓客：借着賓客作引導。賓客：指門下的客人。98將軍：指藺相如。當時的上卿兼職將相，所以稱相如爲將軍。99刎（ㄨㄣˇ）頸之交：誓死不變的朋友。刎：割。

【鑑賞】《廉頗藺相如列傳》是《史記》「列傳」的第二十一篇。原文除廉、藺事迹外，還記述了趙奢、趙括、李牧等的事迹。這裏所節選的是原文中最主要的部分。廉頗和藺相如都是趙國的著名人物。他們生活的時代，下距秦統一中國，約半個世紀。當時七雄紛爭，戰事頻仍。在由分裂走向統一的歷史進程中，各國

都有可能通過確立和加強新興地主階級專政，達到統一中國的目的。各國都極力進行戰勝對方、爭取統一的鬥爭。勢力較強的秦國，以遠交近攻、各個擊破的策略，推行其統一事業，趙國是秦國的近鄰，時常受到秦國的威脅。廉頗和藺相如正是在這樣的歷史條件下，爲了保衞趙國，在軍事和外交上作出了一定的貢獻。本篇從一個側面反映了在秦強趙弱的形勢下，趙國由於君臣一致，將相配合，外交上不卑不亢，維護了國家的尊嚴；軍事上嚴密戒備，保障了國家的安全。

　　全文由三大段構成，它們分別記敍了三個有名的故事：「完璧歸趙」、「澠池之會」和「廉藺交歡」。文章從簡介廉、藺二人的身世入手。因爲廉頗的事迹主要在後面，所以極概括地敍述了他戰功之後，筆鋒卽轉到藺相如身上去。藺相如本是趙國宦官頭目繆賢家的門客，一般說趙國外交上的大事根本輪不到他過問。可是趙王和大臣在和氏璧的去留問題上難住了，大家都沒有主意，在這矛盾尖銳的時刻，繆賢推薦了藺相如。從繆賢的推薦中，可以看出藺相如不僅具有忠於趙國的思想品質，還具有善於分析複雜形勢的政治敏感性。這爲他取得趙王信任，能勝利完成外交使命提供了條件。但這只是矛盾的一個方面。而「完璧歸趙」的故事，主要是在秦國的政治舞台上演出的。藺相如入秦後，經歷了兩個回合的生死大搏鬥。在第一回合的鬥爭中，藺相如臨機應變，突出地顯示了他的智謀；在第二回合的鬥爭中，藺相如臨危不懼，突出地顯示了他的勇氣，趙國跟秦國是平等的國家，藺相如作爲趙國的使者，秦王應該以平等國的禮節接待。藺相如出使秦國是爲了秦國要求用十五城交換和氏璧，那麼璧送到之後，秦國就應該交出十五城。可是自負強大的秦王既不在朝廷上接見藺相如，得璧之後，又無意交出十五城。藺相如懷着誠意而往，卻遭此侮辱和欺騙。他激於完璧歸趙的責任感，便急中生智，托辭說璧有斑點，「請指示王」，重新取回了璧。隨之，「持璧卻立倚柱，怒髮上衝冠」，尖銳地揭露秦王「以空言求璧」的陰謀，並堅定地表示「臣頭今與璧俱碎於柱」的決心。藺相如的行動和語言，使「無意償趙城」卻又很想得到璧的秦王只好軟了下來，一反倨傲的態度，藺相如因此而占了上風。由於藺相如在第一回合的鬥爭中，以後發制人的戰術戰勝了秦王，從被動轉爲主動，所以在第二回合的鬥爭中，他採用了先發制人的戰術。秦王在齋戒五日後，設「九賓」的大禮，準備接受和氏璧，而藺相如卻已派人把璧送回趙國。一當秦王發覺受騙，藺相如卽要被殺。這時，首先需要的是臨危不懼的勇氣。爲了先發制人，壓倒對方，藺相如置個人生死於度外，他一見秦王，就滔滔不絕地慷慨陳辭。先理直氣壯地申明送璧歸趙的原因：「秦自繆公以來二十餘君，未嘗有堅明約束者」；再合情合理地提出建議：「以秦之強而先割十五都予趙，豈趙敢留璧而得罪於大

王」; 最後又委婉懇切地勸告:「唯大王與羣臣孰計議之」。這一席舌戰強敵的議論, 辭鋒犀利, 氣勢奪人, 弄得秦國君臣「相視而嘻」, 被動之至, 茫然不知所措。而藺相如終於取得了「完璧歸趙」的勝利。藺相如回到趙國,「璧」、「城」之爭似乎平息, 但秦國並未就此罷休, 遂出兵「伐趙」。這是「完璧歸趙」的餘波, 也是「澠池之會」的先聲。澠池會前, 廉頗和藺相如都預料到這場鬥爭的嚴重性。廉頗向趙王訣別時說:「三十日不還, 則請立太子爲王」, 表明了他對趙國前途的深謀遠慮。藺相如隨趙王赴會, 擔當了外交鬥爭的艱巨重任。澠池會上, 秦王要趙王鼓瑟以侮辱趙國。藺相如挺身而出, 針鋒相對, 要秦王擊罐, 甚至要在「五步之內」,「以頸血濺大王」。秦王左右想要殺他, 他「張目叱之, 左右皆靡」, 使秦王不得不聽藺相如指揮, 「爲一擊缻」。終於折服了秦王, 挫敗了他想羞辱趙國的意圖。藺相如爲了國家的榮譽, 爲了完成使命, 不顧個人的安危生死, 爭取到外交上的勝利。在藺相如作堅決的外交鬥爭時, 「趙亦盛設兵以待秦, 秦不敢動」。所以, 藺相如在秦國步步逼進、揮斥自如的鬥爭, 是以廉頗陳兵國境、嚴陣以待的軍事準備爲後盾的。「澠池之會」就是這樣正面描寫藺相如在外交鬥爭中機智勇敢的精神, 側面描寫廉頗在軍事鬥爭中所起的重大後衛作用。從某種角度可以說, 「澠池之會」的勝利是趙國外交和軍事兩相配合的成功, 也是藺相如和廉頗相互合作的結果。可是澠池會後, 在新的條件下, 產生了新的矛盾。藺相如被「拜爲上卿」,「位在廉頗之右」, 廉頗心生不服, 甚至要侮辱他。而藺相如「先國家之急而後私仇」, 多次避免與廉頗發生衝突。原先居功自傲的廉頗一旦得知藺相如一再忍讓的原因, 馬上「負荊」「謝罪」, 而且「卒相與歡, 爲刎頸之交」。「廉藺交歡」既表明了藺相如以國爲重、不計私仇的精神, 也寫出了廉頗忠心爲國、勇於改過的優點。

　　從文學作品的角度看, ≪廉頗藺相如列傳≫也有較高的藝術水平。晉朝人說:「廉頗、藺相如雖千載上死人, 懍懍恒如有生氣。」(≪世說新語・品藻≫)這首先說明≪史記≫作者司馬遷善於刻畫人物形象。在描寫人物時, 特別注意突出重點, 抓住人物性格的主要特徵, 以此作爲材料取捨的標準。把能表現人物性格主要特徵的事件寫得具體而詳細, 把不能表現人物性格主要特徵的事件摒棄不寫或簡單帶過。廉頗和藺相如一生事跡甚多, 本文只選取了三件代表他們生平事跡和性格特徵的典型事件, 予以集中敍寫, 因而不僅使文章顯得選材精當、剪裁貼切, 而且避免了流水帳式的平鋪直敍, 從而成功地突出了廉、藺二人的性格特點和鮮明形象。在具體描寫過程中, 作者又有詳略主次之分: 集中地詳寫藺相如, 穿插着略寫廉頗。根據展現人物性格形象的需要, 有分寫, 有合寫, 有明

寫，有暗寫。其次，作者在矛盾鬥爭中刻畫人物。本文以對秦鬥爭為主線，以三大事件為重點，以廉、藺矛盾的衝突和解決為中心，把他們放在秦趙鬥爭這一大的歷史環境和二人內部矛盾中，通過人物自己在矛盾的發生、發展和解決過程中的言論和行動，戲劇性地表現了鮮明形象和性格特點。再次，本文結構嚴密，情節緊湊。根據歷史事件的發展順序和矛盾運動的規律，安排了各有中心的三件大事。三件大事本身各具首尾，各有其相對獨立性，但又前後呼應，合成一個整體。從歷史發展的順序看，先有「完璧歸趙」，再有「澠池之會」，最後是「廉藺交歡」，文章沿着廉、藺二人生平重大歷史事件的發展線索而逐步展開。從矛盾衝突來看，故事裏貫穿着兩個方面的矛盾，一是秦趙兩國之間的矛盾，再是廉藺二人之間的矛盾。前者是主要的起決定作用的矛盾，後者是次要的處從屬地位的矛盾。前一矛盾的發生、發展和暫時解決是派生後一矛盾的前因，後一矛盾的解決又服從於前一矛盾。「完璧歸趙」與「澠池之會」主要寫秦趙鬥爭，這時廉、藺的矛盾處潛伏狀態，屬量變階段。但當兩次對秦鬥爭獲勝，秦趙之間的矛盾暫時緩和，廉、藺之間的矛盾卻明顯而突出了。最後在強敵壓境的形勢下，兩人在先後認識到必須以國為重，團結合作，共同對敵的思想基礎上解決了矛盾，也就是說，次要矛盾是服從主要矛盾的需要而解決的。這種依照事物的邏輯聯繫和矛盾的運動規律而發展情節，安排結構，有助於人物性格的表現和主題思想的深化。在藝術效果上，也更引人入勝，扣人心弦，發人深思。

（陸　堅）

屈原列傳　　　司馬遷

　　屈原者，名平，楚之同姓也①。為楚懷王左徒②。博聞彊志③，明於治亂④，嫻於辭令⑤。入則與王圖議國事⑥，以出號令；出則接遇賓客⑦，應對諸侯。王甚任之⑧。

　　上官大夫與之同列⑨，爭寵，而心害其能⑩。懷王使屈原造為憲令⑪，屈平屬草稿未定⑫，上官大夫見而欲奪之，屈平不與；因讒之曰：「王使屈平為令，衆莫不知；每一令出，平伐其功曰⑬，以為『非我莫能為也』。」王怒而疏屈平⑭。

　　屈平疾王聽之不聰也⑮，讒諂之蔽明也⑯，邪曲之害公也⑰，方正之不容也⑱，故憂愁幽思而作《離騷》⑲——「離騷」者，猶離憂也⑳。夫天者，人之始也㉑；父母者，人之本也㉒。人窮則反本㉓，故勞苦倦極，未嘗不呼天也；疾痛慘怛㉔，未嘗不呼父母也。屈平正道直行㉕，竭忠盡智以事其君，讒人間之㉖，可謂窮矣！信而見疑㉗，忠而被謗，能無怨乎？屈平之作《離騷》，蓋自怨生也㉘。《國風》好色而不淫㉙，《小雅》怨誹而不亂㉚；若《離騷》者，可謂兼之矣。上稱帝嚳㉛，下道齊桓㉜，中述湯、武㉝，以刺世事。明道德之廣崇㉞，治亂之條貫㉟，靡不畢見㊱。其文約㊲，其辭微㊳，其志潔㊴，其行廉㊵。其稱文小而其指極大㊶，舉類邇而見義遠㊷。其志潔，故其稱物芳㊸。其行廉，故死而不容自疏㊹。濯淖汙泥之中㊺，蟬蛻於濁穢㊻，以浮游塵埃之外㊼，不獲世之滋垢㊽，皭然泥而不滓者也㊾。推此志也，雖與日月爭光可也。

　　屈平既絀㊿，其後秦欲伐齊，齊與楚從親[51]，惠王患之[52]，乃令張儀佯去秦[53]，厚幣委質事楚[54]，曰：「秦甚憎齊，齊與楚從親；楚誠能絕齊[55]，秦願獻商於之地六百里[56]。」楚懷王貪而信張儀，遂絕齊，使使如秦受地[57]。張儀詐之曰：「儀與王約六里，不聞六百里。」楚使怒去，歸告懷王。懷王怒，大興師伐秦。秦發兵擊之，大楚破師於丹、淅[58]，斬首八萬，虜楚將屈匄[59]，遂取楚之漢中地[60]。懷王乃悉發國中兵，以深入擊秦，戰於藍田[61]。魏聞之，襲楚至鄧[62]。楚兵懼，自秦歸。而齊竟怒，不救楚，楚大困。

　　明年[63]，秦割漢中地與楚以和。楚王曰：「不願得地，願得張儀而甘心焉！」張儀聞，乃曰：「以一儀而當漢中地[64]，臣請往如楚。」如楚，又因厚幣用事者臣靳尚[65]，而設詭辯於懷王之寵姬鄭袖[66]；懷王竟聽鄭袖，復釋去張儀。

　　是時屈平既疏，不復在位，使於齊；顧反[67]，諫懷王曰：「何不殺張儀？」懷王悔，追張儀，不及。

　　其後諸侯共擊楚，大破之[68]，殺其將唐眛[69]。

　　時秦昭王與楚婚，欲與懷王會。懷王欲行，屈平曰：「秦，虎狼

之國，不可信。不如無行⑦！」懷王稚子子蘭勸王行⑦：「奈何絕秦
歡？」懷王卒行⑦。入武關⑦，秦伏兵絕其後⑦，因留懷王，以求割
地⑦。懷王怒，不聽。亡走趙⑦，趙不內⑦。復之秦，竟死於秦而歸
葬。

　　長子頃襄王立⑦，以其弟子蘭爲令尹⑦。

　　楚人既咎子蘭以勸懷王入秦而不反也⑧。屈平既嫉之⑧，雖放
流，睠顧楚國⑧，繫心懷王⑧，不忘欲反，冀幸君之一悟⑧，俗之一
改也⑧。其存君與國⑧，而欲反覆之⑧，一篇之中，三致志焉⑧。然
終無可奈何，故不可以反，卒以此見懷王之終不悟也。

　　人君無愚、智、賢、不肖，莫不欲求忠以自爲⑧，舉賢以自佐；
然亡國破家相隨屬⑨，而聖君治國，累世而不見者⑨，其所謂忠者不
忠，而所謂賢者不賢也！懷王以不知忠臣之分⑨，故內惑於鄭袖，外
欺於張儀，疏屈平而信上官大夫、令尹子蘭。兵挫地削⑨，亡其六
郡⑨，身客死於秦，爲天下笑。此不知人之禍也。《易》曰：「井渫
不食⑨，爲我心惻⑨；可以汲⑨。王明，並受其福⑧。」王之不明，
豈足福哉⑨！

　　令尹子蘭聞之，大怒，卒使上官大夫短屈原於頃襄王⑩，頃襄王
怒而遷之⑩。

　　屈原至於江濱，被髮行吟澤畔⑩，顏色憔悴，形容枯槁。漁父見
而問之⑩，曰：「子非三閭大夫歟⑩？何故而至此？」屈原曰：「舉世
混濁而我獨清，衆人皆醉而我獨醒，是以見放⑩。」漁父曰：「夫聖人
者⑩，不凝滯於物⑩，而能與世推移⑩。舉世混濁，何不隨其流而揚
其波⑩？衆人皆醉，何不餔其糟而啜其醨⑩？何故懷瑾握瑜⑪，而自
令見放爲？」屈原曰：「吾聞之：新沐者必彈冠⑫，新浴者必振衣⑬。
人又誰能以身之察察⑭，受物之汶汶者乎⑮！寧赴常流⑯，而葬乎江
魚腹中耳，又安能以皓皓之白⑰，而蒙世俗之溫蠖乎⑱！」乃作《懷
沙》之賦⑲。於是懷石，遂自投汨羅以死⑳。

　　屈原既死之後，楚有宋玉、唐勒、景差之徒者㉑，皆好辭而以賦
見稱㉒，然皆祖屈原之從容辭令㉓，終莫敢直諫。其後楚日以削㉔，

數十年，竟爲秦所滅。

　　自屈原沉汨羅後，百有餘年，漢有賈生㉕，爲長沙王太傅㉖，過湘水，投書以弔屈原㉗。

　　太史公曰㉘：余讀≪離騷≫、≪天問≫、≪招魂≫、≪哀郢≫㉙悲其志。適長沙㉚，觀屈原所自沈淵，未嘗不流涕，想見其爲人。及見賈生弔之，又怪屈原以彼其材㉛，游諸侯㉜，何國不容，而自令若是？讀≪鵩鳥賦≫㉝，同死生㉞，輕去就㉟，又爽然自失矣㊱！

【注釋】 ①楚之同姓：楚王姓羋（ㄇㄧˇ）。屈原的祖先屈瑕是楚武王熊通的兒子，受封於屈，因以屈爲氏。是楚國王族中的一支。②楚懷王：威王之子，名熊槐（前328—前299在位）。左徒：楚官名。相當於上大夫而次於令尹。在國王左右參預政事，起草詔令，是相當重要的職位。③彊志：強於記憶。彊：同「強」。志：記。④明：懂得。治：政治清明安定。⑤嫺（ㄒㄧㄢˊ）：熟習。辭令：指交際應酬的語言。⑥圖：謀。⑦接遇：接待。⑧任：信任。⑨同列：同位，官階相同。⑩害：患。這裏有嫉妒的意思。⑪造爲憲令：制定國家重要的法令。⑫屬（ㄓㄨˇ）：聯綴，指寫作。⑬伐：誇耀。⑭疏：疏遠。⑮疾：痛心。聽之不聰：聽信讒言，不能分辨是非。聰：聽力佳。⑯讒諂（ㄔㄢˇ）：讒言和諂媚之辭。蔽明：蒙蔽了（君王的）明智。⑰邪曲：邪惡的小人。「邪」與「曲」同義，都作「邪惡」、「不公正」講。⑱方正：端方正直的人。不容：不能容身於朝。⑲幽思：深思，沉思。≪離騷≫：屈原自敍生平的長篇抒情詩。⑳離憂：遭遇憂患。離：同「罹」，遭遇。㉑人之始：人類的原始。古人認爲天是造物主，人類是天帝創造的，所以說天是人類的原始。㉒人之本：人由父母所生，所以說父母是人的根本。㉓窮：困頓。反本：追念根本。反：同「返」。㉔慘怛（ㄉㄚˊ）：內心傷痛。㉕正道直行：正大光明，行爲正直。㉖間（ㄐㄧㄢˋ）：離間。㉗信：誠信。見：被。㉘蓋：這裏作承接連詞，是用來承接上文，解釋原因的。㉙≪國風≫：≪詩經≫的一部分。採自各地民間歌謠。好色而不淫：多寫男女愛情，但並不過分。淫：過分。㉚≪小雅≫：≪詩經≫的一部分。其中大半是西周後期及東周初期貴族宴會的樂歌，小半是批評當時朝政過失或抒發怨憤的民間歌謠。怨誹（ㄈㄟˇ）而不亂：多諷刺政治，但也沒有踰越君臣之分。誹：毀謗。㉛上：指遠古。稱：和下文的「道」、「述」都是談到的意思。帝嚳（ㄎㄨˋ）：≪離騷≫曰，「鳳皇既受詒兮，恐高辛之先我。」高辛卽遠古帝王帝嚳，相傳是黃帝的曾孫，號高辛氏。

㉜下：指近古。齊桓：≪離騷≫曰，『寧戚之謳歌兮，齊桓聞以該輔。』齊桓是齊桓公的簡稱，春秋時五霸之一。㉝中：指中古。湯、武：≪離騷≫曰，「湯、禹儼而祗敬兮，周論道而莫差。」湯：指商湯王。武：指周武王。㉞明：闡明。廣崇：廣大崇高。㉟條貫：條理。㊱靡：沒有。畢：全都。見：同「現」。㊲約：簡練。㊳微：隱微，不淺露。㊴志潔：志趣高潔。㊵廉：有廉隅，有棱角（意思是方正不苟）。㊶小：瑣細，指≪離騷≫中多花鳥草木之類的詞語。指：同「旨」。㊷類：事例。邇：近。㊸稱物芳：指≪離騷≫多引用香草美人做比喻。㊹不容自疏：不肯自己疏放（懈怠）。一說，指不肯疏遠於楚國。㊺濯（ㄓㄨㄛˊ）：洗去汚垢。淖（ㄋㄠˋ）：爛泥。汙：同「汚」。㊻蟬蛻（ㄊㄨㄟˋ）：蟬脫皮。濁穢：指當時的黑暗社會。㊼浮游：超脫的意思。㊽獲：辱。滋：同「玆」，黑色。㊾皭（ㄐㄧㄠˋ）然：潔白的樣子。滓：黑。(50)絀（ㄔㄨˋ）：同「黜」，被罷職。(51)從：同「縱」，指合縱，聯合抗秦。(52)惠王：秦惠王，名駟，前337至前311年在位。患：憂。(53)張儀：魏人，倡「連橫」之說，遊說六國共同事奉秦國，博得秦惠王的信任。佯：假裝。(54)厚幣：豐厚的財貨。委：呈獻。質：通「贄」，進見時攜帶的禮物。古時向君主獻禮，表示獻身，叫做委質爲臣。(55)絕齊：與齊國斷絕外交關係。(56)商於（ㄨ）：秦地名，在今陝西省商縣至河南省內鄉縣一帶。(57)使使：派使者。如：往。(58)丹、淅（ㄒㄧ）：二水名。丹水俗稱丹河，發源於陝西省商縣，東入河南，流經內鄉縣、淅川縣，東會淅水，至湖北省均縣入漢水。淅水發源於河南省盧氏縣，流經內鄉縣、淅川縣等地。(59)屈匄（ㄍㄞˋ）：人名。(60)漢中：漢中郡，即今湖北西北部、陝西東南部地帶。(61)藍田：秦縣名，故城在今陝西藍田西。(62)襲：偸襲。鄧：楚縣名，在今河南省鄧縣。(63)明年：指楚懷王十八年（前311）。(64)當：價值相等。這裏是換取的意思。(65)因：憑借。用事者：當權的人。(66)設詭辯：造作詭詐的言辭，說欺騙人的假話。(67)顧反：回來。顧：還。反：同「返」。(68)破：打敗。(69)唐眛：楚將。懷王二十八年（前301），秦、齊、韓、魏攻楚，被殺。(70)無行：不要去。(71)稚子：小兒子。(72)卒：終於。(73)武關：在今陝西商縣東，是秦國的南關。(74)絕其後：截斷了他的後路。(75)留：拘留。(76)亡：逃走。(77)內：同「納」。(78)頃襄王：名熊橫，前298年一前263年在位。(79)令尹：楚官名，相當於宰相。(80)咎：抱怨，責難。(81)嫉：恨。(82)睠顧：眷戀。睠：同「眷」。顧：念。(83)繫心：心裏掛記。(84)冀幸：寄以殷切的希望。(85)俗：指楚國的壞習俗。(86)存君：心裏不忘國君。存：關懷。(87)反覆之：把楚國當時衰弱的國勢改變過來，一反從前的局面。(88)三致志：再三地表示出這種意志。(89)自爲：給自己以幫助。爲：助。(90)相隨屬：一個接着一個。(91)累世：好幾個朝代。(92)分（ㄈㄣˋ）：本分。

⑬挫：敗。削：割。⑭亡：失。⑮井渫（ㄒㄧせ丶）：井淘乾淨了。渫：滌去汙穢。⑯心惻：心裏難過。⑰汲：取水於井。⑱並受：都能得到。⑲㠯：可以。⑩短：詆毀，說壞話。⑩遷：放逐。⑩被髮：披着頭髮。古人束髮加冠，披髮，指無心裝束，不拘禮節。被：同「披」。行吟：一面走一面吟詩。澤畔：水邊。澤：水聚滙處。⑩漁父（ㄈㄨˇ）：打漁的老人。此為隱者。父：對老人的尊稱。⑩三閭大夫：掌管楚國王族昭、屈、景三姓事務的官。當是屈原遷謫前最後的官職。⑩是以：因此。見放：被放逐。⑩聖人：這裏指識時務的「明哲」之士。⑩凝滯：這裏是迂拘固執的意思。⑩與世推移：順隨世俗變化。⑩揚其波：推波助瀾。⑩餔（ㄅㄨ）：食，吃。糟：酒滓。啜（ㄔㄨㄛˋ）：飲，喝。醨（ㄌㄧˊ）：薄酒。⑪懷瑾握瑜：比喻保持高潔品德。懷：懷抱。瑾、瑜：都是美玉。⑫沐：洗髮。彈冠：彈掉帽子上的灰塵。⑬振衣：抖一抖衣服。⑭察察：潔白的樣子。⑮汶（ㄨㄣˋ）汶：汙垢，汙辱。又《史記·屈原列傳》「索隱」以汶汶為昏暗不明。⑯常流：同「長流」，指江水。⑰皓（ㄏㄠˋ）皓之白：形容品德的高貴純潔。⑱溫蠖（ㄏㄨㄛˋ）：塵滓重積的樣子。一說，昏憒的意思。⑲懷沙：《楚辭·九章》中的一篇。沙：指長沙。長沙是楚國祖先熊繹封地。⑳汨（ㄇㄧˋ）羅：江名，在今湖南省湘陰縣。㉑宋玉：相傳為楚頃襄王時人，是屈原的弟子。《漢書·藝文志》著錄他所作賦共十六篇。唐勒：與宋玉同時，曾為楚大夫。其作品今已失傳。景差：和宋玉同世。今《楚辭》中有《大招》一篇，有人說是他作的。之徒：這一班人。㉒辭：文辭。這裏指文學。㉓祖：學習，取法。㉔日以削：指領土一天比一天縮小。㉕賈生：指賈誼。㉖長沙王：吳差，是漢朝開國功臣吳芮的玄孫。太傅：官名，職務是輔佐、教導國王。㉗投：擲下。書：指賈誼所寫的《弔屈原賦》。㉘太史公：作者司馬遷自稱。㉙《離騷》、《天問》、《招魂》、《哀郢》：都是《楚辭》中的篇名。其中《招魂》一篇，也有人說是宋玉所作。㉚適：往。㉛以彼其材：以他那樣的才能。㉜遊：遊說。㉝《鵬鳥賦》：賈誼被貶謫，任長沙王太傅時寫的一篇賦。鵬鳥即梟（ㄒㄧㄠ）鳥（貓頭鷹）。㉞同死生：把生死等同看待。㉟去：指政治失意，放逐在外。就：指在朝任職。㊱爽然：默然。自失：茫無所措。

【鑑賞】《史記》中的人物傳記，一向以「寓論斷於敍事」著稱，這篇傳記卻採用議論與敍事相結合的方法，議論的成分約占全篇的一半以上。這在《史記》中是不多的。明代的茅坤說此篇是「以議論行敍事體。」凌稚隆說是「太史公變調」，都指出了本文在寫法上的獨特之處。 司馬遷所以要這樣做， 大概出於如下的考

慮：一是文獻不足。由於秦始皇燒毀了六國的歷史檔案，屈原的事跡，在現存先秦典籍中找不到記載，大概在漢初也是寥寥無幾的，單靠敘事不容易寫出屈原光輝的一生。二是有關屈原的史料雖少，但他的作品俱在。要窺探屈原的內心世界，掌握其思想性格，讀其作品是最好的途徑；而要把閱讀所得，以敘事的筆調出之，卻有困難。在這種情況下，議論對於塑造人物形象具有不可忽視的作用。如果說，零星的史料只夠大致上勾畫屈原一生輪廓、以粗筆寫「形」的話，那麼，議論則足以點染屈原的精神，以工筆寫「心」。寫形與寫心，相輔相成，互相爲用。這是本文的第一個特色。開頭兩小節是敘事。先寫屈原的生世、才幹和任職。其中特別強調了才幹。「博聞彊志」是說他的文化素養好，「明於治亂」是說他的政治水平高，「嫻於辭令」是說他的文學才能和外交才能傑出。屈原憑借這些才能積極參與楚國的內政、外交，受到楚王的信任。這是全文的開端，刻畫屈原形象的起點。在《史記》其他人物傳記中，還很少有這樣高的起點，因此它在全傳中有着高屋建瓴的氣勢，並埋下了上官大夫忌賢害能的伏筆。以下敘寫屈原的不幸遭遇。「懷王使屈原造爲憲令」，一般認爲是屈原說服懷王施行變法，懷王同意讓屈原起草新的法令條文。這原是極機密之事，所以連上官大夫都不知底細。「上官大夫見而欲奪之，屈平不與」，目前有兩種理解：一說是上官大夫伸手去奪屈原起草的憲令稿本，屈原不給；一說是上官大夫意欲改變條文的具體內容，屈原不同意。從文字的訓釋上看，兩說都有一定的道理，但如果聯繫上下文的內容來看，上官大夫並沒有參與起草工作，因而也沒有修改憲令的權力。他只是在偶然「見」到屈原屬稿時急於要奪過來看看，以便了解其內容。從這個意義上說，前一種理解比較可取。上官大夫進讒的手段非常高明。他看準了楚懷王猜忌能臣、用人不專的弱點，就專從這方面編造讒言：「王使屈平爲令，衆莫不知。」短短兩句話就挑起了楚王對屈原的不滿。「造爲憲令」，原是國家機密，不宜在國王批准施行以前張揚，而現在竟弄得「衆莫不知」，這豈不是無視國王權威的表現？上官大夫顯然意識到了自己的成功,因此進一步誣陷說：「每一令出，平伐其功曰，以爲『非我莫能爲也』。」楚懷王當過諸侯「從（縱）長」，頗以才能自負，豈能容忍矜能伐功的臣下！於是「王怒而疏屈平」。這兩小節的敘事非常簡括。有關屈原的個性、品行、政治見解、文學修養等等情況，都只能給人以一個大概的印象。單憑這寥寥幾筆，屈原的形象無法變得豐滿起來，於是，司馬遷就開始調用議論的手段了。第三小節以超過一、二兩節一倍的篇幅來議論屈原的不朽名作《離騷》，展現了屈原在忠與奸、公與私、方正與邪曲的鬥爭中的鮮明立場和敢於抨擊昏庸國君與黑暗政治的鬥爭精神；表彰了屈原正道直行、竭忠

盡智、一心爲國的高貴品質；顯示了屈原的豐富的歷史知識和深刻的政治見解；讚揚了屈原高超的藝術素養。一句話，本段議論不僅有助於塑造政治家的屈原形象，而且還有助於塑造文學家的屈原形象，因此是非常重要的。自「屈平既絀」以下，雖爲敍事，但關於屈原的事跡很少，只是歷敍楚國在政治上、外交上、軍事上的一系列失敗：一、受到秦國說客張儀的欺騙愚弄；二、丹淅大敗，喪師八萬，大將屈匄被俘，丟失漢中地；三、藍田大戰，遭到魏國襲擊而敗退；四、放走國仇張儀；五、諸侯共擊楚，楚將唐昧戰死；六、懷王受騙入秦，客死他鄉。這些事件涉及到屈原的，只有勸說懷王追殺張儀和諫阻懷王入秦兩事。與屈原沒有直接牽扯的事爲什麼要寫進本傳中來呢？在接下來的議論部分回答了這個問題：「懷王以不知忠臣之分，故內惑於鄭袖，外欺於張儀，疏屈平而信上官大夫、令尹子蘭。兵挫地削，亡其六郡，身客死於秦，爲天下笑。此不知人之禍也。」原來這些失敗都是排斥屈原的惡果，可是屈原一身而繫楚國的安危，其對楚國的重要作用也就不言而喻了。司馬遷在議論中點明這一層意思，就加強了敍事部分的分量，並說明了國君用賢的必要性。這對提高整篇作品的思想性，同樣是十分重要的。文章的後半部分，司馬遷化用《楚辭·漁父》的內容，寫屈原行吟澤畔與漁父的對話，並引錄《懷沙》之賦，都是以傳中人物自己的作品，議論明志，從而完成了人物形象的塑造。

本篇的第二個特色是不斷轉換議論的方式，章法也富於變化。全文共有五處議論。第一處主要以引論的方式出之，大部分採自淮南王劉安的《離騷傳》，小部分套用《易·系辭》而稍加變易。第二處以代傳主述志的方式出之，主要描摹其存君興國的心跡。第三處以作者抒發感慨的方式出之，說明國君雖然都希望「求忠以自爲，舉賢以自佐」，但往往忠奸不分、賢愚顛倒，這是不智不明之禍。言外寄意，使人聯想起作者自身的一些遭遇。作者自己也是忠而得謗，信而見疑，橫遭口禍，終生蒙恥。他爲屈原鳴不平，實際也是爲自己鳴不平；他抨擊楚王不智不明，實際也抨擊了漢武帝不智不明。清代方苞說司馬遷「於《屈原傳》感忠賢之蔽壅，而陰以寓己之悲憤」，這是很有見地的。第四處以傳中人物對話的方式出之，進一步揭示屈原在出處去就方面的高尚志節。第五處以過錄傳主作品的方式出之，把屈原守正不移、仗義死節的種種想法和盤托出。這五處議論分別從各個不同的角度豐富了傳主的內心世界，從而把屈原的形象寫活了。從章法結構上說，本篇轉接之處若緊若鬆、若斷若續，往往變化莫測。第一、二兩節敍事，至第三節突然轉入議論，文氣似若不接，但作者在第二節的末句下一「疏」字以後，頓有嶺斷雲連之妙。這個「疏」字，既是屈原由政治家轉向文學家的重

要契機，又是下文大段議論的觸發點。屈原正是由「疏」而生「怨」，由怨而作《離騷》，而作者對《離騷》的評論也正是從屈原遭讒見「疏」入手的，因此敍事、議論雖然外若雙峰對峙，而實際上是緊緊連成一體的。第十小節「屈平旣嫉之」一語與下文「雖放流，睠顧楚國，繫心懷王」，文氣又突然斷開。清郭嵩燾經過研究後發現：「『大怒』二字承上『屈平旣嫉之』一語。」細繹文意，實爲有見。這樣承接，使整段議論橫肆而出，一句話尚未來得及講定，就被冲決爲二。粗讀甚覺文理扞格難通，但一旦搞清楚這種承接關係以後，便會感到作者是多麼急切地要代傳主申辯和爲之抒發感慨！關於本篇章法上的變化之妙，清人袁守定有極精辟的論述。他說：「太史公《屈原傳》序屈原，而忽入『天者人之始，父母者人之本』一段，此文章咏嘆法也。序屈原而忽入張儀請獻商於之地一段，此文章穿挿法也。序屈原而忽入『人君無智愚賢不肖，莫不欲求忠以自爲，舉賢以自佐』一段，此文章寄托法也。序屈原而忽入漁父之詞一段，此文章波瀾法也。序屈原而忽入『楚有宋玉、唐勒、景差之徒』一段，此文章帶見法也。序屈原旣畢，而曰：『後百有餘年，漢有賈生過湘水投書以弔屈原』，遂以賈傅合傳，此文章飛渡法也。卽一篇而文章變化之道具矣。」

另外，本篇的語言也很有特色。司馬遷爲詩人立傳，所用的語言也像詩一樣廻腸蕩氣，富於激情。劉熙載說：「學《離騷》得其情者爲太史公」，「離形得似，當以史公爲尙。」此說驗之本篇而益信。如關於《離騷》的寫作動機和主旨，始則說：「屈平疾王聽之不聰也，讒諂之蔽明也，邪曲之害公也，方正之不容也，就憂愁幽思而作《離騷》。」繼則說：「信而見疑，忠而被謗，能無怨乎？屈平之作《離騷》，蓋自怨生也。」後來又說：「其存君興國，而欲反之覆，一篇之中，三致志焉。」回環迭出，類似詩歌的重章復沓，也可以說是「一篇之中，三致志焉。」清代惲敬說：「今讀《伯夷》、《屈原》等列傳，重迭拉雜，及刪其一字一句，則其意不全，可見古人所得矣。」爲什麼「刪其一字一句」，便會「其意不全」呢？這是因爲作者那種對屈原的仰慕、推敬、哀憐之情在篇中是一氣灌注的。字字句句都飽含着深厚的感情。情之所至，一字一句都會迸發出感人的力量，怎麼能隨便刪除呢？清人王拯說：「此傳纏綿悱惻，往復低回，史公極用意、極得意之文，千載而下使人讀之嗚咽不已。」足見其感人的深切。應該說，司馬遷能運用有限的歷史素材塑造出屈原的形象，與他成功地發揮議論和抒情的作用，是分不開的。

關於傳末的讚語，有兩個問題需要說明一下。一、讚語與傳文在屈原該不該離開楚國的問題上，說法不一致。傳文對屈原留戀楚國、死於楚國是同情和肯定

的，而讚語卻主張屈原應該「以彼其材，游諸侯」，尋求實現抱負的機會。這一
矛盾現象，反映了司馬遷寫史與評史的不同出發點。寫史，他是從人物所處的客
觀實際出發的。屈原所處的歷史條件和他在楚國的地位決定他不可能離開楚國。
司馬遷肯定這一點，是尊重客觀歷史。而評史則不然。它應該從作者所處時代的
思想高度出發。漢初盛行《春秋》公羊學的「大一統」思想。司馬遷從「大一
統」的觀點來看待戰國歷史，便覺得屈原為秦為楚，都無所謂了，重要的是要讓
賢才充分發揮作用。二、讚語中有消極思想。司馬遷自稱對賈誼《鵩鳥賦》「同
生死、輕去就」的觀點感到「爽然自失」。司馬遷本來就有道家消極思想，說過
「無造福先，無觸禍始，委之自然，終歸一矣」（《悲士不遇賦》）一類話。他
寫《屈原列傳》觸發了自己的身世之痛，而賈誼《鵩鳥賦》的觀點有助於他擺脫
思想上的苦悶，因此便產生了共鳴。這點消極因素，應該加以指出。

（吳汝煜）

叔孫通定朝儀　　　司馬遷

漢二年，漢王從五諸侯入彭城①，叔孫通降漢王；漢王敗而西，
因竟從漢。叔孫通儒服，漢王憎之；乃變其服，服短衣，楚制，漢王
喜。叔孫通之降漢，漢儒生弟子百餘人，然通無所言進②，專言諸故
羣盜壯士進之。弟子皆竊罵曰：「事先生數歲，幸得從降漢，今不能
進臣等，專言大猾③，何也？」叔孫通聞之，乃謂曰：「漢王方蒙矢石
爭天下，諸生寧能鬥乎？」故先言斬將搴旗之士④。諸生且待我，我
不忘矣。」漢王拜叔孫通為博士，號稷嗣君。

漢五年，已並天下，諸侯共尊漢王為皇帝於定陶⑤，叔孫通就其
儀號。高帝悉去秦苛儀，法為簡易。羣臣飲酒爭功，醉或妄呼，拔劍
擊柱；高祖患之。叔孫通知上益厭之也，說上曰：「夫儒者難與進取，
可與守成，臣願徵魯諸生與臣弟子共起朝儀。」高帝曰：「得無難
乎？」叔孫通曰：「五帝異樂，三王不同禮。禮者，因時世人情為之
節文者也。故夏殷周之禮所因損益可知者，謂不相復也。臣願頗採古

禮⑥，與秦儀雜就之。」上曰：「可試爲之，令易知，度吾所能行爲之。」

於是叔孫通使徵諸儒生三十餘人。魯有兩生不肯行，曰：「公所事者且十主，皆面諛以得親貴。今天下初定，死者未葬，傷者未起，又欲起禮樂。禮樂所由起，積德百年而後可興也。吾不忍爲公所爲，公所爲不合古。吾不行。公往矣，無汙我⑦！」叔孫通笑曰：「若眞鄙儒也，不知時變！」遂與所徵三十人西，及上左右爲學者，與其弟子百餘人，爲綿蕞野外習之⑧。月餘，叔孫通曰：「上可試觀。」上既觀，使行禮，曰：「吾能爲此。」乃令羣臣習肄⑨，會十月。

漢七年，長樂宮成，諸侯羣臣皆朝十月。儀：先平明，謁者治禮，引以次入殿門。廷中陳車騎，步卒衞宮，設兵，張旗志。傳言「趨」。殿下郎中俠陛，陛數百人。功臣列侯諸將軍軍吏以次陳西方，東向。文官丞相以下陳東方，西向。大行設九賓，臚傳⑩。於是皇帝輦出房，百官執職傳警⑪，引諸侯王以下至吏六百石，以次奉賀。自諸侯王以下，莫不振恐肅敬。至禮畢，復置法酒⑫。諸侍坐殿上，皆伏抑首⑬，以尊卑次起上壽⑭。觴九行，謁者言「罷酒」。御史執法，舉不如儀者，輒引去。竟朝置酒，無敢讙譁失禮者⑮。於是高帝曰：「吾乃今日知爲皇帝之貴也。」

乃拜叔孫通爲太常，賜金五百斤。叔孫通因進曰：「諸弟子儒生隨臣久矣，與臣共爲儀，願陛下官之。」高帝悉以爲郎。叔孫通出，皆以五百斤金賜諸生。諸生乃皆喜曰：「叔孫生誠聖人也，知當世之要務！」

【注釋】①彭城：今江蘇省徐州市。②進：進荐。③猾：狡詐。④搴（ㄑㄧㄢ）：拔取。⑤定陶：地名，在今山東省。⑥頗：稍微，略微。⑦汙：「污」的異體字，沾污的意思。⑧蕞（ㄗㄨㄟˋ）：古代演習朝會禮儀時束茅以表位之稱。司馬貞索隱引韋昭語：「引繩爲綿，立表爲蕞。」⑨習肄：練習。⑩臚傳：從上到下依次傳令。⑪職：通「幟」，旗幟。⑫法酒：朝廷的正式宴會。⑬抑首：俯首。⑭壽：進酒。⑮讙譁：喧嘩。

【鑑賞】敍寫人物的文字，根據實際的如傳記，出於虛構的如小說，都必然有對話與行動。對話與行動是人物的最顯著的表現。從兩種表現上，可以知道人物思想，情感，脾氣，習慣等等，也就是可以知道人物的全部生活——不僅是生活的外表，而且是生活的根柢。作者用文字敍寫人物，無非要使讀者如見其人，不但如見其人，還要使讀者接觸到其人的內心生活；這就勢所必然的要敍寫其人的對話與行動。試想想看，如果不敍寫對話與行動，對於人物又怎樣下筆呢？那只有用一些抽象的語句，說其人的思想怎樣怎樣，癖好怎樣怎樣，待人接物怎樣了——這些「怎樣怎樣」可以簡單，也可以繁複，簡單的是一個形容詞，繁複的是接二連三的形容語。一篇敍寫人物的文字，沒有人物的對話與行動，單由作者運用一些形容詞語來構成，原不犯什麼禁令；並且，那樣的文字也並非少見，咱們收到喪事人家分發的「行狀」「傳略」，往往是那一類。可是，那樣敍寫的人物是平面的，不是立體的；是死板的，不是生動的；讀者讀過文字，只能知道有那麼一個人，可不能如見其人，更不用說接觸到其人的內心生活了。所以，就效果上說，那樣的文字是很少效果的。作者期望他的文字收較多的效果，期望筆下的人物成爲立體的，生動的，就不能不在人物的對話與行動上多用工夫。

這一回談敍寫人物的文字，在人物的對話與行動兩種表現中，撇開行動，單說對話。頭一回我曾經說過，「我們的方法是就一篇現成文字，談談精讀時候應該注意應該討論的事項。這些事項方面很多，如果要面面俱到，寫成的文字一定很長，雜誌的篇幅不能容納。爲了遷就篇幅，只能每一回談幾個方面。」現在只談一個方面，不是幾個方面，也無非要使篇幅短些的緣故。

採用的現成文字是《史記・劉敬叔孫通列傳》中的一段。故事自成起訖，如果給它定個題目，可以題作《叔孫通定朝儀》。

先請讀者諸君把全篇中的詞語弄明白了。大概使用《辭源》《辭海》一類的辭書，就可以弄明白。然後通體細看，每一句辨明它的意義，每一節認清它的事迹。末了兒才注意到這一回所談的一個方面——篇中人物的對話。

這一篇的主人公是叔孫通，篇中他的對話最多，共計回答弟子一次，向高帝進言四次，譏笑魯兩生一次。他的弟子們發言兩次，一次怨他，一次贊他。此外魯兩生拒絕叔孫通一次。高帝與叔孫通對話，並自己表示得意，共計四次。

叔孫通譏笑魯兩生，說他們是「鄙儒」，「不知時變」，他自認該是「通儒」，「知時變」的了；後來弟子感激他，又說他「知當世之要務」。所謂「知時變」與「知當世之要務」，用現在的話說起來，就是懂得迎合潮流，能夠見風使舵，不死守着什麼宗旨信仰。篇中叔孫通的一些對話，都把他的「知時變」與「知當世之

要務」具體的表現出來，使讀者感到他就是那麼樣一個「通儒」，與拘守古制，效法先王的儒者並不一樣。

試看他回答弟子的話。「漢王方蒙矢石爭天下，諸生寧能鬪乎？」用最實際的說法，把弟子們按住，一方也就見出他能够「知當世之要務」。可又寬慰他們說，「諸生且待我，我不忘矣。」「不忘」什麼？當然是不忘引進他們，有朝一日大家弄個官做。這種話只有在師弟之間私談的時候才好說，當着旁人決不便說。可是，如果是以道術相砥礪的師弟，卽使在私談的時候也不會說這種話，尤其是師的方面。聽聽那聲氣，不正與政治上一個小派系的頭子回復謀幹差使的人說「知道了，看機會吧，總有你的份」一模一樣嗎？說這種話的時候，叔孫通把儒者的面具卸下來了。

再看他向高帝進言。他說「儒者難與進取，可與守成。」正當高帝「益厭之」的時候，他表示有辦法——「守成」的辦法，「起朝儀」來安定朝廷的秩序。這又是個「知時變」，又是個「知當世之要務」。他這話與回答弟子的話是一貫的。「難與進取」無異說「寧能鬪乎」？而「守成」就是他教弟子們等待的。從這前後一貫的對話，可見叔孫通心目中，儒者的任務無非幫助成功的皇帝想些辦法，維持尊嚴，並沒有儒者的宗師孔子那種「行道」的想頭。他又說「願徵魯諸生與臣弟子共起朝儀」，把「魯諸生」提在前頭，因為魯是知禮之邦；同時帶出弟子們，見得他的確「不忘」，一直把弟子們的願望放在心上，可是一點不落痕迹。待高帝恐怕禮儀麻煩，他就回說「臣願頗採古禮，與秦儀雜就之」。這句話裏的「古禮」與「秦儀」都只是陪襯，主要的是「雜就之」，把馬虎牽就的心情透切的表出。儒者對於禮儀是看得非常鄭重的，叔孫通卻這樣馬虎牽就，他是何等樣的儒者也就可想而知了。上面兩句話是他不妨「雜就之」的論據。前一句中引用了《禮記‧坊記》「禮者因人之情而為之節文」的話。後一句簡縮了《論語》中孔子的話：「殷因於夏禮，所損益可知也；周因於殷禮，所損益可知也；其或繼周者，雖百世可知也。」有了論據，見得「雜就之」就是「因」，就是「損益」，不違背儒者的傳統。並且，三句不離本行，儒書的語句脫口而出，正見儒者的本色。叔孫通雖然不是正宗的儒者，在口頭充充儒者的派頭當然是擅場的。

最後看他把弟子薦給高帝，也把儒者的面具卸了下來，老實不客氣說，「我手下有許多弟子，他們有功勞，他們要官做。」要知道那時候「守成」的辦法已經奏效，高帝得意得不可開交；叔孫通自己被拜為太常，得了五百斤的賜金；他與高帝的關係已經達到非常親密的地步了。旣然如此，落開得門見山，老實不客氣說出來。在這麼樣的場合裏，高帝還會吝惜幾個「郎」的位置不給嗎？這又見

得叔孫孫通能够抓住時機，又是個「知時變」。

　　現在看弟子們的話。在抱怨的一次裏，他們說「事先生數歲，幸得從降漢」，把他們希冀利祿的心情完全托出。他們師弟一伙兒原來是任何諸侯都可以投的，現在居然投在較有成功希望的一方面，這就是所謂「幸」。在這兒弄個一官半職，飯碗可以長久，而且有升擢的指望，這又是將來的「幸」。一班弟子所爲何來，在一個「幸」字上表達得透切明顯極了。在讚揚的一次裏，他們說「叔孫生誠聖人也，知當世之要務！」可見他們由於平時的習染（如聽叔孫通批評魯兩生「不知時變」）以及實際的經驗（如乘機起朝儀果然成功，只要說一句話果然大家當了「郎」），相信他們的老師確然能「知當世之要務」，是個頂了不起的人；用他們儒者習慣的說法，頂了不起的人就稱他爲「聖人」。可是，照正宗的儒者的見解，「聖人」的含義要廣大高深得多，決不僅是「知當世之要務」。他們那樣說，顯見他們並非正宗的儒者。他們得了一官半職，就極口稱揚老師，連「聖人」也說了出來，這正傳出了他們熱中的滿足的感激的心情。

　　叔孫通的弟子是何等樣的人物，就在前後兩次發言中見出。敍寫弟子無非作叔孫通的陪襯，弟子如此，老師可想而知了。

　　魯兩生正與叔孫通對照，敍寫他們的話，作用在作叔孫通的反襯。魯兩生瞧不起叔孫通，說他「所事者且十主，皆面諛以得親貴」。他們特別看重禮樂，講「積德」，講「合古」。這些觀念代表了正宗的儒者。在正宗的儒者看來，叔孫通的立身處事沒有一絲兒對的。他們不僅拘謹的守着儒者的傳統，也關注到當前的現實。他們說。「今天下初定，死者未葬，傷者未起，又欲起禮樂。」這顯然說叔孫通不在安定社會一方面用工夫，卻想迎合高帝，粉飾太平。安定社會，積德累仁，正是儒者精要的主張，所期望於統治階級的切要措施。他們雖然被叔孫通罵爲「鄙儒」，究竟誰是「鄙儒」，細讀全篇自然有數。

　　現在只剩高帝的對話了。高帝的對話都很簡短，可是句句傳神。「得無難乎？」表出他的流氓習性。他平日厭惡儒者，箕踞罵人，現在聽叔孫通說要他搞一套儒者的花樣，他就爽直的問這麼一句，無異說「只怕老子弄不來吧」？待他聽了叔孫通準備馬虎牽就的話，就說「可試爲之，令易知，度吾所能行爲之」。他對於叔孫通說的「五帝」啊，「三王」啊，「節文」啊，「夏殷周」啊，也許是不大入耳。你既然說「雜就之」，看你巴結，就讓你試一試吧。總之要我弄得來才行，你得替我打算。這仍然是流氓頭子的口氣。後來參觀過試禮，他說「吾能爲此」。這是他心動了，發生興味了。他見那麼一個大排場，自己將在其中做個供奉的中心，人家振恐，自己尊嚴；人家勞頓，自己安逸，那有什麼弄不來的？

最後眞的行過的禮，他得意萬分，自然流露，毫不掩飾，說了一句「吾乃今日知爲皇帝之貴也」！假仁假義的皇帝決不肯說這句話，惟有流氓出身的皇帝才說這句話。他不怕人家說他寒傖，當了幾年的皇帝到今朝才嘗着皇帝的味道；他只知道今朝我嘗着了，我得意，我就吐露我的得意。叔孫通的一套禮儀能够使高帝這樣得意，說出這樣的話，並且升他的官，給他厚重的賜金，又襯托出魯兩生「面諛以得親貴」的話並非肆口謾罵，是確然看透了叔孫通的骨子。

　　傳記是根據實際的；單就對話而論，必須傳記中的人物說過那些話，作者才可以敍寫那些話。這當兒，作者的功夫在於選擇，就是選擇那些與本篇題旨有關的對話，選擇那些足以表見人物內心生活的對話，敍寫入文字裏頭；以外的就一概不要。譬如在叔孫通定朝儀那件事情裏，叔孫通自己，他的弟子們，漢高帝，以至魯兩生，難道只有敍寫文字裏，如咱們現在讀到的那幾句對話嗎？就情理說，是決不止的。可是司馬遷只把那幾句對話敍寫入文字，那是他選擇的結果。他的選擇果然收了效果；咱們讀那幾句對話，從而感知了那幾個人的爲人。

　　至於出於虛構的小說，其中的對話與整個故事一樣，全憑作者創造。創造的標的無非要表現人物的思想，情感，脾氣，習慣等等，無非要使全篇的題旨顯示得又具體又生動。如果隨便寫些不要不緊，可有可無的對話，那就不是小說的能手，那小說決不是好小說。

　　　　　　　　　　　　　　　　　　　　　　　　　（葉聖陶）

荆軻刺秦王　　　　司馬遷

　　荆軻奉樊於期頭函①，而秦舞陽奉地圖匣②，以次進。至陛③，秦舞陽色變振恐④，羣臣怪之。荆軻顧笑舞陽⑤，前謝曰⑥：「北蕃蠻夷之鄙人⑦，未嘗見天子，故振慴⑧。願大王少假借之⑨，使得畢使於前⑩！」秦王謂軻曰：「取舞陽所持地圖！」軻旣取圖奏之⑪，秦王發圖⑫，圖窮而匕首見⑬。因左手把秦王之袖，而右手持匕首揕之⑭。未至身，秦王驚，自引而起⑮，袖絕⑯。拔劍，劍長，操其室⑰。時惶急，劍堅⑱，故不可立拔。荆軻逐秦王，秦王環柱而走⑲。羣臣皆愕，卒起不意⑳，盡失其度㉑。而秦法：羣臣侍殿上者，不得

持尺寸之兵㉒； 諸郎中執兵皆陳殿下㉓， 非有詔召不得上㉔。 方急時，不及召下兵，以故荊軻乃逐秦王，而卒惶急無以擊軻，而以手共搏之㉕。是時侍醫夏無且以其所奉藥囊提荊軻也㉖。秦王方環柱走，卒惶急， 不知所爲， 左右乃曰：「王負劍㉗！」負劍， 遂拔以擊荊軻，斷其左股㉘。荊軻廢，乃引其匕首以擿秦王㉙； 不中，中銅柱。秦王復擊軻，軻被八創㉚。軻自知事不就㉛，倚柱而笑，箕踞以罵曰㉜：「事所以不成者，以欲生劫之㉝必得約契以報太子也㉞」於是左右既前殺軻，秦王不怡者良久㉟。

【注釋】 ①奉：捧。樊於（ㄨ）期：秦將，因得罪秦王，逃到燕國。函：盒子。②秦舞陽：燕國勇士。此行荊軻爲正使，他是副使。地圖：指燕國南部的督亢的地圖。③陛：殿前的台階。④振恐：振，作「動」解，引申有「戰栗」之意；恐，恐懼。⑤顧：回看。⑥謝：謝罪。⑦北蕃：北方的藩屬。蠻夷：自貶之詞。鄙人：粗野之人，指秦舞陽。⑧慴（ㄓㄜˊ）：害怕。⑨少：稍微。假借：這裏是寬容的意思。⑩畢使：完成使命。⑪奏：進獻。⑫發圖：把捲成一軸的地圖張開。⑬窮：盡。見：同「現」。⑭揕（ㄓㄣˋ）：用刀劍等刺。⑮自引而起：自己抽身站起。⑯絕：斷。⑰操其室：提住了劍鞘。⑱堅：緊。⑲環：環繞。⑳卒（ㄘㄨˋ）：同「猝」，倉促。㉑度：常態。㉒尺寸之兵：意思是指「任何武器」。尺寸，極言微細。㉓郎中：宮廷的侍衞。陳：排列。㉔詔：君主的命令。㉕搏：搏鬥。㉖侍醫：隨侍在國君左右的醫官。夏無且（ㄐㄩ）：人合。提（ㄊㄧˊ）：投擊。㉗負劍：背劍，把劍推到背上。㉘股：大腿。㉙引：舉起。擿（ㄩ）：同「擲」。㉚被：受八創：八處受傷。㉛不就：不成功。㉜箕踞：伸開兩脚坐在地上，形似簸箕，表。示倨傲。㉝生劫：抓活的。㉞約契：訂立盟約，指迫使秦王答應退還諸侯的土地。㉟不怡（ㄧˊ）不愉快。

【鑑賞】《荊軻刺秦王》節選自《史記・刺客列傳》。司馬遷在荊軻身上傾注了眞摯而深沉的感情，在這段選文裏眞實而曲折地再現了荊軻刺秦王的壯烈場面，贊揚了荊軻爲反抗強秦不惜自我犧牲的俠義精神。選文分爲四個層次。先寫荊軻獻圖。咸陽宮內氣氛莊嚴， 秦王着朝服、 設九賓， 以最隆重的外交禮節迎接荊軻。荊軻捧着裝有樊於期頭顱的匣子，秦舞陽捧着燕國督亢的地圖，三拜九叩，

依次而進。朝廷上下金鼓齊鳴，山呼萬歲，秦王自然樂不可支，因爲樊於期是他用「金千斤、邑萬家」懸賞的叛將，督亢又是燕國南部肥沃富饒的地方。而今，全憑自己的赫赫威勢，就令燕國派特使奉上，這是何等的威風！他正陶醉在勝利之中，哪裏想到會風雲突變，危在旦夕。這個場面對荆軻也非常有利，一切都照計劃進行。就在勝利在望之際，頓生不測風雲，秦舞陽在秦王的臺階前「色變振恐」。秦舞陽原也是燕國的一名勇士，十三歲時就敢殺人，因此，被太子丹選爲荆軻的副手。舞陽臨戰前的恐懼，引起了朝廷上下的懷疑，羣臣「怪之」。形勢萬分危急，不僅秦舞陽性命難保，更重要的是謀刺秦王的計劃面臨危機。危急關頭，荆軻先是對秦舞陽回頭一笑，這一笑，使緊張的氣氛爲之一轉。接着，荆軻又沉着地上前一步，向秦王謝罪：「北蕃蠻夷之鄙人，未嘗見天子，故振慴。」這是解釋舞陽色變振恐的原因，因爲是下賤之人，沒有見過天子，言下之意是天子的聲威使舞陽見之而色變。這解釋之中帶有恭維，使秦王聽之聲聲順耳。然後又說：「願大王少假借之，使得畢使於前！」秦舞陽手中捧着的可是富甲一方的寶圖啊！荆軻對秦王的心理早就了如指掌，三言兩語就巧妙地把他的注意力吸引到地圖上來。秦王果然上當，不再深究舞陽的色變振恐，命荆軻獻上圖來。荆軻從容地從舞陽手中取過地圖，順利地獻給了秦王。至此，危急的形勢徹底緩解，事態又順著荆軻的計劃發展。面對如狼似虎的秦王，氣象森嚴的咸陽宮，勇士秦舞陽色變振恐，荆軻以其從容鎮定隨機應變，化凶爲吉。兩相對比，鮮明地表現了荆軻的勇敢機智。特別是一「笑」和一「謝」兩個細節，更是充分地表現了荆軻臨危不亂、大智大勇的英雄氣度。

　　以上一段寫獻圖，這是荆軻刺秦王的前奏，也是刺秦王的先決條件。下一段開始敘寫荆軻刺秦王，只見秦王得意洋洋地打開地圖，不料「圖窮而匕首見」。這把匕首太子丹用百金購得，並「使工以藥焠之。以試人，血濡縷，人無不立死者。」事情起於一瞬之間，秦王還沒有反應過來，荆軻「因左手把秦王之袖，而右手持匕首揕之。」因，表示時間的副詞，「就」的意思，暗含「立卽之義，可見荆軻動作敏捷。左手右手各有分工，可見荆軻沉著機靈，手脚麻利。一手抓秦王之袖，一手持匕首刺之，將天下至尊置於股掌之間，持刀相刺，足見其不畏強暴、舍生忘死。可惜，沒有刺中。「秦王驚，自引而起，袖絕。」秦王這一驚非同小可，立卽抽身直跳起來，竟將衣袖扯斷，從荆軻之手逃脫。秦王立卽拔劍還擊，然而，由於「惶急」，加之劍長，劍鞘又套得緊，一下子不可能從腰間拔出來。荆軻一刺未中並不罷休，緊緊追逐秦王不放，秦王只好「環柱而走」。荆軻的壯舉，把咸陽宮內的羣臣嚇得魂飛魄散。作者用「羣臣皆愕」、「盡失其度」八個

字，活脱脱地畫出了這羣酒囊飯袋，在突起事變面前一個個呆若木鷄、驚慌失措的醜態。接著，作者抽出筆墨，交代了荊軻如入無人之境、朝廷上下竟然束手無策的原因：「秦法：羣臣侍殿上者，不得持尺寸之兵；諸郎中執兵，皆陳殿下，非有詔召不得上。方急時，不及召下兵。」近君者無兵器，執兵器者又不近君，卽使手中有兵器，無詔令不論情況如何緊急也不能上殿。秦王制法本爲保護自己生命安全，結果作繭自縛，眞正遇到不測，卻兵在眼前救不得，豈不是絕妙的諷刺。羣臣惶急之餘，一個個手忙脚亂。蜂擁而上七手八脚地「共搏」者有之，用所捧藥囊投擊者有之，在殿下高聲叫嚷「王負劍」者有之。咸陽宮內亂成了一鍋粥，作者卻能夠條理清晰地一一寫來。朝廷上下的驚恐萬狀，有力地烘托了荊軻的形象。由於一刺未中，形勢對荊軻越來越不利。在左右的提醒下，秦王把劍鞘推到背上，把劍拔了出來。於是，用劍擊荊軻，「斷其左股」，荊軻被廢，不能再追逐秦王，當然也無法再接近秦王行刺。但是，他決不束手待斃，毅然高高舉起匕首，用盡全身的力量向秦王狠狠地擲去。可惜，這二刺又不中，雪亮的匕首高高地釘在咸陽宮銅柱之上。《戰國策》裏本只有「中柱」二字，司馬遷加了一個「銅」字。有人認爲，「中銅柱」太誇張了，因此，將「銅」改爲「桐」。於是，在《史記》不同的版本裏「中銅柱」、「中桐柱」二說並行。「中銅柱」成爲荊軻的一個壯舉，成爲荊軻勇猛無畏精神的見證。荊軻二刺又不中，而且丟了匕首，秦王長劍在握，加上秦臣羣起而攻之，形勢對荊軻更加不利。「秦王復擊劍，軻被八創。秦王先斷其左邊的大腿，繼而又砍傷他八處，表現出報復時的十倍的仇恨，百倍的瘋狂，充分暴露了兇殘狠毒的本質。」軻自知事不就，倚柱而笑，箕踞以罵曰：『事所以不成者，以欲生劫之，必得約契以報太子也。』」這裏通過人物心理、動作、語言的描寫，完成了對荊軻形象塑造的最後一筆，集中表現了他視死如歸捨生取義的精神。難怪左右殺死荊軻後，秦王仍然心驚肉跳惶惶不安，「不怡者良久」。

　　司馬遷懷著對荊軻十分贊賞的心情，通過荊軻獻圖、一刺秦王、二刺秦王、視死如歸四個層次的鈙寫，生動地再現了公元前三世紀中葉咸陽宮裏發生的一幕壯烈的悲劇，細致地刻畫了捨生取義的刺客荊軻的形象。荊軻的形象有這樣幾個顯著的特徵：首先，荊軻是一個有一定的政治頭腦的刺客。他對自己肩負的歷史使命有足夠的認識，他知道「此國之大事也」，成敗與否直接影響到燕國的生死存亡。他對「提一匕首入不測之強秦」的危險性也有清醒的預見。易水送別時，荊軻高歌：「風蕭蕭兮易水寒，壯士一去兮不復還！」悲壯的歌聲說明他是明知山有虎偏向虎山行。其次，「其言必信，其行必果，已諾必誠，不愛其軀」。先是田光以死相激，他才勉強去見太子丹。後來太子丹竟疑他改悔，逼他上路，令其大爲不

快。但是，既與太子約定，也就捨生忘死去辦，卽使赴湯蹈火，依然義無反顧。第三，不但有勇而且有謀。他反抗強暴，勇敢頑強，敢笑敢罵，臨危不懼，寧死不屈，敢於刀刃相見。同時，他又沉著機警，善於審時度勢，隨機應變，逢凶化吉。這三個特徵說明荊軻並非爲知己賣命的有勇無謀的一芥莽夫，盡管他也使用了毫不足取的普通刺客的個人冒險手段，但是他與普通的刺客相比，具有明顯的高下之別。荊軻是失敗了，然而，我們不能以成敗來論英雄，正如太史公所說：「此其義或成或不成，然其立意較然，不欺其志，名垂後世，豈妄也哉！」（《刺客列傳》）他反抗強暴的壯烈行動，千百年來激動了無數的仁人志士爲反抗強權推翻黑暗統治而英勇鬥爭。

　　司馬遷寫荊軻全靠「實錄」，決不虛構誇張。本篇史實主要據《戰國策》，除此而外，司馬遷還親自調查了曾與夏無且交游的具知其事的公孫季功、董生等人，獲得了第一手資料，互相參照驗證，糾正了一些流傳的妄說。實錄精神還表現爲純客觀的敍述，作者把主觀感情灌注在字裏行間，而不直接發一句議論。荊軻的光彩照人的形象正是通過荊軻的「笑」、「謝」、「揕」、「逐」、「擿」、「罵」等具體的語言、行動表現出來的。再如：選文中三次用「惶急」一詞，寫秦王和羣臣的忙亂，用「不知所爲」寫秦王的失魂落魄，用「皆愕」寫羣臣呆若木雞，用「盡失其度」寫羣臣倉皇失措，無不傳神精到，在客觀敍述中明顯地帶有諷刺。

　　「荊軻刺秦王」，事情本身就很驚險，再加之這一切全發生在極短的時間之中，更有秦舞陽見虎而色變在前，荊軻兩刺不中在後，眞是危機四伏，險象叢生。作者卻從容不迫，按事情先後順序一一道來，逼眞地再現了這個緊張而又壯烈的場面。在「荊軻逐秦王，秦王環柱而走」之際，作者巧妙地運用花開兩朶各表一枝的寫法，騰出手來寫羣臣的反映，接著又揷敍秦法，寫完羣臣又回到環柱而走，既講清了事實，又注意到文章的起伏跌宕。

　　作者還善於調節語言的節奏以適應文章表達的需要。「北蕃蠻夷之鄙人，未嘗見天子，故振慴。願大王少假借之，使得畢使於前。」這段話婉曲而悠長，不但使秦王聽之順耳，而且也表現了荊軻的坦然沉著。「未至身，秦王驚，自引而起，袖絕。拔劍，劍長，操其室，時惶急，劍堅，故不可立拔，」這一段用詞簡練，語句短促，令人感到形勢的緊迫性，並且透過這急促的語句也不難看出秦王的驚慌失措。

　　在歷代統治者眼裏，荊軻與所有的遊俠、刺客都是擾亂社會的暴徒。南宋鮑彪爲《戰國策》作注時說：「軻不足道也」朱熹更認爲：「軻匹夫之勇，其事無足言。」而司馬遷卻專設《刺客列傳》、《游俠列傳》，對他們捨生取義的俠義精

神倍加贊賞，特別是在本篇中，運用衆多的藝術表現手法，精心刻畫了「磊落殊不儔」的荊軻的形象，熱情歌頌荊軻不畏強暴、捨生取義的精神，表現了司馬遷深刻的人民性思想。

（陸志平）

報任少卿書　　　　司馬遷

太史公牛馬走司馬遷①，再拜言。

少卿足下②：曩者辱賜書③，敎以順於接物④，推賢進士爲務⑤。意氣勤勤懇懇⑥，若望僕不相師⑦，而用流俗人之言⑧。僕非敢如此也。僕雖罷駑⑨，亦嘗側聞長者之遺風矣⑩。顧自以爲身殘處穢⑪，動而見尤⑫，欲益反損⑬，是以獨鬱悒而與誰語⑭！諺曰：「誰爲爲之？孰令聽之⑮？」蓋鐘子期死，伯牙終身不復鼓琴⑯。何則？士爲知己者用，女爲說己者容⑰。若僕，大質已污缺矣⑱，雖才懷隨和⑲，行若由夷⑳，終不可以爲榮，適足以見笑而自點耳㉑。書辭宜答，會東從上來㉒，又迫賤事㉓，相見日淺，卒卒無須臾之間，得竭至意㉔。今少卿抱不測之罪㉕，涉旬月，迫季冬㉖，僕又薄從上雍㉗，恐卒然不可爲諱㉘。是僕終已不得舒憤懣以曉左右㉙，則長逝者魂魄私恨無窮㉚。請略陳固陋㉛。闕然久不報㉜，幸勿爲過。

僕聞之：「修身者，智之符也㉝；愛施者，仁之端也㉞；取與者，義之表也㉟；恥辱者，勇之決也㊱；立名者，行之極也㊲。」士有此五者，然後可以托於世，而列於君子之林矣。故禍莫憯於欲利㊳，悲莫痛於傷心，行莫醜於辱先，詬莫大於宮刑㊴。刑餘之人，無所比數㊵，非一世也，所從來遠矣。昔衞靈公與雍渠同載，孔子適陳㊶；商鞅因景監見，趙良寒心㊷；同子參乘，袁絲變色㊸；自古而恥之！夫以中才之人㊹，事有關於宦竪㊺，莫不傷氣，而況於慷慨之士乎㊻？如今朝廷雖乏人，奈何令刀鋸之餘，薦天下豪俊哉㊼！僕賴先人緒

業⑱，得待罪輦轂下⑲，二十餘年矣。所以自惟⑳：上之㉑，不能納忠效信㉒，有奇策才力之譽，自結明主㉓；次之，又不能拾遺補闕㉔，招賢進能，顯岩穴之士㉕；外之，又不能備行伍㉖，攻城野戰，有斬將搴旗之功㉗；下之，不能積日累勞，取尊官厚祿，以爲宗族交游光寵㉘。四者無一遂㉙，苟合取容㉚，無所短長之效，可見如此矣。向者，僕常厠下大夫之列㉛。陪外廷末議㉜，不以此時引維綱㉝，盡思慮，今已汚形爲掃除之隸㉞，在闒茸之中㉟，乃欲仰首伸眉，論列是非，不亦輕朝廷、羞當世之士邪？嗟乎！嗟乎！如僕，尚何言哉！尚何言哉！

　　且事本末未易明也。僕少負不羈之行㊱，長無鄉曲之譽㊲。主上幸以先人之故，使得奏薄伎㊳，出入周衞之中㊴。僕以爲戴盆何以望天㊵，故絕賓客之知，亡室家之業㊶，日夜思竭其不肖之才力，務一心營職，以求親媚於主上。而事乃有大謬不然者㊷。夫僕與李陵俱居門下㊸，素非能相善也。趣舍異路㊹。未嘗銜杯酒，接殷勤之餘懽㊺。然僕觀其爲人，自守奇士，事親孝，與士信㊻，臨財廉㊼，取與義，分別有讓㊽，恭儉下人㊾，常思奮不顧身，以徇國家之急。其素所蓄積也，僕以爲有國士之風㊿。夫人臣出萬死不顧一生之計，赴公家之難，斯以奇矣。今舉事一不當，而全軀保妻子之臣[51]，隨而媒孽其短[52]，僕誠私心痛之。且李陵提步卒不滿五千[53]，深踐戎馬之地[54]，足歷王庭[55]，垂餌虎口，橫挑強胡，仰億萬之師[56]，與單于連戰十有餘日，所殺過當[57]，虜救死扶傷不給[58]，旃裘之君長咸震怖[59]，乃悉徵其左右賢王，舉引弓之人[60]，一國共攻而圍之。轉鬭千里，矢盡道窮，救兵不至，士卒死傷如積。然陵一呼勞[61]，軍士無不起，躬自流涕[62]，沬血飲泣[63]，更張空拳[64]，冒白刃，北向爭死敵者。陵未沒時，使有來報[65]，漢公卿王侯，皆奉觴上壽[66]。後數日，陵敗書聞，主上爲之食不甘味，聽朝不怡，大臣憂懼，不知所出。僕竊不自料其卑賤[67]，見主上慘愴怛悼[68]，誠欲效其款款之愚[69]，以爲李陵素與士大夫絕甘分少[70]，能得人死力[71]，雖古之名將，不能過也。身雖陷敗，彼觀其意[72]，且欲得其當而報於漢[73]。事已無可奈何，其所摧

敗，功亦足以暴於天下矣⑭。僕懷欲陳之，而未有路，適會召問，卽以此指推言陵之功⑮。欲以廣主上之意，塞睚眦之辭⑯未能盡明，明主不曉，以爲僕沮貳師⑰，而爲李陵游說，遂下於理⑱。拳拳之忠，終不能自列⑲，因爲誣上，卒從吏議⑳。家貧，貨賂不足以自贖㉑；交遊莫救，左右親近，不爲一言㉒。身非木石，獨與法吏爲伍，深幽囹圄之中㉓，誰可告愬者！此眞少卿所親見，僕行事豈不然乎？李陵旣生降，隤其家聲㉔，而僕又佴之蠶室㉕，重爲天下觀笑。悲夫！悲夫！事未易一二爲俗人言也。

　　僕之先，非有剖符丹書之功㉖，文史星歷㉗，近乎卜祝之間㉘，固主上所戲弄，倡優所畜㉙，流俗之所輕也。假令僕伏法受誅，若九牛亡一毛，與螻蟻何以異？而世又不與能死節者，特以爲智窮罪極，不能自免，卒就死耳。何也？素所自樹立使然也㉚。人固有一死，或重於泰山，或輕於鴻毛，用之所趨異也。太上不辱先㉛，其次不辱身，其次不辱理色㉜，其次不辱辭令，其次詘體受辱㉝，其次易服受辱㉞，其次關木索、被箠楚受辱㉟，其次剔毛髮、嬰金鐵受辱㊱，其次毀肌膚、斷肢體受辱㊲，最下腐刑極矣㊳！傳曰㊴：「刑不上大夫㊵。」此言士節不可不勉勵也。猛虎在深山，百獸震恐，及在檻穽之中，搖尾而求食，積威約之漸也㊶。故士有畫地爲牢，勢不可入，削木爲吏，議不可對㊷，定計於鮮也㊸。今交手足㊹，受木索，暴肌膚，受榜箠，幽於圜牆之中㊺。當此之時，見獄吏則頭槍地㊻，視徒隸則心惕息㊼。何者？積威約之勢也。及以至是，言不辱者，所謂強顏耳，曷足貴乎？且西伯，伯也㊽，拘於羑里㊾；李斯㊿，相也，具於五刑[51]；淮陰[52]，王也，受械於陳[53]；彭越、張敖[54]，南面稱孤[55]，繫獄抵罪；絳侯誅諸呂[56]，權傾五伯，囚於請室[57]；魏其[58]，大將也，衣赭衣[59]，關三木[60]；季布爲朱家鉗奴[61]；灌夫受辱於居室[62]。此人皆身至王侯將相，聲聞鄰國，及罪至網加[63]，不能引決自裁[64]，在塵埃之中。古今一體[65]，安在其不辱也？由此言之，勇怯，勢也；強弱，形也[66]。審矣[67]，何足怪乎？夫人不能早自裁繩墨之外[68]，以稍陵遲[69]，至於鞭箠之間，乃欲引節[70]，斯不亦遠乎！古人所以重施

刑於大夫者，殆為此也。夫人情莫不貪生惡死，念父母，顧妻子，至激於義理者不然，乃有所不得已也。今僕不幸，早失父母，無兄弟之親，獨身孤立，少卿視僕於妻子何如哉？且勇者不必死節，怯夫慕義，何處不勉焉？僕雖怯懦，欲苟活，亦頗識去就之分矣⑯，何至自沈溺縲絏之辱哉⑰！且夫臧獲婢妾⑱，由能引決⑲，況僕之不得已乎？所以隱忍苟活，幽於糞土之中而不辭者，恨私心有所不盡⑳，鄙陋沒世㉑，而文彩不表於後也㉒。

古者富貴而名摩滅㉓，不可勝記，唯倜儻非常之人稱焉㉔。蓋文王拘而演《周易》㉕；仲尼厄而作《春秋》㉖；屈原放逐，乃賦《離騷》；左丘失明，厥有《國語》㉗；孫子臏腳，兵法修列㉘；不韋遷蜀，世傳《呂覽》㉙；韓非囚秦，《說難》、《孤憤》㉚；《詩》三百篇，大底聖賢發憤之所為作也㉛。此人皆意有所鬱結，不得通其道㉜，故述往事，思來者。乃如左丘無目㉝，孫子斷足，終不可用㉞，退而論書策㉟，以舒其憤，思垂空文以自見㊱。僕竊不遜，近自託於無能之辭，網羅天下放失舊聞㊲，略考其行事，綜其終始，稽其成敗興壞之紀㊳，上計軒轅，下至於玆，為十表，本紀十二，書八章，世家三十，列傳七十，凡百三十篇。亦欲以究天人之際㊴，通古今之變，成一家之言。草創未就，會遭此禍㊵。惜其不成，是以就極刑而無慍色㊶。僕誠以著此書，藏之名山，傳之其人，通邑大都，則僕償前辱之責㊷，雖萬被戮，豈有悔哉？然此可為智者道，難為俗人言也！

且負下未易居㊸，下流多謗議㊹。僕以口語遇遭此禍㊺，重為鄉黨所笑㊻，以汙辱先人，亦何面目復上父母之丘墓乎㊼？雖累百世，垢彌甚耳！是以腸一日而九迴㊽，居則忽忽若有所亡，出則不知其所往。每念斯恥，汗未嘗不發背沾衣也！身直為閨閤之臣㊾，寧得自引於深藏巖穴邪㊿？故且從俗浮沈，與時俯仰，以通其狂惑㉛。今少卿乃教以推賢進士，無乃與僕私心刺謬乎？今雖欲自雕琢㊽，曼辭以自飾㊾，無益於俗，不信⑳，適足取辱耳。要之，死日然後是非乃定㉑。書不能悉意，略陳固陋。

謹再拜。

【注釋】①太史公：官名，即太史令，是當時司馬遷的任職。牛馬走：像牛馬一樣供人驅使。走：等於說僕人，是自謙之詞。②足下：古人爲了表示對對方的尊敬，不直呼其名或其職，而稱足下。③曩（ㄋㄤˇ）：從前，過去。辱：謙詞，承蒙的意思。④順：《漢書·司馬遷傳》引作「愼」。接物：待人接物。⑤推賢進士：推舉賢才，引進士人。爲務：作爲應當做的事。⑥意氣：心意，情意。⑦望·怨，以……爲遺憾。師：效法。⑧流俗人：指一般世俗之人。⑨罷（ㄆㄧˊ）駑：疲弱駑鈍，自謙才能低下。⑩側聞：在一旁聽到。是謙虛的說法。遺風：這裏是餘音的意思。⑪顧：但是。身殘：指身遭腐刑。處穢：處於污辱可恥的境地。⑫尤：過錯。⑬欲益反損：本想作點有益的事，反而倒要把事情搞壞。⑭鬱悒（ㄧˋ）：愁悶。⑮誰爲（ㄨㄟˋ）爲之：即爲誰爲之，替什麼人去幹這些事情？孰令聽之：即令孰聽之，自己說了叫什麼人聽從？⑯鍾子期：春秋時楚人。伯牙：也是春秋時楚國人。他善於彈琴，但只有鍾子期能聽懂（知音）。後來鍾子期死了，他就破琴絕弦，終身不再彈琴。事見《呂氏春秋·本味》。⑰用：指出力。說：同「悅」。容：作動詞用，修飾打扮。⑱大質：身體。⑲隨和：指隨侯的珠，卞和的璧，都是天下的至寶。這裏比喩美好的才德。⑳行：品行。由：許由。傳說是堯時輕視功名富貴的大賢人。夷：伯夷，也是品質高尚的典型。㉑適：正好。自點：自取污辱。㉒會：遇上。東從上來：這是指征和二年七月，因戾太子擧兵，漢武帝自甘泉宮（在長安西）回長安。上：指漢武帝。㉓賤事：謙詞，指煩瑣事務。㉔得竭至意：能夠把我內心的意思詳盡地告訴您。至意：最深的意思。㉕不測之罪：後果不堪設想的罪，即大罪。征和二年（前 91）七月，戾太子擧兵。任安曾接受過他的命令，故有不測之罪。㉖迫：近。季冬：夏曆十二月。漢代法律規定，每年十二月處決犯人。這裏意思是，過完了這個月，恐怕您就要受處決了。㉗薄：迫，接近。雍：地名，在今陝西省鳳翔縣南，那裏設有祭祀天神的高壇五時。漢武帝於太始四年十二月、征和三年正月，都去過雍。㉘卒然：突然。不可爲諱：不可能避忌（指死）。㉙終已：終於的意思。恧：煩悶。曉：告知。左右：指任安，與足下意相近。㉚長逝者：死者，指任安。㉛固陋：固塞鄙陋，見識短淺。㉜闊然：這裏指時間相隔很久。㉝符：信。這裏是憑據的意思。㉞愛施：對別人的好處和關懷。端：端倪。這裏是苗頭的意思。㉟取與：指取什麼、與什麼的意思。表：表現，標誌。㊱決：決斷。㊲立名：建立聲名。行：品

行。極：準則，目標。㊳憯（ㄘㄢˇ）：同「慘」，慘痛。≪韓非子・解老≫中說：「咎莫憯於欲利。」㊴詬（ㄍㄡˋ）：耻辱。宮刑：亦稱腐刑，古代的五刑之一。㊵刑餘之人：即受過刑的人。比：並列。數（ㄕㄨˇ）：計算。㊶衛靈公：名允。雍渠：衛靈公的宦官。同載：同乘一輛車。孔子適陳：≪史記・孔子世家≫載，「居衛月餘，靈公與夫人同車，宦者雍渠參乘，出，使孔子爲次乘，招搖市過之。孔子曰：『未見好德如好色者也。』於是醜之，去衛，過曹。」此句說「適陳」，不詳。㊷商鞅：亦稱衛鞅，戰國時著名政治家。景監：秦孝公寵愛的宦官。趙良：當時秦國的一個賢人。寒心：這裏是警惕、戒懼的意思。㊸同子：漢文帝時的宦官趙談。司馬遷因避父（司馬談）諱，故改稱他爲同子。參乘：即陪乘。袁絲：袁盎字絲，文帝時官至太常，以敢於直諫聞名。變色：這裏指臉色變了。㊹中才之人：才能平常的人，指一般人。㊺宦豎：這裏指宦官。豎：奴僕。㊻慷慨之士：才能非凡、氣概激昂的人。㊼刀鋸之餘：受過刑的人，這裏指司馬遷自己。㊽緒餘。緒業：未竟的事業。這裏指司馬談未完成的學術和事業。㊾待罪輦轂下：在皇帝身邊做官的委婉說法。㊿惟：想。51上之：最好、首先的意思。52效信：貢獻自己的誠實之心。53自結：以忠誠之心取得皇帝的信任。54拾遺補闕：拾人君之所遺忘，補人君之所闕失，指諷諫。55顯岩穴之士：使隱居的人才顯現出來。56備行（ㄏㄤ）伍：參加到軍隊中去。57搴（ㄑㄧㄢ）旗：在戰場上拔取敵人的旗幟。58宗族交游：親戚朋友。光寵：光榮。59遂：成。60苟：苟且。合：指合於時。取容：指得到皇帝收容。61向者：從前。厠：夾雜，參與，這是謙虛的說法。下大夫：太史令官秩六百石，位爲下大夫。這也是謙詞。62外廷：即外朝。漢朝官員分爲外朝官（自丞相以下至六百石）和中朝官（大司馬、侍中、散騎常侍），太史令屬外朝官。末議：無關重要的議論，也是謙虛的說法。63引維綱：援引國家的大法。意即按照國法辦些有用的事情。64掃除之隷：打掃污穢的僕隷，這是謙指自己地位低下。65闒茸（ㄊㄚˋ　ㄖㄨㄥˊ）：卑賤，這裏指下賤的人。66貶：欠缺的意思。不羈之行：行爲豪放，不可約束。67長：年長，成年。鄉曲：鄉里。68奏：進獻。薄伎：小技，微薄的才能。69周衛：宿衛環繞。這裏指宮禁。70戴盆何以望天：比喻自己一心營職，無暇他顧。71亡：拋棄。72大謬：大錯。不然：不是如所想的那樣。73李陵：字少卿，名將李廣的孫子，善騎射，率兵入匈奴，被包圍，矢盡糧絕，戰敗投降匈奴。俱居門下：（兩人）都是能出入於宮殿門的官。李陵曾任侍中，司馬遷曾任郎中，同屬宮廷近衛侍從之職。李陵投降匈奴時，司馬遷爲太史令，仍是宮廷的官職，所以說俱居門下。74趣舍：趨向或舍棄，進取或退止，亦作取舍、趨舍。這句是說：兩個人志向不同。75銜杯

酒：卽飲酒。餘懽：很少的歡樂。懽同「歡」。這句是說：兩個人沒有什麼私人交往。⑦與士：和士人交往。⑦臨財：在財物面前。⑦分別有讓：能恪守長幼尊卑的禮節。有讓：有謙讓的品德。⑦恭儉下人：無論在態度上或生活上，都能謙恭自約，甘居人後。⑧國士：國內所推重的人才。⑧全軀保妻子之臣：只顧保全自身和老婆孩子的大臣。這是司馬遷對當時一些庸人的蔑稱。⑧媒蘖（ㄋㄧㄝ）其短：指把李陵的過失釀成大罪。媒蘖：亦作媒糱。媒：媒介。蘖：釀酒的麴。媒蘖：比喻構陷釀罪的意思。⑧提：督率，率領。⑧戎馬之地：指匈奴所居住的地區。⑧歷：經過。王庭：《文選》李善注說，「單于所居之處，號曰王庭。」⑧仰：向上看，這裏指仰攻，向高地進擊。敵人在北，漢軍在南，南低北高，所以說仰。億萬之師：形容匈奴兵力之多。⑧過當：這裏指超過漢軍自己部隊的人數。⑧不給：供不上，顧不上。⑧旃裘（ㄓㄢ）裘之君長：指匈奴的君長。旃裘：同「氊裘」，古代西北民族用獸毛等製成的衣服。這裏指匈奴。咸：都。⑨擧引弓之人：發動全部能拉弓射箭的人。⑨勞：對軍隊加以慰問。這裏是宣傳鼓動的意思。⑨躬自流涕：指戰士人人都受感動，人人流淚。⑨沬（ㄇㄟ）血：指血流滿面。飲泣：含着眼淚。⑨更張：又拉開的意思。搙：《漢書》作「弮」。空搙：無箭的強弓。⑨使有來報：指李陵派人回朝廷報告前線的作戰情況。⑨奉觴上壽：這裏指歡宴祝捷。奉觴：舉杯。⑨不自料：不自量。⑨慘愴怛（ㄉㄚ）悼：都是悲戚、哀傷的意思，這裏是說極度悲傷。⑨款款：忠誠懇切的樣子。⑩絕甘分少：好的東西，自己不肯先要；僅有的一點東西，也願意分人。⑩得人死力：使別人冒死爲他出力。⑩彼觀：卽觀彼。⑩當（ㄉㄤ）：這裏用作名詞，指足以抵罪之功。⑩暴（ㄆㄨ）：顯露。⑩推言：論述，敍說。⑩睚眦（ㄧㄞ ㄗ）：怒目而視。這句意思是：堵塞仇人誣陷的言詞。⑩沮：詆毀。貳師：貳師將軍李廣利。李廣利是漢武帝寵妃李夫人之兄。征和三年（前90）武帝派李廣利爲征匈奴的主力軍，命李陵爲助軍。李陵被圍後，李廣利卻屯兵祁連，坐觀其敗。⑩理：卽掌訴訟刑獄的廷尉，在上古稱理官。⑩拳拳：忠謹的樣子。列：羅列，陳述。⑩卒：最後。吏議：獄吏所判決的罪名。⑩貨賂：指錢財。自贖：自己出錢贖罪。漢朝法律規定，可以按價出錢贖罪。⑩左右親近：指皇帝身邊的近臣。⑩深幽：囚禁。囹圄（ㄌㄧㄥ ㄩ）：監獄。⑩隤（ㄊㄨㄟ）：墜落，敗壞。⑩佴（ㄦ）：相次，緊跟着。之：到。蠶室：像養蠶的房子那樣密封的屋室。受過宮刑的人怕風寒，須住在這種嚴密而溫暖的屋子裏才安全。⑩先：先人，卽去世的父祖等。剖符：用竹子作爲信契（符），剖作兩半，皇帝與有關功臣各執其半，上刻有同樣的誓言，以示信用。丹書：卽用朱砂把誓詞寫在鐵做成的契劵上，放在金屬匣子裏，

然後保存在石室之中。凡有剖符丹書的功臣，其後人有罪也可赦免。⑰文史星歷：指史籍天文歷算之學，卽指太史令所掌管的事情。⑱卜祝：主司占卜和祭祀的人。⑲倡優：樂工伶人。畜：豢養。⑳素所自樹立：指平素所從事的職業和所處的地位。㉑太上：最上，第一位。不辱先：不使祖先受到汙辱。㉒理色：卽情理、面子的意思。㉓詘體：卽屈體，指被捆綁之類。㉔易服：指換上罪人的衣服。古時罪人穿赭色囚衣。㉕關木索、被箠楚：戴上刑具，遭受板杖的拷打。關：穿。木索：指枷索。箠：同棰，杖。楚：荊條。㉖剔毛髮、嬰金鐵：把頭髮剃光，以鐵圈束頸。嬰：纏繞。㉗毀肌膚、斷肢體：古代對重犯人的殘酷的肉刑，如割鼻、割耳、黥面、剔去膝蓋骨等。㉘極矣：到頂了。㉙傳（ㄓㄨㄢˋ）：這裏指《禮記》。㉚刑不上大夫：大夫之官犯了法，可以不受刑罰。語見《禮記・曲禮上》：「禮不下庶人，刑不上大夫。刑人不在君側。」㉛積威約之漸也：長期的威力制約，漸漸地把猛虎馴服下來。㉜削木爲吏，議不可對：意爲削一個木製的獄吏來審罪，也不可去對質。極言獄吏之凶殘可怕。議：罪審。㉝定計於鮮：是指事先打算得很明確。鮮：鮮明。㉞交手足：手脚被捆綁。㉟圜（ㄏㄨㄢˊ）牆：卽監獄，也稱圜土。㊱槍地：卽搶地，頭觸地。㊲惕息：恐懼得直喘氣。㊳西伯：周文王的封號。第二個「伯」字，指方伯，古代一方諸侯的首領。㊴羑（ㄧㄡˇ）里：古城名，一作牖里，在今河南湯陰北。《史記・殷本紀》：「紂囚西伯羑里。」㊵李斯：戰國末年楚上蔡（今河南省上蔡縣西）人。入秦佐秦始皇統一中國，官至丞相。秦二世時，趙高專權，誣李斯造反，李斯被腰斬於咸陽。㊶五刑：古代的五種刑罰。商周時期指墨刑（臉上刺字）、劓刑（割鼻）、刖刑（斷走）、宮刑、大辟（死刑）。這裏指的是酷刑。㊷淮陰：淮陰侯韓信，曾被封爲楚王。㊸械：拘束手足的刑具，類似手銬脚鐐之類。受械於陳：有人告發說韓信謀反，高帝遂僞稱將游雲夢，會諸侯於陳，韓信往會，遂被囚繫。㊹彭越：字仲，昌邑（今山東省金鄉縣西北）人，滅楚有功，被封爲梁王。後因人誣告謀反，下獄定罪。張敖：張耳的兒子，子繼父立爲趙王，因其臣下謀害高帝而被逮捕下獄。㊺南面稱孤：卽稱王。古代帝王坐北朝南，稱南面。孤：帝王自稱的謙詞。㊻絳侯：周勃的封號。誅諸呂：誅殺呂祿、呂產諸人，平定了呂氏叛亂，並迎立高帝次子代王恆爲文帝，故權傾五伯。㊼請室：漢代囚禁有罪官吏的監獄。㊽魏其（ㄐㄧ）：景帝時大將軍竇嬰，平定七國之亂有功，被封爲魏其侯。㊾赭（ㄓㄜˇ）衣：古代囚犯所穿的赤褐色的衣服。㊿三木：指加在頸、手、足三處的刑具。(51)季布：楚國人，好任俠，初爲項羽將，屢困高帝。項羽敗後，高帝以重金懸賞捉他，被迫匿於濮陽周氏。後與周氏計議，髡鉗（古代刑罰名，剃去頭髮叫髡，用

鐵圈束頸叫鉗）爲奴，賣身於魯國的大俠朱家。⑩灌夫：漢武帝時將軍，因得罪丞相田蚡，被拘在居室。居室：漢代官署名，太初元年，改稱保宮，是當時貴族犯罪後拘留之所。⑬網加：即受到法令的制裁。⑭引決自裁：即自殺。⑮一體：一律，一樣。⑯勇怯、強弱兩句：見《孫子兵法》，意爲或勇或怯，或強或弱，要以客觀形勢爲轉移。⑰審：明白，清楚。⑱繩墨：木匠畫直線用的工具，喩規矩和法度。這裏指法律。繩墨之外：即法律制裁之前。⑲稍：漸漸。陵遲：同「陵夷」，衰落。⑯引節：死節，指堅守氣節而自殺。⑯去就之分：取舍的界限，指舍生就死。⑯沉溺：陷身其中，不能自拔。縲紲（ㄌㄟ ㄒㄧㄝˋ）：這裏指監獄。⑯臧獲：古代對奴婢的賤稱。⑯由：同「猶」。⑯私心有所不盡：指內心想做的事尙未完成。⑯沒世：終生，死後。⑯文彩：才華。⑯摩滅：同「磨滅」。⑯倜儻（ㄊㄧˋ ㄊㄤˇ）：卓越特出，才氣豪邁。⑰演：推演。相傳周文王被紂拘禁於羑里後，推演《易經》的八卦爲六十四卦，成爲《周易》一書的主要內容。⑰厄：困厄。這裏指政治上不得意。⑰左丘：春秋時魯史官左丘明。失明：失掉視力。厥：句首語氣詞。左丘明失去視力後著作《國語》的事，除本文而外，不見他書。⑰孫子：指孫臏，不知其原名。臏腳：古代肉刑之一，剜去膝蓋骨。兵法：指《孫臏兵法》，世傳有此書，但久不見。1972年4月於山東臨沂銀雀山出土了該書的若干竹簡，現已由文物出版社整理出版。修列：逐條撰寫。⑭不韋：呂不韋，戰國末年的大商人，秦莊襄王丞相。秦王嬴政卽位，尊爲相國，十年，因罪免職，被遷往蜀地，後來自殺。呂覽：卽《呂氏春秋》。這是呂不韋的門客集體撰寫的。它的成書是在呂不韋遷蜀之先，作秦丞相之時。⑮韓非：韓國的公子，他屢次以書諫韓王，韓王不用。他又作《說難》、《孤憤》（《韓非子》書中的兩個篇名）等十餘萬言。書傳到秦國，很受秦王贊賞。秦因此急攻韓國，韓卽派韓非出使秦國。至秦後，爲李斯所害，被囚死於獄中。⑯大底：卽大抵，大致。發憤：抒發內心的激憤。⑰通其道：行其道，指實現理想。⑱乃如：至於。⑲不可用：不能被社會所任用。⑱論書策：論列闡述自己的見解，寫爲書策。⑱垂：流傳。空文：指與實際功業不同的文章。見（ㄒㄧㄢˋ）：表現。⑱放失（ㄧˋ）舊聞：散亂失傳的文獻。失：通「逸」，散失。⑱稽：求，探究。紀：綱紀，這裏指線索，道理。⑱天人之際：指自然與人事的關係。⑱會：恰巧，適逢。此禍：指受宮刑的災禍。⑱慍（ㄨㄣˋ）：惱怒，怨恨。⑱責：債的本字。⑱負下：負累之下，在負罪受辱的情況下。未易居：不容易處世。⑱下流：本爲水的下游。這裏喩指品質惡劣、庸俗卑賤的人。⑲口語：指爲李陵辯護。⑲鄕黨：相傳周制以五百家爲黨，一萬二千五百家爲鄕，後因以鄕黨泛指鄕里。⑲復上父母之丘墓：死後葬在

祖宗的墓地裏。⑲腸一日而九迴：比喩自己內心極爲痛苦，愁思縈結。迴：折，轉。⑭直：通「値」，當，擔任。閨閤之臣：指宦官一類的官職。⑮寧得：哪能。深藏岩穴：指退居歸隱。⑯通：抒發。狂惑。據≪鶡子≫，「知善不行者謂之狂，知惡不改者謂之惑。」以通其狂惑：這是作者的激憤之言。⑰無乃：豈不。剌（ㄌㄚˋ）謬：違異，完全相反。⑱自雕琢：自我修飾美化，即指用推賢進士的行動來掩蓋自己的恥辱。⑲曼辭：美麗的詞句，動聽的話語。⑳不信：不能見信于人。㉑要之：總之。

【鑑賞】≪報任少卿書≫是司馬遷給他朋友任安的一封復信。司馬遷因李陵之禍，被捕下獄，慘遭宮刑。出獄後，任中書令；表面上看，這是宮中的機要職務，實際上卻是以一個宦者的身分在內廷侍候，爲一般士大夫所鄙視。在這期間，任安寫信給他，希望他利用中書令的地位「推賢進士」。出於以往的沉痛敎訓和對黑暗現實的深刻認識，司馬遷覺得實在難以按任安的話去做，所以一直沒有復信。後來，任安以重罪入獄，司馬遷擔心任安一旦被處死，就會永遠失去給他回信的機會，使他抱憾終生，同時自己也無法向老朋友一雪胸中的積憤，於是寫下了這篇≪報任少卿書≫。

此書的線索脈絡十分清晰，大意是講「刑餘之人」難以薦士，況且當初就是爲替李陵辯護而受極刑，之所以隱忍苟活，只是要著書以償前辱之責等等。全文可分六段。第一段主要說明遲遲回信的原因。因爲是任安的來信觸發作者的思緒，所以回信的一開頭就接住任安的話頭，委婉地說明自己處於「身殘處穢」的屈辱地位，無法「推賢進士」。

第二段訴說自己遭受的奇恥大辱。前面已談到自己地位的屈辱，於是這裏進行具體論述，首先從正反兩方面立言，說明對「刑餘之人」是「自古而恥之」！而自己受了宮刑之極辱，就更「無所比數」了。接著，又說本來就沒有什麼建樹，而今「已虧形爲掃除之隷」，豈能再「仰首伸眉，論列是非」呢！下獄受刑，是作者一生中所遭受的最慘痛打擊，使他痛心疾首，羞愧難當，時刻不能忘懷。這裏因回答「推賢進士」等語，借題發揮，抒發胸中塊壘。這些文字看上去似乎是自悲自責，其實全是憤激之語。

第三段是回顧爲李陵辯護而獲罪的經過。爲了說明自己的無辜，作者特別對爲什麼要替李陵辯護做了詳細的解釋。從主觀上說，作者從任官之日起就兢兢業業爲武帝效力，「以求親媚於主上」。當李陵兵敗後，因爲「見主上慘愴怛悼」，作者懷著「欲以廣主上之意，塞睚眦之辭」的願望出來講話，可是「事乃有大謬

不然者」，「明主不曉」，反而認爲是「誣上」，這裏面的無限寃屈和悲憤，實在難以用語言來表達。從客觀上說，作者聲明本與李陵「趣舍異跡」，沒有私交，因爲看到他平日有「國士之風」，特別是能「出萬死不顧一生之計，赴公家之難」，這更比一幫「全軀保妻子之臣」要高尙千萬倍。所以認爲不能因他「舉事一不當」就「媒蘖其短」落井下石。通過這兩點，已足以證明自己爲李陵辯護是正當的，完全出於公心，而武帝及其幫凶將自己下獄則完全是殘害忠良。這一段對黑暗現實的抨擊最爲激烈。作者毫不留情地對公卿王侯痛加鞭撻，對人情世態的勢利和淺薄大力揭露。雖然，作者不能赤裸裸地指斥武帝，但是因爲他藝術的手法的巧妙，已經不動聲色地把批判矛頭直指這個最高封建統治者。作者描寫自己的耿耿忠心，就是要襯托武帝的刻薄寡恩；誇贊李陵的爲人和作戰的英勇，就是要顯示武帝的剛愎昏庸。這些地方全以事實說話，但字裏行間，是非愛憎則相當分明。

　　第四段主要闡述作者的榮辱觀和生死觀，揭示受辱不死的原因。作者從何者爲榮、何者爲辱說起，表明對榮辱的認識，並說：「僕雖怯懦，欲苟活，亦頗識去就之分矣，何至自沉溺縲紲之辱哉！」但是作者又具有鮮明的生死觀：「人固有一死，或重於泰山，或輕於鴻毛」。他深深知道由於本身地位之低下，「假令僕伏法受誅，若九牛亡一毛，與螻蟻何以異？」爲了要死得重於泰山，只剩下發憤著書以傳名後世一條路，這樣就只得隱忍受辱。這裏淸晰而動人地描寫了作者內心激烈而複雜的思想鬥爭，充分顯示了作者不屈的鬥爭意志和堅忍不拔的精神。通常，視死如歸被當作一種可歌可泣的壯舉，但是在本文中，司馬遷「就極刑而無慍色」，頑強求活這一「棄小義雪大恥」的行動卻更加能激動人心，可見此文的強烈感染力。

　　第五段說明已經著成≪史記≫，可償前辱之責。受辱不死，著書自見，是此信所要表達的主要觀點，作者歷引古代一些仁人志士被辱著書的例子來自比，說明著作≪史記≫的目的是：「亦欲以究天人之際，通古今之變，成一家之言。」最後他說：「僕誠以著此書，藏之名山，傳之其人，通邑大都，則僕償前辱之責，雖萬被戮，豈有悔哉？」表明作者忍辱負重是爲了著書，又終以著書而洗淸了恥辱。此時雖然含有書成之後的興奮，但更多的是蒼涼的感慨，眞能催人淚下！

　　最後一段是總收憤嘆之意。筆觸又回到目前的悲慘處境上來，描寫自己「腸一日而九迴，居則忽忽若有所亡，出則不知其所往」的無限痛苦和寂寞，從而照應第一段中「身殘處穢」和不能「推賢進士」等語，結構十分嚴密。

　　≪報任少卿書≫的藝術成就是歷來爲人們所公認的，不少人稱贊它是「天下

奇文」，認爲它可以和屈原的傑作≪離騷≫抗衡千古」。它在藝術上的主要特點是：

一，內蘊深厚，文氣偉壯。人們歷來推崇司馬遷「文有奇氣」。閱讀此文，確實感到存在著一種驚天地、泣鬼神的奇氣。這種奇氣，主要是由作者蓄積已久的對黑暗現實的深刻認識和內心的強烈感受所凝聚而成，它們在字裏行間表現爲憂愁幽思和激憤慷慨。其憂愁幽思，極似屈原的≪離騷≫，是從作者所遭受的不公正待遇和壓抑無告的悲慘處境中所產生；其激憤慷慨，又好像是烈士的感慨嘯歌，源出於作者對黑暗現實的強烈譴責和決心洗刷恥辱的堅強信念。由於這股奇氣時時在胸中迴旋激盪，越積越厚，故一當遇到觸動，就不覺汹湧流出。此信本來不過是回答任安「推賢進士」數語，然而竟一氣寫成三千餘言，不僅訴說自己的不幸遭遇和精神上難以形容的苦痛，揭露當時社會的世態炎涼和是非顚倒，表達對統治者的決絕態度，而且讚頌了許多境遇悲慘而德才不凡的歷史人物，表明自己發憤著書、雪恥傳名的頑強意志等等，容量極大。而且，這其中的每一字每一句都是靈魂之呐喊，憤怒之抗爭，雖然愁思欲絕，但決不是弱女子淒淒慘慘切切的模樣，而是激昂勁健，衝口而出，有不可擋阻之勢。由此看來，此文的氣勢實在是來之作者心胸。作者思想堅定深刻，感情眞實充沛，使得這篇文章的底蘊十分深厚，故文章一旦流出，卽如長江大河，渾浩流轉，氣勢磅礴，具有震撼人心的藝術力量。

二，縱橫開闔，筆法雄健。作者的思想感情十分曲折複雜，只有依靠高超的藝術技巧才能淋漓盡致地將它表達出來。在這封信中，作者處處表現出歷史學家的博大精深，又表現出文學家的富贍宏麗，敍事條暢，議論透闢，旁徵博引，上下馳騁，眞是有必達之隱而無難顯之理，充分體現了他雄深雅健的風格特色。如文章第四段在描敍作者對生與死的選擇時，縱橫開闔，從多方面多角度地進行綜合論述。首先，從家庭的社會地位低下談起，說明自己向來被「主上」和「流俗」所輕視，避辱而死就將比鴻毛還輕，因此表示要「自重其死」，這是第一層。接著，作者運用對比、比喻、引證歷史材料等多種手法論述了受辱之難堪。他先將「辱」與「不辱」鮮明地分開，然後又把受辱以程度不同分爲數等，說：「最下腐刑極矣！」竭力突出受腐刑之不可忍受。隨後，又以猛虎一旦落進檻穽之中也不得不搖尾乞食爲喻，大肆渲染下獄受辱之恐怖。到這時，作者感到意猶未盡，又一連舉出歷史上周文王、李斯等九個「皆身至王侯相將」的著名人物爲例，說明一旦「罪至網加，不能引決自裁」，也不得不受盡羞辱這古今一樣的道理。這實際上是勸人要寧死不辱，這是第二層。先講不能死，後講不能辱，形成了尖銳

的矛盾，第三層是對生與死作出選擇。先說一般人都怕死，但因激於義理也有不
怕死的，這是一層曲折。接著又說自己並非貪生惡死之輩，但又何至於受辱呢？
這又是一層曲折。文章至此才最後揭開自己「不得已」而苟活的原因是：「恨私
心有所不盡，鄙陋沒世，而文采不表於後也。」這樣，作者一枝健筆，由今及古，
由人及己，從正到反，橫說豎說，眞是縱橫捭闔，任意揮洒，把不甘受辱而終於
受辱，想引決而終未引決的痛苦選擇講得清清楚楚，把是死是活，是榮是辱說得
利害較然，文章也達到了神完意足的境地。

　　三、騰挪跌宕，行文迂曲。文章的結構要有助於揭示正在發展變化的作者內
心活動，此文迂徐曲折的章法結構雖然並非經過精心構思和反復鍛造，但因爲它
正好適應所要表達的曲折複雜的情理，符合作者的思想邏輯，所以天然渾成，不
可更易。

　　此信借水行舟，排解胸中鬱結，但是由於所積甚厚，故反覆咏嘆，宣泄不
盡。加上作者又採用欲言又止，止而又言的矛盾形式，更使文章顯得跌宕起伏，
迂徐反覆。作者在接到任安來信時，沒有馬上回信，這好像就是不願吐露心曲的
一個跡象，但一俟動筆，彷彿是打開思想的閘門，長期壓抑著的悲憤千頭萬緒
湧上心坎，儘管作者「欲說還休，欲說還休」，時作停頓，但這無異於抽刀斷水
水更流，終不可遏止。如文中，作者在申訴下獄受辱一事後，滿腹心酸地悲嘆
到：「尙何言哉！尙何言哉！」已表示舊事不堪重提。可是無辜受刑的寃屈又怎能
咽得下去？於是說：「且事本末未易明也」，禁不住從頭作一詳敍。等到把出於公
心爲李陵辯護，而竟遭大禍的傷心事講完，作者還是說：「悲夫！悲夫！事未易
一二爲俗人言也。」想再一次收束，轉移話頭。但是，由於作者還沒有把內心的
秘密盡情吐露，所以在又一次停頓蓄勢，預爲鋪墊之後，感情的洪流一發不可收
拾，終於像錢塘江怒濤一擧湧上江堤，徹底將受辱不死，著書自見的眞實心跡大
白於天下。全篇文字血脈通暢，環環緊扣，而又有無數的變化騰挪。

　　由上可以看出，儘管司馬遷文章氣蓋一世，但用心則曲，極注意行文的迂曲
和鋪墊，「於欲盡處力爲控勒，於宜伸處故作停留」（林紓《春覺齋論文》），決
不一氣瀉盡，直至把全部事理說得透徹暢盡後才肯罷休，文章也因此更廻腸蕩
氣，耐人尋味。

　　四、瑰偉奇麗，文辭優美。作者是一位語言巨匠，在修辭、節奏、音韵上都
有很高的造詣。與思想感情相配合，此信的文辭極其優美動人。作者特別善於運
用排比手法，信中出現了大量的排比句，有的以兩句、三句爲一套，有的以五
句、六句爲一套，甚至竟有一連用九句的。最爲雄壯的是「四不辱」、「六受辱」：

「太上不辱先，其次不辱身，其次不辱理色，其次不辱辭令，其次詘體受辱，其次易服最辱，其次關木索、被箠楚受辱，其次剔毛髮、嬰金鐵受辱，其次毀肌膚、斷肢體受辱，最下腐刑極矣！」這套排比句的手法與賈誼《治安策》中著名的「八反」句相同，優點在於表達思想一氣貫下，勢如排山倒海，酣暢淋漓。作者還善於使語言與所描寫的情勢相符合，如在描寫李陵率軍與匈奴力戰場景的一段，共一百二十九字，長句短句相間，文字勁健，直截急下，氣氛緊張急促，似絲毫不可停頓，幾使讀者屏氣絕息，宛如短兵相接。此外，作者能夠嫻熟地驅遣各種歷史材料和巧妙地運用各種民諺俗語，使文辭顯得奇偉宏富又生動活潑，很好地擔負了思想表達任務。

　　總之，《報任少卿書》被贊爲「天下奇文」是當之無愧的。千年之下，無數讀者仍能想見司馬遷的爲人，理解他、敬佩他，並爲他掬一捧同情之淚，實在是有賴於此書。此書作爲我國散文史上的一座丰碑，將永遠給後人以啓示和影響。

（費君清）

西門豹治鄴　　　褚少孫

　　魏文侯①時，西門豹爲鄴令②。豹往到鄴，會長老③，問之民所疾苦④。長老曰：「苦爲河伯⑤娶婦，以故貧。」豹問其故，對曰：「鄴三老、廷掾⑥常歲賦斂⑦百姓，收取其錢得數百萬，用其二三十萬爲河伯娶婦，與祝巫⑧共分其餘錢持歸。當其時，巫行視小家女好者，云是當爲河伯婦，卽娉取⑨。洗沐之，爲治新繒綺縠衣⑩，閑居齋戒⑪，爲治齋宮河上，張緹絳帷⑫，女居其中，爲具牛酒⑬飯食，十餘日。共粉飾之⑭，如嫁女床席，令女居其上，浮之河中。始浮，行數十里乃沒。其人家有好女者，恐大巫祝爲河伯取之，以故多持女遠逃亡。以故城中益空無人，又困貧，所從來久遠矣。民人俗語曰，『卽⑮不爲河伯娶婦，水來漂沒，溺其人民』云。」西門豹曰：「至爲河伯娶婦時，願三老、巫祝、父老送女河上，幸來告語之⑯，吾亦往送女。」皆曰：「諾。」

　　至其時，西門豹往會之河上。三老、官屬、豪長者⑰、里父老皆
會，以⑱人民往觀之者三二千人。其巫，老女子也，已年七十。從弟
子女十人所⑲，皆衣繒單衣，立大巫後。西門豹曰：「呼河伯婦來，
視其好醜。」即將女出帷中，來至前。豹視之，顧謂三老、巫祝、
父老曰：「是女子不好，煩大巫嫗爲入報河伯，得更求好女，後日送
之。」即使吏卒共抱大巫嫗投之河中。有頃，曰：「巫嫗何久也？弟子
趣⑳之！」復以弟子一人投河中。有頃，曰：「弟子何久也？復使
一人趣之！」復投一弟子河中。凡投三弟子。西門豹曰：「巫嫗、弟
子，是女子也，不能白事㉑，煩三老爲入白之。」復投三老河中。西
門豹簪筆磬折㉒，向河立待良久。長老、吏、傍觀者皆驚恐。西門豹
顧曰：「巫嫗、三老不來還，奈之何㉓？」欲復使廷掾與豪長者一人
入趣之。皆叩頭，叩頭且破，額血流地，色如死灰。西門豹曰：「
諾。且留待之須臾。」須臾，豹曰：「廷掾起矣。狀河伯留客之久，
若皆罷去歸矣㉔。」鄴吏民大驚恐，從是以後，不敢復言爲河伯娶
婦。

　　西門豹即發民鑿十二渠，引河水灌民田，田皆溉。當其時，民治
渠少煩苦，不欲也。豹曰：「民可以樂成㉕，不可與慮始㉖。今父老
子弟雖患苦我，然百歲後期㉗令父老子孫思我言。」至今皆得水利，
民人以給足富㉘。

〔注釋〕①魏文侯：名斯，戰國時魏國的君主。②西門豹：復姓西門，名豹。
鄴：今河北省臨漳縣。令：這裏指縣令。③會：召集。長老：地方上年老而有影
響的人。④之：代長老。⑤河伯：河神。⑥廷掾（ㄩㄢˋ）：古代輔佐縣令的官。
⑦賦斂：征收捐稅。⑧祝：替人告神求福的人。巫：女巫。⑨娉取：訂婚。娉同
「聘」。取：同「娶」。⑩繒（ㄗㄥ）：綢子。綺：有花紋的綢子。縠（ㄏㄨˊ）：有
皺紋的紗。治：做。⑪齋戒：包括沐浴、更衣、素食、獨居等，表示對神的恭
敬。閑居：獨住，與別人隔離。⑫緹（ㄊㄧˊ）：黃紅色的帛。絳：紅色。張：張掛。
⑬牛酒：牛肉和酒。⑭粉飾：裝飾。⑮即：如果。⑯幸：希望。⑰豪長者：地方
上的豪紳。⑱以：同「與」。⑲所：同「許」，表示大約的意思。⑳趣（ㄘㄨˋ）：催
促。㉑白事：稟報事情。㉒簪（ㄗㄢ）筆：用毛裝飾簪頭，插在帽前，叫做筆。

古代行禮之前要在帽子前插上簪筆。磬（〈ㄧㄥˋ）折：彎着腰像磬的形狀，表示恭敬。磬：古代石或玉製的樂器。其形中曲垂兩頭。㉓奈……何：對……怎麼辦？㉔狀：這裏表示揣測的意思。若：這裏指你們。罷：散。㉕樂成：共享成功的快樂。㉖不可與慮始：不可和他們商討創業。㉗期：必。㉘給：富裕充足。民人：老百姓。

【鑑賞】本文緊扣「治」字，展開故事情節，塑造人物形象，充分表現了西門豹的足智多謀，果斷勇敢。司馬遷云：「故西門豹爲鄴令，名聞天下，澤流後世，無絕已時，幾可謂非賢大夫哉！」（《史記‧滑稽列傳》）對西門豹的政績作了中肯評價。

　　魏文侯時，西門豹爲鄴令，他到了鄴地以後，深入民間調查研究。他首先「會長老」，了解人民疾苦。「長老曰：『苦爲河伯娶婦，以故貧』」，一語道出當地人民災難深重的淵源。西門豹並不滿足於長老這概括的介紹，爲了進一步了解具體情況，他追本窮源。「豹問其故」，就是說的這一情形。長老對西門豹提出的問題，作了具體回答，其內容包括下列幾個方面：（一）「娶婦」前，官吏豪強「收取其錢得數百萬，用其二三十萬爲河伯娶婦，與祝巫共分其餘錢持歸。」這實爲橫征暴斂，搜刮民財，禍及全邑百姓。（二）「娶婦」的方法，先是「巫行視小家女好者」，進行選擇；決定以後，「閑居齋戒」，「爲具牛酒飯食，十餘日」，「共粉飾之，如嫁女床席，令女居其上，浮之河中」，「行數十里乃沒」。這實屬草菅人命。（三）「娶婦」的結果，「其人家有好女者，恐大巫祝爲河伯取之，以故多持女遠逃亡」，背鄉離井，漂泊他鄉，致使「城中益空無人，又困貧」。（四）「娶婦」「所從來久遠矣」，說明人民災難深重之久。長老的回答語言簡潔，但字字血淚，是對貪官汚吏、地方豪強的沉痛控訴。長老的這些回答，也揭示了事件發生的背景，顯示了西門豹治鄴的正義性。

　　面對這一嚴峻的勢態和惡俗，西門豹卻閉口不提「治鄴」，他不露聲色地對長老說：「至爲河伯娶婦時，願三老、巫祝、父老送女河上，幸來告語之，吾亦往送女」。這段話中的「願」「幸」「送」，表面上寫的是西門豹對爲河伯娶婦的溫和態度，實質是反意用墨，預示着一場驚心動魄的鬥爭即將發生，在文章中頗有懸念作用。

　　接着，文章進入重點描寫部分，具體描寫西門豹革除河伯娶婦惡俗的鬥爭。「至其時，西門豹往會之河上」，「三老、官屬、豪長者、里父老皆會」；「以人民往觀之者三二千人」，作者把西門豹置身於這樣的環境裏，描寫他與貪官汚吏、

地方豪強作鬥爭，這就渲染了緊張氣氛，更能緊扣讀者心弦。

這一部分，作者精心構思了人們意想不到的一場鬥爭，故事情節波瀾起伏，曲折發展，充分體現了西門豹的智勇兼備、韜略過人。他用「以子之矛，攻子之盾」的戰術，閃電般地向貪官污吏、地方豪強發起猛攻，置其於死地。他先虛晃一槍，「呼河伯婦來，視其好醜」，西門豹看過河伯婦以後，提出這個女子不美，要給河伯找個更好的媳婦，並且煞有介事地說：「……煩大巫嫗爲入報河伯，得更求好女，後日送之」。情節在略略盤旋後，急轉直上，西門豹一下子抓住了搞神權迷信騙局的罪魁禍首——大巫嫗，讓她到「河伯府」報信去了。接著又把大巫嫗的主要幫凶派做催問的「使者」，一個一個地投入河中，一連投進三人，均杳無音信。西門豹故作鎮靜地說：「巫嫗、弟子，是女子也，不能白事，煩三老爲入白之」，於是就把惡貫滿盈的三老送進了「河伯府」。西門豹這一着可謂是絕招，沒有寒光閃閃的刀影，沒有聲嘶力竭的呼喊，而是巧妙地處置這些爲害百姓多年的元凶，其大智大勇，令人贊嘆不已。

西門豹不滿足已經取得的勝利，繼續向貪官污吏、地方豪強營壘作縱深進攻，徹底挖掘惡俗的基石。戰局變化了，西門豹隨之改變了戰術，他「簪筆磬折，向河立待良久」。這一神態的描寫，預示着更大的鬥爭風暴。於是，「立待良久」之後，「欲復使廷掾與豪長者一人入趣之」。由於作者寫出西門豹默然、坦然的神態，因而，他的這一命令就更有潛在的威力。廷掾和豪長者嚇得「色如死灰」，栗栗危懼，急忙叩頭告饒，以致把頭叩破了，「額血流地」。至此，神權迷信的大騙局，不揭而穿。西門豹大獲全勝，然後說：「廷掾起矣。狀河伯留客之久，若皆罷去歸矣」。西門豹直到最後都沒有顯露聲色，真有泰山崩於前而色不變，穩操勝券的大將風采。他的「廷掾起矣」一句話，雖然語意澹淡，實千鈞之力，表現了他對這些害人蟲的蔑視和居高臨下的情態。經過這場鬥爭以後，鄴吏民大驚恐」，「不敢復言爲河伯娶婦」。這裏，補充交待了西門豹所進行的這場鬥爭的效果。

對貪官污吏、地方豪強的打擊，一並揭穿神權迷信的騙局，教育了人民，遂爲根治漳河掃除了障碍。「西門豹即發民鑿十二渠」，「引河水灌民田，田皆溉」，證明西門豹治漳河取得了很大成績，然而當「西門豹即發民鑿十二渠」時，又出現了新的矛盾，「當其時，民治渠少煩苦，不欲也」。西門豹面臨新的矛盾，但因爲矛盾的對象不同，他沒有用暴力征服，而是說服開導：「今父老子弟雖患苦我，然百歲後期令父老子孫思我言」。這段話語重心長，推心置腹，更是感動人心。由於西門豹處理有方，漳河由「害」變「利」，「至今皆得水利，民人以給足

富」。這是西門豹治鄴政績所在，並已載入史册，流芳百世。

本文緊緊圍繞「治」字，舖展情節。西門豹深入民間調查，揭示了「治」的原因，爲「治」掌握了第一手資料；揭露爲「河伯娶婦」的大騙局，旣是根治漳河的前提，又是「治」的方法；治理漳河是「治」的結果，也是「治」的根本目的，全文結構就這樣天衣無縫地組合在一起，作者還善於刻劃人物形象、性格，表現西門豹的足智多謀，英雄氣概。正、反面人物形象，相互映襯，栩栩如生，躍然紙上。記人敍事，繪聲繪形，如聞其聲，如見其人，不愧古典散文佳作。

（陳倫明）

報孫會宗書　　　　楊　惲

惲材朽行穢，文質無所底①，幸賴先人餘業，得備宿衞②。遭遇時變，以獲爵位③。終非其任，卒與禍會④。足下哀其愚矇，賜書敎督以所不及，殷勤甚厚⑤。然竊恨足下不深惟其終始，而猥隨俗之毀譽也⑥。言鄙陋之愚心，則若逆指而文過⑦；默而息乎，恐違孔氏各言爾志之義⑧。故敢略陳其愚，惟君子察焉⑨！

惲家方隆盛時，乘朱輪者十人⑩。位在列卿，爵爲通侯，總領從官，與聞政事⑪。曾不能以此時有所建明，以宣德化⑫，又不能與羣僚同心並力，陪輔朝廷之遺忘⑬，已負竊位素飡之責久矣⑭。懷祿貪勢，不能自退⑮，遂遭變故，橫被口語，身幽北闕，妻子滿獄⑯。當此之時，自以夷滅不足以塞責，豈意得全其首領，復奉先人之丘墓乎？伏惟聖主之恩，不可勝量⑰。君子遊道，樂以忘憂；小人全軀，說以忘罪⑱。竊自念過已大矣，行已虧矣，長爲農夫以沒世矣。是故身率妻子，戮力耕桑，灌園治產，以給公上⑲，不意當復用此爲譏議也⑳。

夫人情所不能止者，聖人弗禁。故君父至尊親，送其終也，有時而旣㉑。臣之得罪，已三年矣。田家作苦，歲時伏臘，烹羊炰羔，斗酒自勞㉒。家本秦也，能爲秦聲㉓。婦趙女也，雅善鼓瑟㉔。奴婢歌

者數人。酒後耳熱，仰天撫缶而呼嗚嗚㉕。其詩曰：「田彼南山，蕪穢不治。種一頃豆，落而爲萁。人生行樂耳，須富貴何時㉖？」是日也，拂衣而喜，備袖低昂，頓足起舞，誠淫荒無度，不知其不可也㉗。惲幸有餘祿，方糴賤販貴，逐什一之利㉘。此賈豎之事，汙辱之處，惲親行之㉙。下流之人，衆毀所歸，不寒而慄。雖雅知惲者，猶隨風而靡，尚何稱譽之有㉚！董生不云乎？「明明求仁義，常恐不能化民者，卿大夫之意也；明明求財利，常恐困乏者，庶人之事也㉛。」故「道不同，不相爲謀㉜。」今子尚安得以卿大夫之制而責僕哉㉝？

夫西河魏土，文侯所興，有段乾木、田子方之遺風，凜然皆有節概，知去就之分㉞。頃者，足下離舊土，臨安定㉟。安定山谷之間，昆夷舊壤，子弟貪鄙，豈習俗之移人哉㊱？於今乃睹子之志矣。方當盛漢之隆，願勉旃，無多談㊲！

【注釋】①文質：文采和實質。厎（ㄓˇ）：致，達到，取得。②先人：亡故的祖輩、父輩。此指亡父楊敞。餘業：遺留的業績。此指楊敞官至丞相，曾對朝政有所貢獻。備：充任。宿衞：在宮廷值宿侍衞。③時變：時局變故。此指霍氏集團謀反事。爵位：爵號和職位。此指楊惲告發霍氏謀反案後，爵封平通侯，位升中郎將。④卒：終於。與：遭遇。禍會：禍機。此指楊惲遭太僕戴長樂誣告被廢爲庶人之事。⑤愚朦：愚蠢、蒙昧。教督：教育、督導。⑥惟：思考。狠：苟且地，隨便地。毀譽：偏義複詞，偏指毀，即中傷，講壞話。⑦逆指：違背（來信）意旨。文（ㄨㄣˋ）過：掩飾（自己）過錯。⑧孔氏：孔子。各言爾志：語出《論語·公冶長》。⑨惟：願，希望。君子：特意敬稱對方。⑩朱輪：古代高官所乘之車，用朱紅漆輪。漢制，公卿列侯及二千石以上的顯貴，才能乘朱輪。⑪列卿：列於九卿之中的大官。通侯：爵名。漢制，劉姓子弟封侯者稱諸侯，異姓功臣封侯者稱列侯，或叫徹侯，後避武帝諱，改稱通侯。從官：皇帝的侍從官。與：預，參預。⑫建明：建樹（功業）、昌明（治道）。德化：德澤、敎化。⑬陪輔：協助、輔佐。遺忘：缺失、疏忽（之事）。⑭竊位：竊取官位而不盡職。語出《論語·衞靈公》。素飡：空吃其祿而不出力。語出《詩經·魏風·伐檀》飡：同「餐」。⑮懷祿：留戀官祿。貪勢：貪圖權勢。⑯橫：突然，意外地。口語：流言蜚語。幽：囚禁，關押。北闕：古代宮殿北面的門樓。漢制，大臣奏事或謁見都到此處待命。⑰伏惟：伏在地上想，敬語。勝量：量得盡。⑱游道：游

學道藝。全軀：保全體軀。說（ㄩㄝˋ）：同悅，喜悅。⑲戮力：共同盡力。給：供應。此指繳納（賦稅）。公上：公家、主上。⑳當：尚，猶，仍然。復：又，再。用：以，因。譏議：譏諷、譏論。㉑至尊親：即至尊至親，其中後一至字省。古人以君為至尊，爭為至親。送其終：送其死，引申為服其喪。既：盡，畢。此指臣子為君父服喪也有一定期限，三年服畢，其後生活行動就不受限制了。㉒伏臘：每年盛夏的伏日，嚴冬的臘日，是秦、漢時的兩個重要節日，民間常舉行祭祀和宴會，以資歡度。炰（ㄆㄠˊ）羔：把羔外包泥草等物，放在火中煨烤。自勞：自我慰勞。㉓秦：秦地，今陝西一帶。楊惲是秦地華陰人。為：作，唱。㉔趙：趙地，今河北一帶。雅：平素，向來。㉕撫：敲，拍打。缶（ㄈㄡˇ）：一種瓦器，秦人歌唱時常用它來打節拍。嗚嗚：唱歌的聲音。㉖田：動詞，耕種。治：形容詞，猶言「治理好了的」。萁（ㄑㄧˊ）：豆莖。須：等待。㉗拂衣：拉提衣裳。奮袖：揮動衣袖。誠：確實。㉘方：乃，卻。什一：十分之一。㉙賈豎：商賈小子，對商人的蔑稱。㉚靡（ㄇㄧˇ）：倒下。㉛董生：董仲舒（前179—前104），漢廣川人，景帝、武帝時大儒。明明：應作皇皇解。皇皇，後作遑遑，急急忙忙的樣子。此有關的兩句引自董仲舒的《對賢良策》三。㉜道：生活、思想上的志向。為謀：出主意。此有關的句子引自《論語·衛靈公》。㉝制：準則，規格。責：責成，要求。僕：我，謙稱。㉞西河：戰國郡名，魏文侯所建置，轄境在今陝西東部黃河西邊一帶，與西漢時的西河不同。楊惲這麼渾言之，很可能是有意諷刺孫會宗的。文侯：趙、魏、韓三家分晉時建立魏國的君主，姓魏名斯。段干木：魏國賢士，文侯請他為相，他不接受，於是文侯以客禮相待，尊他為師。田子方：魏國賢士，也是文侯老師。凜然：不可冒犯的樣子。節概：節操、氣概。㉟頃者：前不久。安定：漢郡名，故治在今寧夏固原縣。當時孫會宗任安定郡守。㊱昆夷：西戎，商、周時我國西北部的一種少數民族部落。移人：改變人們（品性、志向）。㊲旃（ㄓㄢ）：相當於指示代詞「之」，其為「之焉」兩字的合音。

【鑑賞】漢宣帝五鳳四年（前54年）四月初一，出現日食。古人迷信，常以天象附會人事，日有食，好比君有難。於是，那已遭政敵誣告而被廢為庶人的楊惲，又被指控為家居驕奢，恬不悔過，實為招致這次日蝕的罪魁禍首。宣帝下旨查辦，廷尉又把偵審中查獲的《報孫會宗書》上奏。宣帝一看，勃然大怒，廷尉就判處楊惲以大逆無道之罪，腰斬長安，妻子流配酒泉郡。那封直接釀成這次中國歷史上較早的文字獄的「黑信」究竟內容如何，請看：

第一段：作者謙述自己的材行文質和家世政歷，提出對來信的觀感，說明寫答書的緣由。書信一開頭，他立卽進行檢查，「惲材朽行穢，文質無所底」。孔子說過：「文質彬彬，然後君子。」一個人文化修養和品質陶冶兼而備之，這樣他才成爲君子；而楊惲在這兩方面都無所有，這就自認爲小人了。他有意在此暗示君子小人之分而自列爲「小人」，也正爲下文反復申述君子小人之辨作了伏筆。當然，像這兩句自謙之辭，在一般書翰中也可視作套語；可對楊惲來說，則未免爲違心之論，曲意之談，值得重視。因爲，此人雖屬大漢帝國的「高幹子弟」，倒非那類紈袴之徒。他秉性剛直，敢想敢言，而且年輕時就「以材能稱，好交英俊諸儒，名顯朝廷，擢爲左曹」。他是司馬遷的外孫，愛讀《春秋》，特別是那部「史家之絕唱，無韵之《離騷》」的《太史公書》還是由他「祖述其書，遂宣布焉」（魯迅《漢文學史綱要》引《漢書》）的。可見楊惲的「材」「行」「文」「質」原是相當卓越、相當優秀，絕不像他所自謙的那樣。然而，他畢竟是個被廢的「庶人」，下文只得又向對方扼要交代自己的家世政歷，諸如「幸賴……得備……」啦，「遭遇……以獲……」啦，「終非……卒與……」啦，一系列自認政治上僥倖無能，乘時取巧，以至最後落得垮台的話。

現在，正當自己失勢之際，忽有一位友人不避嫌疑，「哀其愚矇」，不遠千里，「賜書教督以所不及」，自然是「殷勤甚厚」值得道謝的了。殊不知細細拜讀之下，卻令人大失所望，原來對方並非「哀」其無辜，設身處地，相濡以沫，而是居高臨下，道貌岸然，「教督」他以「大臣廢退，當闔門惶懼，爲可憐之意，不當治產業，通賓客，有稱譽」哪！對此，作者不甘緘默，只好兜頭回敬一句：「竊恨足下不深惟其終始，而猥隨俗之毀譽也。」不去實事求是地深入思考人家的始終過程，而來隨風使舵地胡亂聽從世俗的毀譽議論，這就有關批評的原則問題了。無怪作者狠狠地提出一個「恨」字來。這眞是「立片言以居要，乃一篇之警策」，下面滿是「恨事」「恨語」，以至全篇可稱之爲一通「恨書」。於是楊惲經過一番「言鄙陋之愚心，則若逆指而文過；默而息乎，恐違孔氏各言爾志之義」的思想鬥爭，最後還是「略陳其愚」，而「惟君子察焉」。

第二段：「略陳其愚」之一，痛述自己昔日「竊位素餐」的從政經歷，「橫被口語」的不白冤情，以及今天「灌園治產」的務農活動，從而反駁了大臣廢退「不當治業」的譏議。相門楊府，正當隆盛之時，父子、昆弟、叔侄諸位「乘朱輪者十人」，確是顯赫一時的。其中楊惲一人，「位在列卿，爵爲通侯，總領從官，與聞政事」，也一點不虛張其詞。但他深刻反省到自己「已負竊位素餐之責久矣」，則不外乎又是違心之論，曲意之談了。事實上他對政事，頗能「有所建明」，頗能

「陪輔朝廷之遺忘」。他敢於刡歪風，堵後門，任嶧黜不肖，崇法尚令，改革了不少的弊政，取得了顯著的成績。《漢書》載：「惲爲中郎將，罷山郎，移長度大司農，以給財用。其疾病、休謁、洗浴，皆以法令從事。郎、謁者有罪過，輒奏免，薦舉其高第有行能者，至郡守、九卿。郎官化之，莫不自屬，絕請謁貨賂之端，令行禁止，宮殿之內翕然其聲。」這些彪炳於史册的話，還不是清楚地說明了楊惲的「材行」的卓越，「文質」的優秀，政績的顯著嗎？ 但正因爲銳意去弊革新，果斷地處理政事，他終於大大得罪了某些權貴佞倖，他們加給他的流言蜚語，鋪天蓋地而來，其中那個和宣帝在民間時便相親善，後者卽帝位後又被用爲重臣的戴長樂就挾嫌告他以大罪。此卽信中所述的「橫被口語，身幽北闕，妻子滿獄」的不白之冤的由來。 後來總算未被處斬， 僅廢爲庶人， 而起初已够憂懼，已够慘痛的了。「當此之時， 自以夷滅不足以塞責， 豈意得全其首領復奉先人之丘墓乎？」清人吳楚材、吳調侯編纂其《古文觀止》至此，不禁憤然指出：「此非幸語，正自恨語！」堪稱的評。儘管冤案如此重大， 「身幽北闕，妻子滿獄」，險致家破人亡， 但廢爲庶人後， 還不能不誠惶誠恐鳴謝那位明君的殊恩大德，「伏惟聖主之恩，不可勝量」呢！楊惲在「伏惟」之後， 又進而「竊自思念」，暗自思慮着，「過已大矣，行已虧矣」，那該怎麼辦呢？通過這次飛來的橫禍，沉痛的教訓，反復的思想鬥爭，他恍然大悟「君子游道，樂以忘憂」，已經絕望，「小人全軀，說以忘罪」，尚有可爲，於是決心「長爲農夫以沒世矣」。這裏，三個「矣」字句一氣而下，其恨恨之聲情，似亦躍然紙上矣。但請且慢，這樣一位「位在列卿，爵爲通侯，總領從官，與聞政事」的輪上人物，一朝果眞變爲「身率妻子，戮力耕桑，灌園治產，以給公上」的隴間農夫，想不到還是又因此而爲士大夫們嘰嘰喳喳議論開了。這豈非「足下不深惟其終始」嗎？

第三段：「略陳其愚」之二，直言「聖人弗禁」的合理人情，「歲時伏臘」的娛樂生活， 以及「糴賤販貴」的經商活動， 進一步澄清 「 大臣廢退不當治產業，通賓客， 有稱譽」的讕言。「夫人情所不能止者， 聖人弗禁」，聖人尚且不禁，何況足下， 言外之意是， 誰都不能對天賦的「人情」設置「禁區」。在封建專制主義之下，這該是何等尖銳潑辣的思想！但楊惲在這個大前提下，又大膽地演繹出來：「故君父至尊親，送其終也，有時而既。」至尊至親壽終之後，爲他們服喪守制，致哀盡禮， 總也有完畢之時， 一般不過三年， 實際只是虛年三載而已。而此句儘爲陪襯話， 主體則在下文「臣之得罪，已三年矣」， 他於五鳳二年被戴長樂誣告，至此已是第三載了，就是說「大臣廢退，當闔門惶懼，爲可憐之意」，該也滿期了吧？爲此，「田家作苦，歲時伏臘，烹羊炰羔，斗酒自勞」，逢

時過節，主要還是多臘歲末之際，家人相聚，沒有山珍海味，美醴佳釀，只是濁酒數斗，羊羔幾色，聊作慰勞，也正是合乎「人情」嘛。剛巧在客觀條件上，一來「家本秦也，能爲秦聲」，二來「婦趙女也，雅善鼓瑟」，三來「奴婢歌者數人」，那末，「酒後耳熱」，不用龍笛鳳簫，只由愛妻鼓瑟伴奏，自己「仰天撫缻而呼鳴鳴」，有何不可？而後不禁「拂衣而喜，奮袖低昂，頓足起舞」，自己和家人們嘯歌揮舞，眞是忙裏偸閒，苦中作樂，「誠淫荒無度，不知其不可也」。對，但這又何嘗不是「人情所不能止者」呢？當然，那支秦聲之曲，鳴鳴之歌：「田彼南山，蕪穢不治。種一頃豆，落而爲萁。人生行樂耳，須富貴何時？」不能不是一首「君子」們心目中的「黑詩」。《漢書》注家張晏端詳得較好：「山高而在陽，人君之像也。蕪穢之治，言朝廷之荒亂也。一頃百畝，以喩百官也。豆，貞實之物，當在囷倉，零落在野，喩己見放棄也。萁，曲而不直，言朝臣皆諂諛也。」可是，這些陰暗面實係客觀存在之事，而非無中生有之謠，楊惲目擊那些剛正不阿，深得民心的清官名臣，如趙廣漢、蓋寬饒、韓延壽等人，多不得其死，而當前自己也見廢爲庶人，這些宦海風波深深敎育了楊惲，所以在詩的結尾歌唱出：「人生行樂耳，須富貴何時？」於是，楊惲在家庭草草的歌宴舞筵上借酒澆愁，長歌當哭之外，或者是在「小人全軀，說以忘罪」的生活之中，還「幸有餘祿，方糴賤販貴，逐什一之利」去進行經商活動。那麼，他是想憑藉巨大的「餘祿」，作爲雄厚的資本，熱中於牟取高額的利潤嗎？完全不是。《漢書》又載：「初，惲受父財五百萬，及身封侯，皆以分宗族。後母無子，財亦數百萬，死皆予惲，惲盡復分後母昆弟。再（兩次）受貲（共計）千餘萬，皆以分施。其輕財好義如此。」現在他忽而對「此賈堅之事，汙辱之處，惲親行之」，此中關目，決不是眞正以小人之心度君子之腹的卿大夫們所能理解的；相反，他們「衆毀所歸」集中於指斥這麼一個「下流之人」了。卽使像對方那樣平素了解自己的人士也「隨風而靡」，那麼更有誰來「稱譽」自己呢？對此，作者更進而委婉地援引前朝大儒的名言來無情地揭露對方自相矛盾的言行。依據董仲舒所說：「明明求仁義，常恐不能化民者，卿大夫之意也；明明求財利，常恐困乏者，庶人之事也。」我正是明明逐什一之利的庶人，您則爲常恐不能化民，包括不能化我這「下流之人」的卿大夫了。所以像孔老夫子說的「道不同不相爲謀」，您又怎麼可用對待卿大夫的規俗來苛求我這庶人呢？這豈非「足下猥隨俗之毁譽」嗎？

　　第四段：深慕古代明君高士的遺風餘韵，明諷對方及其同類卿大夫隨波逐流的貪鄙心腸，堅持自己憤世嫉俗的耿介胸懷，從而最後對孫會宗的「賜書」作了決絕的答覆。作者在自己「略陳其愚」之後，又轉而替對方「略表其智」，因爲

孫會宗是以「智略士」見稱於世的。孫氏是西河人，所以楊惲便就地取材，緣事
立論：「夫西河魏土，文侯所興，有段干木、田子方之遺風，凜然皆有節槪，知
去就之分。」文侯選賢任能，用吳起爲西河守，西門豹爲鄴令，使國勢蒸蒸日
上。但是他想拜貧而且賤的賢人段干木爲相，段卻樂道不仕，文侯只好每過其門
而敬禮，每見其人「立談而不敢息」。同樣，田子方也是一位高士，有人認爲文
侯對他禮遇過分了，文侯說：「田子方者，仁人也；仁人，國之寶也。」這兩位賢
人高士終於成爲魏文侯的良師益友。他們「凜然皆有節槪，知去就之分」，這才
是眞正的君子。他們的遺風餘韵，流傳後世，自然也爲您這位西河人士所景仰的
吧。可遺憾得很，不久之前，您忽而離開了這個美好的故鄉，調到那塊荒僻的異
地去做郡守。「安定山谷之間，昆夷舊壤，子弟貪鄙」，高尙人物未有所聞呢。這
次您的「賜書」居然像上述那樣「敎督以所不及」，這就不能不令人奇怪，「豈習俗
之移人哉」，凜然節槪消失了，「移」爲貪鄙意念滋生了？由此觀之，我楊惲才看
出了您這位「智略士」的眞實志趣了。好吧，這裏就祝願您：「勉旃，無多言！」
這是多麼忍冤之切、含恨之急的決絕辭！而上面再加以「方當盛漢之隆」，又是
何等含蓄深沉的語言！

　　文如其人。這封信爲一篇有血有肉可歌可泣的文章，這位作者也確是一位有
志有氣可痛可悲的人物。作爲劉漢皇朝史官的班固，只小貶其性格上的缺點：「
然惲伐其行治，又性刻害，好發人陰伏，同位有忤己者，必欲害之，以其能高
人。」這不是評價他大醇小疵嗎？何況他性格上的缺點，還是班氏從「溫柔敦
厚」的詩敎，「溫良恭儉讓」的禮法這些正統觀念出發去論列的。事實上楊惲愛
憎分明，心直口快，豪邁不羈，嫉惡如仇，他不僅不曾「發」過或「害」過朝中
的忠良，而且還曾不顧自身的利害，敢於仗義直言，替下獄的好官韓延壽申訴冤
情。所以，楊惲後來又橫遭誣告日蝕之咎而下獄，更因抄獲這篇《報孫會宗書》
而被腰斬。當年羣情多爲之痛惜。一千一百多年後司馬光主編《資治通鑑》，對
楊惲之死也特加按語，嚴肅地指出這類冤獄：「不厭衆心，其爲善政之累大矣！」

　　同樣，對於這篇有血有肉可歌可泣的文章，後人也評得十分精當：「銳利
處，如太阿出匣；跌宕處，如狂潮怒湧，令人百讀不厭。世有以語出過激，致召
殺身之禍病之者，不知此乃漢宣之苛刻，於此文何尤？」的確，通篇中謙語、冷
語、痛語、快語，屢見迭出，有時凌厲犀利，一往無前，有時低昂抑揚，一唱三
嘆，而歸其本則全是恨語。特別是「歲時伏臘，……誠淫荒無度，不知其不可
也」一段，有酒有肴，載歌載舞，亦文亦詩，見景見情，寫得那麼形象鮮明，感
情強烈，語句精練，聲調激越，不愧爲名篇中的異彩，尺牘中的珍品。這樣，全

文抒發了一位重臣大員的含冤忍辱，憤世嫉俗的不服不平之鳴；同時，它也反映了一些號稱「漢宣中興」的朝政的黑暗和官場卑劣的現實。

當然，由於作者的歷史的、階級的局限，全文中所反覆引述的君子小人之辨，士農工商之分，所沉痛流露的個人的一大片牢騷塊壘，都是屬於公卿大夫範疇中的封建意識。但是，他的外祖父司馬遷正好評定過《離騷》：「信而見疑，忠而被謗，能無怨乎？」他的怨言恨語自然也就相當深遠地影響了後世的遷客騷人，以及政治上難展抱負的志士仁人。柳宗元貶官永州司馬，生活困頓，只好學習楊惲所引的話，「董生曰：『明明求財利，唯恐困乏者，庶人之事也。』」去向他的上司湖南觀察使申請廩食補助。劉禹錫貶官朗州司馬，後得例召回京，有感於楊惲的種豆詩，即興寫了一首看花詩，有句「玄都觀里桃千樹，盡是劉郎去後栽」，引起「執政者不悅」，再度被發落到遼遠的邊州。以後辛棄疾填了一闋《摸魚兒》，羅大經《鶴林玉露》評曰：「詞意殊怨，『斜陽煙柳』之句，……在漢、唐時，寧不賈『種豆』、『種花』之禍？」凡此種種，都充分反映了這篇激動人心的《報孫會宗書》是如何為人們所擊節嘆賞，而這類滅絕人性的「文字獄」是如何為人們所扼腕痛憤！

（桂心儀）

逐 貧 賦　　　揚　雄

揚子遁世①，離俗獨處。左鄰崇山，右接曠野。鄰垣乞兒②，終貧且窶③，禮薄義弊，相與羣聚。惆悵失志，呼貧與語：

「汝在六極④，投棄荒遐，好為庸卒⑤，刑戮是加。匪惟幼稚，嬉戲土沙，亦非近鄰，接屋連家。恩輕毛羽，義薄輕羅。進不由德，退不受呵，久為滯客⑥，其意若何？人皆文綉⑦，余褐不完⑧；人皆稻糧，我獨藜餐⑨。貧無寶玩，何以接歡？宗室之宴⑩，為樂不期；徒行負賃⑪，出處易衣⑫。身服百役，手足胼胝⑬；或耘或耔⑭，霑體露肌。朋友道絕，進官凌遲⑮。厥咎安在⑯？職汝為之⑰！舍汝遠竄，昆侖之巔，爾復我隨，翰飛戾天⑱；舍爾登山，巖穴隱藏，爾復我隨，陟彼高岡⑲；舍爾入海，泛彼柏舟⑳，爾復我隨，載沉載浮

㉑。我行爾動，我靜爾休。豈無他人，從我何求？今汝去矣，勿復久留！」

貧曰：「唯唯。主人見逐，多言益嗤㉒；心有所懷，願得盡辭㉓。昔我乃祖，宣其明德，克佐帝堯㉔，誓爲典則。土階茅茨㉕，匪彫匪飾。爰及季世㉖，縱其昏惑。饕餮之羣㉗，貪富苟得。鄙我先人，乃傲乃驕。瑤臺瓊室，華屋崇高；流酒爲池，積肉爲肴㉘。是用鵠逝㉙，不踐其朝。三省吾身，謂予無諐㉚。處君之所，福祿如山；忘我大德，思我小怨。堪寒能暑，少而習焉；寒暑不忒㉛，等壽神仙。桀跖不顧㉜，貪類不干㉝。人皆重閉㉞，子獨露居；人皆忧惕㉟，子獨無虞㊱。」

言辭既馨㊲，色屬目張。攝齋而興㊳，降階下堂。「逝將去汝，適彼首陽㊴。孤竹之子㊵，與我連行！」余乃避席，辭謝不直㊶：「請不貳過㊷，聞義則服。長與爾居，終無厭極！」貧遂不去，與我游息㊸。

【注釋】①遁：躲避，逃離。②鄰垣：鄰居。垣：矮牆，也泛指牆。③寠：貧寒。此句語出《詩·邶風·北門》：「終寠且貧，莫知我艱。」④六極：指上、下、四方。⑤庸：通傭，雇傭。⑥滯客：久留不去之客。滯：不流通。⑦文綉：綉畫錦帛，此指華麗的服飾。⑧褐：粗麻衣。⑨藜：一種野菜名，此泛指野菜。⑩宗室：宗族。⑪徒行：徒步旅行。負：擔負。質：傭工。⑫出處：出，外出；處，居家。⑬胼胝：手足因長期磨擦而生之厚皮，又稱老繭。語見《史記·李斯列傳》：「手足胼胝，面目黎黑。」⑭耘：除草。籽：壅土。語出《詩·小雅·甫田》。⑮凌：升。遲：緩慢。⑯厥：猶「其」。咎：罪責。⑰職：語助詞，猶「惟」。⑱翰：鳥羽。戾：到達。《詩·大雅·旱麓》：「鳶飛戾天。」⑲陟：登，升。⑳柏舟：柏木製的小船。此句語出《詩·邶風·柏舟》。㉑載：語助詞，無義。《詩·鄘風·載馳》：「載馳載驅。」㉒嗤：　　：通「嗤」，訕笑，嘲笑。㉓盡：完，畢。㉔克：勝任。佐：輔助。㉕茨：屋頂。㉖季世：末世。㉗饕餮：一種傳說中貪食的惡獸，此喻貪婪凶殘者。㉘肴：通「崤」，此指山。㉙鵠：黃鵠，一種水鳥。㉚諐：同愆，過失。㉛忒：差誤。《易·豫》：「四時不忒」。㉜桀：夏朝暴君，名履癸。跖：傳爲春秋時之大盜，此指盜賊。㉝干：犯。㉞重

閉：謂關閉重門。㉟怵惕：戒懼。《書‧冏命》：「怵惕惟厲。」㊱虞：貽誤。《詩‧魯頌‧閟宮》：「無貳無虞。」㊲罄：器空爲罄，此引申爲盡。㊳攝齊：疑作「攝齊」，因繁體字「齊」與「齋」形近而誤。「攝齊」見《論語‧鄉黨》：「攝齊升堂。」何晏集解：「衣下曰齊。攝齊者，摳衣也。」興：起。㊴首陽：山名，在今山西永濟縣南。相傳商朝名士伯夷、叔齊隱居並餓死於此。㊵孤竹之子：即伯夷、叔齊。因二人爲商末孤竹君之子，故名。㊶直：通「止」。「不直」猶言「不止」。㊷貳過：再次失誤。㊸游息：行走止息。

【鑑賞】 以《甘泉》、《河東》、《羽獵》和《長楊》四賦著稱的西漢大賦家揚雄，也作有《反離騷》、《逐貧賦》和《太玄賦》等一些抒情之作。其中《逐貧賦》立意新穎、構思巧妙，抒寫了封建士大夫安貧樂道的典型思想，是一篇值得一讀的好作品。

　　作品以「揚子遁世，離俗獨處」開頭，寫了他結廬崇山曠野，與一些「終貧且窶，禮薄義弊」的乞兒爲鄰，在朝夕相聚間感到「悃悵失志」，於是「呼貧與語」，與「貧」進行了一次饒有興趣的交談。《漢書‧揚雄傳》謂其「有田一廛，有宅一區，世世以農桑爲業」，「家產不過十金，乏無儋石之儲」，家境貧寒，生活拮据。作者在作品開始時即對這種窘迫的狀況作了藝術概括，然後異想天開地將貧困這樣一種社會現象擬人化，把它叫來加以訓斥。作品的這種奇特想像引起了人們的濃厚興趣：作者究竟要對「貧」說些什麼呢？對於本該「投棄荒遠」、「刑戮是加」的「貧」，作者一上來就加以責問：你既不以那些房屋櫛比、家族鼎盛的富門大戶爲鄰，又恩輕義薄、進退無由地「久爲滯客」，這到底是什麼意思？而「人皆文綉，余褐不完；人皆稻粱，我獨藜餐」的鮮明對照，又使作者對貧窮困躓的長期糾纏厭惡異常，於是他接着列舉了「貧」的一系列罪惡：「貧無寶玩，何以接歡？宗室之宴，爲樂不期；徒行負賃，出處易衣。身服百役，手足胼胝；或耘或耔，霑體露肌。朋友道絕，進官凌遲。」在這些譴責中，首先包含了作者自己的身世之嘆。揚雄不僅生活清貧，仕途也很不得意。據《漢書》本傳贊語引揚雄自序，「雄年四十餘，自蜀來至游京師，大司馬車騎將軍王音奇其文雅，召以爲門下吏，薦雄侍詔。歲餘，奏《羽獵賦》，除爲郎，給事黃門，與王莽、劉歆幷。哀帝之初，又與董賢同官。當成、哀、平間，莽、賢皆爲三公，權傾人主，所薦莫不拔擢，而雄三世不徙官」。這就是作品中所說的「朋友道絕，進官凌遲」。至於「身服百役，手足胼胝，或耘或耔，霑體露肌」諸語，則在一定程度上反映了西漢末年貧苦農民終年勞累而不得溫飽的現實。《漢書‧

貢禹傳≫載貢禹於漢元帝時上書曰：「農夫父子暴露中野，不避寒暑，捽屮杷土，手足胼胝，已奉谷租，又出稾稅，鄉部私求，不可勝供。」正是這種嚴峻的社會現實，加上作者自己的切身體驗，使他對貧困的爲害作出了「厥咎安在？職汝爲之」的嚴正判決。然後，作者以詼諧的筆調，書寫了自己千方百計想擺脫貧困、結果貧困卻始終隨身的情景：「舍汝遠竄，昆侖之巓。爾復我隨，翰飛戾天；舍爾登山，岩穴隱藏，爾復我隨，陟彼高岡；舍爾入海，泛彼柏舟，爾復我隨，載沉載浮。我行爾動，我靜爾休。豈無他人，從我何求？」這裏一連以上天、登山、入海三種方法來擺脫貧困的糾纏的設想，寫得明白流暢，饒有風趣，但結果卻終未如願，又於風趣中浸透着作者的無限痛苦和辛酸。上述這一切都不能不使他對影子般的貧困下了最後的逐客令：「今汝去矣，勿復久留！」如果說作者的以上描寫已見其設想的新奇，那麼下面「貧」的一段答話，則更見其構思的巧妙。「貧」首先追述了祖先的功德：「昔我乃祖，宣其明德，克佐帝堯，誓爲典則。土階茅茨，匪彫匪飾。」接着又對鄙賤其先人的「季世」表示了強烈的不滿：「爰及季世，縱其昏惑。饕餮之羣，貪富苟得。鄙我先人，乃傲乃驕。瑤台瓊室，華屋崇高。流酒爲池，積肉爲肴。是用鵠逝，不踐其朝」。表面上看，這是「貧」在對「揚子」進行教育，而實際上卻是作者借「貧」之口，對漢代自武帝以後大肆營造宮苑、迷戀於宴樂聲色的統治者進行了尖銳的批判。這種批判如「瑤台瓊室，華屋崇高。流酒爲池，積肉爲肴」，與上述對貧困狀況的描寫如「身服百役，手足胼胝；或耘或耔，霑體露肌」，恰恰形成一種強烈的對比，由此反映出當時社會所存在的懸殊的貧富對立。在說了這段話之後，「貧」又列舉了自己給「揚子」帶來的「大德」：它不僅使作者經得起寒暑，而且可以避免盜賊的光顧，不必像別人那樣爲保住自己的財產而日夜擔心。這段議論很可發人深省。它的立論雖然僅限於「貧」可使人「堪寒能暑」、不必爲財富擔憂，但它也由此啓發我們：貧困的生活能使人得到磨練，成就某種事業。我國古代歷來就有「文章憎命達」、「窮而後工」等說法，如果追溯起來，作品的這段議論恐怕也是這種思想形成和發展的淵源之一。揚雄本人在經學、文學和小學方面均有所建樹，亦未必與其「不汲汲乎富貴，不戚戚於貧賤」（≪漢書≫本傳）無關。此賦的結尾也很有意思。「貧」在自我表功之後，憤然色變，堅決表示：「逝將去汝，適彼首陽。孤竹之子，與我連行！」這裏的「首陽」、「孤竹之子」用的是商朝伯夷、叔齊的舊典。相傳商朝國君孤竹氏遺命以其次子叔齊爲嗣，叔齊讓位給兄長伯夷，伯夷不受，二人遂先後逃到周國。武王伐紂時，二人曾叩馬諫阻。後聞其滅商，遂恥食周粟，雙雙餓死於首陽山。成爲歷來爲人贊頌的高尚和守節的典型

。作者在聽了「貧」的這段義正辭嚴的答覆後，思想豁然開朗，在避席稱謝的同時，表示要與「貧」長處。這就將作者要仿效伯夷、叔齊，寧貧困窮迫而死的決心巧妙揭出，點明了整篇作品的題旨。安於貧困、不慕榮華，這本是一種很莊重的思想。自從春秋時孔子稱他的弟子顏回「一簞食，一瓢飲，在陋巷，人不堪其憂，回也不改其樂」（《論語・雍也》）之後，這種思想一直被封建士大夫奉為道德高尚的典範。在揚雄之前的文學家對此也多有表現，如宋玉《九辯》：「與其無義而有名兮，寧窮處而守高」，即是。不過那些大都是直接的抒寫，像揚雄這樣採用近於寓言的形式和幽默的筆調來加以表現，這還是首創。清人劉熙載曾謂「賦之妙用，莫過於『設』字訣，看古作家無中生有處可見」（《藝概。賦概》）。揚雄的設為與「貧」問答，與一般賦作設為主客問答均以人為限相比，更見其新巧曲折。他先決定驅逐貧困，繼為其辯解所動，終表示與「貧」長處、「終無厭極」，從內容上看，是反映了作者在「安貧」這一點上的思想矛盾和鬥爭；從藝術上看，是採取了一種欲擒故縱、先抑後揚的手法，故能寓莊於諧、出新見奇。

　　揚雄這篇作品以敍事對話的形式和擬人化的手法來抒寫自己的志趣情懷，從某種程度上說，是受了漢初賈誼《鵩鳥賦》的影響；而其純用四言句式、語言通俗明暢，並帶有一種詼諧的情味，則可能是出於《詩經》、屈原的《橘頌》和王褒的《僮約》一類作品的啟發。這篇作品對後代的影響也很大。宋代洪邁《容齋續筆》曾指出「韓文公（愈）《送窮文》、柳子厚（宗元）《乞巧文》，皆擬揚子云《逐貧賦》」，這是它對唐代大作家的沾漑。從賦史上看，這篇作品之後，晉束皙有《貧家賦》，唐王棨有《貧賦》，宋俞德鄰有《斥窮賦》，其精神都是一脈相承的。

（曹明綱）

爲幽州牧與彭寵書　　　　朱　浮

　　蓋聞知者順時而謀①，愚者逆理而動。常竊悲京城太叔②，以不知足而無賢輔③，卒自棄於鄭也④。伯通以名字典郡⑤，有佐命之功⑥，臨人親職⑦，愛惜倉庫⑧；而浮秉征伐之任⑨，欲權時救急⑩，

二者皆為國耳。卽疑浮相譖 ⑪，何不詣闕自陳 ⑫，而為滅族之計乎 ⑬？

　　朝廷之於伯通 ⑭，恩亦厚矣，委以大郡，任以威武 ⑮，事有柱石之寄 ⑯，情同子孫之親 ⑰。匹夫媵母 ⑱，尚能致命一餐 ⑲，豈有身帶三綬 ⑳，職典大邦 ㉑，而不顧恩義，生心外畔者乎？伯通與吏人語，何以為顏 ㉒？行步拜起 ㉓，何以為容？坐臥念之，何以為心 ㉔？引鏡窺影 ㉕，何以施眉目 ㉖？舉措建功 ㉗，何以為人？惜乎！棄休令之嘉名 ㉘，造梟鴟之逆謀 ㉙；捐傳世之慶祚 ㉚，招破敗之重災 ㉛。高論堯舜之道，不忍桀紂之性 ㉜。生為世笑，死為愚鬼，不亦哀乎！

　　伯通與耿俠游俱起佐命 ㉝，同被國恩 ㉞。俠游謙讓，屢有降挹之言 ㉟；而伯通自伐 ㊱，以為功高天下。往時遼東有豕 ㊲，生子白頭，異而獻之 ㊳。行至河東 ㊴，見羣豕皆白，懷慚而還。若以子之功，論於朝廷 ㊵，則為遼東豕也。今乃愚妄，自比六國 ㊶。六國之時，其勢各盛，廓土數千里 ㊷，勝兵將百萬 ㊸，故能據國相持 ㊹，多歷年世 ㊺。今天下幾里？列郡幾城？奈何以區區漁陽而結怨天子 ㊻？此猶河濱之人，捧土以塞孟津 ㊼，多見其不知量也 ㊽。

　　方今天下適定，海內願安 ㊾，士無賢不肖 ㊿，皆樂立名於世。而伯通獨中風狂走 ○51，自捐盛時 ○52。內聽驕婦之失計 ○53，外信讒邪之諛言 ○54，長為羣後惡法 ○55，永為功臣鑒戒，豈不誤哉！定海內者無私仇 ○56，勿以前事自誤 ○57。願留意顧老母幼弟 ○58。凡舉事，無為親厚者所痛，而為見仇者所快 ○59。

【注釋】①蓋：發語詞。知：通「智」。知者：有識見的人。時：形勢，潮流。謀：策劃，行動，與下句「動」字為互文。②竊：私心，向人陳述意見的謙詞。京城太叔：春秋鄭莊公之弟共叔段，為母所寵，封於京（在今河南滎陽縣境），故稱京城太叔，因謀奪位為莊公所敗。③不知足：指共叔段謀奪位的野心。賢輔：高明有德的臣佐。④卒：終於。自棄：自絕。指共叔段謀叛失敗被逐逃亡事。⑤伯通：彭寵的字。名字：昭著的聲名。典：掌管，主持。郡：漢代行政區劃，州以下設郡，長官為郡太守。時彭寵任幽州（今河北北部及遼寧東部部分地區）屬下漁陽郡（今河北東北長城以內地區）太守。⑥佐命：輔佐真命天子定天

下。　指彭寵以漁陽郡歸順漢光武帝劉秀，　並爲劉秀擊敗王郎提供兵糧事。　⑦臨人：臨民，管理百姓。唐代避太宗李世民諱，將古書中「民」改作「人」，後世沿用。親職：管理郡政。⑧愛惜倉庫：倉庫指郡中的錢谷。當時朱浮爲了延攬名流，收拾人心，將王莽時代的上流分子安排在幽州（治所在今河北薊縣），要彭寵供應錢糧用度，爲彭寵所拒絕，因此「愛惜」是責他抗命的委婉說法。⑨秉：掌管。征伐之任：指擔任幽州牧，漢代州牧掌一州軍政大權，有討定屬地之責。⑩權時救急：採取權宜措施施應付急需。⑪譖（ㄗㄣˋ）：暗害，中傷。朱浮因彭寵不聽指揮，上下關係惡劣，向光武帝密奏彭寵的罪狀，彭寵怨恨朱浮，因此起兵謀反。這裏用「疑」字，是朱浮故作掩飾之詞。⑫詣（ㄧˋ）：往，至。闕：宮闕，指朝廷。陳：陳述，審理。⑬滅族之計：指叛亂。古代對反叛者定罪極重，罪人的親屬都要株連族滅。⑭朝廷：指皇帝（光武帝劉秀）。⑮威武：指有威名的武官職銜。彭寵曾被授大將軍的稱號。⑯事：職務。柱石：比喩倚重。⑰子孫：猶骨肉。⑱媵（ㄧㄥˋ）：陪嫁的婢女，此處泛指貧女。⑲致命一餐：因一飯之恩而以生命相報。⑳綬：古代系官印的絲帶。彭寵身任漁陽太守，封建忠侯，授大將軍銜，故說三綬。㉑大邦：指漁陽郡。㉒爲顏：以臉見人。下「爲容」同義。㉓行步拜起：指往來應酬。㉔爲心：問心自安。㉕引：舉。窺影：照看面影。㉖施：放。何以施眉目：猶言臉放到哪裏去。㉗舉措：行事。舉是興辦，措是處置。建功：指辦理政務。㉘休、令、嘉：均美好的意思。　㉙梟（ㄒㄧㄠ）鴟（ㄔ）：惡鳥，相傳長大後食其母，喩反叛忘恩。㉚捐：棄。傳世：代代相傳。慶祚（ㄗㄨㄛˋ）：福澤，富貴安樂。㉛破敗：破家滅族。㉜忍：克制。桀紂：喩昏庸殘暴。㉝耿俠游：耿況，字俠游。光武帝起事時爲上谷太守，與彭寵合謀共歸光武帝。㉞被：蒙受。國恩：朝廷的封官賞爵。耿況亦任太守，封侯，賜大將軍稱號。㉟降挹：卑謙退讓。㊱自伐：自我誇耀，自負其能。㊲遼東：遼東郡，在今遼寧省東南境。此指遼東某人。㊳異：以爲稀罕。㊴河東：河東郡，在今山西省黃河以東一帶。㊵論：評量，比較。㊶六國：指戰國時期秦以外的關東齊、燕、趙、魏、韓、楚等國。指彭寵欲割據與朝廷對抗，以後彭果自立爲燕王。㊷廓（ㄎㄨㄛˋ）土：廣闊的領土。㊸勝兵：強兵。將：近。㊹相持：各國相爭而互不能下。㊺年世：年代，三十年爲世。㊻奈何：何苦，怎能。區區：微小貌。㊼孟津：在今河南孟縣，古代爲黃河重要渡口，此指黃河。㊽多見：惟見，但見。㊾海內：全國。願安：盼望安定。㊿無：無論。不肖：不賢，指才能不高。51中（ㄓㄨㄥˋ）風狂走：形容神經不正常，舉動反常。52自捐：自棄。盛時：盛世，太平有爲之時。53驕婦：悍婦。失計：不正確的主張。光武帝於建武二年⒇召彭

寵進京，彭寵疑忌，其妻與羣吏均勸彭寵拒絕前往。(54)讒邪：邪佞之人，指漁陽羣吏。諛（ㄩˊ）言：奉承話。(55)長：永遠，與下「永」爲互文。羣後：指各地州郡長官。惡法：壞榜樣。(56)定海內者：指皇帝。(57)前事：指彭寵與朱浮自己以前的爭執。(58)留意：着想，關心。指不要連累家族。(59)見仇：相仇，敵對者。

【鑑賞】本文是一篇以告誡書爲名的聲討檄文，要理解其來由和意義，必須先了解當時的史實。

朱浮本是東漢光武帝劉秀起兵時的親信幕僚，隨劉秀攻取幽州後，任幽州牧，鎭守薊城。爲了收取北方人心，大量辟召當地的名士和新莽時的舊吏，安置他們家屬，向所屬各郡徵發倉穀維持。漁陽郡是幽州屬郡，太守彭寵在劉秀攻打邯鄲時歸附，對劉秀平定北方有功，自以爲功大酬輕，心懷不平；而且擁兵自重，不服朱浮的調度。朱浮多次嚴文催責，彼此已有積怨。同時彭寵探悉朱浮多次向光武帝密奏他居心叵測，更心存疑懼，光武帝下詔召彭寵晉京，彭寵遂決意舉兵攻打朱浮。因此，彭寵的叛亂固然有他自己的原因，朱浮也不能推卸構人入罪逼使彭寵鋌而走險的責任。後來彭寵和涿郡太守連兵反叛，薊城失守，尚書令侯霸就曾向光武帝奏諫朱浮的應負罪責，可見朱浮寫這封信的動機有很大一部分是爲了推卸自己的責任，將彭寵反叛的罪過全部諉之於他自己；同時以朝廷的名義說明順逆之所在，用以激勵士氣，爭取同情。這封信顯然也會進一步激怒彭寵，促成其反叛的決心。彭寵得信後，果然更加惱怒，把朱浮打得狼狽逃竄，幾乎丟命。當然，彭寵後來也沒有好下場。

但從西漢末年到劉秀建立東漢王朝，經過了二十多年的戰亂，全國渴望社會安定，人心厭戰；因此，朱浮這封信也確實反映了當時人民要求消弭動亂、休養生息的願望，其題目是堂堂正正，無可批評的。文章的積極意義和說服力也就產生在這裏。

文章的第一段指出彭寵應該擇取的正確道路，第二段斥責他反叛的失計及其嚴重後果，第三段曉喻形勢，第四段勸他懸勒崖馬。全信文詞簡練，居高臨下，口氣銳利決絕，不特別講求詞藻而文質彬彬，是一篇有力的聲伐文字。文中如遼東白頭豕的寓言和文末「親痛仇快」兩句，都成了後世常用的典實和成語，可見此文被傳誦的一斑。

（何滿子）

北　征　賦　　　　　班　彪

　　余遭世之顛覆兮①，罹塡塞之阨災②。舊室滅以丘墟兮，曾不得
乎少留③。遂奮袂以北征兮④，超絕迹而遠遊。

　　朝發軔於長都兮⑤，夕宿弧谷之玄宮⑥。歷雲門而反顧⑦，望通
天之崇崇⑧。乘陵岡以登降⑨，息郇邠之邑鄉⑩。慕公劉之遺德⑪，
及行葦之不傷⑫。彼何生之優渥⑬，我獨罹此百殃。故時會之變化兮
⑭，非天命之靡常⑮。

　　登赤鬚之長坂⑯，入義渠之舊城⑰。忿戎王之淫狡⑱，穢宣後之
失貞⑲。嘉秦昭之討賊，赫斯怒以北征⑳。紛吾去此舊都兮㉑，騑遲
遲以歷妓㉒。遂舒節以遠逝兮㉓，指安定以爲期。涉長路之綿綿兮，
遠紆回以樛流㉔。過泥陽而太息兮㉕，悲祖廟之不修。釋余馬於彭陽
兮㉖，且弭節而自思㉗。日晻晻其將暮兮㉘，睹牛羊之下來㉙。寤曠
怨之傷情兮㉚，哀詩人之嘆時。

　　越安定以容與兮㉛，遵長城之漫漫㉜。劇蒙公之疲民兮㉝，爲強
秦乎築怨。舍高亥之切憂兮㉞，事蠻狄之遼患㉟。不耀德以綏遠㊱，
顧厚固而繕藩㊲。首身分而不寤兮，猶數功而辭譽㊳。何夫子之妄說
兮㊴，孰云地脈而生殘㊵。登鄣隧而遙望兮㊶，聊須臾以婆娑㊷。閔
獯鬻之猾夏兮㊸，弔尉邛於朝那㊹。從聖文之克讓兮㊺，不勞師而幣
加㊻。惠父兄於南越兮，黜帝號於尉佗㊼。降几杖於藩國兮，折吳濞
之逆邪㊽。惟太宗之蕩蕩兮㊾，豈曩秦之所圖㊿。

　　隮高平而周覽(51)，望山谷嵯峨(52)。野蕭條以莽蕩(53)，迥千里而無
家(54)。風猋發以漂遙兮(55)，谷水灌以揚波。飛雲霧之杳杳，涉積雪之
皚皚。雁邕邕以羣翔兮(56)，鵾鷄鳴以嘻嘻(57)。遊子悲其故鄉(58)，心愴
悢以懷傷(59)。撫長劍而慨息，泣漣落而霑衣。攬余涕以於邑兮(60)，哀
生民之多故。夫何陰曀之不陽兮(61)，嗟久失其平度(62)。諒時運之所爲

兮㊿，永伊鬱其誰愬㊽。

　　亂曰㉕：夫子固窮，遊藝文兮。樂以忘憂，惟聖賢兮㉖。達人從事㉗，有儀則兮㉘。　行止屈申㉙，　與時息兮㉚。　君子履信，無不居兮。雖之蠻貊㉛，何憂懼兮。

【注釋】①顛覆：指時局動蕩。②罹（ㄌㄧˊ）：遭。填塞：道路填塞，用以喻政治混亂。阸：危困。③曾：竟。④奮袂（ㄇㄟˋ）：舉袖，形容奮發的樣子。⑤發軔（ㄖㄣˋ）開車出發。長都：卽長安，今陝西省西安市。⑥瓠谷、玄宮：都是地名，在長安西。⑦雲門：雲陽縣門，在今陝西省三原縣境內。⑧通天：台名，在甘泉宮內。⑨乘：登。陵：大土山。登降：指爬上爬下。⑩郇（ㄒㄩㄣˊ）邠（ㄅㄧㄣ）：栒縣豳鄉，在今陝西省咸陽市東。郇與栒同，邠與豳同。⑪公劉：周之遠祖，曾率周民遷於豳。⑫行葦：路邊的葦。葦：草名。⑬優渥：優厚。⑭時會：時運際會。⑮靡：無。⑯赤鬚：坂名，在北地郡（今甘肅省東部及寧夏回族自治區）。⑰義渠：古西戎國名，其都城亦稱義渠，也在當時的北地郡。⑱戎王：義渠戎王。他與秦昭王母宣太后私通，秦昭王殺之，並起兵伐滅其國。⑲宣后：宣太后，秦昭王之母。⑳赫：怒。㉑紛：指心緒繁亂。㉒騑（ㄈㄟ）：古代駕車的馬，在兩旁的叫騑，也叫驂。歷玆：至此。㉓舒節：指馳車。㉔繆（ㄐㄧㄡˋ）流：曲折的樣子。㉕泥陽：漢縣名，在今甘肅省寧縣東南。㉖彭陽：漢縣名，在今甘肅省鎮原縣。㉗弭節：停車。㉘晻（ㄧㄢˇ）晻：不明亮。㉙牛羊之下來：語出《詩經‧王風‧君子于役》，「日之夕矣，羊牛下來。君子于役，如之何勿思！」㉚寤：通悟。曠怨：男女成年而不得婚嫁的叫曠夫怨女。《君子于役》中對遠出君子的思念是曠怨。詩人嗟嘆君子的行役是嘆時。㉛容與：進行緩慢的樣子。㉜遵：循。㉝劇：過分。蒙公：蒙恬，秦將，曾督築長城。劇蒙公之疲民：意思是說蒙恬築長城使民疲，這太過分了。㉞舍：舍棄。高：趙高。亥：胡亥。切憂：近憂。㉟事：從事，指防禦。遼患：遠患。㊱綏：安。㊲繕：修。藩：指邊防。㊳辭愆（ㄑㄧㄢ）：不承認罪過。愆：同愆，罪過。這裏指蒙恬臨死而不醒悟，歷數自己的功勞，而不承認錯誤。㊴夫子：指蒙恬。㊵地脈生殘：絕地脈的意思。㊶鄣：小城。隧：通燧，指塞上守候烽火的亭子。㊷婆娑：盤旋、放逸的意思。㊸閔：傷念。獯（ㄒㄩㄣ）鬻：匈奴在商周之時被稱爲獯鬻，這裏指匈奴。猾：亂。夏：華夏。㊹邛（ㄑㄩㄥˊ）：姓孫，一說姓段。曾任都尉，被匈奴所殺。朝那：漢縣名。在今甘肅省平涼市西北。㊺聖文：指漢文帝。克：能。㊻勞師：勞師動衆以

征伐。幣加：增加幣帛。㊼這兩句，是指「南越王尉佗自立爲武帝。然上（指文帝）召貴尉佗兄弟，以德報之，佗遂去帝稱臣」（≪史記・孝文本紀≫）。㊽這兩句，是指吳王濞，稍失藩臣之禮，稱病不朝。孝文賜几杖，准他年老不朝。吳王濞是高帝兄劉仲之子。几杖：是老人恃以支持身體的用具。㊾太宗：文帝廟號。蕩蕩：廣遠的樣子。㊿曩（ㄋㄤˇ）：從前。圖：謀。(51)隮：升。高平：漢縣名。周覽：四望。(52)嵯峨：高聳的樣子。(53)蕭條、莽蕩：都是曠遠的樣子。(54)迥：遠。(55)猋（ㄅㄧㄠ）：疾風。漂遙：飄颻。(56)邕（ㄩㄥ）邕：雁聲。(57)鶤（ㄎㄨㄣ）鷄：鳥名。(58)遊子：班彪自指。(59)愴（ㄔㄨㄤˋ）悢（ㄌㄧㄤˋ）：悲傷的樣子。(60)於（ㄨ）邑：嗚咽。(61)陰曀（ㄧ）：比喻天下昏亂。陽：比喻天下太平。(62)平度：正常的法度。(63)諒：確實。(64)伊鬱：憂怨：愬：同「訴」。(65)亂：一篇的總結。(66)夫子：指孔子。孔子曾說「君子固窮」（見≪論語・衞靈公≫）。又說「遊於藝」，「樂以忘憂」（見≪論語・述而≫）。(67)達人：通達道理的人。(68)儀則：法則。(69)申：同「伸」。(70)與時息：意思是指適應時勢變化。(71)之：到。貊（ㄇㄛˋ）：古代東北方的部族。之蠻貊：比喻自己遠至西涼。

【鑑賞】西漢末年，隨着王莽經濟變革的完全失敗，社會再度陷入了極端的動亂之中。加之匈奴的不斷入侵與大旱蟲蝗的連年襲擊，富者不能自保，貧者無以自存，於是歷史上著名的新市平林和赤眉農民大起義爆發了。王莽苦心經營的新朝在農民起義和饑民暴動的波瀾中很快地覆沒了。繼之而起的劉玄政權，也因內部的腐化等原因，在不到三年的時間內卽爲赤眉軍攻滅。據≪後漢書・隗囂傳≫載，更始三年，赤眉入關，三輔騷亂。御史大夫隗囂因參與迫脅更始東歸光武帝劉秀，事泄後被迫從長安突圍，亡歸天水（今甘肅通渭縣西北）。隗囂素有「謙恭愛士」之稱，「及更始敗，三輔耆老士大夫皆奔歸囂」，這時年僅二十餘歲的班彪也在其中。他從長安出發，一路上過關息驛，到了安定境內的高平時，登上城樓，四顧蒼茫，不禁揮淚援筆，寫了這篇≪北征賦≫。

賦一開始，便以淒愴的心情，直接寫了離京避難的原因：「余遭世之顚覆兮，罹塡塞之阨災。舊室滅以丘墟兮，曾不得乎少留。遂奮袂以北征兮，超絕迹而遠遊。」這段話，對西漢政權覆滅前後的動亂局勢作了高度概括。地皇四年，王莽政權在各地農民義軍的沉重打擊下，迅速地土崩瓦解了。王莽本人也被擊殺於漸臺，懸首於苑市。爲新市平林軍所擁戴的劉玄，於更始二年進入長安，「日夜與婦人飲讌後庭」，因而政令不行，人心渙散，天下失望。僅僅過了一年，長安又爲赤眉軍所擁立的劉盆子攻陷，劉玄肉袒請降於長樂宮，歷年二百餘載的西

漢王朝至此遂告滅亡。世宦出身的班彪在這種形勢下，不得不逃離長安，踏上了
北去天水的避難之途。作者接着歷敍了他在北行途中的所經之地，以及由此產生
的傷感之情。他早發長安，夕宿瓠谷，然後出雲門，登陵岡，來到了咸陽市東的
郇邠。郇邠曾是周代遠祖公劉的治邑。《詩經·大雅》有《公劉》篇，敍述其率
眾開辟爾地和營造房屋的情況；又有《行葦》篇，相傳爲公劉所作，其中「敦彼
行葦，牛羊勿踐履」被《毛詩序》認爲是表現「周室仁厚，仁及草木」的。班彪
行旅至此，不禁思古憂今，感慨系之：「彼何生之優渥，我獨罹此百殃。」古代王
室那種恩被四海、澤布天下的盛況與班彪身處兵燹連年、生靈塗炭的亂世形成了
鮮明對照，這使他對時運際會的反復無常憤然不平。出了郇邠繼續北上，作者一
路風塵，到了屬於北地郡的義渠舊城（在今甘肅省寧縣附近）。《據史記·匈奴
列傳》等記載，戰國時義渠戎王曾與秦昭王之母宣太后淫亂，後爲昭王所殺，「
於是秦有隴西、北地、上郡，築長城以拒胡」。義渠的這段往事自然使作者聯想
起西漢末年王莽、劉玄等人爲政荒亂，匈奴的南侵山（西）陝（西）、分道直
入。當時類似戎王、宣后穢亂宮闈的事時有所聞，而像昭王北征加以討伐的事卻
一無所見，這種狀況使作者「紛吾去此舊都兮，騑遲遲以歷玆」，心中充滿了深
深的憂慮。當他懷着紛亂的心情途經泥陽（在今甘肅省寧縣東南），看到那裏的
祖廟長年失修，碑傾草蕪時，就變得更加悲傷了。他釋馬彭陽（今甘肅省鎮原
縣），弭節自思。這時夕陽西下，成羣的牛羊從遠處的山坡上歸來，此景此情，
使他對《詩經·君子于役》中「日之夕矣，羊牛下來。君子于役，如之何勿思」
的含意，有了更深的感受。作品敍事與抒情宛然妙合，不露一絲牽附的痕迹；其
寫釋馬停車、嘆息自思，襯之以牛羊夕歸的動人景色，更使人感到作者心中國哀
家愁的深廣和幽長。這一段景色描寫在作品中是神來之筆，氣氛凄清、悲涼。在
途經安定時，作者沿着長城緩緩而行。那蜿蜒起伏於峰巔壑間的磚牆石垣，綿亘
千里。它使作者想起當年的築城者、秦代名將蒙恬。這是一個歷史悲劇人物。他
曾不顧民眾的勞苦爲秦朝築起了長城，爲的是讓秦朝免受匈奴的侵擾。其結果是
捨近求遠、棄本逐末，放着宮廷內亂不管，以致讓胡亥篡位，自己最後也被賜死
於邊地。作者的這番追憶和議論，表面上完全是卽景懷古，其實是在借用歷史上
的沉痛教訓，來表示他對王莽末年大肆推行暴力政策，結果邊患未平、內亂迭起
的不滿。在他看來，不顧朝廷內政的腐敗混亂而一味強調邊患，在處理邊患時又
一味施以武力而不加安撫，在政治上是極大的失策。因此他在心情沉重地憑弔了
在匈奴入侵時被殺於朝那（在今甘肅省平涼市西北）的北地都尉邛之後，不由對
文帝的對外採取安撫政策，不輕易勞師，對內禮待自立的南越王尉佗和稱病不朝

的吳王劉濞，充滿了憧憬之情。「惟太宗之蕩蕩，豈囊秦之所圖！」透過這種感嘆和對比，我們可以感到作者的弦外之音，這就是以秦代的失政來譴責西漢末年政治的黑暗。不過作者的這一意圖，在作品中是經過非常隱曲的手法被表現出來的。世道板蕩，社稷傾覆，使班彪在避難途中懷古感時，心中充滿了去國離鄉的黍離之悲。這種感情在他登上高平城樓，極目眺望邊地的景物時，達到了最高峰。那嵯峨的山陵，蕭條的原野，蒼蒼茫茫，一望無際。舉目千里，不見村落家舍，只有迅速的朔風，激蕩的谷水，以及杳杳飛雲、皚皚積雪，交織成一派典型的邊地風光。這時，灰暗色的天宇中傳來南翔雁羣的陣陣叫聲，更爲這荒涼寂靜的世界增添了一種悽婉的氣氛。目睹此景，耳聞此聲，作者爲自己流落他鄉而感慨萬端，他「撫長劍而慨息，泣漣落而霑衣」，爲人民遭受的苦難而嗚咽抽泣。《後漢書‧劉盆子傳》謂「時三輔大饑，人相食，城郭皆空，白骨蔽野」，三輔如此，邊地之蕪弊則更可想而知。因此作者在「哀生民之多故」的同時，仰望上蒼，發出了「夫何陰曀之不陽兮，嗟久失其平度。諒時運之所爲兮，永伊鬱其誰愬」的浩嘆。與前面紀旅程、抒幽情、發議論不同，作而這段文字以寫景爲主，集中渲染了邊地的空寂，烘托出人物當時悲憤、惆悵、蕭瑟的情懷，給人以強烈的感染。

　　如果說作品的開頭和中間部分在敍述其北征的原因和途中的感受時，作者的情緒還比較激烈和奔放，那麼它的結尾「亂曰」部分，則顯得較爲平和凝重，其句式也由六、七言變爲四言。作者在這裏以簡練的語言，明確地表示了自己身處亂世所持的堅定態度：「夫子固窮，遊藝文兮。樂以忘憂，惟聖賢兮。達人從事，有儀則兮。行止屈申，與時息兮。君子履信，無不居兮。雖之蠻貊，何憂懼兮。」這充分反映了封建士大夫那種「退則獨善其身」的典型思想和班彪爲人處世的鮮明個性。《後漢書》本傳謂其「以通儒上才，傾側危亂之間。行不逾方，言不失正，仕不急進，貞不違人。敷文華以緯國典，守賤薄而無悶容，彼將以世運未弘，非所謂賤焉恥乎，何其守道恬淡之篤也」。作品的這段結尾，正體現了他的這個特點。

　　這篇作品在藝術上的最大特點是夾敍夾議，融紀行、寫景、抒情、議論於一爐。它整個結構以紀行爲骨架，隨着時間的推移和行程的進展，一路寫來，很有層次。在紀行時，又時時揷入對有關景物的描寫。如經雲門，「望通天之崇崇」，既展現了地理特點，又表現了人物在離京時的戀戀不舍之情。同樣，其釋馬彭陽，「日晻晻其將暮兮，睹牛羊之下來」，以及登高平城時對邊地風光的集中描寫，都有這種作用。它的議論也很巧妙，往往是因地而施，因事而發，既自然順

理，又恰到好處，而且多寓感時之意於懷古之中，其旨曲隱入微。如其息郁邠，由公劉的遺德想到自己所遭受的「百殃」，引出對時運和天命的議論；其循長城而行，由蒙恬的悲劇引出秦代與漢初對邊患所取不同措施的議論，等等。但無論紀行、寫景和議論，都貫穿着作者對「舊室滅以丘墟」、「我獨罹此百殃」的悲哀。這種身受國禍家難的怨忿之情隨着作者的足迹，愈行愈遠而愈深愈廣，故其敍事議論雖多雜碎，但能以情一以貫之，讀來不覺散亂。另外，作品卽景抒情、以古喻今也相當成功。尤其是作品借用古代事例來表達對時局的看法和批評，既表現出班彪「性沉重好古」的特點，同時又寄寓了作者身處亂世、持正不曲的情志。這就使作品的實際意義超出了單純紀行的範圍而具有一種特有的思想深度。因此晚清浦銑的《復小齋賦話》謂其「妙在有議論，有斷制。不則一篇迷征記，有何意味」。

　　班彪初依隗囂，後歸竇融，被光武召見，舉茂才，歷任徐令、望都長。他學識博洽，曾繼司馬遷《史記》作《後傳》數十篇，爲其子班固作《漢書》所本。除《北征賦》外，他還有《覽海》、《遊居》等賦。但以《北征》最負盛名，對後代的影響也最大。從賦體作品來看，《北征》是第一篇以紀行爲題材的作品。班彪之後，曹大家有《東征賦》，蔡邕有《述行賦》，潘岳有《西征賦》等，都很有名。如果從更廣泛的範圍來看，庾信的《哀江南賦》、杜甫的《北征》《咏懷五百字》等作在基本的藝術手法上，也都與其有相似之處。

（曹明綱）

訂　　鬼　　　　王　充

　　凡天地之間，有鬼，非人死精神爲之也，皆人思念存想之所致也。致之何由？由於疾病。人病則憂懼，憂懼見鬼出。凡人不病則不畏懼。故得病寢衽①，畏懼鬼至。畏懼則存想，存想則目虛見②。

　　何以效之③？傳曰④：「伯樂學相馬，顧玩所見，無非馬者⑤。宋之庖丁學解牛，三年不見生牛，所見皆死牛也⑥。」二者用精至矣！思念存想，自見異物也。人病見鬼，猶伯樂之見馬，庖丁之見牛也。伯樂、庖丁所見非馬與牛，則亦知夫病者所見非鬼也⑦。

病者困劇， 身體痛， 則謂鬼持棰杖毆擊之， 若見鬼把椎鎖繩纆
⑧， 立守其旁。病痛恐懼，妄見之也。初疾畏驚，見鬼之來；疾困恐
死，見鬼之怒； 身自疾痛， 見鬼之擊： 皆存想虛致， 未必有其實也。

夫精念存想，或泄於目⑨，或泄於口，或泄於耳。泄於目，目見
其形； 泄於耳，耳聞其聲； 泄於口，口言其事。晝日則鬼見，暮臥則
夢聞。獨臥空室之中，若有所畏懼，則夢見夫人據案其身哭矣⑩。覺
見臥聞，俱用精神； 畏懼存想，同一實也⑪。

【注釋】①衽（ㅁㄣˋ）：臥席。寢衽：睡在床上。②目虛見：眼睛：發生錯覺，模
模糊糊地看見（鬼）。③何以效之：用什麼來證明它呢？效：驗證。④傳（ㅂㄨㄢˊ）
曰：古書記載裏這麼說。這裏所引的是≪呂氏春秋。精通≫裏的一些話。原文
是：「伯樂學相焉，所見無非馬者，誠乎馬也。 宋之庖丁好解牛， 所見無非死牛
者， 三年而不見生牛，用刀十九年，刃若新磨研，順其理，誠乎牛也。」⑤伯樂
學相（ㄒㄧㄤˋ）馬顧玩所見， 無非馬者：伯樂學習鑒別馬的好壞，他專心看焉，
因此習慣於把別的東西也看成馬。伯樂： 古時候善於相馬的人。顧玩： 仔細端詳。
顧： 看。玩： 尋思。⑥這一句是說，宋國的一個厨工學習宰牛，他在三年裏沒有
見過活牛，他看到的是全是分解了的死牛。⑦夫： 語助詞。⑧繩纆（ㄇㄛˋ）： 繩
索。⑨泄：這裏是表現，顯露的意思。⑩案： 按。夫：語助詞。⑪同一實也： 出
於同樣的情況。

【鑑賞】訂鬼卽評論鬼神的意思。自古以來，鬼神迷信是剝削階級賴以維持統治
的精神支柱。尤其是在東漢光武帝劉秀篡奪了農民起義成果和在洛陽重建劉漢王
朝以後，階級矛盾、統治階級內部矛盾、自然災害的空前嚴重，使得東漢社會一
開始就很不安穩。面對這種岌岌可危的狀況，統治者大力提倡鬼神迷信，他們把
西漢後期發展起來的宣傳「天人感應」的讖緯神學變爲官方統治哲學，卽使是儒
家思想，在那個時代也常常被蒙上了一層神秘的宗敎迷信色彩。這一切嚴重地毒
害着人們的心靈。王充就在這種迷信的圖讖學說甚囂塵上的時刻，發出了他作爲
一名無神論者的吶喊。他繼承了先秦「天人相分」的唯物主義思想，針對「人死
爲鬼」的謊言，寫下了≪訂鬼≫一文，專門論述鬼神問題，它如同其它兩篇直接
論述鬼神問題的文章≪論死≫≪死僞≫一樣，是刺向有神論者的利劍，是投向統
治者的檄文。

《訂鬼》觀點鮮明。文章起始，首先提出「鬼」產生於人的畏懼心理，並非人死後精神變鬼，然後舉出實例並分析和歸納，有力駁斥和否定了「人死爲鬼」的謬論。王充的這一思想超出了他所處的時代，不僅在當時是十分進步的，而且直到今天，仍有它積極的意義，它閃耀着樸素的唯物主義思想的光芒，是中國思想文庫中的寶貴財富。

然而，我們把《訂鬼》一文的借鑑和繼承僅僅停留在反映王充唯物主義哲學思想方面，那是遠遠不夠的。從文學的角度來看，《訂鬼》是一篇優秀的議論散文，在今文經學和讖緯迷霧籠罩下的東漢文學中，《訂鬼》所表現出的文學思想和藝術追求乃是進步的、難能可貴的。

王充在尚實尚用的思想指導下，毅然選擇了「訂鬼」這樣一個難度頗大的命題，這不能不說和王充的執著的美學追求是息息相關的。《周易・系辭下》云：「聖人之情見乎辭。」王充充分發揮了這一觀點，提出了「文辭施設，實情激烈」「文具情顯」等文學主張，極力反對「華而不實，僞而不眞」，追求眞美。《訂鬼》的構思正是出自於這樣的考慮，文章圍繞鬼的由來和其實質這一線索，證明「人病則憂懼，憂懼則鬼出」的道理，這一方面是揭露「鬼」的虛假，另一方面一改歌功頌德式的「美麗之觀」而強調情眞，情眞來自作者對客觀事物的正確認識，來自作者科學和邏輯的思考。

文章開門見山地指出：「凡天地之間，有鬼，非人死精神爲之也，皆人思念存想之所致也」論點肯定而堅決。接着作者從人的思維機能上分析：當「由於疾病」時，人的肉體處於一種不正常狀態之中，就容易出現憂懼、畏懼、恐懼的心理，人「懼」就會憂心忡忡，卽會有「存想」，繼而幻想迭起卽「目虛見」，其結果是誤以爲「鬼」來了。這一因果推理以及「疾病——畏懼——見鬼」思維程式的分析，邏輯性很強，但又不失眞和不覺得空洞，因爲作者從整個空間出發，體察前後，又不離開人的感覺器官，把「疾病、畏懼、見鬼」三者心理變化闡述得十分清楚，把「鬼」的由來，作了提綱挈領的分析。這一分析是對客觀事物的理性認識，是以事實作論證的前導。

《訂鬼》引了《呂氏春秋・精通篇》中伯樂、庖丁的故事作爲論據。伯樂相馬和庖丁解牛的故事在當時皆爲人十分熟悉。伯樂相馬術是極其高明的，這和他「所見無非馬」和王充特別加注的「顧玩」這種精神是密切聯繫的，專心致志地相馬使伯樂把見到一切都當作馬，就產生了「所見無非馬」的幻視。同樣，庖丁解牛的嫻熟是「三年不見生牛」，把活牛也看作死牛，眞可謂「用精至矣」。而「人病見鬼，猶伯樂之見馬，庖丁之見牛也」。在這裏，作者利用流傳甚廣的故事

類比病人憂懼見鬼，把一種虛幻的現象解釋得十分通俗和具體，它所揭示的是「則亦知病者所見非鬼也」，而是一種幻視——目虛見。這一道理通過類比顯得自然有力，使讀者完全能理解和接受。

緊接着，《訂鬼》具體敍述了常人因病見鬼的情況。作者把握了病痛的不同程度和隨之所見的形狀、表情、動作的差異特點，指出：「病者困劇，身體痛，則謂鬼持箠杖毆擊之，若見鬼把椎鎖繩纆，立守其旁。」病者在「困劇」進而「身體痛」的條件下，才有鬼的「毆擊」「立守其旁」的形態。那麼究「鬼現」其原因，作者認爲「病痛恐懼，妄見之也」。這一結論是心思爲謀的思考，語句不繁，簡明扼要，把人們病中常見的那種情景解釋得十分貼切入理。然而作者沒有滿足於這樣的論證，而是進一步有所拓展。「初疾」，「疾困」、「疾痛」，隨着由輕變重的過程產生了「畏驚」、「恐死」、「鬼之擊」幾種不同狀況，指出這類精神病態「皆存想虛致，未必有其實也。」這既是道理之所在，又照應了文章的開頭部分，可謂層層深入，前呼後應。

如果說上述論證，作者還只是着眼於病者的心理變化方面，那末，文章最後部分論述「精念存想」，則是從生理上的各種現象進行分析的。最很部分，作者舉出主觀幻覺有時「泄於目」，有時「泄於耳」，有時「泄於口」，因而就相應產生「見形」、「聞聲」、「言事」的生理反應。不信如此，病者「精念存想」還會進一步使人「晝日則鬼見，暮臥則夢聞。獨臥空室之中，若有所畏懼，則夢見夫人據案其身哭矣」。這一切都是由於精神的作用，如同文章末句所指出：「覺見臥聞，俱用精神；畏懼存想，同一實也。」這部分，作者再舉「精念存想」的種種幻覺，並加以概括、歸納，再三強調鬼不是客觀存在的，而是人們病態的主觀意念。

從上述內容可以看出，《訂鬼》一文既有理論分析，事實論據，又有正面論證和從旁譬說，但是不管運用何種手法都是緊緊圍繞作者情眞的美學思考。它通過讀者自己感官的生活體驗和生活聯想，接觸到以往具體事例和客觀現象，於耳目之中激發感情，同時又通過「情見於辭，意驗於言」（《超奇》）的理性認識上升爲一種觀念，因此文章顯得眞實確鑿，令人信服。

《訂鬼》一文在表現手法上，除了前面提到的因果推理，正反比較和類比以外，還十分注意修辭格沒問的運用。在文章開頭部分曾出現過，當作者提出論點以後，緊接着就用了設問句「致之何由？由於疾病。」第二段中，劈句「何以效之？」接着就以古書內容作答。這些設問句不僅把上下文連貫起來，而且增添了文采和生動性。另外還有排比修辭格的多次出現，如第三段中：「初疾畏驚，見

鬼之來；疾困恐死，見鬼之怒；身自疾痛，見鬼之擊。」這段文字環環緊扣，逐次遞進，前呼後擁，把病人因病情發展而幻覺變化的現象，猶如電影一般映現出來，具體形象，從而有力證明「鬼」確是病人「存想虛致」而決非實有的道理。又如「或泄於目，或泄於口，或泄於耳，」「泄於目，目見其形；泄於耳，耳聞其聲；泄於口，口言其事。」作者根據時間、地點、環境不同而幻覺不同的特徵，證明「見、聞、言」鬼均屬子虛烏有。這一修辭格在語氣上一氣呵成，而語言上又言簡意賅，十分清晰地表達了作者的觀點。

　　王充曾經說過：「文人之筆，勸善懲惡也。」（《佚文》）他還說：「爲世用者，百篇無害，不爲用者，一章無利。」生活在一世紀的王充已經比較自覺地認識到文學的社會功能。從這些話裏，王充追求「善美」思想之眞諦已初見端倪，然而要做到這樣又談何容易！「人死爲鬼」從來就是有神論者的立論依據，是讖緯神學的理論基礎，它所鼓吹的人是一個獨立於體外的精神，是上天所授予的。活着時，依附於人身，主宰人的行動，人死體腐，變成鬼幽游人間，給活人降災降福。但是，王充毫不畏懼，在「疾虛妄」的旗幟下，勇敢地選擇了「打鬼」的論題，大膽施說，盡情揭露「虛假」，鞭撻愚妄和迷信，扶正祛邪，剝去了「鬼」的神秘外衣，還其精神現象的本來面目。王充依據現實生活，由表及裏，去僞存眞地篩選，尋覓符合善美的因素，並積極進行鼓吹，他運用文學這一樣式，科學地揭示了人在患病時的生理、心理變化，表現了王充在意識形態領域裏敢於反正統思想的戰鬥精神。

（顧柏榮）

蘇　武　傳　　　　班　固

　　武，字子卿①。　少以父任②，　兄弟並爲郎③，　稍遷至移中廐監④。時漢連伐胡⑤，　數通使相窺觀⑥。　匈奴留漢使郭吉、　路充國等⑦，　前後十餘輩⑧。匈奴使來，漢亦留之，以相當⑨。

　　天漢元年⑩，且鞮侯單于初立⑪，恐漢襲之⑫，乃曰⑬：「漢天子，我丈人行也⑭。」盡歸漢使路充國等。武帝嘉其義⑮，　乃遣武以中郎將使持節送匈奴使留在漢者⑯，因厚賂單于⑰，答其善意。

武與副中郎將張勝及假使常惠等⑱，募士斥候百餘人俱⑲。既至匈奴，置幣遺單于⑳，單于益驕。非漢所望也。方欲發使送武等，會緱王與長水虞常等謀反匈奴中㉑。

緱王者，昆邪王姊子也㉒。與昆邪王俱降漢，後隨浞野侯沒胡中㉓。及衞律所將降者㉔，陰相與謀劫單于母閼氏歸漢㉕。會武等至匈奴。虞常在漢時，素與副張勝相知㉖，私候勝㉗，曰：「聞漢天子甚怨衞律，常能為漢伏弩射殺之㉘。吾母與弟在漢，幸蒙其賞賜㉙。」張勝許之㉚，以貨物與常。後月餘，單于出獵，獨閼氏、子弟在㉛。虞常等七十餘人欲發㉜，其一人夜亡㉝，告之㉞。單于子弟發兵與戰，緱王等皆死，虞常生得㉟。

單于使衞律治其事㊱。張勝聞之，恐前語發㊲，以狀語武㊳。武曰：「事如此，此必及我㊴。見犯，乃死㊵，重負國㊶。」欲自殺。勝、惠共止之。虞常果引張勝㊷。單于怒，召諸貴人議㊸，欲殺漢使者。左伊秩訾曰㊹：「卽謀單于。何以復加㊺？宜皆降之㊻。」

單于使衞律召武受辭㊼。武謂惠等：「屈節辱命㊽，雖生，何面目以歸漢？」引佩刀自刺。衞律驚，自抱持武，馳召醫㊾。鑿地為坎㊿，置熅火[51]，覆武其上，蹈其背以出血[52]。武氣絕，半日復息[53]。惠等哭，輿歸營[54]。單于壯其節，朝夕遣人候問武，而收繫張勝[55]。

武益愈[56]。單于使使曉武[57]，會論虞常[58]，欲因此時降武[59]。劍斬虞常已[60]，律曰：「漢使張勝謀殺單于近臣[61]，當死。單于募降者赦罪[62]。」舉劍欲擊之，勝請降。律謂武曰：「副有罪，當相坐[63]。」武曰：「本無謀[64]，又非親屬，何謂相坐？」復舉劍擬之[65]，武不動。律曰：「蘇君，律前負漢歸匈奴，幸蒙大恩，賜號稱王，擁衆數萬，馬畜彌山[66]，富貴如此。蘇君今日降，明日復然。空以身膏草野[67]，誰復知之？」武不應。律曰：「君因我降，與君為兄弟。今不聽吾計，後雖欲復見我，尚可得乎？」武罵律曰：「女為人臣子[68]，不顧恩義，畔主背親[69]，為降虜於蠻夷，何以女為見？且單于信女，使決人死生，不平心持正，反欲鬥兩主[70]，觀禍敗。南越殺漢使者[71]，屠為九郡[72]；宛王殺漢者[73]，頭縣北闕[74]；朝鮮殺漢使者[75]，卽時誅

滅⑦。獨匈奴未耳。若知我不降明⑦，欲令兩國相攻，匈奴之禍，從我始矣。」律知武終不可脅⑦，白單于⑦。單于愈益欲降之。乃幽武置大窖中⑧，絕不飲食⑧。天雨雪⑧，武臥齧雪與旃毛并咽之⑧，數日不死，匈奴以爲神。乃徙武北海上無人處⑧，使牧羝⑧，羝乳乃得歸⑧。別其官屬常惠等⑧，各置他所。

　　武既至海上，廩食不至⑧，掘野鼠去屮實而食之⑧。杖漢節牧羊⑨，臥起操持⑨，節旄盡落。積五、六年，單于弟於靬王弋射海上⑨。武能網紡繳⑨，檠弓弩⑨，於靬王愛之，給其衣食。三歲餘，王病，賜武馬畜、服匿、穹廬⑨。王死後，人衆徙去。其冬，丁令盜武牛羊⑨，武復窮厄⑨。

　　初，武與李陵俱爲侍中⑨。武使匈奴明年，陵降，不敢求武⑨。久之，單于使陵至海上，爲武置酒設樂。因謂武曰：「單于聞陵與子卿素厚⑩，故使陵來說足下⑩，虛心欲相待。終不得歸漢，空自苦亡人之地⑩，信義安所見乎⑩？前長君爲奉車⑩，從至雍棫陽宮⑩，扶輦下除⑩，觸柱折轅⑩，劾大不敬⑩，伏劍自刎⑩，賜錢二百萬以葬。孺卿從祠河東后土⑩，宦騎與黃門駙馬爭船⑩，推墮駙馬河中溺死。宦騎亡⑩，詔使孺卿逐捕不得⑩，惶恐飲藥而死。來時太夫人已不幸⑩，陵送葬至陽陵⑩。子卿婦年少，聞已更嫁矣⑩。獨有女弟二人⑩，兩女一男，今復十餘年，存亡不可知。人生如朝露⑩，何久自苦如此？陵始降時，忽忽如狂⑩，自痛負漢，加以老母繫保宮⑩。子卿不欲降，何以過陵？且陛下春秋高⑩，法令亡常⑩，大臣亡罪夷滅者數十家⑩，安危不可知，子卿尚復誰爲乎⑩？願聽陵計，勿復有云。」武曰：「武父子亡功德，皆爲陛下所成就⑩，位列將⑩，爵通侯⑩，兄弟親近⑩，常願肝腦塗地⑩。今得殺身自效⑩，雖蒙斧鉞湯鑊⑩，誠甘樂之。臣事君，猶子事父也⑩，子爲父死，亡所恨，願勿復再言。」

　　陵與武飲數日，復曰：「子卿壹聽陵言⑩。」武曰：「自分已死久矣⑩。王必欲降武⑩，請畢今日之驩⑩，效死於前⑩。陵見其至誠，喟然歎曰⑩：「嗟乎！義士。陵與衞律之罪，上通於天⑩。」因泣下霑

衿⑩，與武決去⑪。陵惡自賜武⑫，使其妻賜武牛羊數十頭。

後陵復至北海上，語武：「區脫捕得雲中生口⑬，言太守以下吏民皆白服，曰上崩⑭。」武聞之，南鄉號哭⑮，歐血⑯，旦夕臨⑰，數月。

昭帝即位⑱，數年，匈奴與漢和親⑲，漢求武等，匈奴詭言武死⑳。後漢使復至匈奴，常惠請其守者與俱㉑，得夜見漢使，具自陳道㉒。教使者謂單于，言天子射上林中㉓，得雁，足有繫帛書，言武等在某澤中。使者大喜，如惠語以讓單于㉔。單于視左右而驚，謝漢使曰㉕：「武等實在㉖。」

於是李陵置酒賀武曰：今足下還歸，揚名於匈奴，功顯於漢室。雖古竹帛所載㉗，丹青所畫㉘，何以過子卿！陵雖駑怯㉙，令漢且貰陵罪⑩，全其老母⑪，使得奮大辱之積志⑫，庶幾⑬乎曹柯之盟，此陵宿昔之所不忘也⑭。收族陵家⑮，爲世大戮⑯，陵尚復何顧乎⑰？已矣！令子卿知吾心耳。異域之人，壹別長絕⑱！陵起舞，歌曰：「徑萬里兮度沙幕⑲，爲君將兮奮匈奴⑳。路窮絕兮矢刃摧㉑，士衆滅兮名已隤㉒。老母已死，雖欲報恩將安歸？」陵泣下數行，因與武決。單于召會武官屬㉓，前以降及物故㉔，凡隨武還者九人㉕。

武以始元六年春至京師㉖。詔武奉一太牢謁武帝園廟㉗。拜爲典屬國㉘，秩中二千石㉙，賜錢二百萬，公田二頃，宅一區。常惠、徐聖、趙終根皆拜爲中郎⑩，賜帛各二百匹。其餘六人老，歸家，賜錢人十萬，復終身⑪。常惠後至右將軍，封列侯，自有傳。武留匈奴凡十九歲，始以強壯出，及還，鬚髮盡白。

武來歸明年，上官桀、子安與桑弘羊及燕王、蓋主謀反⑫。武子男元與安有謀⑬，坐死⑭。初，桀、安與大將軍霍光爭權⑮，數疏光過失予燕王⑯，令上書告之。又言蘇武使匈奴二十年不降，還乃爲典屬國，大將軍長史無功勞⑰，爲搜粟都尉⑱，光顓權自恣⑲。及燕王等反誅，窮治黨與⑩。武素與桀、弘羊有舊⑪，數爲燕王所訟⑫，子又在謀中，延尉奏請逮捕武⑬。霍光寢其奏⑭，免武官。

數年，昭帝崩。武以故二千石與計謀立宣帝⑮，賜爵關內侯，食

邑三百戶⑯。久之，衞將軍張安世薦武明習故事⑰，奉使不辱命，先帝以爲遺言⑱。宣帝卽時召武待詔宦者署⑲，數進見，復爲右曹典屬國⑳。以武著節老臣㉑，令朝朔望㉒，號稱祭酒㉓。甚優寵之。武所得賞賜，盡以施予昆弟故人，家不餘財。皇后父平恩侯、帝舅平昌侯、樂昌侯、車騎將軍韓增、丞相魏相、御史大夫丙吉㉔，皆敬重武。

武年老，子前坐事死。上閔之㉕，問左右：「武在匈奴久，豈有子乎？」武因平恩侯自白㉖：「前發匈奴時㉗，胡婦適產一子通國，有聲問來㉘。願因使者致金帛贖之。」上許焉。後通國隨使者至，上以爲郎，又以武弟子爲右曹㉙。武年八十餘，神爵二年病卒㉚。

甘露三年㉛，單于始入朝。上思股肱之美㉜，乃圖畫其人於麒麟閣㉝，法其形貌㉞，署其官爵姓名㉟。唯霍光不名，曰大司馬大將軍博陸侯姓霍氏，次曰衞將軍富平侯張安世，次曰車騎將軍龍額侯韓增，次曰後將軍營平侯趙充國，次曰丞相高平侯魏相，次曰丞相博陽侯丙吉，次曰御史大夫建平侯杜延年，次曰宗正陽城侯劉德，次曰少府梁丘賀，次曰太子太傅蕭望之，次曰典屬國蘇武。皆有功德，知名當世，是以表而揚之，明著中興輔佐㊱，列於方叔、召虎、仲山甫焉㊲。凡十一人，皆有傳。自丞相黃霸、廷尉于定國、大司農朱邑、京兆尹張敞、右扶風尹翁歸及儒者夏侯勝等，皆以善終，著名宣帝之世，然不得列於名臣之圖。以此知其選矣㊳。

贊曰㊴：……孔子稱：志士仁人，有殺身以成仁，無求生以害仁㊵。使於四方，不辱君命㊶。蘇武有之矣。

【注釋】①武字子卿：武卽建之子。因本篇是從《李廣蘇建傳》中節選來的，故未書姓。②以父任：蘇武的父親蘇建曾爲代郡太守，以功封平陵侯。漢制，官俸二千石以上者，得任其子爲郎，所以蘇武得享受這種待遇。以：因。③兄弟：指蘇武的哥哥蘇嘉和弟弟蘇賢。郎：官名，有議郎、中郎、侍郎、郎中之分，職掌守衞宮廷和隨從車駕等。④稍：漸漸。遷：這裏指升官。移（彳）中厩（ㄐㄧㄡˋ）：漢宮中移園內的馬厩名。移：漢宮中栽植移樹（唐棣）的園名。厩：養馬的地

方。監：這裏是管理馬厩的官。⑤伐：討伐。胡：此處指匈奴。⑥通使：互派使
者。窺觀：探看。⑦留：扣留。⑧十餘輩：十幾批。⑨相當：相抵。⑩天漢元
年：公元前100年。天漢：漢武帝年號。⑪且（ㄐㄩ）鞮（ㄉㄧ）侯單于：匈奴烏
維單于的兄弟，天漢元年立爲單于且鞮侯是這位單于嗣位以前的封號。單于：匈
奴君主的稱號。⑫襲：掩襲，軍事上乘人不備而進攻。⑬乃：原亦作「迺」，以
下同。⑭丈人行：長輩。丈人：對男子長輩的尊稱。行：輩。⑮嘉：贊許。⑯中
郎將：官名，地位次於將軍。節：使臣所持的一種信物，也稱「旄節」，以竹爲
杆，上綴旄牛尾三重。⑰厚賂（ㄌㄨˋ）：贈予豐富的財物。賂：贈送財物。⑱副：
副使。假吏：臨時兼充的屬吏。這裏指臨時充任使臣的隨員。⑲募士斥候：招募
士卒和在途中做斥候的人。斥候，偵察兵。⑳置：預備。幣：財物，玉、馬、
皮、帛等，古皆稱幣。遺（ㄨㄟˋ）：贈送。㉑會：適逢。緱（ㄍㄡ）王：匈奴的一
個親王。長水：水名，在今陝西省藍田縣西北，漢置長水校尉。㉒昆（ㄏㄨㄣˊ）
邪（ㄧㄝˊ）王：匈奴的一個親王，於武帝元狩二年（前121）降漢。㉓浞（ㄓㄨㄛˊ）
野侯：名趙破奴，太原人。太初二年（前103），他曾率二萬騎擊匈奴，兵敗而
降，全軍淪沒。㉔衛律：本是長水胡人，生長於漢。曾由李延年推薦，出使匈
奴。律自匈奴還時，正值延年因罪被捕，律恐受牽連，遂逃往匈奴，匈奴封他爲
丁零王。將：帶領。㉕閼（ㄧㄢ）氏（ㄓ）：匈奴王后的稱號。㉖素：向來。
相知：相熟識，有交往。㉗私候：私自拜訪。㉘伏弩（ㄋㄨˋ）：暗中藏著弩弓。
弩：用機栝發箭的弓。㉙幸：希望。蒙：受到。其：代指漢朝。㉚許：允許，答
應。㉛獨：只有。㉜發：指起事。㉝夜亡：夜間逃出去。㉞之：代匈奴方面。㉟
生得：活捉。這裏是「被活捉」的意思。㊱治：懲處。這裏是審理的意思。㊲前
語：指前些時候虞常和張勝私下所說的那些話。發：泄露。㊳以：拿，把。狀：
指事情的經過。語：告訴。㊴必：一定。及：到。這裏指牽連。㊵見犯：被侵
犯，被侮辱。乃：持。㊶重：更加。負國：有負於國家。㊷果：果然。引：牽
引。㊸貴人：貴族。㊹伊秩訾（ㄗ）：匈奴的王號，有左、右之分。㊺卽：假使。
加：加重（處罰）。㊻降之：使他們投降。㊼受辭：受審。辭：供辭。㊽屈節辱
命：屈自己的節操，辱國家的使命。㊾馳召毉：馳馬去找醫生。毉：古「醫」
字。㊿坎：坑。51熅（ㄩㄣ）火：初燃未旺有烟無焰的火。52蹈：同「搯」，輕
敲。53息：呼吸。54輿：抬。營：漢使營帳。55收繫：逮捕監禁。56益愈：更好
些了。57使使：派遣者。曉：通知。58會：共同。論：定罪。59因：趁。降武：
使蘇武投降。60已：完畢。61近臣：親近的大臣。這是衛律自指。62募：招募。
赦罪：免罪。63相坐：相連坐，連帶治罪。64本無謀：本來沒有參加謀劃。65

擬：做（砍人的）樣子。⑥彌：滿。⑥膏草野：給草野作肥料。⑥女：同「汝」。
⑥畔：通「叛」。⑦鬥兩主：意謂挑撥漢天子與匈奴單于的關係，使他們互相爭
鬥。⑦南越殺漢使者：武帝元鼎五年（前112），南越王相呂嘉殺死南越王、王
后及漢使者，叛漢。武帝遣將討伐，呂嘉敗死，以其地設置南海、蒼梧等九郡
（《史記・南越列傳》）。⑦屠：平定。⑦宛王殺漢使者：漢武帝太初元年（前
104），漢遣使往大宛求良馬，大宛不與，並攻殺漢使。太初四年漢攻大宛，大宛
國王爲其國中貴人所殺（見《史記・大宛列傳》）。⑦縣：同「懸」。北闕：古代
宮殿北面的門樓，爲臣子等候朝見或上書之處。⑦朝鮮殺漢使者：武帝元封二年
（前109）派遣涉河出使朝鮮，涉何暗害了伴送他的朝鮮人，謊報爲殺了朝鮮武
將，因而被封爲遼東東部都尉。朝鮮襲殺涉何，於是漢遣將攻朝鮮。朝鮮相殺王
右渠降漢（見《史記・朝鮮列傳》）。⑦卽時：卽刻，立刻。⑦若：你。明：明
白。⑦：逼迫；威脅。⑦白：告訴。⑧幽：囚，禁閉。窖（ㄐㄧㄠˋ）：收藏物品的
地室。⑧絕不飲（ㄧㄣˋ）食（ㄙˋ）：不給水喝，不給飯吃。⑧雨（ㄩˋ）雪：下雪。
雨：用作動詞。⑧嚙（ㄋㄧㄝˋ）咬，嚼。旃：同「氈」。咽：吞。⑧北海：卽今貝加
爾湖。當時爲匈奴北界。⑧羝（ㄉㄧ）公羊。⑧乳：生育。⑧別：分開，隔離。⑧
廩食：官給的糧食。這裏是說匈奴政府的糧食。⑧去：同「弆」（ㄐㄩˇ），儲藏。屮：
本音ㄔㄜˋ，《漢書》借用作「艸（草）」字。草實：野生果實。⑨杖：作動詞用，
拄著。⑨操持：拿。⑨於（ㄨ）軒（ㄐㄩㄢ）王：且鞮侯單于之弟。弋（ㄧˋ）
射：用繩繫在箭上封，指打獵。⑨網：上面應有「結」字（據王念孫說）。繳（
ㄓㄨㄛˊ）：繫在箭上的絲繩。⑨檠（ㄑㄧㄥˊ）：校正弓弩的工具，此作動詞用，指矯
正弓弩。⑨服匿：一種口小腹大、底平的容器，以盛酒酪，類似今天的罈子。穹
廬：圓頂的氈帳。⑨丁令：也稱丁靈，部落名，匈奴的一種。⑨厄：困窮。⑨李
陵：漢名將李廣之孫，字少卿。武帝時曾爲侍中，後任騎都尉，於天漢二年（前
99）率步兵五千，與匈奴主力作戰，力竭而降。侍中：掌管皇帝乘輿服物的官。
⑨求：訪問。⑩素厚：向來交情很深。⑩說（ㄕㄨㄟˋ）：勸說。足下：此指蘇武。
⑩亡人：卽無人。⑩安所見：表現在哪裏，卽有誰看得見。⑩長君：稱別人的長
兄，這裏指蘇嘉。奉車：卽奉車都尉，掌管皇帝車輦的官，皇帝出行，例須隨
侍。⑩雍：地名，在今陝西省鳳翔縣南。棫（ㄩˋ）陽宮：在雍之東北。⑩輦（
ㄋㄧㄢˇ）：人推挽的車。秦漢後特指君、后所乘的車。除：殿階。⑩轅（ㄩㄢˊ）：
車前部用來駕牲口的直木或曲木。⑩劾（ㄏㄜˊ）：彈劾，揭發罪狀。大不敬：罪
名，爲十種不可赦免的重罪之一。⑩伏劍：用劍自殺。刎（ㄨㄣˇ）：割頸。⑩孺
卿：蘇武弟賢，字孺卿。祠：祭祀。河東：郡名，在今山西省南部黃河以東地

區。后土：地神。⑪宦騎（ㄐㄧˋ）：騎馬侍衞皇帝的宦官。黃門：宮禁的門。駙馬：即副馬，本指皇帝副車之馬，轉爲掌管副馬的官名。黃門駙馬：是皇帝的一種侍從人員。⑫亡：逃走。⑬逐捕：追捕。⑭太夫人：對他人母親的尊稱。此指蘇武的母親。不幸：死的代稱。⑮陽陵：漢時陽陵縣，在今陝西省咸陽市東，漢景帝陵墓所在。⑯更嫁：改嫁。⑰女弟：妹妹。⑱如朝露：像早晨的露水一樣（很快就乾掉），形容人生短促。⑲忽忽：失意的樣子。⑳繫：收押，囚禁。保宮：獄名，囚禁大臣及其眷屬處。初名居室，太初元年改名爲保宮。㉑春秋高：年老。春秋：指年齡。㉒亡常：沒有定規。㉓夷滅：誅殺，滅族。㉔誰爲：即爲誰。「誰」是「爲」的賓語，前置。㉕成就：這裏有「培養」、「提拔」的意思。㉖列將：指蘇武父子曾任右將軍、中郞將等。㉗通侯：即御侯。武父蘇建曾封平陵侯。㉘親近：指皇帝親近之臣。㉙肝腦塗地：意思是犧牲性命。㉚效：盡，致。這裏是說效忠。㉛蒙：受到。斧鉞：古軍法用以殺人的斧子。湯鑊（ㄏㄨㄛˋ）：一種酷刑，即把人投入滾湯中煮死。鑊：無足大鼎。㉜猶：如。㉝壹：決定之辭，作「一定」講。㉞自分（ㄈㄣˋ）：自己料定。㉟王：指單于，一說，指李陵，因李陵被匈奴封爲右校王（見《資治通鑑》胡三省注）。㊱驩：同「歡」。㊲效死：死在你的面前。效：致。㊳唈（ㄎㄨㄟˋ）然：嘆息的樣子。㊴上通於天：意思是罪行嚴重，達到頂點。通：達。㊵霑：同：「沾」，濕。衿：同「襟」。㊶決：辭別。㊷惡（ㄨˋ）：羞惡，不好意思。賜：贈與。㊸區（ㄡ）脫：亦作「甌脫」，指邊界部落。雲中：郡名，轄地約當今山西省西北部和內蒙古自治區西南一帶。生口：活人，指被俘虜的漢人。㊹這裏指后元二年（前87）漢武帝死。㊺南鄉：向南。鄉：同「向」。㊻歐（ㄡˇ）：同「嘔」。㊼旦夕：早晚。臨（ㄌㄧㄣˋ）：哭奠。㊽昭帝：名弗陵，武帝子。公元前87年繼位。㊾和親：本指兩個民族之間通過聯姻，締結友好關係，這裏指和好。㊿詭言：詐言。(51)守者：指看守常惠的人。俱：偕，同。(52)具：完備。這裏是詳盡的意思。陳道：陳述。(53)上林：即上林苑。見前《上林賦》注。(54)讓：責問。(55)謝：道歉。(56)在：存在，活着。(57)竹帛：竹簡和白絹，古時供書寫之用，此指史册。(58)丹青：丹砂和青雘，都是繪畫用的顏料，此指圖畫。(59)駑（ㄋㄨˊ）怯：無能膽小。駑：才能低下的馬。(60)貰（ㄕˋ）：寬赦。(61)全：保全。(62)奮：施展。大辱：指兵敗投降匈奴事。積志：積蓄已久的志願。(63)庶幾：也許可以，表示希望。曹柯之盟：曹指春秋時魯人曹沫。柯是春秋時齊邑，在今山東省陽谷縣東北。曹沫與齊交戰，三戰皆敗，魯國獻汶陽之地以求和。齊桓公乃與魯莊公在柯邑會盟。曹沫執七首劫持齊桓公，迫使桓公歸還了魯地（見《史記·刺客列傳》）。(64)宿昔：亦作「夙昔」，以前、往日。一說，同「

夙夕」，等於說早晚。⑯收族：係捕滅族。⑯戮：懲罰。這裏指恥辱。⑯顧：留戀。⑱長絕：永遠隔絕。⑯徑：經過。沙幕：同「沙漠」。⑰君：指漢武帝。奮：指奮力與匈奴作戰。⑰路窮絕：指被圍困在狹谷中。摧：毀折。⑰士衆：指士兵。隤：同「頹」，墜，敗壞。⑬會：召集。官屬：指蘇武的隨行人員。⑭以：同「已」。物故：死亡。⑮凡：共計。⑯始元六年：公元前81年。始元：漢昭帝年號。⑰奉：呈。太牢：以牛、羊、豬三牲作祭品。謁：這裏指祭告。園廟：陵墓處的祠廟。⑱拜：授官。典屬國：官名，掌管臣屬於漢朝的外族事務。⑲秩：俸祿的等級。中二千石：漢代俸祿以糧食多少爲等級。二千石又分中二千石、二千石、比二千石三等。　中二千石，　月俸爲一百八十斛。　⑱中郎：官名，掌宿衞侍值，屬郎中令。⑱復：免除徭役。⑱上官桀：武帝末年封安陽侯，與霍光同輔昭帝。其子上官安，娶霍光女，生女，爲昭帝皇后，安被封桑樂侯。桀父子濫行封賞，欲廢昭帝，殺霍光，立燕王，事敗，宗族盡滅。桑弘羊：善理財，爲治粟都尉，掌管全國鹽鐵，後與上官桀謀反被誅。燕王：名旦，武帝第三子，昭帝之兄。　蓋主：武帝長女，昭帝長姐，封鄂邑長公主，因嫁蓋侯（王信）故又稱蓋主。謀反事敗，她與燕王俱自殺。⑱子男：兒子。與安有謀：武子蘇元與上官安同謀。⑭坐死：獲罪被處死。坐：獲罪。⑮霍光：平陽人，字子孟。受武帝遺詔，輔昭帝。昭帝死後，霍光等立昌邑王賀爲帝。後又廢之，改立宣帝。一切政事，都由霍光決定。⑯疏：一條一條地記錄下來，卽條陳。⑰大將軍長史：指大將軍屬下的長史官楊敞。⑱搜粟都尉：官名，掌管收納軍糧等。⑲顓：同「專」。恣：放肆。⑲窮治：徹底處理。黨與：同謀的人。⑲有舊：有舊交情。⑲訟：申訴。這裏指燕王因蘇武功高而官小，替他向皇帝申訴。⑲廷尉：主管刑獄的官。⑭寑：擱置。⑲故二千石：卽前二千石。與（ㄩˋ）：參預。宣帝：武帝曾孫劉洵。⑯食邑：采地，食其封邑的租稅，所以稱爲食邑。⑰張安世：張湯子，昭帝時封富平侯，宣帝時拜大司馬。明習：熟習。故事：指典章制度。⑱先帝：指昭帝。以爲遺言：指昭帝遺言曾講到蘇武熟悉朝章典故和出使不辱君命這兩點長處。⑲待詔：指聽侯宣召。宦者署：宦者令的衙門。因靠近皇宮，故在此待詔。⑳右曹：尙書令下面的官，漢時作爲加官的空銜。⑳著節：節操顯著。⑳朝朔望：只逢每月初一、十五入朝，以示優寵。⑳祭酒：古代宴會和祭祀時，先推年高有德的人舉酒爲祭。後來凡對年高有德的人，就往往稱之爲「祭酒」。這裏是漢朝對蘇武所加的尊稱。⑳平恩侯：宣帝許皇后之父許廣漢的封號。平昌侯：宣帝的舅舅王無故的封號。樂昌侯：王無故的弟弟王武的封號。韓增、魏相、丙吉：都是宣帝初年的功臣。⑳閔：卽「憫」，憐憫。⑳因：依靠。這裏是「通過」的意

思。⑳發：出發，啓程。⑳聲問：音信。⑳武弟子：蘇賢的兒子。⑳神爵二年：
公元前60年。神爵：宣帝年號。⑪甘露三年：公元前51年。甘露：宣帝年號。⑫
股肱：大腿和上肢肩肘之間的部分，比喩左右輔佐之臣。⑬圖畫：作動詞用。麒
麟閣：在未央宮中。⑭法：取法，依照。⑮署：寫明。⑯明：明白地。著：說
明。中興：當時認爲昌邑王敗壞了漢室基業，故以宣帝比周宣王之中興。⑰方
叔、召虎、仲山甫：都是周宣王的名臣，輔助周宣王中興。⑱選：選擇。這裏有
嚴於挑選的意思。⑲贊：略同於評論。在「贊」中，旣可贊美，亦可批判。在本
篇的「贊」中，尚有對李廣、李陵的論述，以其與蘇武無關，今刪去。⑳志士仁
人：語見《論語·衞靈公》，原文是：「子曰：志士仁人，無求生以害仁，有殺
身以成仁。」㉑這兩句見《論語·子路》。

【鑑賞】自從班固的《漢書》問世以後，蘇武的英名就反復出現在歷代的詩詞、
散文、辭賦、戲曲、小說之中。他的感天地、泣鬼神的愛國主義精神，一直爲人
們所稱道。《蘇武傳》附見於《漢書·李廣蘇建傳》·《李廣傳》基本上照錄《
史記·李將軍列傳》，《蘇建傳》只有短短幾行，而《蘇武傳》則是班固傾全力
爲之的。在《漢書》中，此傳是最能顯示班固塑造人物形象的藝術才華的優秀篇
章之一。

　　全文共有十八個小節，外加一個贊語。按蘇武一生經歷的主要關節，大致可
以劃爲三個部分。第一部分是第一、二兩小節，寫蘇武奉命出使匈奴，以通和
好。第二部分共十二小節，寫蘇武在匈奴遇到意外情況而被扣留及後被放回的經
過。第三部分共四小節，寫蘇武返漢以後受尊寵的情形。贊語主要表彰蘇武的崇
高品質。

　　蘇武的出使，正當漢朝與匈奴的關係有所改善、兩國矛盾有所緩和的時期。
匈奴方面先作出友好姿態，把以往扣留的漢朝使臣全部放回。漢武帝爲了答謝匈
奴方面的好意，也採取了同樣的行動，派蘇武護送以往留在漢朝的匈奴使臣回
國。按常情而言，蘇武是一個和平使者。他的出使應該是愉快而順利的，但事情
的發展卻出乎意料。當時，匈奴恰巧發生了一次情節嚴重的謀反事件。謀反者的
首領緱王計畫綁架匈奴單于的母親閼氏，投奔漢朝。謀反者的另一首領虞常原是
漢臣，他企圖刺殺叛漢降敵，當了匈奴大臣的衞律。他把這個想法告訴了副使張
勝。張勝沒有向蘇武報告，私下支持他們的行動。從國家關係上說，張勝的做法
損害了漢朝的信義，有背於兩國通好的宗旨，使漢使處於理虧的地位。虞常曾對
張勝說：「聞漢天子甚怨衞律，常能爲漢伏弩射殺之。吾母與弟在漢，幸蒙其賞

賜。」可見其出發點並不是眞正愛國。緱王原是歸附漢朝的匈奴貴族，他重新陷沒匈奴中是因爲漢武帝派他隨浞野侯趙破奴去接應左大都尉。左大都尉是匈奴貴人，他企圖刺殺單于降漢。單于及時粉碎了這一陰謀，並發兵俘獲了趙破奴的軍隊。這些不愉快的往事，本該隨着兩國關係的改善而不再重演，但緱王的思想沒有跟上形勢的發展，仍然重複上一次的冒險行動，結果兵敗被殺，虞常被生擒。事態的發展，不可避免地牽涉到了漢朝的使臣。蘇武遇到了一道事先沒有想到的難題，而作者正是抓住了蘇武在解決這道難題的過程中的表現，刻畫了他的光輝形象。

　　首先，通過蘇武以死報國的行動，刻畫了他剛烈難犯、義不受辱的堅強個性。蘇武是將門之子，稟性剛烈，視死如歸。他知道，自己是漢朝使臣，使臣受辱，就是國家受辱，所以當他聽到張勝報告以後，立即說：「事如此，此必及我。見犯乃死，重負國。」在嚴重關頭，不是考慮個人的得失，而是立即想到如何才能不辜負國家的重托。「重負國」三字含意很深。不能預先發現和勸阻張勝所幹的錯事，一負國；馬上要受到敵國的審訊，給國家丟臉，二負國。這是嚴於責己之意。對於私自種下禍胎的張勝來說，蘇武的話中還包含着什麼意思，心裏不會不清楚，但他卻像常惠一樣來勸阻蘇武自殺。蘇武明白，這場亂子必須由他單獨來收拾了，因此只好暫時不死。暫時不死，並不是貪生怕死，而是說明他在「死」的問題上還要權衡，究竟如何「死」才能對國家有利。在衞律開庭審訊的場合，蘇武對常惠說：「屈節辱命，雖生，何面目以歸漢？」這句話有三層意思：一是表白自己沒有參與匈奴的謀反事件，而且也不贊成有人這樣做；二是表明漢廷沒有指使他們這樣做；三是教育副使張勝不要貪生怕死。在說過這番話以後再引刀自刺，情況就不同了。他自殺的行動，大大增強了說話的分量。不僅足以爲國雪恥，扭轉外交上的被動局面，而且還贏得了敵國的尊敬。這從後來「單于壯其節，朝夕遣人候問武」可以看出。他把本來可能會導致國與國之間發生誤解與爭端的危機大大縮小了。匈奴單獨「收繫張勝」一事，說明匈奴方面已經明白了事情的眞相。

　　其次，通過兩次勸降，突出了蘇武不受威脅利誘，對國家、民族忠貞無二的崇高氣節。按理說，漢朝方面既然沒有指使蘇武等人參與匈奴國中的謀反事件，預知此事的僅是副使張勝一人，這純粹屬於他個人的錯誤行爲，匈奴方面應該單獨留下張勝治罪，而把蘇武等人遣送回國才是。遺憾的是匈奴違背了兩國通好的宗旨，粗暴地把蘇武等人一概扣留，而且要強迫他們投降，企圖以此來羞辱漢朝。這時，理屈的已經不是在蘇武方面，而是在匈奴方面。蘇武面臨着新的嚴峻考驗：堅持民族氣節，拒絕投降，就能爲國爭光；喪失民族氣節，接受投降，必

然給祖國丟臉。蘇武堅定地選擇了前者。爲了讓匈奴知道漢使的骨頭有多硬，他不再考慮死，而是要千方百計地活下去。匈奴對蘇武的勸降使盡了解數。第一次讓衞律出面。衞律使用的方法比較拙劣。一是威嚇。先將虞常斬首，造成恐怖氣氛，然後脅迫張勝投降，最後硬說副使有罪，正使應該連坐，遭到蘇武駁斥後，「復舉劍擬之」。想把蘇武一舉嚇軟，但蘇武不爲所動，威嚇的伎倆遂告破產。二是利誘。衞律恬不知耻地炫耀自己投降匈奴後封王賜爵、擁衆數萬、馬畜彌山的所謂「富貴」，並說「蘇君今日降，明日復然。」蘇武則不屑一顧，置之不理。利誘的一招也隨之失靈。三是逼迫。衞律見蘇武不應，以爲被說動了心，便進而逼迫說：「今不聽吾計，後雖欲復見我，尚可得乎？」蘇武對此人頭畜鳴的叛國者的醜惡表演實在無法保持沉默，終於狠狠地罵了他一通。衞律黔驢技窮，終於認輸。第二次由李陵出面。李陵使用的方法比較高明。他是以老朋友敍舊的方式進行的，着重於從感情上去軟化蘇武。他的談話內容，要點有三。一是極力挑撥蘇武與漢武帝之間的感情，訴說蘇武的兄長蘇嘉和弟弟蘇賢被漢武帝逼死的經過，又說漢武帝「法令無常」，「大臣無罪夷滅者數十家」，即使活着回去，也「安危不可知」。言外之意是說，漢武帝對不起蘇家，又年老昏庸，不值得效忠。二是把蘇武母親去世、妻子改嫁的消息告訴他，又詭稱蘇武在漢朝的兩女一男「存亡不可知」（事實上蘇武的男孩當時未亡），斷絕他對妻兒家室的想念之情。三是宣揚叛徒哲學：「人生如朝露，何久自苦如此！」其時蘇武久處絕域，對來自國內的消息當然是喜歡聽的。李陵向他介紹國內情形和家庭狀況，正好迎合了蘇武的心理，加上言詞娓娓動聽，感情色彩很濃，因此極易摧毀一個人的意志，但蘇武仍不爲所動。他除了針對李陵挑撥君臣關係作了必要的義正辭嚴的答復之外，其餘一概不理。當李陵再要饒舌的時候，蘇武立卽以死相拒，並稱李陵爲「王」（李陵當時封右校王），一下子揭去了朋友間敍舊談心的幌子，終於使李陵羞愧交加，無法再談。第三，通過艱苦考驗的描寫，表現了蘇武堅靭不拔、歷久不磨的愛國意志。蘇武在匈奴的十九年，從生活方面說，可謂艱苦備嘗。幽閉大窖時期，斷絕飲食數天，蘇武嚙雪吞旃，頑強地活下來了。遷至北海時期，斷絕糧食供應，蘇武掘鼠挖草，又頑強地活下來了。從精神方面說，可謂受盡折磨。先是單獨監禁，後又單身流放到無人之地，這已經是够殘酷的了，何況又被判處終身流放：「使牧羝，羝乳乃得歸。」但蘇武仍然頑強地活下來了。從遭遇方面說，可謂步步坎坷。好不容易地受到於靬王的賞識，過了三年溫飽的日子，而於靬王又偏偏短命而亡，衞律又指使人把蘇武的牛羊搶劫一空。儘管如此，蘇武仍然頑強地活下來了。作者特意點出蘇武在最困難的時候始終「杖漢節牧羊，臥起操持，節毛

盡落」。這就告訴讀者，強烈的愛國心是蘇武借以戰勝困難的力量源泉。

堅強個性、民族氣節、愛國意志三個方面是構成蘇武形象的主要特徵。作者在刻畫這些特徵時頗費藝術匠心。

首先是剪裁得法。范曄稱贊班固「文瞻而事詳」，「詳而有體」（《後漢書・班固傳論》），很爲中肯。本文詳敍蘇武出使匈奴被扣留的曲折經歷而略敍回國以後的事迹，這有利於突出蘇武的愛國主義精神。蘇武在匈奴一共十九年，作者對這十九年的生活也沒有採用編年紀的方式來描寫，而是詳寫匈奴方面勸降、逼降和蘇武的拒降。至於蘇武在匈奴娶胡婦生子的事情只在文章的後半部分略提一筆。這同樣有利於突出蘇武的愛國主義精神。在略寫的第三部分，作者也不是一味簡略，對於蘇武身後得以畫圖麒麟閣的榮寵就寫得很詳細。由此可見，本文不僅做到了詳其所當詳，略其所當略，而且詳中有略，略中有詳，充分顯示了作者在剪裁方面的精思。

其次是對比鮮明。本文安排的對比主要有這樣幾處：一是與張勝對比。作者寫張勝的見利忘義、喪失骨氣，襯托了蘇武的深明大義和富於骨氣；寫張勝的遇事束手無策，對國家不負責任，襯托了蘇武的臨事不懼、對國家高度負責。二是與衞律對比。作者暴露了衞律賣國求榮的可鄙的內心世界，這就更加突出了蘇武的崇高的民族氣節。三是與李陵對比。李陵善於僞裝。他裝出滿肚子委曲的樣子，極力埋怨漢武帝對待臣下太刻薄。宋代呂祖謙曾經指出：「當陵之海上說蘇武，陵母固未誅也，而激切捭闔，指斥漢失，若必欲降武者，則此言豈可盡信哉！」（《漢書評林》引）儘管李陵後來又裝出關心蘇武生活的樣子，賜以牛羊，但蘇武確實沒有相信他的話。李陵斤斤計較於一家一己的恩怨，置國家民族利益於不顧；而蘇武則置一家一己的恩怨於不顧，一心一意爲國家民族利益着想。兩種思想，兩種胸懷，有如天淵之別。李陵越說得委婉動聽，就越顯得渺小可鄙；蘇武越沉默寡言，就越顯得可敬可佩。事情發展到後來，連李陵自己前後的言行也構成了對比。開始時甘於充當一名無恥的說客，經與蘇武多次交談，方始認識到人間還有「羞恥」二字，不得不自訟道：「嗟乎！義士。陵與衞律之罪，上通於天。」這是第一層對比。動員蘇武投降時說得頭頭是道，及至看到蘇武回國時又哭得哀哀欲絕。這是第二層對比。他終於認識到自己幹了一件多麼愚蠢的事情。對於變節者來說，只配忍辱偸生，悄悄地苟延殘喘，但他連這點自由也沒有，必須身不由己地去充當說客。結果是扮演了一個可憐蟲的角色。當蘇武的英名彪炳青史之時，正是他的叛國者的靈魂被公諸於世之日。在李陵餞別蘇武的宴會上，蘇武不會片言不發，但作者卻不着蘇武一語，只是淋漓盡致地刻畫李陵悔

恨、懊喪、羞慚的種種表現，對比的色彩異常鮮明。就蘇武形象的塑造而言，這也可以說是「不着一字，盡得風流」，因爲蘇武的光輝形象已經栩栩如生地活現在讀者的面前了。

（吳汝煜）

歸　田　賦　　　　　張　衡

　　游都邑以永久①，無明略以佐時②；徒臨川以羨魚③，俟河清乎未期④。感蔡子之慷慨⑤，從唐生以決疑⑥；諒天道之微昧，追漁父以同嬉⑦。超埃塵以遐逝，與世事乎長辭⑧。

　　於是仲春令月⑨，時和氣清，原隰鬱茂⑩，百草滋榮⑪。王睢鼓翼，鶬鶊哀鳴，交頸頡頏，關關嚶嚶⑫。於焉逍遙，聊以娛情⑬。

　　爾乃龍吟方澤，虎嘯山丘⑭。仰飛纖繳，俯釣長流，⑮觸矢而斃，貪餌吞鈎，落雲間之逸禽，懸淵沉之鯊鰡⑯。

　　於時曜靈俄景⑰，繫以望舒，極般游之至樂⑱，雖日夕而忘劬⑲。感老氏之遺誡，將回駕乎蓬廬⑳；彈五弦之妙指，咏周孔之圖書㉑。揮翰墨以奮藻㉒，陳三皇之軌模㉓；苟縱心於物外，安知榮辱之所如㉔。

【注釋】①游：游宦，在外作官。都邑：指東漢京都洛陽。②明略：高超的韜略計謀。佐：輔助。時：當時的國君。③徒：空，白白，徒然。臨川：臨河。典出《淮南子·說林訓》：「臨流而羨魚，不如歸家結網。」④俟：等待。河清：相傳黃河一千年清一次，比喻盛世。未期：難以預期。⑤蔡子：卽蔡澤，燕人。慷慨：這裏指心中鬱鬱不得意。⑥從：向。唐生：卽唐擧，魏人，是戰國時的善相者。決疑：決斷疑難。⑦諒：確實。天道：世道。微昧：幽暗。追：追隨。漁父：指《楚辭·漁父》所記屈原容色憔悴，行吟畔澤，遇漁人相與問答事。同嬉：一起遊樂。⑧超：超越。埃塵：指混濁的塵世。遐逝：遠去。長辭：永離。⑨仲春：夏曆二月。令月：美好的月份。令：吉、好。⑩原：高平之地。隰（ㄒㄧˊ）：低下的平地。鬱茂：茂盛。⑪滋：繁密。榮：茂盛。⑫王睢：卽睢鳩。鶬

鶬：同「倉庚」，即黃鶯。頡頏（ㄒㄧㄝˊ　ㄏㄤˊ）：鳥上下盤旋飛翔。關關：睢鳩雄雌和鳴聲。嚶嚶（ㄧㄥ）：鳥鳴聲。⑬於焉：在這裏。逍遙：遨遊。⑭爾乃：於是乎。吟：吟唱。嘯：撮口而呼。方澤：大湖。⑮仰：這裏指向上射。纖繳（ㄓㄨㄛˊ）：射鳥時所用的一種繫有小繩的箭。俯：低頭。長流：長河。⑯觸矢：射中。吞鈎：指釣上。落：射落。懸：釣起。逸禽：指飛得高遠的鳥。淵沉：深水。鯊鰡（ㄕㄚ　ㄌㄧㄡˊ）：小魚名。⑰曤靈：日。俄：傾斜。景：同「影」。⑱繋：聯屬。繫以：接著。望舒：月的代稱。極：盡情地。般游：遊樂。般：通「盤」。至樂：最高興的事。⑲劬（ㄑㄩˊ）：勞累過度。⑳老氏：即老子。遺誡：指老子對人嬉遊過度的勸戒。≪道德經≫第十二章云：「馳騁畋獵，令人心發狂」。回：返。駕：車。蓬廬：草屋，茅舍。㉑五弦：五弦琴。指：同「旨」，意旨。妙指：精妙的道理。周孔：周公和孔子。圖書：指一般的典籍。㉒翰：筆。奮：發揮。藻：詞藻。㉓陳：陳述，傳述。三皇：堯、舜、禹。軌：法則。模：楷模。軌模：法則，準繩。㉔苟：且。縱：放任。物外：世外，如：往。

【鑑賞】張衡在中國歷史上既是一個有光輝成就的科學家，同時又是一位有傑出貢獻的文學家。他的詩作≪同聲歌≫、≪怨篇≫和≪四愁詩≫在文學史上都是很有影響的作品。尤其是≪同聲歌≫被認爲「寄興高遠，遣辭自妙」，對五言詩的形成起過重要作用。而他的文學成就主要表現於賦的創作。他留下了包括殘文在內的大約十三篇賦作，不僅數量多，而且題材廣，其中以≪二京賦≫和≪歸田賦≫最負盛名。另外他又有≪應間≫、≪七辯≫等文，亦爲人稱道。故前人曾謂「東漢之有班（固）張（衡），猶西漢兩司馬（司馬相如、司馬遷）也」（明張溥≪漢魏六朝百三家集題辭≫），對他評價很高。≪歸田賦≫一般認爲作於晚年任河間相期間（孫文青≪張衡年譜≫謂其作於順帝永和三年作者六十一歲時）。當時東漢政權經過和帝時的全盛階段，已逐漸走向內外交困的崩潰邊緣。東漢社會的痼疾之一的土地兼併至安帝時已非常嚴重，其後果是流民和奴婢日益增多，封建社會的經濟遭到極大的破壞。加之內有外戚亂政、宦官禍國，外有諸羌叛亂、天災連年，致使朝廷內府空竭，各地民變時起。順帝即位後，這種狀況更爲突出。這個昏聵的皇帝自己沉溺於聲色犬馬之樂，將朝政委托給外戚和宦官。這些人仗勢弄權，敗壞綱紀，遍虐天下，使當時社會在混濁的政治和頻繁的災害的雙重摧殘下，出現了「內積怨女，外有曠夫」、田園凋蔽、變亂交作的局面。就在這種情況下，張衡由太史令遷侍中。據≪後漢書≫本傳載，「帝引在帷幄，諷議左右。嘗問衡天下所疾惡者，宦官懼其毀己，皆共目之，詭對而出。閹豎恐終

爲其患，遂共讒之」。爲了回避這種險惡的處境，張衡於永和初（136）出爲河間相。而河間王劉政不但「驕奢，不遵典憲，又多豪右，共爲不軌」。張衡就任後雖然作了一番「治威嚴，整法度」、擒奸黨的工作而使國內「上下肅然」，但終因「天下漸弊，鬱鬱不得志」（《四愁詩》序），先後寫了《怨篇》、《四愁詩》和《歸田賦》等作，來抒發自己苦悶的心情。

《歸田賦》劈頭便說：「遊都邑以永久。無明略以佐時」，表現出對長期仕宦生涯的厭倦。但這顯然不是他的初衷。張衡十七歲開始遊學三輔，從二十三歲時任南陽太守鮑德的主簿到寫這篇賦時，已歷任郎中、侍郎、太史令、公車司馬令、侍中和河間相等職，前後凡三十六年之久。在此期間，正如賦中所說，他曾「感蔡子之慷慨，從唐生以決疑」，想爲漢代建立一番功業的。他不僅在安帝元初二年（115）和順帝永建元年（126）先後兩次任太史令期間，主持全國的天文、地理、風雨氣候的觀察工作，製作了候風儀和地動儀等科學儀器，寫下了天文學上的名著《靈憲》，而且積極參與政事，曾於陽嘉年間兩次上疏，勸戒順帝抑制奢靡，遵禮治國和禁絕「欺世罔俗」的圖讖，在永和年間又收擒河間國內的奸黨，被時人稱爲理政。但是所有這些努力，都無裨於當時日益頹敗的時政，現實與理想的矛盾變得越來越尖銳，使張衡這個積極用世的人終於因爲「天道之微昧」、「俟河清乎末期」，而產生了對世事宦海的極度厭倦，決意「追漁父以同嬉」、「超埃塵以遐逝」了。作者在這一段文字中開誠布公地表明了自己之所以向往歸田的眞實原因，這在當時是具有深刻的社會意義的。

接著，作者用詩一樣的語言，描述了大自然的淸朗景色和徜徉其間的無窮樂趣。在那時和氣淸的仲春二月，作者來到了百草滋榮、散發著芳香的原野上，聽著鳥兒歡快悅耳的歌聲，看著鳥兒自由飛翔、追逐的身影，呼吸著沁人心肺的春天氣息，令人心曠神怡。它與黑暗、混濁、污穢的社會現實形成了強烈的對比。作者如蛟龍入水、猛虎歸山，盡情地享受著自然的慷慨饋贈。他一會兒彎弓射鳥，一會兒垂鉤釣魚，那怡然自得、流連忘返的情景躍然紙上，使人讀來爲之神往。在「極般游之至樂，雖日夕而忘勌」之後，作者回到了他想像中的田園草廬。在那裏，他又借著淸風明月，「彈五弦之妙指，咏周孔之圖書。揮翰墨以奮藻，陳三皇之軌模」。這是多麼優美、多麼平靜的生活！這裏沒有混濁不堪的政治，沒有紛雜繁亂的世務，一切人間的醜惡——不停的傾軋，卑劣的誣陷，曲意的逢迎，無恥的鑽營……統統被拋在一邊，剩下的只是大自然的恩賜、古聖賢的遺訓，以及任憑思想馳騁、揮翰奮藻的廣濶天地。像這樣不爲世事、外物所累的生活，還有什麼榮辱得失可以計較和掛懷的呢？作者寫到這裏，也不禁爲他筆下

所描寫的那種田園詩般的生活所深深地陶醉了。

由於順帝的拒絕，張衡的上書「乞骸骨」終於未能實現（張衡於永和四年徵拜尚書，卒），但他在≪歸田賦≫中所描寫和向往的田園生活，千百年來始終對文人學士充滿了巨大的吸引力。自從張衡首先在賦中以歸田隱居、讀書著述爲表現題材之後，歷代詩文同題材的作品層見迭出。這種現象雖然根本上說是封建社會的必然規律和士大夫「退則獨善其身」的道德觀念在社會生活中的反映，但與張衡這篇作品的出現，也有某種關係。因此這篇作品的貢獻首先在於它第一次在文學作品中，抒寫了封建士大夫決心以歸田隱居的方法來對抗黑暗現實的願望和情趣，從而獲得了人們長時間的思想共鳴和藝術效仿。它對後代許多優秀作品，如陶淵明的≪歸去來辭≫、唐代王維、孟浩然的田園詩等，都有直接的影響，以致這類題材的作品在我國古典文學的創作史上占有重要的地位。

其次，這篇作品在寫景抒情方面也很有特色。如其寫自然景色的一段說：「於是仲春令月，時和氣清。原隰鬱茂，百草滋榮。王雎鼓翼，鶬鶊哀鳴，交頸頡頏，關關嚶嚶。」著墨不多，卻有聲有色地點染出一幅欣欣向榮的春景圖。作者在此並沒有直接抒寫他的感情，但我們完全可以從字裏行間感受到作者擺脫世塵、投入自然的無限喜悅、無限歡快的心情。又如其寫游弋垂釣之樂說：「爾乃龍吟方澤，虎嘯山丘，仰飛纖繳，俯釣長流。觸矢而斃，貪餌吞鈎，落雲間之逸禽，懸淵沉之鯋鰡。」也寫得飄逸瀟洒，怡然自得之情不言而喻。像這些音韵和美、富有表現力的文字即在後代許多優秀作品中也不多見。

另外，值得一提的是，這篇作品在賦的發展史上也有承前啓後的作用。賦是一種以咏物、鋪寫爲主要特徵的文學樣式，在賦中抒情雖然不自張衡的這篇賦作開始，但西漢抒情賦中那種明顯承襲≪楚辭≫句式的板重和單調，以及在內容上的顯然缺乏個性的情況，卻是由張衡的這篇作品加以改變的。而東漢末年以及魏晉以後出現的一大批短小精悍的抒情賦，也是在他的影響下產生的。因此可以這樣說，張衡的≪歸田賦≫在賦的創作中也是一個新時期開始的標誌。

（曹明綱）

遺黃瓊書　　　李　固

聞已度伊、洛①，近在萬歲亭②。豈卽事有漸，將順王命乎③？

蓋君子謂:「伯夷隘，柳下惠不恭④。」故傳曰:「不夷不惠，可否之間⑤。」蓋聖賢居身之所珍也⑥。誠濬欲枕山栖谷⑦，擬迹巢、由⑧，斯則可矣⑨；若當輔政濟民，今其時也⑩。自生民以來，善政少而亂俗多，必待堯舜之君，此爲志士終無時矣⑪。

常聞語曰⑫:「嶢嶢者易缺，皎皎者易汚⑬。」《陽春》之曲，和者必寡⑭；盛名之下，其實難副⑮。近魯陽樊君被徵初至⑯，朝廷設壇席，猶待神明⑰。雖無大異，而言行所守無缺⑱；而毀謗布流，應時折減者，豈非觀聽望深，聲名太盛乎⑲？自頃徵聘之士胡元安、薛孟嘗、朱仲昭、顧季鴻等⑳，其功業皆無所採㉑，是故俗論皆言處士純盜虛聲㉒，願先生弘此遠謨㉓，令衆人嘆服，一雪此言耳㉔。

【注釋】①度: 同「渡」。伊、洛: 伊水和洛水，兩水均在京城洛陽之南。②萬歲亭: 在今河南登封縣西北，相傳漢武帝登嵩山，聞山上有三呼萬歲聲，故名。③卽事: 對當前的事件，指朝廷徵召。按，黃瓊被徵後，路中稱疾不進。漸: 心動。「漸」是《易》的卦名，象徵「徐緩的運動」，故引申爲不再固執原意。④君子: 指孟子。引號中的句子見《孟子·公孫丑》。伯夷: 殷商時孤竹君之子，殷亡後，不食周粟，與弟叔齊餓死於首陽山。隘: 心地偏狹孤僻。柳下惠: 名展禽，春秋時魯國人，曾在魯國做典獄官，三次被罷官，仍不離開魯國。《論語·微子》記孔子的話，說伯夷「不降其志，不辱其身」；說柳下惠「降志辱身」。恭: 莊重，自尊。⑤傳: 解釋儒家六經的著作稱之爲「傳」。引號中的句子見楊雄《法言·淵騫篇》。夷、惠: 指伯夷、柳下惠。可否之間: 採取中間態度。意卽旣不學伯夷的過分偏狹，也不學柳下惠的一味隨和。⑥居身: 處世，立身。珍: 珍視，看重。⑦誠: 果眞。枕山栖谷: 喻在山野隱居。⑧擬: 模仿。迹: 行爲。巢、由: 巢父和許由，相傳是帝堯時的隱士，帝堯禪位給他們，他們逃避不受。⑨斯: 這樣，指拒絕徵召。⑩輔政: 輔佐朝廷辦事。其時: 正是時候。⑪生民: 世界上有人、人類社會開始。善政: 統治合理，政治清明。亂俗: 統治無方，社會混亂。志士: 有志救世濟民的人。終: 永遠。⑫語: 成語，諺語。⑬嶢(一幺)嶢: 高峻。缺: 折斷。皎皎: 潔白。⑭《陽春》: 古代高雅的樂曲。和: 應和，共鳴。寡: 稀少。語出宋玉《對楚王問》。⑮盛名: 大名。副: 符合，相等。⑯魯陽: 今河南魯山縣。樊君: 樊英，東漢名士，州郡和朝廷多次徵召，他都拒絕不應。順帝永建二年（127）強徵到京，仍不肯朝見，用轎子強行

抬至殿上，也不肯跪拜，國人對他期望甚高。⑰設壇席：築壇安席，形容禮敬。
猶：好像。神明：聖賢，有智慧的人。按，當時順帝待樊英如對師傅，拜為五官
中郎將，詢問朝政得失，恩禮備至。⑱大異：傑出的表現，驚人的謀略。所守無
缺：道德規範上沒有錯誤。⑲布流：傳播。應時：頓時。折減：（名聲）降落。
觀聽：指羣眾以耳目所聽察的種種。望深：期望過高。⑳頃：近來。胡元安：與
以下三人都是當時被徵召的名士。㉑功業：辦事成績。採：可取，值得記載。㉒
俗論：世俗的議論。處士：居家未做官的士人。純：專門。虛聲：與實際不符的
名望。㉓弘：施展。遠謨：遠大的謀略。㉔一雪：一舉洗刷。此言：指「言處士
純盜虛聲」的「俗論」。

【鑑賞】東漢後期，皇帝闇弱，宦官、外戚專權，朝政紛亂，一些關心時局的知
識分子圖挽回頹局，一當他們在朝廷任職時，便希望延攬正直有為之士，互相聲
援，結成一股能左右時局的力量。李固便是這樣的人物之一。但當時也有不少欺
世盜名的人，聲望很高，實際上並無能為，被徵以後毫無貢獻，使朝野失望。黃
瓊是安陸（今屬湖北）人，魏郡太守黃香之子。黃香死後居家不仕，州郡屢次徵
辟都拒絕不應，由於朝廷不少公卿推薦，順帝派公車徵召，黃瓊被迫晉京，卻又
在途中稱疾不進；皇帝下詔書令地方政府以禮催他上道。李固久慕黃瓊的才能，
便寫了這封信催促，對他寄以很大的希望。後來黃瓊果然對朝政起了相當作用，
官至太尉、司空，並在外戚梁冀專權時保持了自己的風骨，而且還一度營救過李
固，不負李固所望。

　　書簡本是一種日常應用文，不屬於美文學的範疇，但由於不受體例和格局的
限制，便於自由地說理抒情。書信通常不為公開發表用，所以還可擺脫著書立說
時常有的矜持的虛套，顯示寫信人的真實感情，因此別有一種其他文體所少有的
真實的品格。文字一具有真實的情感，便能動人，從而應用文也能與美文學接
壤，或帶有美文學的性質。這封信也因此歷來被當作文學作品傳誦。

　　全書以自然段落明顯地分為兩段。前一段是敦促黃瓊應徵；後一段是表示對
他寄以厚望。兩段的意思雖都是為了勸黃瓊出來為時局效力，但並非一味催逼；
而且在勸勉中帶有婉轉的告誡。第一段給黃瓊擺出了兩條出路：要麼你徹底隱
居，不問人事；要麼你就必須在沒有堯舜之君的「亂俗」中作輔政濟世的志士。這
段裏隱隱地含著一點「激將法」：如果你要「擬迹巢、由」，本不該應徵上路；既然
上了路，說明你是動了用世之心的，就不該中道托病不進。不進，無非是對時局
的混亂有所顧忌；而如果政治清明，天下大治，要志士何用？這樣的敦促就要比

一朱催逼有鼓動力得多。

　　第二段的告誡意味更爲濃厚。「盛名之下，其實難副」，不僅是對已經徵辟的那些人的評騭，而且也帶有給予黃瓊以激勵和促其警惕的含義。說得直白一點，這段的意思就是，你如果是虛聲盜名之士（當然李固認爲黃瓊並非這樣的人，否則他就不寫信敦促了），那末你不出來也罷；如果你要出來，就應該眞正有所作爲，以事實證明「名下無虛士」，爲國家建功立業，以堵「俗論」之口。那時「純盜虛聲」的人太多了，李固雖久慕黃瓊，但由於前此那些名實不副的名士的敎訓，在黃瓊尙未有宏規遠謨的表現以前，李固也不能不懷著惴惴不安的疑慮。因此，這一番歷數以前徵辟之士的不孚人望的事實，是他感觸良深的眞實心情的透露，旣是一種隱約的告誡，仍然也帶有「激將法」的味道，不過表達得曲折婉轉而已。

　　一封兩三百字的短簡裏，能包藏著如此豐富的內容，確不是凡手所能做到的。其能成爲書簡的名篇，絕非偶然。至於書中所表露的推心置腹的感情，更非通常的應酬文字所能有。

　　　　　　　　　　　　　　　　　　　　　　　（何滿子）

刺世嫉邪賦　　　　趙　壹

　　伊五帝之不同禮①，三王亦又不同樂②，數極自然變化③，非是故相反駁④。德政不能救世溷亂⑤，賞罰豈足懲時清濁⑥？春秋時禍敗之始，戰國愈復增其荼毒⑦。秦漢無以相逾越⑧，乃更加其怨酷⑨。寧計生民之命⑩，唯利己而自足⑪。

　　於玆迄今⑫，情僞萬方⑬。佞諂日熾⑭，剛克消亡⑮。舐痔結駟⑯，正色徒行⑰。嫗姁名勢⑱，撫拍豪強⑲。偃蹇反俗⑳，立致咎殃㉑。捷懾逐物㉒，日富月昌。渾然同惑㉓，孰溫孰凉㉔？邪夫顯進㉕，直士幽藏㉖。

　　原斯瘼之攸興㉗，實執政之匪賢㉘。女謁掩其視聽兮㉙，近習秉其威權㉚。所好則鑽皮出其毛羽㉛，所惡則洗垢求其瘢痕㉜。雖欲竭誠而盡忠㉝，路絕嶮而靡緣㉞。九重旣不可啓㉟，又群吠之狺狺㊱。

安危亡於旦夕㊲，肆嗜欲於目前㊳。奚異涉海之失柂㊴，積薪而待燃㊵？榮納由於閃楡㊶，孰知辨其蚩妍㊷！故法禁屈撓於勢族㊸，恩澤不逮於單門㊹。寧飢寒於堯舜之荒歲兮，不飽暖於當今之豐年。乘理雖死而非亡㊺，違義雖生而匪存㊻。

有秦客者㊼，乃爲詩曰：「河清不可俟，人命不可延。順風激靡草㊽，富貴者稱賢㊾。文籍雖滿腹，不如一囊錢。伊優北堂上㊿，抗髒倚門邊[51]。」

魯生聞此辭[52]，繫而作歌曰[53]：「勢家多所宜，咳唾自成珠[54]。被褐懷金玉[55]，蘭蕙化爲芻[56]。賢者雖獨悟[57]，所因在群愚[58]。且各守爾分[59]，勿復空馳驅[60]。哀哉復哀哉，此是命矣夫！」

【注釋】①伊：發語詞。五帝：《史記》以黃帝、顓頊、帝嚳、堯、舜爲五帝。禮：指典章制度。②三王：指夏、商、周三代開國之君，即夏禹、商湯、周文王和周武王。樂：指三代所用的音樂，相傳夏有大夏，商有大濩，武王有大武。③數：指社會、自然發展的定數、氣數，這裏指禮、樂制度。極：極限，極點。④非是：指「非」與「是」。故：本來。駁：同「駁」。反駁：排斥。⑤涸（ㄏㄨㄣˊ）：即混。⑥懲：懲勸，懲治。⑦時：是。愈復：更加。荼毒：比喻苦難。荼：苦菜。毒：毒物。⑧逾越：超過。⑨乃：竟，卻。怨酷：怨恨慘痛。⑩寧：哪裏。計：考慮。生民：即人民。⑪自足：滿足自己的欲望。⑫於：從。茲：此。⑬情：眞。僞：假。方：種類。⑭佞諂：阿諛逢迎。熾：盛多。⑮剛克：指剛強正直的品德。⑯舐：舔。痔：痔瘡。駟：四匹馬拉的車。結駟：指許多車子結隊而行。⑰正色：正直的人。徒行：徒步而行，指地位低下。⑱嫗媕（ㄩ　ㄑㄩ）：同「傴僂」，駝背彎腰的樣子。這裏指卑躬屈節。⑲撫拍：巴結。⑳偓寒：高傲。反俗：與世俗背道而馳。㉑咎殃：罪過，災禍。㉒捷：急，疾。慴：懼。捷慴：急切而恐落後的樣子。逐物：追求名利權勢。㉓渾然同惑：好壞混同一體，是非不明。㉔溫涼：指是非、好壞。㉕邪夫：奸邪的小人。顯進：顯貴高升。㉖幽藏：隱退，埋沒。㉗原：考察，提究。瘼（ㄇㄛˋ）：病，這裏指弊病。攸（ㄧㄡ）：與「所」同義。㉘匪：同「非」，不。㉙女謁：亦作婦謁，指皇帝聽后妃之言。掩：蒙蔽。㉚近習：指皇帝親近熟習的近臣。秉：把持，掌握。㉛好（ㄏㄠˋ）：喜愛。㉜惡（ㄨˋ）：厭惡，討厭。㉝竭誠：竭盡誠意。㉞絕嶮：極險。嶮：同「險」。靡緣：無路可通。㉟九重：指君主的宮門。九：多數。啓：打開。㊱猖狂

（ㄧㄣˊ）：犬爭吠聲。這裏指小人的讒言。㊲安：安於。旦夕：早晚。㊳肆：放縱。㊴奚異：何異。栳（ㄉㄨㄛˋ）：亦作柁，同「舵」。㊵積薪：堆積柴草。㊶榮納：受寵而被進用。閃榆：卽閃輸，邪佞的樣子。㊷蚩姸：卽醜美。㊸法禁：法律禁令。屈撓：被阻撓。勢族：豪門貴族。㊹恩澤：指皇帝給的恩惠。逮：及。單門：卽寒門，沒有權勢的寒微人家。㊺乘理：依順正理。㊻違義：違背道義。匪存：不存在，意卽雖生猶死。㊼秦客：假托的人名。㊽激：疾吹。靡草：細弱的小草。㊾稱賢：被推稱賢能。㊿伊優：卑躬獻媚的樣子。北堂：古代士大夫家主婦常居留之處。(51)抗髒（ㄗㄤˇ）：高亢剛直的樣子。倚門邊：靠在門邊，意卽地位低下，被疏遠。(52)魯生：假托的人名。(53)繫：接著。(54)勢家：有權勢的人家。(55)被褐：指穿粗布短衣的寒士。被：此處同「披」，穿。金玉：喻美好的才華。(56)蘭蕙：香草。芻：喂牲口的乾草。(57)獨悟：獨自清醒。(58)所困在群愚：被愚蠢的人群圍困著。(59)爾分：你的本分。(60)馳驅：比喻積極奔走。

【鑑賞】東漢末年。社會政治空前黑暗。在安、順時已敗迹四露的東漢王朝，到了桓、靈時更腐爛敗壞到了一發而不可收的地步。大規模的土地兼並、連年不斷的嚴重天災，加上討伐諸羌所進行的頻繁戰爭，使農村凋蔽，田地荒蕪，癘疫盛行，成千上萬的人民轉徙流離，痛苦地呼號、掙扎在死亡線上。桓帝延熹二年（159）之後，取代梁氏外戚集團而專權的宦官集團，更加肆無忌憚地掠奪社會財富，迫害朝廷忠良。這時，各地農民相繼暴動，士大夫爲了反對宦官政治也進行了公開的抗爭。宦官集團利用手中掌握的權力，在加緊對農民暴動鎭壓的同時，先後於永康元年（167）和建寧二年（169）兩次大興黨獄，被殺戮、放廢、禁錮和牽連的達千人之多。昏庸的靈帝爲了斂錢，竟公開開西園以賣官納賄，那些操弄國柄的閹寺則更是穢亂宮廷，荼毒海內，無所不爲，社會風氣日益腐敗，東漢王朝已到了窮途末路的地步。趙壹的≪刺世嫉邪賦≫卽寫於此時。它以犀利的言辭、激憤的心情，對漢末這種極端混濁的政治表現了強烈的不滿。

作品一開始就明確指出：五帝三王的嬗遞，是「數極自然變化」的結果，而不是人們有意要改弦更張。接著作者對他以前的整個封建社會，作了痛快淋漓的斥責：「德政不能救世溷亂，賞罰豈足懲時清濁？春秋時禍敗之始，戰國愈復增其荼毒。秦漢無以相逾越，乃更加其怨酷。寧計生民之命，唯利己而自足。」這段異常大膽的議論，無異是對包括漢代在內的封建弊習的公開挑戰。因爲在作者所切齒的範圍內，不僅包括了像「文景之治」、「光武中興」之類的向爲史家所樂道的所謂太平盛世，而且也包括了向來被視爲神聖的歷代帝王以及由他們豢養的整個

統治集團。「禍敗」、「荼毒」、「怨酷」、「唯利己而自足」，這些辭語字句都迸發出作者離經叛道的強烈感情，使作品一開始就閃爍出反對獨裁統治、關心人民命運的思想光輝。

接下去，作者對漢末社會的人情世態作了充分的揭露，這是整篇作品中描寫最爲精彩的部分：「於玆迄今，情僞萬方。佞諂日熾，剛克消亡。舐痔結駟，正色徒行。嫗媮名勢，撫拍豪強。偃塞反俗，立致咎殃。捷懾逐物，日富月昌。渾然同惑，孰溫孰凉？邪夫顯進，直士幽藏。」一面是脇肩之輩靠著各種卑劣無恥的手段獲取高官厚祿、揚名天下，一面卻是正直之士因不願逢迎而遭到冷落以至刑罰加身、罪名羅織。這是多麼不平的社會現象、多麼敗壞的社會風氣！作者的這段刻畫，是對大量事實所作出的高度的藝術概括，它對揭示和再現那些醜惡行徑，具有一種入木三分的力量。據史書記載，靈帝時各地有許多無賴鄉紳，爲了謀取一官半職，常常使用各種手段行賄，千方百計巴結權勢者。宦官張讓的門前，就時常停著千百輛求官者的車子。一個富人孟佗，就因行賄取得了張讓的歡心，被任命爲凉州刺史。作品中「舐痔結駟」、「嫗媮名勢，撫拍豪強」的描寫，即是對這些人的最好寫照。「舐痔結駟」典出《莊子》：「宋有曹商者，爲宋王使秦，秦王悅之，益車百乘。見莊子，莊子曰：『秦王有病，召醫舐痔者，得車五乘，子豈舐痔邪？何得車之多乎？』」（《後漢書》注引）這是對那些卑劣的求官者的絕妙諷刺，作者用來針砭時弊，實有一針見血的奇效。另外「捷懾逐物，日富月昌」，也爲貪婪的掠奪者、肥碩的暴發戶畫了一張傳神的肖像。《後漢書·侯覽傳》載：「覽倚勢貪放，受納貨遺，以巨萬計」，又謂「覽貪侈奢縱，前後請奪人宅三百八十一所，田一百零十八頃」，類似情形不一而足。這怎麼不使稍有些正義感的人爲之痛心疾首、大聲呼號！

在對社會現狀作了充分揭露之後，作者把譴責的矛頭直指造成這種惡果的統治者：「原斯瘼之攸興，實執政之匪賢。女謁掩其視聽兮，近習秉其威權。所好則鑽皮出其毛羽，所惡則洗垢求其瘢痕。」準確地擊中了時政之所以紊亂頹敗的要害。東漢王朝的急劇衰落，外戚與宦官的相互殘殺和輪番弄權是一個極爲重要的原因。《後漢書·五行志》曰：「靈帝寵用便嬖子弟，永樂賓客，鴻都群小，轉相吸引，公卿牧守，實狗而冠者也。」這就是外戚宦官執政所造成的嚴重後果。它使朝野忠良賢才無不爲之側目，慨嘆報國無門、九重難啓。其中「所好則鑽皮出其毛羽，所惡則洗垢求其瘢痕」，形象地揭露出這些人呼朋引類、排斥異己時所經常採取的那種無中生有的無恥行徑。作者對當時的統治者發出了嚴重警告：「安危亡於旦夕，肆嗜欲於目前。奚異涉海之失①，積薪而待燃？」並表示在

「法禁屈撓於勢族，恩澤不逮於單門」的情況下，「寧飢寒於堯舜之荒歲兮，不飽暖於當今之豐年。乘理雖死而非亡，違義雖生而匪存」，決不與黑暗勢力妥協，爲堅持正義雖死不辭。這使我們聯想起趙壹本人曾屢次犯禁，幾乎被殺而終不屈服的經歷。正是作者的這種耿介正直、落拓不羈的性格，使這篇賦作具有一種前所未有的激烈的反抗精神。

最後，作者借秦客爲詩、魯生作歌抒寫了自己對時事的感慨。其中「文籍雖滿腹，不如一囊錢」，充分反映出靈帝 公開賣官後讀書人的憤懣不平：「伊優北堂上，抗髒倚門邊」、「勢家多所宜， 咳唾自成珠； 被褐懷金玉，蘭蕙化爲芻」等，也與當時流傳的民謠「舉秀才， 不知書； 舉孝廉， 父別居。寒素清白濁如泥，高第良將怯如鷄」一樣，深 刻地揭示了是非顚倒、黑白混淆的現實。

趙壹的這篇《刺世嫉邪賦》揭露和鞭撻了東漢末年的社會黑暗，同時也譴責了歷代統治者的「唯利己而自足」，具有很強的反抗精神。它指出漢王朝的「涉海之失柁，積薪而待燃」，無疑是一份宣告其滅亡的判決書，這說明作者除了有不爲黑暗勢力所屈服的堅強意志外，還具有對客觀形勢作出準確判斷的敏銳的政治目光。另外，這篇作品的語言也相當出色。它的最大特點是具有極強的概括能力和表現能力。它既能對大量錯綜復雜的社會現象進行藝術的概括提煉，以最簡潔精確的文字表達出最豐富最繁雜的內容，又能選取準確詞滙和比喻，恰如其分地傳達出要表現的對象所具有的內涵。其中有許多以生動形象見長的語言，至今仍有很強的生命力，如「舐痔結駟」、「媚嫵名勢。撫拍豪強」、「所好則鑽皮出其毛羽，所惡則洗垢求其瘢痕」、「涉海失柁」、「積薪待燃」、「咳唾成珠」、「被褐懷玉」等，對後代文學都產生過一定的影響。

據《後漢書·文苑傳》載，趙壹性情耿直，不肯趨炎附勢，頗爲司徒袁逢、河南尹羊陟等器重，曾名動京師。《刺世嫉邪賦》是他的代表作。這篇作品對黑暗現實的揭露和批判的激烈程度，不僅在賦作中絕無僅有，卽使在其它形式的文學作品中也是不多見的。它把張衡在《歸田賦》中所表現的不願與世俗同流合汚的情志，一變爲對世俗的無情鞭撻與勢不兩立的抗爭；把以往被人用來歌功頌德的工具，一變爲譴責黑暗的武器；一洗賦之典雅平穩的風格而趨於直率尖利，這些都使這篇作品在賦的發展史上占有一定的地位。它的產生，再次說明時代社會的變化對文學創作具有決定性的影響。

（曹明綱）

與曹公論盛孝章書　　　孔　融

　　歲月不居，時節如流①。五十之年，忽焉已至②。公為始滿，融又過二③。海內知識④，零落殆盡⑤，惟會稽盛孝章尚存。其人困於孫氏⑥，妻孥湮沒⑦，單孑獨立⑧，孤危愁苦。若使憂能傷人，此子不得永年矣⑨！

　　《春秋傳》曰⑩：「諸侯有相滅亡者，桓公不能救，則桓公恥之⑪。」今孝章實丈夫之雄也，天下談士，依以揚聲⑫，而身不免於幽縶⑬，命不期於旦夕⑭，是吾祖不當復論損益之友⑮，而朱穆所以絕交也⑯。公誠能馳一介之使⑰，加咫尺之書⑱，則孝章可致，友道可弘矣⑲。

　　今之少年，喜謗前輩，或能譏評孝章。孝章要為有天下大名⑳，九牧之人，所共稱嘆㉑。燕君市駿馬之骨㉒，非欲以騁道里，乃當以招絕足也㉓。惟公匡復漢室㉔，宗社將絕㉕，又能正之。正之之術，實須得賢。珠玉無脛而自至者，以人好之也㉖，況賢者之有足乎！昭王築台以尊郭隗㉗，隗雖小才，而逢大遇，竟能發明主之至心㉘，故樂毅自魏往㉙，劇辛自趙往㉚，鄒衍自齊往㉛。向使郭隗倒懸而王不解㉜，臨溺而王不拯㉝，則士亦將高翔遠引㉞，莫有北首燕路者矣㉟。

　　凡所稱引㊱，自公所知，而復有云者，欲公崇篤斯義也㊲。因表不悉㊳。

【注釋】①歲月不居：時光不停留。居：止，留。時節：時光。古人以一年四時、一月二節，所以「時節」同上句「歲月」義同。②忽焉：忽然。③公：指曹操，當時剛滿五十歲。孔融已五十二歲。④海內：國內。知識：相知相識的人，朋友。⑤零落：指死亡。殆：幾乎。⑥孫氏：指東吳政權的孫策、孫權等。⑦妻孥（ㄋㄨˊ）：妻子和兒女。湮沒：埋滅。此指死亡。⑧單孑（ㄐㄧㄝˊ）獨立：孤

單地獨自生活。⑨此子：指盛孝章。永年：延長壽命。⑩《春秋傳》：爲《春秋》作解說（稱傳）的有三傳，即《公羊傳》、《穀梁傳》、《左傳》。這裏指《春秋公羊傳》。⑪桓公：即齊桓公，春秋五覇之一。據《公羊傳·僖公元年》：」邢已亡矣，孰亡之？蓋狄滅之。曷爲不言狄滅之？爲桓公諱也。曷爲爲桓公諱？上無天子，下無方伯，天下諸侯有相滅亡者，桓公不能救，則桓公恥之。」引此比曹操，意思是如果曹操不能救援孝章，亦當如桓公不能救邢國那樣，引爲恥辱。⑫談士：遊談之士，清議之士。依以揚聲：依靠盛孝章來宣揚自己的聲名。⑬幽縶（ㄓ）：囚禁。⑭命不期於旦夕：生命隨時都有危險。期：預料。旦夕：早晚。⑮吾祖：指孔子。損：交友有害。益：交友得益。論損益之友：《論語·季氏》云，「孔子曰：『益者三友，損者三友。友直、友諒、友多聞，益矣。友便辟、友善柔、友便佞，損矣。』」⑯朱穆：字公叔，東漢人。他曾著《崇厚論》、《絕交論》慨嘆社會風俗澆薄，不講友道，以圖力挽狂瀾，矯世陋鄙。這兩句意思是：像盛孝章這樣的處境，如果可以不救，那麼，家祖孔子就無須再談論損益之友，也難怪朱穆要寫他的《絕交論》了。⑰馳一介之使：速派一個使臣。介：個。⑱咫尺之書：短信。咫：八寸。⑲致：招致，求得。弘：光大。⑳謗：誹謗。或能：有人居然能。要爲：總之是，的確是。㉑九牧：九州。古代九州的長官叫牧伯，故云。稱嘆：稱崇贊嘆。㉒燕君市駿馬之骨：典見《戰國策·燕策》。燕昭王買死馬之骨，而招來千里馬。㉓騁道里：跑遠路。絕足：所謂絕塵之足，亦即千里馬。㉔匡復漢室：匡扶和恢復漢朝將傾的國運。㉕宗社：宗廟社稷。指國家政權。㉖脛（ㄐ丨ㄥˋ）：小腿，此指足。這兩句語出《韓詩外傳》：「夫珠出於江海，玉出於昆山，無足而至者，猶主君之好也。士有足而不至者，蓋主君無好士之意耳。」㉗昭王築台：據《戰國策·燕策》，「於是昭王爲隗築宮而師之。樂毅自魏往，鄒衍自齊往，劇辛自趙往，士爭湊燕。」㉘發：啓發。至心：至誠之心。這句意思是：郭隗能啓發燕昭王不惜用很高的禮遇來招徠賢士的誠心。㉙樂毅：本魏人，仕燕後，昭王拜他爲上將軍。爲燕伐齊，下七十餘城，封昌國君。昭王死後，因齊用反間計，逼使樂毅投奔趙國。㉚劇辛：本趙人，後奔燕，任燕將。破齊之計，其功居多。㉛鄒衍：齊人，陰陽家，燕昭王師事之。㉜向：當初，以前。倒懸：把人倒掛起來，喻處境困苦危難。解：解救。㉝臨溺：落水之時。拯：救。㉞高翔遠引：猶言遠走高飛。㉟北首：向北而行。首：向。㊱稱引：述說。㊲崇篤斯義：重視這個道理。指招納賢士的道理。㊳因表不悉：就這件事表白我的意見，不再一一細述了。不悉：不盡。

【鑑賞】《論盛孝章書》是孔融寫給曹操的一封書信，也是他的代表作之一。孔融在當時名氣很大，曹丕在論建安七子時把他列在首位，稱他「體氣高妙，有過人者」(《典論・論文》)；劉楨也對他十分推重，認爲「孔氏卓卓，信含異氣，筆墨之性，殆不可勝。」(轉引自《文心雕龍・風骨篇》，原文佚) 但是，他和其他六子是不同的。不僅政治立場不一致，而且文學上的貢獻彼此各異。王粲、劉楨等六人都是詩人。對樂府詩和五言詩的發展貢獻很大，而孔融卻「氣盛於爲筆」而不長於詩。他寫的書信名重一時，《文心雕龍・書記篇》說：「文擧屬章，半簡必錄。」據《後漢書・孔融傳》記載：「魏文帝深好融文辭，募天下有上融文章者，輒賞以金帛。」可見它在人們心目中的價值。孔融留下的作品不多，而《論盛孝章書》卻是他一直受人稱道的少數作品之一。宋代文學家蘇軾就曾指出：「其論盛孝章、郄鴻豫書，慨然有烈丈夫之風。」確實，無論從思想性或藝術性來看，它都是比較高超的。盛孝章，名憲。《會稽典錄》說他「器量雅偉」，曾任吳郡太守，因病去官。「孫策平定吳會，誅其英豪，憲素有高名，策深忌之。」盛憲和孔融一向友好，孔融擔心他不免於禍，因此寫這封信，希望曹操能解救和任用他。曹操果然爲信所打動，「徵爲騎都尉」。但「制命未至」，盛憲已被孫權殺死了。所以，它雖然沒有達到拯救盛憲的目的，卻是獲得了預期的效果的。

這封信從情和理兩個方面去打動曹操，措辭委婉巧妙。全文共分三段：

「歲月不居」到「友道可弘矣」爲第一段。文章一開始便感慨地說：「歲月不居，時節如流。五十之年，忽焉已至。公爲始滿，融又過二。」接下去又想到了彼此的朋友們：「海內知識，零落殆盡，惟會稽盛孝章尚存。」從人生易老的嘆息聲中，從對親朋故舊的思念中，不知不覺地提到了盛孝章，不露痕迹地觸及主題。我們知道，曹操是個感情豐富的人。「曹公古直，甚有悲涼之句」(鍾嶸《詩品》)。他曾寫過「生民百遺一，念之斷人腸」那樣辛酸的詩句，在建安七年的《軍令》中說：「舊土人民，死喪略盡，國中終日行，不見所識，使吾淒愴傷懷。」戰爭中人民的大量死亡，他是刻刻在念的。他對自己的老之將至，而壯志未酬，也深以爲恨：「對酒當歌，人生幾何？譬如朝露，去日苦多。」但他一統天下的雄心未減，因而唱出了「老驥伏櫪，志在千里，烈士暮年，壯心不已」那樣擲地有聲的鏗鏘詩句。孔融這一番話，自然會引起他的共鳴，從同病相憐而進一步激起對當前僅有的幸存者盛孝章的同情。接着作者便具體地介紹盛孝章的不幸處境：「其人困於孫氏，妻孥湮沒，單子獨立，孤危愁苦。若使憂能傷人，此子不得永年矣。」要言不煩，僅短短幾句話，卻清楚地勾勒出盛憲的狼狽和險惡處

境，使曹操的同情心更加集中到他身上。這時，他才要求曹操伸出援手：「《春秋傳》曰：『諸侯有相滅亡者，桓公不能救，則桓公恥之。』」曹操素以桓文自居，如《讓縣自明本志令》中就聲稱：「齊桓、晉文所以垂稱至今日者，以其兵勢廣大，猶能奉事周室也。」孔融在這裏援引《公羊傳》這段話，自然是對曹操的恭維，但更重要的是要喚起他的責任感。緊接着就提出，「今孝章實丈夫之雄也……」這樣的人「而身不免於幽縶，命不期於旦夕，是吾祖不當復論損益之友，而朱穆所以絕交也」。話說得很憤慨，很激動，既然平時「天下談士，依以揚聲」，怎麼會一旦他遇到災禍竟沒人去解救他，那還要這些朋友幹什麼呢？然後他把滿腔希望都寄托在曹操身上：「公誠能馳一介之使，加咫尺之書，則孝章可致，友道可弘矣。」這自然使曹操難以拒絕了。總之，這段文章雖然不長，卻充滿着感情的波瀾，時而感慨，時而哀嘆，時而激憤，使對方為之動情。《會稽典錄》只說「憲與少府孔融善」，卻沒有說他和曹操有無瓜葛。從本文的語氣看，他們兩人大約也是相識的，所以作者指出這樣做可弘友道。

　　曹操是一位精明的政治家，他當然不會單憑感情用事，因此，在第二段中，重點便轉入了說理。大約當時有人講盛憲的壞話，所以作者首先在才德好不好的問題上為盛憲一辯：「今之少年，喜謗前輩，或能譏評孝章。孝章要為有天下大名，九牧之人，所共稱嘆。」也許會有人譏諷評論盛孝章，但這是少年「喜謗前輩」的惡習，無足為怪。應該看到他「有天下大名」，即使有個別人誹謗，也損傷不了他的名聲。這是其一。在那戎馬倥傯的時刻，人們也許不會重視盛憲那樣的文士。因此作者強調指出：「燕君市駿馬之骨，非欲以騁道里，乃當以招絕足也。」這就是無用之用。看似無用，其實有用。這是其二。你現在要匡復漢室，當然要得賢才，就該像燕昭王禮遇郭隗那樣尊重人才。郭隗雖然是「小才」，但重視他卻能使人們了解國君尊重賢才的心情，使「樂毅自魏往，劇辛自趙往，鄒衍自齊往」，招來各種各樣的人才。反之，「則士亦將高翔遠引，莫有北首燕路者矣。」所以，拯救盛孝章，對曹操自己也是重要的。這是其三。情和理都說透了，但作者又覺得在曹操面前援古證今，似乎過分了一點。因為曹操「御軍三十餘年，手不舍書。晝則講武策，夜則思經傳，登高必賦，及造新詩，被之管弦，皆成樂章」（《三國志》注引《魏書》）。在這樣一位博學多才的雄者面前，引經據典未免有賣弄才學、輕視尊長之嫌，因此，作者在收尾時補充道：「凡所稱引，自公所知，而復有云者，欲公崇篤斯義也，因表不悉。」經這樣一補充，意思就更加完美，天衣無縫了。所以它雖是一篇不長的書信，構思卻是相當縝密的。

　　孔融的文學創作，雖與建安其他六子有很大的不同，但他們既都生活於那個

「世積亂離，風衰俗怨」的時代，也就有着「志深而筆長」、「梗概而多氣」的共同特點。《論盛孝章書》的基調是悲涼的、志趣是崇高的，充滿着對在危難中的朋友的關切和崇敬。曹丕稱「孔融體氣高妙，有過人者」，應該是指這種感情洋溢而真誠執著的風格。曹丕一方面稱孔融「體氣高妙，有過人者」，另一方面也指出他有「不能持論，理不勝詞」的缺點。而這一缺點本篇中也有所體現。雖然他也抒情也說理，但卻仍然是情勝於理。他的感情的起伏表露得十分清楚，也頗有感染力。讀了這篇文章，人們不能被他的崇高而誠摯的朋友之情所打動，「令人想見其爲人」（《藝概·文概》），但是理的陳述卻沒有多大的說服力。我們讀了他的文章，並不能知道那位「有天下大名」，爲九牧之人所共稱嘆的盛憲究竟憑什麼值得人們這樣欽敬，必須特別加以保護。就這一點來說，它較之司馬遷《報任少卿書》、諸葛亮《出師表》是略爲遜色的。本文的用詞遣句的技巧是高超的，作者處於東漢以來文詞逐步趨向駢偶化的時代，受其影響，句式以四言爲主，簡短而富於表現力。文中也有不少排偶成分，如「身不免於幽縶，命不期於旦夕」；「馳一介之使，加咫尺之書」；「孝章可致，友道可弘」；「倒懸而王不解，臨溺而王不拯」等，但這些對偶詞組往往是句子的組成部分，並穿插在其它句式之中。因而既有抑揚頓挫之韵律美，又自然流暢、錯落有致，無後期駢文那種過分雕琢矯揉做作之弊。本文語言的另一個特點是言約義豐，善於長話短說，而又表達得十分清楚。如「是吾祖不當復論損益之友，而朱穆所以絕交也」二句就用了兩個典故，一正一反，強烈地抒發作者的悲憤之情。「燕君市駿馬之骨，非欲以騁道里，乃當以招絕足也」數句，不僅概括了《戰國策》中一個內容豐富的故事，而且以此爲論據，對自己的觀點進行了論證。第二段僅一百六十餘字，卻既有爲盛孝章的辯誣，又有自己主張的申述；既有傳統的寓言，新奇的譬喻，又有史實的引述，反復強調。該文內容之豐富，語言之精粹，實爲一篇富有時代特點的傑作。

（張　珙）

讓縣自明本志令　　曹　操

　　孤始舉孝廉①，年少，自以本非岩穴知名之士②，恐爲海內人之所見凡愚③，欲爲一郡守，好作政教，以建立名譽，使世士明知之。

故在濟南④，始除殘去穢⑤，平心選舉，違迕諸常侍⑥，以爲強豪所忿，恐致家禍，故以病還⑦。

去官之後，年紀尚少，顧視同歲中⑧，年有五十，未名爲老⑨。內自圖之⑩：從此卻去二十年⑪，待天下清，乃與同歲中始舉者等耳⑫。故以四時歸鄉里，於譙東五十里築精舍⑬，欲秋夏讀書，多春射獵；求底下之地⑭，欲以泥水自蔽⑮，絕賓客往來之望，然不能得如意。

後徵爲都尉⑯，遷典軍校尉⑰，意遂更欲爲國家討賊立功，欲望封侯作征西將軍，然後題墓道言「漢故征西將軍曹侯之墓」⑱，此其志也。

而遭值董卓之難⑲，興舉義兵，是時合兵能多得耳⑳，然常自損㉑，不欲多之。所以然者，多兵意盛，與強敵爭，倘更爲禍始㉒。故汴水之戰數千㉓，後還到揚州更募，亦復不過三千人，此其本志有限也。

後領兗州㉔，破降黃巾三十萬衆。又袁術僭號於九江㉕，下皆稱臣，名門曰「建號門」，衣被皆爲天子之制㉖，兩婦預爭爲皇后。志計已定，人有勸術使遂即帝位，露布天下㉗。答言「曹公尚在，未可也。」後孤討禽其四將㉘，獲其人衆，遂使術窮亡解沮㉙，發病而死。及至袁紹據河北㉚，兵勢強盛。孤自度勢，實不敵之。但計投死㉛爲國，以義滅身，足垂於後。幸而破紹，梟其二子㉜。又劉表自以爲宗室㉝，包藏奸心，乍前乍卻㉞，以觀世事，據有當州㉟，孤復定之，遂平天下。身爲宰相，人臣之貴已極，意望已過矣。

今孤言此，若爲自大㊱，欲人言盡，故無諱耳。設使國家無有孤，不知當幾人稱帝，幾人稱王。或者人見孤強盛，又性不信天命之事，恐私心相評，言有不遜之志，妄相忖度，每用耿耿㊲。齊桓、晉文所以垂稱至今日者㊳，以其兵勢廣大，猶能奉事周室也。《論語》云：「三分天下有其二，以服事殷，周之德可謂至德矣㊴。」夫能以大事小也。昔樂毅走趙㊵，趙王欲與之圖燕。樂毅伏而垂泣，對曰：「臣事昭王，猶事大王。臣若獲戾，放在他國，沒世然後已，不忍謀

趙之徒隸，　況燕後嗣乎？」胡亥之殺蒙恬也，　恬曰：「自吾先人及至子孫，積信於秦三世矣㊶。今臣將兵三十餘萬，其勢足以背叛，然自知必死而守義者，不敢辱先人之敎以忘先王也。」孤每讀此二人書，未嘗不愴然流涕也。孤祖、父以至孤身㊷，皆當親重之任，可謂見信者矣；以及子桓兄弟，過於三世矣。孤非徒對諸君說此也，常以語妻妾，皆令深知此意。孤謂之言：「顧我萬年之後，　汝曹皆當出嫁，欲令傳道我心，使他人皆知之。」孤此言皆肝鬲之要也㊸。所以勤勤懇懇敍心腹者，見周公有《金縢》之書以自明㊹，恐人不信之故。

　　然欲孤便爾委捐所典兵衆以還執事，　歸就武平侯國㊺，　實不可也。何者？　誠恐已離兵爲人所禍也。　旣爲子孫計，　又已敗則國家傾危，　是以不得慕虛名而處實禍，　此所不得爲也。　前朝恩封三子爲侯㊻，固辭不受；今更欲受之，非欲復以爲榮，欲以爲外援爲萬安計。

　　孤聞介推之避晉封，申胥之逃楚賞㊼，未嘗不舍書而嘆，有以自省也。奉國威靈，仗鉞征伐㊽，　推弱以克強，　處小而禽大。　意之所圖，動無違事，心之所慮，何向不濟，遂蕩平天下，不辱主命，可謂天助漢室，非人力也。然封兼四縣㊾，食戶三萬㊿，何德堪之！江湖未靜，不可讓位；至於邑土，可得而辭。今上還陽夏、柘、苦三縣戶二萬，但食武平萬戶，且以分損謗議，少減孤之責也。

【注釋】①孤：古代王侯自稱。舉孝廉：漢代選拔官史的科目，從漢武帝始，規定地方長官按期向中央推薦各科人才（分孝廉、賢良、方正等科目）。曹操二十歲舉孝廉。②岩穴：岩洞，指隱士的居處。③凡愚：平凡愚鈍。④濟南：後漢的一個王國，國都在今山東省濟南市。⑤除殘去穢：指光和末年（183），曹操「遷爲濟南相，國有十餘縣，　長史多阿附貴戚，　贓污狼藉，　於是奏免其八；禁斷淫祀，奸宄逃竄，　郡界肅然」（《三國志‧魏書‧武帝紀》）。⑥違迕：違反，得罪。常侍：漢代官名，皇帝的侍從近臣，後漢時悉用宦官，此處之常侍卽指朝中宦官。⑦「強豪」句：指《武帝紀》裴注引《魏書》，「於是權臣專朝，貴戚橫恣。太祖不能違道取容，　數數干忤，　恐爲家禍，　遂乞留宿衞。拜議郎，常托疾病，輒告歸鄉裏。」⑧同歲：指同一年被舉爲孝廉的人。⑨未名爲老：還不能算老。⑩內自圖之：自己內心打算。⑪卻去：再過。⑫始舉者：指被薦舉時卽已五

十歲的人。⑬精舍：古代集生徒讀書講學之所。⑭底下：下等。⑮以泥水自蔽：象靈龜一樣隱蔽在泥水中，以防被人捉去充作占卜的用具。⑯都尉：漢代武官名，掌一郡的軍事，後漢時由郡守兼任。≪三國志・魏書・武帝紀≫：「久之，徵還為東郡太守不就，遂稱疾歸鄉裏。」⑰典軍校尉：「八校尉」之一，主管軍務。⑱墓道：與墓穴相連的通道。⑲董卓：字仲穎，隴西豪強，靈帝時拜為并州牧，中平六年（189），率兵入洛陽，廢少帝辯，立陳留王協，是為獻帝，專斷朝政。⑳合兵：指招兵聚眾。㉑自損：自我貶損。㉒禍始：禍端。㉓汴水：今河南省滎陽縣東北。初平元年（190）曹操被董卓打敗，士卒死傷甚多。㉔領：暫時代管。兗州：後漢十三刺史部之一，約當今山東省西南部。㉕袁朮：字公路，汝南汝陽（今河南省汝南縣）人，漢末軍閥，割據淮南，稱帝。譖（ㄐㄧㄣˋ）號：私用帝號。九江：漢郡名，舊治所在今安徽省壽縣。㉖衣被：這裏指服裝。㉗露布：布告。㉘禽：通「擒」。㉙窮亡解沮：途窮逃亡，瓦解崩潰。㉚袁紹：字本初，袁朮之從兄。漢末軍閥，勢力最大，擁兵數十萬。河北：黃河以北。㉛投死：效死。㉜梟：懸頭示眾。㉝劉表：字景升，山陽高平（今山東省金鄉縣）人。漢末割據荊州。宗室：劉表自稱是漢魯恭王劉餘之後。㉞乍前乍卻：忽進忽退。㉟當州：指荊州。㊱若為：像是。㊲不遜之志：指野心。用：因此。耿耿：心中不安寧。㊳齊桓、晉文：齊桓公（小白）、晉文公（重耳）。型：流傳。稱：稱譽。㊴這裏引的幾句話見≪論語・泰伯篇≫，這是孔子頌揚周文王的話，意謂周文王的勢力已超過殷紂王，但還臣服於殷。㊵樂毅走趙：樂毅，戰國時燕國的名將。樂毅事燕昭王，率燕、趙、韓、魏、楚五國兵伐齊，破臨淄，下齊七十餘城。昭王死，惠王立，中齊反間計，使騎劫代毅為將，毅恐懼奔趙。㊶蒙恬（ㄊㄧㄢˊ）：秦名將，因讒為秦二世所殺。三世：指蒙恬及其父蒙武、祖蒙驁。㊷祖、父：指曹操的祖父曹騰和父親曹嵩。曹騰在桓帝時任中常侍、大長秋，封費亭侯。曹嵩在靈帝時曾任太尉。㊸肝鬲（ㄍㄜˊ）之要：出自內心的緊要之言。鬲：同「膈」，胸腔與腹腔之間的肌肉膜。㊹金縢（ㄊㄥˊ）之書：≪尚書≫篇名。周武王有病，周公作策書禱告神明，請以自己代死。事後把策書放在金縢（用金屬固封）的櫃裏。成王即位，周公攝政。管叔、蔡叔造謠說，周公將不利於成王，周公為避嫌，就離開成王居於東都（今河南鄭州）。後來成王打開金縢櫃，知道周公的忠心，就把他接了回來。㊺武平侯國：建安元年（196），漢封曹操為武平侯，武平在今河南鹿邑縣西，侯國即指王侯的封地。㊻恩封三子為侯：建安十六年（211）漢獻帝封曹操子植為平原侯，據為范陽侯，豹為饒陽侯。曹丕是繼嗣的長子，所以未封。㊼介推之避晉封：介之推曾從晉公子重耳出亡，凡十九

年。重耳回國爲君（晉文公），介之推不說己功，退隱綿山而死。申胥之逃楚賞：申胥卽申包胥，春秋時楚大夫。吳王闔閭伐楚入郢都，申包胥求救於秦，在秦廷哭了七日夜，秦哀公被感動，出兵救楚。吳兵退走，楚昭王回到郢都，論功行賞，申包胥逃而不受。⑱仗鉞（ㄩ ㄝˋ）：鉞，古代兵器之一，也是一種儀仗。天子出征，仗黃鉞。這裏說仗鉞，表示元帥出征作爲天子的象徵。⑲四縣：指武平、陽夏（今河南太康縣）、苦（今河南省鹿邑縣）、柘（今河南省柘城縣）。⑳食戶三萬：享受三萬戶人家所繳納的賦稅。

【鑑賞】《讓縣自明本志令》是在這樣的形勢下產生的：漢獻帝建安元年（196）曹操在兵亂中，把漢獻帝迎歸洛陽，渡河駐安邑（今山西省夏縣），獻帝授給他符節和斧鉞，命他爲司隷校尉，祿尙書事。曹操擔心諸將不服，又將獻帝遷到許昌，「挾天子以令諸侯」·獻帝又封他爲大將軍，武平侯。建安十五年（210），曹操五十六歲，基本上統一了淮河以北的廣大地區，政權逐漸鞏固。但是東南的孫權和西南的劉備是他的兩大勁敵，他們攻擊曹操「托名漢相，其實漢賊」，「欲廢漢自立」。曹操爲擊破對手和周圍人的輿論攻勢與懷疑，便寫了這篇令，詳細地敍述了自己的政治抱負及在當時所發生的作用，申明他終身不背漢朝，並奉還大部分食邑。但是全文最後指出：不能「便爾委捐所典兵衆」，「歸就武平侯國」，「江湖未靜，不可讓位。」這才是他寫這篇令文的眞實意圖。縱觀全文，有如下幾個特點：

一是歷敍平生，反復明志。題目是《讓縣自明本志令》。文章緊扣「明志」二字，按照時間順序組織材料，從少到老，用遠及近，歷敍平生行事，反復申明本志。文章一言「此其志也」，再言「此其本志有限也」，三言「人臣之貴已極，意望已過矣」，四言「封兼四縣，食戶三萬，何德堪之」，反復申明平生志向，只在爲國建功，輔佐漢室，並無圖謀不軌之意。言辭質樸，而又委曲盡情，讀來令人信服。文章按時間先後順序來組織材料，看似一般，實有深意。「明本志」可以說是本文題目的題眼。何謂「本志」呢？「本志」者，初衷也，亦卽平生志向。現在作者由少而壯而老，將一生行事，一一道出，足見得建功立業，輔國安邦之志，並非一時的念頭，而是萌於年少，成於年壯，是早已有之，一以貫之的。由此看來，這樣組織材料，是有助於突出「明本志」的立意的。

二是借典抒懷，含蓄有致。作者申明自己的志向，採用了兩種表達方式，一是直接敍述，二是借典抒懷。所謂用典，包括使用古人譬喻、成語、史事，引古人作比，引古人言語等。本文用典，旣引史事，又引古人言語，還用古人作比；

既有對典故的正用，又有對典故的反用。作者一引齊桓、晉文之事，意在表明自己雖位極人臣，權重勢大，但絕無代漢自立之意。二引文王之事，意在進一步表明自己的心迹。三是引樂毅、蒙恬之事，意在說明自己祖父、父親和自己本人，於漢室「皆當親重之臣，可謂見信者矣」，因而決不忘恩負德，背棄漢室。四是引周公事，意在以周公自比，表明自己忠於漢室，絕無二心。五是引介推、申胥之事，意在表明自己受封有愧，含有自責之意。全文共用典故八個，而讀來不嫌其煩，但覺其妙。這是因爲作者對這些典故的使用是各不相同的。文王、周公、齊桓、晉文、樂毅、蒙恬之典是正面使用，而介推、申胥之典是反面使用。用齊桓、晉文之典，概述其事，顯得明快；用文王之典，轉引《論語》對文王的贊頌之辭，顯得莊重；用樂毅、蒙恬之典，着重引述人物的語言，顯得情深；用周公之典，只將周公與記載周公藏禱辭於金縢之事的《尚書・周書》的篇名《金縢》點出，顯得含蓄；用介推、申胥之典，各用一語提明，顯得簡潔。如此用典，顯得活潑。對於這八個典故，作者並非一口氣將它們全部說了出來，一、二、三、四地羅列在一處；而是根據文意的發展，按照典故內容的不同，穿插在文章的不同地方。將齊桓、晉文、文王、樂毅、蒙恬五個典故放在「或者人見孤強盛」數語之後，一口氣將它們說出，筆酣墨飽，氣足勢雄，這就能有力地駁倒他人的「私心相評」，充分表白自己的本志。將周公之典放在告訴妻妾的言語之後，從寫法上看，是對前文的收束，從內容上看，是點明對妻妾所說話語的用意，進一步申明自己的本志。介推、申胥之典放在「前朝恩封三子爲侯，固辭不受；今更欲受之，非欲復以爲榮，欲以爲外援爲萬安計」之後，既含有對受封的「自省」之意，又起到引出後文「然封兼四縣，食戶三萬，何德堪之」的作用。由此看來，曹公對典故的使用是深有講究的，並非信手拈來，隨意安放。由於選用貼切，穿插得宜，作者忠心輔漢的志向得到了充分的表露。由於使用了典故，文章也就顯得清練，顯得含蓄有致，耐人尋繹。同時，從行文上看，避免了整篇文章全是白描式的敍議，因而不致單調乏味。

　　三是清峻通脫，揮洒自如。魯迅曾經指出曹文的特點是「清峻」「通脫」。所謂「清峻」，就是簡約嚴明；所謂「通脫」，就是不拘俗套。本文完全體現了這個特點。它，不虛僞，不矯飾，把作者在不同形勢下的不同願望和盤托出。舉例說吧，寫年少時期，說是「欲爲一郡守，好作政教，以建立名譽」；寫去官之後，說是想杜門謝客，專意讀書，待時而動；寫後來被徵爲都尉，遷爲典軍校尉，說是「意遂更欲爲國家討賊立功，欲望封侯作征西將軍，然後題墓道言『漢故征西將軍曹侯之墓』」。心中怎麼想，口裏就怎麼說，筆下就怎麼寫，的確十分坦

率，十分洒脫。又比如說，「設使國家無有孤，不知當幾人稱帝，幾人稱王。」這些話雖然流露出幾分躊躇滿志的神情，但在當時的政治形勢下，這也是確切的事實。爲了表明自己忠於漢室，竟說到死後要妻妾出嫁，「欲令傳道我心」。這些都正如魯迅在《魏晉風度及文章與藥及酒之關係》一文中所說的那樣：曹操的「膽子很大，文章從通脫得力不少，做文章時又沒有顧忌，想寫的便寫出來。」這就使得本文具有了揮洒自如的特殊風格，它不是一般的文士所能寫得出來的。

（何伍修）

弔張衡文　　　　禰　衡

南岳有精①，君誕其姿②；清和有理③，君達其機④。故能下筆繡辭，揚手文飛。昔伊尹值湯⑤，呂望遇旦⑥，嗟矣君生，而獨值漢。蒼蠅爭飛，鳳凰已散。元龜可羈⑦，河龍可絆⑧。石堅而朽，星華而滅⑨，惟道與隆，悠永靡絕。君音永浮，河水有竭⑩。君聲永流，且光沒發⑪。余生雖後，身亦存游⑫，士貴知己，君其勿憂。

【注釋】①南岳：衡山。精：精靈之氣。②誕：誕生。姿：資質。③清和：清明的太平盛世。④達：通曉。機：要，樞。⑤伊尹：商湯右相，名摯，在建立商朝中建功，湯尊之爲阿衡。⑥呂望：呂尚，助武王伐紂有功。旦：周武王同母弟周公旦，輔成王政。⑦元龜：大龜，神物。⑧河龍：神物。⑨華：光。⑩竭：枯竭。⑪旦光：晨曦。發：顯現。⑫存：置。游：游於道。《孟子·盡心》：「孟子謂宋勾踐曰：『子好游乎？吾語子游。人知之亦囂囂，人不知亦囂囂。』」

【鑑賞】這篇文章是禰衡悼念前輩文學家張衡的。古代很重視對死者的哀悼，悼文的名目繁多。《文心雕龍》就把它分爲「誄、碑、哀、弔」等四種。「誄」是臨喪而作的祭文，「碑」則刻石墓前，以述死者功美，「哀」爲追悼夭亡者之辭，「弔」從賈誼《弔屈原文》開始，常常用於表示後人對前人的哀思。《文心雕龍·哀弔篇》贊曰：「雖有通才，迷方失控；千載可傷，寓言以送。」就是說，弔文之作是可以不受時間限制的。《文心雕龍·哀弔篇》曰「禰衡之弔平子，縟麗而

輕淸」，說明這篇文章雖然不長，藝術水平卻很高，是弔文中的佼佼者。禰衡生在張衡死後數十年，卻自感身世與張衡有相似之處。他們同爲知名當世的奇才，都生長在亂世，受到權臣的猜忌，輾轉終身。因而他對張衡一生的不幸特別同情。而他對張衡的哀悼，實質也是自悼。當然，禰衡之才既遠遜於張衡，他那偏狹的胸襟，與謙虛平和的張衡也迥異。二者生平遭遇並不相同，不能相提並論。在禰衡著此文前，崔瑗已對張衡作出了高度評價。但二者的角度是不同的。崔瑗≪河間相張平子碑≫稱贊張衡「道德漫流，文章雲浮。數術窮天地，制作侔造化。瓌辭麗說，奇技偉藝。磊落煥炳，與神合契」，着重於對張衡的德才，包括他的文學才能和科學成就進行全面評價，而禰衡的≪弔張衡文≫卻主要是爲他的懷才不遇表示惋惜和憤慨。全文分四層意思

　　首先，作者盛贊張衡才資之美。開首「南岳有精，君誕其姿」二句，將荆州的名山南岳衡山以比張衡。意卽正如南岳衡山有它天然的精氣，所以那麼的神奇秀麗，你也生而有秀美的資質，所以那樣卓越不凡。有人認爲這裏是說張衡乃取南岳精靈之氣而生，這恐怕是不妥的。張衡是河南南陽人，而衡山在湖南，相隔甚遠，二者不可能有必然聯繫。倒是作者身在荆州，≪漢書・地理志≫引≪尙書・禹貢≫「荆及衡陽惟荆州」，顏師古注曰：「北據荆山，南及衡山之陽也。」在記敍≪周官≫職方氏「辨九州之國」時又說：「正南曰荆州，其山曰衡」。可見南岳衡山是荆州第一大山，而作者先依劉表，後從黃祖，均在荆州。所以隨手指以相比，有信手拈來之妙，作者以之說明張衡秉賦的不凡。接着說「淸和有理，君達其機」，語言也極其簡潔槪括。「淸和」本以指季節、天氣，這裏借指大自然的種種變化。這兩句的意思是說大自然的變化有它奧秘莫測的玄理，而你能通曉它的要旨。張衡是我國著名的精通天文、歷算的自然科學家，他在這方面的成就是值得大書特書的，而作者也只用八個字便槪括無遺了。最後說張衡的文學成就。作者認爲張衡的文章是寫得優美而生動的。而上述天賦超人，妙識天機正是他成爲傑出的作家的原因。爲了說明這一點，他在描述張衡文才蓋世的兩句話八個字前，僅僅再加了兩個字，寫成「故能下筆繡辭，揚手文飛」。這是何等地惜墨如金！特別是「揚手文飛」一句，既形象地寫出了張衡的揮洒自如，才思敏捷，又傳神地道出了他的文筆生動，神采飛揚。這一神來之筆，實在可看出作者的匠心。總之，張衡的多才多藝，作者僅僅用了短短六句二十六字，便槪括無遺了。在字裏行間，還深深滲透著作者對張衡的欽敬。這是第一層。

　　接著，作者筆鋒一轉，道出了自己對張衡的哀悼之情。爲了襯托張衡的不幸，作者又牽出了兩位古人的遭遇，與張衡相對照，但仍然落墨不多：「昔伊尹

值湯，呂望遇旦， 嗟矣君生， 而獨值漢。」一個「獨」字， 就把三人連結起來
了，說明他們三位都是同樣的才德兼備，然而命運截然不同。伊尹受到了聖君的
信用，呂望有同朝賢臣的配合， 而你卻生不逢時， 偏偏遇到漢朝的末世。「蒼蠅
爭飛，鳳凰已散。元龜可羈，河龍可絆。」作者用了四個譬喻，淡淡數筆，卻勾
勒出了當時惡劣的環境。鳳凰消失了，龜龍受到羈絆，只剩下蒼蠅在競相得意地
飛舞。作者沒有用一個字直接描寫當時的環境，但張衡的不幸遭遇卻使讀者了然
於心了。文章到這裏，才把題目中的「弔」字點了出來。這是第二層。

　　在古代，「弔」字的意思不止於哀悼， 還包含有安慰的意思。≪文心雕龍‧
哀弔篇≫說：「或有志而無時，或美才而兼累，追而慰之，並名爲弔」。張衡正是
雖有大志， 而不得其時的不幸者。因此， 作者隨卽對他在天之靈， 加以安慰。他
再次運用對比手法，指出天上的星，地上的石是人們認爲最爲永恒的、經久不變
的東西，但它們也會熄滅、朽爛，只有道（眞理）才是永不消亡的。而你的文章
是合乎道的，所以黃河會枯竭，陽光會消失，你的聲音卻會一直流傳下去。一個
人能如此流芳百世，自然也應瞑目於九泉之下。

　　弔古，是因爲傷今。因而文章的最後一層，必然聯繫到作者的自我。這是全
文的點睛之筆，卻只用了四四一十六個字：「余生雖後， 身亦存游， 士貴知己，
君其勿憂。」作者比張衡晚生了近一百年，但他卻自負地將張衡引爲同調。≪禮
記‧少儀≫說：「士依於德，游於藝。」「存游」二字，就是用的這兩句的意思。
意樣卽自己雖爲晚輩，但也是依存於德， 游於藝文的飽學之士。你應該相信我這
的知己者，一定會完成前輩的遺志。放心地安息吧！這結尾是意味深長的。作者
極力推崇張衡，比之伊尹、太公，而他又以張衡的後繼者自任，並擬完成張衡未
了的事業，可見其心氣的高傲。同時， 對前人的弔唁， 實質也是自悼。「蒼蠅爭
飛，鳳凰已散」的情景，說的是前朝，其實也暗喻當代。作者對當時的執政者是
極其蔑視的。而在以任道自許的同時， 也不免滲入了自己的哀愁、悲憤。所以，
這篇弔文雖然不長， 卻內容豐富，寓意深長。

　　這篇文章在藝術上的成就， 也歷來爲人們所稱道。詞滙的豐富和精當，是這
篇文章的特色之一。作者用了大量的典故和比喻，使得本來比較枯燥的說理，變
成了許多具體、美麗的形象，引起人們的翩翩聯想，加上字斟句酌，更使人感到
它語滙的豐富和色彩的清麗。 本文是一篇四言韵文， 隨著意想的轉變， 逐層換
韵，讀起來琅琅上口，更增加了語言的韵律美。全文以四言句爲主，但又不爲此
囿，根據文義的需要，偶在句前加一二聯結詞，使文章通暢，節奏鮮明，整齊而
又不呆板。

　　感情的迅速轉換，是本文的又一大特點。「涉樂方笑，言哀已嘆」，全文僅一百零七字，卻分了四個層次，每個層次都只有十餘字到數十字，卻都注入了各種不同的感情，眞摯而動人。文貴疾速，是建安時期的風尚之一。阮瑀據鞍而草奏，子建七步而成章，均一時傳爲美談。因而言簡意賅，語義雙關，筆勢輕靈，一點卽止，便成爲這一時期文章的一個重要特點。爲了做到這一點，引喩設譬，援用典故，借助人們已有的知識，使之瞭解自己要說明的問題，自然成了人們常用的重要手段。而禰衡正是個中高手，本文在短短的二十餘句中，竟用了十多個比喩和典故，確實收到了語言精美而包蘊深廣之妙。如張衡的資質之高是很難用幾句話描摹出來的，但南岳之神奇卻是荆襄之人所共知，因此指以爲譬，就很清楚地顯示了作者對他才資的高度評價。季漢政局之混亂也極其複雜，宦官外戚的專政，正直士大夫的屢遭排斥、迫害，種種情事，幾乎罄竹難書。作者竟完全撇開具體事實，只用了「蒼蠅爭飛，鳳凰已散」等爲喩，不僅傳神地刻畫出了當時情景，而且表明了自己鮮明的愛憎。「伊尹值湯，呂望遇旦」的故事是人所共知的，用他們來比張衡之值漢，不僅表示了作者對張衡的高度評價，而且很自然地流露出其哀傷之情。此類手法，作者用得很多，這也就是爲什麼該文能以如此簡短的篇幅，寫出了如此豐富的內容的關鍵所在。當然，魏晉以後對成語典故用得很濫，這時的文人往往不是爲了使文章精潔明確，容量增大，而是爲了賣弄自己的淵博，因而他們的用典，每每堆砌辭藻，甚至好用僻典，使得文義隱而不顯，內容淺薄而文字艱深。這和建安文人之用典設譬，已大異其趣了。

　　當然本文也有不足之處。爲了遷就協韻，有時不得不損害內容。如「昔伊尹值湯，呂望遇旦」，周公旦的出名是後來的事，用在這裏是比較勉強的。應說「呂望遇文」才對。但爲了與「漢、散、絆」押韻，便不得不勉強改成這樣。韻文中往往有這類以文害義的情況出現，這不能不說是個缺陷。

（張　璇）

登 樓 賦　　　　王 粲

　　登玆樓以四望兮①，聊暇日以銷憂②。覽斯宇之所處兮③，實顯敞而寡仇④。挾清漳之通浦兮⑤，倚曲沮之長洲⑥。背墳衍之廣陸兮⑦，臨皋隰之沃流⑧。北彌陶牧⑨，西接昭丘⑩。華實蔽野⑪，黍稷

盈疇⑫。雖信美而非吾土兮⑬，曾何足以少留⑭。

遭紛濁而遷逝兮⑮，漫逾紀以迄今⑯。情眷眷而懷歸兮⑰，**孰憂思之可任**⑱！憑軒檻以遙望兮⑲，向北風而開襟⑳。平原遠而極目兮㉑，蔽荊山之高岑㉒。路逶迤而修迥兮㉓，川既漾而濟深㉔。悲舊鄉之壅隔兮㉕，涕橫墜而弗禁㉖。昔尼父之在陳兮，有「歸歟」之嘆音㉗。鍾儀幽而楚奏兮㉘，莊舄顯而越吟㉙。人情同於懷土兮㉚，**豈窮達而異心**㉛。

惟日月之逾邁兮㉜，俟河清其未極㉝。冀王道之一平兮㉞，**假高衢而騁力**㉟。懼匏瓜之徒懸兮㊱，畏井渫之莫食㊲。步棲遲以徙倚兮㊳，白日忽其將匿㊴。風蕭瑟而並興兮㊵，天慘慘而無色㊶。**獸狂顧以求羣兮**㊷，鳥相鳴而舉翼。原野闃其無人兮㊸，征夫行而未息㊹。心悽愴以感發兮，意忉怛而憯惻㊺。循階除而下降兮㊻，氣交憤於胸臆㊼。夜參半而不寐兮㊽，悵盤桓以反側㊾。

【注釋】①茲樓：此樓。②聊：姑且。暇日：假借此日。暇：一作「假」，借。銷憂：消除憂悶。③覽：看。斯宇：這座樓。宇：屋檐。這裏指城樓。所處：所居的地勢。④顯：豁亮。敞：開闊。寡仇：很少匹敵。仇：比，匹。⑤挾：帶。清漳：清澄明澈的漳水。漳水源出湖北南漳縣西南的蓬萊洞山，東南流經當陽，與沮水會合，又東南經江陵縣入長江。浦：通大河的水渠。⑥倚：靠。曲沮（ㄐㄩ）：曲折的沮水。沮水源出湖北保康縣西南，東南流經南漳等縣，合漳水，又東南經江陵縣西入長江。洲：水中間積沙而成的陸地。⑦背：背靠著，指北面。墳衍：地勢高起而又平坦。廣陸：寬廣的陸地。⑧臨：面臨著，指南面。皋：水邊的高地。隰：低濕的地。沃流：可灌溉的河流。⑨彌：終於，盡於。陶：陶朱公，即春秋時的越國范蠡。陶牧：范蠡之墓。⑩昭丘：地名，在當陽縣東南。傳說楚昭王的墳墓在此。⑪華：同「花」。實：果實。蔽野：蓋住原野。⑫黍：小米。稷：高粱。盈：滿。疇：田地。⑬信：真，確實。土：指故鄉。⑭曾：乃。⑮紛濁。指時局動亂，世道污濁。紛：紛擾。濁：污穢。遷逝：遷徙而來，指作者來荊州避亂。⑯漫：形容時間長久。逾：越過。紀：十二年。迄：至。⑰眷眷：懷戀之意。懷歸：思歸。⑱任：承擔。⑲憑：依，靠。軒：小室。檻：欄杆。⑳向：對著。開襟：解開衣襟。㉑極目：縱目。㉒蔽：遮蔽。荊山：在今湖北省南

漳縣西北八十里。岑：山小而高叫岑。㉓逶迤（ㄨㄟ　ㄧˊ）：回曲悠長的樣子。修：長。迴：遠。㉔川：河。漾：水長。濟：渡。㉕舊鄉：王粲的家鄉山陽。壅：隔絕。㉖涕：淚。橫墜：零亂地落下。弗禁：止不住。㉗尼父：孔子死後，魯哀公作誄，稱孔子為尼父。歸歟：回去吧。語見《論語·公冶長》：「歸歟！歸歟！」㉘鍾儀：春秋時楚國樂官。幽：拘禁。楚奏：據《左傳·成公九年》載，鍾儀被晉所俘，晉侯在軍府見鍾儀，問道：戴著南冠而被綁著的是誰？有司回答說是鄭人所獻的楚囚。因為晉侯知道他是樂官，便命釋放他，叫他操琴。鍾儀受命而彈南音，表現了他的不忘舊。㉙莊舄（ㄒㄧˋ）：越人，任楚國執珪之官。顯：顯達，指身居顯要官職。越吟：唱越國樂歌。事見《史記·張儀列傳》，「越人莊舄仕楚執珪，有頃而病。楚王曰：『舄，故越之鄙細人也。今仕楚執珪，富貴矣，亦思越否？』中謝對曰：『凡人之思故，在其病也。彼思越則越聲，不思越則楚聲。』使人往聽之，猶尚越聲也。」㉚懷土：思念鄉土。㉛窮：困厄，指處於逆境，說的是鍾儀。達：指處於順境，說的是莊舄。㉜日月：光陰。逼：近。邁：遠行。逾邁：過去。㉝俟：等待。河清：比喻太平盛世。極：窮盡，盡頭。㉞冀：希望。王道：王朝的政權。一：統一。平：太平。㉟高衢：大道。㊱匏（ㄆㄠˊ）瓜：葫蘆的一種，實圓大而扁。㊲渫：除去汙穢。㊳棲遲：游息，走得很慢。徙倚：徘徊、留戀不去之意。㊴忽其：忽然。匿：隱藏。白日將匿：指天色不覺已經將暮。㊵蕭瑟：風聲。並興：四起。㊶慘慘：通「黪黪」，暗色。㊷狂顧：急劇回顧。狂：遽。㊸闃（ㄑㄩˋ）：寂靜。㊹征夫：遠行的人。息：止。㊺意：心情。怛怛（ㄉㄚˊ　ㄉㄚˊ）：悲痛。憯（ㄘㄢˇ）：同慘，慘痛。㊻循：順著。階除：階梯。㊼交：糾結。臆：胸際。㊽參：及。夜參半：夜及半，就是半夜。㊾悵：惆悵。盤桓：思來想去。反側：翻來覆去，難以入睡的樣子。

【鑑賞】《登樓賦》傳誦已久。晉代陸雲說「《登樓》名高，恐未可越爾」（《與兄平原書》）。南朝梁代劉勰在談論「魏晉之賦首」（《文心雕龍·詮賦》）時，也以王粲列為第一家。宋代朱熹則認為《登樓賦》「猶過曹植、潘岳、陸機愁詠、閑居、懷舊衆作，蓋魏之賦極此矣」（《楚辭後語》），到元代，更有鄭光祖以此為題材，編了一齣雜劇《王粲登樓》。《登樓賦》的盛名，不是虛攬而得的。這篇作品篇幅短小，內容充實，藝術上很見特色，在辭賦發展史上，它是抒情小賦成功地顯示其優點的代表作之一。

賦共三小段。

其第一段，首二句述登樓緣起：是為了「銷憂」。次十句寫樓上所見景物，

同時交代樓的地點方位：它在荊州漳、沮二水之側，靠近范蠡之墳陶牧、楚昭王之墓昭丘。末二句點明作者之憂乃是出於對故土的思念。第二段先回顧作者經歷：他適逢漢末戰亂，避難至荊州，已逾十二年。「情眷眷」句以下，宣泄因舊鄉壅隔而不能北歸的悲思，他涕淚交墜，悲情強烈。接著用孔子困於陳時曾嘆息「歸歟，歸歟！」（《論語‧公冶長》）以及春秋時楚人鍾儀被囚於晉國而操南音、越人莊舃在楚國任顯職而喜越聲的故實，進一步襯托自己對故土的強烈眷念。這裏「鍾儀」句和「莊舃」句，所咏事迹相反，而用意正同，乃所謂「反襯」修辭手法。從這一「反襯」中又引出末二句來：窮達雖異，而懷土情同。這一段裏表現了更深的憂思，到了「孰可任」的地步。第三段在內容上進一步發展。作者提出了他期待着「河清」之日的到來，希冀「王道」普施，天下清平，說如此則可以藉之馳騁才力，改變如徒懸的匏瓜和無人取飲的潔井那樣長期被棄置埋沒的處境。從情緒上說，本段也比前二段更加強烈。作者始登樓爲了「銷憂」，至此循階而下時，不僅憂思未消，反而更凄愴憤慨起來，甚至夜半不寐，恨恨不已。總的來看，本篇的三個段落，也就是三個層次，它們是層層轉進的關係，以「銷憂」始，而以更加強烈的「氣交憤」結束。

怎樣理解賦中的這種強烈的思鄉懷土內容？它的思想實質是什麼？這是應當結合作者的身世志尚作進一步考察的。王粲在十七歲時遭逢董卓作亂，不得已逃離長安到荊州避難。對於漢末軍閥肆惡、荼毒生靈情狀，他是親眼目睹了的，他在《七哀詩》中就曾記述了「出門無所見，白骨蔽平原」的慘象。他在國家蒙難，自身又多年寄身他鄉的情況下，憶念桑梓，希冀治定，這是一種很樸素自然的感情。不過這還只是一方面。從另一方面看，王粲出身名門，曾祖王龔、祖王暢，都曾位列三公，在漢末極重視門第的風氣中，他自少即出入洛陽、長安兩京，很得勢要者賞識。史載他初訪蔡邕，邕卽「倒屣迎之」，而蔡邕「此王公孫也」的一句介紹，就使在場衆賓客肅然起敬。因此，王粲對功名一向懷有很強的信心。他雖然不得不到荊州避難，但是甫到時政治熱情並未爲之稍歇，還曾積極參與荊州牧劉表的一些政治活動，並贊頌劉表「荊衡作守，時邁淳德，勳格皇穹，聲被四宇」（《荊州文學記官志》）等。在當時，並未見他流露出什麼厭倦懷歸心情。王粲在荊州後期才有思鄉情緒的大迸發，這是同他的政治處境有很大關係的。原來劉表其人「外貌儒雅，心多疑忌」（《魏志‧劉表傳》），對於王粲這樣的名門公子，一時尚能禮遇，根本上卻不可能加以重用。劉表還頗以貌取人，而王粲又偏「貌寢」，儀表上略差些，就更爲劉表所輕。於是隨着歲月流逝，王粲就愈感到自己受着冷落。這種境況，對於政治上不甘寂寞的人來說，實

在是難以長期忍受的。所以,「雖信美而非吾土兮, 曾何足以少留」, 這話至少有一半是從政治上說的, 意思是荆州的政治環境使他不能久留。他在賦中還說要「假高衢而騁力」, 又說「懼匏瓜之徒懸」、「畏井渫之莫食」, 都表現了求取功名的內心願望。總之, 在《登樓賦》的思鄉懷土內容中, 很大程度上包含着作者因功名不遂而產生的懷才不遇成分。 明乎此, 我們也就可以理解, 當曹操挾戰勝之威, 長驅占領荆州後, 王粲爲什麼盡管身尙在荆州, 他的「憂」、「悵」卻不翼而飛, 他的情緒突然高漲了起來。這除了他看到了回歸故土的希望外, 更重要的原因就是曹操甫据荆州, 卽辟他爲丞相掾, 賜爵關內侯, 滿足了他的功名心。曹操曾在漢水之濱擧行慶祝收取荆州的宴會, 會上王粲發表了一篇祝辭, 其中有幾句話可以視爲他對自己在荆州前後狀況的說明, 他說:「士之避亂荆州者, 皆海內俊傑也;(劉)表不知所任, 故國危而無輔。 明公……及平江漢, 引其賢俊而置之列位, 使海內回心, 望風而願治, 文武並用, 英雄畢力, 此三王之擧也」(《魏志》本傳)。可知王粲在荆州的不滿, 主要由於未得劉表「所任」, 一旦被曹操「置之列位」, 他也就立卽「望風」而「回心」了。 王粲把「引其賢俊而置之列位」說成是「三王之擧」, 這也正好可以給《登樓賦》中「冀王道之一平兮, 假高衢而騁力」二句作注脚, 證明王粲所希冀「王道」亦卽理想政治, 是同他個人的功名心緊密聯繫着的。

這篇賦在藝術上最可注意的是它的景物描寫。此賦每段都寫景, 而且寫得極有特色。首先是寫得精練。在兩漢大賦中, 對景物環境的描寫實在是過於舖張揚厲了。東南西北, 前後左右, 細致周詳, 面面俱到。王粲完全捨棄了那種傳統。試看本篇第一段, 從第三句以下十句爲寫景, 它們固然寫得「局面濶大」(清姚范語), 而且形像清新, 但並不專事舖彩摛文, 唯以描寫的必要爲限。這裏有北而無南, 取西而捨東, 看似不夠全面對稱, 實則十分精要, 略無冗言贅語。更重要的是, 賦中的寫景與作者感情的抒發之間, 有巧妙的契合。如上所說, 此賦的三個段落所表現的思想感情有三個層次; 而其中的景物描寫, 也隨着作者思路的轉進和感情的發展, 表現了不同的色調和風貌。如第一段的景物描寫, 是承「四望」而來的, 它們重在襯托作者心目中的「顯敞」和「信美」兩點, 所以就寫「通浦」、「長洲」、「廣陸」、「沃流」、「華實蔽野」、「黍稷盈疇」等等。第二段的景物描寫, 是配合着「懷歸」、「懷土」之思的, 所以就寫「平原遠」、「路逶迤」、「高岑」、「修迥」等。至於第三段, 作者的情緒已發展到「心凄愴」、「意忉怛」的程度, 所以景物描寫也一變而爲「風蕭瑟」、「天慘慘」, 白日西匿, 鳥獸狂顧等。它們不僅具有陪襯意味, 而且起着「感發」情緒的作用, 眞正做到了情與景

的融合。王粲的這種緊密配合感情發展的、有層次的景物描寫，表現了很高超的技巧。這在整個建安文學中，也稱得上是傑出的一例。看來「魏晉之賦首」，王粲是當之無愧的。

（徐公持）

出　師　表　　　諸葛亮

臣亮言：先帝創業未半而中道崩殂①，今天下三分，益州疲弊②，此誠危急存亡之秋也。然侍衞之臣不懈於內，忠志之士忘身於外者，蓋追先帝之殊遇③，欲報之於陛下也。誠宜開張聖聽④，以光先帝遺德⑤，恢弘志士之氣⑥，不宜妄自菲薄，引喻失義⑦，以塞忠諫之路也。

宮中府中⑧，俱爲一體，陟罰臧否，不宜異同⑨。若有作奸犯科及爲忠善者⑩，宜付有司論其刑賞⑪，以昭陛下平明之理⑫，不宜偏私，使內外異法也⑬。

侍中、侍郎郭攸之、費禕、董允等⑭，此皆良實，志慮忠純⑮，是以先帝簡拔以遺陛下⑯。愚以爲宮中之事，事無大小，悉以咨之⑰，然後施行，必能裨補缺漏⑱，有所廣益。

將軍向寵，性行淑均⑲，曉暢軍事，試用於昔日，先帝稱之曰能，是以衆議舉寵爲督⑳。愚以爲營中之事，悉以咨之，必能使行陣和睦，優劣得所㉑。

親賢臣，遠小人，此先漢所以興隆也；親小人，遠賢臣，此後漢所以傾頹也。先帝在時，每與臣論此事，未嘗不嘆息痛恨於桓、靈也㉒。侍中、尙書、長史、參軍㉓，此悉貞良死節之臣㉔，願陛下親之信之，則漢室之隆，可計日而待也。

臣本布衣㉕，躬耕於南陽㉖，苟全性命於亂世，不求聞達於諸侯。先帝不以臣卑鄙，猥自枉屈，三顧臣於草廬之中，咨臣以當世之事，由是感激，遂許先帝以驅馳㉗。後値傾覆㉘，受任於敗軍之際，奉命於危難之間，爾來二十有一年矣。

先帝知臣謹愼， 故臨崩寄臣以大事也㉙。 受命以來， 夙夜憂嘆
㉚。恐託付不效，以傷先帝之明，故五月渡瀘㉛，深入不毛㉜。今南
方已定㉝，兵甲已足，當獎率三軍，北定中原，庶竭駑鈍㉞，攘除奸
凶，興復漢室，還於舊都。此臣所以報先帝，而忠陛下之職分也。至
於斟酌損益㉟，進盡忠言，則攸之、禕、允之任也。

　願陛下託臣以討賊興復之效，不效則治臣之罪，以告先帝之靈；
若無興德之言，則責攸之、禕、允等之慢㊱，以彰其咎㊲；陛下亦宜
自謀，以諮諏善道㊳，察納雅言㊴，深追先帝遺詔㊵。臣不勝受恩感
激。

　今當遠離，臨表涕零，不知所言。

【注釋】①先帝：指劉備。崩殂（ㄘㄨˊ）：死。古時皇帝死亡叫「崩」，又叫「殂」。
②益州：現在四川省一帶。這裏指蜀漢。疲弊：困乏。指劉備於章武二年（222）
被東吳陸遜所敗事。 ③殊遇：特別的待遇。④開張聖聽： 擴大聖明的聽聞。⑤
以：表示目的和結果。「以」後邊的行動是「以」前邊的行動的目的。光：發揚
光大。⑥恢弘：發揚擴大。⑦引喩：稱引，譬喩。義：適宜，恰當。⑧宮中：指
皇帝宮中。府中：丞相府中。⑨陟（ㄓˋ）：進用官吏。罰：懲罰。臧：善，褒
揚。否：惡，責備。臧、否，都用作動詞。⑩作奸犯科：做奸邪事情，犯科條法
令。科：條令。⑪有司：職有專司，就是專門管理某種事情的官。刑：罰。⑫
理：治。⑬內外異法：宮內和朝廷刑賞之法不同。⑭侍中、侍郎郭攸之、費禕、
董允：郭攸之、費禕是侍中，董允是侍郎。侍中、侍郎：都是官名，出入皇宮，
侍奉皇帝的近臣。⑮良實：善良誠實。志慮：志向和心思。忠純：忠貞不貳。⑯
簡拔：選拔。簡：同「柬」，選拔。⑰咨：詢問。悉：都。⑱必能裨補缺漏：一
定能够補救缺點和疏漏之處。⑲性行（ㄒㄧㄥˋ）：品德行為。淑：善。均：平。⑳
督：向寵曾為中部督。㉑優劣得所：好的差的各得其所。㉒桓、靈：東漢末年的
桓帝和靈帝，他們都因信用外戚宦官，加深了政治的腐敗。㉓尚書、長（ㄓㄤˇ）
史、參軍：都是官名。尚書指陳震，長史指張裔，參軍指蔣琬。㉔貞良死節：堅
貞可靠，能以死報國。㉕布衣：平民。㉖南陽：漢郡名，在今湖北省襄陽縣一
帶。㉗驅馳：奔走效勞。㉘後值傾覆：後來遇到兵敗，指漢獻帝建安十三年（
208）劉備為曹操所敗之事。㉙臨崩寄臣以大事：劉備在臨死的時候，把國家大
事托付給諸葛亮，並且對劉禪說：「汝與丞相從事，事之如父。」即所謂「白帝城

托孤」。㉚夙夜憂嘆：早晚憂愁嘆息。㉛瀘：水名，金沙江的支流。㉜不毛：不生草木（的地方），意思是荒瘠的地方。毛：指草木。㉝今南方已定：據《三國志·諸葛亮傳》，「建興元年，南中諸郡，並皆叛亂。亮以新遭大喪（按：指劉備之死），故未便加兵。三年春，亮率衆南征，其秋悉平。」㉞駑鈍：比喩才能平庸。駑：劣馬。鈍：刀刃不鋒利。㉟斟酌損益：權衡得失，考慮取捨。損：減少。益：增加。㊱慢：怠慢，疏忽。㊲彰其咎：顯示他們的過失。㊳諮諏（ㄗㄡ）善道：詢問（治國）的好道理。諏：詢問。㊴雅言：正言。㊵先帝遺詔：劉備給後主的遺詔。見《三國志·蜀志·先主傳》裴注引《諸葛亮集》。

【鑑賞】「出師表」是出兵打仗前，主帥給君主上的奏章。這種表，或表明精忠報國之心，或呈獻攻城略地之策。歷來以戰名世者甚衆，以表傳後者頗少。唯獨諸葛亮的《出師表》不僅存之典册，而且燦然於文苑。這是因爲孔明之作，持論賢明通達，行文情濃義明，因而被奉爲理政的規範，爲人的圭臬，作文的楷模。諸葛亮上《出師表》是在蜀漢後主建興五年（公元227），率兵北伐之時，這時蜀偏居一隅，國力疲敝，又「北畏曹公之强，東憚孫權之逼」，諸葛亮爲了實現劉備振興漢室、一統天下的遺願，「五月渡瀘，深入不毛」，平定了南方，有了較鞏固的後方，並抓住了曹魏兵敗祁山、孫吳兵挫石亭的時機，揮師北伐，擬奪取魏的涼州（今甘肅省部分地區），向後主劉禪上了兩道表文，「前表開導昏庸，後表審量形勢」，這就是出名的《前出師表》、《後出師表》。我們現在讀的是《前出師表》。諸葛亮自劉備於公元207年「三顧茅廬」後，卽忠心耿耿輔佐劉備，以完成統一大業。經過長期奮戰，使寄寓荆州的劉備，一躍而爲與魏、吳對峙的蜀國之主，雄踞一方，到公元221年劉備便卽帝位。公元222年吳蜀彝陵之戰後，劉備敗逃白帝城，次年病死。劉備「白帝托孤」時對諸葛亮說：「君才十倍曹丕，必能安國，終定大事。若嗣子可輔，輔之；如其不才，君可自取。」對諸葛亮無比信賴。諸葛亮回答說：「臣敢竭股肱之力，效忠貞之節，繼之以死。」劉備吩咐劉禪說：「汝與丞相從事，事之如父。」劉禪繼位，卽後主。諸葛亮主張出兵擊魏，侃侃陳詞，旣有政治家的眼光，又有軍事家的頭腦，且嚴守人臣的身分。

　　《出師表》前半部分是臨行時的進諫，後半部分乃表明此行奪勝的決心。諸葛亮向後主提出三項建議：「廣開言路，執法公平，親賢遠佞。這三項建議，旣是安定後方的措施，也是施政的方針，作者在行文上頗費深思。

　　由勢入理，起筆崢嶸。表文第一節向後主提出「開張聖聽」的建議，可是卻從形勢敍起，這能起振聾發聵的作用，又能激發繼承遺志的感情。表文開筆卽言

「先帝創業未半而中道崩殂」，深痛劉備壯志未酬身先死，深誡後人繼承父業不可廢，以追念先帝功業的語句領起，至忠至愛之情統領了全文。繼而以「今天下三分」，點明天下大勢，逐鹿中原，尚不知鹿死誰手；復直言「益州疲弊」，自身條件很差，地少將寡，民窮地荒；進而大聲疾呼：「此誠危急存亡之秋也。」大有危在旦夕之勢，如不救亡圖存，將會出現國破身亡的慘局，筆勢陡峭，峥嶸峻拔。在凸顯形勢的情況下，墊以「侍衛之臣不懈於內，忠志之士忘身於外」，他們不忘先帝恩德，不改對後主的忠心，轉危為安，化險為夷還是有希望的。在這樣的基礎上，提出「開張聖聽」，「以光先帝遺德，恢弘志士之氣」的建議，規勸不可「妄自菲薄，引喻失義，以塞忠諫之路」。表文將是否廣開言路，從關係國家存亡的角度來談，從關係忠於先帝的高度來說，使人聞之驚心動魄。

由主而次，肌理縝密。以情動人，更要以理服人。說理主次分明，先後有序。表文主要是向後主進言的，因而首揭「開張聖聽」，以打開進言之路。在打通了忠諫之路的前提下，再言執法公平、親賢遠佞兩項，談執法公平，又先總提「宮中府中，俱為一體，陟罰臧否，不宜異同」，繼而就宮中、府中兩方面分述之。分述時，又緊扣「開張聖聽」的精神，要後主宮中之事，向郭攸之、費禕、董允這些志慮忠純之士請教，而且要「事無大小，悉以咨之」；府中之事，向「性行淑均，曉暢軍事」的向寵請教，「營中之事，悉以咨之」。最後提出「親賢臣，遠小人」的問題。三項建議，既可獨立成項，又相互關聯。廣開言路，是開的忠諫之路，而非為讒邪開方便之門。親賢臣遠小人，才能廣納郭攸之、向寵等人的良言，才能「昭平明之理」，不讓奸邪得勢，造成內外異法，賞罰不明。君主昏庸，主要就在蔽於視聽，昧於事理，因而忠奸不分，賢愚不辨，是非不清，賞罰不當。諸葛亮所列三項，廣開言路是前提，執法公平是關鍵，親賢遠佞是核心。

由近及遠，思路開闊。表文為了說明親賢遠佞的利弊，以先漢的「興隆」和後漢的「傾頹」的歷史事實，作為前車之鑒，並以先帝嘆息痛恨桓帝、靈帝昏庸誤國為告誡，促使後主親信賢臣，並以「漢室之隆，可計日而待」為鼓勵，借古鑒今，顯得衢路交通，經緯成文。諸葛亮因為後主是個「妄自菲薄，引喻失義」的昏庸之徒，理要說得明，語又不可用得重，既要循循善誘地開導，又要不失臣下尊上的分寸；因而以「形勢」使對方震動，以「情感」使對方感動；並且以「措施」教之，告知治國理政的具體辦法；以「事業」勵之，告誡後主要有遠大的抱負，振作精神，完成先帝未竟的事業，使天下歸一，漢室興隆。表文從各個方面規箴後主，情真理足，詞婉心切，因而雖屬奏章表文，卻感人至深。

　　表文的第二部分，由敍自己生平談到伐魏的意義，進而表明自己「興復漢室，還於舊都」的決心，也寫得慷慨深沉，動人心魄。

　　由人到己，文勢跌宕。表文從第一部分的進諫，到第二部分，忽以「臣本布衣」起筆，另入蹊徑。敍寫自己二十一年來的情況，歷數先帝之殊遇，一是三顧茅廬使之出山效命，一是傾覆之際委以軍政大事，由躬耕隱士一舉而成三軍主帥。這一節敍述，好像是逸枝衍蔓，與上下文聯繫不緊。其實，它與上下文貌分神合。這是因爲：第一，追溯二十一年的殊遇，披露感恩戴德之情，說明以上進言純屬忠諫，叫後主聽來覺得舒徐入耳。第二，以自身不負先帝殊遇捨命驅馳，作爲後主不忘先人之業的榜樣，進一步啓發後主奮發圖強。第三，以二十一年不平凡歷程，說明創業艱難，激勵其不可半途而廢，更不能前功盡棄。第四，寫出先帝的榜樣，叫後主效法先帝知人善任。第五，表明自己二十一年如一日，竭忠盡智，今後仍一如旣往，忠心不改，餘力不遺，望後主托之以討賊興復之任，且可免因率師北伐，小人進讒而不予信任，壞了大局。諸葛亮的這段敍述，是爲了進一步打動後主，使之樂於接受前面的進言。這一臨別時的表白，確有深衷曲意。文章由進言轉而爲自敍生平，宕開了筆墨，使文勢波瀾起伏，更爲可觀。

　　由敍而誓，推上高潮。表文繼敍二十一年遭際之後，續敍白帝托孤後的心情、工作，進而表明北定中原的決心。前面的論世、進言、抒情，到此結穴，出師表文的特點由此完全挑明。追言托孤之事，交代這次出師的歷史根源，「受命以來，夙夜憂嘆，恐托付不效，以傷先帝之明」，說明這次出師的思想基礎。「五月渡瀘，深入不毛。今南方已定」，指出這次出師的物質準備。在充分敍說條件的基礎上，提出「當獎率三軍，北定中原，庶竭駑鈍，攘除奸凶，興復漢室，還於舊都」，警拔爽截，鏗鏗振響，熠熠生光。《出師表》至此才徑言出師，切入本題。前面的進言，是爲了保證有出師的條件，中間敍事，是說明自身具有出師能力，至此兩線歸一，提出宜乎出師，也就如瓜熟蒂落。

　　歸納前意，總綰全篇。表文結束之前，將出師與諫言兩層意思攏合一起。一方面提出「願陛下托臣以討賊興復之效，不效則治臣之罪」，另一方面還提出「陛下亦宜自謀，以諮諏善道，察納雅言」，諸葛亮主動領受任務，並表示如失職，甘願受罰，以顯示「平明之理」。至此仍不放心，還諄諄告誡，要後主「深追先帝遺詔」。(先帝臨終時訓誡後主：「勿以惡小而爲之，勿以善小而不爲。惟賢惟德，能服於人。」)最後又回復到「開張聖聽」的問題上來，這也就將前面兩部分內容，溝通了內在聯繫，闡述了修明內政與北伐勝利的關係。

　　表文以「今當遠離，臨表涕零，不知所言」作結，其聲嗚咽似泣，其情沛然

如注，耿耿忠心盡祖。杜甫曾寫道：」三顧頻煩天下計，兩朝開濟老臣心。出師未捷身先死，長使英雄淚滿襟。」《蜀相》）文天祥身陷囹圄，還高唱「或爲出師表，鬼神泣壯烈。」(《正氣歌》）陸游更是多次提到《出師表》：「《出師》一表通古今，夜半挑燈更細看。」（《病起書懷》)「《出師》一表千載無」(《游諸葛武侯台》)。「一表何人繼出師」《七十二歲吟》)。「凜然《出師表》，一字不可刪。」(《感狀》)「《出師》一表眞名世，千載誰堪伯仲間。」(《書憤》)總之，這道《出師表》，一直爲人所樂道。《出師表》能寫到如此地步，決不是偶然的。文章皆有所爲而發。時當北伐在卽，作爲主帥的諸葛亮要向君主上一道表文，他不是作爲例行公事，而是從北伐的全局上考慮，只有後主修明政治，才能保證北征順利。表文又極為注意對象的特點，因而決不是一般的上條陳，列綵方策，而是熔議論、綵事、抒情於一爐，啓愚矯頑。諸葛亮是後主的丞相，又是「托孤」重臣。他給後主上表文，旣不宜用訓斥的口吻，又不便用卑下的聲氣，寫得不卑不亢，很爲得體。尤其文中連稱先帝，最爲合宜。全文稱先帝凡十三次，顯得情詞十分懇切。諸葛亮自綵「先帝知臣謹愼，故臨崩寄臣以大事也」，確實「諸葛一生惟謹愼」，細玩本文，從慮事到措詞，無不體現了「謹愼」精神，這也是此表稱爲「至文」的重要原因。

（徐應佩　周溶泉）

與吳質書　　　曹 丕

二月三日，丕白。

歲月易得 ①，別來行復四年 ②。三年不見，《東山》猶嘆其遠 ③，況乃過之，思何可支 ④？雖書疏往返 ⑤，未足解其勞結 ⑥。

昔年疾疫 ⑦，親故多離其實 ⑧：徐、陳、應、劉，一時俱逝，痛可言邪！昔日遊處，行則連輿 ⑨，止則接席 ⑩，何曾須臾相失 ⑪！每至觴酌流行 ⑫，絲竹並奏 ⑬，酒酣耳熱，仰而賦詩。當此之時，忽然不自知樂也 ⑭。謂百年已分 ⑮，可長共相保，何圖數年之間 ⑯，零落略盡 ⑰，言之傷心！

頃撰其遺文 ⑱，都爲一集 ⑲。觀其姓名，已爲鬼錄 ⑳。追思昔

遊，猶在心目；而此謀子，化爲糞壤㉑，可復道哉！觀古今文人，類不護細行㉒，鮮能以名節自立㉓。而偉長獨懷文抱質㉔，恬淡寡慾㉕，有箕山之志㉕，可謂彬彬君子者矣㉗，著《中論》二十餘篇，成一家之言，辭義典雅，足傳於後，此子爲不朽矣。德璉常斐然有述作之意㉘，其才學足以著書，美志不遂，良可痛惜！間者歷覽諸子之文，對之抆淚㉙，旣痛逝者，行自念也㉚！孔璋章表殊健㉛，微爲繁富。公幹有逸氣㉜，但未遒耳㉝；其五言詩之善者，妙絕時人㉞。元瑜書記翩翩㉟，致足樂也。仲宣獨自善於辭賦㊱，惜其體弱㊲，不足起其文；至於所善，古人無以遠過。

　　昔伯牙絕弦於鍾期，仲尼覆醢於子路，痛知音之難遇，傷門人之莫逮㊳。諸子但爲未及古人㊴，自一時之雋也。今之存者，已不逮矣！後生可畏㊵，來者難誣，然恐吾與足下不及見也。行年已長大，所懷萬端，時有所慮，至通夜不瞑。志意何時復類昔日？已成老翁，但未白頭耳！光武有言：「年已三十餘，在兵中十歲，所更非一。」㊶吾德不及之，年與之齊矣。以犬羊之質，服虎豹之文㊷；無衆星之明，假日月之光㊸，動見瞻觀㊹，何時易乎㊺？恐永不復得爲昔日遊也！少壯眞當努力，年一過往，何可攀援？古人思秉燭夜遊㊻，良有以也㊼。

　　頃何以自娛？頗復有所述造不㊽？東望於邑㊾，裁書敍心㊿。丕白。

【注釋】①易得：容易過去。②行：將要。復：又。③《東山》：《詩經‧豳風‧東山》。三年：《東山》中有句，「我徂東山，慆慆不歸，……自我不見，於今三年。」④支：支持得住。⑤書疏：卽書信。⑥勞：憂思之勞。結：鬱結。⑦昔年疾疫：指漢獻帝建安二十二年（217）的大疫，建安七子中的徐幹、陳琳、應瑒、劉楨等均死於此。⑧親故：親戚故友。離：同「罹」，遭受。⑨連輿：車子前後相接。⑩接席：古人席地而坐，席連着席，意謂坐在一起。⑪相失：分離。⑫觴（ㄕㄤ）：酒杯。流行：巡迴行酒。⑬絲：指琴類樂器。竹：指管樂。並奏：一起吹奏。⑭不自知：沒有覺得。⑮己分：自己應得之份。⑯何圖：哪裏料到。⑰零落：指死亡。略盡：將完。⑱撰：編定。⑲都：總共。⑳錄：名册。㉑化爲

糞壤：指死亡。㉒類：大率。不護：不注意。細行：細節。㉓鮮：少。㉔偉長：徐幹的字。文：文才。質：好的品行名節。㉕恬淡：清靜。寡慾：少慾望。㉖箕山之志：箕山是古代高士許由隱居之地，在今河南省境內。這裏是說徐幹不慕名利。㉗彬彬：文質兼備。≪論語‧雍也≫：「文質彬彬，然後君子。」㉘德璉：應瑒字。斐然：有文采的樣子。㉙抆（ㄨㄣ）淚：擦眼淚。㉚行：而且。自念：想到自己。㉛孔璋：陳琳字。㉜逸氣：文氣奔放灑脫。㉝遒：勁健。㉞妙絕時人：超過同時代人。㉟元瑜：阮瑀字。書記：章、表、書、疏等文體。翩翩：美好的樣子。㊱仲宣：王粲字。㊲體弱：文章風格纖弱。㊳仲尼覆醢於子路：事見≪禮記‧檀弓上≫，孔子聞子路被衞人剁成肉醬，命家人將食用肉醬傾倒掉。莫逮：比不上。㊴但爲：只是。㊵後生可畏：語出≪論語‧子罕≫，「後生可畏，焉知親者之不如今也。」指青年有希望，令人敬畏。㊶光武：漢光武帝劉秀。≪東觀漢記≫：「光武賜隗囂書曰：『吾年已三十餘，在兵中十歲，所更非一。』」更非一：經歷的事不止一件。㊷犬羊之質，服虎豹之文：語出揚雄≪法言≫，「羊質而虎皮，見草而悅，見豺而戰。」這是曹丕的自謙之詞。㊸假：借。日月：指其父曹操。㊹動見瞻觀：自己居王位，舉止爲世人注目，拘束得很。㊺易：改變。㊻古人句：指≪古詩十九首≫，『生年不滿百，常懷千歲憂。晝短苦夜長，何不秉燭遊。」秉：拿。㊼良有以也：實在是有道理的。㊽頗：略微，多多少少。頗復有……不：還多多少少有……沒有。述造：著述。不：同「否」。㊾於邑（ㄨ ㄧ）：憂鬱貌。㊿裁書：寫信。

【鑑賞】書信是一種極爲靈活的文學樣式，有言情、言事、言理的區別。一般書信多偏重於言事、言理，言情者較少。曹丕的書信無所規仿，獨抒胸臆，辭意斐篤，因此曾有人把它們推爲「書牘正裁」。≪與吳質書≫正是曹丕書信的代表作。清人黃仁黼說：「文生於情，情感於物。……情至而文生矣，此所以爲至情；情至而情出矣，此所以爲至文。」（≪古文筆法百篇≫）曹丕在整理朋友文稿的過程中，見物思人，不禁感慨萬千，發而爲文。因此這封書信稱得上是「文情交至」的作品。

　　全文可分五段。第一段敍說和吳質長久離別，不堪思念的心情。作者順手借來≪詩經‧東山≫中的語意，說明古人分別三年就感嘆離別的久遠，何況我們分手已超過了三年，因而胸中有許多傾訴不盡的相思和勞結。這樣用筆，表情懇切，手法曲折，很巧妙地寫出了朋友間感情的深厚。

　　第二段追念昔遊，點出撰文的原因。首先敍說不少親故死於疾疫，自己惻怛

悲哀，內心的苦痛難以言狀。接着宕開一筆，回想往日大家互相陪伴，行止相接，飲酒賦詩，俯仰情深的情景。隨後又收轉筆鋒，從追憶回到現實中來，寫眼前的淒涼蕭條。最後談到近來編訂朋友們的遺稿，眼見得文稿在，人已逝。觸景生情，十分感傷。在這段文字中，作者情緒不斷變化，哀樂交替，表現了十分細膩而又複雜的心理活動。起先訴說朋友們相繼去世，筆調哀戚悲傷；中間回憶昔日遊樂，情緒顯得歡快流暢；後面寫物是人非，心情沉痛，景象淒涼。王夫之說：「以樂景寫哀，以哀景寫樂，一倍增其哀樂」。(《薑齋詩話》) 在前後兩段哀景中插入一段樂景，看來不夠諧調，其實卻十分合乎情理。作者以哀寫樂，以樂襯哀，使哀樂的對比顯得格外鮮明強烈，從而深深地表達出對亡友的懷念之情。很明顯，曹丕對青年時代的那段生活留下了很美好的印象，他在另一封寫給吳質的信中也表示：「每念昔日南皮之遊，誠不可忘。」因此在這段文字中動情之處很多，足以打動老朋友的心弦。此時此地，種種的約束和年歲的長大，已使作者再也無法重溫過去那種無憂無慮的生活了，這種失去的東西不能不使他倍覺珍貴。亡友們已「化爲糞壤」，自然無話可說；而作者儘管活着，但也不可挽回地失去了許多東西。念人念己，一種哀傷之感油然而生。

第三段評論建安諸子的文章。曹丕對文學向來重視，甚至把文學提到與事功並立的地位。因此，他對亡友最好的悼念就是整理編訂好他們的遺稿，以流傳後世。他「歷覽諸子之文」，並在這封信中公正允當地對它們一一作出評價，指出各自的優缺點。

第四段是自慨。先用伯牙和孔子兩個典故作鋪墊，說明知音和學生的難遇，隨即稱頌建安諸子都是「一時之雋」，在他們去世之後，再也難以找到這樣傑出的知音了。作者本來是與吳質一起共慨舊友去世，知音難覓，卻出人意外地從後來者着筆，更表現出今日無人的悲哀，手法頗爲新奇。接著，作者自然而然地說到自己。他告訴吳質近來自己年長才退，德薄位尊，因而以奮發努力的話來自我激勵。這些語詞懇切眞誠，一點沒有矯揉造作、曼辭自飾的地方，全是心聲的吐露。

第五段是對朋友的存問。作者關切地詢問吳質最近的生活和著述情況，最後仍以表示思念作結，情感深摯。

從上面的分析，我們可以歸納出幾點寫作特色。首先是坦誠眞摯的感情。曹丕雖然地位很高，但信中卻絲毫沒有帝王的架子，沒有虛張聲勢、大話嚇人，而是以朋友的身分作傾心交談。無論是論人還是論文，自感還是自慨，都是出於一片眞心，以情感人，因此文中形成了一種深深的藝術感染力。這種坦誠眞摯的感情融會貫通在全篇文字當中。在寫亡友的時候，能直舉胸情，眞切而具體地表達

出內心的惻怛悲哀，創造一種淒楚悲凉的氣氛，使人不忍卒讀。在寫到遠居他方的朋友吳質時，作者則先用「三年不見，≪東山≫猶嘆其遠，況乃過之，思何可支」等語表示自己的思念之切，隨後又熱語存問，句句貼心，款款情深，使朋友覺得有如春風拂面，暖入心懷。有趣的是曹丕的弟弟曹植恰巧也有一封≪與吳質書≫，兩相比較，其中的不同就比較明顯。曹植的信中有「足下（指吳質）鷹揚其體，鳳嘆虎視，謂蕭、曹不足儔，衞、霍不足侔也。左顧右盼，旁若無人，豈非吾子壯志哉」等語，對吳質大加誇獎，但是有人卻認爲此信是「大語搪塞」，「字面雖似親切，合全下觀之，語義類多浮飾。」並猜測曹植與吳質不是「眞相知」（見≪古文筆法百篇≫）。我們無意於在此探討曹植與吳質的關係究竟如何，但是由此卻可表明曹丕這封書信寫得眞切，語淡而情濃。更爲可貴的是，此信在談到作者自己的時候也照樣口陳肝膽，披心相見。它眞實地表現出帝王也與常人一樣有着喜怒哀樂和憂愁苦思。如文中寫自己「年行已長大，所懷萬端，時有所慮，至通夜不瞑。志意何時復類昔日？已成老翁，但未白頭耳」等語，說得多麼坦白！但是帝王畢竟又與常人不同，另有許多心事，信中也作了眞實反映。如「動見瞻觀，何時易乎？」表明了作者對自己處於德薄位尊情境中的擔心和對自己要受外界種種覊絆的抱怨，這些就完全是「帝王之憂」了。

　　其次是清麗婉約的風格。沈德潛在評論曹丕詩的時候說：「子桓詩有文士氣，一變乃父悲壯之習。要其便娟婉約，能移人情。」（≪古詩源≫）曹丕詩的這些特點也十分明顯地反映在他的散文當中。此文作爲寫給好友的書信，又以懷念故人爲主要內容，通篇娓娓而談，更顯得從容委曲，淒楚動人。爲了便於說明這一點，我們不妨再借曹植≪與吳質書≫中的一段文字來作比較。如這兩封信中都談到朋友間的交游燕飲，可是在藝術表現上卻呈現出各自特有的風格。曹丕這樣寫：「昔日遊處，行則連輿，止則接席，何曾須臾相失！每至觴酌流行，絲竹並奏，酒酣耳熱，仰而賦詩。當此之時，忽然不自知樂也。謂百年已分，可長共相保，……」主要談的是彼此的友誼，遊樂的內容和雅興，寫得清綺淡逸，毫不雕琢。而曹植的信從取材、語言和表現上都與曹丕有所不同。他對歡會和燕飲是這樣描寫的：「……過屠門而大嚼，雖不得肉，實且快意。當斯之時，願舉泰山以爲肉，傾東海以爲酒，伐雲夢之竹以爲笛，斬泗濱之梓以爲箏，食若塡巨壑，飲若灌漏卮，其樂固難量，豈非大丈夫之樂哉！」這段文字想像奇特，氣勢恢宏，特別是要舉山爲肉，傾海爲酒等豪壯之語更是曹丕筆下所見不到的。兩相對照，曹丕的信淡雅清麗，曹植的信雄奇豪邁。

　　最後要談的是優美流暢的語言。作者在語言上具有深湛的功力。此信的文字

相當優美，便於抒情；但又平易簡潔，適於達意。爲了增強表現力，信中明徵暗引的成語和典故很多，顯得文采斐然，但是用得妥帖巧妙，並多是平時已爲人們所熟悉的常典和名句，所以一點也沒有艱澀之感。作者還十分注意語言的感情色彩，往往只用一兩個字就傳達出豐富的內涵，如在評孔璋時，說他「章表殊健，微爲繁富」，評仲宣時，說他「獨自善於辭賦，惜其體弱，不足起其文」；對德璉，則說他「常斐然有述作之意，其才學足以著書，美志不遂，良可痛惜！」用字不多，但從中可體味到隱含著的惋惜之情。另外，此信的音韻節奏也非常和諧。作者對於句子的抑揚頓挫和段落的承轉連接都十分用心，全文猶如一溝溪水，汩汩流出，了無滯碍，讀來只覺流利順暢，朗朗上口。

（費君清）

典論·論文　　　　曹　丕

　　文人相輕，自古而然。傅毅之於班固①，伯仲之間耳②；而固小之③，與弟超書曰④：「武仲以能屬文，爲藍臺令史⑤，下筆不能自休⑥。」夫人善於自見，而文非一體，鮮能各善⑦。是以各以所長，相輕所短。里語⑧曰：「家有弊帚，享之千金⑨。」斯不自見之患也。
　　今之文人，魯國孔融文舉⑩、廣陵陳琳孔璋⑪、山陽王粲仲宣⑫、北海徐幹偉長⑬、陳留阮瑀元瑜⑭、汝南應瑒德璉⑮、東平劉楨公幹⑯，斯七子者⑰，於學無所遺，於辭無所假⑱，咸以自騁騏驥於千里，仰齊足而並馳⑲。以此相服，亦良難矣⑳。蓋君子審己以度人，故能免於斯累，而作《論文》㉑。
　　王粲長於辭賦，徐幹時有齊氣，然粲之匹也㉒。如粲之《初征》、《登樓》、《槐賦》、《征思》，幹之《玄猿》、《漏卮》、《圓扇》、《橘賦》㉓，雖張、蔡不過也㉔。然於他文，未能稱是㉕。琳、瑀之章表書記，今之雋也㉖。應瑒和而不壯㉗。劉楨壯不密㉘。孔融體氣高妙，有過人者；然不能持論，理不勝辭，以至乎雜以嘲戲㉙。及其所善，揚、班儔也㉚。

常人貴遠賤近，向聲背實，又患闇於自見㉛，謂己爲賢。夫文，本同而末異㉜。蓋奏議宜雅，書論宜理，銘誄尙實，詩賦欲麗㉝。此四科不同，故能之者偏也㉞；唯通才能備其體㉟。

文以氣爲主，氣之淸濁有體，不可力強而致㊱。譬諸音樂。曲度雖均，節奏同檢㊲，至於引氣不齊㊳，巧拙有素㊴，雖在父兄，不能以移子弟㊵。

蓋文章，經國之大業㊶，不朽之盛事。年壽有時而盡˘榮樂止乎其身㊷。二者必至之常期㊸，未若文章之無窮。是以古之作者，寄身於翰墨㊹，見意於篇籍㊺，不假良史之辭，不托飛馳之勢，而聲名自傳於後㊻。故西伯幽而演《易》㊼，周旦顯而制《禮》㊽，不以隱約而弗務㊾，不以康樂而加思㊿。夫然，則古人賤尺璧而重寸陰51，懼乎時之過已52。而人多不強力53，貧賤則懾於饑寒54，富貴則流於逸樂55，遂營目前之務，而遺千載之功56。日月逝於上，體貌衰於下，忽然與萬物遷化，斯志士之大痛也57！融等已逝，唯幹著《論》，成一家言58。

【注釋】①傅毅：東漢初年的文學家，字武仲，茂陵（今陝西興平縣東北）人。漢章帝時爲藍臺令史，拜郎中，與班固等人一起整理王朝的藏書，早卒，現存詩賦凡二十八篇。班固：字孟堅，東漢安陵（今陝西省咸陽縣東）人，明帝時爲郎，典校秘書。著《漢書》等。②伯仲：兄弟的排行，長爲伯，次爲仲。伯仲之間：意思是彼此相差無幾。③小之：看不起他（傅毅）。④超：班固的弟弟班超，字仲升，曾出使西域。⑤屬（ㄓㄨˇ）文：寫文章。屬：連綴。蘭臺令史：漢代整理王朝圖書和辦理節奏的官。⑥下筆不能自休：寫起文章來沒完沒了不知休止。⑦鮮（ㄒㄧㄢˇ）：很少有人。備善：全都精通。⑧里語：俗話。里：同「俚（ㄌㄧˇ）」。⑨這句話見於《東觀漢記》卷一《光武帝紀》。意思是自己家裏的破掃帚，也被看得很貴重。享：當：⑩魯國：今山東曲阜縣。孔融：字文擧，東漢魯國人。⑪廣陵：今江蘇揚州。陳琳：字孔璋，曾在何進、袁紹處做過事，後歸曹操。當時軍國書檄，多由陳琳擬稿，有《陳記室集》一卷。⑫山陽：今山東南部。王粲：字仲宣，山陽高平人。⑬北海：今山東昌樂縣境。徐幹：字偉長。曹操辟爲司空軍謀祭酒掾屬，五官將文學。有《中論》二卷。⑭陳留：今河南省開

封市。阮瑀：字元瑜，曾受學於蔡邕，後歸曹操，辟爲司空軍謀祭酒，管記室。
當時軍國書檄，多是他和陳琳所作。有《阮元瑜集》一卷。⑮汝南：在今河南省
汝南縣東南。應瑒：字德璉，曹操辟爲丞相掾屬，轉平原侯庶子，後爲五官將文
學。有《應德璉集》一卷。⑯東平：在今山東省平縣東。劉楨：字公幹，曹操辟
爲丞相掾屬。有《劉公幹集》一卷。⑰斯七子者：這七個人。「建安七子」之稱始
見於此。⑱遺：遺漏。假：依傍。⑲咸：都。騁：馳騁，跑馬。驥騄（ㄌㄨ丶）：駿
馬。齊：疾。⑳以此相服，亦良難矣：以七子各自的才能，要互相推服，也很難
的了。良：很。㉑審：辨識。度：估量。累（ㄌㄟ丶）：弊病。君子：曹丕自指。
㉒齊氣：一般解釋爲古代齊國地方習俗文氣舒緩。這裏是指徐幹文章氣勢比較舒
緩。㉓《初征》、《登樓》等篇是王粲所作的賦；《玄猿》、《漏卮》等篇是徐
幹所作的賦。㉔張：蔡：張衡和蔡邕。張衡：東漢文學家和科學家。蔡邕：東漢
文學家，字伯喈。有《蔡中郎集》。㉕這句意思：王粲、徐幹除賦外，寫別種文
體就沒有如寫賦那樣高明了。稱（ㄔㄣ丶）：相稱，符合。㉖章表書記。章，臣子
上給皇帝的書。表，漢魏以來，臣子向皇帝表白心迹的書。書記，一般公文和應
用文。儁：同「俊」，才華出衆。㉗和而不壯：文章的氣勢緩和但不雄壯。㉘壯而
不密：文章的氣勢雄壯但不綿密。㉙這幾句意思是：孔融的稟性和才氣都很高
妙，有過人的地方，但不善於寫理論文章。辭藻勝於說理，還常常摻雜一些嘲戲
的詞句。體氣：氣質。㉚揚：揚雄，字子雲，西漢末年的著名學者和辭賦家。
班：班固。儔（ㄔㄡ丶）：匹侶，同輩。㉛貴遠賤近：這裏的「遠」、「近」既指
時，又指地，但主要指時。向聲背實：趨向虛名而背棄實際。闇（ㄢ丶）：昏暗。
此指受蔽。㉜本：根幹。末：枝梢。㉝奏議宜雅 奏章議事要典雅莊重。書論宜
理：書信和議論文要有條理。銘誄尚實：記載功德的銘文和記敍死者生平的誄文
應崇尚眞實。詩賦欲麗：詩歌、辭賦要辭藻華麗。㉞科：科目，種類。㉟通才：
全才。㊱氣之清濁有體，不可力強而致：文氣的或清或濁應有類型和來源，不是
勉強可以達到的。體：分別。致：招致。㊲曲度：曲譜。均：相同。檢：法度。
㊳引氣：運氣行腔。㊴素：素質，指人的天賦、本性。㊵這兩句意思是：卽使是
父兄具備了這樣的才能，也不能够轉移給自己的子弟。㊶經國：治國。㊷榮樂：
榮耀歡樂。止乎其身：限於自己一身。㊸二者：指年壽有盡，榮樂止身。常期：
一定的限期。㊹寄身於翰墨：從事文章著作。翰墨：筆墨，文章。㊺見（ㄒㄧㄢ丶）
意：表露心意。篇籍：篇章，書籍。㊻這三句意思是：不必憑借歷史的記載，也
不必依托顯赫者的權勢，就能揚名後世。飛馳：指達官顯貴。㊼西伯：指周文
王。「殷之州長曰伯，文王爲雍州之伯，在西，故曰西伯」（語見《詩經・周南・

召南譜≫疏）。 史載， 文王曾被紂囚於羑里， 因推演≪易≫象而作卦辭。⑱周旦： 卽周公旦，武王之弟，成王的叔父。成王卽位時年幼，由周公旦攝政。當他平定管、蔡、霍三監之亂後，曾改定官制，創制禮法。顯： 顯達。⑲不以隱約而弗務：不因爲貧困失志而不寫文章。隱約： 窮困。⑳不以康樂而加思：不因爲富貴安樂而轉移心思（不寫文章）。 加： 轉移。㉑璧： 玉的通稱。㉒懼乎時之過已： 深恐時同流逝過去。㉓強力： 努力。㉔懼： 害怕。㉕流於逸樂： 縱情享樂。流： 放縱。㉖這兩句意思是： 只爲眼前的事務忙碌，遺漏了千載不朽的功業（指著述）。㉗遷化： 變化。與萬物遷化‥指死亡。斯： 這。大痛： 最大的悲痛。㉘逝： 逝世。≪論≫： 卽≪中論≫。成一家言： 指自成一說足以著名於世。曹丕在≪與吳質書≫中說：「偉長獨懷文抱質， 恬淡寡欲， 有箕山之志，可謂彬彬君子者矣，著≪中論≫二十餘篇， 成一家之言， 辭義典雅， 足傳於後，此子爲不朽矣。」

【鑑賞】建安時代， 由於曹操招賢納士，文人羣集於鄴下（今河北省臨漳縣），形成一個文學集團。其時曹操忙於軍政大事，曹植比較年輕，而曹丕和這些文人「出則連輿， 止則接席」(曹丕≪與吳質書≫)，一同切磋詩文，相處密切。因此，他便成爲「鄴下風流」的核心人物。在邢文學繁榮、創作經驗不斷積累和交流的情況下，文學理論研究有了基礎，曹丕的文學思想逐漸孕育成熟； 同時， 作家們也急需理論指導， 於是， 我國文學批評史上第一篇專論≪典論・論文≫便應運而生了。

這篇評論一開始就指出文人的一種積習：「文人相輕，自古而然」。隨卽舉例說明： 傅毅與班固相比，文才相差不遠，在「伯仲之間」，但是班固卻小看傅毅，嘲笑傅毅寫起文章來沒完沒了，不能很好地駕馭文字。作者在舉這個事例時， 就表明了自己的觀點，在敍述中寓批評之意。接著，文章分析「文人相輕」的原因，指出人們善於看到自己的長處，而文章並非只有一種體裁，能把各種體裁的文章都寫得很好的人是少有的，所以「各以所長， 相輕所短」。看問題的片面性造成了「文人相輕」。文章在分析了「文人相輕」的原因之後，又舉出一個諺語來說明問題，「里語曰：『家有弊帚，享之千金。』斯不自見之患也。」作者指出，這是看不見自己短處的弊病。文章至此爲第一段。 在這一段中， 批評「文人相輕」，先說那些文人善於看到自己的長處，再說他們看不見自己的短處，從一個問題的兩個方面交錯論述，只寥寥數語，就把問題講得很清楚。不過， 曹丕論文，爲什麼首先批評「文人相輕」的積習呢？ 因爲這種積習，妨礙相互研究和取長補短，不利於

文學的繁榮。而在曹丕看來，文章是「經國之大業，不朽之盛事」。所以對於這種妨碍文學繁榮的「文人相輕」的積習，一開始就提出批評。

　　第二段開始，逐舉出建安七子。曹丕認為這「七子」「於學無所遺，於辭無所假」，就是說他們無所不學，為文不因襲別人，能夠創新。又說他們都自以為是能日行千里的良馬，仗着自己的才能，步伐一致地並肩馳騁，以這樣的情況而希望能互相佩服，實在是太困難了。至於作者自己，他認為是能「審己以度人」的，即能夠看清自己再去衡量別人，所以能夠避免「文人相輕」的積習，而平心地寫出這篇《論文》。我們從這一段和上一段的對照中可以看出，作者是要改變「文人相輕」、「弊帚自珍」的積習，而代之以「審己以度人」的態度來公正地評論作家，「王粲長於辭賦，徐幹時有齊氣，然粲之匹也。」作者指出，王粲擅長於寫辭賦，徐幹的辭賦常有齊地舒緩之氣，但是仍可以和王粲相媲美。接着舉出王粲的《初征》、《登樓》、《槐賦》、《征思》四篇辭賦以及徐幹的《玄猿》、《漏卮》、《圓扇》、《橘賦》四篇辭賦為例，說明即是辭賦名家張衡和蔡邕的作品也沒能超過它們。這是很高的評價。不過，作者隨即指出：「然於他文，未能稱是」王粲和徐幹對於其他體裁的文章，就不能像辭賦那樣寫得好了，這裏對王粲和徐幹的評論，既看到他們的長處，也看到他們的短處。「琳，瑀之章表書記，今之雋也。」對於陳琳、阮瑀，作者指出他們的奏章、表文、書信之類，是當今寫得最出色的。至於別的文章如何呢？作者沒有說，但不言而喻。這裏同樣是既看到他們的長處，也看到他們的短處。不過長處實寫，短處虛寫，以實帶虛，言約意密，在修辭上是很高明的。「應瑒和而不壯。劉楨壯而不密。」對於應瑒和劉楨的評價，從他們的文章風格着眼，各用四個字來概括其特點，兼及長處和短處，語言也極其凝練。「孔融體氣高妙，有過人者；然不能持論，理不勝辭，以至乎雜以嘲戲。及其所善，揚、班儔也。」對於寫理論文章，辭藻勝於說理，還常摻雜一些嘲戲的詞句。這裏對嘲戲之辭的批評，是有歷史背景的，最明顯的就是建安九年曹操破袁紹後，讓曹丕娶了袁紹的媳婦甄氏，孔融遂寫信給曹操，說：「武王伐紂，以妲己賜周公」，嘲諷曹操。不過作者在指出孔融的短處後，接着說，至於孔融那些寫得好的文章，是可以和揚雄、班固的文章相匹敵的，仍堅持全面地看一個作家。至此，論文的第三段結束。在這段評論中，曹丕力求用全面的觀點、公正的態度來對待「七子」。從「七子」現存的文章來看，曹丕的這段評論是比較合乎實際的。不過。由於歷史條件的限制，或者還有些私人關係上的原因，曹丕對「七子」的評論，也還不免有偏頗之處。例如對孔融的評價就難免夾雜一些成見。據史載，孔融起初與曹操交好，後來「既見操雄詐漸

著，數不能堪」。（《後漢書・孔融傳》）對於把文章看成「經國之大業」的曹丕
來說，孔融的政治態度，當然會引起他的不滿。再加上爲娶甄氏的事，孔融嘲諷
曹操，曹丕當然也很難堪。所以，對孔融的評價，雖力求全面，終也難免有些成
見和偏頗。正如郭紹虞先生在《中國文學批評史》中所說：「至於他對孔融，就
稱他『不能持論，理不勝辭』，不免有些微辭了。」曹丕在這一段中，初次提出
了文氣問題，接觸到文章風格和人的關係（即與作家氣質的關係），這是在曹丕
之前不曾有人談到過的，對後來文論的發展影響很大。

　　第四段開頭，文章遙承第一段意脈，指出文學批評者的兩種錯誤態度：「常
人貴遠賤近，向聲背實，又患闇於自見，謂己爲賢。」接著再遙承「文非一體，
鮮能備善」的意脈，進一步論述：「夫文，本同而末異，蓋奏議宜雅，書論宜
理，銘誄尚實，詩賦欲麗。此四科不同，故能之者偏也；唯通才能備其體」。作
者說明，文章的本源相同，支流各異，就是說既有共性，又有不同文體的特殊
性。由此提出四科八目的文體論，認爲奏議要典雅，書論要有條理，銘誄要崇尚
眞實，詩賦要辭藻華麗。這「四科」不同，作家的所長只偏於某些方面，只有具
備各方面才能的人，才能掌握所有的文體。「通才」當然是很少的，所以，「闇於
自見，謂己爲賢」是不對的。曹丕把文體分類，雖非首創，但是他在前人的基礎
上大大前進了一步，把文體分得更細密了。他對各體的特點和要求的論述，雖然
還不完全恰當和周密，但對我國文體論的發展，無疑是一個重大的貢獻，是一個
里程碑。在曹丕之前，人們對文章的認識，重在本；曹丕這種把本末結合起來的
看法，推進了後來的文體研究。桓範的《世要論》、陸機的《文賦》、摯虞的《
文章流別論》、李充的《翰林論》、劉勰的《文心雕龍》裏的文體論，都是這篇
《論文》中文體論的進一步發展。這一段既照應上文，又闡述了對文體的新鮮見
解。筆法上不脫不黏，搖曳生姿。

　　文體各有特點，作家通常只長於某些方面，那麼，爲什麼偏偏只長於此而
不長於彼呢？曹丕在文章第五段提出了自己的看法。「文以氣爲主。氣之清濁有
體，不可力強而致。」曹丕認爲，文章如何，主要在於作家的才氣。俊爽超邁的
陽剛之氣和凝重沉鬱的陰柔之氣是有分別的，不是用力勉強可以達到的。他接著
舉例說：譬如音樂，曲調雖然相同，節奏法度也一樣，但是運氣行腔不一致，人
的素質有巧有拙，即使父兄具備了這樣的才能，也不能轉移給自己的子弟。曹丕
在一千七百多年前就提出「風格即人」的命題，這是難能可貴的。但是他過分強
調了氣質、個性、風格的天賦性，甚至說「不可力強而致」，這就陷入了「先天
決定論」的泥潭。儘管如此，曹丕的文體論卻啓發了後來許多人去研究，對推動

文藝批評的發展，起了很大作用。

最後一段，作者先鄭重指出：「蓋文章經國之大業，不朽之盛事。」這是本著致用的精神強調了文學的價值。在曹丕的時代，文學本來還包括哲學、歷史等著作，而以「文章」來稱我們現在所說的文學。漢末的大動亂，使封建秩序遭到重大破壞，儒家思想的支配力量大爲削弱，於是，文學從經學的支配下解脫出來，取得了獨立的地位。曹丕拋棄前人輕視文學的觀點，指出文學可以爲「經國」服務，寫得好的可以「不朽」。這種對文學的獨立地位和重大作用的認識，在我國文學史上，有劃時代的意義。正如羅根澤在≪中國文學批評史≫中所說：「曹丕是提出文學價值的第一人。」但曹丕對文學的社會功能的強調尚有過分之處，接著，曹丕進一步闡述自己的觀點，指出人的壽命有終了的時候，榮樂也只限於自己的一身。這兩者都有一定的期限，不如文章能永遠流傳。可見文章的價值眞是「不朽之盛事」。他鼓勵文人們說：「是以古之作者，寄身於翰墨，見意於篇籍，不假良史之辭，不托飛馳之勢，而聲名自傳於後。」就是說古代作者從事寫作，把見解表現在文章裏面，就無須乎借助良史的文辭，無須乎依托權貴的勢力，而名聲自然流傳於後世，這些話有力地促進了文學事業的發展。從事文學寫作有這麼大的意義，是不是所有文人都努力寫作呢？曹丕說：「西伯被囚禁而推演易象作卦辭，周公旦顯達而作≪周禮≫，不因窮困就不著作，也不因安樂就改變著作的意圖。因此，古人輕視尺璧而重視寸陰，害怕時間流逝。可是，人們大都不肯奮發努力，貧賤時懼怕飢寒，富貴時縱情享樂。於是就只經營眼前的事務，而丟掉了千載不朽的功業——做文章。這裏通過兩種寫作態度的對比，作者表現出他對前者的熱情讚揚和對後者的強烈不滿。隨後，作者深有感慨地寫道：「日月逝於上，體貌衰於下，忽然與萬物遷化，斯志士之大痛也！」曹丕簡直是在大聲疾呼，催促文人們抓緊時間，努力寫作。末了，更以孔融等人已經逝世，唯有徐幹著有≪中論≫，能够成一家之言的事例，說明抓緊有生之年努力寫作的重要性。筆端帶著感情，使人在覺得言之有理的同時，更受到情感的感染。

縱觀全文，我國文學史上關於文學批評的幾個重大問題：文學的價值問題、作家的個性與作品的風格問題、文體問題、文學的批評態度問題等等，都已涉及到。雖然曹丕對這些問題的看法並不完全恰當，而且對問題的論述僅僅是「略引端緒」，但它畢竟在文學批評史上起了奠基作用，對後代的影響是深遠的。

≪文心雕龍・才略篇≫評論魏文（曹丕）之才說：「樂府清越，≪典論≫辨要。」用「辨要」二字來概括這篇文章的內容和語言特點，是非常準確的。

（陳玉麟、蘇來琪）

洛　神　賦　　　　曹　植

　　黃初三年，余朝京師①，還濟洛川②。古人有言，斯水之神，名曰宓妃③。感宋玉對楚王神女之事④，遂作斯賦。其辭曰：

　　余從京城，言歸東藩⑤。背伊闕，越轘轅⑥，經通谷，陵景山⑦。日旣西傾，車殆馬煩⑧。爾乃稅駕乎蘅皋⑨，秣駟乎芝田⑩，容與乎陽林⑪，流眄乎洛川⑫。於是精移神駭，忽焉思散⑬，俯則未察，仰以殊觀⑭，睹一麗人⑮，於岩之畔。乃援御者而告之曰⑯：「爾有覿於彼者乎？彼何人斯，若此之艷也⑰！」御者對曰：「臣聞河洛之神，名曰宓妃。然則君王之所見也，無乃是乎⑱？其狀若何？臣願聞之。」

　　余告之曰：其形也，翩若驚鴻，婉若游龍⑲，榮曜秋菊，華茂春松⑳。彷彿兮若輕雲之蔽月，飄颻兮若流風之回雪㉑。遠而望之，皎若太陽升朝霞；迫而察之，灼若芙蓉出淥波㉒。穠纖得衷，修短合度㉓。肩若削成，腰如約素㉔。延頸秀項，皓質呈露㉕。芳澤無加，鉛華弗御㉖。雲髻峨峨，修眉聯娟㉗。丹脣外朗，皓齒內鮮㉘。明眸善睞，靨輔承權㉙。瓌姿艷逸，儀靜體閑㉚。柔情綽態，媚於語言㉛。奇服曠世，骨像應圖㉜。披羅衣之璀粲兮㉝，珥瑤碧之華琚㉞。戴金翠之首飾，綴明珠以耀軀㉟。踐遠游之文履，曳霧綃之輕裾㊱。微幽蘭之芳藹兮，步踟蹰於山隅㊲。於是忽焉縱體，以遨以嬉㊳。左倚采旄，右蔭桂旗㊴。攘皓腕於神滸兮，採湍瀨之玄芝㊵。

　　余情悅其淑美兮，心振蕩而不怡㊶。無良媒以接歡兮，託微波而通辭㊷。願誠素之先達兮，解玉佩以要之㊸。嗟佳人之信修兮，羌習禮而明詩㊹。抗瓊珶以和予兮，指潛淵而為期㊺。執眷眷之款實兮，懼斯靈之我欺㊻。感交甫之弃言兮，悵猶豫而狐疑㊼。收和顏而靜志

兮，申禮防以自持㊽。

於是洛靈感焉，徙倚彷徨㊾。神光離合，乍陰乍陽㊿。疎輕軀以鶴立，若將飛而未翔51。踐椒塗之郁烈52，步蘅薄而流芳53。超長吟以永慕兮，聲哀厲而彌長54。

爾乃眾靈雜遝，命儔嘯侶55。或戲清流，或翔神渚56，或採明珠，或拾翠羽57。從南湘之二妃，攜漢濱之游女58。嘆匏瓜之無匹兮，咏牽牛之獨處59。揚輕袿之猗靡兮，翳修袖以延佇60。體迅飛鳧61，飄忽若神。凌波微步，羅襪生塵62。動無常則，若危若安63。進止難期，若往若還64。轉眄流精，光潤玉顏65。含辭未吐，氣若幽蘭66。華容婀娜67，令我忘餐。

於是屏翳收風68，川後靜波69，馮夷鳴鼓70，女媧清歌71。騰文魚以警乘72，鳴玉鸞以偕逝73。六龍儼其齊首74，載雲車之容裔75。鯨鯢踴而夾轂76，水禽翔而為衛。於是越北沚，過南岡，紆素領，回清陽77。動朱唇以徐言，陳交接之大綱78。恨人神之道殊兮，怨盛年之莫當79。抗羅袂以掩涕兮，淚流襟之浪浪80。悼良會之永絕兮，哀一逝而異鄉。無微情以效愛兮81，獻江南之明璫82。雖潛處於太陰83，長寄心於君王。忽不悟其所舍84，悵神宵而蔽光85。

於是背下陵高86，足往神留87，遺情想像88，顧望懷愁。冀靈體之復形，御輕舟而上泝89。浮長川而忘反，思綿綿而增慕90。夜耿耿而不寐，霑繁霜而至曙91。命僕夫而就駕，吾將歸乎東路92。攬騑轡以抗策93，悵盤桓而不能去94。

【注釋】①黃初：魏文帝曹丕的年號。黃初三年：公元222年。一說據本傳和《贈白馬王彪》詩序，朝京師的事當在黃初四年，寫「三年」有誤。作者有可能故意不寫真實時間，以明所寫並非事實。朝京師：到京師朝拜文帝。京師：即魏都洛陽。②還：指返回封地鄄城。濟：渡。洛川：洛水。洛水源出陝西雒南縣，流經洛陽，納伊水注黃河。③斯：此。宓（ㄈㄨˊ）妃：傳說為宓（伏）羲之女，溺洛水而死，遂為洛水之神。④宋玉：戰國時楚人，為屈原弟子。作《高唐賦》等。這裏所指的是宋玉《高唐賦》所寫楚襄王游雲夢之事。⑤言：語助詞。東藩：東

方的藩國。時曹植封鄄城王，其地在今山東省西南境鄄城縣北，位於京城洛陽的東北，故稱「東藩」。⑥背：背向，此指離開。伊闕：山名，在洛陽南面，又名闕塞山、龍門山。轘（ㄏㄨㄢ）轅：山名，在今河南省偃師縣東南。⑦通谷：谷名，在洛陽城南五十里。陵：升，登上。景山：山名，在今河南省偃師縣南。⑧殆：通「怠」，怠惰。煩：疲勞。⑨爾乃：於是就。稅駕：解馬卸車。稅：舍，放置。乎：同「於」。蘅：杜蘅，香草名。皋：水邊。⑩秣：喂養。駟：一車四馬。這裏指駕車的馬。芝田：種有芝草的田野。⑪容與：安閑自得的樣子。陽林：地名。《文選》李善注：「一作楊林。」⑫流眄（ㄇㄧㄢˇ）：縱目而視。⑬駭：散。精移神駭：猶如神思恍惚。忽焉：急速的樣子。思散：思緒散亂。⑭俯：低頭。察：看清。仰：抬頭。以：同「而」。殊觀：奇異景象。⑮睹：見。⑯援：拉住。御者：車夫。⑰覯（ㄍㄡˋ）：見。斯：語助詞，與「兮」相似。艷：美麗。⑱然則：相當於「那麼」。君王：指曹植，時為鄄城王，故稱他「君王」。無乃：莫非就是，表示猜測之詞。是：指洛神。⑲翩：鳥飛迅捷的樣子。這裏指輕捷飄忽的樣子。鴻：大雁。婉：彎曲的樣子。⑳榮、華：本義是草木之花。這裏指洛神的容顏、光彩。曜：明亮，鮮明。茂：茂盛。㉑彷彿：看不真切的樣子。飄颻：飄蕩不定的樣子。流風：飄風，回風。回：旋轉。㉒迫：近。灼：鮮明的樣子。芙蓉：荷花。淥（ㄌㄨˋ）：水清的樣子。㉓穠（ㄋㄨㄥˊ）：豐盈。纖：細。這裏指苗條。衷：適中。修：長。㉔約：纏束。素：白色的絹帛。㉕延、秀：都是長的意思。項：後頸。頸子的前部叫頸，後部叫項。㉖芳澤：潤膚油脂。鉛華：白粉。無加、弗御：不必施用的意思。㉗雲髻：像烏雲似的髮髻。峨峨：高聳的樣子。修眉：細長的眉毛。聯娟：細長而彎曲的樣子。㉘皓齒：白色的牙齒。㉙明眸：明亮的眼珠。睞（ㄌㄞˋ）：旁視。善睞：顧盼美麗。靨（ㄧㄝˋ）輔：有酒窩的面頰。權：顴骨。㉚瓌姿：美妙的姿態。瓌，同「瑰」。艷逸：美麗超脫。儀靜：舉止文靜。體閑：體態嫻雅。㉛綽：寬，緩。柔情綽態：情態溫柔寬和。媚於語言：語言嫵媚動人。㉜曠世：曠絕一世，一世所無。曠：空，絕。骨像：骨骼與狀貌。應圖：合乎圖畫的標準。㉝璀粲：明淨的樣子。㉞珥（ㄦˇ）：用珠玉做的耳飾。這裏作動詞用，佩戴的意思。瑤、碧：美玉。華琚：雕刻的佩玉。㉟綴：繫結。㊱踐：穿，著。遠游：一種鞋子的名稱。文履：綉花鞋。曳：拖著。綃（ㄒㄧㄠ）：生絲織成的帛。霧綃：輕薄如霧的綃。裾：衣前襟。這裏指裾邊。㊲幽蘭：蘭花的別稱。芳藹：香氣。踟蹰：徘徊。山隅：山角。㊳縱體：舒散身體，作自然洒脫的動作。㊴采：同「彩」。旄：旗杆上用旄牛尾做的裝飾物。采旄：指彩色的旗子。桂旗：用桂枝做杆的旗子。《楚辭·九

歌・山鬼≫:「辛夷車兮結桂旗。」⑩攘:揎,捋。攘皓腕:捋起袖子,露出雪白手腕。湑(ㄏㄨˇ):水邊。湍(ㄊㄨㄢ)瀨:水流很急的河灘。玄:黑色。⑪淑:善。振蕩:振動,不平靜。怡:安適。⑫接歡:通接歡情,指互通情愫。微波:指水波。通辭:傳達言辭。⑬誠素:真情。素:通「愫」。這裏指愛慕之情。先達:謂先於別人而傳達給洛神。要(ㄧㄠ):約會。⑭嗟:贊嘆之辭。信修:實在美好。羌:發語詞。習禮明詩:懂得禮法,通曉詩書。⑮抗:舉起。瓊珶(ㄉㄧˋ):美玉名。和:應和,和答。潛淵:深淵。期:信。⑯執:持,懷著。眷眷:同「睠睠」,懷戀的樣子。款實:真誠,指誠實的情意。斯靈:此靈,指洛神。我欺:即欺我。⑰交甫:指鄭交甫。≪文選≫李善注引≪韓詩內傳≫說:鄭交甫行於漢水之濱,遇二仙女,目而挑之,女遂解佩與之。交甫行數步,佩玉不見。回視二女,亦不見其踪影。棄言:背棄信言,指二女失信。⑱收:收斂。和顏:喜悅的臉色。靜志:使心情平靜下來。申:施展。禮防:禮法,指男女之防。自持:自守。⑲徙倚:低徊。彷徨:徘徊。⑳神光:指洛神的身影。離合:忽離忽合。乍陰乍陽:忽明忽暗。神去則光暗,來則明,離則陰,合則陽。㉑竦:聳立,提起腳後跟延頸而望的樣子。鶴立:像鶴一樣站立。將飛未翔:將要飛還未飛起來。㉒踐:踩著。椒塗:塗著椒泥的道路。椒:即花椒,一種芳香植物。㉓薄:草木叢生的地方。流芳:香氣流動。㉔超:悵,惆悵。永慕:長久地思慕。厲:激越。彌長:愈來愈長。㉕眾靈:眾神。雜遝(ㄊㄚˋ):眾多的樣子。命儔嘯侶:呼朋喚侶。命、嘯:呼叫的意思。㉖渚(ㄓㄨˇ):小洲。㉗翠羽:翠鳥的羽毛,可用以為飾物。㉘南湘二妃:指舜的妃子娥皇、女英。傳說舜在南巡時,死於蒼梧,二妃往尋,道死江、湘之間,成為湘水之神(見劉向≪列女傳≫)。漢濱游女:指漢水的女神。李善注:「≪韓詩≫『漢有游女,不可求思。』薛君注:『游女,漢神也。』」㉙匏(ㄆㄠˊ)瓜:星名,一名天雞,在河鼓(牽牛星)以東。無匹:沒有配偶。牽牛:牽牛星。傳說牽牛與織女二星共為夫婦,終年隔天河相對,只有每年七月七日夜間才相會一次。獨處:獨居。㉚褂(ㄍㄨㄚˋ):女子的上衣。猗靡:隨風飄動的樣子。翳:遮蔽。這裏指遮住陽光。修袖:長袖。延竚:久立。竚:意作「佇」。㉛迅:疾。這裏指敏捷。鳧:水鳥,一般指野鴨。㉜凌波:在水面上行走。微步:細步而行。羅襪生塵:形容在水上微步,依稀留有足跡。㉝常則:固定的規則。若危若安:時而顯得驚險,時而顯得平安。㉞難期:難以預測。若往若還:彷彿要離去,又彷彿要轉回來。㉟轉眄:顧盼。流精:神采飛揚。光潤:光澤溫潤。㊱氣:氣息。㊲華容:即花容。婀娜:柔美的樣子。㊳屏翳:神名,有天使、雷師、風神、雲神多種說法。這裏指風

神。⑥川后：河水之神，卽河伯。靜波：使波濤平靜下來。⑩馮　（夕 lㄥ）夷：
卽河伯。傳說河伯爲華陰潼鄉人。姓馮名夷，浴於河中而死，天帝署他爲河伯。
鳴鼓：擊鼓。⑪女媧：　神話中的上古女皇，　傳說她曾摶土造人和煉石補天。⑫
騰：跳躍。文魚：生有翅膀能够飛躍的魚。警乘：警衞車乘。⑬玉鸞：玉石做的
鸞鈴，刻爲鸞鳥之形。偕：俱。逝：往。⑭六龍：這裏泛指衆神駕著六龍而去。
儼：莊重整飭。齊首：齊頭。⑮雲車：　神仙所乘之車。《文選》劉良注：「神以
雲爲車而馭龍也。」容裔：同「容與」，閑暇自得的樣子。⑯鯨鯢（ㄋ í）：鯨魚，
雄曰鯨，雌曰鯢。轂：車輪中心外以接輻、內有圓孔承軸的部分，這裏指車子。
⑰渚（业）：水中的小洲。紆：回。素領：白皙的頸項。清陽：　眉目清秀的樣
子。這裏指眼睛。⑱徐言：輕言慢語之意。陳：陳說。交接：交好。大綱：大
意。⑲殊：相異，不同。盛年：壯年。當：遇，相逢。⑳袂：衣袖。掩涕：揩眼
淚。浪浪：淚流不止的樣子。㉑效愛：致愛。㉒璫（夕 尢）：耳上的飾物。㉓潛
處：潛居。太陽：衆神所居之地。㉔不悟：不覺。舍：止。㉕神宵：神影消散。
宵：同「消」。蔽光：光彩隱沒。㉖背：離。陵：升。㉗足往神留：脚雖然在朝
前走著，心卻依然留在洛神所停留過的地方。㉘遺情：留下情思。想像：指回想
洛神的形象。㉙冀：希望。靈體：指洛神。形：現。御：駕。泝（ㄙ ㄨˋ）：同「
溯」，逆流而上。㉚長川：指洛水。反：同「返」。綿綿：連綿不絕的樣子。㉛耿
耿：心裏不安的樣子。繁霜：厚霜。曙：天明。㉜東路：東去之路。㉝攬：執，
拿。騑（ㄈ ㄟ）：卽驂馬。古代駕車之馬，　在中間的叫服，在兩旁的叫騑，或叫
驂。轡：馬繮繩。抗策：舉起馬鞭。㉞盤桓：徘徊不進。

【鑑賞】在我國江漢一帶的水邊澤畔，很久以來就流傳著許多關於神女的美麗傳
說。　這些傳說以它們特有的魅力，　吸引著一代又一代的詩人墨客。　他們心追神
往．低回吟咏，留下了無數篇優美動人的佳作。《詩・周南・漢廣》中的漢水之
神可望而不可求，屈原《九歌》中的湘水之神風姿綽約、情意纏綿，司馬相如和
張衡筆下的洛水之神妖冶嫵麗、嫵媚迷人。然而，在這些纏綿的咏嘆和精彩的描
繪中，最富情節和最能感人的，當推曹植的《洛神賦》。曹植此賦據序所言，係
其於黃初三年入朝京師洛陽後，　在回封地鄄城途中經過洛水時，「感宋玉對楚王
神女之事」而作。　當時，　曹丕剛卽帝位不久，　卽殺了曹植的密友丁儀、丁廙二
人。曹植本人在就國後也爲監國謁者奏以「醉酒悖慢，劫脅使者」，被貶安鄉侯，
後改封鄄城侯，再立爲鄄城王（俱見《三國志・陳思王傳》）。這些對決心「戮力
上國，流惠下民，建永世之業，　流金石之功」（《與楊德祖書》）　的曹植來說，

無疑是接二連三的沉重打擊，其心情之抑鬱與苦悶，是可想而知的。作品從記述離開京城，「背伊闕，越轘轅，經通谷，陵景山」的行程開始，描寫了作者與侍從們到達洛濱時的情景。當時「日旣西傾，車殆馬煩」，他們稅駕蘅臯，秣駟芝田，容與陽林，流眄洛川。在一片靜謐的氣氛中，作者神思恍惚，極目遠眺波光瀲灩的洛水。就在他偶爾抬頭的一刹那，奇迹出現了：一個壞姿艷逸的女神站立在對面的山崖上。這使作者驚愕萬分，他不自覺地拉住身旁的御者，急切地問道：「爾有覿於彼者乎？彼何人斯，若此之艷也！」在這裏，山邊水畔落日前的優美景色襯托出人物意外發現的驚喜之情，創造了一種引人入勝的意境。接下去御者的回答也十分巧妙，他避開作者第一個問題——「爾有覿於彼者乎」不答，而以「臣聞」、「無乃」等猜測的口吻，鄭重其事地提出洛神宓妃，這在有意爲下文對洛神的描繪留下伏筆的同時，又給本已蹊曉的邂逅蒙上了一層神秘的色彩。洛神宓妃，相傳爲遠古時代宓羲氏的女兒，因溺死於洛水而爲水神。關於這個古老傳說中的女神，屈原在《天問》和《離騷》中都曾提及。以後司馬相如和張衡，又在賦中對她作了這樣的描繪：「若夫青琴宓妃之徒，絕殊離俗，妖冶嫻都，靚妝刻飾，便嬛綽約。……芬芳漚鬱，酷烈淑郁；皓齒燦爛，宜笑的皪；長眉連娟，微睇綿藐」（《上林賦》）；「載太華之玉女兮，召洛浦之宓妃。咸姣麗以蠱媚兮，增嫮眼而蛾眉。舒紗婧之纖腰兮，揚雜錯之褂徽。離朱唇而微笑兮，顏的皪以遺光……」（《思玄賦》）。本篇與前人的這種直接描寫不同，作品首先以一連串生動奇逸的比喻，對洛神初臨時的情狀作了精彩紛呈的形容：「其形也，翩若驚鴻，婉若游龍，榮曜秋菊，華茂春松。彷彿兮若輕雲之蔽月，飄颻兮若流風之回雪。遠而望之，皎若太陽升朝霞；迫而察之，灼若芙蓉出淥波。」其形象之鮮明，色彩之艷麗，令人目不暇接。其中「翩若驚鴻，婉若游龍」，尤爲傳神地展現了洛神飄然而至的風姿神韵。它與下面的「輕雲之蔽月」和「流風之回雪」，都從姿態方面，給人以輕盈、飄逸、流轉、綽約的動感；而「秋菊」、「春松」與「太陽升朝霞」和「芙蓉出淥波」，則從容貌方面，給人以明麗、清朗、華艷、妖冶的色感。這種動感與色感彼此交錯和互相浸淫，織成了一幅流光溢彩的神奇景象，它將洛神的絕麗至艷突出地展現在人們的面前。在這種由反復比喻造成的強烈藝術效果的基礎上，作者進一步使用傳統手法，對洛神的體態、容貌、服飾和擧止進行了細緻的刻畫。這位宓羲氏之女身材適中，垂肩束腰，麗質天生，不假粉飾；她雲髻修眉，唇齒鮮潤，明眸隱靨，容光煥發；加之羅衣燦爛，佩玉凝碧，明珠閃爍，輕裾拂動，更顯得「壞姿艷逸，儀靜體閑」。作者的這些描繪，使人聯想起《詩經》對衛莊公夫人莊姜的讚美：「手如柔荑，膚如凝脂，領如蝤蠐，齒如瓠犀，

蝤首娥眉，巧笑倩兮，美目盼兮」（≪衞風・碩人≫）；也使人聯想起宋玉對東鄰女的稱道：「增之一分則太長，減之一分則太短，著粉則太白，施朱則太赤」（≪登徒子好色賦≫）。作者顯然受了他們的影響，但是他比前人更重視表現人物的動態美。下面，他著重描寫了洛神天眞活潑的舉止：「踐遠游之文履，曳霧綃之輕裾。微幽蘭之芳藹兮，步踟躕於山隅。於是忽焉縱體，以遨以嬉。左倚採旄，右蔭桂旗。攘皓腕於神滸兮，採湍瀨之玄芝。」面對這樣一種情景，我們彷彿嗅到了由於洛神走動而傳來的陣陣芳香，看到了她遨嬉山隅、採芝水畔的種種形跡。至此，洛神的形象已神態兼備，呼之欲出了。「餘情悅其淑美兮，心振蕩而不怡」，作者爲眼前這位美貌的女神深深打動了。他初爲無以傳遞自己的愛慕之情而苦悶，繼而「願誠素之先達」，「解玉佩以要之」。在得到宓妃的應和，「執眷眷之款實」之後，他又想起傳說中鄭交甫漢濱遺珮之事，對她的「指潛淵而爲期」產生了懷疑。作者在感情上的這種一波三折的變化，形象地反映出他當時內心的微妙狀況。與其相應，洛神也感動了。不過作品沒有像寫作者那樣，直接寫她的心理變化，而是通過對她一系列行動的精細刻畫，表現出激蕩在她內心的熾熱的愛，以及這種愛不能實現的強烈的悲哀。你看她「徙倚徬徨。神光離合，乍陰乍陽」，一會兒聳身輕擧，似鶴立欲飛而未起；一會兒從椒塗薌薄中經過，引來陣陣濃郁的芳香；一會兒又悵然長嘯，聲音中回蕩著深長的相思之哀……。當洛神的哀吟喚來了衆神，她們無憂無慮地「或戲清流，或翔神渚，或採明珠，或拾翠羽」時，她雖有南湘二妃、漢濱游女陪伴，但仍不免「嘆匏瓜之無匹兮，咏牽牛之獨處」，站在那裏出神。利那間，她又如迅飛的水鳥，在煙波浩渺的水上徘徊飄忽，行蹤不定。只有那轉眄流動、含情脈脈的目光，以及欲言還止的唇吻，似乎在向作者傾吐內心的無窮眷戀和哀怨。讀著作者對洛神或而徬徨，或而長吟，或而延竚，或而飄忽的這個描寫，我們彷彿欣賞到一幕情激感烈、姿態憂美的舞劇。人物以她那變化不定、搖曳多姿的舞步，展現了內心的愛慕、矛盾、惆悵和痛苦。尤其是「體迅飛鳧，飄忽若神。凌波微步，羅袜生塵。動無常則，若危若安。進止難期，若往若還」一段，更將這幕舞劇推向了高潮，人物的心理矛盾、感情波瀾在此得到了最充分的表現。正當作者與洛神相對無語、兩情依依之時，離別的時刻終於到了。這是一個構想奇逸、神彩飛揚的分別場面：屏翳收風，川后靜波，在馮夷、女媧的鼓樂聲中，由六龍駕馭的雲車載著宓妃，在鯨鯢夾轂、異魚翼輈的護衞下，開始出發了。美麗的洛神坐在漸漸遠去的車上，還不斷回地過頭來，向作者傾訴自己的一片衷腸。「悼良會之永絕兮，哀一逝而異鄉」，深深的哀怨籠罩著這個充滿神話色彩的畫面。在陳述了「恨人神之道殊兮，怨盛

年之莫當」的「交接之大綱」之後，洛神還信誓旦旦地表示：「雖潛處於太陰，長寄心於君王。」最後，洛神的艷麗形象終於消失在蒼茫的暮色之中，而作者卻依然站在水邊，悵悵地望著洛神逝去的方向，恍然若失。他駕著輕舟，溯川而上，希望能再次看到神女的倩影。然而，煙波渺渺，長夜漫漫，更使他情意悠悠、思緒綿綿。天亮後，作者不得不「歸乎東路」了，但仍「攬騑轡以抗策，悵盤桓而不能去」。作品這段文字洋溢著濃厚的抒情氣氛，具有一種勾魂攝魄的力量，它把洛神的形象在人們心中的勾勒、烘托得更加突出、更加完美。

　　人神戀愛的題材在西方文學中屢見不鮮，但在中國古代文學中卻並不多見。尤其是像≪洛神賦≫這樣從人神雙方入手，抒寫彼此的相慕相戀之情，更爲難得。宋玉的≪神女賦≫著重刻畫了巫山神女的外觀美，而未能更多地涉及其內心感情的底蘊，同時楚王在作品中也未被作爲戀愛的一方來加以描寫。因此曹植的≪洛神賦≫可以說是這類題材中最傑出的作品之一。前人對其創作動機頗有不同看法，有的認爲是曹植求甄逸女不遂，後又見其玉鏤金帶枕，哀傷而作，初名≪感甄賦≫，由明帝改爲≪洛神賦≫（≪文選≫李善注）；有的認爲曹植求甄之事於史無徵，舊說係以世傳小說≪感甄記≫誤載入簡，作品實是曹植爲了「托詞宓妃，以寄心文帝」而作（胡克家≪文選考異≫、何焯≪義門讀書記≫）；也有人認爲「感甄」說有之，不過所感者並非甄后，而是曹植黃初三年的被貶鄄城（朱乾≪樂府正義≫）。這些看法也許都有一定道理，但我們感到在理解和欣賞一篇古典文學作品時，如果過於拘執史實，把作家的文學創作看成是對歷史的直接反映，那也是不足取的。因此從作者當時的處境和作品的內容來看，與其將神女看作是甄后的化身，或者是作者的代言人，倒不如將她看作是作者在其它作品中一再抒寫的那種無法實現報的國理想的藝術象徵，這樣也許更接近於作者的創作意圖。從這點上說，作品不僅成功地塑造了一個「翩若驚鴻，婉若遊龍」的女神形象，而且更從思想上給人以一種追求理想、執著如一的寶貴啓示。

　　對≪洛神賦≫的思想、藝術成就前人都曾予以極高的評價，最明顯的是常把它與屈原的≪九歌≫和宋玉的≪神女≫諸賦相提並論。其實，曹植此賦兼二者而有之，它既有≪湘君≫、≪湘夫人≫那種濃厚的抒情成分，同時又具宋玉諸賦對女性美的精妙刻畫。此外，它的情節完整，手法多變和形式雋永等，又爲以前的作品所不及。因此它在歷史上有著非常廣泛和深遠的影響，晉代大書法家王獻之和大畫家顧愷之，都曾將≪洛神賦≫的神彩風貌形諸楮墨，爲書苑和畫壇增添了不可多得的精品。到了南宋和元明時期，一些劇作家又將其搬上了舞台，汪道昆的≪陳思王悲生洛水≫就是其中比較著名的一齣。至於歷代作家以此爲題材，見

咏於詩詞歌賦者，則更是多得難以數計。可見曹植≪洛神賦≫的藝術魅力，是經久不衰的。　　　　　　　　　　　　　　　　　　　　　　　　　（曹明綱）

與楊德祖書　　　曹　植

植白：數日不見，思子爲勞①，想同之也。

僕少小好爲文章，迄至於今，二十有五年矣，然今世作者，可略而言也。昔仲宣獨步於漢南②，孔璋鷹揚於河朔③，偉長擅名於青土④，公幹振藻於海隅⑤，德璉發迹於大魏⑥，足下高視於上京⑦。當此之時，人人自謂握靈蛇之珠⑧，家家自謂抱荆山之玉⑨，吾王於是設天網以該之⑩，頓八紘以掩之⑪，今悉集兹國矣。然此數子猶復不能飛軒絕迹⑫，一舉千里。以孔璋之才，不閑於辭賦⑬，而多自謂能與司馬長卿同風⑭，譬畫虎不成反爲狗也⑮，前書嘲之⑯，反作論盛道僕贊其文。夫鐘期不失聽⑰，於今稱之，吾亦不能妄嘆者⑱，畏後世之嗤余也⑲。

世人之著述，不能無病，僕常好人譏彈其文⑳，有不善者，應時改定。昔丁敬禮常作小文㉑，使僕潤飾之，僕自以才不過若人㉒，辭不爲也。敬禮謂僕，卿何所疑難，文之佳惡㉓，吾自得之，後世誰相知定吾文者耶㉔？吾常嘆此言，以爲美談。昔尼父之文辭㉕，與人通流㉖，至於制≪春秋≫，游、夏之徒乃不能措一辭㉗。過此而言不病者㉘，吾未之見也。

蓋有南威之容㉙，乃可以論於淑媛㉚，有龍淵之利㉛，乃可以議於斷割㉜，劉季緒才不能逮於作者㉝，而好詆訶文章㉞，掎摭利病㉟。昔田巴毁五帝㊱，罪三王，訾五霸於稷下㊲，一旦而服千人，魯連一說㊳，使終身杜口㊴。劉生之辯，未若田氏，今之仲連，求之不難，可無息乎？人各有好尚㊵，蘭茞蓀蕙之芳㊶，衆人所好，而海畔有逐

臭之夫㊷；咸池六莖之發㊸，衆人所共樂，而墨翟有非之之論㊹，豈可同哉！

今往僕少小所著辭賦一通相與㊺。夫街談巷說㊻，必有可採，擊轅之歌㊼，有應風雅㊽，匹夫之思㊾，未易輕棄也。辭賦小道，固未足以揄揚大義㊿，彰示來世也。昔揚子雲先朝執戟之臣耳[51]，猶稱壯夫不爲也[52]。吾雖德薄，位爲藩侯[53]，猶庶幾戮力上國[54]，流惠下民，建永世之業，流金石之功[55]，豈徒以翰墨爲勳績[56]，辭賦爲君子哉！若吾志未果，吾道不行，則將採庶官之實錄，辯時俗之得失，定仁義之衷[57]，成一家之言，雖未能藏之於名山，將以傳之於同好[58]，非要之皓首[59]，豈今日之論乎？其言之不慚，恃惠子之知我也[60]。

明早相迎，書不盡懷。植白。

【注釋】①思子爲勞：意謂很想念你。②仲宣：王粲字。獨步：舉世無雙。漢南：荆州。王粲曾在荆州依附劉表。③孔璋：陳琳字。鷹揚：像鷹遠揚。河朔：黃河以北地區。陳琳曾在冀州任袁紹記室。④偉長：徐幹字。擅名：獨得聲名。青土：青州，約在今山東、遼寧部分地區。⑤公幹：劉楨字。振藻：顯露才華。海隅：海邊。劉楨是東平寧陽人，寧陽靠海邊。⑥德璉：應瑒字。發迹：顯名。大魏：許昌。應瑒是汝南南頓人，南頓靠許昌。⑦足下：指楊修。高視：指不同凡近。上京：指京都洛陽。⑧握：有。靈蛇之珠：相傳隋侯救蛇而得之珠。⑨荆山之玉：即楚國和氏璧。⑩吾王：指魏王曹操。天網：籠罩天地的網。該：網羅。⑪頓：到。八紘：八方的極遠地區。掩：尋搜之意。⑫飛軒絶迹：高飛到極高的境界。軒：鳥飛的樣子。⑬閑：嫻熟。⑭多：常常。司馬長卿：司馬相如。同風：同一風格。⑮畫虎句：語出東漢馬援《誡兄子嚴敦書》。⑯書：信。嘲：譏笑。⑰鍾期：鍾子期，得伯牙琴瑟之妙的知音。不失聽：善聽。⑱妄嘆：亂加嘆賞。⑲嗤：笑。⑳譏彈：譏刺批評。㉑丁敬禮：丁廙，建安時黃門侍郎，曹植之友，後被曹丕殺害。㉒若人：那個人，指丁廙。㉓佳惡：好壞。㉔定：修定。㉕尼父：孔子。㉖通流：同流。㉗游、夏：孔子的弟子子游、子夏。措一辭：加一句話。㉘此：指《春秋》。不病：沒有毛病。㉙南威：古代美女名。㉚淑媛：賢淑的婦女。㉛龍淵：古代寶劍名。㉜斷割：切割。㉝劉季緒：劉表的兒子。逮：及。㉞詆訶（ㄏㄜ）：指摘。㉟掎（ㄐㄧ）：牽引。摭（ㄓ）：拾取。利病：毛

病。㊱田巴：戰國時齊國辯士。㊲訾：謗毀。稷下：齊國都城的西門。㊳魯連：魯仲連。㊴杜（ㄉㄨˋ）口：閉嘴。㊵好尙：愛好。㊶蘭茝（ㄓˇ）蓀蕙：皆芳草名㊷海畔有逐臭之夫：語出《呂氏春秋》。一奇臭人，獨住海邊，竟有人酷愛其臭。㊸咸池：黃帝樂名。六莖：顓頊樂名。發：聲。㊹墨翟：墨子，著有《非樂》篇。㊺今往：現在送去。一通：一份。相與：贈送。㊻街談巷說：民間傳說。㊼擊轅之歌：民歌。古人在田野叩擊車轅唱歌。㊽風雅：指《詩經》的《國風》、大小《雅》。㊾匹夫：普通人。思：思想見識。㊿揄揚大義：闡發嚴正的道理。�51揚子雲：揚雄，西漢辭賦家。先朝：前朝，指前漢。執戟之臣：揚雄曾作黃門郞執戟保衞宮廷。52壯夫不爲：語出揚雄《法言》，意謂男子漢不屑於寫。53藩侯：諸侯。54庶幾：希望。戮力：盡力。上國：這裏指中央政權。55流：流傳。金：指鐘鼎。石：碑碣。56徒：僅。翰墨：筆墨。57衷：中，正。58同好：志同道合的人。59要：邀。皓首：白頭。60惠子：惠施，戰國時人，死後，莊子過其墓，說：「自夫子之死也，吾無以爲質矣，吾無與言之矣！」（見《莊子·徐無鬼》）

【鑑賞】《與楊德祖書》是曹植書翰文中的名篇。曹植和父操、兄丕一起爲建安文學的興起作出了重大貢獻。《文心雕龍·時序篇》說：「自獻帝播遷，文學蓬轉，建安之末，區宇方輯。魏武以相王之尊，雅愛詩章；文帝以副君之重，妙善辭賦；陳思以公子之豪，下筆琳瑯；並體貌英逸，故俊才雲蒸。」這就是說，三曹旣是傑出作家，又是建安文學的倡導者。而在三曹中，曹植尤負盛名，被人尊爲「建安之傑」。後世所盛稱的主要是曹植的詩，而當時曹植自己所看重，並爲時人嘉許的卻是他的辭賦。《與楊德祖書》一文，便是他將自己靑少年時代的賦作進行精選和編祿後，送給楊修請他「刊定」，而附上的一封信。曹植不僅是詩賦名家，而且「兼備衆體，世稱綉虎」。這封信敍述了彼此深厚的友誼，縱情品評文章，抒寫生平懷抱，語言精練而感情眞摯，鮮明地體現了這一時期文章的特色。

東漢文章受大型辭賦的影響，往往重視鋪敍和排偶，每每曠日持久地進行雕琢。而處於「世積亂離，風衰俗怨」時代的建安文人，卻無心那樣去細加推敲。因此，賦風變了，卽興創作的抒情小賦取代了漢大賦，文風也隨着變了：「慷慨以任氣，磊落以使才，造懷指事，不求纖密之巧；驅辭逐貌，唯取昭晰之能」已成爲一時風尙。這一時期負有盛名的文人，大都是一些關心國難民瘼，有抱負，有理想，感情豐富，才思敏捷之士。他們的寫作，常常憑着當時的激情，奮筆捷

書，一氣呵成。「子建援牘如口誦， 仲宣舉筆似宿構， 阮瑀舉案而製書，禰衡當食而草奉」。 形成了一股感情激蕩， 氣勢流暢的回流， 給予原來精雕細琢，排偶堆砌的文駢以巨大冲擊。這使文章又有散化的趨勢。但它並未眞正回到老路，而是吸取了駢散兩家之長，以散爲主，散中有駢，宜散則散，宜駢則駢，勢如行雲流水，形成了自然生動、簡潔明快而情深氣長的文章風格。≪與楊德祖書≫出色地體現了這一特色。

這篇文章起筆便以極其簡潔的語言， 表達了深摯熾烈的感情：「 數日不見，思子爲勞，想同之也 」，一連三個四字句， 短短十二字， 卻把自己與對方的友誼和彼此的信賴傳神地描寫出來了。 與此相比， 曹丕≪與吳質書≫的開端：「歲月易得， 別來行復四年。三年不見，≪東山≫猶嘆其遠， 況乃過之， 思何可支？ 」意思並無不同，句子卻要長得多。下面的正文，我們作具體分析。

一開始說文章不可能十全十美，只有聽取人們批評，「應時改定」，才能臻於完善。如建安諸子是天下的精英， 他們也不能沒有缺點。「 昔仲宣獨步於漢南，孔璋鷹揚於河朔，偉長擅名於青土，公幹振藻於海隅，德璉發迹於大魏，足下高視於上京。當此之時，人人自謂握靈蛇之珠，家家自謂抱荊山之玉，吾王於是設天羅以該之， 頓八紘以掩之， 今悉集玆國矣。」曹丕≪典論·論文≫稱「七子」，曹植此書去掉了孔融和阮瑀，而加上了楊修。孔融和他們不是同輩人，也不屬於鄴下集團， 曹植不把他列入是不難理解的 。 而不列阮瑀便造成種種的猜測。 其實， 該信寫於建安二十一年，阮瑀已經去世，而他所述的都是健在的人，取捨標準不同，因而也不足爲怪。至於楊修，旣是曹植的好友，也是曹丕的政敵，≪曲略≫說他「謙恭才博」，「自魏太子以下並爭與交好」（見≪三國志≫裴松之注引），可見也是個才子。曹丕不把他列入未必便是正確，曹植此信也僅把他列名於諸子之末， 也未必是阿諛。從≪文選≫所載≪答臨淄侯箋≫看， 他的文章也是頗有才氣的。作者連用了六個排句， 說明這六位都是各地首屈一指的才子，但文詞全不相同。而「吾王於是設天羅以該之， 振八紘以掩之， 今悉集玆國矣」數句，以奔放的想像， 浪漫的筆觸， 勾勒出了曹操的宏大氣魄， 也表露了作者的自豪情緒，句式整齊而又錯落有致。接着， 作者馬上指出， 他們的文章也還不能登峰造極，十全十美：「然此數子猶復不能飛軒絕迹， 一舉千里 」，「 以孔璋之才， 不閑於辭賦，而多自謂能與司馬長卿同風，譬畫虎不成反爲狗也。前書嘲之，反作論盛道僕贊其文。」字裏行間， 似乎可聽到作者年輕爽朗的笑聲。陳琳是曹操極爲推重的文人，撰寫章表書檄的能手，作者對他也是尊重的。在諸子中把他名列第二，僅次於王粲，但他認爲陳琳也有缺點，「以孔璋之才， 不閑於辭賦」。意爲卽使憑

陳琳那樣的文才卓越，卻不長於辭賦。然後微帶嘲諷地述說了孔璋是如何地缺乏自知之明。經過一番並無惡意的揶揄，他又認眞地說：「夫鍾期不失聽，於今稱之，吾亦不能妄嘆者，畏後世之嗤余也。」表明自己話雖說得比較風趣，態度卻是嚴肅的。旣然享盛名於天下的鄴下諸子都不能「飛軒絕迹，一舉千里」，那麼，作者「好人譏彈其文，有不善者，應時改定」便是很自然的事了。但他還怕對方不相信自己的眞誠，所以又舉丁敬禮請自己修改文章及自己對此事的看法，以表示自己的誠意，希望對方也能對自己提出意見。

　　接下來，作者講了這樣幾層意思：只有行家，才能正確進行批評；有人自己水平不高，對他人的文章卻橫加挑剔，有人嗜痂成癖，以醜爲美，這是作者所不取的。在論述中，作者仍然借助於一連串形象生動的譬喩和實例，來說明問題。「蓋有南威之容，乃可以論於淑媛；有龍淵之利，乃可以議於斷割」二句，往往遭人批評，認爲不如曹丕「君子審己以度人，故能免於斯累而作論文」的觀點進步。這是對的。儘管「南威」「龍淵」之比未必不是表示作者對對方的尊重，暗示他之所以只請楊修「刊正」的緣故，但這段充滿傲氣的議論，和對「才不逮作者」的劉季緒的譏議，未必不是使楊修回信中除一味恭維外，不肯提任何意見的原因。「《春秋》之成，莫能損益；《呂氏》、《淮南》，字值千金，然而弟子鉗口，市人拱手者，聖賢卓犖，固所以殊絕凡庸也。」這樣過分的贊語，也許正是他的一番話造成的。陸時雍說：「子建任氣憑材，一往不制，是以有過中之病」，指的正是這些地方。

　　最後，才提到給楊修送去自己「少小所著辭賦一通」。接下去說：「夫街談巷說，必有可採，擊轅之歌，有應風雅，匹夫之思，未易輕棄也。」對於這幾句話，人們往往評價極高，認爲作者對民間文學「也表現了高度的重視」。這當然也有道理。不過其本意恐只是借以表示對自己的少作的肯定。他在《前錄自序》中說：「余少而好賦，其所尙也，雅好慷慨，所著繁多，雖觸類而作，然蕪穢者衆，故刪定別撰，爲《前錄》七十八篇」。姚振宗《隋書經籍志考證》認爲「其卽此錄嘗以屬楊修點定者。」此說大概是不錯的。「未易輕棄」之說，大約正是解釋爲什麼他要選編「少小所著辭賦」。「匹夫」之說，旣是自謙，又是自負，重點就在「未易輕棄」數字。總之，並非對民間文學的認眞評論。接着，說自己其實志不在此，眞正的抱負是爲國爲民，建功立業，以期名垂青史。卽使做不到這一點，也要「采庶官之實錄，辯時俗之得失，定仁義之衷，成一家之言」，像司馬遷一樣著書立說，以傳後世。對這，有人把它與前面「辭賦小道」云云混爲一談，這恐怕也不符合作者本意。揚雄說辭賦是「童子雕蟲篆刻」，「壯夫不爲」，並不是

說任何著作都是「雕蟲篆刻」，而是說只有像《法言》之類足以傳世的經典性著作才有意義，曹植也是這樣。他認為只有寫闡明是非得失、仁義道德的專著，才真有價值。曹植和曹丕的主張其實也大體一致。曹丕《典論・論文》論建安七子時，首稱「王粲長於辭賦」而不及他的詩，說明他也以辭賦為文學的正宗。但他也把寫專門論著看成是比辭賦重要得多的大事。《典論・論文》結尾說：「唯幹著論，成一家言」。《與吳質書》又說徐幹「著《中論》二十餘篇，成一家之言，辭義典雅，足傳於後，此子為不朽矣」。又說。「德璉常斐然有述作之意，其才學足以著書。美志不遂，良可痛惜」。七子的著作都不少，為什麼只有徐幹能不朽呢？為什麼應瑒沒有能著書就可惜呢？還不是因為只有寫出「辭義典雅」的「一家之言」來，才「足傳於後」嗎？不過，曹植太重視建功立業了，所以即使是「定仁義之衷」的一家之言，也要把它放在白首以後再去考慮。這話當然是極其自負的，所以他最後打招呼道：「言之不慚，恃惠子之知我也」以親切的口吻，又把話收了回來。

　　這篇文章不長，中心思想也很明確，但它從旁觸及的問題極多，表現了作者淵博的學識和超人的才學。《與楊德祖書》的藝術性極高，主要有如下幾點尤其值得我們注意：首先是語言簡潔而內容豐富，愛憎分明，嬉笑怒駡，皆成文章。如開端敍相思之苦，便一往情深，撼人心腑。然後談鄴下諸子，自豪之感，溢於言表；接着談陳琳，又幽默而風趣，隨後宣稱自己不敢妄贊，態度又嚴肅起來。許多複雜的情感和豐富的內容，都只寥寥數語，便交代清楚，毫不拖泥帶水。無怪乎陳琳贊嘆道：「君侯體高世之才，秉青萍、干將之器，拂鐘無聲，應機立斷」（《答東阿王箋》）。總的基調是自信而自豪的，感情是奔放的。忽而縱聲大笑，忽而慨然嘆息，襟懷坦白而性情率真，王世懋說：「曹子建出而始為宏肆，多生情態」，說的雖是詩，其實文也是這樣。

　　文章形象而生動，誇張而不失實。是本文寫作技巧上的又一特點。「書論宜理」，作者通篇都在說理，而又處處引譬設喩，將抽象的道理化為一連串生動的形象和妙趣橫生的故事，引人入勝。如要指出曹操招徠了各地的文豪才士，竟誇張地說：「設天羅」，「頓八紘」，口氣何等濶大，卻又合乎事實。他批評有人自己水平不高，卻要指手畫腳地指責比自己高明的人，便援劉季緒為證，並且譬中有譬，又以「昔田巴毀五帝，罪三王，訾五霸於稷下，一旦而服千人，魯連一說，使終身杜口」，以明劉季緒之可笑。作者處處引經據典，時時援用史實，卻又用其意而不用其辭，與全文融為一體。語言洗練而通俗易懂，使人感到他的學識豐富，才華橫溢。作者的語意極其含蓄，不細加推敲是不易明了其主旨的。為什麼

呢？因爲這封信是寫給楊修的，楊修是曹植的莫逆之交，又素以機智多才，善測人意見稱，當然有些話不必說得過分詳細，甚至不妨暗藏許多機關讓對方去猜測了。陳壽在《上＜諸葛亮集＞表》中曾指出：「論者或怪亮文彩不艷，而過於丁寧周至。臣愚以爲咎繇大賢也，周公聖人也，考之《尚書》，咎繇之謨略而雅，周公之誥繁而悉。何則？咎繇與聖賢共談，周公與羣下矢誓故也。亮所與言，盡衆人凡士，故其文指不得及遠也。」本文的語言儘管淺顯明快，而所指卻費人推敲，原因便在這裏。對於曹植的評論雖然不少，但詩多於賦，賦多於文。雖然這樣，作者各種文體的風格不僅各有獨特的個性，而且有它的共性，許多評論對這篇文章也是適用的。劉勰說他「體贍而律調，辭清而志顯，應物掣巧，隨變生趣」（《文心雕龍·章表》）；釋皎然《鄴中集》說他「語與興驅，勢逐情起，不由作意，氣格自高。」這些評語對本文就很貼切。根據前人這些評論，我們再去細細品味該文，便會體會到良多情趣。　　　　　　　　　　　　（張瑗）

讓 開 府 表　　　羊祜

臣祜言①：臣昨出②，伏聞恩詔③，拔臣使同臺司④。臣自出身以來⑤，適十數年。受任外內⑥，每極顯重之地⑦。常以智力不可強進，恩寵不可久謬⑧，夙夜戰栗⑨，以榮爲憂。臣聞古人之言，德未爲衆所服，而受高爵，則使才臣不進；功未爲衆所歸，而荷厚祿，則使勞臣不勸⑩。今臣身托外戚⑪，事遭運會⑫，誠在寵過，不患見遺⑬。而猥超然降發中之詔⑭，加非次之榮⑮。臣有何功可以堪之⑯，何心可以安之？以身誤陛下、辱高位⑰，傾覆亦尋而至⑱。願復守先人敝廬，豈可得哉⑲！違命誠忤天威，曲從卽復若此⑳。蓋聞古人申於見知㉑，大臣之節，不可則止㉒。臣雖小人，敢緣所蒙，念存斯義㉓。今天下自服化以來，方漸八年㉔，雖側席求賢㉕，不遺幽賤㉖，然臣等不能推有德，進有功㉗，使聖聽知勝臣者多，而未達者不少㉘，假令有遺德於板築之下，有隱才於屠釣之間㉙，而令朝議用臣不以爲非，臣處之不以爲愧，所失豈不大哉㉚！且臣忝竊雖久㉛，未若今日兼文武之極寵㉜，等宰輔之高位也㉝。臣所見雖狹，據今光祿大夫李

喜㉞，秉節高亮㉟，正身在朝；光祿大夫魯芝㊱，潔身寡欲㊲，和而不同㊳；光祿大夫李胤㊴，莅政弘簡㊵，在公正色㊶。皆服事華髮㊷，以禮終始㊸。雖歷內外之寵，不異寒賤之家，而猶未蒙此選㊹，臣更越之，何以塞天下之望，少益日月㊺？是以誓心守節㊻，無苟進之志㊼。今道路未通，方隅多事㊽，乞留前恩㊾，使臣得速還屯㊿，不爾留連(51)，必於外虞有缺(52)，臣不勝憂懼(53)，謹觸冒拜表(54)。惟陛下察匹夫之志不可以奪(55)。

【注釋】①言：講，稟白。上表的起首套語。②出：卽出沐，休沐。爲古代官吏例假。漢代每五日一休沐。③伏聞：俯伏聽命。古代文書中下對上用的謙詞。恩詔：帝王降恩的詔書，這裏指任命羊祜爲開府的詔書。④拔：提拔，超授。使同臺司：臺司卽司徒、司空、太尉三公，三公自設幕府。羊祜可被授「開府儀同三司」。⑤出身：指作官，出仕。⑥外：地方。內：朝廷。羊祜外爲荊州都督，內曾爲中領軍，入值殿中。⑦極：達到最高限度。顯重：位顯權重。⑧強（ㄑㄧㄤˇ）勉強。謬：謬妄。這裏指逾分，自非其才而處其位。⑨夙夜：早晚。戰栗：形容惶恐不安。⑩服：信服。爵：爵位。才臣：有才之臣。進：進薦，進身。歸：衆望所歸，與上「服」爲同義互文。旁臣：有功之臣。勸：勉勵，以上兩句語出≪管子・立政篇≫。⑪身托：寄身於。外戚：帝王的母族或妻族。羊祜爲景獻羊皇后的弟弟，故云。⑫遠會：時遠際會。⑬誡：警惕。寵過：過分得到寵愛。患：憂慮。見遺：被遺棄。⑭猥（ㄨㄟˇ）：謙詞，猶言辱。超然：高超貌。降：降下頒布。發中：由宮中頒出，由皇帝親自下令。⑮加：施予。非次：不按尋常次序，越級。⑯堪：能够承當。⑰辱：辜負，玷辱。⑱傾覆：傾身覆家，指不堪重任而得罪。尋：相繼，接著。⑲先人：指祖先。敝廬：謙稱自己的祖屋。⑳違命：違背命令。忤：觸犯。天威：帝王的威嚴。曲從：委曲順從。復：又，更。若此：如此，指將得傾覆的後果。㉑申：舒展，見知：受知遇，被重用。語見≪晏子春秋≫。㉒節：風範，應守的行爲準則。不可：不合，指不能勝任。止：停止。㉓敢：豈敢。緣：憑藉。蒙：蒙受，指受皇帝的恩德。念：心。斯義：這道理，指「大臣之節」。㉔服化：四方順服教化，指接受晉朝的統治。方：正，才。漸：進入，經歷。八年：指晉朝立國後的第八年，卽晉武帝泰始八年（272）。㉕側席：傾身而坐，虛正席以待賢良。㉖遺：遺漏。幽賤：指隱居未仕的貧窮之士。㉗推：推擧。有德：有道德之人。有功：有功之臣。㉘聖聽：皇帝的聽聞，

敬詞。勝：超過。達：顯貴。㉙假令：如果。板築：築牆。相傳商代賢士傅說在傅岩築牆，商王武丁用以爲相。屠釣：指屠宰牲畜和釣魚。呂尚未顯時曾屠牛於朝歌、垂釣於渭濱。以上兩事均借指隱居未遇的賢人。㉚令：如果，使。朝議：朝廷的評議。非：不對。處：居，對待。㉛忝竊：非分地竊據其位，自謙居其位不勤其事。㉜未若：沒有像。文武之極寵：最高恩寵，指被任爲車騎將軍和開府儀同三司之職。㉝等：相當。宰輔：謂三公。㉞光祿大夫：官名，魏晉時多爲加官和褒贈之官。李喜：字季和，上黨人，少有高行，曾官僕射，年老退位，拜光祿大夫。㉟秉節：秉守節操。高亮：高尚光明。㊱魯芝：字世英，扶風人，官鎮東將軍，徵光祿大夫。㊲絜（ㄐ丨ㄝˊ）身：絜同「潔」，保持自身純潔。寡欲：節制欲求。㊳和而不同：指君子心和能合羣而所見不苟決。㊴李胤：字宣伯，遼東人。官尙書僕射，轉光祿大夫。㊵蒞政：服職任政。弘簡：寬弘簡略。㊶在公：從事公務。正色：持嚴正的態度。㊷服事：從事公職。華髮：花白的頭髮。㊸禮：禮法。終始：自始至終。㊹歷：經歷。異：有分別，不相同。選：銓選授官，羊祜以爲李喜、魯芝、李胤三人更應授予開府儀同三司之高位。㊺越：超越。塞：滿足，符合。望：期望。少益：稍有好處，（於朝廷政治）有助。日月：指皇帝，敬詞。㊻誓心守節：心中發誓，保持節操。㊼苟進：不按禮義升官，以不正當手段求進。㊽方隅：指邊境四隅。多事：經常發生事故。指東吳未滅，常來侵擾。㊾留：停止，留下。前恩：指任命開府的詔令。㊿屯：駐防之地。51不爾：不然。留連：阻滯，稽遲。52外虞：外患，指東吳。缺：缺失。被敵人利用之空隙。53不勝：不盡。憂懼：憂慮恐懼。54觸冒：抵觸冒犯，謙詞。拜表：上奏章。55察：鑒察，顧念。匹夫：一個人，泛指平常人。奪：強取。語出《論語・子罕》。

【鑒賞】《讓開府表》是晉朝荊州都督、車騎將軍羊祜讓開府儀同三司所上的奏表。據史載，晉武帝立國後，頗有滅吳之志，荊州爲當時晉吳交界之重鎮，武帝乃於泰始五年（269）以尙書左僕射羊祜都督荊州諸軍事，鎮守襄陽，作滅吳的準備。泰始八年（272）又加羊祜開府儀同三司，允許羊祜在荊州開府招幕僚，羊祜自謙才德不足以當此，乃上表堅辭。《讓開府表》言辭樸實，感情眞切，推賢讓能之衷情洋溢於字裏行間，文章結構極緊湊，頓挫有致，爲公文表奏的上乘之作。

　　《讓開府表》全文可分爲前後兩個部分，第一部分首先陳述自己無功於國，托於機緣而蒙受優厚爵祿的慚愧心情；第二部分以野有遺賢，朝有高臣進一步申

論自己不足以當開府之職的觀點，　披露了自己「誓心守節，　無苟進之志」的心迹。

　　文章敘事、引證、言志三者結合，言簡意賅，汰盡虛詞。起首對自己得知被任命爲開府之職時的心情作了一番剖析，認爲自己歷任顯要之地，已極恩寵，再加非次之榮，實不堪以當之。作者以簡潔樸素的文筆把自己的經歷作了概述。羊祜爲景獻皇后的弟弟，又是有名的世宦之家。故「受任外內，每極顯重之地」，在這種情況下，　常覺自己的能力、功勞不足以當此，　故不時勉勵自己，　告誡自己，「智力不可強進，恩寵不可久謬」。並引古人管仲《立政篇》的警語：「國有德義未明於朝而處尊位者，　則良臣不進；有功未見於國而有重祿者，　則勞臣不勸。」來說明自己無德無功而居高官受厚祿對國家擧賢薦能會帶來不利。因此突然降詔所加非次之榮，自己更覺惴惴不安，「夙夜戰栗，以榮爲憂」。眞誠坦率的自我剖白，　恭謹謙虛的態度，　使一些被人用濫了的公文套語也顯得那麼眞摯感人。平靜的論述之後，「臣有何功可以堪之，何心可以安之？」的問句，把文意推向另一層，進而從反面論述了如接受開府之職，則「以身誤陛下、辱高位，傾覆亦尋而至。願復守先人敝廬，豈可得哉！」前面從正面懇切地表示自己才智不足以當高位，這裏則從反面設論如擔任此職所帶來的於君於己的不利，正反設論，層層推演，娓娓如訴，極爲動人。史稱羊祜「每拜官爵，常多避讓，至心素著，特見申於分列之外」，於此可見。

　　文章的第二部分和第一部分的脈絡聯貫得很緊密。作者隨卽從晉朝立國以來卽有求賢擧能的好傳統談起，進一步申論自己必須循遵這一原則，不能承受非分的榮譽，並以邊隅多事，要求急速返回防地以備不虞爲請，堅辭不受開府之職，體現了羊祜以國事爲重，　不講求名利的高尙品格。晉朝立國八年，　朝廷標榜求賢，「假令有遺德於板築之下，有隱才於屠釣之間，而令朝議用臣不以爲非，臣處之不以爲愧，所失豈不大哉！」說明自己貪受榮寵給朝廷帶來的損害。反面設論有時比正面論證更爲有力，更能說明問題，同時文章也具有充沛的氣勢，頗有戰國時期策士縱橫捭闔、筆帶鋒芒的風采。激越的言辭之後，又恢復了舒徐平緩的敘說。羊祜以朝廷之外有賢士可能未被起用，朝廷之內有高臣尙可被銓選，而自己忝竊開府之高位，則「何以塞天下之望，少益日月？」再一次使用激問來壯闊文章的氣勢。「誓心守節，無苟進之志」是羊祜內心自誓，決心恪守節操，決不苟取高位，則是對前面所發議論的小結，鮮明地表現了胸懷曠邁、不汲汲於功利的崇高品格。同時又以國家大敵當前，邊隅不靖，情事緊急爲由，懇請皇帝停降詔令，能讓自己早日返回駐守之鎭，　以防邊境有失。文章最末引用《論語》

「匹夫不可奪志」之語，以再次表示自己的堅決態度，這是對本文論點的有力補充。

《讓開府表》形式上駢散相間，對偶排比句四言、六言相間，多穿插以散句，使文章不板滯，清朗可誦，表現了建安文學以來散文的重要特徵。同時質樸的文辭，錯綜的句式，明快的節奏，清壯的音節，隨着作者感情的舒徐激昂使人為之感動。整篇文章的議論推證，每一論點都有明確斷語，使讀者覺得言之成理，字字有根。引用古人成語時，根據文章的需要改成四、六言的形式，使之與全文的形式和音節協調，推進了內容的發展。尤以文章中多次使用激問，更增強了文章的氣勢，給人以很強的藝術感染力。　　　　　　　（吳旭民）

與山巨源絕交書　　　嵇　康

康白：足下昔稱吾於潁川①，吾常謂之知言②。然經怪此意③，尚未熟悉於足下，何從便得之也？前年從河東還④，顯宗、阿都說足下議以吾自代⑤，事雖不行，知足下故不知之⑥。足下傍通⑦，多可而少怪⑧，吾直性狹中⑨，多所不堪⑩，偶與足下相知耳。間聞足下遷⑪，惕然不喜⑫，恐足下羞庖人之獨割，引尸祝以自助⑬，手薦鸞刀⑭，漫之羶腥⑮，故具為足下陳其可否。

吾昔讀書，得幷介之人⑯，或謂無之，今乃信其真有耳。性有所不堪，真不可強。今空語同知有達人⑰，無所不堪，外不殊俗而內不失正⑱，與一世同其波流而悔吝不生耳⑲。老子、莊周，吾之師也，親居賤職⑳；柳下惠、東方朔，達人也，安乘卑位，吾豈敢短之哉㉑？又仲尼兼愛，不羞執鞭㉒；子文無欲卿相，而三登令尹㉓；是乃君子思濟物之意也㉔。所謂達則兼善而不渝，窮則自得而無悶㉕。以此觀之，故堯、舜之君世㉖，許由之岩栖㉗，子房之佐漢㉘，接輿之行歌㉙，其揆一也㉚。仰瞻數君，可謂能遂其志者也㉛。故君子百行，殊途而同致㉜，循性而動，各附所安。故有處朝廷而不出，入山林而不返之論㉝。且延陵高子臧之風㉞，長卿慕相如之節㉟，志氣所托，不可奪也。

吾每讀尚子平、臺孝威傳㊱，慨然慕之，想其爲人。加少孤露㊲，母兄見驕㊳，不涉經學，性復疏嬾㊴，筋駑肉緩㊵，頭面常一月十五日不洗，不大悶癢，不能沐也㊶。每常小便而忍不起，令胞中略轉乃起耳㊷。又縱逸來久㊸，情意傲散，簡與禮相背，懶與慢相成，而爲儕類見寬㊹，不攻其過。又讀莊、老，重增其放。故使榮進之心日頹，任實之情轉篤㊺。此由禽鹿，少見馴育㊻，則服從教制；長而見羈，則狂顧頓纓㊼，赴蹈湯火；雖飾以金鑣㊽，饗以嘉肴，逾思長林而志在豐草也㊾。

阮嗣宗口不論人過㊿，吾每師之，而未能及。至性過人[51]，與物無傷，唯飲酒過差耳[52]，至爲禮法之士所繩，疾之如仇[53]，幸賴大將軍保持之耳[54]。吾不如嗣宗之賢，而有慢弛之闕[55]，又不識人情，闇於機宜[56]，無萬石之愼，而有好盡之累[57]，久與事接，疵畔日興[58]，雖欲無患，其可得乎？又人倫有禮，朝廷有法，自惟至熟[59]，有必不堪者七，甚不可者二。臥喜晚起，而當關呼之不置[60]，一不堪也。抱琴行吟，弋釣草野[61]，而吏卒守之，不得妄動，二不堪也。危坐一時，痹不得搖，性復多虱，把搔無已，而當裹以章服[62]，揖拜上官，三不堪也。素不便書，又不喜作書，而人間多事，堆案盈机[63]，不相酬答，則犯教傷義，欲自勉強，則不能久，四不堪也。不喜弔喪，而人道以此爲重，已爲未見恕者所怨，至欲見中傷者，雖瞿然自責[64]，然性不可化，欲降心順俗，則詭故不情[65]，亦終不能獲無咎無譽[66]，如此，五不堪也。不喜俗人，而當與之共事，或賓客盈坐，鳴聲聒耳，囂塵臭處[67]，千變百伎，在人目前，六不堪也。心不耐煩，而官事鞅掌[68]，機務纏其心，世故繁其慮，七不堪也。又每非湯武而薄周孔[69]，在人間不止此事，會顯[70]，世教所不容，此甚不可一也。剛腸疾惡，輕肆直言[71]，遇事便發，此甚不可二也。以促中小心之性[72]，統此九患，不有外難，當有內病，寧可久處人間耶？又聞道士遺言，餌朮黃精[73]，令人久壽，意甚信之。游山澤，觀魚鳥，心甚樂之。一行作吏[74]，此事便廢，安能捨其所樂，而從其所懼哉！

夫人之相知，貴識其天性，因而濟之[75]。禹不偪伯成子高[76]，全

其節也；仲尼不假蓋於子夏，護其短也；近諸葛孔明不偪元直以入蜀⑦；華子魚不強幼安以卿相⑱；此可謂能相終始，眞相知者也。足下見直木不可以爲輪，曲者不可以爲桷⑲，蓋不欲枉其天才⑳，令得其所也。故四民有業㉑，各以得志爲樂，唯達者爲能通之，此足下度內耳㉒。不可自見好章甫，強越人以文冕也㉓；己嗜臭腐，養鴛雛以死鼠也㉔。吾頃學養生之術㉕，方外榮華，去滋味㉖，游心於寂寞，以無爲爲貴。縱無九患㉗，尚不顧足下所好者。又有心悶疾，頃轉增篤，私意自試㉘，不能堪其所不樂。自卜已審㉙，若道盡途窮則已耳，足下無事冤之㉚，令轉於溝壑也㉛。吾新失母兄之歡㉜，意常悽切。女年十三，男年八歲，未及成人，況復多病。顧此悢悢㉝，如何可言！今但願守陋巷，敎養子孫，時與親舊敍離闊㉞，陳說平生，濁酒一杯，彈琴一曲，志願畢矣。足下若嬲之不置㉟，不過欲爲官得人，以益時用耳。足下舊知吾潦倒麤疏，不切事情㊱，自惟亦皆不如今日之賢能也。若以俗人皆喜榮華，獨能離之，以此爲快，此最近之，可得言耳㊲。然使長才廣度，無所不淹㊳，而能不營㊴，乃可貴耳。若吾多病困，欲離事自全，以保餘年，此眞所乏耳㊵，豈可見黃門而稱貞哉㊶！若趣欲共登王途㊷，期於相致㊸，時爲歡益㊹，一旦迫之，必發其狂疾，自非重怨㊺，不至於此也。野人有快炙背而美芹子者，欲獻之至尊㊻，雖有區區之意，亦已疏矣㊼。願足下勿似之。其意如此，旣以解足下㊽，並以爲別㊾。嵇康白。

【注釋】 ①足下：對人的敬稱，這裏指山濤。潁川：指山嶔，山濤的叔父，曾爲潁川（今河南許昌市東）太守。稱吾於潁川：指山濤在潁川太守山嶔面前稱述嵇康有不願出仕的志願②。知言：知己之言。③經：常。此意：指山濤稱述嵇康不願出仕之意。④河東：郡名，今山西南部黃河以東地區。嵇康曾在河東避居。⑤顯宗：公孫崇，字顯宗，曾爲尚書郎。阿都：呂安，字仲悌，小名阿都，是嵇康的好友。時山濤正任選曹郎，曾想讓嵇康代自己職務。⑥事：指「議以吾自代」事。不行：未成。故：同「固」，原來。⑦傍通：博通眾藝，善於應變。⑧多可而少怪：多有許可，少有疑怪，指遇事隨和。⑨狹中：指心胸狹窄。⑩堪：忍受。⑪間：近來。遷：升官。⑫惕然：憂懼的樣子。⑬庖人：祭祀時宰牲的人。

尸祝：祭祀時向神致禱辭的人。《莊子・逍遙游》：「庖人雖不治庖，尸祝不越樽俎而代之矣。」庖人和尸祝各有職司，如果庖人不盡其責，尸祝亦不代之宰烹。⑭薦：舉。鸞刀：刀柄綴有鸞鈴的屠刀。⑮漫：汚染。⑯幷介之人：兼濟天下和耿介孤高的人。幷：指兼善天下。介：指耿介孤直。⑰今空語同知有達人：現在空談彼此都知道有一種通達的人。空語：空談。達人：曠達之人。⑱外不殊俗：外表上與世俗無異。內不失正：內心沒有失去正道。⑲悔吝：悔恨、遺憾。⑳老子：即李耳，曾任周朝的柱下史。莊周：即莊子，曾任宋國蒙縣漆園吏。二人職位都很低賤，所以說「親居賤職」。吾之師：稽康信奉老、莊，故引以爲師。㉑柳下惠：即展禽，名獲，字季，春秋時魯國名士，曾爲士師。東方朔：字曼倩，漢武帝時爲太中大夫。二人職位都很低下，所以說「安乎卑位」。短：指出別人的過失。㉒兼愛：博愛。不羞執鞭：不以替人執鞭趕車爲羞恥。孔子說：「富而可求也，雖執鞭之士，吾亦爲之。」（《論語・述而》）㉓子文：姓鬥（ㄉㄡˋ），名穀於菟（ㄨ　ㄊㄨˊ），春秋時楚國人。令尹：楚國的官名，相當於宰相。《論語・公治長》：「令尹子文三仕爲令尹，無喜色；三已之，無慍色。」㉔濟物：濟世。㉕達：顯達。渝：改變。窮：窮困。無悶：無憂。《孟子・盡心上》：「達則兼善天下，窮則獨善其身。」㉖君世：爲君於世。㉗許由：堯時的隱士。岩栖：退隱山林。傳說堯想讓位於許由，許由不受，逃往河南登封東南的箕山下隱居。㉘子房：張良，字子房，曾輔佐劉邦統一天下，建立漢朝。㉙接輿：春秋時楚國的隱士。《論語・微子》：「楚狂接輿歌而過孔子曰：『鳳兮！鳳兮！何德之衰？往者不可諫，來者猶可追。已而，已而，今之從政者殆而。』」㉚揆（ㄎㄨㄟˊ）：準則，道理。㉛遂：順。㉜百行：各種各樣的行爲表現。殊途而同致：所走的道路不同，而達到的目的相同。《易經・繫辭》：「天下同歸而殊途，一致而百慮。」㉝循性而動：依本性而行事。附：歸，得。不出、不返：《韓詩外傳》：「朝廷之人爲祿，故入而不出；山林之士爲名，而往故不返。」㉞延陵：指吳公子季札。季札居延陵（今江蘇武進縣），人稱延陵季子。高子臧之風：以子臧之風爲高。子臧是曹國公子，曹宣公死時，曹人欲立子臧爲君，子臧認爲自己不當立而逃走。吳國諸樊要立季札。季札引子臧的例，辭不接受。㉟長卿：司馬相如，西漢著名辭賦家。小名犬子，後來因仰慕藺相如，遂改名相如。㊱尚子平：即向子平，名長，東漢隱士。臺孝威：名佟，東漢隱士。㊲加少孤露：指少年失父，孤苦無依。孤露：喪父體弱。《左傳・昭公元年》杜預注：「露，羸也。」㊳母兄見驕：被母兄所寵愛。母兄：同母之兄，指稽熹。㊴嬾：同「懶」。㊵駑：原是劣馬。此指寬疏散懶。㊶不能（ㄋㄞˋ）：不耐，不願。能：通「耐」。㊷胞：指膀胱。

㊸來久：由來已久。㊹簡：簡脫，怠慢。儕（彳ㄞˊ）類：同輩。見寬：被原諒。
㊺頽：衰落。任實：放任，率眞。篤：厚。㊻由：同「猶」。禽：同「擒」。少：
幼小時。見：被。㊼狂顧：瘋狂地回頭張望。頓纓：攀脫韁繩。頓：毀壞。㊽金
鑣（ㄅㄧㄠ）：金屬製作的馬銜。此指套鹿的籠頭。㊾饗：用酒食款待。嘉肴：精
美的食物。逾：更加。長林：廣闊的樹林。豐草：豐美的百草。㊿阮嗣宗：名
籍，稽康的好友，「竹林七賢」之一。人過：他人的過錯。52至性：純眞的天性。
53過差：過度，過量。差：等。53繩：糾正過失。這裏指糾彈、抨彈。疾：恨。
54大將軍：指司馬昭。保持：保護。《文選》李善注引孫盛《晉陽秋》說，何曾
在司馬昭面前說阮籍任性放蕩，敗禮傷教，應將他流放海外，以正風教。因阮籍
對司馬氏的反對不太露骨，而且名聲大，司馬昭沒有對他下手。只說，他素來體
弱多病，應當寬恕。55慢弛之闕：傲慢懶散的缺點。56識：領。闇：同「暗」，
不明。機宜：事宜。57萬石：石奮，西漢時官至大中大夫、諸侯相，與子四人皆
官秩二千石，共一萬石，故有「萬石君」之稱。一家人以謹小愼微著稱。好盡：
喜歡盡情直言，毫無顧忌。累：負累，毛病。58疵：缺點，毛病。釁：嫌隙，爭
端。59自惟至熟：自己考慮得很成熟。60當關：守門的人。不置：不止，不放。
61弋（卜）：用繫有繩子的箭射鳥。62危坐：端端正正地坐着。痺：麻痺。搖：
自由活動。性：身體。章服：指官服。63便：習。書：寫字。作書：寫信。机：
同「几」，小桌子。64人道：人之常情，世俗。瞿然：驚恐的樣子。65降心：使
心志受抑。詭故：違背本性。不情：不實，不眞。66無咎無譽：不受怪罪和稱
譽，這裏指不受怪罪。《易·屯》：「括囊無咎無譽。」67聒（ㄍㄨㄚ）耳：雜亂刺
耳。囂塵臭處：聲音喧鬧、塵土飛揚和臭氣處在一起。68軮掌：事務煩忙的樣
子。《詩經·小雅·北山》：「或王事軮掌。」69非：責難。薄：菲薄。湯：商
湯。武：周武王。周：周公。孔：孔子70會顯：將會顯揚出去。71輕肆：輕率放
肆。72促中小心：心胸狹小。中：衷，內心。73餌：服用。朮（ㄓㄨˊ）：白朮。白
朮和黃精都是藥材，據說久服可以健身延年。74一行：一當。75濟：成全。76
偪：同「逼」。伯成子高：傳說堯、舜時的諸侯，舜傳位給禹之後，伯成子高因
不滿禹的政見而辭去諸侯，隱居耕種。禹爲了成就他的名節，沒有硬要他出來做
官。77假：同「借」。蓋：雨傘。子夏：姓卜，名商，孔子的學生。《孔子家
語》：「《孔子將行，雨，無蓋。門人曰：『商也有焉。』孔子曰：『商之爲人也，
甚怪於財。吾聞與人交，推其長者，違其短者，故能久也。』」護：回護，遮掩。
諸葛孔明：諸葛亮。元直：徐庶。《三國志·諸葛亮傳》載，徐庶原來與諸葛亮
同事劉備，後曹操捉獲其母以要挾，他便辭別劉備而歸曹操，劉備和諸葛亮都未

加阻留。⑦華子魚：華歆。幼安：管寧。他們二人是同學。魏文帝時，華歆任司徒，薦舉管寧出來做官，管寧固辭不受。⑦桷（ㄐㄩㄝˊ）：屋上承瓦的椽子。⑧枉：屈曲。天才：這裏指本性。⑧四民：士、農、工、商。⑧通：懂得，明了。度內：所想得到的。度：忖度。⑧章甫：冠名。越人：今江蘇、浙江以南古越地的居民。文冕：飾有花紋的冠冕，指章甫。《莊子・逍遙游》：「宋人資章甫而適諸越，越人斷髮文身，無所用之。」⑧鵷雛：鸞鳳一類的鳥。《莊子・秋水》：「惠子相梁，莊子往見之，或謂惠子曰：『莊子來，欲代子相。』於是惠子恐，搜於國中，三日三夜。莊子往見之曰：『南方有鳥，其名爲鵷雛，子知之乎？夫鵷雛發於南海，而飛於北海，非梧桐不止，非練食不食，非醴泉不飲。於是鴟（猫頭鷹）得腐鼠，鵷雛過之，仰而視之曰：『嚇！』今子欲以子之梁國而嚇我邪？」鵷：與「鴛」通。此反用莊子用語。臭腐：喻仕途。鵷雛爲稽康自喻。⑧頃：不久。⑧方：正。外：拋棄。滋味：美味，指飲酒食肉。⑧九患：指上文說的不堪者七、甚不可者二。⑧自試：自己事先設想。⑧自卜已審：自己已經考慮清楚。卜：考慮。審：詳明。⑨無事冤之：不要冤屈我。⑨轉於溝壑：輾轉於山溝澗谷之間，指遭遇苦難而死。⑨新失母兄之歡：指同母之兄剛死。⑨恨恨（ㄌㄤˋ）：悲傷。⑨敍離闊：敍談離別之情。⑨嬲（ㄋㄧㄠˇ）：戲弄，糾纏。置：放。⑨舊知：早知。潦倒：放浪。麤：同「粗」。切：通達。不切事情：不懂世事人情。⑨此最近之：這就最接近我的本性。可得言耳：可以這樣說了。⑨長才：才能高。廣度：思慮遠。淹：博治貫通。⑨營：經營，鑽營。不營：指不求仕進。⑩此眞所乏：這是眞性所短缺的，指沒有做官的長才廣度。⑩黃門：宦官。⑩趣（ㄘㄨˋ）：促，催促。王途：仕途。⑩期：希望。致：招致。⑩歡益：歡悅補益。⑩自非：若不是。⑩野人：指農民。快：快意。炙：烤。快炙背：以晒背爲最愉快的事。芹子：芹菜。美芹子：以芹菜爲最美的食物。至尊：天子。⑩區區：誠摯。疏：迂遠，不近事理。⑩解：曉喻。⑩別：指絕交。

【鑑賞】魏晉之際，活躍着一個著名的文人集團，時人稱之爲「竹林七賢」，即：稽康、阮籍、山濤、劉伶、向秀、阮咸、王戎。當時，政治上正面臨着王朝更迭的風暴。「七賢」的政治傾向親魏。後來，司馬氏日興，魏氏日衰，勝負之勢分明，他們便分化了。首先是山濤，即山巨源，投靠司馬氏作了官，隨之他又出面拉稽康。稽康是「七賢」的精神領袖，出身寒門，與魏宗室通婚，故對司馬氏採取了拒不合作的態度。爲了表明自己的這一態度，也爲了抒發對山巨源的鄙夷和對黑暗時局的不滿，他寫下了這篇有名的《絕交書》。

這封信分爲五段，層次、脉絡分明。

第一段開門見山，說明絕交的原因，開篇劈頭就是「吾直性狹中，多所不堪，偶與足下相知耳」，「足下故不知之」。交友之道，貴在相知。這裏如此斬釘截鐵地申明與山濤並不相知，明白宣告交往的基礎不復存在了。接下去點明寫這封信的緣由：「恐足下羞庖人之獨割，引尸祝以自助。手薦鸞刀，漫之羶腥，故具爲足下陳其可否。」這裏「越俎代庖」的典故用得很活。此典出於≪莊子‧逍遙遊≫，原是祭師多事，主動取厨師而代之。嵇康信手拈來，變了一個角度，道是厨師拉祭師下水，這就完全改變了這個故事的寓意。嵇康特別強調了一個「羞」字：庖人之引尸祝自助，是因爲他內心有愧，因爲他幹的是殘忍、骯髒的事情。這就一下子觸到了山濤靈魂中敏感的地方。這個典故用在這裏，具有「先聲奪人」之妙。行文用典，歷來有「死典」、「活典」之別。像嵇康這樣，隨手拈來，爲我所用，便是成功的佳例。至此，與山巨源的基本分歧，明白點出，下面就進一步發揮自己的看法。

第二段，作者高屋建瓴，提出人們相處的原則。文中首先列舉出老子、莊周等十一位歷史人物，借評論他們的事迹闡發了「循性而動，各附所安」的原則。表面看來，嵇康這裏對出仕、歸隱兩途是無所軒輊的，且以「幷介之人」推許山濤，但聯繫上文一氣讀下，就不難體味出弦外之音。既然在那樣的時局中，做官免不了沾染鮮血，那麼出仕者的「本性」如何，自在不言之中了。於是，推許成了辛辣的諷刺。當然，這種諷刺是全然不動聲色的，而對方卻心中明白、臉上發燒。古人有「綿里針」、「泥中刺」的說法，指的就是這種含蓄的諷刺手法。在闡述了「循性而動」的一般處世原則後，作者筆鋒一轉：「且延陵高子臧之風，長卿慕相如之節，志氣所托，不可奪也。」指出人們根據氣節本性選擇的人生道路是不可強行改變的。這是承上啓下的一筆。

第三段便描述起自己的本性和生活狀況來。他寫了自己極度懶散的一些生活習慣後，使用了一個比喻：「此由禽鹿，少見馴育，則服從教制；長而見羈，則狂顧頓纓，赴蹈湯火；雖飾以金鑣，饗以嘉肴，逾思長林而志在豐草也。」眞是形象之極！禽卽擒字。作者自比野性未馴之鹿，他對山濤說：不錯，出去做官可以得到「金鑣」、「嘉肴」——富貴榮華，但那代價我也是知道的，那要犧牲掉我最寶貴的東西——「逾思長林而志在豐草也」，因此，我寧赴湯蹈火，不要這富貴的圈套。寫到這裏，不必再作抽象的議論，作者就已把自己的浩然正氣，大義凜然的人生態度，以及不與惡勢力妥協的立場，生動地描摹出來了。

然而，作者並不肯就此置筆。第四段，他進而舉出阮籍受迫害之事，指出自

已與朝廷禮法的矛盾更爲尖銳。嵇康把這些矛盾概括成九條，就是很有名的「必不堪者七，甚不可者二」。這九條排比而出，滾滾滔滔，一氣貫注，絲毫不容對方有置喙的餘地。嵇康自己那種「龍性誰能馴」的傲岸形象也就隨之呈現到讀者的面前。這「七不堪、二不可」，用我們今天的眼光看，似乎狂得過分一些，而在當時，一則疏狂成風，二則政治鬥爭使然，所謂「大知似狂」、「不狂不痴，不能成事」，所以並不足怪。在這一大段中，作者渲染出兩種生活環境：一種是山濤企圖把他拉進去的，那是「官事鞅掌」、「囂塵臭處、千變百伎」、「鳴聲聒耳」、「不得妄動」；一種是他自己向往的，是「抱琴行吟，弋釣草野」、「游山澤，觀魚鳥」。相形之下，孰濁孰清，不言而喻。至此，已把作者自己的生活旨趣及拒不合作的態度講得淋漓盡致了。特別是「非湯武而薄周孔」一條，等於是和名教，以及以名教爲統治工具的司馬氏集團的決裂宣言。這一條後來便成了他殺身的重要原因。

　　下面一段轉而談對方，以交友之道責之。在列舉了古今四位賢人「眞相知」、「識其天性，因而濟之」之後，作者使用了欲抑先揚的手法。他講：這個道理只有通達的人才能理解，當然您是明白的了。初看起來，是以「達者」相許，然而下面隨卽來了一個大的轉折：「不可自見好章甫，強越人以文冕也；己嗜臭腐，養鴛雛以死鼠也。」這簡直就是指着鼻子在罵山濤了：我原以爲你是够朋友的「達者」，誰知道你卻象那強迫越人戴花帽子的蠢傢伙，像那專吃臭屍爛肉的貓頭鷹一樣。這兩句罵得眞够痛快，正是嵇康「剛腸疾惡」本色的表現。如果說開篇處的諷刺還是綿中之針的話，這裏則是針鋒相對了。由此可以想見作者命筆之際，憤激愈增的心情。

　　最後，作者談了日後的打算，表示要「離事自全，以保餘年」。這一段鋒芒稍斂。因爲他是一時風雲際會的領袖人物，是司馬氏猜忌的對象，故不得不作韜晦的姿態。但態度仍堅定不移：「一旦迫之，必發其狂疾，自非重怨，不至於此也。」可說是寧死不合作了。而對山濤鄙夷之情，猶有未盡，故終篇處又刺他一筆：野人有以曬背爲快樂，以芹子爲美味的，想獻給君王，雖然一片誠意，但也太不懂事理了，「願足下勿似之」。又是不動聲色，而揶揄之意盡出。

　　劉禹錫說：「八音與政通，文章與時高下。」《與山巨源絕交書》正是魏晉之際政治、思想潮流的一面鏡子。《絕交書》直觀地看，是嵇康一份全面的自我表白，旣寫出了他「越名教而任自然」，放縱情性、不受拘覊的生活方式，又表現出他傲岸、倔強的個性。然而，《絕交書》的認識意義並不止於此。一方面，我們可以從嵇康憤激的言詞中體會到當時黑暗、險惡的政治氛圍；另一方面，嵇康

是「竹林七賢」的領袖，在士人中有着很高的威望和相當大的影響，因此，≪絕交書≫中描寫的生活旨趣和精神狀態都有一定的代表性，部分反映出當時社會風貌和思想潮流。

作爲一篇文學作品，≪與山巨源絕交書≫更爲引起我們注意的，是它那獨特的文字風格。≪文心雕龍·明詩篇≫給稽阮二人的評語是：「稽志清峻，阮旨遙深」。鐘嶸的≪詩品≫也以「清遠」、「峻切」評價稽康詩作。足見是一時之通論。細味作品，這一裁斷實在貼切得很。而且，不唯稽詩清峻，稽文也以清峻而名家。何謂「清峻」？大體說來，就是立意超俗，行文精練，詩義透徹。本文陳說自己的旨趣、好惡，居高臨下，旁若無人，嬉笑怒罵處，涉筆而成文。本來，這封書信是爲辭謝薦引而作，但作者沒有粘滯在這一具體事情上，而是從處世原則，交友之道大處着眼，引古喻今，揮灑自如。所謂「清遠」者，正在於此。而從行文之法來看，首論處世原則，標出「循性而動，各附所安」的大義，次述自己生活習慣、精神狀態，繼而推論，自己必不堪爲官，只宜退居。接下來轉向對方，也是先標出「識其天性，因而濟之」的交友之道，繼而責備對方對不起朋友的作法。表面上揮灑自在，筋骨中卻貫注着極強的邏輯力量。再輔之以「七不堪、二不可」那樣透徹、斬截的言詞，自然可稱爲「峻切」了。劉師培評論稽康的散文是「文如剝繭，無不盡之意」，也是着眼於這種絲絲入扣的內在邏輯性。稽文的清峻風格帶有明顯的時代印記。這一方面是漢末魏初講求名法之治，文章普遍趨向簡明透徹之故。另一方面，士人中高傲、放縱的思想潮流影響到文章，便出現了所謂「師心」、「使氣」的創作態度，把主觀情性作爲驅策筆墨的主導力量，於是把作者自己的形象熔鑄到了作品中。≪文心雕龍≫稱稽康爲「雋俠」。我們今天讀此≪絕交書≫，不是確確實實感到裏面鼓蕩着一股「龍性」不可馴的俠氣嗎？像那隨手拈來的鴛雛斥鴟，美芹獻曝的故事，七不堪二不可的排比，都生動體現出稽康居高臨下，笑罵任心的氣概。從這個意義上可以講，有清峻之人格，方有清峻的文章風格。「文變染乎世情，興廢繫乎時序。」在司馬氏的屠刀之下，「竹林七賢」死的死，降的降，於是像≪絕交書≫這樣令人悚然動容的清峻風格也就不多見了。　　　　　　　　　　　　　　　　　　　　（陳洪）

陳　情　表　　　　　　李　密

臣密言①：臣以險釁，夙遭閔凶②。生孩六月，慈父見背③；行

年四歲，舅奪母志④。祖母劉愍臣孤弱，躬親撫養⑤。臣少多疾病，九歲不行⑥。零丁孤苦，至於成立⑦。既無伯叔，終鮮兄弟⑧，門衰祚薄，晚有兒息⑨。外無朞功強近之親⑩，內無應門五尺之僮⑪，煢煢獨立，形影相弔⑫。而劉夙嬰疾病，常在床蓐⑬，臣侍湯藥，未曾廢離⑭。

　　逮奉聖朝，沐浴清化⑮。前太守臣逵，察臣孝廉⑯，後刺史臣榮，舉臣秀才⑰。臣以供養無主，辭不赴命⑱。詔書特下，拜臣郎中⑲，尋蒙國恩，除臣洗馬⑳。猥以微賤，當侍東宮㉑，非臣隕首所能上報㉒。臣具以表聞㉓，辭不就職。詔書切峻㉔，責臣逋慢㉕；郡縣逼迫，催臣上道；州司臨門，急於星火㉖。臣欲奉詔奔馳，則劉病日篤㉗；欲苟順私情，則告訴不許㉘。臣之進退，實為狼狽。

　　伏惟聖朝以孝治天下㉙，凡在故老，猶蒙矜育㉚，況臣孤苦，特為尤甚。且臣少仕僞朝㉛，歷職郎署㉜，本圖宦達，不矜名節㉝。今臣亡國賤俘，至微至陋，過蒙拔擢㉞，寵命優渥㉟，豈敢盤桓㊱，有所希冀㊲？但以劉日薄西山，氣息奄奄㊳，人命危淺，朝不慮夕㊴。臣無祖母，無以至今日，祖母無臣，無以終餘年㊵，母孫二人，更相為命㊶，是以區區不能廢遠㊷。

　　臣密今年四十有四，祖母劉今年九十有六，是臣盡節於陛下之日長，報養劉之日短也。烏鳥私情，願乞終養㊸。臣之辛苦㊹，非獨蜀之人士及二州牧伯所見明知㊺，皇天后土實所共鑒㊻。願陛下矜愍愚誠㊼，聽臣微志，庶劉僥倖，保卒餘年㊽，臣生當隕首，死當結草㊾。臣不勝犬馬怖懼之情，謹拜表以聞。

【注釋】①言：陳說，為古代奏疏常用的開頭語。這裏為「稟告」的意思。②釁：惡兆，厄運。夙：早。閔：憂，指可憂的事。凶：不幸的事，指父喪。③孩：嬰兒。生孩：指剛生下來不久。背：背離，背棄。背：猶如說「相棄」，指死去。④行年：年紀到了。奪：逼迫。志：守節之志。⑤愍（ㄇㄧㄣˇ）：憐憫。躬親：親自，親身。⑥不行：不能走路。⑦零丁：同「伶丁」，孤獨的樣子。成立：成人自立。⑧終：又。鮮（ㄒㄧㄢˇ）：少。⑨門衰：家門人丁不旺。祚（ㄗㄨㄛˋ）：福，福

氣。兒息：兒子。 ⑩朞（ㄐㄧ）功：喪服的名稱。強近：照顧力強而又相親近。⑪應門：開門接應客人。僮：僕。⑫煢煢（ㄑㄩㄥˊ）：孤獨無依的樣子。弔：慰問。⑬嬰：纏繞。蓐（ㄖㄨˋ）：草墊子，草席。⑭廢：停止。離：離開。⑮逮：及至，到了。聖朝：指晉朝，是對它的敬稱。沐浴：本指洗髮洗身，這裏是比喻蒙受。清化：清明的政治教化。⑯逵：人名，姓氏生平不詳。察：與下句的「舉」都是舉薦的意思。孝廉：貢舉的一種，漢武帝時令各郡每年薦舉孝廉，魏晉沿襲了這一制度。⑰榮：人名，姓氏生平不詳。秀才：亦爲漢代開始實行的推選人才的一種名目，凡被認爲優秀的人才，經州一級推舉出來，便稱「秀才」（與後來所謂秀才的含義不同）。⑱供養：指供養侍奉劉氏。主：主持。這裏指主持的人。赴命：報到。⑲拜：任命。郎中：官名。封建王朝各部的次長。⑳尋：不久。除：除去舊職授以新職。洗馬：官名，本作先馬，漢代爲太子的侍從官，晉代改掌圖籍。㉑猥：鄙賤，自謙之詞。東宮：太子居住的宮室。這裏指太子。㉒隕：墜落。隕首：有殺身的意思。㉓具：備述。聞：使聽見，知道。㉔切：急切，緊急。峻：嚴厲。㉕逋（ㄅㄨ）：逃避，指逃避徵聘。慢：傲慢，怠慢。㉖州司：州官。臨門：登上門來。㉗篤：沉重。㉘告訴：申訴，陳述。不許：不被准許。㉙伏惟：伏在地上想，爲奏章裏常用的敬詞。㉚故老：舊日年老的人。矜：憐憫。育：安撫養育。㉛僞朝：指蜀漢。㉜歷：列。郎署：郎官的衙署。㉝宦：做官。達：顯達。矜：自誇。名節：名譽節操。㉞過：過分地。拔擢：提拔。㉟寵命：特加恩惠的任命，指拜洗馬的事。優渥：優厚。㊱盤桓：徘徊不前，指拖延不就職。㊲希冀：希望，期望。㊳薄：迫近。奄奄：呼吸微弱將要斷氣的樣子。㊴危淺：指生命危險，活不長久。慮：料想。㊵終：了結，度完。餘年：殘年。㊶更相爲命：相依爲命。㊷區區：猶如說拳拳，指私衷。廢遠：指廢止奉養之事而遠離祖母。㊸烏鳥私情：烏鴉反哺之情。喻孝道。終養：奉養到底。㊹辛苦：辛酸苦楚。㊺二州：指梁州、益州。牧、伯：古代州官的名稱，又稱州牧或方伯，後來又稱爲刺史。㊻皇天后土：即天地。鑒：明察。㊼矜愍：憐憫。愚誠：愚拙的誠心。㊽庶：庶幾，或許。保：安。卒：終。㊾結草：春秋時，晉將魏顆不聽他父親魏武子遺囑中要其愛妾殉葬之命，把她嫁了出去。後在魏顆同秦將杜回交戰時，見一老者結草把杜回絆倒，從而生擒杜回獲得勝利。夜間，魏顆夢見那老者對他說：他便是魏武子寵妾的父親，他結草絆倒杜回，是爲了報答不使其女殉葬之恩（見《左傳·宣公十五年》）。

【鑑賞】《陳情表》這篇文章主要寫了八個字：願乞終養，辭不赴命。但是要晉武帝接受這個請求，還是非常困難的。因爲李密是一個少仕僞朝的亡國賤俘，四次征召，四次拒絕，這就很容易使武帝產生疑忌，以爲李密是懷念舊朝，不滿新朝，才會採取這樣決絕的態度。在封建社會裏，違抗君命是大逆不道的行爲，更何況他又是一個「至微至陋」的蜀漢降臣。可是李密的這次陳情，居然使武帝由「催逼甚緊」、「詔書切峻」、「責臣逋慢」、「急於星火」，到批准他的請求。這就很自然地使人想到爲什麼這樣一篇普通的陳情表章，竟會具有這樣大的說服力量，竟然能使天下至尊收回成命，對李密的請求給以恩准，這就值得我們在學習本文時，認眞地作一番探討。

全文分爲四大段。第一大段：敍述自己的遭遇和家庭的困境。文章一開始的八個字：「臣以險衅，夙遭閔凶」，非常概括地寫出了作者幼年時期的悲慘遭遇，落筆十分酸楚，基調十分低沉。「險衅」、「閔凶」這些詞語，既是作者生不逢時、命途多舛、早年迭遭不幸的概述，也是下文具體描寫的總冒。緊接着，作者細致地描寫了「險衅」、「閔凶」的具體內容。從「生孩六月」到「躬親撫養」，着重寫父喪母嫁帶來的痛苦，確實叫人同情和憐憫。「祖母劉愍臣孤弱，躬親撫養」一句，既突出了作者童年的窘境——「孤弱」二字，也寫出了祖母劉氏對孫兒無比眞摯、愛憐的感情。正是祖母的慈愛、關懷和精心照料，才得以僥倖地生存下來，他怎麼能不感激祖母撫養的恩情呢？這就是作者後面所寫到的「區區不能廢遠」的原因。下面進一步從「孤弱」二字展開描述。先着重「弱」：「臣少多疾病，九歲不行。零丁孤苦，至於成立」，貧困的生活、惡劣的環境、感情的悒鬱、心靈的創傷，使幼年時期的李密身體屛弱得舉步都很艱難。再着重寫「孤」，「孤」是這一段描寫的重點：「既無叔伯，終鮮兄弟。門衰祚薄，晚有兒息。」進一步寫出了單根獨苗，缺親少故，無依無靠的苦況。最後總寫家庭的那種悲涼、冷落的困境：「外無朞功強近之親，內無應門五尺之僮，煢煢獨立，形影相吊。」極寫了人丁稀少，形單影隻的凄涼氣氛，把讀者一下子帶進了一種悲愴冷漠的氛圍之中，使人對青少年時期的李密不能不油然而生同情之心。這一段最後，具體描寫了祖母久病床榻的慘狀：「夙嬰疾病，常在床蓐」；「臣侍湯藥，未曾廢離」，描寫了在祖母生活不能自理的情況下，作者對祖母感情的深摯，照料的盡心，奉養的周到。文章就是這樣地寫出了母孫更相爲命的那種相互依存的關係。這些描寫凄楚哀婉，惻然動人。在第一段裏，作者並沒有一開始就直撲主題，明確地提出自己的請求，而是從回顧自己悲慘的童年開始，婉轉敍述，極盡舖陳之能事，把這一段回憶寫得情深有致，感人肺腑，那篤摯的感情和樸素的語言渾爲一體，產生

了强烈的感人力量。這就爲下文的上表陳情，願乞終養，作了必要的舖墊，也是陳述請求，辭不赴命的最有力的依據。

　第二大段：敍述朝廷多次征召的經過以及自己進退兩難的處境。這一段一開始作者就用「逮奉聖朝」這句話設渠過渡，很自然地引導到所要陳述的內容上來。「奉聖朝」「沐浴清化」這些表示褒義的詞語，對武帝的功業先進行一番贊頌。接着，簡單地敍述了州郡兩次薦擧，自己「辭不赴命」的原因——祖母供養無主，這就使武帝在批閱這分陳情表時，對李密的第二次「拒不應詔」的行爲，不會感到突然，不會認爲李密是有意「違抗聖命」，因爲前面已經有兩個先例在。這樣寫能使武帝消除不快情緒。緊接着再寫最近兩次征召時情況的急迫：「特下」「切峻」、「責臣」、「催臣」、「逼迫」、「臨門」、「急於星火」。在這種情況下，如果李密還是簡單地以「辭不赴命」四個字答復武帝，必然會激怒武帝，造成難以預料的後果。因此李密只好先寫一寫自己對朝廷征召的無限感激的心意：「尋蒙國恩」「猥以微賤」「非臣隕首所能上報」，甚至他還曾經想過：「欲奉詔奔馳」。「奔馳」二字，形像地寫出了作者恨不能立即奔赴京都，上任就職，以效忠武帝的焦急心情。作者這樣寫是想讓武帝知道自己確實想有所作爲以不負武帝的一番器重之心和眷愛之情。但是作者馬上用「則」字一轉，又一次擺出了自己的具體困難：「劉病日篤」；最後再寫出了自己進退維谷的苦悶：「欲苟順私情，則告訴不許。臣之進退，實爲狼狽。」這幾句話，寫得情眞理切，含蓄精當，對武帝的忠誠之心，對祖母的孝順之情，一一從胸臆流出，使人感到他說得句句合情，字字在理，「願乞終養」的請求已經暗含在字裏行間。這正是作者寫作技巧的高明處。因爲他估計到武帝對他還沒有打消疑忌，過早地或過於直露地提出請求，決不會達到預期的目的。這就很自然地轉到了文章的第三段，也是本文最關鍵的一段。

　第三大段：進一步闡明母孫更相爲命的關係，委婉地說明自己並非欲全名節，才辭不赴命。這一段一開始，就擺出了武帝的施政綱領：「聖朝以孝治天下」，以便進一步從這個「孝」字做文章。接着宕開一筆，擧出了「凡在故老，猶蒙矜育」的例子，從表面看，這都是在歌頌武帝的清明敎化和朝廷的盛德，而其實是從另一個角度再次爲自己的上表陳情所作的舖墊。緊接着，便在這一基礎上擺出了自己的特殊情況：「況臣孤苦，特爲尤甚。」一個「況」字和「特」、「尤」兩個副詞，强調了自己的遭遇、自己的處境非同一般，更應該受到聖朝的憐憫和照顧。文章寫到這裏，似乎可以提出自己的請求了，但李密卻把筆鋒一轉，這才寫到最關鍵的關題，他用曲折委婉的語氣表明自己暫時不能赴京就職，決非出於懷念蜀漢，不事二主，而是確有自己的苦衷。這種心情必須寫清楚，因爲只

有這樣才能徹底消除晉武帝對自己的疑慮，因此作者首先表白了自己在蜀漢做官時的態度：「本圖宦達，不矜名節。」接着又細緻地描寫了自己目前的特殊地位和受到恩遇的心情：現在自己已經是一個「至微至陋」的「亡國賤俘」，居然能得到「過蒙拔擢，寵命優渥」待遇，自己除了深感知遇之恩以外，確實是「豈敢盤桓，有所希冀」。這八個字寫得委婉得體，頓挫有致，這正是一個亡國賤俘恩榮加身以後那種欣幸、感激、惶悚、不安的心情的寫照，而這也正是晉武帝希望看到的降臣的心理狀態。作者估計到這時候晉武帝對自己的疑忌才會完全消除，這才正面提出了自己不能奉詔就職的根本原因仍在於「劉病日篤」。作者在形象地描寫了祖母病勢的沉重——「日薄西山，氣息奄奄，人命危淺，朝不慮夕」——以後，更明確地寫出了多年來母孫更相為命的關係：「臣無祖母，無以至今日；祖母無臣，無以終餘年」，這兩句話發自肺腑，攝人心魄，具有極強的感人力量。文章一直寫到這裏，作者才明確而又語氣和婉地擺出了自己的真實態度：「是以區區不能廢遠」。有了以上既詳盡得體，而又娓娓動聽的舖陳，有了以上「劉病日篤」「更相為命」的有力依據，主張以「孝」治天下的武帝怎麼好公開反對李密留在祖母身邊盡人子的孝心呢！在這一段裏，作者融情入文，因文傳情，曲折地而又有層次地把自己內心的想法寫得入情至深，入理至透。幾個詞語，「凡」「況」「且」「今」「但」「是」，環環相扣，語勢緊湊，有一氣不斷之妙，有撼人心弦的藝術力量。

第四大段：懇請武帝批准終養祖母的要求。這一段一開頭，李密首先表示了自己鮮明的態度：「臣密今年四十有四，祖母劉今年九十有六，是臣盡節於陛下之日長，報養劉之日短也，」從「四十四」「九十六」兩個數字的對舉，從「長」和「短」兩個反義詞的對比，非常具體地說明了自己尚在中年，報國有日；同時也說明了終養祖母絕不會有礙於報效國家，效忠武帝。這一句寫得含蓄深沉，用詞極其精確，是前三段陳情的延續，並且極合情理地提出了解決盡忠盡孝暫時發生矛盾的辦法。接著，明確地提出了自己的請求：「烏鳥私情，願乞終養。」這種謙卑、懇切的請求是不好拒絕的，更何況李密表上所寫的句句都是實情：「臣之辛苦，非獨蜀之人士及二州牧伯所見明知，皇天后土實所共鑒。」在這種情況下，標榜以孝治國的晉武帝，也只能對李密的行為表示同意和支持。但是作者仍覺得意猶未盡，再次懇請：「願陛下矜愍愚誠，聽臣微志，庶劉僥幸，保卒餘年，」語氣更加謙卑、低下，簡直是在含淚哀求，真正收到了以情動人的效果。最後以生死必報大恩的保證：「生當隕首，死當結草」，結束全文。忠愛之情溢於言表，更顯示出請求的迫切和辭意的誠懇。

　　總的來說，《陳情表》這篇文章不以構思奇妙見長，而以感情的眞摯、樸實和行文的流暢婉轉見勝的，以敍事具體、生動和抒情的眞摯、深沉而扣人心弦。情眞、情深是這篇文章感人至深的根本原因。儘管作者沒有著意抒發感情，沒有多用感嘆之詞，但是卻能寄濃郁的情感於簡潔的筆墨之中。文中的每一句話，皆沛然從肺腑中流出，故爾雖造語平實，卻覺得光彩照人，眞正達到了「淡語皆有致，淺語皆有情」的藝術境界。　　　　　　　　　　　　　　（周　牧）

思　舊　賦 幷序　　　　向　秀

　　余與嵇康、呂安居止接近①，其人並有不羈之才，然嵇志遠而疏，呂心曠而放②，其後各以事見法③。嵇博綜技藝④，於絲竹特妙⑤，臨當就命⑥，顧視日影，索琴而彈之。余逝將西邁，經其舊廬⑦。於時日薄虞淵⑧，寒冰淒然。鄰人有吹笛者，發聲寥亮⑨，追思曩⑩昔遊宴之好⑪，感音而嘆，故作賦云：

　　將命適於遠京兮⑫，遂旋反而北徂⑬，濟黃河以泛舟兮，經山陽⑭之舊居。瞻曠野之蕭條兮，息余駕乎城隅⑮。踐二子之遺迹⑯兮，歷窮巷之空廬。嘆《黍離》之愍周兮，悲《麥秀》于殷墟⑰。惟古昔以懷今⑱兮，心徘徊以躊躇。棟宇存而弗毀兮，形神逝其焉如⑲。昔李斯之受罪兮，嘆黃犬而長吟⑳，悼嵇生之永辭㉑兮，顧日影而彈琴。託運遇於領會㉒兮，寄餘命於寸陰㉓，聽鳴笛之慷慨兮，妙聲絕而復尋㉔。停駕言其將邁兮，遂援翰而寫心㉕。

〔注釋〕①嵇康：字叔夜，三國魏譙郡銍人，作過魏國中散大夫，後被司馬昭所殺。呂安：字仲悌，三國時東平人，被司馬昭所殺。居止：居住之處。②志遠：志向高遠。疏：對世俗事務疏略。曠：開闊。放：放逸。③以事：因事。見：被。法：刑。④博：多。綜：集合。⑤絲竹：琴箏簫笛等樂器，泛指樂音。⑥就命：死。就：終。⑦逝：往。西邁：指赴洛陽。⑧薄：臨近。虞淵：古神話中太陽落山的地方。⑨寥亮：嘹亮。⑩曩（ㄋㄤˇ）：從前。⑪遊宴之好：遊樂飲宴的友好情感。⑫將命：奉命。遠京：指洛陽。適：往。於：這裏作「到」解。⑬徂

（ㄊㄨˊ）：往。⑭山陽：在今河南省焦作縣內。⑮息：停。駕：車。乎：於。⑯踐：踏。遺迹：留下的脚印。二子：指嵇康、呂安。⑰《黍離》：《詩經・王風》中的一篇。首章云：「彼黍離離，彼稷之苗。行邁靡靡，中心搖搖。知我者謂我心憂，不知我者謂我何求。悠悠蒼天，此何人哉！」抒發對周亡的悲憫。《毛序》曰：「《黍離》，閔宗周也。周大夫行役至於宗周，過故宗廟宗室，盡爲禾黍。閔周室之顚覆，彷徨不忍去而作是詩也。」愍：同閔。《麥秀》：《尙書・大傳》載殷商王室微子去朝見周天子，過殷墟，見那裏已淪爲田畝，唱道：「麥秀蘄蘄兮禾黍油油，彼狡童兮不我好仇。」⑱惟：想。以：而。⑲逝：去。如：往。⑳受罪：受刑。嘆黃犬而長吟：李斯臨刑對其子說：「吾欲與若復牽黃犬，俱出上蔡東門逐狡兔，豈可得乎？」（見《史記》）㉑嵇生：嵇康。永辭：死。㉒運遇：命運，領會：領悟。㉓餘命：殘存的生命。寸陰：指嵇康臨刑前極短的時間。㉔妙聲：嵇康彈琴之聲。尋：繼續。㉕翰：筆。

〔鑑賞〕魏晉之際，司馬氏爲了篡奪政權，採取了大規模的屠殺手段，造成了極其恐怖的氣氛。但是具有正義感的知識分子沒有被嚇倒。「竹林七賢」除了山濤、王戎之外，大都不與當權者合作，有的任職也是虛與應付。嵇康更是其中的佼佼者。嵇康曾和向秀在家中大柳樹下打鐵來維持生活，司馬昭的黨羽鐘會帶著隨從去察看。嵇康揚錘不止，向秀拉風箱不停，以示輕蔑。鐘會臨去時，嵇康奚落說：「何所聞而來，何所見而去？」鐘會也解嘲地答曰：「有所聞而來，有所見而去。」回去便對主子進計說「康、安等言論放蕩，非毀典謨，帝王所不宜容，宜因釁除之，以淳風俗。」呂安的哥哥和鐘會極爲親密，他霸占了弟弟呂安的妻子，反而誣告呂安不孝。嵇康爲之辯護。於是司馬昭將嵇、呂一並殺害。臨刑前，大學生三千人爲嵇康求情，但不能幸免。嵇康看看日影，刑時將到，便索琴彈了一曲只有他自己會彈的《廣陵散》，且慨嘆說：「《廣陵散》於今絕矣！」（《晋書・嵇康傳》）嵇康是才華橫溢而又傲骨錚錚的思想家、文學家、音樂家。向秀不但和嵇康一起打鐵，而且和呂安一起灌園（《晋書・向秀傳》），他的政治態度和性格，於此可見。嵇康死後，向秀懾於司馬氏的權勢，不久卽赴洛陽應郡擧，歸程中繞到山陽嵇康的舊居來憑弔，特地寫了這篇短賦以表示哀思和憤慨。作者迫於黑暗恐怖的現實，沒有激揚慷慨的言詞，也沒有呼天撞地的哭訴，然而強烈的愛憎還是十分明顯的。通過序言和正文，對亡友，特別對嵇康表示了高度的贊揚和懷念，隱晦含蓄地揭露了統治集團的無理和殘暴，可謂情眞語切，寄意遙深，實是悼念文章中血淚凝成的傑作。嵇康固是猛士，然其德其才終未能得到充分的發

揮。向秀屈於司馬氏的威脅去應郡舉，自然比不上嵇康的骨頭硬；然而他的腦袋上終究是帶著一塊「反骨」的，正直文士的良心究竟沒有泯滅。因而終於寫了這個一般文人不敢涉足的題材，表達了自己的悲哀和憤怒。它的題目、內容和「山陽鄰笛」，在後世的詩文中得到了廣泛的借用。直到今天仍然有它認識和理解上的積極意義。

　　文章的表現手法也是值得我們學習的。本文最突出的特點是融議論於記述，寓情思於寫景。作者的哀痛和悲憤是深沉的、強烈的。然而除了僅有的「懷」、「悼」二字之外，都是通過事件的敍述、景物的描繪、氣氛的渲染、歷史典故的引用表現出來的。如對亡友的介紹，可謂簡單至極，然而卻高度贊頌了他們的曠達和傲岸。「臨當就命，顧視日影，索琴而彈之」的敍述更是生動地說明了嵇康的從容和對司馬氏的藐視。契友可謂德才兼備，然而卻「各以事見法」！至於何事，卻故意不談，而讓讀者去想這「事」竟是何等的荒唐滑稽，進而想到屠殺者竟是何等的慘酷與狠毒。這樣的敍述，眞是不說而說、不評而評，達到了不褒而褒、不貶而貶的好效果。至於「日薄虞州，寒冰淒然」、「瞻曠野之蕭條」、「踐二子之遺迹」、「棟宇存而弗毀」、「形神逝其焉如」、「聽鳴笛之慷慨兮，妙聲絕而復尋」，哪一種景物、動作和情思不充滿著哀悼和悲憤？連那淒然的寒冰、凝固的空氣、斷續的笛音都像是血淚泡過的。三個典故的引用也是形象的說理和抒情。《黍離》、《麥秀》是弔古傷今、追念前朝前賢的名篇。由於它的思想和形象的典型性，竟然成了廣泛引用的典故。王安石就曾說過《黍離》《麥秀》尋常事，且置興亡近酒缸」（《金陵懷古》）。用在這裏既是比喻，也是對氣氛的渲染。李斯的腰斬是歷史上有名的冤案。臨刑時，他對兒子關於黃犬的一段談話，也是典型的怨憤。用來隱喻和類比嵇康的遭遇和憤懣，並爲嵇康鳴不平，效果也是很好的。劉勰在《文心雕龍》中認爲這個比喻失當，我以爲未必正確。因爲李、嵇的怨憤可謂相仿，當權者的本質和慘殺則完全一樣。他們臨刑前的「嘆黃犬而長吟」和「顧日影而彈琴」，怎麼能說沒有相似點呢？作者採取這種手法，一方面固然是文學作品形象思維的需要，一方面也是當時政治氣候的限制。在極端恐怖的現實中，作者怎能直接表達自己的褒貶愛憎呢？所以只好「帶著脚鐐跳舞」。最後一句「遂援翰而寫心」，這「心」是什麼？讀者等著看個明白，想不到竟然戛然而止了。有心的讀者不但不難理解有心作者的巧妙用心，而且心與心還激起了強烈的共鳴。文章就是這樣有虛有實、虛實結合。有限的文字給讀者提供了馳騁聯想和想像的廣闊天地，且淒楚悲愴，具有極大的感染力量。

　　其次是概括扼要，取材典型。文章對亡友的品德、才華僅僅寫了三五句，眞

是簡單到了極點。然而十分精當而有分量，而僅有的一件具體事實，即「臨當就命，顧視日影，索琴而彈之」又是多麼典型啊。亡友「遠而疏」的從容氣度，對屠殺者極度藐視的神情，表現得多麼充分而又活靈活現。作者的感受又是通過特定時間、空間中的特定景物表現的。蕭條的曠野、凄然的寒冰、窮巷空廬、笛音斷續，其景象、色調和氣氛都是悲慘而凄涼。當然，作者也巧妙地運用了移情的手法，使得一切「景語」成了極好的「情語」。同時，作者的舉止和感觸，如踐遺踪、歷空廬、嘆「黍離」、悲「麥秀」、感李斯、思形神、心徘徊、聽笛音，也都是極其典型而又極其傳神的。

　　由於以上特點，所以本文寫得十分簡短而凝練。序言一百零三字，正文也只有二百六十五字，正如魯迅所說「剛開頭卻又煞了尾」。然而，思想是深刻的，內容是豐富的，有亡友的德才和風度，有慘遭殺害時戲劇性的動人表現，有對現實的揭露，有作者自己的憤慨，甚至還有作者「我」的形象。所以讀來不唯不感到沉滯呆板，反而覺得聲情搖曳、動人心弦，實是抒情小賦中極其精採的一篇，以後的賦作很少堪與匹敵者。「短歌微吟不能長」（曹丕≪燕歌行≫），本篇可謂「少而精」的傑作。另外，「賦」的手法運用也是很出色的。「賦者，敷陳其事而直言之也。」而本篇可以看出是直接繼承了≪離騷≫和東漢小賦傳統的。序言部分全是直陳，正文部分也多是直敍，這些直陳直敍的句子卻大都寫得具體、明晰、有感情，毫不呆板枯燥。可見「直陳」和形象思維並不矛盾。好的直陳不亞於「白描」，而和「比」、「興」一樣是形象思維的一種。所以傳統上「賦比興」常常並提，一樣重視。

　　　　　　　　　　　　　　　　　　　　　　　（高蓬洲）

隆　中　對　　　陳　壽

　　亮①躬②耕隴畝③，好為≪梁父吟≫④。身長八尺，每自比於管仲⑤、樂毅⑥，時人莫之許⑦也。惟博陵⑧崔州平、潁川徐庶元直⑨與亮友善，謂為信然⑩。

　　時先主⑪屯新野⑫。徐庶見先主，先主器⑬之，謂⑭先主曰：L諸

葛孔明者，臥龍也，將軍豈願見之乎？」先主曰：「君與俱來⑮。」庶曰：「此人可就見⑯，不可屈致⑰也。將軍宜枉駕顧之⑱。」

由是先主遂詣⑲亮，凡⑳三往，乃見㉑。因屏人㉒曰：「漢室傾頹㉓，奸臣竊命㉔，主上蒙塵㉕。孤㉖不度德量力㉗，欲信大義於天下㉘，而智術淺短，遂用猖蹶，至於今日㉙。然志猶未已㉚，君謂計將安出㉛？」

亮答曰：「自董卓已來㉜，豪傑並起，跨州連郡者不可勝數。曹操比於袁紹㉝，則名微而衆寡㉞，然操遂能克紹，以弱爲強者，非惟天時，抑亦人謀㉟也。今操已擁百萬之衆，挾天子而令諸侯㊱，此誠不可與爭鋒㊲。孫權㊳據有江東，已歷三世，國險而民附㊴，賢能爲之用，此可以爲援而不可圖也㊵。荊州北據漢、沔㊶，利盡南海㊷，東連吳會㊸，西通巴、蜀㊹，此用武之國㊺，而其主㊻不能守，此殆天所以資將軍㊼，將軍豈有意乎？益州㊽險塞，沃野千里，天府之土㊾，高祖因之以成帝業㊿。劉璋闇弱[51]，張魯在北[52]，民殷[53]國富而不知存恤[54]，智能之士思得明君。將軍既帝室之冑[55]，信義著於四海，總攬[56]英雄，思賢如渴，若跨有荊、益，保其岩阻[57]，西和諸戎[58]，南撫夷越[59]，外結好孫權，內修政理[60]；天下有變，則命一上將將荊州之軍以向宛、洛[61]，將軍身[62]率益州之衆出於秦川[63]，百姓孰[64]敢不簞食壺漿[65]以迎將軍者乎？誠如是[66]，則霸業可成，漢室可興矣。」

先主曰：「善！」於是與亮情好日[67]密。

關羽、張飛等不悅，先主解之曰：「孤之有孔明，猶魚之有水也。願諸君勿復言。」羽、飛乃止。

〔注釋〕①亮：諸葛亮（181—234），字孔明，陽都（在現在山東省沂南縣南）人。隱居隆中（山名，在今湖北省襄陽縣），後來做蜀漢丞相。②躬：親身，親自。③隴畝：田地。④《梁父吟》：古歌曲名。傳說諸葛亮曾經寫過一首《梁父吟》歌詞。這種歌含有感慨不平的情調。⑤管仲：名夷吾，春秋時齊桓公的相國，幫助桓公建立霸業。⑥樂毅：戰國時燕昭王的名將，曾率領燕、趙、韓、

魏、楚五國兵攻齊，連陷七十餘城。⑦莫之許：就是「莫許之」。之：代諸葛亮「自比於管仲、樂毅」這件事。許：承認、同意。⑧博陵在今河北省蠡縣一帶。⑨潁川徐庶元直：潁川人徐庶，字元直。潁川：東漢郡名，包括現在河南省中部一些縣。⑩信然：確實這樣。⑪先主：劉備。⑫新野：今河南省新野縣。⑬器：器重，重視。⑭謂：對……說，告訴。⑮與：「與」後邊省去「之」(他)。⑯就：接近，趨向。⑰屈：委屈。致：招致，引來。⑱枉：委屈。駕：指車馬。顧：拜訪。⑲詣(ㄧˋ)：去到。⑳凡：總共。㉑乃：方才。㉒因：於是，就。屏(ㄅㄧㄥˇ)：這裏是命人退避的意思。㉓傾頹：崩潰，衰敗。㉔奸臣：指董卓、曹操。竊命：盜用皇帝的政令。㉕蒙塵：受風塵，專指皇帝遭難出奔。當時漢京城在洛陽，曹操把漢獻帝遷到河南許昌。㉖孤：侯王的自稱。㉗度：衡量。德：德行。量：估計。㉘信：同「伸」。㉙用：因此。猖蹶：這裏是失敗的意思。㉚猶：仍、還。已：止。㉛計：計策。安：怎樣。出：產生。㉜已：同「以」。㉝袁紹：曾爲冀州牧，占有冀、青、並、幽四州。於官渡之戰敗於曹操。㉞衆寡：人少。㉟非惟：不僅。抑：而且。㊱諸侯：這裏指當時割據一方的軍閥。挾：挾持、控制。㊲爭鋒：爭強，爭勝。㊳孫權：字仲謀。他繼承父（孫堅）兄（孫策）占據江東（長江下遊）一帶地方，所以說他「據有江東，已歷三世」。㊴國險而民附：地勢險要民衆歸附。㊵以爲援：把（他）結爲外援。圖：謀取。㊶漢水：古代通稱沔（ㄇㄧㄢˇ）水。㊷利：物資。盡：動詞，全部取得。南海：泛指南方近海地方。㊸吳會(ㄎㄨㄞˋ)：吳郡和會稽郡的合稱，今江蘇省長江以南部分和浙江省北部。㊹巴、蜀：巴郡、蜀郡，現在的四川省。㊺此用武之國：這（是）用兵之地。㊻其主：指荊州牧劉表。㊼殆：大概。資：資助、給予。㊽益州：漢十三州之一，地在今四川省。㊾天府：天然的府庫，指自然條件優越的地方。土：地方。㊿高祖：漢高祖劉邦。因：依靠、憑借。(51)闇（ㄢˋ）弱：昏庸懦弱。(52)張魯在北：張魯當時據有漢中，在益州北面。(53)殷：興旺富裕。(54)存恤(ㄒㄩˋ)：愛撫，愛惜。(55)胄：後代。劉備是景帝的兒子中山靖王劉勝的後代，所以稱他「帝室之胄」。(56)總攬：廣泛地羅致。攬：這裏有「招致」的意思。(57)岩阻：險阻，指形勢險要的地方。(58)戎：古時對我國西部各族的稱呼。(59)夷越：這裏泛指我國南部各族。(60)政理：政治。(61)宛、洛：宛城和洛陽。這裏泛指中原一帶。將（ㄐㄧㄤˋ)：率領。(62)身：親自。(63)秦川：秦國故地，現在陝西省、甘肅省秦嶺以北平原地帶。(64)孰：誰。(65)簞(ㄉㄢ)：用竹或葦製成的盛物器具。壺：用作動詞。漿：酒漿。(66)誠：果眞。是：這、這樣。(67)日：一天天。

〔鑑賞〕本文一開始，作者記述諸葛亮的「躬耕隴畝」，是言其平凡；記述諸葛亮的愛好等，是表現其不平凡；爲劉備和諸葛亮的著名對答按下伏筆。緊接著交代了劉備三顧茅廬、同諸葛亮進行對答的直接原因是由於「與亮友善」的徐庶的推荐。而劉備拜訪諸葛亮，諸葛亮對答論興漢，是≪隆中對≫的核心部分。劉備自新野「詣亮，凡三往，乃見」。文字極爲精練。「凡三往，乃見」。一方面表現了劉備爲興漢室、圖霸業而求賢之心切，另一方面也表現了諸葛亮對劉備求賢是否誠心的有意試探。劉備「君謂計將安出」的諮問，引出了諸葛亮十分精采、透闢的對答。對答的核心，就是通過對形勢的清醒認識和透闢分析，提出了劉備興漢建國的大綱。這一席話，語意流暢，層次清楚，邏輯性強，充分顯示出諸葛亮縱談天下大勢和議論風發的神態及其非凡的政治家、軍事家的才能。

　　諸葛亮在對答中，首先分析了中原形勢、製定了對曹的策略。諸葛亮在分析了天下豪傑並起、兵禍連年的總形勢之後，指出曹操戰勝袁紹的根本原因在於「人謀」。他針對曹操「擁百萬之衆，挾天子而令諸侯」的具體情況，製定了對曹的決策··「不可與爭鋒」。其次，他根據江東政權鞏固、國險民附、賢能盡用的實際情況，提出對孫權應採取「可以爲援而不可圖」的戰略方針。諸葛亮從實際出發爲劉備製定了靈活而又正確的外交路線，這條外交路線就是後來（在赤壁之戰、三國鼎立之前）聯吳抗魏政策的雛型，以後又是這條外交路線決定了魏、蜀、吳三國鼎立的局面。接着，諸葛亮又分析了荊州在軍事上和政治上的重要地位，並抓住其守主劉表無能如豚犬的弱點，指出必須首先進取荊州的重大意義在於興漢室。「將軍豈有意乎」這一反問句，意在加強論述語氣，提請劉備引起足夠重視。緊接著，他分析了益州在政治、經濟和軍事上的重要位置及民心向背，指出必須進取益州。在論述這一點時，諸葛亮準確地把握了劉備興漢室、圖霸業的強烈的政治欲望，著重指出「高祖因之以成帝業」和「智能之士思得明君」這兩點，以激發劉備爲實現遠大抱負而採取果斷行動的決心。諸葛亮之所以極力主張必取益州，實質上是要劉備以此作爲根據地，進而達到興漢室、圖霸業、統一中國的目的。最後，諸葛亮總述劉備興漢室、建霸業的總方針：進取荊、益二州，安撫諸戎、夷越，外聯孫權，內修政理，等待時機攻取宛、洛、秦川。諸葛亮根據客觀形勢和矛盾的主次情況，分別採取用武、安撫和聯合的三種不同策略，顯示了這位傑出的政治家、軍事家的卓越才能。「百姓孰敢不簞食壺漿以迎將軍者乎」這一反問句，從側面說明劉備興漢事業是順乎歷史潮流，深得民心的。而劉備的一個「善」字，是劉備對諸葛亮對答的極高評價，表達了劉備對諸葛亮的無比敬佩之情和對興漢事業必勝的堅定信念。

　　≪隆中對≫爲什麼長期以來一直爲史學界和文學界所推崇？這除了本文記敍的是歷史上兩個著名人物劉備和諸葛亮的重大活動以外，另一個重要原因應當說是它具有很高的藝術水平，值得後世奉爲楷模。首先，≪隆中對≫結構嚴謹。全文是緊緊圍繞表現出類拔萃、才幹非凡的諸葛亮而展開故事情節的。故事之所以生動感人，這是與文章的嚴謹的結構密不可分的。作者的意圖是在表現諸葛亮是管仲、樂毅式的「臥龍」，所以，全文處處圍繞著這一中心去記敍，省去了與表現這一中心無關的其它內容。文章一開始寫「亮躬耕隴畝」，先言其生世之平凡，接著寫他的身形和不同凡響的自比，在平凡中顯示出不平凡。緊接著文章又以「時人莫之許也」和崔州平、徐庶「謂爲信然」，介紹了兩種人對諸葛亮作的截然不同的評價，造成讀者的懸念。隨後又通過徐庶稱亮爲「臥龍」而將其推薦給劉備，對諸葛亮作進一步頌揚。明寫劉備「詣亮，凡三往，乃見」，暗裏則是表現諸葛亮的謹愼。對答部分則集中筆墨來表現諸葛亮的「臥龍」才幹，緊扣上文各個段落。最後又通過劉備的「善」和「孤之有孔明，猶魚之有水也」的贊語，進一步襯托諸葛亮的才能。這樣，「每自比於管仲、樂毅」和「諸葛孔明者，臥龍也」這些內容就把通篇連接起來，用事實否定了「莫之許也」，肯定了「謂爲信然」，而解除了讀者的懸念。通篇環環緊扣，處處顧及呼應，前後連成一氣，文章結構就顯得十分嚴謹，表現出了極強的邏輯力量。其次，本文在記敍方法上詳略得當、主次分明。傳記體文章因爲多是集中寫一個人物的，所以在記敍上則要求對傳記人物本身要寫得高度集中。這樣方能成爲名副其實的傳記體文章。本文是諸葛亮傳記的一部分，在記敍中，凡是能够表現諸葛亮在政治和軍事上的「臥龍」才能的則予以詳寫，對涉及徐庶和劉備等人的則予以略寫甚至是不寫，在記敍中眞正做到了詳略得當，賓主分明。諸葛亮的對答是全文的主要部分，是表現政治家、軍事家的諸葛亮卽將登上政治舞臺、首次施展才能的重大歷史事件。對此，作者則採取了詳寫的手法。劉備三次拜訪才見到諸葛亮的經過，作者只用「凡三往，乃見」五字，一筆帶過。又如，劉備聽了諸葛亮的對答之後，想必是激動不已，感觸萬千，然而文章只用了一個「善」字，便結束了隆中對答，令人回味不已，眞是惜墨如金。再如寫對答後的餘波，先說「關羽、張飛等不悅」，經劉備用魚水關係作比喻勸說後，關、張等又是如何轉變的，作者隻字未提，只說「羽、飛乃止」。作者略一點染，使文章富有餘味。

　　　　　　　　　　　　　　　　　　　　　　　　　　　　　（姜漢林）

劍閣銘　　　　　　張　載

　　巖巖梁山①，積石峨峨②，遠屬荆衡③，近綴岷嶓④。南通邛僰
⑤，北達褒斜⑥，狹過彭碣⑦，高逾嵩華⑧。惟蜀之門，作固作鎮⑨，
是曰劍閣⑩，壁立千仞⑪。窮地之險，極路之峻，世濁則逆⑫，道清
斯順⑬。閉由往漢⑭，開自有晉⑮。秦得百二⑯，並吞諸侯；齊得十
二⑰，用生獻籌⑱。矧姦狹隘⑲，土之外區⑳，一人荷戟，萬夫趑
趄㉑。形勝之地，㉒匪親勿居㉓。昔在武侯㉔，中流而喜，山河之
固，見屈吳起。興實在德，險亦難恃，洞庭孟門，二國不祀㉕。自古
迄今，天命匪易，憑阻作昏㉖，鮮不敗績。公孫既滅㉗，劉氏銜璧㉘，
覆車之軌，無或重迹。勒銘山阿㉙，敢告梁益㉚。

【注釋】①巖巖：岩石壘積的樣子。梁山：梁州的山。梁州在今陝西省南鄭縣東
南。②峨峨：山巖高峻。③屬：連接。荆：湖北省荆山。衡：湖南省衡山。④
綴：聯綴。岷：岷山。嶓（ㄅㄛ）：嶓冢山。⑤邛（ㄑㄩㄥˊ）：在今四川省西昌縣
東南。僰（ㄅㄛˊ）：這裏指四川省宜賓縣一帶。⑥褒：終南山的南口。斜：終南山
的北口。⑦彭：彭門山，在今四川省彭縣西北。碣：碣石山。一般是指河北省昌
黎縣北的碣石山。⑧嵩：河南嵩山。華：陝西華山。⑨固：險塞。鎮：大山。⑩
劍閣：地名，在今四川省劍閣縣北。⑪仞：古代八尺爲一仞。⑫世濁：世道喪
亂。⑬道清：世道清平。⑭往漢：指漢末羣雄割據。⑮開自有晉：指鍾會伐蜀。
⑯百二：二萬人敵百萬人。⑰十二：二萬人敵十萬人。語見《史記·高祖本
紀》。⑱田生：田肯。獻籌：獻計給漢高帝。⑲矧（ㄕㄣˇ）：況且。⑳外區：外
地。㉑趑趄（ㄗ　ㄐㄩ）：徘徊不前。㉒形勝：地形險要。㉓匪：同「非」。㉔武侯：
戰國時魏武侯。㉕不祀：沒有人祭祀宗廟，指亡國。㉖作昏：作亂。㉗公孫：公
孫述。西漢末公孫述在成都自立蜀王，後被漢將吳漢所滅。㉘劉氏：蜀後主劉
禪。銜璧：古代國君投降時，背縛雙手，口銜珍璧。㉙山阿：泛指山中。㉚梁：
梁州。益：益州。均在四川省一帶。

【鑑賞】「銘」本是一種格言式的韵文，用以對人們進行勸戒，而後世也往往用以歌功頌德，如班固為稱美竇憲征伐匈奴之功寫的《燕然山銘》便是。但是，前者仍是「銘」的本色。「銘」由於大都刻於器物之上，所以常常寫得很短，卻要求寓意深長，寓有啓發性，因而經久而彌新，具有永久的魅力，所以寫好很不容易。《文心雕龍・箴銘篇》列舉了不少名家的銘文，然貶多於褒：「蔡邕銘思，獨冠古今，橋公之鉞，吐納典謨；朱穆之鼎，全成碑文，溺所長也。至如敬通雜器，準䙝戒銘，而事非其物，繁略違中，崔駰品物，贊多戒少；李尤積篇，義儉辭碎……魏文九寶，器利辭鈍。唯張載《劍閣》，其才清采，迅足駸駸，後發前至，勒銘岷漢，得其宜矣。」蔡邕、馮衍（敬通）、崔駰、李尤，以及魏文帝曹丕幾乎都是負有盛名的文人，但均為劉勰所譏議，唯獨張載的《劍閣銘》被稱為《其才清采，迅足駸駸」，得到了全盤的肯定，可見它是被目為銘文的典範的。《劍閣銘》的為人贊賞，不始於劉勰。當年張載寫成此篇，就受到益州刺史張敏的器重，特地「表上其文」，晉武帝司馬炎還派遣專使勒石於劍閣山。這固然有其政治目的，但也可以看出它的成就之高，影響之大。劍閣在今四川省劍閣縣北。那裏有大小劍山，山間閣道（俗稱棧道）相連，因此得名。相傳它是蜀漢諸葛亮所監修而成，形勢險要，為當時軍事重鎮。直至曹魏末年鍾會、鄧艾滅蜀以後，才成為入蜀通道。張載在晉武帝司馬炎太康初年，前往探省當時任蜀郡太守的父親張收，途經劍閣，以為蜀人「恃險好亂」，因而作此銘以告誡之。全文共分三段。第一段從開端「嚴嚴梁山」至「開自有晉」，是對劍閣的簡括介紹。它又分兩個層次。首八句是梁州山川的鳥瞰，揭示了其地位的重要和山勢的高險，這是第一層（梁州在三國時本蜀漢益州之地，為魏景元四年滅蜀所分建）。次八句從梁州的山川中再突出劍閣的地位，指出它是蜀中的門戶，是邊防的要塞，「壁立千仞」、地勢奇險。最後用兩句點明它的歷史發展。這是第二層。這裏說「開自有晉」固然說明張載維護晉王朝的立場，但當時魏國政權早已落入司馬氏之手，鍾會、鄧艾滅蜀，正是當時已被封為晉公的司馬昭所決策，所以是基本符合事實的。

「秦得百二」至「匪親勿居」十句是第二段，著重強調劍閣戰略地位的重要。為了避免重複和加深人印象，作者巧妙地們援用歷史典故，以與劍閣相對照。據《史記・高祖本紀》記載，劉邦在採納劉敬的建議定都關中後不久，又用陳平計捉了韓信。這時策士田肯向他說：陛下生擒了韓信，又居於秦中（「即關中」），形勢很好。秦是形勝之國，帶甲百萬，可以二敵百。一旦用兵，勢如高屋建瓴，所向披靡。而齊（韓信原來的封地）國也土地遼闊，物產豐富，如陳兵百萬，也能以二敵十，和秦對抗。所以不是親子弟，是不能讓他封於齊的。高祖

對他這話十分贊賞。本文對這一典故運用靈活而文筆省淨:「秦得百二, 併吞諸侯; 齊得十二, 田生獻籌。」意卽秦國由於得到「百二」形勝之地, 所以統一天下; 齊得「十二」之勢, 田肯也因此要爲劉邦出謀劃策。何況劍閣呢? 從地方來說, 它是「土之外區」, 卽國家不易照顧到的邊緣地帶 (不像秦、齊屬於統轄牢固的中原之地); 從形勢說, 這裏「一夫荷戟, 萬夫趑趄」, 比前者更險要得多。所以更應「匪親勿居」, 必須任用親信來把守。這一段是對統治者委婉的告誡。

　　最後一段是嚴厲地警告蜀人: 誰敢恃險頑抗, 必遭覆滅的命運。這與上文似乎是極端矛盾的, 但作者以凌雲之健筆, 短短數語, 便作了一百八十度的陡轉:「昔在武侯, 中流而喜, 山河之固, 見屈吳起。興實在德, 險亦難恃, 洞庭孟門, 二國不祀。」從魏武侯乘舟行西河中, 見魏國山河之固而沾沾自喜, 吳起答以「在德不在險」的故事 (見≪史記‧孫子吳起列傳≫), 引出「險亦難恃」的道理, 又以有「左洞庭而右彭蠡」的三苗,「左孟門, 右太行」的殷紂之覆亡加以證實。繼而立卽斷言「自古迄今, 天命匪易, 憑阻作昏, 鮮不敗績」。援古是爲了證今, 而當前的擔心, 又主要在蜀中。因而作者剖析利害, 公開向蜀人提出嚴正的警告:「公孫旣滅, 劉氏銜璧, 覆車之軌, 無或重迹。勒銘山阿, 敢告梁益。」東漢初年自立爲蜀王的公孫述的被剪除, 特別是前不久蜀漢後主劉禪的出降, 都是蜀民所深曉, 甚至記憶猶新的事。因此作者強調指出:「覆車之軌, 無或重迹」。這一告誡是語氣嚴厲的。漢王朝延誕了四百餘年, 劉備以帝室之胄卽位蜀中, 用興復漢室相號召, 特別是諸葛亮之治蜀又深得人心, 因而蜀人正統思想比較濃重。雖然這時梁益已成爲晉土近二十年, 但蜀人對漢室的追思是一直存在的。陳壽於泰始十年上≪諸葛亮集≫表稱:「至今梁、益之民, 咨述亮者, 言猶在耳, 雖≪甘棠≫之咏召公, 鄭人之歌子產, 無以遠過。」≪三國志‧蜀書‧姜維傳≫引孫盛≪晉陽秋≫曰:「姜維旣降之後, 密與劉禪表疏, 說欲僞服事鍾會, 因殺之以復蜀土, 會事不捷, 遂至泯滅, 蜀人於今傷之。」可見蜀人之恃險叛晉, 一直是晉統治者的隱憂。張載本文表面上是抓住劍閣作文章, 實則是借此對這種情緒進行警告, 把晉統治者無法啓齒的話公開說了出來, 手法是巧妙的。無怪乎晉武帝要遣使鐫之於劍閣山, 讓它起政府布告所起不到的作用了。

　　本文藝術性也極高。雖然其藝術成就是多方面的, 但劉勰「其才清采, 迅足駸駸」二句, 卻對它的主要特點作了極好的概括。「清采」二字是指它的文體省淨而辭句秀美。清, 就是清淨。說它每個字、每句話都經過仔細斟酌, 語意鮮明, 文氣流暢, 決無一個可有可無的字句。采, 就是色彩明麗、音韵鏗鏘, 讀起來琅琅上口。本文使用了大量形象生動的形容詞, 語氣誇張而不失實, 對仗排偶

之句極多，卻無冗雜、重複之感。通篇四言二音節，間句用韵，並隨著層次段落的變化而步步換韵，極有章法，節奏感極其鮮明。因而不僅有美麗的畫面，而且富有音樂美。「迅足駸駸」是指其內容的迅速展開和飛快轉換。「迅足」本指善於奔跑的良馬；駸駸，是馬展足疾馳貌。這句話也確實形象地概括出了本文的特點。它如同一幅潑墨山水，寥寥數筆，卻勾勒得形象生動，濃淡得體。本文第一段首寫梁州羣山，僅用了三十二字，卻使怪石嶙峋的羣峯，綿亘不斷的山陵，矗立於讀者面前，方位井然。隨卽把鏡頭推到了劍閣，作較精細的特寫，「壁立千仞」的蜀中門戶，立刻映入了讀者的腦海。特別是第三段中，由於作者運用了典故，借助人們已有的知識，竟能用短短十六個字，寫出了秦國憑借關中的有利情勢，席捲天下，和漢高帝君臣對物產豐富，形勢險要的齊國之擔憂。然後筆鋒一轉，極度誇張地寫出了一夫把守，萬夫束手的劍閣在戰略上的重要地位。其手法確如張旭狂草，筆走龍蛇，姿態萬千，又如良駒騁足，風馳電掣，瞬息萬變。無怪乎能以短短百餘字的篇幅，旣寫出了劍閣的天險，寄托了對統治者的忠誠，又有力地對梁、益之人發出了強有力的警告。不僅當時受到好評，且對後世產生了深遠影響。它和李白的《蜀道難》等篇，淵源關係是很清楚的。

　　張載和弟協、亢都有文才，並稱三張。雖然他們的文名不如陸機、陸雲，當時有「二陸入洛，三張減價」之說；他的詩又不如弟張協，鍾嶸《詩品》把他列入下品。但是他的文章卻往往寫得很好，名震一時。本文便是一個例證。

（張　瑷）

弔魏武帝文　　　陸　機

　　元康八年①，機始以臺郞出補著作②，游乎祕閣③，而見魏武帝遺令④，憤然嘆息傷懷者久之。客曰：「夫始終者萬物之大歸⑤，死生者性命之區域⑥，是以臨喪殯而後悲⑦，睹陳根而絕哭⑧。今乃傷心百年之際⑨，興衰無情之地⑩，意者無乃知哀之可有，而未識情之可無乎？」機答之曰：「夫日食由乎交分⑪，山崩起於朽壤，亦云數而已矣⑫。然百姓怪焉者，豈不以資高明之質而不免卑濁之累⑬，居常安之勢而終嬰傾離之患故乎⑭？夫以回天倒日之力而不能振形骸之內⑮，濟世夷難之智而受困魏闕之

下⑯，已而格乎上下者藏於區區之木⑰，光於四表者翳乎蕞爾之士⑱，雄心摧於弱情⑲，壯圖終於哀志⑳，長算屈於短日㉑，遠迹頓於促路㉒。嗚呼！豈特瞽史之異闕景㉓，黔黎之怪頹岸乎㉔？觀其所以顧命冢嗣㉕，貽謀四子㉖，經國之略旣遠，隆家之訓亦弘。又云：『吾在軍中，持法是也，至小忿怒、大過失，不當效也。』善乎達人之讜言矣㉗！持姬女而指季豹㉘，以示四子曰：『以累汝。』因泣下。傷哉！曩以天下自任㉙，今以愛子托人，同乎盡者無餘㉚，而得乎亡者無存，然而婉孌房闥之內㉛，綢繆家人之務㉜，則幾乎密與㉝！又曰：『吾婕妤妓人㉞，皆着銅爵臺㉟。於臺堂上施八尺床、繐帳㊱，朝晡上脯糒之屬㊲，月朝十五㊳，輒向帳作妓㊴。汝等時時登銅爵臺，望吾西陵墓田。』又云：『餘香可分與諸夫人，諸舍中無所爲㊵，學作履組賣也。吾歷官所得綬，皆著藏中㊶。吾餘衣裘，可別爲一藏，不能者兄弟可共分之。』旣而竟分焉。亡者可以勿求，存者可以勿違，求與違，不其兩傷乎？悲夫！愛有大而必失，惡有甚而必得，智惠不能去其惡，威力不能全其愛，故前識所不用心㊷，而聖人罕言焉㊸。若乃繫情累於外物，留曲念於閨房，亦賢俊之所宜廢乎！」於於遂憤懣而獻弔云爾。

接皇漢之末緒㊹，值王涂之多違㊺。佇重淵以育鱗㊻，擾慶雲而退飛㊼。運神道以載德㊽，乘靈風而扇威㊾。摧羣雄而電擊㊿，舉勍敵其如遺㊶。指八極以遠略，必窮焉而後綏㊷。釐三才之闕典㊸，啓天地之禁闈。舉修綱之絕紀㊹，紐大音之解徽㊺。掃雲物以貞觀㊻，要萬涂而來歸㊼。丕大德以宏覆㊽，援日月而齊暉㊾。濟元功於九有㊿，固擧世之所推。

彼人事之大造㉖，夫何往而不臻㉗！將覆簣於浚谷㉘，擠爲山乎九天㉙。苟理窮而性盡㉚，豈長算之所研㉛？悟臨川之有悲㉜，固梁木其必顚㉝。當建安之三八㉞，實大命之所艱㉟。雖光昭於曩載㊱，將稅駕於此年㊲。惟降神之綿邈㊳，眇千載而遠期㊴。信斯武之未喪㊵，膺靈符而在茲㊶。雖龍飛於文昌㊷，非王心之所怡。憤西夏以

鞠旅⑱，泝秦川而舉旗⑲。逾鎬京而不豫⑳，臨渭濱而有疑。冀翌日之云瘳㉑，彌四旬而成災㉒。咏歸涂以反旆㉓，登嶭巇而揭來㉔。次洛汭而大漸㉕，指六軍曰念哉㉖！

伊君王之赫奕㉗，實終古之所難㉘。威先天而蓋世㉙，力蕩海而拔山。厄奚險而弗濟，敵何强而不殘！每因禍以禔福㉚，亦踐危而必安。迄在玆而蒙昧㉛，慮嘜閉而無端㉜。委軀命以待難㉝，痛沒世而永言㉞，撫四子以深念，循膚體而頳嘆㉟。迨營魄之未離㊱，假餘息乎音翰㊲。執姬女以㗟瘁㊳，指季豹而濯焉㊴。氣冲襟以嗚咽，涕垂睫而汍瀾㊵。違率士以靖寐㊶，戢彌天乎一棺㊷。

咨宏度之峻邈㊸，壯大業之允昌㊹。思居終而恤始㊺，命臨沒而肇揚㊻。援貞咎以慸悔㊼，雖在我而不臧㊽。惜内顧之纏綿㊾，恨末命之微詳㊿。紆廣念於履組⑤①，塵清慮於餘香⑤②。結遺情之婉孌，何命促而意長！陳法服於帷座⑤③，陪窈窕於玉房⑤④。宣備物於虛器⑤⑤，發哀音於舊倡⑤⑥。矯感容以赴節⑤⑦，掩零泪而薦觴⑤⑧。物無微而不存⑤⑨，體無惠而不亡⑥⓪。庶聖靈之響像⑥①，想幽神之復光⑥②。苟形聲之翳沒⑥③，雖音景其必藏。徽清弦而獨奏⑥④，進脯糒而誰嘗。悼綪帳之冥漠⑥⑤，憑西陵之茫茫。登爵臺而羣悲，眝美目其何望⑥⑥！既睎古以遺累⑥⑦，信簡禮而薄葬。彼裘紱於何有⑥⑧？貽塵謗於後王⑥⑨！嗟大戀之所存，故雖哲而不忘⑦⓪。覽遺籍以慷慨，獻玆文而凄傷。

【注釋】①元康：晉惠帝司馬衷的年號（291—299）。②臺郎：晉時稱尚書郎爲臺郎。著作：著作郎的省稱。③秘閣：國家藏書籍和檔案的地方。④魏武帝：曹操。遺令：遺囑。⑤始終：指生死，側重在死。大歸：最後歸宿。⑥死生：側重死。區域：範圍。⑦臨喪殯：指向死者弔祭。⑧陳根：隔年的舊草根。這裏指朋友墳墓上的陳根，意思是說朋友死的時間久了。絕哭：不再哭。⑨百年：曹操死於公元220年，距陸機寫此文時（298），不到八十年，這裏是舉成數。⑩興哀：發起哀傷之情。無情之地：不必動感情的地方，指秘閣，因秘閣不是喪殯之所。⑪交：指日月交會。分：指日月分離。⑫數：指自然的運數。⑬高明：指日月。卑濁：指日月之蝕。⑭常安之勢：長期安穩的地勢，高山。嬰：遭逢。傾離之患：指山崩。⑮回天倒日：比喻力量强大，能夠扭轉極難挽回的時勢。振：發揚

威勢。形骸：人的形體。⑯夷難：平定戰亂。魏闕：宮門上建築的一種巍然高出的樓觀，後來用它來代朝廷。⑰格：至。上下：天地。格乎上下者：指具有頂天立地大功勞的人，卽曹操。區區下木：小小的棺材。⑱光於四表者：具有廣泛勢力的人，亦指曹操。翳：掩蓋。蔉（ㄗㄨㄟˊ）爾之土：指墳墓。⑲弱情：指疾病。⑳哀志：指行將死亡。㉑長算：高明的計謀。短日：指壽命的短促。㉒遠迹：遠大的功績。頓：停頓、停止。促路：也指壽命的短促。㉓瞽史：瞽是樂官，史是史官，這裏專指史官，史官兼天文曆法的工作。異：驚異。闕：同「缺」。景：「影」，日光。闕景：指日蝕。㉔黔黎：百姓。頹岸：指山崩。㉕顧命：遺囑。冢嗣：長子，這裏指曹丕。㉖貽：留給。四子：指曹丕以下的四王。㉗讜（ㄉㄤˇ）言：正直的言論。㉘姬女：衆妾所生的女兒。這裏指杜夫人所生的女兒高城公主。季豹：曹操的幼子曹豹，杜夫人所生。㉙曩（ㄋㄤˇ）：從前。㉚盡：死亡。㉛婉孌：戀慕。房闥之內：指家庭。㉜綢繆：相親的樣子。家人之務：指家事的安排。㉝幾乎：近於。密：周密細碎。㉞婕妤：女官。妓人：歌妓。㉟著：安置。爵：同雀。銅爵臺：曹操所築，在今河北臨漳縣西南鄴城內西北隅。㊱繐帳：靈帳，柩前的靈幔。㊲朝：早。晡（ㄅㄨ）：傍晚。脯：乾肉。糒（ㄅㄟˋ）：乾飯。脯糒，都是祭品。㊳月朝：初一日。㊴作妓：表演音樂歌舞。㊵諸舍中：指衆妾。㊶藏：指櫃子一類存儲物件的器具。㊷前識：指有先見的人。㊸罕言：少說。㊹皇漢：指漢朝。末緒：最後未完成的事業。㊺王涂：國家政治的道路。涂：同「途」。違：背謬，不正。㊻佇：久立。重淵：九重之淵，極深的水。鱗：龍。傳說龍常潛伏在深淵裏；古代把沒有登位的皇帝叫做潛龍。㊼撫：通「拊」，拍擊。慶雲：吉祥的雲彩。退飛：遠飛。㊽載德：指做好事。㊾靈風：神異的風。扇威：扇動威風。㊿羣雄：指漢末稱雄割據的軍閥豪強。51舉：攻克，打敗。勍：同「勁」。如遺：如同拋棄東西一樣容易。52翦：剪除。綏：安撫。53釐：整治。三才：指天、地、人。闕：同「缺」。典：前代的文物、制度、故事。54綱：卽綱紀。修綱：長綱，大綱，這裏指統治國家的大綱。絕紀：已斷了的綱紀。55紐：聯結。大音：高尚的音樂，這裏指禮樂。解徽：錯亂了的音調。56雲物：比喻羣凶。貞觀：指清平。57要：約束。萬涂：萬途，指各種軍閥豪強勢力。歸：歸於統一。58丕：擴大。宏：廣大。覆：庇蔭。59援：攀附。60濟：成，實現。元功：大功，首功。九有：九州，指全國。61大造：大的成功。62臻：至。63簣：盛土的竹筐。浚谷：深谷。64躋：通「躋」，登，升高。65理窮而性盡：《周易·說卦》載，「窮理盡性，以至於命。」意爲生死有天命。66研：這裏有預料的意思。67臨川之有悲：指孔子在川上看到江水不停奔流時發出的感嘆：「逝者如斯夫，

不捨晝夜。」見《論語·子罕》。⑱固梁木其必顚：本來梁木也一定要倒壞。這是說人生必有死。孔子臨死時曾唱：「梁木其壞乎！」見《禮記·檀弓》。⑲建安之三八：建安二十四年（219）。這一年曹操生病。三八：三乘八等於二十四。指二十四年。⑳大命：天命，皇帝的政令。艱：指曹操的病無法挽救，難以施行政令。㉑光：光輝，這裏指曹操煊赫的聲威。昭：照耀。曩載：從前的年代。㉒稅駕：馬脫駕。這裏指曹操死去。㉓降神：降生神聖的人。綿邈：時代久遠。㉔眇：通「渺」，遼遠，高遠。千載：古人傳說千年才出現一個聖人。㉕信：誠然。斯武：指曹操所承擔的大業。㉖膺：當。靈符：古代迷信說法，有聖王出，先有一些靈異的預兆。玆：指曹操。㉗龍飛：比喻帝王卽位。文昌：殿名，曹操在此接受王位。㉘西夏：指劉備。鞠旅：練兵養衆。㉙秦川：這裏指渭水。舉旗：作戰。㉚逾：越過。鎬京：原是周代都城，這裏代指長安。不豫：帝王有病的代稱。㉛瘳（ㄔㄡ）：病愈。㉜成災：這裏指病重。㉝反斾：還軍。斾：同「旆」，大旗。㉞崤澠：崤山的別稱。在今河南省洛寧縣北六十里。竭（ㄑㄧㄝˋ）：去。㉟次：到。洛汭：洛水隈曲的地方，這裏指洛陽。大漸：病漸危重。㊱六軍：這裏指曹操率領的軍隊。念哉：意思是曹操臨死前對軍士的囑咐。㊲伊：發語詞。赫奕：形容功勞盛大。㊳終古：自古以來。㊴先天：指威勢先於天下。㊵禔（ㄊㄧˊ）：平安。㊶蒙昧：指病重不省人事。㊷嗌閉：指開口說話困難。㊸委：委棄。㊹永言：長言，指叮嚀不已。㊺頹嘆：指悲傷而昏倒。㊻迄：及。營魄：魂魄。㊼假：借。音翰：聲音和翰墨，這裏指發表遺令。㊽顣：皺眉。瘁：憂病。㊾潸（ㄕㄨㄢ）：垂淚的樣子。⑩汍（ㄨㄢˊ）瀾：淚流得很多的樣子。⑩違：離開。率土：《詩經·小雅·北山》，「率土之濱，莫非王臣。」這裏代指天下的人們。靖寐：安眠，指死去。⑩戢：收斂。彌天：指滿天下的志向。⑩咨：嘆。宏度：大度。峻邈：高遠。⑩允：誠然。⑩居終：臨終之際。恤始：開始憂慮身後的事情。⑩肇（ㄓㄠˋ）：開始。⑩援：引。貞：正道。咎：過失。恭（ㄐㄩˋ）：教導。⑩在我：指曹操自己。臧：善。⑩內顧：指對家事的照顧。⑪末命：遺命。⑪紆：縈繞。廣念：周到的思念。⑫塵：煩勞。⑬法服：禮服。⑭玉房：這裏指銅雀臺。⑮宜：布置。備物：指曹操遺留下來的物品。虛器：虛設的器物。⑯舊倡：舊時的歌妓。⑰矯感容：帶着憂愁的面容。赴節：按着節拍歌舞。⑱薦觴：指向靈帷進酒。⑲物無微而不存：意思是物雖小可長存。⑳體無惠而不亡：意思是人體雖有智慧，卻沒有不死亡的。惠：同「慧」。㉑庶：希望。響像：聲音和形象。㉒幽神：指死了的曹操。復光：恢復光彩。㉓形聲：這裏代指人的肉體。翳沒：掩蓋，埋沒。這裏指死亡。㉔徽：彈奏。㉕冥漠：渺茫。㉖貯：凝視。㉗睎（ㄒㄧ）

古以遺累：意思是模仿古人薄葬，爲的是免除牽累。⑫袞紱：衣服和繫印的綬帶。⑫塵謗：世俗的謗議。⑬哲：賢哲。

【鑑賞】《弔魏武帝文》作於晉惠帝元康八年（298）。當時，在文壇上久負盛名的陸機已經三十六歲。陸機出身於東吳的世族大家，祖遜、父抗，都是東吳的重臣名將，他們生前功勛卓著，舉世聞名。可是，到了陸機二十歲那年，晉國一舉滅吳，陸機就從名門貴族變成了「亡國之餘」。可想而知，遭遇如此厄運的陸機，心中會隱藏着多少悲憤！後來，他受到晉廷徵召。在充任著作郎時，陸機目睹魏武帝曹操的遺令，不禁感慨系之。在陸機心目中，曹操力足以回天倒日、智足以濟世夷難，始終是「以天下自任」的英雄。然而，萬萬沒有想到，這位雄才大略的英雄到了臨終之際，卻「繫情累於外物，留曲念於閨房」，似乎一反常態，從遺令的內容來看，曹操絮絮叨叨，情辭悽切，一副傷心酸鼻的模樣，與他平生叱咤風雲的氣概極不協調。而這極不協調的現象，使陸機深感於人世盛衰之無常──哪怕像曹操這樣的一代英豪也難免「雄心摧於弱情，壯圖終於哀志」。《弔魏武帝文》就是在這種情況下寫成的一篇哀詞。

　　在六百四十九字的正文之前有一段長達五百六十八字的序。這段序文是全篇的導言，它交代創作緣由，概括全文主題，起着提綱和序曲的雙重作用。序文的內容可分爲三節。從開頭到「傷懷者久之」爲第一節。這一節提綱挈領地交代了「見魏武帝令」的時間、地點和感受。值得注意的是，曹操死於建安二十五年（220），雖然「元康八年」與此相隔了近八十年之久，但陸機面對着曹操遺令還是「憮然嘆息傷懷者久之」。不難看出，這感傷不只是蘊涵着濃郁的弔古之情，它必然浸潤着特殊人物在特定環境中的獨特感受。從「客曰」到「亦賢俊之所宜度乎」爲第二節。這一節用客主問答的形式說明產生上述感受的內在原因。在這一節裏，首先是旁觀者針對「傷懷者久之」發出疑問──人生百年，固有一死，哀悼逝者，應有限度；「臨喪殯而後悲」，這叫做「哀之可有」；「睹陳根而絕哭」，是因爲「情之可無」；如今距曹操之死將近「百年之際」，藏其遺令的「秘圖」並非「興哀」之地；時過境遷，還要一味地替古人「傷心」，豈不是有悖於人之常「情」？這個疑問，是作者假托「客曰」之辭故意設置的。作者正是要通過回答這一問題把自己的「傷心」之「情」作一番淋漓盡致的發揮。以下答辭分爲兩層。從「日食由乎交分」到「黔黎之怪頹岸乎」爲一層。這一層從常理類推，說明弔古傷懷也屬人之常情。作者以無可爭辨的語調指出：面對着「資高明之質而不免卑濁之累，居常安之勢而終嬰傾離之患」的巨變，任何人都不會無動於衷。

你看，日蝕、山崩「亦云數」矣，尚且引起「百姓怪焉」，那麼，像曹操那樣「雄心摧於弱情，壯圖終於哀志，長算屈於短日，遠迹頓於促路」，怎能不勾起人們強烈的盛衰無常之感？從「觀其所以顧命冢嗣」到「亦賢俊之所宜廢乎」爲一層。這一層具體地說明見曹操遺令而感傷的原因。作者先用「觀其所以顧命冢嗣，貽謀四子，經國之略旣遠，隆家之訓亦弘」四句對遺令內容作一總括，然後將其中讜言、瑣事縷縷寫來，於夾敍夾議之中，寄托了深沉的感慨。爲了再現曹操臨終前的一幕，文中用了高度傳神之筆：「持姬女而指季豹，以示四子曰：『以累汝。』因泣下。」這就把「曩以天下自任」與「今以愛子托人」的不協現象繪聲繪色地展示讀在者面前。這還不夠，下文又不厭其煩地引述遺令中賣履、分香等內容，足見曹操「繫情累於外物，留曲念於閨房」。總之，以上兩層文字，或側重於議論，或側重於叙事，無不圍繞着同一個中心，即人世盛衰之變，會給人帶來多少難言的悲酸！這一節寫得淒惋動人，文中一則曰：「嗚呼！」再則曰：「傷哉！」三則曰：「悲夫！」無限感慨如洪水決堤，勢不可遏。「於是憤懣而獻弔云爾」爲第三節。用這一句作結，旣點明了題意，又揭示了作者借憑弔古人而抒發憤懣的主旨。

就全篇的格調來看，序文象一段淒惋的前奏曲，而弔文則是頗帶悲壯色彩的哀歌。這支哀歌前半部分高唱入雲，極力歌頌曹操的豪情壯舉和豐功偉業；後半部分轉入變徵之聲，側重叙寫曹操的遺令及其死後的執行情況。通過這兩部分的對照，作者對曹操這位歷史人物作了評價，並借此抒發淒愴的弔古之情，寄托了對世事興衰的深沉感慨。弔文分四段。第一、二段爲前半部分。第三、四段爲後半部分。從開頭到「固擧世之所推」爲第一段。這一段濃筆重彩，概括曹操的功業。開頭四句，寫天下大亂之際。英雄應運而生，「佇重淵以育鱗，撫慶雲而遐飛」，渲染了曹操出世的祥瑞和熱烈氣氛。接着，「運神道以載德……要萬涂而來歸」，一連十二句，極寫曹操外則芟夷大難，內則整頓紀綱，眞可謂武功赫赫，德業巍巍。最後用「丕大德以宏覆，援日月而齊暉。濟元功於九有，固擧世之所推」總括一筆，給這位歷史人物以極高的評價。從「彼人事之大造」至「指六軍曰念哉」爲第二段。這一段寫曹操在生命的最後一年，仍然不忘統一天下的大業。「彼人事之大造，夫何往而不臻！」這兩句緊承前一段，寫曹操處於全盛時期，威力所加，志無不達。接下去。「將覆簣於浚谷，擠爲山乎九天」，寫曹操壯志凌雲，不知老之將至。然而，盛極而衰，死神臨近，作者筆鋒一轉,高歌變成了低唱：「苟理窮而性盡，豈長算之所研？悟臨川之有悲，固梁木其必顛。」這是本段的轉折。「當建安之三八，實大命之所艱……慎西夏以鞠旅，泝秦川而擧旗」，這十二句說，曹操末年，仍然志在進取。「逾鎬京而不豫……彌四旬而成災」，這四句說，

曹操途中不適，釀成大病。「咏歸涂以反斾……指六軍曰念哉！」曹操病雖垂危，卻仍不忘軍事。至此，「烈士暮年，壯心不已」的形象完成了最後那力透紙背的一筆。

從「伊君王之赫奕」至「戢彌天乎一棺」爲第三段。這一段着重寫曹操臨終時的情形。「伊君王之赫奕……亦踐危而必安」這八句承接以上兩段，再次強調曹操的無比「威」、「力」。然而，到了威盡力竭之日，也只能「委軀命以待難，痛沒世而永言」。再也無法逢凶化吉，轉危爲安了。「撫四子以深念……涕垂睫而汎瀾」一連八句，極寫曹操臨終時的悲酸之態；其中「撫四子」、「循體膚」、「執姬女」、「指季豹」等行爲，與第一段的「摧羣雄」、「舉勍敵」、「指八極」、「蓋三才」等壯舉構成了鮮明的對比；「深念」、「頽嘆」、「嗝瘁」、「濺焉」以及「氣沖襟以嗚咽」、「涕垂睫而汎瀾」諸般模樣，與前兩段的「扇威」、「電擊」、「憤西夏以鞠旅，泝秦川而舉旗」等雄姿構成了鮮明的對比。最後，「違率土以靖寐，戢彌天乎一棺」，這樣寫生命終結後的冷清凄涼與第一段寫他誕生時的熱烈氣氛又是一個鮮明的對比。從「咨宏度之峻邈」到末尾爲第九段。這一段直接抒發對曹操遺令的感受。「咨宏度之峻邈……雖在我而不臧」，這幾句是對曹操遺令的正面評價。「惜內顧之纏綿」至「貽塵謗於後王」，這二十八句則暗寓嘲諷。文中用「惜」、「恨」這樣的字眼，對曹操「內顧之纏綿」、「未命之微詳」深感遺憾；用「紆廣念」、「塵清慮」說明賣履、分香的安排實屬無謂；用「矯戚容以赴節」、「進脯糒而誰嘗」等語指出銅爵台上的祭祀只不過徒具形式；而「彼裘紱於何有，貽塵諷於後王」等句，則直截了當地說明遺令中的某些安排不但無效，而且有害。如此等等，只能使作者「覽遺籍以慷慨，獻茲文而凄傷」。讀到這裏，我們可以發現，作者之所以「見魏武帝遺令」而感慨深長，是因爲其中暗寓着對曹操遺令的「不無微辭」的評價，包孕着作者由此領悟到的人生哲理──「嗟大戀之所存，故雖哲而不忘」，當然，其中也必定夾雜着由此而引起的身世浮沉的悲凉之感。

綜上所述，無論就思想內容而言，還是就藝術形式而論，陸機《弔魏武帝文》都值得我們一讀。誠然，晉代的許多名家，包括陸機在內，其作品大抵只追求華美的形式，缺乏有一定社會意義的思想內容。不過，《弔魏武帝文》並非如此。這篇哀詞所抒發的感慨，雖然談不上有什麼深刻的社會意義，但它畢竟也能從一個側面反映出那個時代給人們帶來的憤懣和辛酸。而且，這篇文章在評價歷史人物方面，不乏獨到的見解，文中對曹操功業的評價很有見地，對曹操臨終遺令中的無謂之舉所表示的嘲諷也頗爲中肯。由此可見，此文在思想內容上，不無可取之處。這篇文章在寫法上表現出作者傑出的藝術技巧。序文寫得曲折有致，弔文寫得氣勢磅礴。作者善於用鋪墊、對比等手法揭示主題，善於把叙事，議論、

抒情融爲一體，全文構思精巧，詞藻宏麗。我們今天吟讀此文，仍會自然地感到它有一唱三嘆、音調鏗鏘之妙。在傳世的文學作品中，它確實是一篇不可多得的佳作。

（吳金華）

答盧諶書　　劉　琨

　　琨頓首。損書及詩①，備辛酸之苦言，暢經通之遠旨②。執玩反覆，不能釋手。慨然以悲，歡然以喜。

　　昔在少壯，未嘗檢括③。遠慕老莊之齊物④，近嘉阮生之放曠⑤。怪厚薄何從而生⑥，哀樂何由而至。

　　自頃輈張⑦，因於逆亂。國破家亡，親友彫殘⑧。負杖行吟，則百憂俱至；塊然獨坐⑨，則哀憤兩集。時復相與舉觴對膝，破涕爲笑，排終身之積慘，求數刻之暫歡。譬由疾疢彌年⑩，而欲一丸銷之⑪，其可得乎！

　　夫才生於世，世實須才。和氏之璧⑫，焉得獨曜於郢握⑬；夜光之珠⑭，何得專玩於隨掌？天下之寶，當與天下共之。但分析之日⑮，不能不悵恨耳。然後知聃周之爲虛誕⑯，嗣宗之爲妄作也⑰。

　　昔騄驥倚輈於吳坂⑱，長鳴於良樂⑲，知與不知也；百里奚愚於虞而智於秦⑳，遇與不遇也。今君遇之矣，勗之而已㉑。

　　不復屬意於文二十餘年矣㉒。久廢則無次，想必欲其一反㉓，故稱指送一篇㉔，適足以彰來詩之益美耳。琨頓首頓首。

【注釋】①損：對別人所贈的敬辭。②經通：常理和變通。③檢括：檢點。④老：老子。莊：莊子。齊物：指《莊子》中《齊物論》篇。⑤阮生：阮籍。⑥厚薄：語出《列子·力命》，意謂如果懂得聽從命運，就不會感到厚薄、哀樂。⑦輈（ㄓㄡ）張：驚恐。⑧彫殘：零落。⑨塊然：孤獨的樣子。⑩疾疢（ㄔㄣˋ）：泛指疾病。彌年：終年。⑪丸：藥丸。⑫和氏之璧：參見《廉頗藺相如列傳》注。⑬郢：楚國都城。握：所有權。⑭夜光之珠：傳說隨侯救蛇而得珠。⑮分

析：分離。⑯聃：老聃。周：莊周。⑰嗣宗：阮籍。⑱騄驥：良馬。輈：車轅。
吳坂：吳地的山坡。⑲良：王良。樂：伯樂。均爲古代善相馬者。⑳百里奚：春
秋時虞國人。虞亡逃楚，被秦穆公用五張羊皮贖來，拜爲大夫。㉑勖：勉勵。㉒
屬意：用心。㉓一反：一個回贈。指對盧諶贈詩的回詩。㉔稱：符合。指：同「
旨」。稱指：按照意旨。

【鑑賞】永嘉元年，五胡亂起，火燎神州，洪流華域，王室阽危，中州士大夫紛
紛南逃。而在兵荒馬亂之中，迎着這狂奔南逃的隊伍，迎着匈奴人急風驟雨般的
鐵騎，一支千餘人的小部隊卻在艱苦轉戰，向北方挺進。率領這支隊伍的就是歷
史上有名的愛國志士劉琨。劉琨於國家危險之際受任並州刺史，至晉愍帝建興三
年又受命都督幷、冀、幽三州軍事，在極其艱苦的條件下堅持抗擊少數民族貴族
所挑起的民族戰爭。然而，由於衆寡之不敵和策略的失誤，鬥爭屢屢失利，最後
不得不投奔擁有較強大的實力，而又擁戴晉室的幽州刺史、鮮卑酋長段匹磾。劉
琨的部下從事中郎盧諶，是劉琨好友尙書盧志之子。「諶名家子，早有聲譽，才
高行潔，爲一時所推。「（《晉書》本傳）段匹磾召爲別駕。臨去之際，盧諶寫
信一封並詩一首贈琨，道相別留戀之意（載《文選》卷二十五），於是劉琨給他
寫了我們所選綠的這一封膾炙人口的回信並答詩一首。

　　全文可分爲四段。第一段（「琨頓首」——「慨然以悲，歡然以喜」）總說讀
信後的感慨，拈出「悲」、「喜」二字。文章開頭「琨頓首」與信末「琨頓首頓
首」，是古人書信中常見的格式和用語，表示向對方致敬之意。「損書及詩」的「
損」字，也是一種敬辭，意謂對方貶損自己的身分給自己寫信贈詩。接下去「備
辛酸之苦言，暢經通之遠旨」二句，是對盧諶來信及詩的內容的概括和贊美。所
謂「備辛酸之苦言」，指盧諶來信及詩中「王室喪師，私門播遷」，「仰惟先情，
俯覽今遇，感存念亡，觸物眷戀」等語（「先」指諶父，被匈奴劉聰所害；「今
遇」指劉琨對他的恩遇）。這是下句作者「慨然以悲」的原因，同時爲第二段抒
寫國破家亡之悲與離別的恨恨作一伏筆。所謂「暢經通之遠旨」，是說對方來信
中所講的道理都明暢通達，這是下句作者「歡然以喜」的原因。但作者「歡然以
喜」還有另一個原因，卽欣喜對方爲段匹磾所召，將能展其才幹、爲國效力，這
就爲第三段的內容先伏一筆。「悲」、「喜」二字，成爲一篇眼目，而以「悲」爲
主，以「喜」爲賓。以下的文章，全從這兩個字生發開去。

　　第二段（「昔在少壯」——「嗣宗之爲妄作也」）抒寫自己國破家亡的悲憤和
離別的恨恨，承上「悲」字。這一段又分爲三層。第一層從「昔在少壯」起到「

哀樂何由而至」止，承上段末「悲」、「喜」二字說下，卻是先宕開一筆，寫自己少壯時崇尚老莊，認爲人不應有悲喜（哀樂）之情。「阮生」指阮籍，爲人放曠，好老莊，喜飲酒。母死居喪，飲酒食肉如故。阮籍的放曠，實際上是不滿於司馬氏集團用禮法爲藉口來屠殺反對派，其飲酒沉醉，也是一種避禍的手段。但當時人們對他的眞實內心尙不了解，只看到他表面的放曠，於是一些崇尙老莊的人便紛紛以他爲學習的榜樣，縱酒談玄，不守禮法。劉琨出身貴公子，又生活在「中朝貴玄」的時代裏，因此年輕時生活浮華放縱，和潘岳、石崇、陸機、左思等皆是西晉權貴賈謐的「二十四友」中人。其生活態度確實是「不自檢括」的。後人曾有「二十四友日日相追游」之句加以譏刺。既然崇尙老莊、羡慕阮籍，因此，少壯時期的劉琨認爲無論對人對己，既不應有厚此薄彼之想，亦不應有可哀可樂之情。如此宕開一筆，不但使文章曲折生姿，更重要的是與下文的悲憤形成強烈對比，以說明國破家亡的慘痛以及與盧諶的分別給自己帶來的震動之深。第二層從「自頃輈張」至「其可得乎」，抒寫國破家亡的悲憤。殘酷的現實鬥爭，終於使他對所崇奉的老莊哲學徹底失望，放曠生活完全改變。「自頃輈張，困於逆亂，國破家亡，親友彫殘」四句，是指永嘉五年（311）匈奴劉曜攻破洛陽，擄晉懷帝；建興四年（316），又破長安，擄愍帝，西晉滅亡，劉琨本人在幷州也被匈奴劉聰所敗，父母俱遇害。國仇家恨，交織於胸。「負杖行吟，則百憂俱至；塊然獨坐，則哀憤兩集」二句，深刻、形象地表達了作者的悲憤心情。「時復相與舉觴對膝，破涕爲笑，排終身之積慘，求數刻之暫歡」四句，則是以樂寫哀，愈顯出壓在作者心頭的悲憤已沉重到了負擔不起的程度，不得不極力自我排解。然而，其結果卻是「抽刀斷水水更流，舉杯消愁愁更愁」。第三層由「夫才生於世」至「嗣宗之爲妄作也」，寫離別的悵恨。「夫才生於世」八句，稱贊盧諶的才幹，比之爲和氏璧、隨侯珠，同時表示，像盧諶這樣的人才當與天下共有，不得僅僅控制在自己手中。這裏，作者表現出一種以天下爲重的豁達大度，同時，正因爲盧諶有如此的才幹，下句「但分析之日，不能不悵恨耳」才有了更堅實的基礎。而從行文來說，這八句又是宕筆，使文章更多一層曲折，感情更多一層波瀾。「然後知聘周之爲虛誕，嗣宗之爲妄作也」二句，既是本層的結尾，也是第二段的結尾。按照老莊阮籍的思想，朋友聚散是不應有任何悲喜哀樂之情的，現在作者由於分別之悲而認識到他們的「虛誕」「妄作」，這就突出地說明了作者的深恨感情。這比直說「離別使我感到十分痛苦」之類的話，在感情表達方面婉曲而深刻得多了。但是，這個認識並不僅僅是由於分離之日的悵恨而得出來的，更主要的是國破家亡的慘痛經歷使他的認識水平得到了提高。這是一個愛國志士在長

期的艱苦鬪爭中得出的寶貴的經驗教訓，是作者極深刻的自我反省，是對「永嘉時，貴黃老，稍尚虛談」（《文心雕龍》）的誤國名士的嚴厲批判。同時，也是對盧諶贈詩中「惟同大觀，萬殊一轍，死生旣齊，榮辱奚別」等語所流露出來的老莊思想的婉轉批評和勸告。

第三段（「昔騄驥倚輈於吳坂」——「勖之而已」）欣喜盧諶的有遇，勉其竭心報國。承上「喜」字。「昔騄驥」二句，以騄驥、百里奚喩盧諶，以王良、伯樂、秦國喩段匹磾，而以虞自喩，勉勵盧諶至段匹磾手下以後，努力發揮自己的才能，爲國家出力。隨這封信寄給盧諶的答詩中說：「何以贈子？竭心公朝。」就是此處「勖之」的眞正含義。

第四段（「不復屬意於文」——「琨頓首頓首」）是本文的結尾，說明自己應對方之請，答詩一首。「不復屬意於文二十餘年」一句，在作者固有自謙之意，以說明自己作品之「無次」，但在讀者卻不能不認識到自西晉王室之亂以來，劉琨一直是戎馬倥傯，再無金谷聚游、吟風賦月的閑情，也再沒有精雕細琢、刻意求工的作品。然而，只要有了至性眞情，便是天下第一等的文章。劉琨此信，「豪宕感激，從肺腑流出，無意於文而文斯至」（清孫梅《四六叢話》），流傳千古。而他少壯之時「屬意於文」所寫成的作品，卻早已湮沒無傳。這就是歷史的淘汰和選擇。本文雖說是作者不經意之作，然而卻是騰挪跌宕，層次分明，各段之間的內在聯系非常嚴密。這一點在上面的分析中已經論及。至於感情的激昂酸楚，意兼悲壯，文字的清簡勁拔，辭約義豐，也是本文的明顯特點。全文僅三百字，卻包含了豐富的內容，表達了曲折的感情。作者的文字駕馭和表達能力，確實是很高明的。

　　　　　　　　　　　　　　　　　　　　　　　　　　（魯同羣）

蘭亭集序　　　　　王羲之

永和九年，歲在癸丑①，暮春之初②，會於會稽山陰之蘭亭③，修禊事也④。羣賢畢至，少長咸集⑤。此地有崇山峻嶺，茂林修竹⑥；又有清流激湍⑦，映帶左右⑧。引以爲流觴曲水⑨，列坐其次⑩，雖無絲竹管絃之盛⑪，一觴一咏，亦足以暢叙幽情⑫。是日也，天朗氣清，惠風和暢⑬。仰觀宇宙之大。俯察品類之盛⑭，所以游目騁懷⑮，足以極視聽之娛⑯，信可樂也。⑰

夫人之相與⑱，俯仰一世⑲。或取諸懷抱，晤言一室之內⑳；或因寄所托㉑，放浪形骸之外㉒。雖趣舍萬殊㉓，靜躁不同㉔，當其欣於所遇，暫得於己，快然自足，曾不知老之將至㉕；及其所之既倦㉖，情隨事遷，感慨係之矣㉗。向之所欣，俛仰之間㉘，已爲陳迹㉙，猶不能不以之興懷㉚；況修短隨化㉛，終期於盡㉜。古人云：「死生亦大矣㉝。」豈不痛哉！

每覽昔人興感之由㉞，若合一契㉟，未嘗不臨文嗟悼㊱，不能喻之於懷㊲。固知一死生爲虛誕，齊彭、殤爲妄作㊳。後之視今，亦猶今之視昔，悲夫！故列敍時人㊴，錄其所述㊵。雖世殊事異，所以興懷，其致一也㊶。後之覽者，亦將有感於斯文。

【注釋】①歲在癸丑：古人以干支相配紀年，永和九年，正當干支的癸丑。②暮春：夏曆三月。③會稽（ㄎㄨㄞ　ㄐㄧ）：郡名，其地相當於今浙江省北部和江蘇省東南部。山陰：今浙江省紹興縣。蘭亭：在今紹興市西南二十七里，地名蘭渚，亭在渚上。④修禊（ㄒㄧ）：古人於三月上旬的巳日（魏以後規定爲三月三日）臨水行祭，以祓除不祥，謂之「修禊」。⑤羣賢：對孫綽、謝安、支遁等人的敬稱。少長：指作者自己一輩的年長人和王氏子弟。咸：皆。⑥修竹：高竹。⑦激湍（ㄊㄨㄢ）：流勢很急的水。⑧映帶：相互映襯。⑨流觴：流杯。把盛酒的杯子，放在流水的上游，任其漂流而下，停在誰的面前，就取而飲之。曲水：環曲的水渠。⑩次：旁邊。這裏指水邊。⑪盛：多。⑫幽情：深細的情懷。⑬惠風：和煦的清風。⑭宇宙：自然、人事。品類：萬物種類。⑮游目：舉目觀望。騁懷：舒懷。⑯極：盡。視聽之娛：視覺和聽覺方面的樂趣。⑰信：實在，確實。⑱相與：相交接，過往。⑲俯仰：低頭和抬頭，比喻時間短暫。⑳懷抱：襟懷抱負。晤言：交談投機。㉑因寄：有所依托。所托：有所依傍。㉒放浪：任性不羈，不拘檢束。形骸：形體。㉓趣舍：「趣」同「趨」，趣舍，同取舍。萬殊：各不相同。㉔靜躁：安靜與躁動。㉕快然：大喜過望的樣子。㉖所之：已得到的。之：往。㉗感慨係之：感慨隨著產生。係：附著。㉘俛仰：同「俯仰」。㉙陳迹：舊迹，往事。迹：事迹。㉚猶：尚且。以之興懷：由於它而引起感觸。㉛修短：長短，指壽命的長短。化：造化，指天。隨化：由天決定。㉜期：期限。㉝古人：指孔子。死生亦大矣：見《莊子·德充符》，「尼仲曰：『死生亦大矣』，而不得與之變。』」㉞興感之由：發生感慨的緣由。㉟若合一契：如符那樣相合。契：符契，

古人用作憑信之物，用竹、木等做成，刻有文字，剖成兩半，雙方各執一半以爲憑證。㊱臨：看、視的意思。嗟悼：嘆息傷感。㊲明白，理解。之：指臨文嗟悼的情況。㊳固：相當於「乃」。一：同一。齊：相同。彭：指彭祖，傳說他的壽數很長，活了八百歲。殤：夭折。短命早死的人。㊴列敍時人：一個一個地記下當時與會的人。㊵述：指所作的詩文。㊶致：情致。

【鑑賞】東晉王羲之的≪蘭亭集序≫是一篇膾炙人口的散文。全文三百二十五字，描寫了廣闊的自然風景，抒發了對人生無限感慨的情懷，情景交融，渾然貼切，有許多寫作手法可供借鑑。

公元353年陰曆三月三日，王羲之和當時的名士孫統、孫綽、謝安、支遁等四十一人，爲過修禊日，宴集於會稽郡山陰縣的蘭亭。與會人興致勃起，詩意大發，當場作了許多首詩。王羲之爲這些詩作了這篇序，記述了宴集的盛況和觀感，通篇氣勢遒媚勁健，同時也流露出一定的傷感情緒。

全序共有三個自然段，圍繞人如何看待生死這一主題逐步展開論述。作者特別注意這篇文字的紀實性。文章開始就敍述了盛會的時間、地點、原因，開門見山，沒有婉轉，使讀者感到文筆樸實；然後敍述與會的人，有羣賢少長之衆，紛紛接踵沓來；再往後，以絢爛彩筆描繪了所會之地的風光、環境，山水竹樹之勝，清流飛泉之聲，都寫得簡練準確，筆出自然。作者寫景是爲了抒情。寫勝地引出飲酒，就飲酒敍寫賦詩，這就自然而然地寫出良辰美景之樂，極盡視聽之娛。這段的描寫與敍事環環相扣，線條清晰，狀景抒意合情合理。

第一段情景交錯，使人感到盛會難得，同時也爲下文的集中議論作了鋪墊。作者在第二段承上段的「樂」字，論說人總難免爲「欣於所遇」的樂以及「情隨事遷」的憂所左右，進一步感嘆人生「終期於盡」的無可奈何的感情。但是，王羲之在文中，批判了老莊的死生一體的虛幻世界觀，認爲生是生，死是死，不能同等看待，這一點勝於那些士大夫階級的流行觀點。作者由盛會自然環境的描寫引出這些議論，使讀者並不感到唐突，主要是把情景交織在一起來寫的，並由「樂」字開拓墨叢，顯得特別錯落有致。

王羲之是我國古代傑出的書法家，有「書聖」的雅號，他的筆鋒隨意揮寫，寥寥數行，氣魄不凡，這和他的文章風格大體一致。

（劍　鳴）

閑　情　賦　并序　　　　陶淵明

　　初，張衡作≪定情賦≫，蔡邕作≪靜情賦≫，檢逸辭而宗澹泊，始則蕩以思慮，而終歸閑正。將以抑流宕之邪心，諒有助於諷諫。綴文之士，奕代繼作；並因觸類，廣其辭義。余園閭多暇，復雜翰爲之；雖文妙不足，庶不謬作者之意乎。

　　夫何瓌逸之令姿⑦，獨曠世以秀羣⑧；表傾城之艷色⑨，期有德於傳聞⑩。佩鳴玉以比潔⑪，齊幽蘭以爭芳⑫；淡柔情於俗內⑬，負雅志於高雲。悲晨曦之易夕，感人生之長勤⑭；同一盡於百年，何歡寡而愁殷⑮。襃朱幬而正坐⑯，汎清琴以自欣⑰。送纖指之餘好⑱，攘皓袖之繽紛⑲；瞬美目以流盼⑳，含言笑而不分。曲調將半，景落西軒㉑。悲商叩林㉒，白雲依山。仰睇天路㉓，俯促鳴弦；神儀嫵媚㉔，舉止詳妍㉕。

　　激清音以感余㉖，願接膝以交言㉗欲自往以結誓㉘，懼冒禮之爲諐㉙；待鳳鳥以致辭㉚，恐他人之我先㉛。意惶惑而靡寧㉜，魂須臾而九遷㉝。願在衣而爲領，承華首之餘芳；悲羅襟之宵離，怨秋夜之未央。願在裳而爲帶㉞，束窈窕之纖身；嗟溫涼之異氣，或脫故而服新。願在髮而爲澤㉟，刷玄鬢於頹肩㊱；悲佳人之屢沐，從白水以枯煎㊲。願在眉而爲黛㊳，隨瞻視以閑揚㊴；悲脂粉之尚鮮㊵，或取毀於華妝㊶。願在莞而爲席㊷，安弱體於三秋；悲文茵之代御㊸，方經年而見求。願在絲而爲履㊹，附素足以周旋㊺；悲行止之有節，空委棄於床前。願在晝而爲影，常依形而西東；悲高樹之多蔭，慨有時而不同。願在夜而爲燭，照玉容於兩楹㊻；悲扶桑之舒光㊼，奄滅景而藏明㊽。願在竹而爲扇，含凄飆於柔握㊾；悲白露之晨零㊿，顧襟袖以緬邈㊿。願在木而爲桐，作膝上之鳴琴；悲樂極以哀來，終推我而輟音。

　　考所願而必違㊿，徒契契以苦心㊿。擁勞情而罔訴㊿，步容與於

南林㊄。栖木蘭之遺露㊅，翳青松之餘陰；儼行行之有覿㊇，交欣懼
於中襟㊈。竟寂寞而無見，獨悁想以空尋㊉。斂輕裾以復路㊀，瞻夕
陽而流嘆；步徙倚以忘趣㊁，色慘慘而矜顏。葉燮燮以去條㊂，氣凄
凄而就寒；日負影以偕沒㊃，月媚景於雲端。鳥凄聲以孤歸，獸索偶
而不還㊄；悼當年之晚暮㊅恨茲歲之欲殫㊆。思宵夢以從之，神飄飄
而不安；若憑舟之失棹㊇，譬緣崖而無攀。於時畢昴盈軒㊈，北風凄
凄，炯炯不寐㊈，衆念徘徊㊉。起攝帶以伺晨㊀，繁霜粲於素階㊁。
雞斂翅而未鳴，笛流遠以清哀㊂；始妙密以閑和，終寥亮而藏摧㊃。
意夫人之在茲㊄，托行雲以送懷；行雲逝而無語，時奄冉而就過㊅。
徒勤思以自悲㊆，終阻山而帶河；迎清風以袪累㊇，寄弱志於歸波㊈。
尤《蔓草》之爲會㊉，誦《邵南》之餘歌㊀，坦萬慮以存誠㊁，憩遙
情於八遐㊂。

【注釋】①張衡：東漢文學家、科學家。蔡邕：東漢末文學家。②檢：收斂。逸
辭：放逸之辭。澹泊：恬淡。蕩：搖蕩。閑正：閑，防止。正，正道。③流宕：
流蕩。諒：誠。諷諫：婉言勸阻。④綴文之士：作家。奕代：一代接一代。因：
因循。⑤染翰：以筆濡墨。⑥庶不：希望不這樣。謬：違背。作者：指前面說的
張衡等人。⑦夫何：發語辭。瓌逸：奇妙突出。⑧曠世：絕代。秀羣：超羣。⑨
傾城：指美貌的女子。⑩期：期望。有德：有德行的人。⑪鳴玉：指美玉。⑫齊：
佩戴。⑬俗：世俗。⑭長勤：總是有許多艱辛勤苦。⑮殷：多。⑯褰：同「搴」，
打開。朱幃：紅色幃幕。⑰汎：彈奏。自欣：自娛。⑱餘好：美好。⑲攦：錯
亂。皓：白色。⑳盼：張望。㉑景：同「影」。景落：太陽落下去。軒：窗戶。㉒
悲商：商爲五音之一，其聲悲凄。形容秋風的聲音。㉓仰睇：仰視。天路：天上
的路。㉔神儀：神態儀表。㉕詳妍：嫵媚。㉖激：激發。清：清越。㉗接膝：促
膝。㉘結誓：結締誓約。㉙冒禮：冒犯禮教。譽（ㄑㄧㄢ）：同「愆」，過錯。㉚
鳳鳥：語出《離騷》，「鳳凰旣受詒兮，恐高辛之先我。」指鳳凰傳話。㉛我先：
在我之先。㉜靡：不，無。㉝九遷：屢遷。㉞裳：裙。㉟澤：液。㊱頹肩：削
肩。㊲枯煎：枯竭。㊳黛：青黑色顏料，古代婦女用以畫眉。㊴瞻視：向下看。
閑揚：嫻雅清揚。㊵鮮：新。㊶取毀：卸妝。㊷莞（ㄨㄢ）：用蒲草編織的席
子。㊸文茵：有文彩的皮褥。御：用。㊹屨：鞋。㊺素足：白色的腳。㊻楹：房

屋柱子，泛指房屋。㊼扶桑：傳說中日出之地，指太陽。㊽奄：覆蓋。㊾淒颷：
涼風。㊿晨零：早落。⑤緬邈：柔弱的樣子。㊿考：核定。㊾契契：契闊，辛苦
的樣子。㊿勞情：憂鬱之情。罔訴：無處訴說。㊿容與：徘徊。㊿栖：栖息。㊿
儻：同「倘」。行行：徘徊不前。覿（ㄉㄧˊ）：相見。㊿欣懼：歡欣和恐懼。㊿惆
想：憂思。㊿輕裾：輕輕的衣襟。復路：往回走。⑥趣：即「趣」。㊿槭槭：落葉
之聲。㊿日負影：太陽連同它的影子。㊿索偶：求配偶。㊿當年：壯年。㊿弦
歲：壯年的歲月。殫：盡。㊿憑舟：坐在船上。棹：船槳。㊿畢、昴（ㄇㄠˇ）：
皆星名。盈：滿。軒：窗。㊿炯炯：神情不安。㊿衆念徘徊：思念衆多而難以排
遣。㊟伺晨：等待天亮。㊿素階：白色的台階。㊿流遠：從遠處傳來。㊿藏：內
臟。藏攉：心情受到冲擊。㊿人：指美人。㊿奄冉：遷延。㊿勤思：苦思。㊿袪
（ㄑㄩ）累：消除累贅。㊿歸波：回波。⑧尤：錯誤。≪蔓草≫：≪詩經·鄭風≫
有≪野有蔓草≫篇，寫男女相遇。⑧⑤≪邵南≫：即≪召南≫，十五國風之一。㊿
坦：平息。㊿憩：休息。八遐：八方。

【鑑賞】 陶淵明的≪閑情賦≫，歷來對它褒貶不一，蕭統說陶氏「白璧微瑕者，
惟在≪閑情≫一賦。」而東坡卻比之於屈原、宋玉。後世的評議也大都不是贊同
蘇軾而有所發揮，便是傾向昭明而加以引申。其實二者的爭論焦點就在於它有無
寄托。在他們看來，如果沒有寄托而單純談情說愛，則「正人不宜作艷詩」，便應
加以否定；如果實有所諷，就應刮目相待，予以肯定。二者的立足點沒有離開
「男女授受不親」的封建觀念。「五四」以後，封建主義受到了批判，≪閑情賦≫自
然得到了肯定。但是，它究竟有無寄托的問題卻並未解決。因此仍然仁者見仁，
智者見智，莫衷一是。我們認爲，這從它的序言，已可見端倪。古代詩文前的小
序，常用以說明該篇寫作的因由、動機、目的。因而也往往是我們探索全文的主
旨的鎖鑰。從小序看，≪閑情賦≫當然是有寄托的，不但有所諷諫，而且其思想
比前人更加深刻。那末，是否可能所言並非眞意呢？不會的。陶淵明秉性剛直而
生當亂世，故激憤之情在詩文中時時有所流露，但爲保全自己，也往往掩蓋眞
情，故作恬靜。所以龔自珍說：「莫信詩人眞平淡，三分梁甫七分騷。」他的辭
賦的小序言不由衷之處也是有的。如≪歸去來辭≫的小序中說：「尋程氏妹喪於
武昌，情在駿奔，自免去職」顯然就是遁詞。因爲正文不僅隻字未提及奔喪時的
哀思，反而充滿了擺脫公務後的喜悅便是一例。但從他一貫思想看，只可能實有
所諷而伴稱無所寄托，決不會將遊戲之作說成有所「諷諫」，以招人猜疑，自貽禍
患。把握了這一點，再品味其正文，便不難體會到它確實言之有物，具有深意，
而贊賞其巧妙的構思。

正文共分三大段。第一段首先描寫了一位外貌艷麗，品德高尚，內心世界豐富而舉止優美的女子。她引起了作者的極度愛慕，渴望與她結爲終身伴侶，永不分離。但怎樣才能達到目的，他卻感到爲難，自往結誓吧，不妥；請人致辭吧，也不妥。因而心神不寧，不知如何是好，這是第一段。接着，通過一系列離奇的幻想，以表達作者與她朝夕相依的願望。他一口氣陳述了十種設想，希望自己變成她的衣領、腰帶、髮膏、眉黛、床席、絲履、影子、蠟燭、扇子、鳴琴，但每提出一種設想，立即想到它並不能達到長在一起永不分開的目的，因而引起自己的惑傷，加以否定，再作另一種設想。設想一個又一個地被否定，失望和愁悶之情也愈來愈強烈。這是第二段。因爲賦中是以「願」字來代表希望的，所以人們稱之爲「十願」。這「十願」由於構思的新奇，歷來爲人們所稱道。最後一段是敍自己希望破滅後的悲哀。它又分三個層次，首先說由於「所願必違（背離本意）」，徒費苦心，因而帶著申訴無門的滿懷愁思在南林漫步，開始還「欣懼」各半，冀有所遇，而終無所見，希望完全破滅。接著寫回家途中，夜幕降臨，感慨萬千，草木凋零，寒氣襲人，一路上但見孤鳥獨獸，更加使人觸景傷懷。最後寫自己夜深難眠，只得披衣而起，等待天明。這時遠處傳來悠揚的笛聲，由優美柔和而逐漸嘹亮淒愴，這情調使他懷疑那位美人就在這裏，想托行雲致意，行雲卻默然飄走。於是他意識到，想如願以償是不可能的。於是也就達觀起來，沐浴清風以消除疲勞，把愁思付之流水。平息萬念，而保持自己的誠意，將情志寓於遙遠的他鄉。

《閑情賦》的文句淺顯而寓意深刻，難於領會。要破解它，關鍵是要弄清他所追求的是什麼樣的形象。如照蕭統的理解，則僅是一般的美女，對她如此一見鐘情，神魂顛倒，那當然不過是好色的表現，所以稱之爲「白璧微瑕」。然而，陶淵明心目中的美人，卻不僅僅是「傾城之艷色」，而且「有德於傳聞」。她可與鳴玉比潔，共幽蘭齊芳。在整個描寫中，作者對她容貌之美著墨不多，卻致力於刻畫她的內心之美，才資之美和神態之美。只要細加考察，便會發覺這位美人的思想情操，和陶淵明自己的志趣是如此地合拍，簡直可以合二爲一。如：「淡柔情於俗內，負雅志於高雲」二句，與「閑靜少言，不慕榮利」，「短褐穿結，簞瓢屢空，晏如也」的五柳先生何等相似？所謂「悲晨曦之易夕，感人生之長勤」，與「世短意恒多」（《九日閑居》）、「衞生每苦拙」（《形影神》）的思想豈非如出一轍？蕭統《陶淵明傳》說：」淵明不解音律，而蓄無弦琴一張，每酒適，輒撫弄以寄其意」。自己不善琴瑟而又如此思慕它，無怪乎他心目中的美人要精解音律，並能以之盡情地表露自己心聲的了。總之，《閑情賦》中的女子，實質上是陶淵明理想的化身，《閑情賦》中的十願，是陶淵明對理想執著追求的形象描繪。

《閑情賦》的另一個問題是對文章末尾「尤《蔓草》之爲會，誦《邵南》之餘歌」二句的理解。有人認爲它表明了作者認爲自己想如同《野有蔓草》詩中男女自由結合是錯誤的，應當恪守禮法。也就是表示對前面流露的奔放感情的自我否定，提醒自己要加以防閑之意。然而這看法是值得推敲的。蕭統說：「白璧微瑕者，惟在《閑情》一賦。揚雄所謂勸百而諷一者，卒無諷諫，何必搖其筆端，惜哉，亡是可也。」可見，他並不認爲它是與前文的「勸」相對立的「諷」。從文章看，確實也並無自我批評之意。該賦的結尾，雖要平息「萬慮」，卻仍要保留這片愛慕之誠，而讓它遙寄於「八遐」。從這一點說，蕭統的理解是對的。那麼，這兩句究竟作何理解？《毛詩》在《野有蔓草》和《召南》第一篇《鵲巢》的小序中是這樣寫的：「《野有蔓草》，思遇時也。君之澤不下流，民窮於兵革，男女失時，思不期而會焉。」「《鵲巢》，夫人之德也。國君積行累功，以致爵位，夫人起家而居有之，德如鳲鳩，乃可以配焉。」《毛詩》是魏晉時對《詩經》的權威解釋，陶淵明自然是熟悉的。所以這兩句很可能是援用了《毛詩》的解釋，可以理解爲：怨尤國君之恩澤不能下達。人民備受戰爭之禍，男女婚配失時，迫使他仍想不期而會，向往國君能積累功德，以匹配「德如鳲鳩」的夫人。或者還可進一步理解爲憧憬著賢臣能事明君，生活於政治清明的太平世界。這一願望是不可能馬上實現的，所以只能勉勵自己平息種種胡思亂想而保留自己的信念，把希望寄托於遙遠的將來。這樣，才和前人把陶氏比之屈、宋，將《閑情》目爲《離騷》相吻合而「有助於諷諫」。

陶淵明是一位具備多種風格的作家，能詩善賦，散文也寫得很好，而這篇賦尤有特色。「白璧微瑕者，惟在《閑情》一賦」的評語，如果拋開他批評的意思，那麼，它倒說明了《閑情賦》在陶氏作品《詩文》中的獨特性。這篇賦確實是很有特色的。首先，他模擬《定情賦》《靜情賦》的寫法，而賦予新的主題思想。這一手法，頗似曹植擬《陌上桑》而寫《美女篇》。但思想更加含蓄，並在小序中用「並因觸類，廣其辭義」點出，以啓發人們去探索。其次，他繼承了前人的技巧手法，調動了多種手段組織成篇，而又使之成爲和諧統一的整體。如第一段中所描摹的美女，其實是自己理想的化身，手法似曹植，卻更加精細。而「欲自往以結誓，懼冒禮之爲諐；待鳳鳥以致辭，恐他人之我先」等句，顯然是學習《離騷》，至於著名的「十願」，宋姚寬《西溪叢話》指出，「乃出張衡《同聲歌》，云：『邂逅承際會，偶得充後房。情好新交接，䁹慄若探湯。願思爲莞蓆，在下蔽匡床。願爲羅衾幬，在上衛風霜。』」並加以發展。最後一段敍失望回家，長夜難眠之情，又使我們想到王粲的《登樓賦》。但是，他雖吸取衆家之長，其風格

卻旣非班張，也非曹王，而完全是詩人的自我。清代陳沆說：「≪閑情賦≫，淵明之擬≪騷≫。從來擬≪騷≫之作，見於≪楚辭集注≫者，無非靈均之重詁，獨淵明此賦，比興雖同，而無一語之似，眞得擬古之神。」這一評語，確實深刻地說明了陶淵明在繼承和創新兩方面的卓越成就。　　　　　　　　　　（張璦）

歸去來兮辭 幷序　　　　陶淵明

余家貧，耕植不足以自給。幼稚盈室①，缾無儲粟②，生生所資，未見其術③。親故多勸余爲長吏④，脫然有懷⑤，求之靡途⑥。會有四方之事⑦，諸侯以惠愛爲德⑧，家叔以余貧苦⑨，遂見用於小邑⑩。於時風波未靜⑪，心憚遠役，彭澤去家百里⑫，公田之利，足以爲酒⑬，故便求之，及少日，眷然有歸歟之情⑭。何則？質性自然，非矯厲所得⑮，饑凍雖切，違己交病⑯。嘗從人事，皆口腹自役⑰。於是悵然慷慨，深愧平生之志。猶望一稔，當斂裳宵逝⑱。尋程氏妹喪於武昌⑲，情在駿奔⑳，自免去職。仲秋至冬，在官八十餘日。因事順心，命篇曰≪歸去來兮≫。乙巳歲十一月也㉑。

歸去來兮，田園將蕪胡不歸㉒？旣自以心爲形役，奚惆悵而獨悲㉓！**悟已往之不諫**，知來者之可追㉔。**實迷途其未遠㉕**，覺今是而昨非。**舟遙遙以輕颺㉖**，風飄飄而吹衣。問征夫以前路，恨晨光之熹微㉗。

乃瞻衡宇，載欣載奔㉘。僮僕歡迎，稚子候門。三徑就荒㉙，**松**菊猶存。攜幼入室，有酒盈罇㉚。引壺觴以自酌，眄庭柯以怡顏㉛。倚南窗以寄傲，審容膝之易安㉜。園日涉以成趣㉝，門雖設而常關。策扶老以流憩，時矯首而遐觀㉞。雲無心以出岫㉟，鳥倦飛而知還。景翳翳以將入，撫孤松而盤桓㊱。

歸去來兮，請息交以絕游㊲！世與我而相違，復駕言兮焉求㊳？悅親戚之情話，樂琴書以消憂。農人告余以春及，將有事於西疇㊴。或命巾車，或棹孤舟㊵，旣窈窕以尋壑㊶，亦崎嶇而經丘。木欣欣以向榮，泉涓涓而始流㊷。善萬物之得時，感吾生之行休㊸。

已矣乎，寓形宇內復幾時㊹！曷不委心任去留㊺？胡爲乎遑遑欲

何之㊻？富貴非吾願，帝鄉不可期㊼。懷良辰以孤往，或植杖而耘耔㊽。登東皐以舒嘯㊾，臨清流而賦詩。聊乘化以歸盡㊿，樂乎天命復奚疑(51)！

〔注釋〕①幼稚：幼兒。②缾：同「瓶」，瓦甕。這裏指米缸。③生生：維持生計。前一「生」字是動詞，後一「生」字是名詞。所資：資給，所憑借。術：辦法。④親故：親戚故舊。爲長吏：指做官。⑤脫然：不經意的樣子。有懷：指產生出仕之念。⑥靡：無。途：門路。⑦會：遇，逢。四方之事：指地方勢力的爭權鬪爭。陶淵明四十一歲前後，正是桓玄篡位失敗、劉裕繼起攬權的時期，軍閥混戰，東晋瀕於滅亡。一說，四方之事指陶淵明受建威將軍劉敬宣之命出使京都（建康）之事。因≪論語・子路≫云：「使四方。」⑧諸侯：指各地地方勢力。以惠愛爲德：以愛惜人才爲美德（指爭著用人）。⑨家叔：可能是指陶淵明的叔父陶夔，當時他任太常卿。⑩見：被。邑：縣。小邑：指彭澤縣。⑪風波：指戰事。⑫心憚遠役：心裏害怕供職遠方。彭澤：縣名，在今江西九江地區，舊治在今江西省湖口縣東。去：離。⑬公田：供俸祿的田。蕭統≪陶淵明傳≫載：「公田悉令吏種秫，曰：『吾嘗（常）得醉於酒足矣。』妻子固請種秔，乃使二頃五十畝種秫，五十畝種秔。」⑭少日：不多幾天。眷然：懷念向往的樣子。歸歟之情：回去的想法。≪論語・公冶長≫：「子在陳曰：『歸歟，歸歟！』」⑮矯厲：矯揉做作。所得：能够辦得，指勉爲應付公差事務。⑯切：厲。違己：違背心願。交病：產生痛苦。⑰人事：指仕宦。口腹自役：爲糊口和飽腹而驅使自己(做官)。⑱一稔(ㄖㄣˇ)：指公田收穫一次。稔：穀物成熟。斂裳：收拾行裝。宵逝：連夜離去。⑲尋：不久。程氏妹：陶淵明妹，因嫁程氏，故稱程氏妹。⑳情在駿奔：去　喪的心情就像駿馬奔馳一樣急迫。㉑乙巳歲：指晋安帝義熙元年（405）。㉒胡：爲什麼。㉓心爲形役：心志爲形體所驅使。卽序中所說「嘗從人事，皆口腹自役」之意。奚：爲什麼。：㉔諫：勸止、挽回。追：補救。語出≪論語・微子≫：「往者不可諫，來者猶可追。」㉕迷途：迷失路途，指出仕。其：大概。㉖颺（ㄧㄤˊ）：飛揚，形容船輕快地行駛。㉗征夫：行人。熹微：天色微明。㉘瞻：望見。衡宇：横木爲門的房子，陋室。衡：同「横」。≪詩・陳風・衡門≫：「衡門之下，可以栖遲。」載欣載奔：又欣喜，又奔跑。載：且。㉙三徑：漢代蔣詡隱居後，在住宅前面的竹林中開了三條小路，只與隱士求仲、羊仲二人游息，後人便以三徑指隱士居住的地方。徑：小路。就荒：快要荒蕪了。㉚罇(ㄗㄨㄣ)：

古代盛酒的器具。㉛觴(ㄕㄤ)：酒杯。自酌：自個兒飲酒。眄(ㄇㄧㄢˇ)：斜視，閑看。庭柯：庭院中的樹。怡顏：開顏，臉有喜色。㉜倚：依，靠。寄傲：寄托傲世之情。審：領會，明白。容膝：只能容下雙膝，形容住房極狹。㉝涉：這裏指散步。成趣：自成樂趣。㉞策：拄著。扶老：手杖。流：周遊。憩(ㄑㄧˋ)：休息。矯首：抬頭。遐觀：遠望。㉟無心：無意之中，自然而然。岫(ㄒㄧㄡˋ)：山洞。這裏泛指山。㊱景：同「影」，指日光，翳翳(ㄧˋ)：陰暗的樣子。盤桓：徘徊。㊲息交、絕遊：停止交往遊處。㊳駕言：駕車出遊。見≪詩・邶風・泉水≫：「駕言出遊」，以「駕言」代「出遊」。言：語助詞，無意義。焉求：何求。㊴事：指農事。疇(ㄔㄡˊ)：田地。㊵巾車：有車衣的車。鄭玄≪周禮≫注：「巾，猶衣也。」≪華嚴經音義≫引≪珠叢≫：「以衣被車，謂之巾也。」棹(ㄓㄠˋ)：槳。這裏用作動詞，划船。㊶窈窕(ㄧㄠˇ ㄊㄧㄠˇ)：這裏形容山路幽深。壑：山溝。㊷涓涓：細水長流不絕的樣子。㊸善：以……爲善，企羨。行休：將要結束。㊹已矣乎：算了吧。寓形宇內：寄身在世上。㊺曷：同「何」。委心：隨心。去留：行止。㊻胡爲：爲什麼。遑遑：急急忙忙，心神不安的樣子。之：往。㊼帝鄉：仙境。期：望。㊽植杖：把手杖揷在田邊。耘：除草。耔(ㄗˇ)：在苗根培土。㊾皋：水邊地。舒嘯：放聲長嘯。嘯：撮口發出長而清越的聲音。㊿聊：姑且。乘化：隨著自然的變化。化：大化，自然界的變化。歸盡：回到生命的盡頭，指死。(51)樂乎天命：樂天知命，卽安於命運。乎：語助詞，無意義。≪周易・繫辭上≫：「樂天知命，故不憂。」奚：何。

〔鑑賞〕陶淵明的≪歸去來辭≫寫於東晉義熙元年(405)十一月，這時他四十一歲，任彭澤令僅八十餘天，決定棄官隱居。這篇文章前面有序，敍述他家貧出仕和棄官歸田的經過，可以參看。

「歸去來兮，田園將蕪胡不歸？」文章開門見山地喝出久蓄胸中之志，好像長吁一口悶氣，感到渾身輕鬆自在。「歸去來兮」，卽「回家去啊」！來，表趨向的語助詞。「田園將蕪胡不歸？」以反問語氣表示歸田之志已決。「旣自以心爲形役，奚惆悵而獨悲！悟已往之不諫，知來者之可追。實迷途其未遠，覺今是而昨非。」回顧當時爲了謀生而出仕，使精神受形體的奴役，感到痛苦悲哀，現在已覺悟到過去的錯誤雖然無法挽回，未來的去向卻還來得及重新安排。作者引用≪論語・微子≫中楚狂接輿的歌辭：「往者不可諫，來者猶可追」，稍加點化，形神俱似。「實迷途其未遠，覺今是而昨非」，則是覺醒和決絕的宣言。他看穿了官場的惡濁，不願同流合污；認識到仕途卽迷途，幸而踐之未遠，回頭不遲；一種悔悟和

慶幸之情溢於言外。這一段是申述「歸去來兮」的緣由。寓理於情，讀來誠摯懇切，在平靜的語氣中顯示出思緒的變遷和深沉的感慨。

以下想像歸家途中和抵家以後的情狀：「舟遙遙以輕颺，風飄飄而吹衣」，寫船行順風，輕快如飛，而心情的愉快亦盡在其中。「問征夫以前路，恨晨光之熹微」，寫晝夜兼程，望歸甚切。問路於行人，見暗自計程，迫不及待；唯其如此，方恨路程之長，而嫌時間過得太慢。「恨晨光之熹微」，正是把心理上的歸程之長化爲時間之慢的感覺，以表現其急切盼歸的心情。「乃瞻衡宇，載欣載奔」，寫乍見家門時的歡欣雀躍之態，簡直像小孩子那樣天眞。「僮僕歡迎，稚子候門」，家人歡迎主人辭官歸來，主僕同心，長幼一致，頗使作者感到快慰。「三徑就荒，松菊猶存。攜幼入室，有酒盈樽。」惋嘆之餘，大有恨不早歸之感。所喜手植的松菊依然無恙，樽中的酒也裝得滿滿的。松菊猶存，以喻堅芳之節仍在；有酒盈樽，則示平生之願已足。由此而帶出：「引壺觴以自酌，眄庭柯以怡顏。倚南窗以寄傲，審容膝之易安。」這四句寫盡飲酒自樂和傲然自得的情景。《韓詩外傳》卷九載北郭先生辭楚王之聘，妻子很支持他，說：「今如結駟列騎，所安不過容膝。」「審容膝之易安」，這裏借用來表示自己寧安容膝之貧居，而不願出去做官了。這與「三徑就荒」一樣，都是引用同類的典故，彷彿信手拈來，自然合拍，而且顯得語如己出，渾然無用典之迹。

接着由居室之中移到庭園之間：「園日涉以成趣，門雖設而常關。策扶老以流憩，時矯首而遐觀。雲無心以出岫，鳥倦飛而知還。景翳翳以將入，撫孤松而盤桓。」這八句寫涉足庭園，情與景遇，悠然有會於心的境界。你看他：掛着拐杖，隨意走走停停；時而抬起頭來，望望遠處的景色；舉凡白雲出山，飛鳥投林，都足以發人遐想。「雲無心以出岫，鳥倦飛而知還」，旣是寫景，也是抒情；作者就像那出岫之雲，出仕本屬於「無心」；又像那歸飛之鳥，對官場仕途已十分厭倦，終於在田園中找到了自己理想的歸宿。「景翳翳以將入」，寫夕陽在山，蒼茫暮色將至；「撫孤松而盤桓」，則托物言志，以示孤高堅貞之節有如此松。這一大段，由居室至庭園，作者以飽蘸詩情之筆，逐層寫出種種怡顏悅性的情事和令人流連忘返的景色，展現了一個與惡濁的官場截然相反的美好境界。

下一段再以「歸去來兮」冒頭，表示要謝絕交遊，與世相忘；「悅親戚之情話，樂琴書以消憂」，聽家人談談知心話，以琴書爲親密的伴侶，塵俗不染於心，也足以樂而忘憂了。「農人告餘以春及，將有事於西疇」。躬耕田園的生活，在作者筆下顯然已被詩化，這與其說是寫實，不如說是浪漫的抒情。「或命巾車，或棹孤舟。旣窈窕以尋壑，亦崎嶇而經丘」。寫農事之暇，乘興出遊，登山泛溪，

尋幽探勝。「崎嶇經丘」承「或命巾車」，指陸行；「窈窕尋壑」承「或棹孤舟」，指水路。音節和諧優美，讀來有悠遊從容之概。「木欣欣以向榮，泉涓涓而始流。善萬物之得時，感吾生之行休。」觸景生感，從春來萬物的欣欣向榮中，感到大自然的遷流不息和人生的短暫，而流露出及時行樂的思想。雖然略有感喟，但基調仍是恬靜而開朗的。這一段承上啓下，把筆觸從居室和庭園延伸到郊原和溪山之間，進一步展拓出一個春郊事農和溪山尋幽的隱居天地；並且觸物興感，爲尾段的抒情性議論作了過渡。

　　尾段抒發對宇宙和人生的感想，可以看作是一篇隱居心理的自白。「已矣乎，寓形宇內復幾時！曷不委心任去留！」是說寄身天地之間，不過短暫的一瞬，爲什麼不隨自己的心意決定行止呢？「胡爲乎遑遑欲何之？」是對汲汲於富貴利祿、心爲形役的人們所發出的詰問；作者自己的態度是：「富貴非吾願，帝鄉不可期」，旣不願奔走求榮，也不想服藥求仙；他所向往的是：「懷良辰以孤往，或植杖而耘耔。登東皋以舒嘯，臨清流而賦詩。」良辰勝景，獨自出遊；除草培土，躬親農桑；登山長嘯，臨水賦詩；一生志願，於此已足。植杖耘耔，暗用《論語·微子》荷蓧丈人「植其杖而耘」的故事；登皋舒嘯，則似用蘇門山隱士孫登長嘯如鸞鳳之聲的故事。作者分別用以寄寓自己的志趣。最後以「聊乘化以歸盡，樂乎天命復奚疑」收束全文，表示隨順死生變化，一切聽其自然，樂天知命而盡其餘年。這是作者的處世哲學和人生結論。雖然不免消極，但確乎發自內心，而且包含着從庸俗險惡的官場引身而退的痛苦反省，帶有過來人正反兩面的深刻體驗；因而不同於那種高談玄理，自命清高的假隱士。

　　這篇文章感情眞摯，語言樸素，音節諧美，有如天籟，呈現出一種天然眞色之美。作者直抒胸臆，不假塗飾，而自然純眞可親。李格非說：「《歸去來辭》沛然如肺腑中流出，殊不見有斧鑿痕。」歐陽修說：「晉無文章，惟陶淵明《歸去來辭》而已。」可謂推賞備至了。然而王若虛曾指摘《歸去來兮辭》在謀篇上的毛病，說旣然是將歸而賦，則旣歸之事，也當想像而言之。但從問途以下，都是追敍的話，顯得自相矛盾。卽所謂「前想像，後直述，不相侔。」對此，錢鍾書先生在《管錐編》中已有辯正，並援引周振甫先生的見解：「《序》稱《辭》作於十一月，尙在仲冬；倘爲『追錄』、『直述』，豈有『木欣欣以向榮』、『善萬物之得時』等物色？亦豈有『農人告餘以春及，將有事於西疇』、『或植杖而耘耔』，等人事？其爲未歸前之想像，不言可喻矣。」錢先生認爲本文自「舟遙遙以輕颺」至「亦崎嶇而經丘」，「敍啓程之初至抵家以後諸況，心先歷歷想而如身正一一經」，其謀篇機杼與《詩經·東山》寫征人尙未抵家，而想像家中情狀相類。我

以爲這樣來體味《歸去來辭》的謀篇特點是確當而深刻的。陶淵明此文寫於將歸之際，人未歸而心已先歸，其想像歸程及歸後種種情狀，正顯得歸意之堅和歸心之切。 如果都作爲追敍和實錄來看， 反而失去強烈的情緒色彩和想像的空靈意趣，而且如周振甫先生所說，也不符合寫作時間的實際。須知陶淵明是一位很富於創造性想像的詩人，他的《桃花源記》，就以豐富的想像，創造出一個幽美逼眞的世外桃源， 而成爲「烏托邦」的始祖； 至於那篇頗受衞道者詬病的《閑情賦》，則更發揮其大膽的想像， 不惜化作所愛者身上的衣領、 衣帶、 髮澤、 眉黛、席子、鞋子等等，誠如魯迅所說，這些「胡思亂想的自白，究竟是大膽的」。這種浪漫主義的想像，乃是陶淵明創作的重要特色，也正是構成《歸去來兮辭》謀篇特點的秘密所在。

（吳戰壘）

桃 花 源 記　　　　陶淵明

　　晉太元中， 武陵人捕魚爲業， 緣溪行， 忘路之遠近①。 忽逢桃花林， 夾岸數百步， 中無雜樹， 芳草鮮美， 落英繽紛②。 漁人甚異之。

　　復前行， 欲窮其林。 林盡水源， 便得一山。 山有小口， 髣髴若有光， 便舍船， 從口入。 初極狹， 纔通人③。 復行數十步， 豁然開朗。 土地平曠， 屋舍儼然④， 有良田美池桑竹之屬。 阡陌交通， 鷄犬相聞⑤。 其中往來種作， 男女衣著， 悉如外人。 黃髮垂髫， 並怡然自樂⑥。

　　見漁人， 乃大驚， 問所從來， 具答之。 便要還家， 設酒殺鷄作食⑦。 村中聞有此人， 咸來問訊⑧。 自云先世避秦時亂， 率妻子邑人來此絕境， 不復出焉， 遂與外人間隔⑨。 問今是何世， 乃不知有漢， 無論魏、 晉⑩。 此人一一爲具言所聞， 皆嘆惋。 餘人各復延至其家， 皆出酒食⑪。 停數日， 辭去。 此中人語云：「不足爲外人道也。」

　　既出， 得其船， 便扶向路， 處處志之⑫。 及郡下， 詣太守， 說如此⑬。 太守卽遣人隨其往， 尋向所志， 遂迷， 不復得路。

　　南陽劉子驥， 高尚士也， 聞之， 欣然規往⑭。 未果， 尋病終⑮。后遂無問津者⑯。

【注釋】晉太元：晉孝武帝（司馬曜）年號（376—396）。武陵：晉郡名，郡治在今湖南省常德縣。緣：循，沿着。②落英：落花。繽紛：繁多交雜的樣子。③纔：僅。④儼然：整齊分明的樣子。⑤阡陌，田間小道。南北叫阡，東西叫陌。⑥悉：盡，全。黃髮：指老人。老年人髮色由白轉黃，故稱。垂髫（ㄊㄧㄠˊ）：指兒童。髫：古代小兒垂髮以爲裝飾。怡然：愉快的樣子。⑦要：通「邀」，約請。⑧咸：都。訊：消息。⑨邑人：同縣的人。絕境：與外界隔絕的地方。間隔：隔離不通音信。⑩乃：竟然。無論：更不用說。⑪延：邀請。⑫扶：沿着。向路：舊路，指來時的路。志：記，作標志。⑬郡下：指武陵郡。⑭南陽：今河南省南陽市。劉子驥：名驎之，字子驥，好遊山澤，隱居不仕，見《晉書·隱逸傳》。高尚士：舊時所謂很清高的讀書人。規：計畫。⑮未果：沒有實現。尋：不久。⑯津：渡河的地方。問津：問路，這裏是訪求的意思。

【鑑賞】《桃花源記》是陶淵明的代表作之一，約作於永初二年（421），即宋武帝劉裕弒君篡位的第二年。此時陶淵明歸隱田園已經十六年了。年輕時的陶淵明本有「大濟於蒼生」之志，可是，他生活的時代正是晉宋易代之際，東晉王朝統治集團生活荒淫，內部互相傾軋，軍閥連年混戰，賦稅徭役繁重，加深了對人民的剝削和壓榨，在國家瀕臨崩潰的動亂年月裏，陶淵明的一腔抱負根本無法實現。同時，東晉王朝承襲門閥制度，保護高門士族貴族官僚的特權，致使中小地主出身的知識分子沒有施展才能的機會。像陶淵明這樣一個祖輩父輩僅做過太守一類官職，家境早已敗落的寒門之士，當然就「壯志難酬」了！加之他性格耿直，爲官清廉，不願卑躬屈膝攀附權貴，因而和污濁黑暗的現實社會發生了尖銳的矛盾，產生了格格不入的感情。義熙元年（405），他倉促而堅決地辭去了上任僅八十一天的彭澤縣令，與統治者作了最後決裂，長期歸隱田園，躬耕僻野。他雖「心遠地自偏」，但「猛志固常在」，仍舊關心國家政事。元熙二年六月，劉裕廢晉恭帝爲零陵王，改年號爲「永初」。次年，劉裕采取陰謀手段，用毒酒殺害晉恭帝。這就不能不激起陶淵明思想上的波瀾，產生出對劉裕政權的不滿，加深了對現實社會的憎恨。但他無法改變、也不願干預這種現狀，只好借助創作來抒寫情懷，刻畫一個與污濁黑暗社會相對立的美好境界，以寄托自己的政治理想與美好情趣。《桃花源記》就是在這樣的背景下產生的。

　　《桃花源記》中所描寫的桃花源是作者對黑暗現實（包括東晉王朝和劉宋政權）的批判，是在醜的面前高舉的一面美的鏡子。「土地平曠，屋舍儼然，有良田美池桑竹之屬。阡陌交通，鷄犬相聞」，這些對寧靜的田園生活的描寫，實則

是對「八表同昏，平道伊阻」、「塵網」、「樊籠」的醜惡黑暗現實社會的憎恨；「黃髮垂髫，並怡然自樂。見漁人……便要還家，設酒殺雞作食」，這些又正是對虛偽狡詐、勾心鬥角的殘酷現實的無情批判。他在《感士不遇賦》中切齒地揭露道：「自貞風告逝，大偽斯興，閭閻懈廉退之節，市朝驅易進之心。」因為這個社會充滿偽詐、污穢和黑暗，他感到窒息、憤懣，從而要求出現一個「春蠶收長絲，秋熟靡王稅」的沒有剝削壓迫的社會。生活在公元四世紀末五世紀初的陶淵明，能反映出農民的願望與要求，是應該充分肯定其進步意義的。恩格斯對十八十九世紀的聖西門、傅立葉的空想社會主義給予很高的評價。列寧在《論托爾斯泰》一文中，對空想學說在當時的作用也是給予肯定的。而比他們早一千四百年的陶淵明就能描繪出這樣美好的理想境界，我們難道還不應該充分肯定嗎？

《桃花源記》可分為三部分。第一部分，從首句至「漁人甚異之」，寫武陵漁人捕魚時偶然進入桃花源的曲折情景。作者以驚人的妙筆，描繪了桃源恬靜、優美的自然環境：長長的綠水，夾岸的桃林，紛飛的花片，芬芳的嫩草，使人賞心悅目，心曠神怡。作品一開始就以特有的魅力緊緊抓住了讀者，使你非跟着魚人這個導遊走下去不可。第二部分，從「復前行」至「不足為外人道也」，寫漁人所見的桃源風光及農民古樸淳真、熱情好客的生活情趣。作者借人民不滿秦始皇暴政這一歷史事實來抒發對劉裕弒君篡位暴行的不滿，並由此產生對理想境界的熱烈追求，以大膽的幻想、飽滿的浪漫主義情緒歌頌了理想樂土。這是「記」中的主體和核心。作者是通過形像的描寫，神話式的虛構故事和美的激情來打動讀者心靈的。第三部分，從「既出」至末句，寫漁人離開桃花源後，數人聞訊再訪而不可得其路徑的種種情景。以此作結，給讀者留下了懸念，增加了作品幽微神秘的色彩。這結尾，也可能是暗示讀者：這美好的境界在現實中是並不存在的。「記」中所表現的高尚的理想境界，美好的道德情操，高雅的精神文明等等，是同時代文人所難以企及的。這篇作品除了思想進步，立足點較高外，在表現手法上還有如下特點：

一、真假結合，虛實相生。作品既具有濃烈的浪漫虛幻色彩，又有強烈的真實感人力量。這一方面是因為主題具有現實意義，另一方面是作者始終注意把虛構與現實結合起來。烏托邦式的理想社會是虛構的，情節是離奇的。桃花源是「避秦之亂」的人們開闢的，一直延續到晉代，與世隔絕五六百年，這當然是不可能的。但是，秦始皇式的暴政，在陶淵明生活的時代依然存在，東晉統治集團對人民的殘酷壓榨，對下層知識分子的無情排斥，劉裕篡奪皇位的陰謀手段，都是活生生的現實。所以，人們能通過這離奇的構思，強烈地感到主題的真實。同

時，作者始終注意在虛構故事時結合着逼眞的寫實。如文章一開始就明確向讀者交待了事件發生的時間、地點及其人物的身分職業：「晉太元中，武陵人捕漁爲業」，這就使桃花源內發生的一切事情變得好像都是眞的。最後寫南陽劉子驥向往這個樂土，欣然尋訪，沒有成功。劉子驥，是歷史上實有的人物，是晉朝太元時的名士，與陶淵明是同時代的人，作者把他寫進作品中去，就進一步渲染了作品的眞眞假假的氣氛。作者之所以如此首尾照應，意在使人確信：虛幻怪異的桃花源是實有其地的勝境，從而加強了作品誘人的藝術力量。

　　二、曲折回環，層次分明。作者寫桃花源境界並不是開門見山，單刀直入，而是幽深奧秘，迂回曲折。開始寫有一條很長很長的溪流，不知有多少里程；沿溪的兩岸有一大片桃林，不知有多寬多長；在林盡水絕之處，有一座大山，擋住去路，人世間好像到了盡頭。再仔細一看，山有一小口，鑽入洞內，僅僅能通過一人，走數十步，忽然開朗起來。作者所寫這溪流、桃林、芳草、落花、高山、洞口，是一個無人區，十分潔靜、清新、美好，它隔斷了現實社會喧囂汚穢的生活，爲桃花源的隱蔽幽深作了過渡性的描寫；同時，爲讀者進入桃花源境內造成心理上的準備，不致使人感到突兀。在進入桃花源後，作者的描寫也極有層次：先寫田園風光，遼闊的土地，整齊的房屋，縱橫的田間小道，美好的池塘，垂蔭的桑竹；然後再寫桃花源人民的服飾、勞動、情操、意趣。從遠到近，從田園風光到社會人事，層層遞進，步步深入。同時，作者以曲折的手法寫出漁人的行進過程，一忽兒水路，坐船逆水；一忽兒山路，鑽洞爬山。當乘船沿溪走得忘了遠近時，作者用「忽逢桃花林」一轉，就把讀者帶到一個美麗靜謐的桃花仙境；再當漁人鑽進漆黑狹窄的洞內，感到絕望疑懼時，作者以「豁然開朗」的神來之筆，又把人帶到一個開潤、恬靜、優美的田園樂土，眞是「山重水複疑無路，柳暗花明又一村」。作者這種跌宕起伏的筆觸，使讀者的感情不由自主地隨之驟變：當你進入到桃花林時，它使你「喜」；當你走到水窮路絕的隘口時，它使你「疑」；當你鑽入桃花源見到一個沒有剝削壓迫的社會時，它使你「驚」；當你再想去尋訪這個境界時，它使你「迷」。這一喜、一疑、一驚、一迷的種種複雜情感變化，正是作品所產生的征服人們心靈的藝術力量。

　　三、語言曉暢，用詞精到。《桃花源記》多用白描手法，語言通俗流暢，明白如話。敍寫情事，如口說家常；描繪人物，如面對朋友。明代許學夷說：陶多用「晉宋間語。靖節耳目所濡，故不覺出諸口耳」（《詩源辯體》）。在當時一味講究辭藻、雕琢字句、形式主義蔚然成風的氛圍中，陶淵明以清新樸實的語言描繪的理想境界，可說是「清水出芙蓉，天然去雕飾」。然而我們絕不要以爲「記」

中的這種自然的語言是隨意寫來的，它是經作者仔細推敲、苦心琢磨的結果。正
如宋人所說：「語造平淡，而寓意深遠，外若枯槁，中實敷腴」（見李公煥《箋注
陶淵明集》卷四）。例如寫桃花源人見到武陵漁人後，作者用「乃大驚」三字，
就既寫出了桃花源人對陌生人的驚異，又顯示出桃花源與世隔絕的久遠。又如寫
山口有光，是「髣髴若有光」。「髣髴」，看不清楚的樣子，這二字用得既靈活又貼
切。爲什麼說山口有點兒光呢？第一，因所寫山口很小，光線不甚分明，用「髣髴」
二字正可描繪出光線極弱，洞口若明若暗的樣子，這更符合桃花源隱蔽五六百年
而不爲人發現的情景。第二，因爲桃花源是虛設的境界，其中景物並非實有，所
以用詞不能太着實。這樣，給讀者以迷離恍惚之感，增強了語言藝術的魅力。

　　《桃花源記》的主體本是「詩」，而「記」僅是詩的一個序言，一個注腳，所
以原題是《桃花源詩幷記》。但因爲這個「記」有着生動的故事，完整的結構和
完美的表達形式，所以它不但可以獨立成篇，而且比「詩」流傳更爲廣泛，更爲
人們所喜愛，後來就有人索性將題標爲《桃花源記幷詩》，終至於「喧賓奪主」
了。

（蘇者聰）

自 祭 文　　陶淵明

　　歲惟丁卯①，律中無射②。天寒夜長，風氣蕭索③；鴻雁於征④，
草木黃落。陶子將辭逆旅之館⑤，永歸於本宅⑥。故人悽其相悲，同
祖行於今夕⑦，羞以嘉蔬⑧，薦以清酌⑨。候顏已冥⑩，聆音愈漠⑪。
嗚呼哀哉！

　　茫茫大塊⑫，悠悠高旻⑬，是生萬物，余得爲人。自余爲人，逢
運之貧。簞瓢屢罄⑭，絺綌冬陳⑮。含歡谷汲⑯，行歌負薪⑰。翳翳
柴門⑱，事我宵晨⑲。春秋代謝，有務中園⑳，載耘載耔㉑，迺育迺
繁㉒。欣以素牘㉓，和以七弦㉔。冬曝其日㉕，夏濯其泉㉖。勤靡餘
勞㉗，心有常閑。樂天委分㉘，以至百年㉙。惟此百年，夫人愛之㉚。
懼彼無成，愒日惜時㉛。存爲世珍，沒亦見思㉜。嗟我獨邁㉝，曾是
異玆㉞。寵非己榮㉟，涅豈吾緇㊱。捽兀窮廬㊲，酣飲賦詩。識運知
命，疇能罔眷㊳。餘今斯化㊳，可以無恨。壽涉百齡㊵，身慕肥遁㊶。

從老得終，奚所復戀！

　　寒暑逾邁㊷，亡旣異存。外姻晨來，良友宵奔㊸。葬之中野㊹，以安其魂。窅窅我行㊺，蕭蕭墓門㊻。奢恥宋臣㊼，儉笑王孫㊽。廓兮已滅㊾，慨焉已遐㊿。不封不樹㈤，日月遂過。匪貴前譽㈤，孰重後歌㈤？人生實難，死如之何？嗚呼哀哉！

【注釋】①惟：句中語氣詞。丁卯：這裏是指公元 427 年。②律中（ㄓㄨㄥˋ）無射（ㄧˋ）：這裏指季秋九月。古人把樂律和歷法聯繫起來，一年十二個月正好和十二律相配。「無射」是十二律之一，正當九月。③蕭索：淒涼的樣的樣子。④於：語助詞，無義。征：行，這裏指飛行。⑤陶子：作者自稱。逆：迎。逆旅之館：旅館，這裏喻人世，作者把人活在世上比作旅客暫住在旅館。⑥永歸本宅：指死亡。本宅：老家。⑦祖行：餞行，這裏指給死者餞行。祖：出行時祭路神。⑧羞：獻。⑨薦：獻。清酌：祭奠所用的酒。⑩候：伺望。冥：無影無踪。⑪漠：同寞，寂寞無聲。⑫大塊：指大地。⑬旻（ㄇㄧㄣˊ）：天。⑭簞（ㄉㄢ）：古代盛飯的圓竹器。罄（ㄑㄧㄥˋ）：空，盡。⑮絺（ㄔ）綌（ㄒㄧˋ）冬陳：冬天把麻布陳列出來。意思說，沒有御寒的皮裘。絺：細麻布。綌：粗麻布。⑯谷汲：在山谷裏打水。⑰行歌：邊走邊唱。⑱翳翳：昏暗的樣子。⑲事：侍奉，這裏可理解成陪伴。⑳有務：有事。中園：園中。㉑載：語助詞，無義。耘：除草。耔（ㄗˇ）：見《歸去來兮辭》注。㉒迺：乃的異體字，語助詞，無義。育：培育。繁：繁殖。㉓素牘：指書籍。㉔七弦：指七弦琴。㉕曝（ㄆㄨˋ）：晒。㉖濯（ㄓㄨㄛˊ）：洗。㉗靡：沒有。㉘樂天：樂從天道。委分：守本分。委：隨順。㉙百年：指一生。㉚夫（ㄈㄨˊ）人：泛指衆人。㉛愒（ㄎㄞˋ）：貪。㉜沒：死亡。見：被。㉝邁：行。㉞曾：乃，竟。玆：指衆人所抱的那種態度。㉟寵：榮。㊱涅（ㄋㄧㄝˋ）：黑色染料。緇（ㄗ）：黑色。㊲捽兀（ㄗㄨㄛˊㄨˋ）：意氣高傲的樣子。㊳疇：語助詞，用於句首。罔：無。眷：顧念。㊴化：指死。㊵涉：經歷。㊶肥遯（ㄉㄨㄣˋ）：高隱。㊷逾邁：進行。㊸奔：指奔喪。㊹中野：曠野之中。㊺窅（ㄧㄠˇ）窅：深遠的樣子。㊻蕭蕭：風聲。㊼宋臣：指春秋時宋國的司馬桓魋，他自爲石椁（套在棺材外面的石棺），三年不成，孔子認爲他太奢侈了。㊽王孫：指西漢的楊王孫，他臨終前囑咐兒子把他裸葬。㊾廓：空寂。㊿遐：遠。㈤封：指聚土爲墳。樹：種樹。上古人死後，往往植松柏於墓以志之。㈤匪：同非。前譽：生前的榮譽。㈤後歌：死後的歌頌。

【鑑賞】我國古代弔唁哀悼之作，寫得感情眞摯、沉痛凄楚之篇盡多，甚至以此名家者也不少。但像陶淵明≪自祭文≫那樣「出妙語於纏息之餘」的卻不多見。誠然，蘇東坡這一評語是誇張的，它未必卽是陶氏臨終絕筆。≪自祭文≫寫於宋元嘉四年九月，而根據朱熹≪通鑑綱目≫，陶淵明卻卒於同年十一月。其間相隔尚有兩個多月。但是，東坡此說又是基本符合事實的。淵明晚年貧病交迫，感到死亡的威脅已多年了。他在≪與子儼等疏≫中已說：「病患以來，漸就衰損，親歸不遺，每以藥石見救，自恐大分將有限也。文中也盡是對兒子們囑咐」的身後之事，故被清人邱嘉穗稱爲臨終遺言。但是，從文中「吾年過五十」之語看，至少也是六十歲前若干年的作品，距他六十三歲之死還有相當長的時間，而此時他已病了一個時期了。關於陶淵明的死因，各家傳記均未說明。只有顏延之≪陶徵士誄≫說他「年在中身，疢維痁疾，視死如歸，臨凶若吉。」「中身」就是中年，痁疾卽是瘧疾。大約他在五十歲前已患有瘧疾，之後時愈時發，這種病雖不易致命，卻很傷身體，在古代又很難治癒。作者爲疾病折磨了近二十年，終於在身心極度衰竭中去世了。作者在臨終前兩個月，大約已奄奄一息，預感到死亡的到來，所以先後寫了≪自祭文≫、≪挽歌詩≫等作品，從這個意義上說，稱之爲「纏息之餘」並不過分。因爲眞正到了斷氣前的一剎那，是寫不出大文章來的。總之，它決不是那些在身強力壯之時的「名士」故作達觀而爲自己寫的祭文、挽詩，而是誠摯的臨終前的心聲。它的價值也正在這裏。作者晚年境遇是悲慘的。他貧病交迫，有時不得不外出乞食，有時只好空着肚子在家僵臥。一次，江州刺史檀道濟去望他，他已在家「偃臥瘠餒有日矣」。陶淵明並非無法謀求富貴，而是他看透了官場的醜惡和虛僞，堅決不願同流合汚。因此，自晉末到宋初，雖屢被徵召，均拒絕到職，直到在貧困中去世。有些被人們目爲叱咤風雲、驚天動地的英雄人物，當他們感覺末日的到來時，往往不免或驚惶失措，或傷心落淚。如劉邦爲了更快地逃命，竟不惜從車上推墮自己親生的子女；項羽在四面楚歌中，也依依不捨兒女之情而「泣數行下」。而陶淵明這位文弱的詩人，在死神面前卻安詳而自在，在回顧往事時，甚至流露出滿足和快慰。這不禁使我們想到他的≪神釋≫詩所說：「縱浪大化中，不喜亦不懼，應盡便須盡，無復獨多慮」之語。這樣的處世態度能至死不變，無怪乎前人一再稱讚他「性情眞摯」。

　　≪自祭文≫的結構也很巧妙，全文共分三段。首段從開端到「聆音愈漠」，是對自己臨終情景的設想。先用「歲惟丁卯，律中無射」二句點明時間。接下去四句，描繪了當時的悲涼氣氛。「季秋之月」，本來就是容易使人感傷的月份，「悲哉！秋之爲氣也，草木搖落而爲霜。」何況適逢詩人彌留之際。病榻上的詩人自

然看不到外界的變化，然而豐富的人生經驗卻使他敏銳地感受到了它。天寒夜長、風聲雁唳，在在都使他意識到秋的到來。「草木黃落」一句，不僅是作者對自然界情景的想像，也是爲下文述作者之死作舖墊。隨後刻畫作者臨終情景：親故紛紛到來，傷心地爲他送喪。用「嘉蔬」、「清酌」祭奠他，但作者已無法看到、聽到了。

第二段從「茫茫大塊」到「奚所復戀」，是對自己一生的回顧。它又分如下幾個層次：首先，他總結了自己一生的歷程：生活窮困，但是能安貧樂道；耕作辛勞，有暇仍琴書自娛。結論是：「勤靡餘勞，心有常閑。樂天委分，以至百年。」意思就是說：勞累，但是沒有別的操心事，所以心裏經常是悠閑的。樂從天意的安排，任憑命運的擺布，一直到死。他這種「樂天委命」思想，今天看來似乎太消極了。其實，它在當時卻有相當積極意義。第一，它是對當時迷信佛家的「神不滅」和道家長生之說的批判，他講的「天」「命」，就是事物的變革，季節的更替，人的生死等必然規律，是有樸素的唯物因素的。第二，它是對那些不能安於貧賤，而去投靠罪惡的統治者，昧着良心地曲意迎合、爾虞我詐的士大夫們的批判。這也是有其歷史進步意義的。從「勤靡餘勞」到「奚所復戀」，則是從人我對比的角度，考察自己的一生。「惟此百年，夫之愛之。」人們對自己的「百年」生存之期，都是那樣地寶愛，惟恐它沒有成就，一時一刻也不肯浪費，都在爲自己的名利而奮鬥，總希望「存爲世珍，沒亦見思」，活着是世間的高貴者，死後也名垂青史，受人思慕。作者的行動卻與此不同，覺得世人的褒貶與己無關，自己並不以此爲榮辱，所以能傲然於茅廬之中，暢快地飲酒賦詩。這是一。一般的人「識運知命，疇能罔眷」。了解自己的生命將會結束，誰能不留戀？可是「餘今斯化，可以無恨」。爲什麼呢？他解釋道：「壽涉百齡，身慕肥遁，從老得終，奚所復戀！」前兩句說明他的願望，他所「身慕」的是兩件事：一是「壽涉百齡」，即長壽；二是「肥遁」，即棄官歸隱。後兩句說既然順從自己心願（隱居）到老，又得以壽終，還有什麼好留戀的呢？「人生七十古來稀」，在古代，像陶淵明這樣能活到六十三歲，年逾花甲，應該算得上長壽的了。而「壽終」的另一個意思，即不死於非命，而是年老後的自然死亡。本文更着重於後一層意思。在那戰亂頻仍、軍閥橫行、政權迭更的混亂時代，作者能長期保持與統治者不合作的態度，「從老得終」，使他感到特別欣慰。能够這樣，還有什麼可留戀呢！帶着滿足、自豪的心情，作者恬然與世長辭了，顯得那樣的「平淡冲和，瀟洒脫落」。宋人許顗說：「陶彭澤詩，顏、謝、潘、陸皆不及者，以其平昔所行之事，賦之於詩，無一點愧詞。所以能爾。」這是陶詩的特色，而把它作爲≪自祭文≫的特

色，尤爲確切。

「寒暑逾邁」到結束，是全文的結尾。這一段與首段遙相呼應，是作者對自己身後情況的想像。「寒暑逾邁，亡旣異存」，時間在流逝，死旣和生不同，親友們當然要爲之奔忙。爲了使我魂魄安寧，他們照例要把我送到野外下葬。把失去知覺的我送入蕭條淒涼的墓門。墓葬旣不太奢侈，也不太節儉，一切都顯得那麼平常，如同例行公事。人消亡了，人們的感慨之情也愈來愈淡漠。墓上不再有人堆土、栽樹，時間在一天天地過去，一切都不再有人想到了。這便是詩人對自己死後情況的設想。從肉體到影響都全然消失，自然不免使人心酸，但作者立即開解道：「匪貴前譽，孰重後歌？」是的，作者連生前的毀譽都不在乎，怎會計較身後的褒貶呢？短短兩句話，把前面渲染的悲涼氣氛，又冲得踪影全消了。接着作者還補充道：「人生是困難的，死又有什麼關係！」於是，曠達、洒脫之情，又成了作者思想的主流。因此，最後一句「嗚呼哀哉」，除作爲祭文的套語外，如果說有嘆息意味，則與其說是嘆息作者之死，還不如說嘆息世人見解之淺薄和人生道路之艱難。

本文在藝術上最大的特點，便是文中馳騁着作者奔放的想像，表露了作者起伏的感情。本來，作者在病榻之上，除了身體的病痛和心力的衰竭外，當時什麼也未發生。但是，他卻憑着自己病榻上的前思後想，洋洋洒洒地寫出了這篇千古之後還使人爲之動容的傑作來。思考想像，本來是作文的關鍵。蕭子顯≪南齊書·文學傳論≫云：「屬文之道，事出神思。感召無象，變化不窮。俱五聲之音響，而出言異句；等萬物之情狀，而下筆殊形。」劉勰≪文心雕龍·神思≫也說：「夫神思方運，萬途竟萌，規矩虛位，刻鏤無形。登山則情滿於山，觀海則意溢於海，我才之多少，將與風雲而並驅矣。」但本文卻把死看成「陶子將辭逆旅之館，永歸於本宅」，覺得十分自然而平淡。次段寫自己的生活環境十分清苦，「簞瓢屢罄，絺綌多陳」，「翳翳柴門，事我宵晨」，而自己卻「含歡谷汲，行歌負薪」，顯得無比安貧樂道。末段寫身後之事，自己死後，「外姻晨來，良友宵奔」，親友們都很傷心；下葬時，「窅窅我行，蕭蕭墓門」，景象也極淒切。特別是從此以後，「廓兮已滅，慨焉已遐，不封不樹，日月遂過。」更是令人感慨萬千。但作者卻以爲「匪貴前譽，孰重後歌？人生實難，死如之何？」態度極其曠達。「紅花雖好，也要綠葉扶持」，沒有這樣的客觀環境相映襯，詩人的自我形象就不可能塑造得如此鮮明。

晉宋時代是文筆之分壁壘森嚴的時代，所謂文筆，劉師培說：「偶語韵文謂之文，凡非偶語韵詞概謂之筆。蓋文以韵詞爲主，無韵而偶亦得爲文。」他又引

≪金樓子・立言篇≫:「流連哀思者謂之文。」≪自祭文≫雖「情辭俱達」，但它仍屬於「流連哀思」的祭文之列。因此，它通篇四言，句式整齊，隔句用韵，並隨內容的變化而換韵。排偶句也很多，完全具備了「文」的特點。但是，作者「質性自然」，不喜雕琢，所以不用排偶的地方也不少，顯得文筆流暢。句式也間有出格之處。如「陶子將辭逆旅之館，永歸於本宅。故人淒其相悲，同祖行於今夕」，就不僅不加排偶，而且長短參差，但我們讀起來仍然朗朗上口，感到錯落有致。≪敖器之詩評≫說:「陶彭澤如絳雲在霄，舒卷自如。」本文也很好地體現了這一風格。

（張 瑗）

陶徵士誄 并序

顏延之

夫璿玉致美①，不為池隍之寶②；桂椒信芳③，而非園林之實④。豈其深而好遠哉？蓋云殊性而已⑤。故無足而至者⑥，物之藉也⑦；隨踵而立者⑧，人之薄也⑨。若乃巢、高之抗行⑩，夷、皓之峻節⑪，故已父老堯、禹⑫，錙銖周、漢⑬。而綿世浸遠⑭，光靈不屬⑮，至使菁華隱沒⑯，芳流歇絕，不其惜乎！雖今之作者⑰，人自為量⑱，而首路同塵⑲，輟涂殊軌者多矣⑳。豈所以昭末景、泛餘波㉑？

有晉徵士潯陽陶淵明，南岳之幽居者也㉒。弱不好弄㉓，長實素心㉔，學非稱師㉕，文取指達㉖，在衆不失其寡㉗，處言愈見其默㉘。少而貧病，居無僕妾，井臼弗任㉙，藜菽不給㉚，母老子幼，就養勤匱㉛。遠惟田生致親之議㉜，追悟毛子捧檄之懷㉝。初辭州府三命㉞，後為彭澤令。道不偶物㉟，棄官從好㊱。遂乃解體世紛㊲，結志區外㊳，定迹深棲㊴，於是乎遠。灌畦鬻蔬㊵，為供魚菽之祭㊶；織絇緯蕭㊷，以充糧粒之費㊸。心好異書㊹，性樂酒德㊺。簡棄煩促㊻，就成省曠㊼，殆所謂國爵屏貴㊽，家人忘貧者與㊾？

有詔徵為著作郎，稱疾不到。春秋若干㊿。元嘉四年(51)，月日，卒於潯陽縣之某里。近識悲悼，遠士傷情，冥默福應(52)，嗚呼淑貞(53)。夫實以誄華(54)，名由謚高。苟允德義(55)，貴賤何算焉(56)！若其寬樂令終之美(57)，好廉克

己之操，有合諡典(58)，無愆前志(59)。故詢諸友好，宜諡曰「靖節徵士」。其辭曰:

物尚孤生(60)，入固介立(61)。豈伊時遘(62)，曷云世及(63)！嗟乎若士(64)，望古遙集(65)。韜此洪族(66)，蔑彼名級(67)。睦親之行，至自非敦(68)。然諾之信(69)，重於布言(70)。廉深簡潔(71)，貞夷粹溫(72)，和而能峻(73)，博而不繁。

依世尚同(74)，詭時則異(75)。有此於此，兩非默置(76)。豈若夫子，因心違事(77)。畏榮好古，薄身厚志。世覇虛禮(78)，州壤推風(79)，孝惟義養(80)，道必懷邦(81)。人之秉彝(82)，不隘不恭(83)，爵同下士，祿等上農(84)。

度量難鈞(85)，進退可限(86)。長卿棄官(87)，稚賓自免(88)。子之悟之(89)，何悟之辯(90)！賦辭歸來(91)，高蹈獨善(92)。亦既超曠(93)，無適非心(94)。汲流舊巘(95)，葺宇家林(96)。晨烟暮藹，春煦秋陰(97)。陳書輟卷，置酒弦琴。居備勤儉，躬兼貧病。人否其憂(98)，子然起命(99)。隱約就閑(100)，遷延辭聘(101)。非直也明(102)，是惟道性(103)。

糾纆斡流(104)，冥漠報施(105)。孰云與仁(106)，實疑明智(107)。謂天蓋高(108)，胡諐斯義(109)！履信曷憑(110)，思順何寘(111)？年在中身(112)，疢維痁疾(113)，視死如歸，臨凶若吉。藥劑弗嘗，禱祀非恤(114)，傃幽告畢(115)，懷和長終(116)。嗚呼哀哉!

敬述靖節，式遵遺占(117)，存不願豐，沒無求贍(118)，省訃卻賻(119)，輕哀薄斂。遭壤以穿(120)，旋葬而窆(121)。嗚呼哀哉!

深心追往(122)，遠情逐化(123)，自爾介居(124)，及我多暇。伊好之洽(125)，接閻鄰舍(126)，宵盤晝憩(127)，非舟非駕。念昔宴私，舉觴相誨，(128):「獨正者危，至方則礙(129)。哲人卷舒(130)，布在前載(131)。取鑒不遠吾規子佩(132)。」爾實愀然(133)。中言而發(134)，「違衆速尤(135)，迕風先蹶(136)，身才非實(137)，榮聲有歇(138)。」睿音永矣(139)，誰箴餘闕(140)？嗚呼哀哉!

仁焉而終，智焉而斃，黔婁既沒(141)，展禽亦逝(142)，其在先生，同

塵往世⑭，旌此靖節⑭，加彼康惠⑮。嗚呼哀哉！

【注釋】①璿（ㄒㄩㄢˊ）玉：美玉。璿：亦作「璇」。致美：極美。②池隍：護城河。③桂椒（ㄐㄧㄠ）：都是做香料的植物。信：誠然。④實：物資。⑤殊性：特殊的習性。⑥無足而至：《韓詩外傳》，《夫珠出於江海，玉出於昆山，無足而至者，由主君之好也。」意思是說，希罕的東西，人只要愛好，就自然會得到它。⑦藉：憑藉。⑧隨踵而立：形容人的衆多。踵：脚後跟。⑨薄：輕視。⑩巢父，相傳是堯時的隱者。高：伯成子高，相傳是禹時的隱者。抗行：高尚的行爲。⑪夷：伯夷，殷周之間的人，與其弟叔齊反對周武王伐紂，逃到首陽山，不食周粟而死。皓：四皓，指秦末的四個隱士：夏黃公、甪里、綺里季、東園公。峻節：高峻的節操。⑫父老堯、禹：把堯禹看做和普通父老一樣的人。父老：此指普通老百姓，意動用法。⑬錙銖：古代兩種重量單位，二十四銖爲一兩，六銖爲一錙。這裏是意動用法，輕視的意思。周漢：周朝、漢朝。⑭綿世：聯綿的世代，指過去的年代。浸：漸。⑮光靈：比喻盛德。不屬：不聯接，指無人繼承。⑯菁（ㄐㄧㄥ）華：精粹。這裏指隱士們的抗行峻節。⑰作者：這裏指隱士。⑱爲量：以爲限度。指滿足於已有的成就。⑲首路：出發。同塵：《老子》云，「和其光，同其塵。」這裏指同走隱士道路。⑳輟（ㄔㄨㄛˋ）涂：半途而廢。涂通「途」。殊軌：走不同的道路。㉑昭：明亮，彰明。泛：浮起。末景、餘波：比喻前代隱士的高風亮節。㉒南岳，這裏指廬山，在江西省九江市東。幽居：隱居。㉓弱：幼年。弄：嬉戲。㉔長：年長。素：淳樸。㉕稱師：標榜師法。㉖指：宗旨，意旨。達：表達。㉗在衆：在衆人當中。寡：這裏指獨特的操守。㉘處言：在衆人發表議論的時候。見：表現出。默：沉靜。㉙井臼：指汲水和舂米。弗任：擔負不了。㉚藜：一種野菜。菽（ㄕㄨˊ）：豆。不給：不够用。㉛就養：指奉養父母。勤：辛勞。匱：竭。㉜惟：思。田生：戰國時齊人田過。致：盡。致親：盡心養親。議：議論。這裏指齊宣王曾問田過：君與父誰重？田過回答說，父比君重，因爲事君是爲得爵祿，而爵祿是爲養親（見《韓詩外傳》卷七）。㉝毛子捧檄：東漢人毛義，當母親在世時，得到派他做縣令的檄文，非常歡喜。後來母親死去，再徵召他，他便不去了（見《後漢書》卷六十九）。檄：官府徵召用的文書。㉞三命：指多次地徵聘。㉟道：指陶淵明的道德操守。偶物：與世俗相和諧。㊱從好：「從吾所好」的省略語。《論語·述而》載，「子曰：富而可求也，雖執鞭之士，吾亦爲之。如不可求，從吾所好。」㊲解體：這裏是擺脫的意思。世紛：世俗的紛擾。㊳結志：集中志向。區外：世外。㊴定：停留。迹：脚

印。深棲: 在山林深處隱居。④灌畦(ㄑㄧ́): 從事田園勞動。灌: 澆水。畦: 田畦。霽(ㄩˋ)賣 ④供: 充。魚菽之祭: 用魚和豆祭祀祖先。≪公羊傳‧哀公六年≫:「陳乞曰: 常之母有魚菽之祭。」疏:「言魚與豆者, 示薄陋無所有故也。」④絢(ㄑㄩ): 鞋頭上一種鈎形的東西, 可以穿繫鞋帶。緯蕭: 編織蒿草做成席菭。緯: 織。蕭: 蒿。④糧粒: 指飲食。④異書: 奇書。這裏當指陶淵明讀的≪穆天子傳≫、≪山海經≫之類的書。④酒德: 晉劉伶有≪酒德頌≫。這裏酒德指酒。④簡: 省略。煩促: 迫促。④就成: 成就。省曠: 簡約曠達。④殆(ㄉㄞˋ): 大概。國爵屏貴: ≪莊子‧天運≫云,「至貴國爵屏焉。」意思是說, 有道德修養的人, 連國家的爵位都能屏棄。屏: 棄。④家人忘貧: ≪莊子‧則陽≫云,「故聖人, 其窮也, 使家人忘其貧。」意思是說人格品德最高的人, 在他貧窮的時候能使家人忘掉貧窮。與: 同「歟」。⑤春秋: 年齡。⑤元嘉: 南朝宋文帝年號。元嘉四年: 公元 427 年。⑤冥默福應: 即福應冥默, 指天道不明。冥: 渺茫、黑暗。默: 沉默, 沒有反應。福應: 古代迷信, 認爲行善得福, 是天對人的報應。⑤淑: 善。貞: 正。⑤實: 指一個人的行爲。華: 動詞, 顯示出華美。⑤允: 這裏是確實符合的意思。⑤何筭: 不用計較。⑤令終: 善終。⑤典: 典章, 條文。李善注:「謚法曰: 寬樂令終曰『靖』, 好廉自克曰『節』。」⑤愆(ㄑㄧㄢ): 違。前志: 前人的書志, 指謚典。⑥尙: 崇尙。孤: 獨立。⑥固: 固守, 堅持。介立: 獨立、特立。⑥伊: 語氣詞。時遘(ㄍㄡˋ): 隨時遇到。⑥曷: 何。世及: 代代都有。⑥若士: 此士, 指陶淵明。⑥古: 指古代的隱士。遙集: 遙遙相應。集: 聚。⑥韜: 藏而不露, 不炫耀。洪族: 大族。陶淵明的曾祖陶侃曾爲大司馬。⑥蔑: 蔑視。名級: 指著名的上層等級。⑥至自: 來自。敦: 勉力, 勉強。⑥然諾: 履行諾言。⑦布言: 季布的諾言。漢代季布守諾言, 當時諺語說:「得黃金百, 不如得季布諾。」(見≪漢書‧季布傳≫)⑦廉: 方正。⑦貞: 正。夷: 平。粹: 純一不雜。溫: 和。⑦峻: 嚴峻。⑦依世: 牽就世俗。尙同: 與旁人苟同。⑦詭時: 違背時俗。則異: 以異爲則, 意思是以不同於世俗爲準。⑦默置: 默然置之, 指對一切事物持超然態度。⑦因心: 順着自己的本心。違事: 違棄世事。⑦世霸: 當世的霸者, 指當權的大官。虛禮: 指對陶淵明虛心禮遇。⑦州壤: 指州縣地方。推風: 推崇陶淵明的高風。⑧義養: 合乎禮義地奉養父母。⑧懷邦: 懷念自己的家鄉。⑧人: 此指陶淵明。秉彝: 指秉性。⑧隘: 狹隘。不恭。不敬。⑧下士、上農: ≪禮記‧王制≫云,「諸侯之下士, 視上農夫, 祿足以代其耕。」這裏指陶淵明位卑祿薄。⑧度量: 氣度、胸襟。鈞: 衡量。⑧進退: 指仕宦和隱退。可限: 有操守。⑧長卿: 司馬相如字。⑧稚賓: 漢代郇相, 字稚

賓。自免: 因病辭官。 89子: 指陶淵明。 悟之,指懂得了棄官隱退的道理。⑩
辯: 同辨,指對於那些道理懂得透徹。91歸來: 指≪歸去來兮辭≫。92高蹈: 指
歸田隱園。獨善:「獨善其身」的略語。≪孟子‧盡心上≫云,窮則獨善其身,
達則兼濟天下。93曠: 曠達。94適: 往。95汲流: 汲水。舊巘 (1ㄢˇ): 舊日家
山。96葺 (く१): 用茅草覆蓋房屋。宇: 屋宇,房屋。家林: 鄉家的園林。97煦
(Tㄩˇ): 陽光的溫暖。98否: 否定。99然: 安於。⑩隱約: 窮困。閑: 隱退。⑩
遷延: 退避。⑩非直: 不但。也: 語氣詞。明: 明哲。⑩道性: 有道德、有修養
的品性。⑩糾纆(ㄇㄛˋ): 三股線捻的繩子。引申為 繞聯絡。賈誼≪鵩鳥賦≫:
「夫禍之與福兮,何異糾纆。」≪集解≫:「禍福相為表裏,如糾纆繩索相附會
也。」此用其意。斡 (xㄛ) 流: 旋轉流動。賈誼≪鵩鳥賦≫:「斡流而遷兮,或
推而還。」意思是說,事物在變化流轉,禍福倚伏無定。⑩冥漠: 渺茫。報施:
指「天」給予人的「報應」。⑩孰: 誰。與: 贊許。仁: 指仁人。⑩明智: 這裏
指明智之士。⑩蓋: 大概。⑩胡: 何,為什麼。愆 (くㄧㄢ): 違反。⑩履信畧
憑: ≪周易‧繫辭上≫云,「人之所助者,信也。」這裏據以提出疑問說: 履行信
義,何以沒得人助的憑驗。⑪思順何寘: ≪周易‧繫辭上≫云,「天之所助者,
順也。」這裏據以提出疑問說: 思順天道,何以反遭棄置? 寘: 同「置」。⑫中
身: 指五十歲左右。⑬疢 (ㄔㄣˋ): 病。維: 語氣詞。痁 (ㄕㄢ): 瘧疾。⑭
恤: 顧。⑮傃(ㄙㄨˋ): 向。幽: 幽冥。⑯懷: 懷抱着。和: 指沖淡和平的修養。
長畢: 指死亡。⑰式: 發語詞。遺占: 遺囑。占: 口述的話。⑱瞻 (ㄕㄢˋ): 豐
足。⑲訃: 訃告,報喪的信。賻 (ㄈㄨˋ): 送喪的禮物。⑳遭壤: 隨便找一個地
方。壤: 土地。穿: 指挖墳穴。㉑旋: 立刻。窆 (ㄅㄧㄢˇ): 下棺。㉒追往: 追念
往日。㉓遠情: 深情。逐: 追逐,這裏是追念的意思。化: 變化,這裏指死去的
人。㉔爾: 指陶淵明。介居: 獨居。㉕伊: 語氣詞。洽: 和諧。㉖接閭: 近居。
閭: 閭里。㉗盤: 盤桓。㉘誨: 勸導。㉙礙: 障礙。㉚哲人: 才能識見超衆的
人。卷: 指隱退。舒: 指仕進。㉛布: 陳述。前載: 前人的記載。㉜規: 規勸。
佩: 佩帶,引申為記住的意思。㉝愀然: 憂慮的樣子。㉞中言: 內心的話。㉟違
衆: 與衆人相違背。速: 加速。尤: 怨恨。㊱迕 (xˇ) 風: 逆風的東西。蹶 (
ㄐㄩㄝˇ): 倒下。 ㊲身才: 人身和才幹。實: 堅實。㊳榮聲: 榮華和名聲。有歇: 有
消歇的時候。㊴容 (ㄖㄨㄥˊ) 音: 明哲的言論。永: 這裏指永別。㊵箴(ㄓㄣ):
規勸。闕: 過失。㊶黔婁: 春秋時代的高士,死後他的妻子謚他為「康」。㊷展
禽: 春秋時魯國的大夫,封邑名「柳下」,謚為「惠」,亦稱柳下惠。㊸同塵: 同
道。往世: 古代,這裏指古代的賢士。㊹旌: 表彰。㊺加: 超過。

【鑑賞】我國文學史上最著名的田園詩人陶淵明生活在東晉末年。他在世的時候，既非軍政界的重要人物，也非文壇上的知名詩人。他去世的時候，頗爲蕭條，連「春秋若干」都沒有一個確切的記載。當時只有他的好友，任始安郡太守的顏延之寫了一篇《陶徵士誄》，寄托傷悼之情。儘管顏延之對陶淵明歸隱的意義和文學創作的成就理解並不深刻，但由於顏延之跟陶淵明交往時間甚長、情誼甚深，因而這篇誄文是記述陶氏生平、品評陶氏德行的一篇最早、最眞實的文獻，是我們今天了解陶淵明的生活和思想的最可靠的參考材料。這篇誄包括兩個部分。前一部分用散文寫成，可以稱作序文：後一部分是誄文正文，用韵文寫成。兩部分內容各有側重，但又有相同之處，都記述了與逝者有關的生活，贊頌其品德，抒發哀傷懷念之情。正如《文心雕龍‧誄碑》，「誄者，累也。累其德行，旌之不朽也。……論其人也，曖乎若可覿；道其哀也，淒焉如可傷。此其旨也。」顏延之的《陶徵士誄》就是一篇符合「誄」的要求的優秀作品。

　　序文部分可分爲三段。第一段，展開議論，贊美隱士的峻節抗行，對古隱逸傳統後繼無人深表惋惜。作者開篇卽以世所罕見的璠玉和桂椒比喻隱士的高潔。指出它們「深而好遠」，乃是由於具有一種天生的「殊性」，以此說明隱士的品性也是由特殊的天性造成。作者對隱士的高潔給予高度評價，認爲古代巢父、伯成子高、伯夷、四皓這樣的隱士，他們的峻節抗行超過了堯、禹這樣的聖賢，壓倒了周、漢這樣的盛世。可惜的是，後來隱逸的傳統「光靈不屬」了。如今的一些人，自詡爲淸高的隱士，卻常常「輟涂殊軌」，半途而廢，只能算古隱逸傳統的末照和餘波了。作者所以一上來就發這番議論，是由於自東漢以來，隱逸之風甚盛，輿論上以隱逸爲高，這一社會思潮當然會深深影響顏延之的觀點。從文章的布局來看，這一段議論，特別是對「光靈不屬」的嘆惋，正爲下文贊揚陶淵明高蹈幽居作了鋪墊。

　　第二段，記述陶淵明隱居前後的生活狀況和樸實平易的性格。這些記述對於我們了解詩人的經濟地位很有價值：入仕之前，他「少而貧病，居無僕妾，井臼弗任，藜菽不給，母老子幼，就養勤匱」，爲維持生計，才不得不出外做官。這和詩人在《歸去來兮辭》的序言中的自述是一致的。歸田之後，詩人過着農耕的生活，「灌畦鬻蔬，爲供魚菽之祭；織絇緯蕭，以充糧粒之費」。然而詩人不以淸貧的生活爲苦，反而借讀書、飮酒自樂其樂。顏延之認爲這是陶淵明從小就養成的天性所致，他「弱不好弄，長實素心」，「在衆不失其寡，處言每見其默」，養成了「簡棄煩促，就成省曠」的秉賦，所以才能做到「棄官從好」，「解體世紛，結志區外」。

　　第三段，記述陶淵明的去世和贈諡作誄的緣起。對於陶淵明在貧窮的生活中去世，作者極爲憤慨。由於作者認爲陶淵明的品格中有「寬樂令終之美，好廉克己之操」，所以和逝者生前友好商量，贈以「靖節」之諡，又因爲朝廷曾「有詔徵爲著作郎，稱疾不到」，所以諡曰靖節徵士。

　　誄辭部分，用韵文寫成，採用整齊的四言的句式。有的選本在誄辭換韵處分段，但過於瑣碎。這裏按內容的不同分成四段。從「物尙孤生」到「祿等上農」是第一段，贊美陶淵明高尙的人格。作者首先指出陶淵明具有卓然特立的精神。他出身於名門洪族，卻不炫耀自己顯赫的家族，不把門第等級放在眼裏。這在門閥制度森嚴，極重門第等級的東晉，是極爲可貴的。繼而，作者贊頌了陶淵明對親的孝友和待人的誠信，以及方正、深沉、純正、溫和而又不失嚴肅的個性。在那「眞風告逝，大僞斯興，閭閻懈廉退之節，市朝驅易進之心」（陶淵明《感士不遇賦序》）的時代，陶淵明不顧世人的毀譽，「因心違事」，按照自己的本意行事；他「畏榮好古，薄身厚志」，不慕虛榮，心尙淳古，對自身的生活享受要求很低，對理想的追求卻堅持不懈。所以在當地有很高的威望，以致「世霸虛禮，州壤推風」，成爲士人的風範。

　　從「度量難鈞」到「是惟道性」是第二段，記述陶淵明辭官歸隱後的鄉居生活樂趣。這一部分寫得文彩飛動，極爲優美：「汲流舊巘，葺宇家林」，說他又回到故鄉大自然的懷抱；「晨烟暮靄，春煦秋陰」，高度概括了詩人在農村晨昏四時其樂無窮的生活樂趣；「陳書輟卷，置酒弦琴」，記述了勞動之餘讀書、飲酒、撫琴等生活內容，顯得異常淸幽閑適。但顏延之並沒有把陶淵明寫得整日飄飄然，似乎不食人間烟火食，他也寫了詩人生活中並不淸雅的那一面：「居備勤儉，躬兼貧病」，他更贊美詩人堅持勞動生活的節操：「人否其憂，子然其命」。對於他在貧病生活中，「遷延辭聘」，決不再返回仕途的決心，作者認爲不只是由於詩人的明哲，歸根結底還是由於詩人有與衆不同的「道性」。

　　從「糾纏幹流」到「旋葬而窆，嗚呼哀哉」是第三段，記述陶淵明病故的情況和對薄葬的要求，並對天理冥漠，不報施陶氏這樣的仁人表示憤慨。作者首先對天道不明發出了憤怒的責問：「孰云與仁？……胡甯斯義！履信何憑，思順何寘？」這一切都是針對陶淵明終生貧病，「中身」之年（五十歲左右）卽染病身亡而發。對天道的斥責，其實是對那個不公正的社會的譴責。繼而，作者敍述了陶淵明身患瘧疾，卻「視死如歸，臨凶若吉」，旣不願服藥，也不肯求神的達觀態度，以及關於薄葬的遺囑。對於詩人的去世，作者心情十分沉痛，兩次痛呼「嗚呼哀哉」，在誄辭的人稱上也由第三人稱改爲對面呼告的第二人稱（「子」），從而

增強了誄辭的感情色彩。

從「深心追往」到篇末是第四段，作者深情地追述二人的情誼，對逝者表示沉痛的悼念。「深心追往，遠情逐化」，表明作者對逝者深情的懷念。因爲作者當初與陶淵明「接閭鄰舍，宵盤晝憩」，關係十分親密，而這種親密的情誼是以二人的志趣相投或思想上的一致爲基礎的。作者回憶陶淵明對自己的眞誠勸誨，其中包含着深刻的人生經驗。對於仁焉、智焉如陶淵明的逝世，作者欷歔感嘆，想到「睿音永矣，誰箴余闕」，不禁再次痛書「嗚呼哀哉」。

顔延之的這篇《陶徵士誄》對於我們了解陶淵明的生活和思想有很高的文獻價值。作爲陶氏的友人而又對他了解較深的顔延之，在誄文中眞實地介紹了陶淵明歸隱前後的生活狀況：歸田之前，陶淵明和一般士大夫相比，生活是清寒的；歸田之後，還要「灌畦鬻蔬」、「織絇緯蕭」，參加一定的勞動，過着「居備勤儉，躬兼貧病」的生活。旣不像貧苦農民的啼饑號寒，也談不上富裕。按當時的看法，陶淵明的經濟狀況是「未足爲高棲」（陶淵明《飲酒》第九）的，但詩人堅持自己的道路，卽使朝廷徵召，也拒不赴命，甚至在貧病中「視死如歸」，也不後悔。這種堅持理想、堅持氣節的精神是異常高尚的。儘管顔延之理解不深，但這篇誄文客觀地記述了詩人的生活和態度，有助於我們結合陶淵明的詩文認識其思想和人格。我們說，顔延之對陶淵明理解不深，一方面表現在他對詩人歸隱的看法比較膚淺。在誄文的序中，他強調詩人的隱居出於一種高潔的天性，是一種古隱逸之風的繼承，而沒有看出陶淵明不滿現實，與上層社會不同流合汚的態度。稍後於顔的范曄就指出隱逸有種種原因：「或隱居以求其志，或回避以全其道，或靜己以鎭其躁，或去危以圖其安，或垢俗以動其概，或疵物以激其清。」（《後漢書・逸民傳論》）總之，對黑暗的社會都具有一定的批判意義，決非一種「殊性」或「道性」使然。誄辭又說：「長卿辭官，稚賓自免。子之悟之，何悟之辯！」把陶淵明的歸田和司馬相如等的因病辭官等量齊觀，同樣反映出顔延之對陶淵明的不理解。另一個不理解是對陶淵明文學成就的評價。全文除了「文取指達」四個字外，對陶淵明巨大的文學成就再沒一個字論及。孔子曾說過：「辭達而已矣。」是不提倡文辭的華美的。魏晉以來，文學趨向華美藻飾。顔延之說陶氏「文取指達」，實際是一種委婉的批評，意思是說他寫作品只求能表情達意，並無文采可言。這種意見反映出顔延之對陶淵明文學的輕視，也反映着當時士大夫階級的文學傾向。顔延之「文章之美，冠絕當時」（《宋書・顔延之傳》），是當時文壇的領袖。他自己的詩「鋪錦列繡」，「雕繢滿眼」。以如此的文學好尙去看陶淵明的詩文，當然以爲質木無文，無可足取了。「文取指達」還是比較客氣

的評價哩！當然，這種評價是時代風氣的反映，劉勰、鍾嶸、沈約乃至蕭統對陶氏文學成就評價都不高，我們也不必對顏延之過多責備。　　　（周　明）

張　衡　傳　　　范　曄

　　張衡，字平子，南陽西鄂人也①。衡少善屬文②，游於三輔③，因入京師，觀太學，遂通五經④，貫六藝⑤。雖才高於世，而無驕尚之情。常從容淡靜，不好交接俗人。永元中⑥，舉孝廉不行⑦，連辟公府不就⑧。時天下承平日久，自王侯以下莫不逾侈。衡乃擬班固《兩都》⑨，作《二京賦》，因以諷諫，精思傅會，十年乃成。大將軍鄧騭⑩奇其才，累召不應。

　　衡善機巧，尤致思於天文陰陽歷算。安帝雅聞⑪衡善術學⑫，公車特徵⑬，拜郎中⑭，再遷爲太史令⑮。遂乃研核陰陽，妙盡璇機之正⑯，作渾天儀⑰，著《靈憲》⑱、《算罔論》⑲，言甚詳明。

　　順帝初，再轉復爲太史令。衡不慕當世，所居之官，輒積年不徙。自去史職，五載復還。

　　陽嘉元年⑳，復造候風地動儀㉑，以精銅鑄成，員徑八尺，合蓋隆起，形似酒尊，飾以篆文、山龜鳥獸之形。中有都柱㉒，傍行八道，施關發機，外有八龍，首銜銅丸，下有蟾蜍，張口承之。其牙機巧制，皆隱在尊中，覆蓋周密無際。如有地動，尊則振龍，機發吐丸，而蟾蜍銜之。振聲激揚，伺者因此覺知。雖一龍發機，而七首不動，尋其方面，乃知震之所在。驗之以事，合契若神。自書典所記，未之有也。嘗一龍機發而地不覺動，京師學者咸怪其無徵㉓。後數日驛至，果地震隴西。於是皆服其妙。自此以後，乃令史官記地動所從方起。

　　時政事漸損，權移於下，衡因上疏陳事。後遷侍中㉔，帝引在帷幄㉕，諷議左右。嘗問衡天下所疾惡者。宦官懼其毀己，皆共目之。衡乃詭對而出。閹豎終恐爲其患，遂共讒之。衡常思圖身之事，以爲

吉凶倚伏，幽微難明，乃作《思玄賦》以宣寄情志。

　　永和初，出爲河間相㉖。時國王驕奢，不遵典憲㉗，又多豪右，共爲不軌。衡下車㉘，治威嚴，整法度，陰知奸黨名姓，一時收禽㉙，上下肅然，稱爲政理。視事三年，上書乞骸骨㉚，徵拜尙書。年六十二，永和四年卒。

【注釋】①南陽西鄂：南陽郡的西鄂縣，在今河南省南陽縣。②屬文：寫文章。屬：連綴。③三輔：漢代以京兆尹、左馮翊、右扶風三地爲三輔。三地在今陝西省中部一帶。④五經：易、書、詩、禮、春秋。⑤六藝：禮、樂、射、御、書、數。⑥永元：漢和帝年號（89-105）。⑦擧孝廉不行：被推選爲孝廉，沒有去。孝廉：漢代選拔人才的科目之一。⑧連辟公府：屢次被徵召。公府：三公的官署。東漢時以太尉、司徒、司空合稱三公，是負責軍政的最高長官。⑨班固《兩都》：班固作的《兩都賦》。兩都指西漢都城長安和東漢都城洛陽。下面的「二京」亦指此。⑩鄧騭（ㄓˋ）：漢和帝鄧皇后兄，任大將軍，執掌朝政。⑪雅聞：常聽說。⑫術學：關於術數的學問，指天文、陰陽、歷算等。⑬公車特徵：（派）公家的車子特意去徵召。⑭郎中：官名。管理車騎門戶，擔任侍衞工作。⑮太史令：官名。掌管起草文書，策命諸侯卿大夫，記載史事，編寫史書，兼管國家典籍、天文歷法、祭祀等。⑯璇機：以玉飾作的古代測天文的儀器。⑰渾天儀：古代的一種天文儀器，相當於現代的天球儀。⑱《靈憲》：爲歷法書。⑲《算罔論》：爲算術書。⑳陽嘉元年：公元132年。陽嘉：漢順帝年號。㉑候風地動儀：一種測地震的儀器。㉒都柱：大銅柱：都：大。㉓無徵：沒有證據。徵：徵驗。㉔侍中：官名。是皇帝的親信顧問，代表皇帝與公卿辯論朝政。㉕帷幄：一般指軍帳，這裏指宮廷。㉖出爲河間相：出京做河間王劉政的相。相：類似太守，管理民事。㉗典憲：典章制度。㉘下車：初到任。㉙收禽：逮捕。禽：通「擒」。㉚乞骸骨：請求退休。

【鑑賞】《張衡傳》以張衡「善屬文」、「善機巧」、「善理政」爲綱組織全文，顯示了張衡作爲文學家、科學家、政治家的才幹與成就。范曄繼承了司馬遷、班固等人關於史傳文寫作的傳統，並因人取事，因事敷文，形成了自己記寫人物傳記的特色。張衡一生行事衆多，成就卓著，品格高尙，如何取其精又不失於偏，慮及全又不流於繁，寫其形又得其神，確要費一番匠心。

敍學習，顯示其成就的基礎。張衡的朋友崔瑗曾稱讚他說：「道德漫流，文章雲浮。數術窮天地，制作侔造化。瑰辭麗說，奇技偉藝，磊落炳煥，與神合契。」張衡多才多藝，德高品潔，是和他的學習、實踐分不開的。范曄寫他的學習，說他「少善屬文」，自幼聰穎明慧，而更突出了他的「游於三輔，因入京師，觀太學」。張衡系南陽西鄂（今河南南陽縣）人，而游學到「三輔」之地，並進入京城洛陽太學參觀、學習。當時學界盛行的是「章句之學」，完全是一套陳腐的死學問，張衡涉足社會，不惜遠游，目標遠大，直入太學，這就使他達到「通五經，貫六藝」的地步。把五經、六藝都融會貫通了，他不是食而不化，也非固步自封，不僅讀書本而且看實際，不只鑽典籍而且研技藝，不單捧冊頁而且知世情。張衡貫古通今，知書識世，明道諳理，可是「雖才高於世，而無驕尚之情」，謙虛謹慎，既是取得重大成就的條件，也是爲人處世的美德。作者僅用了三十四個字，就概及張衡學習的各個方面：內容、方法、精神、成就。這真可謂用墨精當得能收海於勺，縮龍成寸。作者先敍張衡的學習，爲下文敍述他的善爲人、善作文、善機巧、善理政奠下了基礎。

敍品行，顯示其高尚的節操。張衡對爲官作宦，「從容淡靜」；對貪官酷吏，嫉惡如仇；對科學技術，不遺餘力。有的人把學問作爲沽名之具，釣利之餌，登官之梯，而張衡參透人生，潔身自守，他辭謝了多次的舉薦與徵召。作者連用「連辟」、「累召」，「不行」、「不就」、「不應」等詞語，強調了他的不慕利祿，無意仕途。後來的出仕，也只是「拜郎中，再遷爲太史令」一些從事科技、史學方面的業務性職務。「衡不慕當世，所居之官，輒積年不徙」，他不想握權柄以抬高地位，居高位以謀私利。

張衡沒有官欲，但並非沒有官才。他有着敏銳的政治眼光，清醒的政治頭腦，高明的政治手腕。他看到「天下承平日久，自王侯以下莫不逾侈」，不惜花了十年工夫，模擬班固的《兩都賦》，而寫了《二京賦》。在《西京賦》和《東京賦》中，極力鋪寫了二京的所有宮室、動植物，游俠辯論之士、角抵大儺之戲，諷諫當朝的窮奢極侈。這是婉轉的諷喻，有時也挺身而出「上疏陳事」，「諷議左右」，向皇上直言進諫，彈劾奸佞。一旦由他掌握了一定權力，也就大力剪鋤奸徒醜類。他出爲河間王劉政的相時，看到劉政驕奢，不遵典憲，又多豪右，共爲不軌，他一到任就能「治威嚴，整法度，陰知奸黨名姓，一時收禽」，收到「上下肅然，稱爲政理」的效果，可見張衡不僅具有如何做官的認識、理論，而且有着實際施行的本領。

張衡上究天文，下窮地理，精於歷算，擅於機械，自然也洞察當時社會世

情。官場之中，有日天地黑，無風海生浪，所以他先是不做官，想潔身避禍，後來不得不入官場，順帝「嘗問衡天下所疾惡者。宦官懼其毀己，皆共目之」。「衡乃詭對而出」，避其鋒芒，巧為應對。即令這樣，那幫閹豎還「共讒之」，使他更明白在那種政治漩渦中，如履春冰，如捋虎尾，確實是「吉凶倚伏，幽微難明」，而要「常思圖身之事」。當他狠狠打擊了河間王的惡勢力後，也就急流勇退，作出了極明智的決策：「上書乞骸骨」，請求退休還鄉了。從他的《四愁詩》、《思玄賦》、《歸田賦》，都看出作為一個正直的官吏、有為的學者，在當時內心的苦悶，無力除惡，無法避禍，只有獨善其身了。

敍述業，顯示其卓著的成就。張衡在天文、數學、地理、氣象、機械製造方面，都有卓越的成就，在文學、詩賦、繪畫方面成績斐然。郭沫若曾評價說：「如此全面發展之人物，在世界史上亦所罕見」，「萬祀千令，令人敬仰」。范曄為之作傳時，既要顧及全面，又要突出重點。文中以「研核陰陽，妙盡璇機之正，作渾天儀，著《靈憲》、《算罔論》，言甚詳明」概及了他多方面的貢獻，而重點寫候風地動儀。候風地動儀系張衡首創，在科技史上居重要地位。傳記從地動儀的質地、尺寸、規模、形體、文飾以至整個結構的「巧制」、測定時的效驗，作了井然有序的詳明介紹。「驗之以事，合契若神」着一「神」字，極寫儀器功效。「自書典所記，未之有也」，表明此乃史無前例的獨創。更用京師學者最初「咸怪其無徵」，後來「果地震隴西。於是皆服其妙」的典型細節，充分證明了張衡「妙盡璇機之正」的「妙」，「善機巧」的「善」。

這篇傳記僅以七百餘字就概及張衡六十二年中善屬文、善機巧、善理政等方面的傑出成就。全文以時間為序，敍其一生；以「善」為綱，統率題材；以「妙」為目，傳其精神，因而所寫方面多而不雜，事迹富而不亂，文雖簡而概括全。范曄之所以能「驅萬途於同歸，貞百慮於一致，使衆理雖繁，而無倒置之乖，羣言雖多，而無棼絲之亂」（《文心雕龍·附會》），就在於抓住了總綱領，並內蘊着相互關係。張衡正由於潛心於學才達到「通五經，貫六藝」的境界，才使他具有了「善機巧」的知識與才幹，也使他具有了「不慕當世所居之官」的胸襟。不去追名逐利，求官謀宦，才能居郎中的微職「積年不徙」，得「約己博學，無堅不鑽」，有了創造發明。他的做官，不是為了榮華富貴，而是以利於科學研究。當不得不被推上政治舞台時，還始終保持着明智的頭腦。作者將張衡於自然科學、文學、政治活動方面的表現統一了起來，寫出了一個真實的人、偉大的人。

本文除揭示了張衡多方面事迹的內在的聯繫外，善於剪裁也是使本文成功的

重要因索。如寫「善屬文」，就以寫《二京賦》爲主，略涉《思玄賦》，其他甚至不提及；寫「善機巧」，以詳寫候風地動儀爲主，其他科技成果則爲輔；寫「善理政」，以整治法度、收擒奸黨爲主，請求辭職、上調擢升則爲次。在文學、科學、政事三方面，都體現了他「從容淡靜」的個性，又突出了「善機巧」的特點，使張衡這麼個偉大的形象輝耀於讀者面前。　　　　　（徐應佩　周　明）

爲宋公洛陽謁五陵表　　　　　傅　亮

臣裕言：近振旅河湄①，揚旃西邁②，將屆舊京③，威懷司雍④。河流迅疾⑤，道阻且長。加以伊洛榛蕪⑥，津途久廢⑦，伐木通徑，淹引時月⑧。始以今月十二日⑨，次故洛水浮橋⑩。山川無改，城闕爲墟⑪，宮廟墮頓⑫，鐘虡空列⑬，觀宇之餘⑭，鞠爲禾黍⑮。廛里蕭條⑯，雞犬罕音。感舊永懷⑰，痛心在目。

以其月十五日奉謁五陵。墳塋幽淪⑱，百年荒翳⑲。天衢開泰⑳，情禮獲申㉑，故老掩涕，三軍悽感。瞻拜之日，憤慨交集。行河南太守毛修之等旣開翦荊棘㉒，繕修毀垣，職司旣備㉓，藩衛如舊㉔。伏惟聖懷㉕，遠慕兼慰㉖，不勝下情㉗，謹遣傳詔殿中中郎臣某奉表以聞。

【注釋】①振旅：整軍，用兵。河湄（ㄇㄟˊ）：河邊。這裏指黃河邊。②旃：同「旜」，一種旗幟。邁：往。③屆：到。舊京：指洛陽。④威：指征伐。懷：懷柔。司雍：司州，雍州，指洛陽長安一帶。⑤迅（ㄔㄨㄣˊ）：急速。疾：快。⑥伊洛：指伊水、洛水流域。榛（ㄓㄣ）蕪：長了荒榛野草。⑦津：渡口。⑧淹引：遷延，躭擱。⑨今月：指義熙十二年十月。⑩次：到達。故：舊。浮橋：浮搭的橋梁。故洛水浮橋，在故洛城南五里。⑪墟：丘墟，廢址。⑫墮（ㄏㄨㄟ）頓：坍塌。墮：毀壞。頓：壞。⑬虡（ㄐㄩˋ）：掛鐘鼓的木架。⑭觀（ㄍㄨㄢˋ）：闕，宮門前兩邊的望樓。宇：屋宇。⑮鞠：盈，滿。禾黍：泛指莊稼。⑯廛里：住宅，街市。⑰永懷：長久深沉的懷念。⑱幽：暗。淪：淪沒。⑲百年：自公元316年西晉淪亡，到作者撰文時（416），正是百年。翳（ㄧˋ）：遮蔽。⑳天衢：

天空，又指京城。開泰：開朗、通泰㉑。情禮：指奉謁五陵的心情和禮節。申：
表達。㉒行：兼任。毛修之：字敬之，滎陽人，劉裕北伐時，任他爲河南、河內
二郡太守。㉓職司：指管理五陵的官吏。備：設置齊備。㉔蕃衞：指陵區的守護
措施。蕃：同「藩」，藩籬。衞：守衞。㉕聖：對皇帝的尊稱。㉖慕：指思念父
母和祖先。㉗下情：謙指自己的心情。

【鑑賞】西晉滅亡後，晉琅琊王司馬睿於公元 317 年在江南建立了東晉政權。中
原地區進入了所謂「五胡十六國」時期。在東晉一百零四年的統治中，北方各少
數民族政權混戰不已。東晉政權常常利用北方的變亂，出兵北伐。百年之中，先
後有祖逖、庾亮、殷浩、桓溫、劉裕等組織的多次北伐，成績最大的是祖逖和劉
裕。前者曾收復了黃河以南的土地，後者曾一度收復洛陽和長安。但都是得而復
失，不能鞏固北伐的成果。原因就在於主持北伐的人物，除少數愛國將領如祖逖
外，多數是有野心的軍閥，他們或則利用北伐壯大自己的實力，排除異己，或則
利用北伐立功，在朝中樹威，爲篡權作準備（例如劉裕就是因義熙十二年收復洛
陽，被東晉朝廷封爲宋公、加九錫的），並無收復全部失地的決心和眞心。但北
伐畢竟符合了黃河流域漢族人民擺脫異族統治的願望，滿足了他們恢復漢族政權
的民族感情，所以歷次北伐軍所到之處，都得到中原人民的歡迎和支援。例如，
穆帝永和十年，桓溫北伐，進軍灞上，當地人民「持牛酒迎溫於路者十八九，耆
老感泣曰：『不圖今日復見官軍！』」（《晉書・桓溫傳》）。北伐的將士目睹北方
故土滿目蕭然的景象，也同樣會引起一種感舊之情。傅亮《爲宋公至洛陽謁五陵
表》就是一篇抒發深沉的故國之情、黍離之悲的表文。晉安帝義熙十二年，身爲
中外大都督的劉裕爲樹立更高的威望，舉行了第二次北伐。當年十月攻克西晉故
都洛陽。劉裕當時駐在彭城，一面派冠軍將軍毛修之任河南、河內二郡太守，留
戍洛陽，一面要求朝廷加封，安帝即封他爲宋公。劉裕又派毛修之繕修和祭祀了
西晉五個皇帝（宣帝、景帝、文帝、武帝、惠帝）的陵墓，並讓傅亮爲他撰寫了
呈給安帝的一份表章，即《文選》所收的《爲宋公至洛陽謁五陵表》。

　　表文可分兩大段。第一段敍述自己指揮軍隊攻克洛陽的艱難過程以及瞻望舊
京滿目荒涼的傷痛之情。這一段又可分爲兩層。從「臣裕言」至「次故洛水浮
橋」爲第一層，敍述行軍的艱難。前四句首寫自己進軍的態勢：「振旅河湄，揚
旆西邁」八字顯示出一位軍事統師麾軍西進的雄姿；「將屆舊京，威懷司雍」八
字指出這次進軍的目的。開篇四句就氣度不凡。但這次北伐行軍困難極大：「河
流遄疾，道阻且長」是困難的一個方面。原來劉裕這次北伐，兵分五路，一路沿

黃河南岸西行。北魏當時控制着黃河北岸，劉裕派人向北魏假道伐秦（後秦），北魏十分警惕，派兵嚴防河北。劉裕的軍隊有一部分水軍溯河西上，由「道阻且長」句可知。由於北魏的阻撓，所以進軍並不順利。「伊洛榛蕪，津途久廢」是困難的第二個方面。北方匈奴等族生產方式十分落後，統治者對農業並不重視，加以連年征戰，伊水洛水流域這原來富庶的中原地區，到處荊榛野草，一片荒涼；渡口毀壞、道路荒廢，也給行軍帶來了重重阻碍。「伐木通徑」，拖延了時日，直到這年十月十二日才到達舊洛水浮橋。這一層歷述自己行軍的艱難，一方面爲顯示自己的辛勞，一方面也爲了創造氣氛，引出下文的「感舊永懷」。從「山川無改」至「痛心在目」爲第二層，敍述觀覽舊京所見，抒發沉痛的黍離之悲。洛陽是西晉的京都，一百年前，這裏是西晉政治、經濟、文化的中心，眞是城闕高大、宮觀巍峨、閭閻撲地、市井繁盛，一片熙熙攘攘的景象。如今，山川無改」，但「城闕爲墟，宮廟隳頓、鐘虡空列，觀宇之餘，鞠爲禾黍」，皇家的一切繁華已化爲烏有：而「廛里蕭條，鷄犬罕音」，市井也變得一片死寂。我們今天的歷史著作把晉分爲西晉和東晉兩段，但在當時，東晉的人士仍自以爲紹續晉的統緒，所以撫今追昔，不由得產生了故國之思。「感舊永懷，痛心在目」就抒發了這種沉痛的感情。

表文的第二段敍述奉謁五陵的所見所感，以繕修之功告慰於遠在建康的安帝。也可分爲兩層。從「以其月十五日」至「憤慨交集」爲第一層，敍述瞻拜五陵的感受。在封建社會裏，皇帝是國家的象徵，如今五座皇帝陵墓在異族統治下，「墳壟幽淪，百年荒翳」，祭祀斷絕，墙傾垣頹，埋沒在叢生的草木之中，怎不令人黯然神傷！「天衢開泰」等六句寫出了瞻拜的感受：所幸故都光復，臣子敬禮先皇之情、祭拜先皇之禮得以表達，使所有參加瞻拜的中原故老及北伐的軍隊都無比激動。「故老掩涕，三軍凄感」，「憤慨交集」，這種懷念宗國的感情寫得深沉感人。從「行河南太守」到文末是第二層，以繕修五陵、藩衞如舊之功告慰皇帝。這一部分報告自己已命毛修之「開翦荊棘，繕修毀垣」，重新設置了管理五陵的官吏，陵園的守護措施也已恢復如舊，從而推想皇帝得知這一消息一定會「遠慕兼慰」，思念先祖先皇，感到欣慰無比。表文結束的一句是說派遣傳詔殿中中郎到建康呈送這份表章。

按之史籍，義熙十二年劉裕並未到達洛陽，此表是由文士傅亮代寫，而且也不代表劉裕的眞情實感。因爲劉裕早就覬覦東晉司馬氏的皇位，不可能對晉室的先祖有如此忠敬之心；而且義熙十三年，北伐軍收復長安不久，他就匆匆南歸，回建康篡奪帝位去了。但傅亮這篇表文卻十分感人，這是什麼原因呢？我們以

爲:

其一，是利用了植根於廣大漢族士人心中的傳統的民族感情，渲染了故國之思。表文極力描繪舊京洛陽「百年荒翳」的景象，由實生虛，引發讀者對百年前西晉盛世的追憶，造成一種「山川無改」，人事全無的強烈對比。表文中，「舊京」、「伊洛」、「城闕」、「宮廟」、「鐘虡」、「觀宇」等詞匯都會引起一種故國之思，加上「故老掩涕，三軍淒感」等描寫，當然會使讀者「感舊永懷」；表文中描寫五陵殘破的景象，也同樣會引起讀者的「憤慨交集」之情。這些都喚起讀者心中深厚的民族感情，憤西晉統治者清談誤國，憤異族蹂躪中原（舊時史書就把這十六國的一段史實稱爲「五胡亂華」），慨百年故土失而復得，慨先皇陵墓從此恢復了祭祀，等等。

其二，是利用了漢民族文學中傳統的審美意象，渲染了黍離之悲。《詩經·王風·黍離》一詩，據舊注，說是周室東遷，「大夫行役至於宗周，過故宮廟宗室，盡爲禾黍，閔周室之顛覆，彷徨不忍去，而作是詩也」。後此黍離就成了蘊含故國之思的傳統文學形象了。傅亮的表文所寫之事與《詩經》舊注相似，文中不僅鮮明地寫進了《黍離》的意象，而且加以豐富擴充。例如《黍離》一詩中只寫了「彼黍離離，彼稷之苗」，並未寫什麼宗廟宮室，而這篇表章中就具體地描寫了「城闕爲墟，宮廟隳頓」，「觀宇之餘，鞠爲禾黍」的景象，再加上全篇氣氛的烘托，就更能在讀者的審美心理上喚起這種黍離之悲。上述兩種因素，從心理學上講實際是同一心理的兩個方面，一個是民族的，一個是文學的，它們水乳交融，從而使這篇作品具有十分感人的力量。

（周　明）

蕪　城　賦　　　鮑　照

灞迆平原①，南馳蒼梧、漲海②，北走紫塞、雁門③。柂以漕渠，軸以昆崗④。重江復關之陳，四會五達之莊⑤。當昔全盛之時，車掛轊，人駕肩⑥。廛閈撲地⑦，歌吹沸天。孳貨鹽田，鏟利銅山⑧。才力雄富，士馬精妍⑨。故能侈秦法，佚周令⑩，划崇墉，刳浚洫⑪，圖修世以休命⑫。是以板築雉堞之殷⑬，井幹烽櫓之勤⑭，格高五岳，袤廣三墳⑮，崒若斷岸，矗似長雲⑯，制磁石以禦衝⑰，糊赬壤以飛文⑱。觀基扃之固護⑲，將萬祀而一君⑳。出入三代㉑，五

百餘載，竟瓜剖而豆分㉒。澤葵依井，荒葛罥涂㉓。壇羅虺蜮，階鬥
麏鼯㉔。木魅山鬼㉕，　野鼠城狐。風嗥雨嘯，昏見晨趨㉖。饑鷹礪
吻，寒鴟嚇雛㉗。伏暴藏虎，乳血殲膚㉘。崩榛塞路，崢嶸古馗㉙。
白楊早落，塞草前衰㉚。稜稜霜氣，蔌蔌風威㉛。孤蓬自振，驚砂坐
飛㉜。灌莽杳而無際，叢薄紛其相依㉝。通池旣已夷，峻隅又已頹
㉞。直視千里外㉟，唯見起黃埃。凝思寂聽，心傷已摧㊱。若夫藻扃
黼帳㊲，歌堂舞閣之基，璇淵碧樹，戈林釣渚之館㊳，吳、蔡、齊、
秦之聲，魚龍爵馬之玩㊴，皆薰歇燼滅，光沉響絕㊵。東都妙姬，南
國佳人㊶，蕙心紈質，玉貌絳唇㊷，莫不埋魂幽石，委骨窮塵㊸，豈
憶同輿之愉樂，離宮之苦辛哉㊹？天道如何，吞恨者多㊺，抽琴命操
㊻，爲《蕪城之歌》。歌曰：邊風急兮城上寒，井徑滅兮丘隴殘㊼。
千齡兮萬代，共盡兮何言㊽！

【注釋】①瀰迤（ㄇ一ˇ 一ˇ）：地勢逐漸平坦。平原：指廣陵一帶地勢。②蒼梧：在
今廣西梧州市。漲海：在今南海至爪哇海一帶。③紫塞：長城。雁門：郡名，秦
置，今山西省北部。④柂（ㄉㄨㄛˇ）：引導，溝通。漕渠：漕河，古名邗溝。卽今
江蘇江都西北至淮安三百七十里的一段運河。漕：水道運糧。軸：作動詞用，像
車軸一樣。昆崗：又名阜崗、昆侖崗、廣陵崗，廣陵城建置其上。⑤重江：衆多
的水道。復關：廣陵有內外二城，故稱。隩（ㄩˋ）：水涯深曲處。四會五達：四
通八達的康莊大道。莊：大道。⑥掛：牽制。轊（ㄨㄟˋ）：車軸的末端。人駕肩：
人肩相摩，擁擠不堪。⑦廛（ㄔㄢˊ）：居民區。閈（ㄏㄢˋ）：里門。撲地：遍地。
⑧孳：同「滋」，滋生。貨：錢財。鏟：開掘。⑨士馬：兵馬。姸（一ㄢˊ）：美。
⑩侈：擴大，過分，引申爲超越。佚：通「軼」。超過。⑪剗：開，建造，崇墉
（ㄩㄥˊ）：高城牆。剗（ㄎㄨ）：挖掘。浚：深。洫：護城河。⑫修：長。修世：
永世。休命：好運。⑬築：古代築牆，在兩塊木板中間塡上土，夯結實，叫做板
築。雉堞：城上的女牆。殷：與下句的「勤」爲互文。⑭井幹（ㄏㄢˊ）：井上木
欄。構築樓臺、烽櫓時，梁木交架如同井欄，因而用以借喩城樓。烽櫓：瞭望烽
火的望樓。⑮格：量度。五岳：東岳泰山，西岳華山，南岳衡山，北岳恒山，中
岳嵩山。袤（ㄇㄠˋ）廣：南北爲袤，東西曰廣。墳：分。古人以天下九州爲九
分。這裏「三墳」卽「三分」。⑯峻（ㄙㄨㄣˋ）：高峻。斷岸：陡峭的河岸。盧：高

聲。⑰衝：突擊。⑱糊：涂飾。赬（ㄔㄥ）：赤色。飛文：光彩相照。⑲城基：城基。扃（ㄐㄩㄥ）：門閂。基扃：指城闕。固護：牢固。⑳將：欲，打算。祀：年。㉑三代：漢、魏、晉三個朝代，約五百餘年。㉒瓜剖豆分：形容廣陵城的崩裂毀壞。㉓澤葵：莓苔。荒葛罥涂：荒野葛藤爬繞道中。罥（ㄐㄩㄢ）：纏繞。涂：同「途」，路。㉔壇：祭祀的土臺。羅：列。虺（ㄏㄨㄟ）：毒蛇。蜮：短狐，據說能含沙射人，形似鱉，又稱「射工」。麚（ㄐㄩㄣ）：似鹿而小。鼯（ㄨ）：一種「大飛鼠」，晝伏夜出。㉕魅（ㄇㄟ）：古人以爲是木石的精怪。㉖嗥（ㄏㄠ）：野獸吼叫之聲。見同「現」。趡：奔走。㉗礪吻：磨嘴。鴟（ㄔ）：鷂鷹。嚇：怒叱聲。雛：小鳥。㉘乳：用作動詞。膚：指肉。殹（ㄙㄨㄣ）：晚餐。㉙榛：叢生的樹木。崢嶸：幽深。馗（ㄎㄨㄟ）：同「逵」，大路。㉚塞草。城垣上的草。前衰：早枯。㉛稜稜：霜氣嚴寒。槭槭（ㄙㄨㄥ）：勁疾的風聲。㉜振：拔。坐飛：無故自飛。㉝灌：叢生。莽：常綠灌木，榦高丈許，葉橢圓，花白黃。杳（ㄧㄠ）：深遠。叢薄：草木叢生。相依：彼此相連。㉞通池：城濠。夷：平。崒隅：高城。頽：倒塌。㉟直視：極目遠視。㊱凝思：凝神而思。寂聽：靜聽。摧：憂傷已極。㊲藻：文彩。扃：這裏指門。黼（ㄈㄨ）：古代禮服上白黑相間的花紋。㊳璇（ㄒㄩㄢ）淵：玉池。碧樹。玉樹。弋林：射鳥的地方。釣渚：釣魚的水洲。館：建築在林中池邊的宮館。㊴吳、蔡、齊、秦之聲：吳、蔡之女善於歌唱，齊、秦之女善於彈奏，形容聲音的美。魚龍爵馬之玩：各種戲法雜技等玩賞節目。爵：同「雀」。㊵薰：花草的芳香。燼：灰燼。光沉：光華淹沒。響絕：音聲消失。㊶東都：洛陽。妙姬：美女。姬：古時婦人的美稱。南國：南方。㊷蕙心：性情芳潔如蘭蕙。紈（ㄨㄢ）質：體質象紈素一樣柔媚。紈：潔白的細絹。絳：紅。㊸委：棄。㊹輿：車。離宮：俗語所謂「冷宮」。㊺天道：這裏指命運、造化。吞恨：含恨。㊻抽：引出。命：命名。操：琴曲。㊼井：井田。這裏泛指田畝。徑：小路。丘隴：墳墓。㊽共盡：同歸於盡。

【鑑賞】鮑照是劉宋時一位才華出衆的詩人，同時又是一位享有盛譽的賦家。他的傳世名篇≪蕪城賦≫，前人或以爲借漢代吳王劉濞事諷臨海王子頊的謀反，或以爲有感於廣陵在宋文帝、宋武帝時先後兩次遭受兵燹而作。其寫作年代和原因均可作進一步研究。今天我們讀這篇作品，感受最深的是回蕩其間的感歎興亡的千古悲音。廣陵是一座歷史名城。它在春秋戰國時相繼屬於吳、越和楚國，秦漢時被置爲郡國。三國以後，都被作爲江淮重鎮。它根柢淮左，遮蔽金陵，襟江帶海，包絡吳楚，通道甌粵。由於它地處南北交通樞紐，自古以來就是淮南一大都

會。然而到了作者登臨憑弔時，眼前卻是一片殘敗破亂、荒蕪不堪的淒涼景象，這不能不使人感古傷今，揮筆命篇，寄托古城陵谷的深創巨痛。鮑照此賦所要極力鋪寫的是戰亂後廣陵的蕪敗，但它卻從摹繪古城的形勝和繁華入手，頗見抑揚變化和用意不凡。「爾迺平原，南馳蒼梧、漲海，北走紫塞、雁門。栧以漕渠，軸以昆崗。重江復關之隩，四會五達之莊。」作者在此用墨不多，卻將廣陵的地形大勢和地理優點都表現無餘。其中「南馳」、「北走」極有氣勢，它既寫出了廣陵作為南北交通樞紐的重要，又顯得景象闊大、蒼茫無垠；其以栧喻漕河，以軸喻昆崗，也甚見擬物取象的生動和形象。接着，作者用簡潔的富有表現力的語言，對廣陵全盛時的情景作了肆意渲染：「當昔全盛之時，車挂轊，人駕肩，廛閈撲地，歌吹沸天。孳貨鹽田，鏟利銅山。才力雄富，士馬精妍。」作者的這段描述彷彿把我們帶入了一個人丁興旺、充滿生氣和活力的都市，街上車來人往，熙熙攘攘，笙歌喧鬧，聲聞百里，使人有置身其間之感。同時，它又使我們看到了古城采銅山鑄錢、煮海水為鹽的殷實和富庶。漢代賈誼曾謂：「漢以江淮為奉地，蓋魚鹽穀帛，多出東南，廣陵又其都會也。」作品形象地再現了這種情景，用語不多，給人的印象卻十分深刻。當年的吳王劉濞，正是憑藉了這種優越的地理和物產條件，在一片廣袤的平原上建起了廣陵城。王逸《廣陵郡圖經》曰：「郡城吳王濞所築。」他們驅趕着大批臣民，伐木運石，壘墻挖溝，起樓台，立雉堞，安磁石，飛彩繪，妄圖以堅固的城池來維持「萬祀而一君」的天下。作者在這裏沒有明寫吳王劉濞，只是以「侈秦法，佚周令，划崇墉，刳浚洫，圖修世以休命」的叙述來作了暗示。因為在周、秦時代，諸侯立國築城，大小規模均有一定的限制，超出限制，即被認為有與帝王分庭抗禮的企圖，是萬萬不容許的。而吳王卻全然不顧這些，只是一味地高墻深塹、森嚴壁壘。然而，結果如何呢？不但當年吳王的叛亂很快地被景帝鎮壓，就連廣陵這座為其所築、並為後人不斷加固的城池，也在經歷漢、魏、晉三代五百餘年之後，於劉宋時「瓜剖而豆分」了。作者在「瓜剖而豆分」前用了一個「竟」字，深刻、含蓄地表現了對古城建築毀於一旦的痛惜，同時也明顯地流露出對那些企圖以「格高五岳，袤廣三墳，崒若斷岸，矗似長雲」的城池來延續一己利益的統治者的辛辣諷刺。「瓜破豆分」四字對於兵燹後的廣陵城是一個貼切、形象的比喻，它為下文對蕪城的大段鋪寫起了點題和張本的作用。

　與上文對廣陵「全盛之時」的熱鬧、活躍的的描寫相反，作品在這裏運用色彩、氣氛的烘托和渲染，為我們描繪了古城極衰之日的可怕圖景：人們經常往來的巷陌和井台，如今長滿了班駁的莓苔和雜亂的蔓草；神聖而莊嚴的祭壇和庭

階，現在成了蛇狐獐鼠盤桓和爭鬥的場所。在這淒涼的景象中，更有「木魅山鬼，野鼠城狐，風嗥雨嘯，昏見晨趨。飢鷹礪吻，寒鴟嚇雛。伏暴藏虎，乳血飧膚」，使人怵目驚心。人們彷彿親見了出沒於殘垣斷壁間的禽獸的奇詭行踪，親聞了迴蕩在荒逕亂草中的鬼魅的怪異聲響。還有那橫堆堅積在通衢大道上的枯木朽枝，遍地叢生的野荆山棘，以及早早飄零的白楊和荒草，咄咄逼人的嚴霜和寒風，都給這荒蕪破敗的古城遺址平添了一種蕭瑟和恐怖的氣氛。昔日的高牆堅壁傾圮了，大溝深壍填平了，轉蓬飛沙在這片鐵蹄蹂躪過的土地上時時旋起，似乎在爲這空前的人間慘劇留下最後一點印記。作者面對千里之外的漫漫黃塵，不禁「凝思寂聽，心傷已摧」。這段文字緊緊圍繞和突出表現了一個「蕪」字，其擇物取境、遣詞立意，都體現了鮑照「貴尚巧似，不避危仄」（鍾嶸《詩品》）的藝術特色。前人所謂「驅邁蒼涼之氣，驚心動魄之辭，皆賦家之絕境也」（錢仲聯《鮑參軍集注》引清姚鼐語），指的主要也是這段文字。面對眼前慘不忍睹的一片廢墟，作者不由想起了那些建造在這裏的歷代統治者的豪華宮殿。這裏曾有華麗的歌堂舞閣，能工巧匠們爲其精心地繪製了彩門綉帳；這裏也曾有高館廣厦，可供統治者在碧樹綠池間游弋垂釣；更有那些來自吳、蔡、齊、秦各地的美妙聲樂和魚龍爵馬等精湛技藝……而這一切，如今「皆薰歇燼滅，光沉響絕」了。而那些「東都妙姬，南國佳人」，雖有「蕙心紈質，玉貌絳唇」，現在也都「埋魂幽石，委骨窮塵」。她們帶去了往日得寵的愉樂和離棄的苦辛，也將作者感古傷今、慨興嘆亡的感情推向了最高峰：「天道如何，吞恨者多！」在那個戰亂頻仍的年代裏，世間有多少寶貴的財頃刻間被化爲灰燼，又有多少仁人志士死於非命，抱恨終身！這一發自作者肺腑的感嘆，典型地概括了當時嚴酷的社會現實。聯系到鮑照出身寒微，在門閥制度的沉重壓抑下鬱鬱不得志，並最終爲亂軍所殺的史實，我們更能深刻地體會到當時充塞於作者內心的無限憤恨。正是在這種激憤的心情中，作者「抽琴命操，爲《蕪城之歌》」：「邊風急兮城上寒，井徑滅兮丘隴殘。千齡兮萬代，共盡兮何言！」真是悲歌一曲，天地爲之失色，千古爲之泣下。它高度濃縮了作者憑弔蕪城的所見所感，容含和凝聚着作者對社會對人生的深刻認識。因此此歌至今讀來仍使人如失所以，悲哀難釋。前人所謂「收局感慨淋漓，每讀一過，令人輒喚奈何」（《六朝文絜箋註》許槤評語），說的就是這一點。

　　清代王夫之的《薑齋詩話》曾總結了詩歌創作中的一種經驗，謂「以樂景寫哀，以哀景寫樂，益倍增其哀樂」。這一點在這篇賦中也表現得十分明顯。它以對廣陵昔盛今衰的強烈對比，在人們心中留下了鮮明的印象。如果作品不盡力渲染古城往日「塵闐撲地，歌吹沸天」的盛況，而是就蕪景而寫蕪景，那是絕不能

獲得像現在這樣強烈的藝術效果的。這種以盛況帶出蕪景，又以蕪景反襯盛況的描寫方法，就像攝影技術中的運用黑白反差、音樂演奏中的借助高低變調，往往能在表現作品的內容時起到一種異乎尋常的作用。故林紓曾稱此賦「入手言廣陵形勝及其繁盛，後乃寫其凋敝衰颯之形，俯仰蒼茫，滿目悲涼之狀，溢於紙上，眞足以驚心動魂矣」（錢仲聯《鮑照軍集注》引）。《蕪城賦》的語言也極有特色。它往往能以簡練的文字，準確而形象地表現出對象的形態特徵；又常常用生動的比喻對豐富的內容作高度的概括。其描寫廣陵極衰之狀一段，尤見其「卽景命詞，必鉤深索異，不欲猶人」（陳祚明《采菽堂古詩選》）的藝術風格。如要究其本源，顯然受有《楚辭》，尤其是《山鬼》、《招魂》一類作品的影響，鮑照這篇賦作之所以能深深地打動歷代讀者的心，除了它有深沉的興亡之嘆外，在表現手法和語言運用方面的精湛技巧，也是重要的原因。

　　　　　　　　　　　　　　　　　　　　　　　　　　　　（曹明綱）

舞　鶴　賦　　　　鮑　照

　　散幽經以驗物①，偉胎化之付禽②。鍾浮曠之藻質③，抱清迥之明心④。指蓬壺而翻翰⑤，望昆閬而揚音⑥。匝日域以迴鶩⑦，窮天步而高尋。踐神區其旣遠⑧，積靈祀而方多⑨。精含丹而星曜，頂凝紫而煙華。引員吭之纖婉，頓修趾之洪姱⑩，疊霜毛而弄影，振玉羽而臨霞。朝戲於芝田⑪，夕飲乎瑤池⑫。厭江海而游澤，掩雲羅而見羈。去帝鄉之岑寂⑬，歸人寰之喧卑。歲崢嶸而愁暮⑭，心惆悵而哀離。於是窮陰殺節⑮，急景凋年⑯凉沙振野，箕風動天，嚴嚴苦霧，皎皎悲泉，冰寒長河，雪滿羣山。旣而氛昏夜歇，景物澄廓，星翻漢迴，曉月將落。感寒鷄之早晨，怜霜雁之違漠⑰，臨驚風之蕭條，對流光之照灼。唳清響於丹墀⑱，舞飛容於金閣⑲，始連軒以鳳蹌⑳，終宛轉而龍躍。蹀躞徘徊㉑，振迅騰摧㉒。驚身蓬集，矯翅雪飛㉓。離綱別赴㉔，合緒相依。將興中止，若往而歸。颯沓矜顧㉕，遷延遲暮㉖。逸翮後塵㉗，翾翥先路。指會規翔㉘，臨歧矩步㉙。態有遺妍，貌無停趣㉚。奔機逗節㉛，角睞分形㉜。長揚緩騖，並翼連聲，輕迹凌亂，浮影交橫。衆變繁姿，參差洊密㉝。煙交霧凝，若無毛

質，風去雨還，不可談悉㉞。既散魂而蕩目㉟，迷不知其所之。忽星離而雲罷，整神容而自持㊱。仰天居之崇絕㊲，更惆悵以驚思。當是時也，燕姬色沮㊳，巴童心耻㊴。巾拂兩停㊵，丸劍雙止㊶。雖邯鄲其敢倫㊷。豈陽阿之能擬㊸？入衞國而乘軒㊹，出吳都而傾市㊺。守馴養於千齡㊻，結長悲於萬里。

【注釋】①幽經：卽≪相鶴經≫。出自浮丘公，公以自授王子晉。崔文子者，學仙於子晉，得其文，藏於嵩山石室，及淮南八公采藥得之，遂傳於世，因出於道家，故稱幽經。②胎化之仙禽：古代鶴有仙禽之稱，又相傳爲胎生，故稱「胎仙」。≪八公相鶴經≫云：「鶴乃羽族之宗，仙人之驥，千六百年乃胎產，則胎仙之稱以此。」又云：「二年落子毛，易黑點，三年頭赤，七年飛薄雲漢，又七年學舞，復七年應節，晝夜十二鳴，六十年大毛落，茸毛生，色雪白，泥水不能汚，百六十年雄雌相見。」③鍾：當。④淸迥：淸遠，淸明廣遠。⑤蓬壺：卽蓬萊山。古代方士傳說爲仙人所居。晉王嘉≪拾遺記≫：「三壺則海中三山也。一曰方壺，則方丈也；二曰蓬壺，則蓬萊也；三曰瀛壺，則瀛洲也；形如壺器。」翻翰：飛動羽翅。⑥昆閬：神仙栖居的地方。⑦帀（ㄗㄚ）：同「匝」。環繞一周叫一帀。鶩（ㄨˋ）：急速。⑧旣遠：李善≪文選≫注，「一擧千里故云旣遠。」⑨方多：李善≪文選≫注，「壽逾千歲故云方多」⑩頓：止息。修趾：李善≪文選≫注引≪相鶴經≫曰，「高脚疏節則多力」。姱：美好。⑪芝田：謂仙人種芝草的地方。⑫瑤池：古代神話中神仙所居。≪穆天子傳≫載：「乙丑天子觴西王母於瑤池之上，西王母爲天子謠。」⑬岑寂：高靜。⑭崢嶸：李善≪文選≫注引≪廣雅≫曰，「崢嶸，高貌。歲之將盡，猶物之高。」（⑮窮陰：猶窮冬。≪神農本草經≫曰：「秋冬爲陰。」殺節：秋季。李善≪文選≫注引≪禮記≫曰：「仲秋之月，殺氣浸盛。」⑯急景：急促的光明。景：同「影」。凋年：歲暮，殘年。⑰違漠：≪漢書≫李陵歌曰，「徑萬里兮度沙漠。」⑱唳（ㄌㄧˋ）：鶴鳴。丹墀：古代宮殿前的石階，漆成紅色，稱爲「丹墀」。⑲金閣：皇帝之宮闕。⑳連軒：飛舞貌。蹌（ㄑㄧㄤ）：起舞。≪相鶴經≫曰：「鳳翼則善飛，」㉑躑躅（ㄓˊ ㄓㄨˊ）：住足，踏步不前。同「蹢躅」。㉒騰摧：飛騰摧折。㉓雪飛：≪相鶴經≫曰，「大毛落，茸毛生，色雪白。」㉔綱：行列。與下句「緒」意同，㉕颯沓：羣飛貌。矜顧：矜顧：矜莊相顧。㉖遷延：慢慢後退。遲暮：晚。㉗逸翮後塵：形容鶴飛之快，塵起在鶴之後，鶴飛在路之先，與下句「翺翥先路」意同。㉘會：

四會，指四方會集。規：圓形。㉙歧：歧路。矩：長方形。㉚無停趣：有多種趣味。㉛奔：獨赴也。逗：停止。李善《文選》注：「機節，舞之機節。」㉜角：競：睞：視。㉝淒（ㄐㄧㄢ）密：重疊密集。㉞悉：李善《文選》注曰，「風雨既除，而色愈淨，故難悉也。」㉟散魂：散神。蕩目：移動眼光。㊱自持：自己矜持；自我克制，保持一定的操守、準則。宋玉《神女賦》：「頩薄怒以自持兮，曾不可乎犯干。」㊲天居：天神所居之地。崇絕：高到極點。㊳燕姬：燕地的美女，善舞。沮：壞。㊴巴童：李善《文選》注，「巴渝之童也」，善歌。㊵巾拂：兩種舞蹈。巾舞：即公莫舞，古舞名。相傳項羽在鴻門留劉邦與飲，項莊拔劍起舞，欲擊殺劉邦。項伯也拔劍起舞，以袖相隔，並對項莊說：「公莫害沛公。」後人以舞巾模擬項伯舞袖的姿態，因稱「公莫舞」。晉、南朝宋以後稱「巾舞」。拂舞：雜舞名。以拂子為舞器，起於江左，舊云「吳舞」。㊶丸劍：雜伎名。張衡《西京賦》：「跳丸劍之揮霍，走索上而相逢。」唐張銑注：「跳，弄也。丸，鈴也。揮霍，鈴劍上下貌。」㊷邯鄲：《樂府詩集‧雜曲歌辭》引《樂府廣題》，「邯鄲、舞曲也。」㊸陽阿：樂曲名。宋玉《對楚王問》：「客有歌於郢中者，其始曰《下里》《巴人》，國中屬而和者數千人；其為《陽阿》、《薤露》，國中屬而和者數百人。」《淮南子‧說山》：「欲美和者，必先《陽阿》《採菱》。」㊹乘軒：指鶴乘軒（大夫車）‧《左傳》閔公二年：狄人伐衞。衞懿公好鶴，鶴有乘軒者。將戰，國人受甲者皆曰：『使鶴，鶴實有祿位。余焉能戰？』」㊺出吳都而傾市：李善《文選》注引《吳越春秋》曰，「吳王闔閭有小女，王與夫人女會食蒸魚，王嘗半，女怨曰：『王食魚辱我』，不忍久生，乃自殺。闔閭痛之，葬於都西閶門外，鑿池積土為山，石為椁，金鼎玉杯、銀樽珠襦之寶以送女。乃舞白鶴於吳市中，萬人隨觀，遂使男女與鶴俱入墓門，因塞之以送死。」㊻守：待。千齡：千年。

【鑑賞】鮑照出身寒微，生活在門閥等級制森嚴的時代，處處受到壓抑，這就加深了他對現實的認識，使創作充滿了懷才不遇的憤懣，對社會不平的感慨，以及對閑適自得生活的嚮往。《舞鶴賦》就是借美麗多才的仙鶴被羅網到人間、得不到自由的苦痛，來表現自己嚮往自由，寧願棄置罷官，也不甘受束縛受壓抑的孤直性格，鮮明地表露了他對門閥特權的鄙屑態度。

全篇有兩層意思，首先介紹仙鶴修煉有功、生活於天庭的逍遙自樂情況，以及不幸被羅網入塵世的過程；其次，介紹仙鶴在宮廷盡善盡美的藝術表演才能和失去自由的惆悵。作者以他對鶴的生活的深知熟察為基礎，加以豐富的想像，運

用形象思維的方法，以細膩而傳神的筆觸，把鶴的美麗動人的形象、高潔的情操，特別是能歌善舞的才能，栩栩如生地描繪出來，使人對鶴情不自禁地產生了贊賞和同情，而對束縛其自由的統治勢力表示了極大的痛惡和憤慨。這篇作品在藝術上是相當成功的，主要有以下幾個特點：

長於形象描寫。作者無論是寫鶴的外貌，還是寫它的歌舞才能，都很形象細膩。一開始就把鶴美麗的形態形象地突現在人們的眼前：它頭頂是紅的，像一朵美麗的鮮花；眼睛也是紅的，如同天上明亮的星星。潔白的羽毛，如玉如霜；高高的長脚，亭亭玉立，異常好看。它不同於一般的凡鳥，而是一種仙禽，它本來遠離污濁的塵世，生活在高遠的仙境。經過作者這一番渲染，鶴——這一高超不凡、美麗聖潔的形象，一下子就飛入人們的眼簾，刻印在人們的腦海裏，感到鶴是異常美好的，它似乎是一種聖潔的象徵。隨後，作者用更多的篇幅形象而又織密地表現了鶴的種種舞姿。鶴不僅外表美麗，更主要的是它特富歌舞的藝術才能。它精於各種表演：時而徘徊躑躅，時而飛騰摧折；時而迅速蓬集，時而展翅藍天；時而離羣獨舞，時而歸隊相依。有時似要展翅飛翔，而又突然中止；有時像要往前行進，但又忽然歸來。有時矜莊相顧，緩緩後退；有時輕盈矯健，迅速疾飛。或舞成圓形，或跳成方狀。或隊形齊整、並翼連聲，款款而飛；忽又縱橫交錯、參差重叠，四散如星。變幻奇異，千姿百媚。其婉轉像龍像鳳，其敏捷如雨如風。烟霧毛質，渾然一色。這悠揚的歌聲，優美的舞姿，把讀者帶入忘我的境界。劉勰在《文心雕龍・詮賦》中說：「擬諸形容，則言務織密」。《舞鶴賦》正做到了這一點。

妙在情化物象。《舞鶴賦》之所以如此感人，作者除了「體物瀏亮」外，還因為處處賦予了描寫對象以濃烈的感情，這正是「情以物興」、「物以情觀」的體現。他筆下的一山一水、一雁一鶴都已經是人格的化身，具有人的情思。如白鶴離開仙境到人間，心裏異常難過：「歲崢嶸而愁暮，心惆悵而哀離。」它不但為自己不幸哀愁，並為寒鷄、霜雁之凄苦生活悲嘆：「感寒鷄之早晨，憐霜雁之違漠」它憐憫哀禽，充滿了惻隱之心。後來，當它被迫在宮廷舞罷，仰望藍天而不可復得時，更其憂傷：「仰天居之崇絕，更惆悵以驚思。」這種「惆悵」、「更惆悵」的強烈傷情，激起人們對門閥特權束縛自由、束縛才能的不平。賦中不但白鶴有情，就是自然景物也是多情的，它們似乎也在為鶴的處境悲傷。看，霧氣竟懂得苦惱，泉水也知道悲鳴：「嚴嚴苦霧，皎皎悲泉」，這正是鶴不滿人間、心情愁苦的反映；而鶴的悲哀又正是作者情感所賦予的。正因為山川草木、鳥獸蟲魚都飽含人情，能為人的情感所調遣，故能達到感人的藝術效果。還必須指出：作者的

高明處，是在描寫中始終沒有離開鶴的自然特性，把作品簡單地寫成寓言式的童話。如寫鶴的形態、舞姿、生活、理想都是從它的固有條件、環境出發的。在這裏，「我」與鶴的關係不卽不離，眞假統一，以鶴之眞形傳「我」之眞神，達到了水乳交融的地步。

善用對比手法。作者開篇就渲染仙境的美好，寫鶴在廣闊自由的天國翱翔，奮飛千里，引吭高歌，「朝戲於芝田，夕飲乎瑤池」，其樂無涯，把仙鶴自得其樂的神形作了淋漓酣暢的描寫，而它被羅網到塵世以後，又是怎樣的呢？秋氣蕭殺，荒蕪蕭條，飛沙振野，狂風動天，冰塞川河，雪籠羣山，一派險惡的的景象。作者似乎感到這些描寫還不足以表現人間的黑暗，於是，接着又寫昏夜的淒涼空廓，清晨的寒霜冷霧，由是把整個社會的陰森恐怖之狀暴露了出來。接着，作者再進一步寫多才仙鶴進入宮廷，被迫爲人娛樂，完全失去自由生活的苦悶。作者在兩種環境的對比描寫中襯托出人世險惡，道路艱難；仙境高潔，天地廣闊，從而把不滿現實，追求理想王國的思想曲折地表現出來。

巧用陪襯烘托。作者對鶴的歌舞才能除了正面描寫外，還進一步通過側面的描寫予以烘托。如寫鶴舞罷之時的景況：「燕姬色沮，巴童心恥。巾拂兩停，丸劍雙止。雖邯鄲其敢倫，豈陽阿之能擬？」善舞的燕姬、能歌的巴童爲之羞愧失色，著名的巾拂兩種舞蹈和丸劍兩種雜伎甘拜下風而爲之停演，最優美的邯鄲舞曲，最動人的陽阿歌都不敢與之倫比。這就把鶴的精湛技藝烘托得更爲鮮明，給人以立體感。這種「寫物圖貌，蔚似雕畫」的手法，最能突出作者所要誇張的事物，加深讀者的印象。這種表現手法在前人作品中已有過，如漢樂府《陌上桑》中寫羅敷的美麗：「行者見羅敷，下擔捋髭鬚。少年見羅敷，脫帽着帩頭。耕者忘其犁，鋤者忘其鋤。來歸相怒怨，但坐觀羅敷」。就是採用的烘雲托月的手法。這就說明作者善於學習借鑒前人的創作經驗。

精於四六對句。這是一篇駢賦，通篇以四六句相間行文，因此較之文賦更具對仗的形式美與音韵的和諧美，觀之整齊悅目，讀之琅琅上口。但拙劣的駢文，一味講究形式，而忽視了思想內容，對其偶句往往是意同反復，致使「繁華損枝，膏腴害骨」。而《舞鶴賦》中的駢句，運用精到，處處爲其所要表現的主旨服務。其意相同的對偶句，起到了互爲補充、突出事物本質的作用。如：「冰塞長河，雪滿羣山」，就不僅是爲了對仗，「將同一意思進行復述，而且是爲了強調嚴寒的氛圍，突出道路的艱險，更加襯托鶴在塵世的苦悶悲傷。而意思相反的對偶句，則使兩種意境在對比下更加突出鮮明。如：「去帝鄉之岑寂，歸人寰之喧卑。」離開幽靜的天堂，到了喧鬧的人間，天界越是高潔，人間就越顯得卑污，使它們

構成了相得益彰的關係，從而把作者褒貶的事物更加尖銳地表現了出來。這種對仗的結構，甚至在一個句子裏也可以見到，如「風去雨還」、「星離雲罷」，不但使文字更有概括力，使描寫的事物形象鮮明，而且音韻鏗鏘，能加強作品的音節美和藝術感染力。

全篇敍事、寫景、抒情融於一體，作者既是寫鶴，又是寫己，以鶴的情操才能，喩己之品德才華；以鶴之不幸遭遇，喩己之道路坎坷。「舖採摛文，體物寫志」，可謂臻於妙境。末尾兩句：「守馴養於千齡，結長悲於萬里」，更是感慨萬端，吐之肺腑，讀來猶令人感到悲憤鬱結難消。　　　　　　　　　（蘇者聰）

登大雷岸與妹書　　　鮑　照

吾自發寒雨，全行日少①，加秋潦浩汗②，山溪猥至③，渡沂無邊④，險徑游歷。棧石星飯⑤，結荷水宿⑥。旅客貧辛，波路壯闊⑦，始以今日食時⑧，僅及大雷⑨。涂登千里⑩，日逾十晨。嚴霜慘節，悲風斷肌。去親爲客，如何如何！

向因涉頓⑪，憑觀川陸，遨神清渚⑫，流睇方曛⑬：東顧五洲之隔⑭，西眺九派之分⑮；窺地門之絕景⑯，望天際之孤雲。長圖大念⑰，隱心者久矣⑱！

南則積山萬狀，負氣爭高⑲，含霞飲景⑳，參差代雄，凌跨長隴㉑，前後相屬㉒，帶天有匝㉓，橫地無窮。東則砥原遠隰㉔，亡端靡際㉕。寒蓬夕卷，古樹雲平㉖。旋風四起，思鳥羣歸。靜聽無聞，極視不見。北則陂池潛演㉗，湖脈通連，苧蒿攸積㉘，菰蘆所繁㉙。棲波之鳥㉚，水化之蟲㉛，智吞愚，強捕小，號噪驚聒㉜，紛矹其中㉝。西則迴江永指㉞，長波天合，滔滔何窮，漫漫安竭？創古迄今，舳艫相接㉟。思盡波濤，悲滿潭壑。烟歸八表㊱，終爲野塵㊲，而是注集㊳，長寫不測㊴，修靈浩蕩㊵，知其何故哉？

西南望廬山，又特驚異。基壓江潮㊶，峰與辰漢相接㊷。上常積雲霞，雕錦縟㊸。若華夕曜㊹，岩澤氣通㊺，傳明散彩，赫似絳天

⑯。左右靑靄⑰，表裏紫霄。從嶺而上，氣盡金光，半山以下，純爲黛色。信可以神居帝郊⑱，鎭控湘漢者也。

若淥洞所積⑲，溪壑所射，皷怒之所豗擊⑳，涌潎之所宕滌㉑，則上窮荻浦㉒，下至犿洲㉓，南薄燕辰，北極雷淀㉔，削長埠短㉕，可數百里。其中騰波觸天，高浪灌日，吞吐百川，寫泄萬壑。輕烟不流，華鼎振渣㉖。弱草朱靡㉗，洪漣隴蹙㉘。散渙長驚㉙，電透箭疾㉚。穹溢崩聚㉛，坻飛嶺覆㉜。回沫冠山㉝，奔濤空谷，磶石爲之摧碎㉞，碕岸爲之蟇落㉟。仰視大火㊱，俯聽波聲，愁魄脅息㊲，心驚慓矣㊳！

至於繁化殊育㊴，詭質怪章㊵，則有江鵝、海鴨、魚鮫、水虎之類㊶，豚首㊷、象鼻、芒須、針尾之族㊸，石蟹、土蚌、燕箕、雀蛤之儔㊹，折甲、曲牙、逆鱗、返舌之屬㊺，掩沙漲，被草渚，浴雨排風，吹澇弄翩㊻。

夕景欲沉，曉霧將合，孤鶴寒嘯，游鴻遠吟，樵蘇一嘆㊼，舟子再泣，誠足悲憂，不可說也。風吹雷飆，夜戒前路㊽，下弦內外㊾，望達所屆。

寒暑難適，汝專自愼，夙夜戒護㊿，勿我爲念。恐欲知之，聊書所睹。臨塗草蹙[51]，辭意不周。

【注釋】①全行日少：整天趕路的日子少。　②秋潦：秋雨。浩汗：水闊大的樣子。③猥：多。④泝：同「溯」，逆流而行。⑤棧石：棧道，在山岩的絕險處，用木板架起的道路。星飯：在星光下露天生活。⑥結：聯結，引申作「傍靠」解。荷：荷邊，水邊。⑦波路：水路。⑧食時：吃午飯的時候。⑨大雷：在今安徽省望江縣。⑩涂：通「途」。登：行進。⑪頓：與「屯」通，謂止歇。⑫遄神：神游。清渚：水中清明的小洲。⑬流睇：放眼。方曛：正是黃昏時間。⑭五洲：指大雷岸一帶的江中沙洲。⑮九派：長江於潯陽分爲九股支流。⑯地門：泛指地勢險要處。⑰長圖大念：遠大的志向。⑱隱心：動心。隱：思考。⑲負氣：爭氣。⑳飲景：吸引日光。㉑長隴：長大的坡坂。㉒相屬：相連。㉓匝：繞一周。㉔砥原：像磨刀石一樣的平原。隰（ㄒㄧˊ）：低地。㉕亡端：找不到頭。靡際：

望不到邊際。㉖雲平：高聳入雲。㉗陂：水澤。演：地下水脈。㉘苹（ㄓ ㄨˋ）：麻。攸：所。㉙菰：菱白。㉚棲波之鳥：水鳥。㉛水化之蟲：魚。㉜聒（《ㄨㄚ）：鬧聲。㉝紛：雜多。切：充滿。㉞迴江：曲折的江水。指：指向。㉟舳：船尾。艫：船頭。㊱八表：八方之外。㊲野塵：田野中的浮氣和飛塵。㊳注集：灌注滙集。㊴寫：通「瀉」。㊵修：遠。靈：神。此指河神。以河神代河流。㊶基：山腳。㊷辰：星辰。漢：銀河。㊸繢：花樣繁多的采飾。㊹若華：若木之華，指霞光。㊺岩澤氣通：山川之間，霧氣相通。㊻赫：火紅。㊼靄：雲氣。㊽神居：神仙的居處。帝郊：天帝所在地。㊾渿（ㄋㄞˋ）：小水流入大水。洞：水流很快。㊿鼓怒：疾風鼓起怒浪。豗（ㄏㄨㄟ）擊：相擊。51.潎（ㄆㄧˋ）：回流。宕：同「蕩」。宕滌：沖刷。52.荻浦：長滿蘆葦的水邊。53.瀦（ㄒㄧ）：通「潴」，水滙集處。54.薄：逼近。燕辰：地名。極：至。雷淀：地名。55.埤（ㄆㄧˊ）：增補。56.華鼎：指噴濺的水珠。渧（ㄉㄧˋ）：溢。57.弱草：小草。朱：草莖。58.洪漣：洪波。隴：丘隴。蹙：迫。59.渙：盛大的水。60.透、疾：均指水流快。61.穹：高岸。逝（ㄎㄜˋ）：逝。崩：崩潰的山石。62.坻（ㄔˊ）：水中高地。覆：翻。63.冠：蓋滿。64.碪（ㄓㄣ）石：砧石，即河邊搗衣石。65.碕岸：曲岸。鑑（ㄐㄧ）：碎。66.大火：星名，即心宿，火星。67.愁魄：身軀戰慄。脅息：屏住呼吸。68.慓（ㄆㄧㄠ）：急疾。69.繁化殊育：繁殖生長的各種生物。70.詭：變異。質：軀。章：外表。71.江鵝：水鷗。海鴨：似鴨而有斑白紋，亦名文鴨。魚鮫：沙魚。72.豚首：海豚。73.象鼻：建同魚。芒須：鋒利的蝦鬚。針尾：指鮫類。族：族類。74.石蟹：生在石穴中的蟹。土蚌：蚌類。燕箕：魚名。之儔：之類。75.折甲：鱉。曲牙：海獸。逆鱗：蜃蛟。返舌：蝦蟆。76.吹澇：吹動大波浪。翮（ㄏㄜˊ）：鳥的羽根。77.樵蘇：樵夫。78.夜戒前路：夜間不能趕路。79.下弦：夏歷每月二十二、三日，月缺一半。80.夙夜：早晚。戒護：小心保重。81.草蹙：倉促。

【鑑賞】 鮑照是劉宋時代一位才華橫溢、卓然不羣的傑出詩人。他出身貧賤，但從小胸懷壯志，不僅勤攻文學，而且也崇尚武略，很想做一番事業。由於南朝是一個門閥森嚴的社會，鮑照受盡了歧視與排擠，抱負始終不得施展，僅做過縣令一類的小官。後爲臨海王劉子頊的參軍，因此又稱「鮑參軍」。後來子頊謀反失敗被賜死。鮑照當時在荆州，竟枉死於亂軍之中。爲了謀求出路，鮑照早年曾向被稱爲「宗室之表」的臨川王劉義慶獻過詩。劉義慶賞識鮑照的才華，賜帛二十匹，並提拔他作國侍郎。宋文帝元嘉十六年（439）四月，劉義慶出鎮江州。同年秋天，鮑照從建康（今南京）赴江州（今江西九江）就職，途中登上大雷岸，

遠眺四野，卽景抒情，揮毫寫下了《登大雷岸與妹書》。當時鮑照才二十六歲，正年輕氣盛，對前程充滿了幻想與自信。但人微職卑的經歷，使他對仕途的艱辛也已經有了一定的體驗與認識。鮑照的妹妹鮑令暉是一位才女。在這封信中，鮑以生花妙筆，淋漓盡致地描繪了途中所見景物的神奇風貌，使一封普通的家書，成了南朝山水文學中的一篇奇文。

《登大雷岸與妹書》可分為三大段。第一段敍述離家遠遊，備嘗旅途艱辛的情形。這是鮑照第一次離家遠遊，雖說是去江州就職的，但對妹妹卻依依不捨。旅途的艱辛勞頓，更增加了他對親人的懷念。「寒雨」、「嚴霜」、「悲風」不只點明這次啓程時在秋季，而且通過這些具體的蕭瑟景物表現了他初次離家的愁思。但第一段並不是借景抒情的，它只是全文的一個楔子。鮑照從建康出發，沿長江跋山涉水，餐風宿露，到大雷岸已「塗登千里，日逾十晨」。千里之行，十日所見，才是鮑照要告訴妹妹的主要內容。第一段敍述的「旅客貧辛，波路壯闊」，也就為下一步展開壯麗的長江風光作好了張本。

從「向因涉頓」到「吹澇弄翮」為第二段，這是全文的主體。鮑照繪聲繪色地描寫了登上大雷岸所見的景物。高山巨川，雲烟魚蟲，盡收筆底，構成了一幅雄偉挺拔而又幽峭秀美的畫圖。鮑照在描繪這些景物時，不禁塗上了自己的感情色彩，使這一幀壯美的山河長軸，充滿了濃郁的抒情氣氛。這一段有四個層次。第一層沒有對山川景物作具體的描寫，而是以提頓蓄勢的筆法，極其凝練的文字，回顧了來路。重要的是最後一句：「長圖大念，隱心者久矣！」鮑照雖然出身低微，處處受人壓抑，但他並不甘心寂寞，有着強烈的施展抱負的渴望。在他向臨川王劉義慶獻詩述志時，就有人因為他地位卑微而加以勸止。鮑照勃然大怒道：「大丈夫豈可終日碌碌與燕雀相隨乎！」劉義慶對他的賞識，使他獲得了一次實現壯志的機會。因此，赴任途中，鮑照曠觀川陸，周流絕景，便覺得天廣地闊，一腔久藏心中的壯志豪情，不禁噴薄而出。這種慷慨激昂、高亢奔放的感情，也就構成了整篇文章描繪山川景物的基調。如果說第一層是千里長軸的一個遠景，那麼以下三個層次則是中景或近景了。鏡頭慢慢推近，從不同角度攝下了一幅幅生動的畫面。第二層次就是一幅風格雄奇、氣勢宏偉的長江風光圖：鮑照從南、東、北、西四個方向分別描寫了途中所見的高山、平原、湖澤、江河。南邊的「積山萬狀」，是說重疊的山巒，千姿百態，崢嶸奇特。羣峰「負氣爭高」是擬人化的寫法。因為鮑照的壯志豪情在胸中激蕩，所以在他看來，羣峰也有了生命，也能使氣競勝，試比高低。「含霞飲景」，凡高峻的山峰映照在雲霞陽光中的，便稱為雄長。「參差代雄」就是隨着時間的推移，羣峰交替逞雄稱霸。

這二句也是擬人手法，生動地描出了重巒叠嶂在紫霞白雲間明滅莫測的景象。在這一節裏，鮑照賦予高山峻嶺以飛動的氣勢，它們充塞於天地之間，而又怒起競勝，向你迎面撲來，這是何等的威武雄壯啊！寫東面的平原與北面的湖澤，則是用白描手法。鮑照以寥寥幾筆淡墨，勾出了一川秋野的廣袤，特別點染了暮色降臨時的蕭殺與靜謐。這恰與下面湖澤中的熱鬧喧囂形成了鮮明的對照。「北則陂池潛演」這一節，寫法雖然也是白描，但在意境上卻與上面平原一節迥然不同。「寒蓬夕卷，古樹雲平」突出的是秋野的蕭條空疏，而「芋蒿攸積，菰蘆所繁」突出的是湖澤的繁盛茂密；「旋風四起」「靜聽無聞」突出的是原野的沉寂寧靜，而「號噪驚聒，紛紐其中」突出的是湖澤的喧囂嘈雜；「思鳥羣歸」「極視不見」的視野是如此開闊，而「水化之蟲」「強捕小」的觀察又是如此細微。這種強烈的對比，構成了兩幅各具風貌的畫面，鮮明地表現了秋色中原野與湖澤的不同特色。「西則迴江永指」的「指」同「詣」字，是往的意思。「修靈」就是神，這兒是指河神，出自《離騷》「怨靈修之浩蕩兮」一語。對着汹湧激蕩的大江，鮑照興起了古今人事代謝的感歎。臨川王劉義慶欣賞他的才華，卻不能從根本上改變他受壓抑的地位。「思盡波濤，悲滿潭壑」正寫出了他處處受人掣肘的痛苦。他借眼前「煙歸八表，終爲野塵」的自然景像，發泄了對世族豪門的不滿與蔑視。鮑照在門閥制度重壓下的痛苦、迷惘與反抗，借着變幻無窮、奔騰而去的江水得到了形像化的表現。從大雷岸遠眺四方，高山、平原、湖澤、江河的方位是虛構的，並不是實際上的地理位置。但第三層次描繪的廬山，卻是一個令人神往的實景，它是那樣絢麗、神奇：「上常積雲霞，雕錦縟」中的「縟」，《說文》解爲：「繁采飾也」。「錦縟」是形容廬山雲霞的鮮艷穠麗。這是平時的景色。但廬山的色彩是隨着時間的推移不斷變化的。「若華」即若木之花，語出《淮南子》，說的是霞光；從「若華夕曜」句看，指的是晚霞。「傳明散彩，赫似絳天」描寫的就是晚霞放出的光亮與色彩，或赫或絳，赫是火紅色，絳是深紅色，兩者還有細微的差別，反映了色彩層次的豐富與多變。「左右青靄，表里紫霄」的「青」與「紫」也造成色彩上的鮮明對照。而當暮色籠罩，廬山峯頂只剩下最後一縷「金光」時，「半山以下，純爲黛色」。「黛色」，即深青色。一明一暗，對比是如此的強烈。鮑照的廬山圖，是一幅水彩畫。一座廬山就浸在絢麗的色彩中了。這色彩，是陽光給的，雲霞給的，霧氣給的，所以廬山不僅嬌美鮮艷，風采斐然，而且在煙雲夕照的變幻中氣象萬千，顯示出它的雄偉壯麗，氣概非凡。最末二句「信可以神居帝郊，鎮控湘漢者也。」既是對廬山奇麗景像與雄武形勢的讚美，也是對這一鮮明形像的高度概括，顯得準確而有力。第二大段的最後一個層次只寫

一個「水」字，讀來卻叫人驚心動魄：「若淥洞所積，溪壑所射，鼓怒之所豗擊，湧澓之所宕滌」，一口氣就寫了四種不同的水流：　細流急疾地滙成巨川，山溪汩汩地噴射不息，疾風鼓起的水浪發怒似地相互撞擊，洶湧曲折的江水激蕩無前。這些水流雖有大小巨細之分，但都爭先恐後地奔騰向前，銳不可擋：「則上窮荻浦，下至狶洲，南薄燕辰，北極雷淀」，到達的地域，如此廣遠。「削長埤短，可數百里」是說，如果把這些從四面八方來的流水斷長補短，合在一起，可有數百里方圓。你看，鮑照要任意剪裁流水，這想像是多麼神奇！接着，他以更加峻峭飄忽的筆勢，接連不斷地拓開了一幅又一幅突兀奇險的畫圖。「其中騰波觸天，高浪灌日，吞吐百川，寫泄萬壑」，描寫那翻騰咆哮的巨浪，上能滔天蔽日，下則侵吞萬水千山，這是何等的壯觀。「輕煙不流，華鼎振渣」，這個比喻眞是太別緻了。接下去，鮑照加快了描寫的節奏，幾乎都是二句一景，猶如一個個特寫鏡頭，展現在我們眼前。「弱草朱靡，洪漣隴蹙」是說洪波冲倒了岸邊的細草，又向田隴逼近。「蹙」是逼迫的意思，生動地刻畫出洪波凶猛的來勢。「散渙長驚，電透箭疾」是說波浪突然崩碎飛散，如閃電快箭，令人驚嘆。浪花之美，就在它的突如其來，瞬息萬變。人受其「驚」，這一聲驚嘆包含着多少贊美！「穹溘崩聚，岻飛嶺覆」二句是說一座座巨浪，一會兒抱成一團，一會兒又跌得粉碎，簡直可以把河岸冲走，叫山嶺傾覆。大河激浪的排山倒海之勢，雷霆萬鈞之力，就生動地體現在「岻飛嶺覆」的畫面之中。寫「勢」、寫「力」，容易流於空疏，而一「飛」一「復」之間，則把這「勢」與「力」形像化了。「回沫冠山，奔濤空谷，礩石爲之摧碎，碕岸爲之蟄落」四句是說，撞擊退回的水沫蓋滿了山頂，呼嘯奔騰的波濤洗空了山谷。激浪撞來，把堅硬的山石與彎曲的河岸都冲擊得粉碎。鮑照對驚濤駭浪的描寫是層層推進的。上面寫到「洪漣隴蹙」，是說洪波緊逼田隴，具有威脅性；接着描寫「岻飛嶺覆」，說巨浪終於把河岸冲走了，使山嶺傾覆了，這樣的描寫還是從大處着墨的。但現在是「礩石爲之摧碎，碕岸爲之蟄落」，這「摧碎」、「蟄落」顯然比「飛」與「覆」的冲擊力更加巨大，有力地突出了大江激浪恣肆汪洋的氣勢。鮑照以他雄健的筆力，摹繪了一幅幅變幻莫測的大江激浪圖。我們讀來，宛如身臨其境，勝景過眼，應接不暇。這一節的最後四句「仰視大火，俯聽波聲，愁魄脅息，心驚慓矣」是說：遙望火星，側耳江濤，不禁令人氣息屛止，神魂戰慄。鮑照之所以把「俯聽波聲」與「仰視大火」對聯起來，是因爲他描繪的驚濤駭浪，翻騰於天空與江面的整個空間，這種驚心動魄的壯觀景像，不只使鮑照，也使讀者都感到「脅息」「心驚」了。在這一節對「水」的描繪中，鮑照特別注意對名詞與動詞的錘煉。遣用名詞，尤爲豐富多采。比如，描寫

「波浪」，就鑄造了「騰波」、「高浪」、「洪漣」、「奔濤」等詞，不僅極其凝練，而且形像生動逼眞，表現了高超的藝術概括力。形容水浪動態的，如「眠飛嶺覆」固然千錘百煉，頗具匠心，而像「鼓怒」、「觸天」、「灌日」則更是吐奇脫俗，一鳴驚人。這裏的動詞描出了波浪挺擧飆發、恢宏壯闊的氣勢，賦予波浪以鮮明的性格，表現了鮑照奇崛豐富的想像。在淋漓盡致地描繪了驚濤駭浪之後，鮑照突然把筆鋒一轉，悠然自得地描寫起水中的魚蟲鳥獸。如果說驚濤駭浪令人氣息屏止，那麼這些水族珍奇實在叫人賞心悅目。「至於繁化殊育，詭質怪章」這一節中，最引人興味的是一口氣列擧的十六種奇禽異獸。這些水族，見所未見，聞所未聞。有的實有其物，有的僅來自神話傳說，有的還可能是鮑照信手拈來，臨時起的名稱。但就這些光怪陸離的名字而言，已經够人神往的了。「吹潦弄翮」這種悠然自得的神態更是惹人喜愛。山水文學不僅要「美」，而且要「奇」，才能富有魅力。對水族珍奇的描繪，眞爲整幅洶湧澎湃的水景畫圖增添了別一番閑逸優雅的情趣。

至此，鮑照戛然而止，把潑墨長江風光的飽筆輕輕提起。然後，淡淡地點染了幾筆眼前的景色，托孤鶴游鴻給妹妹寄出了無限的情思：卽全文的第三大段。此段又分爲二個層次。第一節，開頭六小句中「夕景」、「曉霧」、「孤鶴」、「遊鴻」、「樵蘇」、「舟子」的藝術形像，共同構成了一幅枯寂疏蕭的畫面。鮑照移情於景，寫得楚楚動人。尤其是一「嘯」、一「吟」、一「嘆」、一「泣」，聲微情哀，傳響在夜深人靜時候，更增添了森冷悲涼的氣氛。這一段的第二層次表達了鮑照對妹妹的關懷與愛護，這一節抒寫兄妹之情，眞是娓娓動人。鮑照爲人一向粗率豪放。但信中對妹妹的聲聲叮囑，卻是如此關懷備至，體貼入微。看來，慷慨激昂之士也不乏綿綿柔腸，脈脈溫情。陳祚明說鮑照「既懷雄澤之姿，復挾沈摯之性」，正道中了鮑照的性格特徵。

《登大雷岸與妹書》藝術上最顯著的特色是富有濃厚的浪漫主義色彩。全文感情雄肆奔放，想像瑰麗奇特，潑墨淋漓盡致。杜甫曾以「俊逸鮑參軍」的詩句來比贊李白，可見瀟灑自如、俊峭飄逸是鮑照李白這兩位浪漫主義詩人共同的藝術風格。鮑照從不拘泥於山川景物的準確方位，而是憑借想像的力量，描繪了一幅不受時間與空間制約的長江風光圖。他能一會兒雄視「凌跨長隴」，一會兒細察「水化之蟲」，一會兒遠眺廬山的「金光」，一會兒近觀磧石的「摧碎」。筆之所至，着墨飽酣，揮灑隨意。鮑照豐富多采的想像是對現實景物的一種高度的藝術概括，因而，具有驚人的魅力。比如，他手握彩筆，爲可望而不可卽的廬山淡妝濃抹；他拿起剪刀，要爲奔騰滙聚的水流斷長補短；他把「輕煙不流」的江面，比

作一尊沸騰的金鼎。這些奇峭的想像，爲全文增添了瑰麗的浪漫主義色彩。敖器之說鮑照「如饑鷹獨出，奇矯無前」，贊賞的正是這種獨特的藝術風格。鮑照具有極強的審美能力。他不僅善於發現並捕捉自然景物中的美，更擅長於創造並表現這種美。山水文學的美學要求，不是機械的「模景」，而是進行藝術的再創造。鮑照把長江沿途的山川景物，完全置於自己的感受之中，體物寫貌，不僅力求形似，更着意追求神肖。他賦予山川景物以靈魂，使它們成爲有生命、有活力、有感情、有個性的藝術形像。鮑照自己負才任氣，慷慨激昻，所以他筆下的高山才能「負氣爭高」「參差代雄」。當他自己的感情洪流與奔騰無前的大江合流時，大江才會「鼓怒𣻌擊」，「呑吐百川」。鮑照心境中的廬山，更像一位才貌出衆的俠女，不僅有飄飄欲仙的嫵媚姿色，還有鎭控湘漢的神奇威力。我們側身於這些性格鮮明、神態逼眞的山水形像之中，遨遊經過鮑照藝術再創造的長江風光圖，怎會不感到是一種美的享受呢？在≪登大雷岸與妹書≫中，鮑照以如此激越奔放的感情，峻健驚挺的筆勢，飽蘸濃墨重彩，點染雲煙，着意山水，酣暢淋漓地極盡自然景物的雄姿妍態，這在當時是一個前所未有的創擧。吳汝綸在評論這篇佳作時說:「奇崛驚絕，前無此體，明遠創爲之。」正確地指出了鮑照對我國山水文學發展的創造性貢獻。因此，≪登大雷岸與妹書≫並不只是一封普通的家書，它實在是一篇在我國山水文學史上占有重要地位的傑作。　　（黃昌年）

月賦　　謝莊

陳王初喪應、劉①，端憂多暇②。綠苔生閣，芳塵凝榭。悄焉疚懷③，不怡中夜④。

乃淸藍路，肅桂苑⑤，騰吹寒山⑥，弭蓋秋阪⑦。臨浚壑而怨遙⑧，登崇岫而傷遠⑨。於時斜漢左界⑩，北陸南躔⑪，白露曖空⑫，素月流天。沈吟齊章⑬，殷勤陳篇⑭，抽毫進牘，以命仲宣⑮。

仲宣跪而稱曰：臣東鄙幽介⑯，長自丘樊⑰。昧道懵學⑱，孤奉明恩⑲。臣聞沈潛旣義⑳，高明旣經㉑，日以陽德㉒，月以陰靈㉓。擅扶光於東沼㉔，嗣若英於西冥㉕。引玄兔於帝臺㉖，集素娥於後庭㉗。朒朓警闕㉘，朏魄示冲㉙，順辰通燭㉚，從星澤風㉛。增華台

室，揚采軒宮。委照而吳業昌㉜，淪精而漢道融㉝。

若夫氣霽地表㉞，雲斂天末，洞庭始波，木葉微脫。菊散芳於山椒㉟，雁流哀於江瀬㊱。升清質之悠悠㊲，降澄輝之藹藹。列宿掩縟㊳，長河韜映㊴，柔祇雪凝㊵，圓靈水鏡㊶。連觀霜縞㊷，周除氷凈㊸。君王乃厭晨歡，樂宵宴，收妙舞，弛清縣㊹。去燭房，即月殿㊺，芳酒登㊻，鳴琴薦㊼。

若乃涼夜自凄，風篁成韵㊽，親懿莫從㊾，羇孤遞進㊿。聆皋禽之夕聞(51)，聽朔管之秋引(52)。於是弦桐練響(53)，音容選和，徘徊房露，惆悵陽阿(54)。聲林虛籟(55)，淪池滅波(56)，情紆軫其何托(57)，愬皓月而長歌(58)。歌曰:

美人邁兮音塵闕(59)，隔千里兮共明月。

臨風嘆兮將焉歇，川路長兮不可越。

歌響未終，餘景就畢(60)，滿堂變容，迴遑如失(61)。又稱歌曰:

月既沒兮露欲晞(62)，歲方晏兮無與歸(63)。

佳期可以還(64)，微霜霑人衣。

陳王曰: 善。乃命執事(65)，獻壽羞璧(66)，敬佩玉音(67)，復之無斁(68)。

【注釋】①陳王: 卽曹植。應、劉: 卽應瑒和劉楨。②端憂: 正在憂愁之中。端: 正。③悄焉: 憂愁的樣子。疚懷: 傷懷，憂心。④怡: 愉快。中夜: 半夜。⑤肅: 肅靜。⑥騰吹寒山: 在寒山上奏樂。⑦弭: 停。蓋: 車蓋，這裏代指車。阪: 山坡。⑧浚（ㄐㄩㄣˋ): 深。⑨崇岫(ㄒㄧㄡˋ): 高高的峰巒。⑩漢: 天河。左界: 像是畫在天空的左邊。⑪北陸南躔: 北陸星向南移動。躔: 日月星宿運行的度次。⑫曖: 蔽，充滿。⑬沈吟: 沉思吟味。齊章: 指《詩經·齊風》，其中《東方之日》篇裏有「東方之月兮」的句子。⑭殷勤: 殷切習思。陳篇: 指《詩經·陳風》，其中《月出》篇裏有「月出皎兮」的句子。⑮仲宣: 王粲的字。⑯鄙: 邊境。幽介: 指出身寒微。⑰樊: 藩籬，丘樊指居處簡索。⑱昧道懵（ㄇㄥˊ）學: 不通大道、闇於學問。⑲孤奉明恩: 白白地受了君王的恩惠。孤: 同「辜」。⑳沈潛: 指地。義: 合宜。㉑高明: 指天。經: 綱常。㉒日以陽德: 日具有陽的

德行。㉓月以陰靈：月具有陰的精華。㉔擅：同「禪」，傳位，禪讓。扶光：扶桑之光，指日光。東沼：指湯谷，傳說中日出之處。㉕嗣：繼續。若：若木，神話傳說中大樹名，日落的地方。英：華。西冥：指昧谷，傳說中日入之處。㉖玄兔：傳說中的月中玉兔。這裏代月。帝臺：帝王的臺榭。㉗素娥：指嫦娥。後庭：帝王的後宮。㉘朒（ㄋㄨˋ）：月初的缺月。朓（ㄊㄧㄠˇ）：月末的缺月或月行失常軌。警：警惕。闕：同「缺」，缺點錯誤。㉙朏（ㄈㄟˇ）：月初生明，月光不強，叫做朏或者叫做魄。沖：謙虛謹慎。㉚順辰：指月球順着十二月的次序而言。通燭：普遍照耀。㉛澤：雨。㉜委：向下照耀。照：指月光。㉝淪：向下照耀。精：指月光。㉞霽：雨止。㉟山椒：山頂。㊱瀨：從沙石上流過的急水。㊲清質：指月亮。㊳列宿：眾星。掩：掩蓋。縟：繁，指星光燦爛。㊴長河：指天河。韜：隱藏。映：照耀。㊵柔祇（ㄑㄧˊ）：指地。㊶圓靈：指天。㊷連觀（ㄍㄨㄢˋ）連接宮觀。觀：供帝王遊憩的離宮別館。霜縞：像霜一樣的潔白。㊸周除：四周的宮殿的臺階。㊹弛：放下。縣：即懸。清縣：指懸掛着的鐘磬。㊺即：就。㊻登：進酒。㊼薦：進獻。㊽風筐：風吹竹林。㊾親懿：即懿親，指篤好的親族。㊿羈孤：指流落在外的人。51皋禽：鶴。《詩經》：「鶴鳴於九皋」。夕聞：晚間的叫聲。52朔管：笛子。秋引：秋天的曲調。53弦桐：琴。練：選擇。54房露、陽阿：都是古曲名。55虛：停息。籟：風吹孔竅所發出的音響。56淪：微波。57紆軫：隱痛在心，鬱結不解。58愬（ㄙㄨˋ）：向着。59邁：往。音塵：信息。闕：通「缺」。60就：接近，即將。61迴遑：內心彷徨，沒有着落。62晞：乾。63晏：晚。64佳期：約會，這裏指期會的人。65執事：這裏指左右侍奉的人。66獻壽：進酒祝賀。羞：進獻。67佩：帶。玉音：對別人言辭的敬稱。68復：指反覆誦讀。斁（ㄉㄨˋ）：厭煩。

【鑒賞】在眾多的自然界現象之中，月亮是較早和文學結下不解之緣的。皓月在天，曾引發人們多少遐想，月的陰晴圓缺又牽動着人們多少詩情。我國古代詩歌總集《詩經》中就有關於月的篇章，漢魏以來的詩歌中也不乏寫月的名句。但它們多是片斷的章句，而且多是作為抒情主人公活動的背景出現的。南北朝時期，以賦的形式全篇集中寫月的第一篇作品應是劉宋時期作家謝莊寫的《月賦》。《月賦》是一篇駢賦。駢賦是在古賦的基礎上發展變化出來的一種新賦體，它產生於魏晉之後，盛行於南北朝時期。《月賦》作為一篇咏物賦，就表達的情感來說，不過借咏月抒寫懷人之情和遲暮之感（而且集中表現在篇末的兩首歌中），並沒有多少深刻的意義，但它在藝術上有一些特點，值得我們注意。

　　其一是「假主客以爲辭」，即虛構一組歷史人物的對話，由其中一人執筆作賦。古賦一般採取主客問答的寫法。由於騈賦是從古賦發展而來，所以這種寫法有時還保留在一些騈賦中。例如，與謝莊同時代的另一位作家謝惠連所作的≪雪賦≫，就虛構了梁孝王與著名賦家鄒陽、枚乘、司馬相如等在兔園的一次遊宴，梁孝王命司馬相如作出一篇白雪之賦。謝莊的≪月賦≫也是如此，不過，比≪雪賦≫更巧妙，它假托的歷史人物聚會更帶故事性，因而引出月的描寫十分自然，從而爲全篇定下了基調，創造了統一的氣氛。≪月賦≫一開始就敍述了一個淒傷的故事，這就是：「陳王初喪應、劉」。應瑒、劉楨是建安七子中的二人，跟陳王曹植情誼十分深厚，今傳曹集中≪送應氏≫二首，就是曹植爲應瑒送行之作。開篇這六個字，構成了一個「主謂賓」的句式，突出了曹植和應、劉二人的親密關係。摯友不幸去世，陳王「端憂多暇」，「悄焉疚懷，不怡中夜」。由於心情痛苦，往日與文士們遊宴的地方無心再去涉足，因而，「綠苔生閣」，「芳塵凝榭」，一切都黯然失色了。於是陳王命駕出遊，「清蘭路，肅桂苑，騰吹寒山，弭蓋秋阪」，想到山野舒散一下愁懷。「蘭桂」暗示季節，「寒山」、「秋阪」更明寫秋景，野外處處秋景傷神，因而陳王「臨浚壑而怨遙，登崇岫而傷遠」，對亡友的懷念之情格外沉重。時當中夜，銀河西斜，北陸星南移，「白露曖空，素月流天」，皓潔的月色引動了詩情。於是曹植「抽毫進牘，以命仲宣」，讓身爲「七子之冠冕」的王粲作賦咏月。這樣虛構故事、假托主客的寫法，引出對於月的描寫就很自然：寫月遂成了全篇不可分割的內容，而不是什麼遊離於全篇的外加的材料。這種虛構故事、假托主客的寫法保持了全篇基調的統一。賦由悼念亡友開篇，中間鋪陳寫月，到篇末作歌收結，情緒是一貫的。這裏單說賦末的兩首歌。第一首歌抒寫離別之情，表達了對遠方友人的思念。其中的名句「隔千里兮共明月」流露的還只是「此時相望不相聞」的悵惘之情，到了蘇軾手中，就發展成「但願人長久，千里共嬋娟」，表達美好的祝願了。第二首歌表達的是遲暮之感。月已沒，夜將盡，歲已晚，微霜已降臨大地，隱約地表現出曹植面對友人亡故、瞻念前景黯然自傷的心情。建安七子中，孔融於208年被曹操殺害，其餘六人中，阮瑀於212年去世，陳琳、王粲、徐幹、應瑒、劉楨都在217年病故。正如曹丕≪與吳質書≫所說：「昔年疾疫，親故多離（罹）其災。徐、陳、應、劉，一時俱逝，痛可言邪！昔日遊處，行則連輿，止則接席，何曾須臾相失。每至觴酌流行，絲竹並奏，酒酣耳熱，仰而賦詩。當此之時，忽然不自知樂也。謂百年已分，可長共相保。何圖數年之間，零落略盡，言之傷心。」曹丕的痛惜是出於深厚的友情，而曹植又多了一份對個人前途的憂懼和自傷。只不過賦作者謝莊在假托的「陳王初

喪應、劉」的日子裏，就在歌中流露出來了。這種遲暮之感包含着豐富的內容，它和全篇的情調也是完全一致的。

其二，善於寫景狀物，渲染氣氛。此賦的開頭兩小節已表現出這一特點。且談「仲宣跪而稱曰」以下的部分。這是假托的王粲的答辭，實卽《月賦》的主體。賦的基本特點是「舖采摛文，體物寫志」，騈賦也具有這一特點。不過謝莊寫月不是泛無邊際地舖陳，而是扣住特定的季節落筆。唐代張若虛的《春江花月夜》一詩寫的是春江夜月，謝莊寫的卻是秋夜之月。季節不同，作品的情調也就不同。謝莊寫月的巧妙之處在於，賦中直接寫月形、狀月色之處甚少，卻用很多篇幅描寫秋景，渲染出寂寥、淒清的氣氛，而且描寫秋景又極有層次。「若夫氣霽地表，雲斂天末，洞庭始波，木葉微脫。菊散芳於山椒，雁流哀於江瀨」六句，爲第一層，描畫出一幅江天萬里秋色圖：藍天白雲，碧波黃葉，金菊送芳，孤雁傳響，一派初秋的景象。「升淸質之悠悠，降澄輝之藹藹。列宿掩繣，長河韜映，柔祇雪凝，圓靈水鏡。連觀霜縞，周除冰淨」八句爲第二層，開始描寫秋月。其中一二兩句寫月輪升空，遍灑淸輝；三四句用羣星和銀河黯淡作襯托，側面渲寫月光的明亮；以下四句連用比喻，形容月光的皓潔：大地上如白雪凝結，天空中如水色澄澈，宮觀上如霜花潔白，玉階上如冰塊明淨。這些比喻都很貼切，頗能引發讀者美麗的想像。第三層首先敍述「君王」（指陳王曹植）賞月的歡樂之情。作者並沒有一味描寫下去，在這裏轉向了對人物活動的敍述：「乃厭晨歡，樂宵宴，收妙舞，弛淸縣（懸）。去燭房，卽月殿，芳酒登，鳴琴薦。」這是觀舞聽歌之後飲酒賞月的快樂生活。第四層描寫的是另一種情景：「若乃涼夜自淒，風篁成韵，親懿莫從，羈孤遞進。聆皐禽之夕聞，聽朔管之秋引。於是弦桐練響，音容選和，徘徊房露，惆悵陽阿。聲林虛籟，淪池滅波。情紆軫其何托，愬皓月而長歌。」這一層設想了「君王」在淒淸的秋夜塊然獨處的感受，賦中描寫了許多靜夜的音響：旣有自然的天籟，如風吹竹林的蕭蕭，長天嘹唳的鶴鳴；又有樂器奏鳴的聲響，如羌笛吹出的悠悠的秋聲，琴弦彈奏的瑟瑟的秋情。這些樂聲一起，「聲林虛籟，淪池滅波」，林中之聲爲之蕭靜，池上之波爲之平息，無靈感的自然界都爲之動容，足見樂曲感人之深。作者以動寫靜，描繪秋夜的各種音響，正是爲了烘托幽冷、淒淸的意境。雖然沒有直接寫月，但從上文可知，這是一個「羈孤」獨處的月夜，在這樣的夜晚，怎不令人產生懷人之情和遲暮之感呢！

其三是大量運用典故，增加了作品的典雅的風格。用典也是騈賦的一個基本特點。本篇中「仲宣跪而稱曰」的第一部分就集中了許多關於月的典故。這些典

故大部分是古書上記載的月的神話。如「擅（禪）扶光於東沼，嗣若英於西冥」。上句是說：早晨，月亮讓位給在東方升起的太陽。下句是說，黃昏，月亮繼西方的落日升起。「引玄兔於帝臺，集素娥於後庭」。上句說，月亮把光輝灑向帝王的臺榭；下句說，月亮照到帝王的後宮。用了這兩組典故，月的形象就增添了美麗的神話色彩。另一些典故是關於歷史人物的傳說，如「委照而吳業昌，淪精而漢道融」。上句是說月光照耀，孫策的母親夢月入懷，於是生策，奠定了吳國昌盛的王業；下句說月光照耀，漢元帝皇后之母也夢見月亮入懷，於是生了漢元帝皇后，她使漢朝帝業光明。這些典故和全篇的內容沒有多大關係，由於在《月賦》中占的篇幅不太多，並未像古賦那樣堆砌過多的故實和辭藻以致使人生厭。至於對偶的整飭，是所有駢賦的基本特色，這裏就不再多說了。　　　　（周　明）

別　賦　　　江淹

黯然銷魂者，唯別而已矣！況秦、吳兮絕國，復燕、宋兮千里①。或春苔兮始生，乍秋風兮暫起。是以行子腸斷，百感凄惻。風蕭蕭而異響，雲漫漫而奇色。舟凝滯於水濱，車逶遲於山側②。棹容與而詎前③，馬寒鳴而不息。掩金觴而誰御？橫玉柱而霑軾④。居人愁臥，怳若有亡。日下壁而沉彩，月上軒而飛光⑤。見紅蘭之受露，望青楸之離霜⑥。巡層楹而空掩⑦，撫錦幕而虛涼。知離夢之躑躅，意別魂之飛揚。

故別雖一緒，事乃萬族⑧。至若龍馬銀鞍，朱軒繡軸，帳飲東都，送客金谷⑨。琴羽張兮簫鼓陳，燕、趙歌兮傷美人⑩。珠與玉兮艷暮秋，羅與綺兮嬌上春。驚駟馬之仰秣，聳淵魚之赤鱗⑪。造分手而銜涕⑫，咸寂寞而傷神。

乃有劍客慚恩，少年報士，韓國趙厠，吳宮燕市⑬；割慈忍愛，離邦去里。瀝泣共訣，抆血相視⑭。驅征馬而不顧，見行塵之時起。方銜感於一劍，非賣價於泉里⑮。金石震而色變，骨肉悲而心死。

或乃邊郡未和，負羽從軍⑯；遼水無極，雁山參雲。閨中風暖，陌上草薰⑰。日出天而曜景，露下地而騰文⑱。鏡朱塵之照爛，襲青

氣之烟熅⑲。攀桃李兮不忍別，送愛子兮霑羅裙。

至於一赴絕國，詎相見期？視喬木兮故里，決北梁兮永辭⑳。左右兮魂動，親賓兮淚滋。可班荊兮贈恨，唯罇酒兮敍悲㉑。值秋雁兮飛日，當白露兮下時。怨復怨兮遠山曲，去復去兮長河湄。

又若君居淄右，妾家河陽㉒，同瓊佩之晨照，共金爐之夕香㉓。君結綬兮千里㉔，惜瑤草之徒芳。慚幽閨之琴瑟，晦高臺之流黃㉕。春宮閟此青苔色㉖，秋帳含玆明月光。夏簟清兮晝不暮，冬釭凝兮夜何長㉗！織錦曲兮泣已盡，迴文詩兮影獨傷㉘。

倘有華陽上士，服食還山㉙。術既妙而猶學，道已寂而未傳。守丹竈而不顧，煉金鼎而方堅㉚。駕鶴上漢，驂鸞騰天㉛，暫游萬里，少別千年。唯世間兮重別，謝主人兮依然㉜。

下有芍藥之詩，佳人之歌㉝。桑中衞女，上宮陳娥㉞。春草碧色，春水淥波。送君南浦，傷如之何㉟！至乃秋露如珠，秋月如珪。明月白露，光陰往來。與子之別，思心徘徊。

是以別方不定㊱，別理千名。有別必怨，有怨必盈。使人意奪神駭，心折骨驚。雖淵、雲之墨妙，嚴、樂之筆精㊲；金閨之諸彥，蘭臺之羣英㊳；賦有凌雲之稱，辯有雕龍之聲㊴，誰能摹暫離之狀，寫永訣之情者乎？

【注釋】①絕國：絕，極遠。國：國土。春秋戰國時，秦國在西北，吳國在東南；燕國地處宋國的東北，宋國位於燕國的西南。②凝滯：淹留不動。逶遲：遲回，緩慢。③棹：船槳。容與：遲緩不進的樣子。詎：豈。④掩：覆。御：用，此指喝酒。玉柱：代指琴、箏類樂器。霑：同「沾」。軾：車前橫木。⑤軒：樓板，窗檻。⑥紅蘭：秋蘭，至秋色紅。楸（くlㄡ）：落葉喬木。離：通「罹」，遭受。⑦楹（lㄥ）：堂前柱子，此指房屋。⑧一緒：同一種情緒。族：種類。⑨龍馬：駿馬。《周禮・夏官・庾人》：「馬八尺以上爲龍。」朱軒：漆著朱色的車廂板。繡軸：裝有採飾的車軸。帳飲：古人離別，常設帳郊外，飲酒餞行。東都：指長安東都門。金谷：西晉大臣石崇的別墅，於金谷澗所造的名園。金谷：在洛陽西北。⑩羽：古代五音之一。張：演奏。陳：排列。燕、趙：以歌女出名的兩

個地區。⑪駟馬：古代稱四匹馬拉的車爲「駟」。仰秣：馬仰著頭嚼口中草料的樣子。聳：聳出水面。⑫造：到了。銜：含著。⑬慚愧於未能報答主人知遇之恩。報士：勇於報仇之士。韓國：指戰國時聶政以刺殺韓相俠累來報答嚴仲子知遇之恩的事。趙廁：指戰國初期晉國智伯被趙襄子所滅，他的客卿豫讓化裝埋伏在廁所裏，想刺死趙襄子的事。吳宮：指春秋時吳公子光設謀宴請王僚，刺客專諸用藏在魚腹中的匕首將王僚刺死一事。燕市：指荊軻爲燕太子丹謀刺秦王不遂，他在燕國市集上與他一起飲酒的好友高漸離又一次謀刺秦王的事。以上事均見《史記·刺客列傳》。⑭瀝：水下滴。訣：別。扠（ㄨㄟ）：揩拭。血：淚盡繼之以血。⑮銜感：懷著知遇報恩的感情。一劍：仗劍行刺。買價：買取名聲。泉里：黃泉之下，指喪生。⑯未和：不安。羽：指箭。⑰閨：內房。陌：田野小路。薰：香氣。⑱景：光。騰文：呈現光形。⑲鏡：映照。朱塵：陽光照耀下呈現的紅色輕塵。照爛：明麗的樣子。襲：披著。靑氣：春天清新之氣。烟熅：濃厚的樣子。⑳喬木：古代以喬木表示故國舊都的所在。決：通「訣」。永辭：永別。㉑班荊：鋪荊草於地。班：布，鋪。尊：通「樽」，酒杯。㉒淄右：淄水（在今山東）西。河陽：黃河北岸。今河南省孟縣內。㉓瓊佩：玉做的佩帶飾物。金爐：金屬香爐。㉔綬：係官印的帶子。結綬：指出仕做官。㉕流黃：黃色的絹。㉖閟（bì）：掩閉。㉗簟（ㄉㄧㄢˋ）：竹席。釭（ㄍㄤ）：燈。凝：凝聚。㉘織錦曲、迴文詩：苻秦時竇滔做官在外，另尋新歡。妻子蘇蕙知道後，就在一匹錦上織了一首表達自己深情和勸戒之意的迴文詩送給他，使他有所感動。迴文：是一種來回往復都有文意的詩。㉙倘有：或有。華陰：華陰縣。上士：此指道士。服食：家服用丹藥以求長生。還山：此指成仙。㉚丹竈、金鼎：都是道人煉丹熬藥的用具。㉛漢：銀河。驂（ㄘㄢ）：原爲三匹馬駕車，此指駕馭。鸞：一種傳說中鳳凰類的鳥。㉜謝：辭別。依然：依戀不捨的樣子。㉝下有：還有。勺藥：香草名。佳人之歌：指李延年爲武帝進李夫人時唱的歌，「北方有佳人，絕世而獨立。」㉞桑中：衞國地名。上官：陳國地名。都是男女約會的地點。衞女、陳娥：泛指戀愛中的少女。㉟送君南浦：用《楚辭》「送美人兮南浦」句。泛指男女離別之地。㊱方：指離別的雙方。㊲淵：指王褒（字子淵）。雲：指揚雄（字子雲）。嚴：指嚴安。樂：指徐樂。以上四人均爲漢代有名的文人。㊳金閨：指漢代長安求見皇帝的人聚候的金馬門。彥：才學之士。蘭台：漢官廷藏書、著書、治學的地方。㊴凌雲：漢武帝讀了司馬相如的《大人賦》後「飄飄有凌雲之氣」，後人卽以「凌雲之氣」稱司馬相如的賦。雕龍：指騶奭的辯才。聲：名聲。

〔**鑑賞**〕古往今來，抒寫人間離情別意的佳作何止千萬！例如杜甫「三別」詩泣訴了戰亂帶給人民的悲痛怨憤，李白送別詩傾吐了對友人對知己的一片深情，而柳永、王實甫等人又在詞、曲中細致入微地描摹了戀人們分別時的種種纏綿悱惻，這一切都深深地打動著人們的心。然而，在這些作品產生之前，就出現了一篇描繪多種離別狀況，集中抒發哀怨之情的作品。這就是江淹的≪別賦≫。≪別賦≫一開始，慨然長嘆：「黯然銷魂者，唯別而已矣！」言語間充滿了辛酸悲愴。「黯然銷魂」四字，高度概括了整篇作品所要表達的種種感受，一上來就緊緊攝住了讀者的心。在點明題意和先聲奪人方面，後來李白≪蜀道難≫「噫吁嚱，危乎高哉，蜀道之難，難於上青天」的感嘆，或可和它相比。在一種蒼涼哀怨的氣氛中，作者用一個「況」字作了進層連接，從地理和時間上，極言離別距離的遙遠和景物的惱人，從而為後文的抒情創造了一個典型的環境。對離別的感受總是雙方的。因此，作者首先就對行子和居人的離愁別恨，作了總的鏤心刻骨的描寫。他抓住行子在將行未行時的反常感覺、矛盾心理和痛苦狀況，極有層次地表現了人物的百感凄惻。風聲蕭蕭，雲色漫漫，在出門人的耳目中，似乎都與往常不同。這種對外界事物產生的異樣感覺，正是人物內心籠罩著巨大陰影的反映。風聲雲色在這裏既是自然之物，是觸發和增添人物傷感的外界因素；但同時又是有情之物，它融入並體現了人物內心的哀傷。然後，作者又從事物在瞬間呈現出的微妙狀態的刻畫中，形象地揭示出人物複雜的心理。「舟凝滯」、「車逶遲」、「棹容與」表面寫物。寫物的某種暫時狀況，但它恰到好處地展示了人物內心那種欲止不可、欲行不能的矛盾狀態。在近乎凝滯的靜止場面中，「馬寒鳴而不息」，似乎是連馬也不願離開故鄉和居人，又似乎是在提醒行子：上路的時間到了，催促主人啓程。它把一陣陣凄涼和悲戚傳給行子和居人，同時也傳給讀者。最後，作者由從旁暗示人物內心轉而直接描寫人物行動：行子掩了金樽，擱了琴瑟，這時馬已啓步，不覺一陣陣辛酸，點點淚珠滾落下來，沾濕了車前的橫木，其狀痛苦欲絕。與此不同，作者刻畫居人的獨處，著重表現出人物內心「怳若有亡」的惆悵。在為主人公安排了一個日影西沉、月華初上的黃昏景況，以景托情，暗示人物從早到晚的苦苦思念之後，主要寫了人物「見紅蘭」、「望青楸」、「巡層楹」、「撫錦幕」等一系列行動和由此而來的感受，這就將人物心中的愁思和感物悲時的怨情和盤托出。不但如此，這種縷縷哀思和綿綿怨情，還在清苦的夢境中，驅使她去追隨行子的遊蹤，去關心旅途的勞頓。讀著這些描寫，我們怎麼能不為主人公員摯深沉的感情和不幸的遭遇所感動，甚爾灑下數行同情之淚呢！接著，作者像一位高明的畫師，運用他那奇妙的彩筆，為我們繪製了一幅幅色彩斑斕、形態逼真

的離別圖景：

達官貴人的離別場面豪華熱鬧。人們乘坐著華貴的車馬，從四處趕來參加筵席上賓朋如雲，輕歌曼舞伴著飛觥投觴。「珠與玉兮艷暮秋，羅與綺兮嬌上春」，其艷靡華美可以想見。「驚駟馬之仰秣，聳淵魚之赤鱗」，從動物凝神屏息的神態中，我們彷彿聽到了悠揚動人的樂聲。

義俠壯士的訣別場面悲壯，氣氛激烈：「割慈忍愛，離邦去里。瀝泣共訣，抆血相視」，幾筆勾勒，就把恩主萬不得已和壯士義無反顧的音容聲貌，刻畫得淋漓盡致、動人心魄。

老人送子從軍的景像十分凄慘：孩子還沒成年，就被徵赴邊，要離開春光明媚的故鄉，告別年已花甲的雙親，去遙遠荒涼的邊塞，投入到殘酷的戰爭中去了。白髮蒼蒼的老人將他送了一程又一程，「攀桃李兮不忍別，送愛子兮霑羅裙」，一個特寫，攝下了這個生死未卜的骨肉分離的悲慘鏡頭，那顫巍巍的手，亮閃閃的淚，又何嘗不是流淌在老人心中的血，燃燒在少年眼裏的火！

宦臣離鄉去國時的情況悲涼、凄清。北雁南飛，白露為霜，那個遠赴他方的人，站在尚能望見故鄉喬木的橋上，與送別的家人親友作最後的辭別，「左右兮魂動，親賓兮淚滋」，前人稱它「摹想尊酒泣別情狀，百般嗚咽，歷歷如繪」（《六朝文絜箋注》許槤評語）。作者在這裏沒有直接從去國者下筆，而是極力渲染送行人的悲痛，這種烘雲托月的手法取得了比直接描寫更好的藝術效果，它讓我們借助旁人的想象，去更深刻地尋思主人公的愁苦之狀。「怨復怨兮遠山曲，去復去兮長河湄」，它使我們看到了人物心中不斷擴展和延伸的無限哀怨。

獨守閨房的少婦思夫與熱戀中的男女雙方的彼此縫綣不無相似之處。「同瓊佩之晨照，共金爐之夕香」，點綴出一幅共同生活的恬美情景；而琴瑟蒙塵；帷幕闃然，空對著春苔秋月，苦熬著夏盡冬夜，又是冷酷的現實畫面，形成強烈的對比。同樣，「春草碧色，春水淥波」，它不僅是自然景色的描繪，同時也是男女青年一見傾心，贈詩互答的記錄。而分別後的秋露秋月，又使他們在天各一方的情況下，悵然傷懷，遙寄心曲。

道士騎著仙鶴，駕著青鳳，在飄渺的雲端與家人拱手言別，景象神幻而奇特。它與道士在修道時「守丹竈而不顧，煉金鼎而方堅」的形象，恰成鮮明的對照。

清人劉熙載認為「賦中宜有畫」（《藝概‧賦概》）。江淹的《別賦》不獨發揚了賦這種文體擅於狀物鋪寫的傳統，表現出精湛的多面的摹寫技藝，而且十分成功地融入了《詩》的抒情特點，使所賦的景物無不帶有濃厚的感情色彩，**讀**

來令人「黯然銷魂」。袁枚在《隨園詩話》中指出「情景有在心在物之分，而景生情、情生景。」這段話正好道出了《別賦》在藝術上的最大特點。在這篇作品中，作者把精湛的狀物技巧與高超的抒情手法完美地糅合在一起，運用多變的景物描寫，通過從反面映襯或正面烘托，極有層次地抒發了人物的感情。作品用大量筆墨對富人離別場面的豪華和熱鬧作了渲染，目的全在於映襯人物最後的「造分手而銜涕，感寂寞而傷神」。很明顯，送別的場面越氣派，氣氛越熱烈，長宴散後的冷落和孤獨也就越突出，人物內心的空虛和感傷也就越強烈。從軍別中對故鄉的春景作了刻意描繪：「閨中風暖，陌上草薰。日出天而曜景，露下地而騰文。鏡朱塵之照爛，襲青水之烟盈」，這正從反面映襯出人物對家鄉眷戀的執拗和離鄉背井痛苦的深沉。人們往往有這樣的經驗：一件東西，在我們將要失去它時，才會突然發現它的真正價值，才會認認真真地去觀察它，珍惜它。作者這段描寫，無疑正符合這種心理，因此它在表達人物感情方面有着特殊的作用。至於道士修道時的堅決與仙去時的最終不能忘情，也進一步抒發了離別給人以愁苦的人之常情，即使象道士這類人，也不能完全割棄。

在用與人物心情相反的景物來反襯人的感情的同時，作者還用符合人物心情的景物從正面來烘托人物的感情。作者把宦者的去國，放在秋天的自然環境中，那是由於蕭瑟的秋景最能體現出這類人悲涼凄楚的心情，萬物的凋殘恰恰是人物在精神上遭受摧殘和折磨的象徵。作者對「春草碧色，春水淥波」的描寫，自然也最能將男女青年談情說愛的歡樂蘊含其間或誘導出來；而「秋露如珠，秋月如珪」的景色，又最宜於曲折有致地表達人物空對「良辰美景」的深憾長恨。在這種用洗練的語言和近乎白描的表現手法造成的優美詩境裏，我們可以盡情地馳騁想象，在美的享受中創造出更美的世界。所以有人稱這段描寫「有淵涵不盡之致」（《六朝文絜箋注》許槤評語），就是這個原因。再如幽閨琴瑟，高臺流黃、春苔秋月、夏簟多釭等景物，對少婦思夫那種「才下眉頭，卻上心頭」的慵態，以及一年四季綿綿的相思之苦，作了有力的烘托，讀來撼人心扉。這些都表現出作者獨到的藝術匠心和出眾的藝術才能，它對後世許多優秀的抒情作品產生了積極的影響。

如果說這篇作品的開頭像是陡起的洪峰，中間的逐層描繪是臨坻注壑的激流，那麼結尾一段議論，便將這些激流引入了茫茫無際的大海。作者一方面以「有別必怨，有怨必盈。使人意奪神駭，心折骨驚」總結前文，再次點出題旨，與開頭「黯然銷魂者，唯別而已矣」相互發明，相互呼應。一方面又極稱司馬相如、揚雄等才學之士，提出「誰能摹暫離之狀，寫永訣之情者乎」的疑問用以作

結，不但行文「一氣呵成，有天驥下駿阪之勢」（《六朝文絜箋注》許槤評語），而且含無限深意於言外，給人以回味、想象的廣闊天地。

應該看到，如果脫離了當時的歷史環境，《別賦》所表現的思想情緒在今天看來是消極的，傷感的。但在歷史上，它卻有一定的進步意義。作品取材於社會現實，並對當時大量的生離死別，作了高度集中的典型概括，通過對富人傷神、俠士慷慨、從軍悽慘、去國悲苦、少婦嗚咽、戀人哀怨等極富個性的描寫，集中而強烈地表現了離別令人「黯然銷魂」的共性。因而它在很大程度上表現了那個時代的動亂的總特點，反映了當時人民普遍怨恨離亂的思想情緒，以及他們熱愛祖國、熱愛家鄉、熱愛人生，向往安定的美好願望，作者本人的複雜經歷與此亦很有關係。江淹歷仕宋、齊、梁三代。《梁書》、《南史》稱他「少以文章顯」，「少孤貧，……不事章句之學，留情於文章。」作為北方人，他長期流落南方，在對他文學創作頗有影響的早期，他曾進過監獄，並且不久又被貶官流徙。這就不能不使他在作品中將自己的親身感受抒發出來。正因為這樣，作為他代表作之一的《別賦》，才能自立於名作之林，受到歷代人的激賞。　（曹明綱）

北 山 移 文　　　　　孔稚珪

鐘山之英，草堂之靈①。馳煙驛路，勒移山庭②。

夫以耿介拔俗之標③，瀟灑出塵之想，度白雪以方絜④，干青雲直上⑤，吾方知之矣。若其亭亭物表⑥，皎皎霞外⑦，芥千金而不眄⑧，屣萬乘其如脫⑨，聞鳳吹於洛浦⑩，值薪歌於延瀨⑪，固亦有焉⑫。豈期終始參差⑬，蒼黃翻覆⑭，淚翟子之悲，慟朱公之哭⑮，乍回迹以心染⑯，或先貞而後黷⑰，何其謬哉！

嗚呼！尚生不存⑱，仲氏既往⑲，山阿寂寥，千載誰賞⑳？世有周子㉑，雋俗之士㉒，既文既博，亦玄亦史㉓。然而學遁東魯㉔，習隱南郭㉕；偶吹草堂㉖，濫巾北岳㉗；誘我松桂，欺我雲壑。雖假容於江皋㉘，乃纓情於好爵㉙。其始至也，將欲排巢父，拉許由，傲百氏，蔑王侯㉚，風情張日㉛，霜氣橫秋㉜。或嘆幽人長往，或怨王孫不遊㉝。談空空於釋部㉞，覈玄玄於道流㉟。務光何足比㊱，涓子不

能傳㊲。

　　及其鳴騶入谷㊳，鶴書赴隴㊴，形馳魄散，志變神動。爾乃眉軒席次㊵，袂聳筵上㊶，焚芰製而裂荷衣㊷，抗塵容而走俗狀㊸。風雲淒其帶憤，石泉咽而下愴，望林巒而有失，顧草木而如喪。

　　至其紐金章，綰墨綬㊹，跨屬城之雄㊺，冠百里之首㊻，張英風於海甸㊼，馳妙譽於浙右㊽。道帙長殯㊾，法筵久埋㊿。敲撲喧囂犯其慮﹝51﹞，牒訴倥傯裝其懷﹝52﹞。琴歌既斷，酒賦無續。常綢繆於結課﹝53﹞，每紛綸於折獄﹝54﹞。籠張趙於往圖﹝55﹞，架卓魯於前籙﹝56﹞。希踪三輔豪﹝57﹞，馳聲九州牧﹝58﹞。

　　使我高霞孤映，明月獨舉，青松落陰﹝59﹞，白雲誰侶？磵戶摧絕無與歸﹝60﹞，石徑荒涼徒延佇。至於還飆入幕﹝61﹞，寫霧出楹﹝62﹞，蕙帳空兮夜鵠怨﹝63﹞，山人去兮曉猿驚。昔聞投簪逸海岸﹝64﹞，今見解蘭縛塵纓﹝65﹞。

　　於是南岳獻嘲，北壟騰笑，列壑爭譏，攢峰竦誚﹝66﹞。慨遊子之我欺，悲無人以赴弔﹝67﹞。故其林慚無盡，磵愧不歇，秋桂遣風，春蘿罷月﹝68﹞，騁西山之逸議﹝69﹞，馳東皋之素謁﹝70﹞。

　　今又促裝下邑﹝71﹞，浪拽上京﹝72﹞，雖情投於魏闕﹝73﹞，或假步於山扃﹝74﹞。豈可使芳杜厚顏，薜荔無恥﹝75﹞，碧嶺再辱，丹崖重滓﹝76﹞，塵游躅於蕙路﹝77﹞，汙淥池以洗耳﹝78﹞。宜扃岫幌﹝79﹞，掩雲關，斂輕霧，藏鳴湍，截來轅於谷口，杜妄轡於郊端﹝80﹞。於是叢條瞋膽﹝81﹞，疊穎怒魄﹝82﹞，或飛柯以折輪，乍低枝而掃迹。請回俗士駕，為君謝逋客﹝83﹞。

【注釋】①鐘山：即北山，在今南京市東北。英、靈：都指山神。草堂：周顒在鐘山所建茅舍。②馳煙：山神騰雲駕霧。驛路：大路、馬路。勒移山庭：把移文刻在北山上周顒隱舍的院子裏。勒：刻。移文：文告。③耿介：耿直有節操。拔俗：超出流俗。標：風度。④瀟洒：豁達無拘。出塵：超越塵世。度（ㄉㄨㄛˊ）：衡量。方：比。潔：同「潔」。⑤干：凌駕。⑥亭亭：聳立貌。物表：萬物之上。表：外。⑦皎皎：潔白貌。霞外：雲霞之外。⑧芥千金：視千金如小草。⑨屣萬乘：視萬乘如敝屣。屣（ㄒㄧˇ）：草鞋。萬乘：天子。周制，天子出兵車萬乘。⑩

鳳吹：指笙。洛浦：洛水之濱。《列仙傳》：「周靈王太子晉，吹笙作鳳鳴，游於伊、洛之間。」意謂耳聽天外之音。⑪值：遇。薪歌：釆薪者之歌。延瀨：長河之濱。水流沙上曰瀨。⑫固亦有焉：本來就有的。⑬終始參差：前後行爲不一致。⑭蒼：深青色。蒼黃翻覆：白色的絲可染成青的，也可染成黃的，比喻變化無常。⑮淚翟子之悲二句：《淮南子‧說林訓》載，「楊子見歧路而哭之，爲其可以南，可以北。墨子見練絲而泣之，爲其可以黃，可以黑。」這二句是說，那種「終始參差，蒼黃翻覆」的假隱士使得墨翟、楊朱悲泣慟哭。淚：這裏用作動詞，掉淚。翟子：卽墨子，名翟。⑯乍：暫時。回迹：避迹山林。心染：內心爲利祿所染。⑰貞：正直，高潔。黷：污垢。⑱尚生：尚子平，西漢末隱士，賣菜以供飲食，終身不仕。⑲仲氏：仲長統，東漢末人，每州郡命召，輒稱疾不就。⑳山阿：山隅。賞：遊賞。㉑周子：指周顒。㉒雋俗之士：超出世俗的英俊之士。㉓文：文釆。博：博學。玄：老、莊之學。史：史學。㉔東魯：指春秋時魯國隱士顏闔。《莊子‧讓王》說魯君使人聘他，他逃走了。魯在東方，故稱東魯。㉕南郭：南郭子綦。《莊子‧齊物論》：「南郭子綦隱几而坐，仰天而噓，答焉似喪其偶。」㉖偶吹：混在吹奏樂器的人當中，卽濫竽充數。事見《韓非子‧內儲說》。偶吹草堂：指周顒住在草堂冒充隱士。㉗濫：過分，不得當。巾：隱士所戴的頭巾。北岳：北山。㉘假容：裝出一副隱士模樣。江皋：江邊，指草野。㉙纓情於好爵：心情縈係在獵取高官厚祿上。㉚排：排斥。巢父、許由：唐堯時隱士，都曾拒絕唐堯讓天下的要求。見《高士傳》。拉：摧折。百氏：指諸子百家。㉛風情：氣度情致。張日：張大過日，指傲氣之盛。㉜霜氣：秋天肅殺之氣。橫：蓋，勝過。㉝幽人：隱士。長往：隱居不出。王孫：貴族子弟。不遊：不來山中隱居。㉞空空：佛經義理。佛家認爲萬物皆空，這「空」是假名，假名亦空，故稱「空」。釋部：佛典。㉟覈（ㄏㄜˊ）：研究考核。玄玄：道家義理。《老子》：「玄之又玄，衆妙之門。」道流：道家。㊱務光：夏時隱士，湯得天下，讓光，光潛水而逃。見《列仙傳》。㊲涓子：齊人，隱於岩山。見《列仙傳》。儔：匹敵，相等。㊳鳴：官吏出行時侍衛的喝道聲。騶（ㄗㄡ）：皇帝的騎侍。㊴鶴書：指詔書。古代寫詔書常用鶴頭字體，故稱詔書爲鶴書。隴：山。㊵爾乃：於是。眉軒：眉飛色舞。軒：高揚。席次：座上。㊶袂：衣袖。㊷芰（ㄐㄧˋ）製、荷衣：《離騷》云，「製芰荷以爲衣兮，集芙蓉以爲裳。」此指隱士的衣服，以比修身芳潔。㊸抗塵容：顯露出庸俗的神氣。抗：揚。走俗狀：奔向名利場中。走：奔逐。㊹組：繫。金章：縣令的銅印。綰（ㄨㄢˇ）：繫。墨綬：黑色的繫印帶子。㊺跨：超越。屬城：郡下所屬各縣。雄：豪長。㊻百里：指一縣之地。㊼張：張

揚。英風：英名。海甸：海邊。㊽馳：播散。妙譽：榮譽。浙右：錢塘江之南。這裏指今浙江紹興一帶。㊾道帙（ㄓˋ）：道家書典。帙：書套。殯：棄。㊿法筵：佛家講經的席位。埋：埋沒，引申爲抛棄。51敲撲喧囂：拷打窺問犯人。犯其慮：擾犯他的思慮。52牒訴倥傯（ㄎㄨㄥˇ　ㄗㄨㄥˇ）：應辦的文書訴訟事務十分繁雜、緊張。倥傯：緊迫的樣子。53綢繆：糾纏。結課：考核官吏政績。54紛綸；繁忙。折獄：斷案。55籠：蓋過。張、趙：張敞和趙廣漢。兩人都做過京兆尹，是西漢名臣。往圖：從前的吏治資料。56架：超越。卓、魯：卓茂和魯恭。兩人都做過縣令，是東漢循吏。前籙（ㄌㄨˋ）：前人的記載。57希踪：希圖追迹，引申爲學習，仿效。三輔：漢代稱京兆尹、左馮（ㄆㄧㄥˊ）翊、右扶風爲三輔。豪：治理三輔的能吏。58馳聲：傳揚名聲。九州牧：天下各處的地方長官。牧：一州之長。59落陰：空餘陰影。落：餘下。60硐戶：水澗和廬舍（指周顒在山中的草堂）。硐：通「澗」。攉絕：破壞。無與歸：沒有人回來，意卽無人來遊憩了。61還飈（ㄅㄧㄠ）：旋風。62寫：通「瀉」。寫霧卽吐霧。楹：屋柱。63蕙帳：用蕙草製成的幔。64投簪：棄官。簪：官吏連冠於髮的飾物。65解蘭：解下隱士的蘭佩，指放棄隱居生活。縛塵纓：被世俗的冠帶所束縛。纓：係冠的帶子。66攢（ㄘㄨㄢˊ）：聚。竦（ㄙㄨㄥˇ）：聳動。誚：嘲弄。67遊子：指周顒。我：北山山神自指。68遣：遣逐。69騁：宣布。西山：首陽山，伯夷、叔齊隱居處。逸議：隱士的評議。70東皋：泛指隱士的居處。阮籍《奏記詣蔣公》：「方將耕於東皋之陽，輪黍稷之税，以避當涂者之路。」素謁：清議。71促裝：急忙整治行裝。下邑：指周顒原來任職的山陰縣。72浪拽：蕩槳。拽：同「枻（ㄧˋ）」，槳。上京：指當時京城建康。73魏闕：同「巍闕」，高大的宮門，指朝廷。74假步：到。山扃（ㄐㄩㄥ）：山門，指北山。75芳杜：香草名。厚顔：羞慚。薜荔：香草名。76滓：汚辱。77塵：汚染。遊躅（ㄓㄨˊ）：隱士的遊踪。78潄池：清池。洗耳：《高士傳》載，堯聘許由爲九州長，許由不肯，聽到這消息後卽洗耳於潁水之濱。巢父牽牛來飮，問知其故，以爲「汚我犢口」，卽牽牛於上游飮之。79扃：關閉。岫（ㄒㄧㄡˋ）幌：山穴。80來轅：指周顒的車乘。杜：阻塞。妄轡：亂闖的車馬。81叢條：雜多的樹枝。瞋膽：意爲肝膽也氣壞了。82疊穎：重疊的草穗。怒魄：使魂魄發怒。83君：是指叢條、疊穎對北山山神的敬稱。謝：拒絕。逋客：逃客，指周顒。

【鑑賞】魏晉時期，文人士大夫普遍希企和崇尚隱逸，他們或嘯傲林泉，或遊迹江湖，以此來逃避社會現實，寄托潔身自好的情志。這種風氣對南北朝時的士人

也頗有影響，不同的是，他們已不像前人那麼超脫。一些社會名流往往一邊在朝廷或地方供職，一邊卻結廬山林，過着半官半隱的生活。更有這樣一些人，他們本是名利場中的熱心之輩，爲了待價而沽，取得高官厚祿，又往往在一段時間內僑居山野，閉門謝客，以此來贖得隱士的美名。一旦目的達到，便軒車駟馬，衣朱着紫，再也不想光顧昔日的茅屋柴扉了。南朝齊孔稚珪的傳世名篇≪北山移文≫，卽對這類人和現象，作了戲謔性的絕妙嘲誚。

　　≪北山移文≫給人的第一個感覺，便是它的詼諧。關於這一點，作品題目的本身就很說明問題。北山卽鐘山，因在齊代都城建康（南京）之北而名。移文則原是古代官府的一種公文，被用來頒布政府的命令、曉喻民衆。劉勰≪文心雕龍・檄移≫曰：「移者，易也，移風易俗，令往而民隨者也。」在此之前，漢代司馬相如的≪難蜀父老≫、劉歆的≪移書讓太常博士≫等，都是這類文章的典範。現在，作者以北山的名義，鄭重其事地運用移文這種公文形式，來宣布自己受欺被騙的情況和拒絕周子再次經過的意願，事情的本身就很詼諧和幽默，使人感到這是一篇難謔文字。作品除開頭「鐘山之英，草堂之靈，馳烟驛路，勒移山庭」以第三者身分，作客觀敍述外，全篇都以山靈的口吻行文，大致可分三段。從「夫以耿介拔俗之標」至「何其謬哉」，爲第一段。在這一段中，作者以簡潔的文筆先總寫了三種不同類型的隱士：第一種出塵拔俗，飄然高舉，他們「度白雪以方絜，乾青雲而直上」，有超然方外之志；第二種脫卻名利，笑傲王侯，他們「芥千金而不眄，屣萬乘其如脫」，有放浪山水之情；第三種則是利祿之輩，他們「乍回迹以心染，或先貞而後黷」，一旦時過境遷，便判若兩人。對於前二種隱士，山靈表示了自己的歡迎和讚賞；對於後者，山靈則以「豈期終始參差，蒼黃翻覆」，表示了它的意外和憤慨。這一段以眞假隱士的志向和行爲的鮮明對照，爲後文直接提出和譴責周顒的貪心背叛作了必要的鋪墊。

　　第二段從「嗚呼！尙生不存」至「馳東臯之素謁」，爲全文重點。其開始卽慨嘆：「嗚呼！尙生不存，仲氏旣往，山阿寂寥，千載誰賞？」言語間充滿了從無知者的孤寂之感，並爲後面的逐層鋪述奠定了譴責、譏諷的基調。在先從正面對周子的「旣文旣博，亦玄亦史」和「誘我松桂，欺我雲壑」的情況作了概括介紹之後，文章分層描寫了他的「先貞」和「後黷」。你看，「其始至也，將欲排巢父，拉許由，傲百氏，蔑王侯，風情張日，霜氣橫秋」，志趣是何等的高潔，情操又是何等的堅貞！他或者贊嘆逸士的隱而不返，埋怨王孫的貪戀富貴；或者侈談佛家的色空，高論道家的玄冥，似乎古代所有的名人高士，集父許由、務光涓子都不能與之相比了。山靈在此對周顒初至時的自命不凡，竭盡誇張和形容之能

事，其意在反襯其變節後的卑劣和粗俗。果然，當皇帝的徵車載着詔書來到北山時，周顒不僅立刻「形馳魄散，志變神動」，而且「眉軒席次，袂聳筵上」，洋洋得意，甚至「焚芰製而裂荷衣，抗塵容而走俗狀」，完全背叛了往日的言行。作者像一位漫畫高手，寥寥數筆，即將周顒應召時那種急不可待、志得意滿的醜態勾勒了出來，這和上文對其「風情張日，霜氣橫秋」的誇張恰恰形成尖銳的對比。而作品辛辣的諷刺之意也因此力透紙背，令人讀後悠然心會，啞然失笑。正是這種前後截然相反的態度，激怒了山靈。一時間風雲淒愴，石泉鳴咽，林巒失望，草木沮喪。

　　誇張和對比是諷刺藝術的基本特徵。在刻畫了周顒初至北山和應召出山的兩種情形後，文章又進一步描寫了周顒的熱衷名利和北山的空寂荒漠。一方面，周顒紐章綰綬，「跨屬城之雄，冠百里之首，張英風於海甸，馳妙譽於浙右」。爲了取得比漢代名吏張敞、趙廣、卓茂和魯恭更顯著的治績，使聲譽超越權貴、遠播九州，他一心操治公務，整天忙於訴訟責訊和應付考課，將舊日鑽研的道佛學業以及追尋的琴賦閑情，完全拋在一邊。另一方面，北山自周顒去後，一片荒寂冷落：「使我高霞孤映，明月獨舉，青松落陰，白雲誰侶？磵戶摧絕無與歸，石徑荒涼徒延佇。……蕙帳空兮夜鵠怨，山人去兮曉猿惊」，眞是人去山空，萬籟孤曠。更使北山難堪的是，它的被騙，招來了南岳北壟羣峰衆壑的譏諷和嘲笑，令其「林慚無盡，磵愧不歇，秋桂遣風，春蘿罷月」。爲了雪恥排辱，它恨不得馳騁東西，將周顒貪心的醜行公布遠近，告示天下。這種通過誇張的描寫形成的強烈對比，既入木三分地刻畫了周顒「蒼黃翻覆」的醜惡靈魂，又酣暢淋漓地抒發了北山受欺蒙辱的無比義憤，給人以非常深刻的印象。

　　「今又促裝下邑」至結尾是第三段。此段承前寫來，山靈聽說在縣邑做官的周顒在赴京途中要假道北山，不禁勃然大怒。爲了不使山崖芳草再次蒙受昔日的恥辱，不讓幽徑綠池再遭踐踏和污染，整座北山都行動起來了：「扃岫幌，掩雲關，斂輕霧，藏鳴湍，截來轅於谷口，杜妄轡於郊端」。就連草木也不例外，它們紛紛揚起枝條，阻擋車輪；垂下尖梢，掃去污迹。這一切，似乎都在義正辭嚴地宣告周顒的不受歡迎，都在對他下逐客令。「請回俗士駕，爲君謝逋客」，文章結語明快、堅決，下筆如有千鈞之力。

　　孔稚珪的《北山移文》是駢體文的典範作品，它在藝術風格方面具有六朝駢文「氣韵幽閑，風神散蕩」，「其氣轉於潛，骨植於秀，振採則清綺，陵節則紆徐。緝類新奇，會比興之義，窮形抒寫，極絢染之能」（孫德謙《六朝麗指》）的典型特點。具體地說，作品在誇張對比、擬人抒情和語言精美等方面尤爲突出。

　　首先，在全文三個段落中，有兩段採取了三種不同情況的對比，層層逼進，愈轉愈深。第一段對比了眞假隱士的志向和行爲，雖然沒有點出本文所要嘲誚的周顒，但從「豈期終始參差，蒼黃翻覆」的語氣中，已透出將要對此作出譴責的消息。第二段在此基礎上提出「世有周子」，先對其初隱時的自命清高與應召時的趨之若鶩作了誇張描寫，從前後態度的尖銳對比中揭露出他的欺世盜名和利欲熏心；接着又竭力渲染了周顒爲官的繁忙和北山的空寂，由兩廂處境的懸殊進一步突出了他的熱衷仕宦和背信棄義。正是在這種步步深入的對比中，周顒的靈魂被一層層地揭露出來，作品的嘲誚力量也因此不斷增強。

　　其次，與通過對比揭露周顒「先貞而後黷」的同時，作品還以擬人化的手法，抒寫了北山凄愴、孤寂和憤怒的感情。如其寫周顒應召出山，「風雲凄其帶憤，石泉咽而下愴」；周顒走後，又使北山「高霞孤映，明月獨擧，靑松落陰，白雲誰侶」；等到周顒欲假道北山的消息傳來，「叢條瞋膽，疊穎怒魄，或飛柯以折輪，乍低枝而掃迹」。在這裏，北山的一泉一石、一草一木都是那麼富有感情，那麼富有正義感，這使作品不僅具有漫畫的諷刺力量，而且也具有詩歌的抒情韵味。

　　另外，無論是對比還是抒情，都借助於語言的形象和精美。前人曾謂「六朝雖尚雕刻，然屬對尚未盡工，下字尚未盡險，至此篇則無不入髓，句必淨，字必巧，眞可謂精絕之甚」（于光華《文選集評》引孫月峰語），對作品的語言特色作了較爲全面和中肯的評價。所謂「入髓」，即指其形象傳神。如以「風情張日，霜氣橫秋」來形容周顒初隱的意氣，以「眉軒席次，袂聳筵上」來刻畫其應召時的神態，無不惟妙惟肖，宛然紙上。所謂「淨」、「巧」，即謂其清麗新巧。如寫北山蒙恥含辱，謂「秋桂遺風，春蘿罷月」；相傳爲王安石激賞的「使我高霞孤映，明月獨擧，靑松落陰，白雲誰侶」等，均構想新穎，用語明淨，有戞戞獨造之妙。而作品的虛字運用，也備受前人稱道。許槤的《六朝文絜》曾稱其爲「六朝中極雕繪之作，煉格煉詞，語語精鬭，其妙處尤在數虛字旋轉得法」，可見其語言成就也是很高的。

　　作者孔稚珪字德璋，會稽山陰（今浙江紹興）人。史書謂其「風韵清疏，好文咏」，曾爲齊太祖記室參軍，「與江淹對掌辭筆」。他寫這篇作品，舊說以爲係阻止曾隱鐘山、後出爲海鹽縣令的周顒再次途經那裏而作（《文選》呂向注）。然據近人考證，此說與《南齊書》中的有關記載不符；而且從其與作者生活道路基本相似、結交朋友和爲人風趣擅文相類等情況來看，這篇作品很可能出於孔稚珪將庭內鳴蛙當作兩部鼓吹一類的諧趣。孔稚珪本人也不是一個眞正的隱士。《

南齊書≫本傳謂其自青年時解褐至最終病死，一直做官未曾間斷，不過他性愛隱逸生活，「不樂世務，居宅盛營山水，憑几獨酌，傍無雜事，門庭之內，草萊不剪，中有蛙鳴」。從這一點來看，他對一面熱衷於做官、一面卻在鐘山「立隱舍」、並任其荒蕪的周顒有所嘲誚和揶揄，也是很可能的。　　　　（曹明綱）

答謝中書書　　　　陶弘景

　　山川之美，古來共談。高峰入雲，清流見底。兩岸石壁，五色交輝。青林翠竹，四時俱備。曉霧將歇，猿鳥亂鳴；夕日欲頹①，沉鱗競躍②。實是欲界之仙都③。自康樂以來④，未復有能與其奇者⑤。

【注釋】①頹：落下去。②沉鱗：水中的游魚。③欲界：佛家語，即人世間。④康樂：指著名山水詩人謝靈運。謝靈運襲封康樂公，喜游山水。⑤與：參與、領略。

【鑑賞】優美的自然山水風光，給作家創造意境、寄托情懷，提供了取之不盡的材料。齊梁時期陶弘景的≪答謝中書書≫就是一篇寫景寄情的名作。謝中書名徵（或作徽），字元度。陳郡陽夏（今河南省太康縣）人，〔仕梁為中書鴻臚，故稱「謝中書」。陶弘景給謝中書的這封信，劈頭就說：「山川之美，古來共談」，這就接觸到主題，為自己信中談論山水張本，並通過借古證今，強調山川之美。這個起筆，句意足以統帥全篇，雖只是個開頭，尚未說到山川如何之美，但是讚美之情已溢於言表；這不但定下了全文的感情基調，而且令讀者產生急於要一讀下文的心情。當然，這裏的「山川」是指以山川為主體的美麗的自然界，作者用借代手法使「山川」這個詞語在具體的語境中具備了更多的意蘊，也引起讀者豐富的聯想。接著，作者便心折地寫道：「高峰入雲，清流見底。」這是開頭總起之後的分承，一句寫山，一句寫水。「入」字化靜為動，好像山峰一意要將它的頭頂伸入雲端裏去，給人以出塵離俗之想。這裏的水也不是混濁腐穢、淤淺停蓄，而是清深明淨，潺湲流瀉，彷彿明鏡一樣，照徹人的心胸，令人臨流窺澗，濁念頓消。在分寫山水之後，作者又合寫一筆：「兩岸石壁，五色交輝。」只見那兩

岸的高山，峭立如壁；而石頭則五色斑爛，交相輝映。這些都倒映在清澈的水底。光景多麼奇艷、多麼絢麗。但是，山川之美絕不止於自身所呈現出的奇觀異彩，另外還有附麗於山水而使山水增色的其它自然景物。這些景物與山水緊密相連，融爲一體，因此也就成了整個山川之美的有機組成部分。作者對此作了進一步的動人描繪。首先是「靑林翠竹，四時俱備」。山上樹木常靑，綠竹猗猗，經霜不凋，四季爭榮。卽使時値秋冬，這裏也是生機盎然，毫無蕭條肅殺之感。多麼宜人的環境，與高隱者的情志又是多麼契合！四時景色有這樣的特點，那麼一天中晨夕之景又是如何呢？作者接著寫道：「曉霧將歇，猿鳥亂鳴；夕陽欲頹，沉鱗競躍。」當輕紗似的晨霧逐漸消散，山水從朦朧中露出綽約的豐姿；佳樹美竹，也更加靑翠欲滴。這時，一輪紅日噴薄而出，山川草木，映日生輝，景色何等鮮明！猿猴歡欣跳躍，成羣結隊，嬉戲於山巓水涯；此呼彼應，鳴聲不絕。百鳥爭飛於丹崖翠谷之中，相逐於茂林修竹之間，歡呼歌唱，百囀千啼。及至夕陽將墜，滿天彩霞映在水中，引得那深藏在水底的魚兒也紛紛浮上水面，潑刺蹦跳，鱗光閃閃。這裏句中用一「亂」字，充分寫出了猿鳴鳥呼的羣動之歡；著一「競」字，有力地表現出魚躍清波的無限樂趣。作者對山川之美，從山高水清到四時佳景，再到晨夕風光，層層描繪，有聲有色，有靜有動；有實寫，有虛寫；清辭麗句，如詩如畫，令讀者心馳神往，陶醉於美境之中。然後，用一句話來歸結：「實是欲界之仙都。」稱讚這裏確實是人間的仙境。這是極高的評價、讚美。我們由此可以體會到他對山川之美的動人描繪，正表現了他對岩居學道生活的熱愛，而且，顯然是以這個「仙境」中的「神仙」自居、自矜，甚至自豪的。誠然，作者意識到他是不能完全忘卻世務、不過問政治的，他與那「遺世獨立」的「神仙」畢竟不同，所以他說這個「仙境」是「欲界之仙都」，他不能、也沒有離開塵世，他只是爲在塵世能置身於這樣的「仙境」而感到欣喜罷了。這就在寫景之作中坦露了他作爲「山中宰相」的心靈，同時也爲我們探求其描摹山水的動因提供了一把鑰匙。最後，作者筆鋒一轉，寫道：「自康樂以來，未復有能與其奇者。」他認爲自謝靈運以後，就不曾再有能像謝氏那樣讚許山水之奇妙的人。這句話正面的意思是說：只有他才能像謝靈運那樣對山川之奇妙深刻領會，並給予極高的讚美。謝靈運是前代頗負盛名、酷好游山玩的水大詩人。《南史》說他「愛山水，每尋山陟嶺，必造幽峻，岩嶂數十里，莫不備登」。作者以他作陪襯，就更顯得自己流連山水是繼跡先賢，値得自豪，也顯得他在信中的讚許，確是山水「應得之譽」，從而再次強調了山川之美。全文至此以稽古作結，恰好與起筆遙相呼應，結構嚴謹，針線綿密，突出了主題。

　　這封信的語言有濃厚的駢儷氣息，顯示出南北朝時期的文風。不過，它並不是純粹的駢文。自開頭至「沉鱗競躍」四字一頓，句式整齊，而後面兩句卻字數不等，句式參差，這就構成了駢散結合的體式。再就四字一頓的句子來說，「山川之美，古來共談」是奇句，接著「高峰入雲，清流見底」便是屬對嚴謹的偶句。下面「兩岸石壁，五色交輝」是奇句，但是和「青林翠竹，四時俱備」連起來看，又成了對仗較寬的偶句。再下面「曉霧將歇，猿鳥亂鳴」與「夕陽欲頹，沉鱗競躍」又是嚴格的扇面對偶句。四字一頓的句子，內部又是奇偶相生、駢中有散。這樣的語言吸收了駢文的長處，有比較整齊的律動；又避免了駢文常見的短處，無呆板之弊；而且，讀起來音調鏗鏘，節奏鮮明。作者以優美的語言，表現優美的自然風光，形式與內容完美地統一在一起，難怪寥寥六十八字的短簡，就能將山川之美，描摹盡致，令人讀起來神氣飛越。眞是一字千金，不愧爲千古傳誦的山水名篇。　　　　　　　　　　　　　　（陳玉麟、蘇來琪）

廣 絶 交 論　　　劉 峻

　　客問主人曰：「朱公叔《絶交論》爲是乎？爲非乎？」主人曰：「客奚此之問①？」客曰：「夫草蟲鳴則阜螽躍，雕虎嘯而清風起②。故絪縕相感，霧湧雲蒸；嚶鳴相召，星流電激③。是以王陽登則公貢喜，罕生逝而國子悲④。且心同琴瑟，言鬱郁於蘭茝；道叶膠漆，志婉孌於塤篪⑤。聖賢以此鏤金版而鑴盤盂；書玉牒而刻鐘鼎⑥。若乃匠人輟成風之妙巧，伯子息流波之雅引⑦。范、張款款於下泉，尹、班陶陶於永夕⑧。駱繹縱橫，烟霏雨散，巧歷所不知，心計莫能測⑨。而朱益州汨彝敍，粵謨訓，捶直切，絶交游，比黔首以鷹鸇，媲人靈於豺虎⑩。蒙有猜焉，請辨其惑⑪。」

　　主人听然而笑曰：「客所謂攪弦徽音，未達燥濕變響；張羅沮澤，不覩鴻雁雲飛⑫。蓋聖人握金鏡，闡風烈；龍驤蠖屈，從道汙隆⑬。日月聯璧，贊亹亹之弘致；雲飛電薄，顯棣華之微旨⑭。若五音之變化，濟九成之妙曲，此朱生得玄珠於赤水，謨神睿而爲言⑮。至夫組織仁義，琢磨道德，驪其愉樂，恤其陵夷，寄通靈臺之下，遺跡

江湖之上，風雨急而不輟其音，霜雪零而不渝其色。斯賢達之素交，歷萬古而一遇⑯。

逮叔世民訛，狙詐飆起⑰。谿谷不能逾其險，鬼神無以究其變，競毛羽之輕，趨錐刀之末⑱。於是素交盡，利交興，天下蚩蚩，鳥驚雷駭⑲。然則利交同源，派流則異，較言其略，有五術焉⑳：

若其寵鈞董、石，權壓梁、竇，雕刻百工，爐捶萬物，吐漱興雲雨，呼噏下霜露㉑。九域聳其風塵，四海疊其熏灼，靡不望影星奔，藉響川騖㉒。雞人始唱，鶴蓋成蔭；高門旦開，流水接軫㉓。皆願摩頂至踵，隳膽抽腸；約同要離焚妻子，誓殉荊卿湛七族㉔。是曰『勢交』，其流一也㉕。

富埒陶、白，貲巨程、羅，山擅銅陵，家藏金穴，出平原而聯騎，居里閈而鳴鐘㉖。則有窮巷之賓，繩樞之士，冀宵燭之末光，邀潤屋之微澤㉗。魚貫鳧躍，颯沓鱗萃，分雁鶩之稻粱，霑玉斝之餘瀝㉘。銜恩遇，進款誠，援青松以示心，指白水而旌信㉙。是曰『賄交』，其流二也㉚。

陸大夫宴喜西都，郭有道人倫東國，公卿貴其籍甚，搢紳羨其登仙㉛。加以顑頤蹙頞，涕唾流沫，騁『黃馬』之劇談，縱『碧雞』之雄辯㉜。敘溫郁則寒谷成暄，論嚴苦則春叢零葉，飛沉出其顧指，榮辱定其一言㉝。於是有弱冠王孫，綺紈公子，道不掛於通人，聲未遒於雲閣，攀其鱗翼，丐其餘論，附駏驉之旄端，軼歸鴻於碣石㉞。是曰『談交』，其流三也㉟。

陽舒陰慘，生民大情；憂合驩離，品物恒性㊱。故魚以泉涸而煦沫，鳥因將死而鳴哀㊲。同病相憐，綴《河上》之悲曲；恐懼寘懷，昭《谷風》之盛典㊳。斯則斷金由於湫隘，刎頸起於苫蓋㊴。是以伍員濯溉於宰嚭，張王撫翼於陳相㊵。是曰『窮交』，其流四也㊶。

馳騖之俗，淺薄之倫，無不操權衡，秉纖纊㊷。衡所以揣其輕重，纊所以屬其鼻息㊸。若衡不能舉，纊不能飛，雖顏、冉龍翰鳳雛，曾、史蘭薰雪白，舒、向金玉淵海，卿、雲繡黼河漢，視若游塵，遇同土梗㊹；莫肯費其半菽，罕有落其一毛㊺。若衡重錙銖，纊

微影撤，雖共工之蒐慝，驩兜之掩義，南荊之跋扈，東陵之巨猾，皆為匍匐逶迤，折枝舐痔㊻；金膏翠羽將其意，脂書便辟導其誠㊼。故輪蓋所游，必非夷、惠之室；苞苴所入，實行張、霍之家。謀而後動，毫芒寡忒㊽。是曰『量交』，其流五也㊾。

凡斯五交，義同賈鬻㊿。故桓譚譬之於闤闠，林回喩之於甘醴[51]。夫寒暑遞進，盛衰相襲。或前榮而後悴，或始富而終貧，或初存而未亡，或古約而今泰[52]。循環翻覆，迅若波瀾。此則殉利之情未嘗異，變化之道不得一。由是觀之，張、陳所以終凶，蕭、朱所以隙末，斷焉可知[53]矣！而翟公方規規然勒門以箴客，何聽見之晚乎[54]？

因此五交，是生三釁[55]：敗德殄義，禽獸相若，一釁也[56]。難固易攜，讎訟所聚，二釁也[57]。名陷饕餮，貞介所羞，三釁也[58]。古人知三釁之為梗，懼五交之速尤，故王丹威子以檟楚，朱穆昌言而示絕[59]。有旨哉，有旨哉[60]！

近世有樂安任昉，海內髦傑[61]。早綰銀黃，夙昭民譽[62]。遒文麗藻，方駕曹、王；英時俊邁，聯橫許、郭[63]。類田文之愛客，同鄭莊之好賢；見一善則盰橫扼腕，遇一才則揚眉抵掌[64]。雌黃出其唇吻，朱紫由其月旦[65]。於是冠蓋輻湊，衣裳雲合；輜軿擊轊，坐客恒滿[66]。蹈其閫閾，若升闕里之堂；入其隩隅，謂登龍門之陂[67]。至於顧眄增其倍價，剪拂使其長鳴，曳組雲臺者摩肩，趨走丹墀者疊跡[68]。莫不締恩狎，結綢繆，想惠、莊之清塵，庶羊、左之徽烈[69]。

及瞑目東粵，歸骸洛浦[70]。總帳猶懸，門罕漬酒之彥，墳未宿草，野絕動輪之賓[71]。藐爾諸孤，朝不謀夕，流離大海之南，寄命嶂癘之地[72]。自昔把臂之英，金蘭之友，曾無羊舌下泣之仁，寧慕邴成分宅之德[73]？

嗚呼！世路險巇，一至於此[74]。太行、孟門，豈云崭絕[75]？是以耿介之士，疾其若斯，裂裳裹足，棄之長騖。獨立高山之頂，歡與麋鹿同羣，皦皦然絕其雰濁[76]。誠恥之也！誠畏之也！」

【注釋】①朱公叔，名穆，東漢人。他感到世俗淺薄，寫了《絕交論》一文，欲

用來矯正時弊。奚（ㄒㄧ）：爲何。疑問副詞。②草蟲、阜螽：都是蟲名。《詩・草蟲》：「喓喓草蟲，趯趯阜螽。」據說草蟲鳴時，阜螽就跳躍。鄭玄注爲「異類相應」。這裏比喻朋友之間感情的共鳴。雕虎：獸名，有斑紋的老虎。《易・乾卦》：「風從虎。」③絪縕（ㄩㄣ）：同「氤氳」，指天地二氣相互作用而發生變化。《易・繫辭》：「天地絪縕，萬物化醇。」嚶鳴：鳥類嚶嚶地鳴叫。此指它們用鳴聲求友。《詩・伐木》：「嚶其鳴矣，求其友聲。」霧湧雲蒸、星流電激：都指兩物兩情的感應迅速。④王陽：名吉，字子陽。貢公：貢禹。登：登朝作官。《漢書・王吉傳》：「吉與貢禹爲友，世稱『王陽在位，貢公彈冠』。」罕生：名虎，字子皮，春秋時鄭國公族。國子：名僑，也叫公孫僑，字子產，鄭國賢相。《左傳・昭公十三年》：「(子產) 聞子皮卒，哭，且曰：吾已！無爲爲善矣。唯夫子知我。』」⑤琴瑟：借喻友誼和諧。《詩・常棣》：『妻子好合，如鼓琴瑟。」鬱郁：(香味) 濃厚。此指氣味相投。蘭茝（ㄔ ㄞˇ）：兩種香草。」叶（ㄒㄧㄝˊ）：和合。膠漆：借喻友情牢固。《史記・蔡澤傳》：「與有道之士爲膠漆。」婉孌：親愛的樣子。塤（ㄒㄩㄣ）篪（ㄔˊ）：兩種樂器。借喻和睦協作。《詩・何人斯》：「伯氏吹壎(卽塤)，仲氏吹篪。」⑥鏤、鐫：都是刻。版、牒：都是片狀物。金屬製成的叫金版；飾以玉類的叫玉牒。盤盂、鐘鼎：爲古代四種青銅器皿。古代在版、牒、盤、盂、鐘、鼎上刻字，把重要事件傳於後世。此指重視友道的話早已記載於典籍上。⑦匠人：石匠師傅。成風：發出一陣風。《莊子・徐無鬼》：「郢人堊 (白粉) 漫其鼻端，若蠅翼，使匠石斫之。匠石運斤成風，聽而斫之，盡堊而鼻不傷。郢人立不失容。」這裏旣贊匠石，又美郢人，後來郢人死了，匠石就停了他的絕技。伯子：伯牙，春秋人。流波：卽流水。雅引：高雅的琴曲。伯牙善鼓琴，鍾子期聽琴而知其志在高山，或志在流水，後子期死，伯牙終身不再鼓琴。見《呂氏春秋・本味》。⑧范、張：漢代范式、張劭，同學知友。張死，范素車白馬奔來給他撫棺下葬。見《後漢書・獨行傳》。款款：誠摯的樣子。下泉：黃泉。尹、班：漢代尹敏、班彪。常歡談得廢寢忘食。見《東觀漢記》。陶陶：快樂的樣子。永夕：長夜。⑨駱繹 (絡繹) 縱橫：連續不絕的樣子。烟霏雨散：衆多的樣子。這兩句都形容友道佳話歷來是說不盡的。巧歷、心計：都指精巧的、會用心的計算。⑩朱益州：朱穆死後追贈益州太守。汩（《ㄨˇ）：亂。彝敍：社會的倫理、秩序。粤：同「越」，越出。謨訓：聖賢的指示教導。捶：打擊。直切：指純正、懇切的友情。絕：斷絕黔首：百姓。人靈：人類。⑪蒙：愚昧。自稱的謙詞。猜：疑惑。⑫听（ㄧㄣˊ）然：開口而笑的樣子。撫弦：彈弦。徽音：美妙的樂音。燥濕變響：琴弦因燥濕發生音響變化。羅：羅

網。沮（ㄐㄩˋ）澤：沼澤地帶。⑬握：掌握。金鏡：比喻高明的哲理。闡：發揚。風烈：風化、文化。龍驤：神龍騰躍。蠖屈：尺蠖屈伏。從道：隨從世道。此指聖人依世道而行事。汚隆：卑汚和興隆，即衰和盛。⑭聯璧：並列在一起如兩塊寶玉。日月聯璧，形容「道隆」景象。亹（ㄨㄟˇ）亹：勤勉不倦的樣子。弘致：宏大的成就。薄：迫，沖擊。雲飛電薄：形容「道汚」的局面。棣華：反指郁李之花雖繁而實將落。微旨：微妙深奧的意義。⑮五音：古代所分的宮、商、角、徵、羽五個音級。九成：樂曲一終爲一成。九成或作九章、九闋。此處借指舜時高級音樂≪韶≫。朱生：即朱穆。玄珠：黑色之珠。≪莊子・天地≫：「黃帝游乎赤水之北，登乎昆侖之丘，而南望還歸，遺其玄珠。」此處，赤水爲虛指，以玄珠喻道。神睿：神聖聰明。謨：效法。⑯組織、琢磨：指互相結合、交流，互相砥礪、促進。驩：同「歡」，歡慶。恤：撫慰。陵夷：衰落。寄通：寄託交往之誼。靈臺：文王觀象之所。寄通靈臺之下：指「道隆」時共仕於朝。遺迹：保存交游之迹。江湖：高士涉足之處。遺迹江湖之上：指「道汚」時同隱於野。輟：中止。渝：改變。素交：純眞質樸的交游。⑰逮：及，到了。叔世：末世，指政治、風俗衰敗的社會。訛：變壞。狙詐：中傷，欺詐。飄（ㄅㄧㄠ）起：狂風般地捲起。⑱逾其險：超過他們的險惡。≪莊子・列禦寇≫：「孔子曰：『凡人之心險於山川。』」究其變：看透他們的變詐。董仲舒≪士不遇賦≫：「鬼神不能正人事之變戾兮。」競：爭奪。趨：追逐。毛羽之輕、錐刀之末：都比喻極其細微的利益。⑲利交：從自私自利出發的交游。蚩蚩：紛擾忙亂的樣子。揚雄≪法言≫：「六國蚩蚩，爲嬴（秦）弱姬（周）。」⑳較言：考校而言之。㉑鈞：相等。董、石：董賢、石顯。均爲西漢寵臣。莊：莊過。梁、竇：梁冀、竇憲。皆爲東漢外戚。雕刻：雕制刻削。百工：朝中百官。爐捶：冶煉敲打。萬物：各方人士。呼噏：同「呼吸」。㉒九域、四海：都指全國。聳、疊：都是怕的意思。風塵、熏灼：風起塵揚、烟熏火灼，都形容氣焰逼人。靡不：沒有不。望影：望到影子。星奔：如流星般奔馳。藉響：依着響動。川鶩：如急川般飛瀉。㉓鷄人：戴着絳色鷄冠帽報曉的官吏。鶴蓋：像飛鶴展翅的車蓋，借指官僚們的車馬。流水：形容車輛一路連續不絕。軨：車後橫木。㉔摩頂至踵：從頭頂到腳跟都摩損了。隳（ㄏㄨㄟ）：通「墮」，毀壞的意思。要離：春秋時人，爲了替吳王謀刺慶忌，燒死了自己的妻子，以取信於慶忌。荆軻：戰國時人，刺秦王不中，傳說燕國誅滅了他的七族，以求諒於秦王。湛（ㄔㄣˊ）：通「沈」。㉕勢交：追求權勢而相交。㉖埒（ㄌㄜˋ）：等於。陶：范蠡，春秋時越國大夫，助越王勾踐滅吳後，至陶（今山東定陶），經商致富，稱陶朱公。白：白圭，周時富人。巨：大

於。程、羅：程鄭，漢時臨邛富人。羅褒，漢時成都富人。擅：獨占。銅陵：銅山。漢文帝寵愛鄧通，賜他銅山一座，准他自行鑄錢。金穴：郭況爲漢光武帝郭后之弟，屢受賞賜，豐盛無比，人稱郭家爲「金穴」。里閈（ㄏㄢˋ）：里巷。閈爲巷口的門。聯騎、鳴鐘：古代富家貴族出外和家居時的豪奢生活。㉗窮巷：窮僻的里弄。繩樞：用繩拴門，以代轉軸。冀：希望。宵燭：夜里的燈燭。末光：燈燭放射至遠處的餘光。邀：爭取。潤屋：代指富家。《禮記·大學》：「富潤屋。」微澤：微細的恩澤。㉘魚貫：魚羣連貫而游，形容賓客衆多。鳧（ㄈㄨˊ）躍：野鴨展翅飛躍，形容賓客踴躍。颯（ㄙㄚˋ）沓（ㄊㄚˋ）：禽類羣飛的樣子。鱗萃：魚類聚集。分、霑：分享、揩沾。雁鶩：飛雁和家鴨。玉斝（ㄐㄧㄚˇ）：用玉裝飾的爵類酒器。餘瀝：剩餘的酒滴。㉙援青松：援引青松（爲證）。示心：表白心迹。指白水：指着白水（立誓）。旌信：標誌信守。㉚賄交：貪圖財賄而相交。㉛陸大夫：西漢太中大夫陸賈。他宴喜（宴樂賓客）於西都長安。《史記·陸賈列傳》：「陸生以此游公卿間，名聲籍甚。」郭有道：東漢名士郭泰，以「有道」徵，不就。他人倫（評論人品）於東國洛陽。《後漢書·郭林宗傳》：「游洛陽，後歸鄉，諸儒送之，與李膺同舟而濟，衆賓望之，以爲神仙。」㉝⊙（ㄑㄧㄢ）頤：收縮頰腮。蹙頞（ㄜˋ）：皺起鼻梁。⊙頤蹙頞：高談闊論時的表情。黃馬、碧鷄：先秦名家關於「名」、「實」變化的命題。此外泛指「劇談」、「雄辯」中所運用的概念。《公孫龍子·通變論》：「黃，其馬也；其與類乎！碧，其鷄也；其與暴乎！」伍非百注云：「類，相併也；言『黃』、『馬』兩例相併而不相爭，當非而非者也。暴，相爭也；言『碧』、『鷄』兩例相爭而不相併，不當非而非者也。」（見伍非百《中國古名家言》）㉝喧：溫暖。零：凋零。飛沉：上升下降。顧指：目顧指麾。㉞弱冠：剛成年，才束髮加冠。綺紈：細綾、細絹。綺襦紈袴爲富貴子弟的服裝。道不掛：道藝並沒掛上。通人：通古達今的名流學者。聲未遒：聲名並未達到。雲閣：宮中高聳入雲的臺閣。或謂卽指東漢明帝追念中興功臣，繪其象記其名而建的雲臺。攀鱗翼：比喻攀附名人的點滴力量而向上爬。丐餘論：意指乞取高士的唾餘言論而向人誇。駔（ㄘㄨ）驥：壯馬、駿馬。旄端：尾巴末端。《張敏集》：「蒼蠅之飛，不過十步；托驥之尾，乃騰千里之路。」軼：超過。碣石：古山名，在河北昌黎西北，臨渤海。歸鴻：回來的大雁。㉟談交：攀附談辯而相交。㊱陽陰：指正負，治亂，順逆，喜惡等相對的不同環境。舒慘：指舒暢，歡樂，或者悲慘，憂愁等相對的不同情緒。憂合：憂患困苦之際，情投意合。驩離：歡樂得意之時，情異意離。品物：萬物，萬衆。恒性：常性。㊲泉涸（ㄏㄜˊ）：泉水乾枯。煦（ㄒㄩˇ）沫：味出唾沫。《莊子·大宗師》：「泉涸，魚

相處於陸，相煦以濕，相濡以沫。」鳴哀：《論語・泰伯》：「鳥之將死，其鳴也哀；人之將死，其言也善。」㊳綴：編成。《河上》悲歌：《吳越春秋》記，伯嚭逃吳，伍子胥請吳王用爲大夫，有人問子胥：「何見而信嚭？」子胥說：「吾之怨與嚭同。子聞河上之歌乎？『同病相憐，同憂相救。』」昭：顯出。《谷風》盛典：《詩經》中盛傳的篇章《小雅・谷風》。詩曰：「將恐將懼，寘予於懷。」㊴斷金：截斷金屬，比喻堅不可摧的友誼。湫（ㄐㄧㄡ）隘：低下狹窄。刎頸：割斷脖子，比喻同生共死的友誼。苫（ㄕㄢ）蓋：茅草編成的屋頂。㊵伍員（ㄩㄣ）伍子胥。灌溉：灌溉，比喻培植、培養。宰嚭（ㄆㄧˇ）：卽伯嚭，後官至太宰，向吳王讒死伍員。張王：張耳，後歸順項羽，封常山王。撫翼：掩護。陳相：陳餘，後爲趙相。㊶窮交：同陷窮困而相交。㊷馳騖之俗：奔走的風氣。澆薄之倫：浮薄的人們。操：掌握。權衡：秤錘、秤杆。秉：持，拿。纖纊：輕細的絲綿。㊸揣：揣摩。屬：屬放。屬纊就是附放一些輕細絲綿去測試臨死者鼻息的有無或強弱。㊹顏、冉：顏回、冉求，都是孔子弟子。龍翰鳳雛：漢末邴原和龐統的美稱。此贊顏、冉才能優異。曾、史：曾參，孔子弟子，事親至孝；史魚，春秋時衞國大夫，爲臣至直。蘭薰雪白：似蘭之香，如雪之白。此稱曾、史品德高尚。舒、向：漢代學者董仲舒、劉向。金玉：喻文章珍貴。淵海：喻學識淵博。卿、雲：漢代文人司馬相如，字長卿；揚雄，字子雲。黼黻：古代禮服上所繡花紋，比喻辭藻華美。河漢：銀河，比喻言論卓越。游塵：浮動的塵埃。指看待上述人物像低賤之物。土梗：泥塑的偶像。指看待上述人物爲無用之輩。㊺半菽：半粒豆子。一毛：一根毫毛。㊻錙銖：古代重量單位。二十四銖爲一兩，六銖爲一錙。比喻極輕分量。影（ㄆㄧㄠ）撤：輕飄。共工：堯時奸惡之臣。蒐慝：隱藏罪惡。驩兜：堯時奸惡之臣。掩義：排蔽道義。南荊：楚國。跋扈：專橫。此句指傳說中戰國時楚國大盜莊蹻。東陵：齊地。猾：暴亂。此句指戰國時齊魯之間的大盜跖。匍（ㄆㄨˊ）匐（ㄈㄨˊ）：爬行。逶迤：斜行。折枝：卽折肢，按摩肢體。舐（ㄕˋ）痔：以舌砥人的痔瘡。《莊子》：「秦王有病召醫，破癰潰痤者，得車一乘；舐痔者，得車五乘。」㊼金膏：黃金精華。《穆天子傳》：「天子之寶，玉果、璿、燭銀、黃金之膏。」翠羽：翠鳥羽毛。將其意：申明他的敬意。脂韋：凝油和軟皮。引申爲圓滑阿諛。便辟：諂媚逢迎。導其誠：表達他的誠心。㊽輪蓋：車輪、車蓋。借代爲車輛。夷、惠：伯夷、柳下惠，都是先秦高士。苞苴：裹魚肉的草包，借代爲賄賂。張、霍：張安世、霍光，均繫漢代權臣。毫芒：毫毛、麥芒，比喻細復。寡：少。忒：差錯。此指對人拉關係，謀而後動，極少差錯。㊾量交：衡量輕重得失而相交。㊿賈（ㄍㄨˇ）鬻（ㄩˋ）：買賣。

(51)桓潭：漢代人，但他並未作過這一譬喻；作此喩的爲戰國時人譚拾子。≪戰國策≫：「譚拾子曰：富貴則就之，貧賤則去之，請以市喩，……」此處爲作者誤書姓名。闤(ㄏㄨㄢˊ)闠(ㄏㄨㄟˋ)：市集。林回：殷之逃民。≪莊子≫：「林回曰君子之交淡若水，小人之交甘如醴。」醴：美酒。(52)榮：興旺。悴：衰敗。約：緊縮。泰：寬舒。(53)張、陳：張耳、陳餘。兩人始爲刎頸交（見前注）。後陳餘忘義，張耳也降漢，與韓信一起破趙殺陳餘。蕭、朱：漢代的蕭育、朱博。蕭、朱原爲好友；後來，朱博先做了丞相，蕭育位至九卿，怨他薦引不力而有了怨隙。(54)翟公：漢代人。≪史記・鄭當時傳≫：「始翟公爲廷尉，賓客闐門；乃廢，門外可設雀羅。翟公復爲廷尉，賓客欲往，翟公乃大署其門曰：『一死一生，乃知交情；一貧一富，乃知交態；一貴一賤，交情乃見。』」規規然：淺陋、呆板的樣子。勒：題寫。箴：告誡。(55)衅：瑕隙、毛病。(56)殄（ㄊㄧㄢˇ）：毀滅。(57)攜：分裂。讎訟：仇恨、爭執的事。(58)饕（ㄊㄠ）餮（ㄊㄧㄝˋ）：借指貪利無厭。貞介：公正耿直的人。(59)梗：弊病、災害。速：招致。尤：過錯。王丹：後漢人。≪後漢書・王丹傳≫：「其子有同門生喪親，家在中山，白丹欲奔慰。丹怒而撻之，令寄縑以祠焉。」檟（ㄐㄧㄚˇ）楚：也作「夏楚」，兩種植物，古代用作撲撻犯禮者的棍杖。昌言：直言。示絕：表示絕交。(60)有旨：有深長的意味。(61)任昉（460—508）：字彥昇，樂安博昌（今山東壽光）人，梁代著名作家，著有≪文章緣起≫等。髦傑：英俊傑出之士。(62)綰（ㄨㄢˇ）：繫掛。銀黃：銀印、黃綬（繫印的絲帶），高級官員的佩飾。夙：早。民譽：人們的稱譽。(63)遒文：優美的文字。麗藻：華麗的辭藻。方駕：並駕齊驅。曹、王：曹植、王粲。英跱：卓立：俊邁：超逸。聯橫：並列、平行。許、郭：許劭、郭泰。東漢人。(64)田文：卽孟嘗君，禮賢下士，家養食客三千。鄭莊：卽西漢鄭當時，字莊，好客薦賢，名聞朝野。盱衡：擧眉揚目，驚視的樣子。扼腕：握持手腕，激奮的樣子。抵掌：拍手。(65)雌黃：古用黃紙寫字，寫錯則用一種礦質顏料雌黃涂抹，以改正錯字，後來引申爲論定人物的意思。朱紫：正色、雜色。比喩人品的高下。月旦：東漢許劭與弟許靖常在每月初一品評鄉里人物，因而後人就以「月旦」代指品評。(66)輻湊：車輪中撐條都集中於軸心，比喩人物聚集於一處。冠蓋、衣裳：都代指人物。雲合：卽雲集，也形容人物衆集。輜軿（ㄆㄧㄥˊ）：輜車、軿車，都是有帷蓋的車輛。擊轊（ㄨㄟˋ）：車軸頭相互碰擊。(67)閫（ㄎㄨㄣˇ）閾（ㄩˋ）：房屋門限。闕里：孔子故里。隩（ㄠˋ）隅：房屋角落。龍門：地名，是黃河流經陝西、山西峽谷時險峻之處。傳說魚能躍上龍門則成龍。≪後漢書・李膺傳≫：「膺獨持風裁，以聲名自高，士有被容接者，名爲登龍門。」(68)顧眄（ㄇㄧㄢˇ）：轉眼看。倍價：≪

戰國策》載，有欲賣駿馬者，三旦立市，人莫與言。後因伯樂「還而視之，去而顧之，一旦而馬價十倍」。剪拂：修剪拂拭。長鳴：《戰國策》載，有千里馬拉鹽車上太行，中坂迂延，負轅不能上。「伯樂遭（遇）之，下車攀而哭之，解紵衣以冪（覆蓋）之。驥於是俛而噴，仰而鳴，聲達天下」。影組：飄揚印綬。丹墀：宮殿前的石階，用丹色涂墁，故名丹墀。摩肩，叠迹：肩膀挨着肩膀，腳印踏上腳印，都形容做上大官的衆多。⑥締：結。恩狎：恩愛親近。綢繆：親密纏綿。想：想望。惠、莊：惠施、莊周，戰國時人，有道義之交。《淮南子》：「惠施死而莊子寢說，言世莫可爲語也。」清塵：清雅的風敎。庶：希冀。羊、左：羊角哀、左伯桃，春秋時人，有生死之交。《烈士傳》：「羊角哀、左伯桃爲死友。聞楚王賢，往尋之。道遇雨雪，計不俱全，（左）乃並衣糧與角哀，入樹中死。」徽烈：美好的業績。⑦東粵：卽「東越」，約有今浙江和福建的部分地區。任昉死於新安（郡治在今浙江淳安縣西）太守任上。洛浦：指江浦，卽長江邊上。西晉滅亡，洛陽淪陷，東晉遷都建業（今江蘇南京市），以後南朝人就把建康視作洛陽，也把長江視作洛水。任昉遺體歸葬於長江邊上。⑦繐帳：靈堂中的帳幔。漬酒之彥：借引隻鷄絮酒去弔黃瓊的名士徐穉。《後漢書·徐穉傳》：「穉嘗爲太尉黃瓊所辟，不就。及瓊死歸葬，穉乃負糧徒步到江夏赴之，設鷄酒薄祭，哭畢而去，不告姓名。」宿草：隔年的草。勒輪之賓：借引素車白馬去弔張劭的故人范式。（見前注）⑦藐爾：弱小的樣子。諸孤：（任昉）幾個孤兒。流離：流浪。大海之南：泛指南方海邊。寄命：托身。嶂癘之地：泛指流行惡性傳染病的地區。嶂癘同「瘴癘」。⑦把臂：握住手臂。金蘭：古人認爲金堅蘭芳，常用以比喩友情深厚。《易·繫辭上》：「二人同心，其利斷金；同心之言，其臭（氣味）如蘭。」羊舌：姓羊舌，名肸，字叔向，春秋晉大夫。下泣：《國語》載，叔向與司馬侯爲友，司馬侯死，叔向見其子便「撫而泣之」，感嘆沒有可共事之人。邱成：姓邱，名瘠，謚成子，春秋魯國大夫。分宅：《孔叢子》載，邱成子與衞人右宰穀臣爲友，不久穀臣遇亂而死，便把他妻子迎來，分房子給他們居住。⑦險巇：危險。⑦太行、孟門：著名的高山。嶄（ㄓㄢˇ）絕：險峻而無路可上。⑦疾：憎惡，痛恨。裂裳裹足：墨子奔去止楚攻宋時，急時趕路，腳走破了，就撕下衣裳，裹起腳再走。棄：棄絕，決絕。長騖：永遠走開。皦皦然：潔白的樣子。雰濁：濁氣。雰：同「氛」。

【鑑賞】《絕交論》是漢末朱穆所寫「感時澆薄，慕尙敦厚」的兩篇文章之一（另一篇爲《崇厚論》）。可見當時世風日下，交而無信。徐幹在《中論·譴交》

中也申斥「營己治私，求勢逐利」的矯僞習氣。其後，與劉峻同時代的劉勰也感嘆「風衰俗怨」。可見日積月累的社會不正風尚是促使劉峻寫作此文的時代背景和思想基礎。但促使劉峻動筆的尚另有所自。據≪南史•任昉傳≫記：「昉好交結，獎進士友。……得其延譽者多見升擢。」其中特別指出「彭城到漑、漑弟洽從昉共爲山澤游」，之後這兩兄弟正是經任昉推薦而升居高位的。任昉一生廉潔慷慨，仗義疏財；而死後，則家境蕭條。他的兒子「西華，多月著葛帔練裙，道逢平原劉孝標；泫然矜之。……乃著≪廣絕交論≫以譏其舊交」。這一史實引自劉璠的≪梁典≫。此外，劉孝綽≪與諸弟書≫中也提到「任既假以吹噓，（到氏兄弟）各登清貫。任云亡未幾，子侄漂流溝渠。（到）洽等視之悠然，不相存贍。平原劉峻疾其苟且，乃廣朱公叔≪絕交論≫焉。」據此種種，足證此文所直接譏刺的，主要爲顯赫一時的到漑、到洽兄弟。無怪≪任昉傳≫記：「到漑見其論，抵几於地，終身恨之。」可見此文對逐利相交之輩是如何揭其瘡痍，暴其靈魂，中其隱痛，收到了針砭撻伐的效果。

劉孝綽、劉璠係劉峻同時和稍後的人，劉孝綽且爲參預任昉「龍門之游」的七友之一，劉峻更是親歷其事目擊其景的。無疑，此文貶刺的，既是廣靡當時社會的鄙風陋俗，又是確有實際對象作爲筆伐的典型。因此，卽使在後來，它也仍不失其作爲聲討汲汲於形形色色「利交」的戰鬥檄文。

≪廣絕交論≫以任昉生前身後的炎凉世態爲契機，列舉大量經文、史實，擴廣和深化了≪絕交論≫的材料和觀點。它深嘆純眞質樸、堅貞不渝的「素交」日見消失，虛僞詐欺、趨炎阿勢的「利交」颺然成風，從而力勸人們摒棄一切以利踐義的交游。全文可分三個大段。

第一大段包括第一至三節。作者用主客問答式，闡明本文意在把≪絕交論≫的題旨推而廣之，摒絕一切交游。文章一開始，就借客人之口，援經典中互相感應的自然現象爲「興」，引出古代伯牙、子期等幾對名垂後世、休戚相關、生死不渝的摯友來說明眞摯的友誼可以達到常人無法理解的深度（「巧歷所不知，心計莫能測」）。而≪絕交論≫卻「比黔首以鷹鸇，媲人靈於豺虎」。把萬物之靈的人類當作禽獸，倡言「絕交遊」的主張，豈不令人費解？這一質難，舉經列典，引史援例，頗有不易駁倒的氣勢，也符合讀者的思維邏輯。這樣，它就爲下文的論辯，作了豐厚的舖墊，給欲知究竟的讀者布置了殷切的懸念。於是，作者借主人之言，針鋒相對地提出了一個自然現象的根本規律，因客觀條件變化而相應地發生主體變化（「燥濕變響」、「鴻雁雲飛」）；同樣，在社會現象中人與人的關係也是如此，例如世道「隆」時應如「龍驤」，世道「汙」時就該「蠖屈」。朱穆根

據聖人的教誨，勉勵世人崇尚敦厚（「謨神睿而爲言」），對「寄通靈臺之下，遺迹江湖之上」，不管是同仕於朝廷還是共隱於江湖，無論碰到「風雨」、「霜雪」，都能保持始終如一的人士表示極大的讚賞。但是，他更懂得人與人的關係會變，這些人士眞誠不移的交誼只是「斯賢達之素交，歷萬古而一遇」的，而當前則是「叔世民訛，狙詐飆起」，「素交盡，利交興」了。世道險惡，奸詐心胸超過「谿谷」深邃，變幻手腕直教「鬼神」莫測，哪裏還有純潔眞誠的「素交」，有的只是「天下蚩蚩」營私謀己的「利交」！面對這種「鳥驚雷駭」混亂可怖的局面，怎能不提醒人們斷絕這種交誼以免遺恨無窮呢？這正是朱穆痛恨世俗澆薄而寫《絕交論》的苦衷。怎能說他違背了聖人的「謨訓」呢？對此，作者筆鋒一轉，指出雖則「利交同源」，根子只是一個私字；然而「派流則異」，表現上卻有五種不同的方式方法。這就使文章過渡到分列論述的階段。

　　第二大段包括第四到第十節。作者先列舉五個流派的表現，而後加以小結。第一個流派是追求權勢而相交——「勢交」。此輩眼中只有董賢、梁冀等等寵臣權貴、皇親國戚。他們擁有無上權勢，足以「雕刻百工，爐捶萬物」，役使天下臣民。他們甚至具有「吐漱興雲雨，呼噏下霜露」那種叱天驅地、號令自然的威力。這就使那批趨炎附勢者，望見達官的影子，就如衆星奔月；聽到顯宦的聲響，就像百川馳海、趨之若鶩了。東方剛發白，朱門前已擺開黑壓壓的車陣；大門一打開，車子就流水般湧上。他們哪裏還管什麽「摩頂至踵」之勢，即使「墮膽抽腸」也甘之如飴了。一旦受貴人接見，恨不得「約同要離焚妻子，誓殉荊卿湛七族」。後來明代宗臣有《報劉一丈書》，把此輩的阿諛面目，刻畫得纖毫畢現，可說是本節文字的最佳注腳。第二個流派是貪圖財富而相交——「賄交」。這些人的眼皮上只供奉着范蠡、程鄭等等財神菩薩。這些富翁，擁有的是「山擅銅陵，家藏金穴」；享受的是「出平原而聯騎，居里閈而鳴鐘」。於是眼紅心癢的寒酸士子再也不甘安貧樂道，萌生了「冀宵燭之末光，邀潤屋之微澤」的非分之想，眼巴巴地企圖「分雁鶩之稻粱，霑玉斝之餘瀝」。他們像羣焦連貫成行地，像野鴨撲騰跳躍着，紛紛攘攘聚集到富家的廳堂之上，傾吐自己感恩受惠、表白自己輸衷竭誠，不禁撫松立誓，指水徵信。這些文字活畫出了利欲熏心諂媚阿諛者的醜態。作爲交遊，「賄交」無疑充滿了市俗的銅臭氣。第三個流派是攀附談辯而相交——「談交」。在「叔世民訛」中，如果說追求權勢，貪圖財賄是兩種極爲常見的現象，則攀附談辯，獵取社會聲望是另一種較爲特殊的現象。魏晉以來，崇尚虛無，空談老莊成爲風氣。晉室南渡，宋、齊、梁繼代，都偏安一隅，士大夫無力恢復中原，又多談空說無，打發歲月，獵取名利。對此作者特地捧出漢代的

陸賈、郭泰作爲顯宦名流的代表，以古喩今。他們在座談會上「領頤蹙頞，涕唾流沫」，馳騁劇談，縱橫雄辯，除了胡說八道什麼「黃馬」「碧鷄」之外，還能把冰封雪鎖的「寒谷」吹爲溫潤如玉，把欣欣向榮的「春叢」打成黃葉零落。這類劇談雄辯盛行於世族豪門，在他們的「顧指」之間，「一言」之下，一個人的「飛沉」和「榮辱」就一錘定音了。這就爲那幫胸無點墨（「道不掛於通人」）和身無寸功（「聲未遒於雲閣」）的王孫公子開闢了一條捷徑——攀龍附鳳，乞取名士的唾餘，然後飛黃騰達，干靑雲而直上。這裏對「談交」的描述，眞是入木三分，同時也充分體現了這篇文章的時代特色。第四個流派是同陷窮困而相交——「窮交」。作者以爲人的常情總是，得志順利之時，心境舒暢；失意拂逆之際，情緒凄慘。但是事物之間，又具有另一個共性，那就是：同處憂患困厄的境地，容易團結合作；而一旦獲得歡悅愉快的機遇，就會跟昔日共度患難的友人分道揚鑣了。所以落入涸轍的魚才能相濡以沫，瀕臨死亡的鳥則會哀鳴以告。物猶如此，人豈例外？《河上》流傳的「同病相憐」之歌，《谷風》記錄的「恐懼寘懷」的詩，都說明共同遭受困難是建立友情的基礎。斷金之侶、刎頸之交都出現在陋巷之中，茅舍之下。作者舉了伍員、伯嚭、張耳、陳餘這兩對例子，一則昧着良心恩將仇報，一則由刎頸之交變爲你死我活的仇敵，正如司馬遷所評：「何鄉者相慕用之誠，後相信之戾也！豈非以勢利交哉？」只能共患難的相交在利害關係轉化之後，也必然會由「友」轉化爲「敵」的呢！第五個流派是衡量輕重得失而相交——「量交」。「利交」的出發點是「利」，而它的各種流派的共同表現方式則是「量」；「量」不僅決定此輩交友的開始，而且決定其後的發展、轉化與終結。奔走富貴之門的風氣，輕薄浮滑的人們，就像遏着杆秤在掂你的分量，像拈着絲絮在試你的鼻息。如果你像擧不起的秤，飛不動的絲絮，無權無勢，卽使有顏淵、冉有那樣的碩德異才，曾參、史魚那樣的高風亮節，董仲舒、劉向那樣的淵博學識，司馬相如，揚雄那樣的華麗文采，也會把你視爲飄浮的塵埃，呆木的土偶，決不肯爲你化費「半菽」、「一毛」的。相反，哪怕秤杆上只稍顯一點重量，哪怕絲絮上只微示某些輕拂，那末，卽使你是共工、驩兜、莊蹻、盜跖等遺臭史册的惡人，也會「匍匐逶迤」而來，爲你「折枝舐痔」，送你「金膏、翠羽」，以及奉獻給你一連串媚態謏詞。這裏文章更揭露一筆：凡是成隊車馬去交遊的，決非淸白寒素的伯夷、柳下惠之門；凡是整包珍寶所送達的，定是炙手可熱的張安世、霍光之家。輕薄浮滑小人的交友，就是這樣經過周密的估量輕重權衡得失後採取行動的，他們連極細微的失誤也不讓發生呀！至此，「利交」的五個流派分述完了，作者就概括它們的實質等於在做買賣。所以桓譚（應爲譚拾子）把這些交遊比作

集市的貿易，林回也喻之爲醉人的美酒。世間萬物都在不斷演變、轉化，可是這些小人的「殉利」之情卻始終難望改變。 由此可知， 張耳跟陳餘最終發生的悲劇，蕭育和朱博最後產生的怨隙，是完全可以理解的了。然而翟公卻還在門上奮筆寫上那幾句譏刺來客的警語，爲什麼他見識是如此的晚呢？這句反話，發人深思。

　　隨後，作者指出「五交」必然產生「三釁」。前賢懂得這「三釁」的禍害，畏懼那「五交」會招致過錯，所以王丹竟動用家法責打兒子輕率交友，朱穆更理直氣壯地提出斷絕一切交游。這是很有深意的啊！這句贊語等於回答了文章開頭時「客」所提出的「爲是乎？爲非乎」的質疑，駁斥了對朱穆的《絕交論》是「泪華綬，粵謨訓，捶直切」的責難，實際上也是完成了駁論的論證。

　　第三大段包括第十一到十三節。作者密切聯繫實際，有的放矢，用憤慨的筆觸揭露和聲討溷迹於「利交」中的任昉昔日的密友，從而進一步闡明和證實與世俗絕交確是毋庸置辯之事。首先，作者十分深情地介紹了任昉的地位、才能、文章、道德。「見一善則盱衡扼腕，遇一才則揚眉抵掌」，充分表達了任昉揚善、愛才的伯樂風度。據史書所載：「及昉爲中丞，簪裾輻湊，預其讌者……號曰『龍門之遊』。」(《南史·陸倕傳》)文人學士，無不以得登其門，得見其人爲榮爲樂。他們敬重任昉，似乎都在憧憬惠施和莊周的道義之交，都在向往羊角哀和左伯桃的生死之誼。而後，作者無限感慨地敍述起： 當任昉在東越去世， 歸葬洛浦之後，「繐帳猶懸」，門罕弔客；「墳未宿草」，野絕祭者。任昉的孩子流落海濱，吃了早頓沒有晚頓，到了冬天還穿着夏衣。往日那些聯肩挽臂受到任昉眷顧薦舉的良朋密友竟沒有一個像羊舌叔向和郤成那樣來憐憫和照顧那些可憐的遺孤！這一凄涼慘淡的情景與他生前的場面形成鮮明的對照，從而迸激出感情的浪花，把文章的觀點用鮮明的形象語言作了表述。作者走筆至此，無比憤懑地譴責了「世路險巇」竟到了如此這般的地步，它甚至還超過「太行、孟門」的阻絕哪！痛心疾首地表示了不再爲俗物們「裂裳裹足」，而寧可獨立高山之上，樂與麋鹿同羣，從人世間這個污濁的氛圍里衝決出來，保持清淨潔白的情操。最後，作者反復告誡讀者： 這個充斥「利交」的社會，那些趨利忘義的小人，確實是可恥的呀，確實是可怕的呀！這樣，用最憤激的調子結束了全文。

　　《廣絕交論》是一篇駢體論文。駢文起源於秦、漢，形成於魏、晉，鼎盛於南北朝。其主要特點是運用對偶，多采取四六句式，講究音韵聲律，且常用典使事，刻意藻飾。劉峻所處的時代正是它的鼎盛期，但魚龍混雜，多數駢文內容實在空虛， 僅在形式技巧上大化工夫。 而優秀的駢體文應該「華實相扶， 情文兼

至」(《退庵論文》)，本文卽用大量論據論證作者的觀點，「明理引乎成辭，徵義舉乎人事」(《文心雕龍》)，而又不失駢文聲情並茂、富有節奏的長處。這和作者的博學、善文是分不開的。蕭統編纂《文選》的標準爲「事出於沈思，義歸乎翰藻」，劉峻本文是符合這一標準的。用駢體文寫「論」，自比繪景抒情的「賦」不易，但《廣絕交論》還是達到了「麗而不浮，典而不野」(蕭統《致湘東王書》)的寫作境界。由於內容充實，感情豐沛，讀來就大有「味之者無極，聞之者動心」的效果，從而使全文主旨具有令人信服的力量。本文一開始就仿《絕交論》的寫法，借主客對話揭示作者的論點，從形式上表明本文與《絕交論》的寫作淵源。然後，文章列舉經書教訓與歷史上傳爲佳話的「素交」以與下文的「利交」進行強烈的對照。再次，作者對「利交」各種流派的思想根源和表現方式作了鞭辟入裏的剖析和淋漓盡致的描繪，主要用例證法進行了論證。復次，作者又在大力概括「利交」特徵、危害之後，用「朱穆昌言而示絕，有旨哉，有旨哉」的贊賞來充分回答開頭時「《絕交論》爲是乎？爲非乎」的客難，前後遙相呼應。最後則筆鋒再一進逼，直弔任昉生前高朋滿座，而身後舊交零落，盡剝那批忘恩負義之徒的當初的僞裝，以徹底地揭示出「素交盡，利交興」的世態和人物，強烈地反映了「廣絕交」的必要性作結。這樣，通篇條理清晰，脈絡分明，結構謹嚴，邏輯周密。

本文在寫作上另一特色是作者調動了多種修辭手法。除對偶、排比原屬構成駢文的要素，在文中俯拾皆是外，作者用了大量比喻（如「琴瑟」、「蘭莒」、「膠漆」、「塤箎」、「魚貫鳧躍」、「颯沓鱗萃」），借代（如「銀黃」、「朱紫」、「輪蓋」、「苞苴」），誇張（如「匍匐逶迤」、「折枝舐痔」），對比（如任昉生前「影組雲台者摩肩，趨走丹墀者叠迹」，身後則「門罕漬酒之彥」，「野絕動輪之賓」）等，使讀者如臨其境，如見其人，如聞其聲，如睹其形。其中不少妙詞精句被《佩文韵府》及《辭源》（修訂本）引作書證。更值得一提的是第二段尾句：「有旨哉，有旨哉！」和全文尾句「誠耻之也！誠畏之也」這兩組叠句，凝聚着作者贊賞和警戒的激情，扣人心弦，發人深省。

然而，囿於時代和經歷的局限，作者僅能從南朝「士族」立場上來憤世嫉俗，未能注意到「庶族」卽廣大民間的眞摯交往，其論點就難免失之偏頗。同樣，對莊蹻、盜跖的評價也表明其認識上的這一缺陷。另外，受駢體文規格的制約，說理方面有時缺乏足夠的明確性，不能不給初學者帶來閱讀中的一定困難，但反過來說，倒也可能使其含有鑑賞上的相當樂趣。　　（周冠明　桂心儀）

與陳伯之書　　　　丘　遲

　　遲頓首，陳將軍足下①：無恙，幸甚，幸甚②！將軍勇冠三軍，才爲世出③，棄燕雀之小志，慕鴻鵠以高翔④。昔因機變化，遭遇明主⑤，立功立事，開國稱孤⑥，朱輪華轂⑦，擁旄萬里⑧，何其壯也！如何一旦爲奔亡之虜⑨，聞鳴鏑而股戰⑩，對穹廬以屈膝⑪，又何劣邪！

　　尋君去就之際⑫，非有他故，直以不能內審諸己，外受流言⑬，沈迷猖獗，以至於此⑭。聖朝赦罪責功，棄瑕錄用⑮，推赤心於天下⑯，安反側於萬物⑰，將軍之所知，不假僕一二談也⑱。朱鮪涉血於友于⑲，張繡剚刃於愛子⑳，漢主不以爲疑㉑，魏君待之若舊㉒。況將軍無昔人之罪㉓，而勛重於當世！夫迷塗知反㉔，往哲是與㉕；不遠而復，先典攸高㉖。主上屈法申恩㉗，吞舟是漏㉘；將軍松柏不翦，親戚安居㉙。高臺未傾㉚，愛妾尚在，悠悠爾心㉛，亦何可言！今功臣名將，雁行有序㉜，佩紫懷黃㉝，贊帷幄之謀㉞，乘軺建節㉟，奉疆場之任㊱，並刑馬作誓㊲，傳之子孫。將軍獨靦顏借命㊳，驅馳氈裘之長㊴，寧不哀哉！

　　夫以慕容超之強，身送東市㊵；姚泓之盛，面縛西都㊶。故知霜露所均，不育異類㊷，姬漢舊邦，無取雜種㊸。北虜僭盜中原，多歷年所㊹，惡積禍盈，理至燋爛㊺。況僞孽昏狡㊻，自相夷戮㊼，部落攜離㊽，酋豪猜貳㊾。方當繫頸蠻邸㊿，懸首藁街[51]。而將軍魚游於沸鼎之中[52]，燕巢於飛幕之上[53]，不亦惑乎！

　　暮春三月，江南草長，雜花生樹，羣鶯亂飛。見故國之旗鼓，感平生於疇日[54]，撫弦登陴，豈不愴恨[55]！所以廉公之思趙將，吳子之泣西河[56]，人之情也，將軍獨無情哉！想早勵良規[57]，自求多福。

　　當今皇帝盛明，天下安樂。白環西獻[58]，楛矢東來[59]；夜郎滇池，解辮請職[60]；朝鮮昌海，蹶角受化[61]。唯北狄野心，掘強沙塞之

間⑫，欲延歲月之命耳⑬。中軍臨川殿下⑭，明德茂親⑮，揔玆戎重⑯，弔民洛汭⑰，伐罪秦中⑱。若遂不改⑲，方思僕言。聊布往懷⑳，君其詳之㉑。丘遲頓首。

【注釋】①頓首：以頭叩地，古人常用在書信的開頭和結尾的客氣話。②無恙：勞問之辭。恙：病，憂。幸甚：希冀之甚。③勇冠三軍：勇敢爲三軍之首。冠：首。三軍：泛指全軍。才爲世出：才能是當世傑出的。④燕雀：小鳥，比喻庸俗小人。鴻鵠：卽天鵝，比喻志向遠大的傑出人物。語出《史記‧陳涉世家》。棄小志：指背齊。慕高翔：指歸梁。⑤因機：順應時機。變化：指陳伯之背齊歸梁。遭遇：遇合。明主：指梁武帝。⑥立功立事：指陳伯之降梁後輔佐梁武帝平齊，爲梁朝的開創建立了功勳。開國：開建邦國，這裏指封爵。孤：王侯的自稱。⑦朱輪華轂（《ㄨˇ）：用丹漆涂飾車輪，指華麗的車子。轂：車輪中心的圓木。⑧擁：持。旄（ㄇㄠˊ）：古代用旄牛尾裝飾的旗子。這裏指使臣拿它作爲信物的旄節。古代高級武官持節統制一方，稱爲「擁旄」。萬里：形容統制區域之廣大。陳曾爲江州刺史，故曰「擁旄」。⑨棄亡之虜：逃跑投敵分子。奔亡：逃亡。⑩鳴鏑（ㄉㄧˊ）：響箭。鏑：箭頭。股戰：大腿發抖。⑪穹廬：氈帳，卽今天說的蒙古包，爲少數民族居住之所。屈膝：降拜。⑫尋：推求。去就：指去梁而就北魏。⑬他故：其它原因。直：但，只。審：仔細考慮。流言：無根之言，挑撥離間的話。⑭沉迷：沉溺迷惑。猖獗：迷妄放肆。於：如。⑮聖朝：指梁朝。赦罪責功：赦免人的罪過而要求被赦的人立功贖罪。責：求。瑕：玉上的斑點。指人的過失、缺點。棄瑕祿用：指祿用人才時不計較人的過錯。⑯赤心：誠心。典出《後漢書‧光武帝紀》，劉秀破銅馬軍，爲消除降者疑慮，馳入降軍營中，降者說他「推赤心置人腹中」。⑰反側：動搖不定，心懷反覆。據《後漢書‧光武帝紀》：光武帝破邯鄲王郎，搜得自己軍中吏人與王郎私通的書信，聚衆而燒之，曰：「令反側子自安。」反側子，卽動搖分子。于：之。萬物：指天下人。⑱假：同「借」，借助。僕：古人交際時對自己的謙稱。一二談：一一敍說。⑲朱鮪（ㄨㄟˇ）：王莽末年綠林軍的將領。他曾勸更始帝劉玄殺了光武帝劉秀的哥哥劉縯。後劉秀攻洛陽，朱鮪堅守，劉秀派人勸降，朱鮪因參與殺了劉秀的哥哥怕加罪而不敢降。劉秀派人再對朱鮪說：「夫建大事不忌小怨，今降，官爵可保，況誅罰乎？」朱鮪於是獻城而降（見《文選》李善注引謝承《後漢書》）。涉血：卽喋（ㄉㄧㄝˊ）血，殺人流血。於：其，代詞。友于：指兄弟。《尚書‧君陳》：

「惟孝友于兄弟。」後世因稱兄弟爲友于。⑳張綉：漢末魏初人。≪三國志・魏志・武帝紀≫載，建安二年（197），曹操攻宛城，張綉投降。過後張綉反悔，和曹操交戰，殺死了曹操的長子昂和侄子安民。建安四年（199），張綉又率衆投降曹操，封列侯。剌（ㄣ）刄：用刀劍插入物體。剌：同「傳」，插入。㉑漢主：指光武帝劉秀。這句指劉秀對朱鮪沒有疑忌。㉒魏君：指曹操。之：指張綉。㉓昔人：從前的人，指朱鮪、張綉。㉔塗：同「途」。反：同「返」。㉕往哲：以往的哲人。與：贊許。㉖先典：古代的典籍。這裏指≪易經≫。≪易經・復卦≫說：「不遠復，無祇悔，元吉。」≪正義≫：「不遠復者，是迷而不遠卽能復也。無祇悔元吉者，祇，大也，旣能速復，是無大悔，所以大吉。」攸：所。高：以爲高，這裏用作動詞。㉗屈法：治法寬緩，輕法。申恩：申明恩惠，重恩。㉘吞舟：能够吞舟的大魚。這裏比喩罪惡重大的人。桓寬≪鹽鐵論・刑德≫說：「明王茂其德敎而緩其刑罰也，網漏吞舟之魚。」吞舟是漏：比喩法網寬疏，罪惡重大的人都可以寬赦。㉙松柏：指祖墳。古人常在坟旁種植松柏。翦：同「剪」。親戚：指父母兄弟等。㉚高臺：指住宅。㉛悠悠：深思的樣子。㉜雁行：飛雁排列成行。㉝紫：紫綬，繫官印的帶子。黃：黃金的官印。㉞贊：協助。帷幄：軍中的帳幕。㉟軺（ㄧㄠ）：兩匹馬拉的輕便小車，使者所坐。建節：將旄節揷立車上。節：符節，使者所持的信物。㊱疆場（ㄧ）：邊疆。㊲刑：殺。古代諸侯會盟，往往殺白馬，飮血爲誓，叫「刑馬作誓」。㊳靦（ㄇㄧㄢˇ）：羞愧的樣子。借命：假借暫時的生命，指苟且偸生。㊴毡裘：用羊毛織製的衣著，胡人所服。這裏借指胡人。毡裘之長：指北魏的君主。㊵慕容超：十六國時南燕的君主，在晉末宋初曾大掠淮北，劉裕北伐活捉他，解赴建康（今南京市）斬首。東市：原是漢代長安處決犯人的地方，後來泛指刑場。㊶姚泓：十六國時後秦的君主。劉裕破慕容超之後，又伐後秦，克長安，生擒姚泓。面縛：面部朝前，雙手縛在背後。西都：指長安。㊷霜露所均：指霜露所及的天地之間。均：分布。育：養育。異類：對外族的侮稱。㊸姬漢：周漢，指漢族。姬漢舊邦：指中原一帶原是周漢的故國。取：收。雜種：對外族的侮稱。㊹北虜：指北魏。虜：敵人。僭（ㄐㄧㄢˋ）盜：竊號。年所：年數。自公元386年，拓跋珪建立北魏，至公元505年丘遲寫此信時（時值北魏宣武帝），已一百多年。㊺理至燋爛：理當崩潰滅亡。燋：通「焦」。㊻蘖（ㄋㄧㄝˋ）：同「孽」，妖孽，惡人。僞蘖：指當時北魏的統治者宣武帝。昏狡：昏庸狡詐。㊼夷戮：誅殺。公元501年宣武帝的叔父咸陽王元禧圖謀作亂，被賜死。504年北海王元祥也曾圖謀叛亂，被囚禁而死。「自相夷戮」卽指此。㊽攜離：分裂。攜：背叛。㊾酋豪：酋長。猜：猜忌。貳：二心。㊿

方：將。蠻邸：外族首領在京都所住的館舍。(51)藁街：漢代首都長安的一條街名，外族首領館舍設在這條街內。(52)鼎：古代烹煮用器，三脚。後漢朱穆上疏：「養魚沸鼎之中，栖鳥烈火之上，用之不時，必也焦爛。」(53)巢：築巢。飛幕：飛動搖晃的帳幕。《左傳・襄公二十九年》：「季札曰：『夫子之在此也，猶燕之巢於幕上。』」(54)疇日：昔日。(55)撫：持。弦：弓弦。陴（ㄆㄧˊ）：城上女墻。愴悢（ㄔㄨㄤˋ　ㄌㄧㄤˋ）：悲傷。(56)廉公：指廉頗。思趙將：指廉頗想再爲趙將。吳子：指吳起。吳起爲魏國鎮守西河（今陝西黃河西岸韓城縣一帶），魏武侯聽信讒言而把吳起召回去，吳起知道自己離開後西河就要被秦國占領，所以臨走時望西河而哭泣。吳起逃奔入楚，後來西河果然被秦國占領。(57)想：希望，盼望。早勵良規：早日作出好的打算。勵：勉勵。良規：好的打算。指歸梁。(58)白環：白玉制的環。(59)楛（ㄏㄨˋ）矢：楛木做的箭。《孔子家語》載：「孔子曰：昔武王克商，……於是肅愼氏貢楛矢、石砮。」楛是一種似荆而色赤的樹。砮（ㄋㄨˇ）一種可做矢鏃的石頭。(60)夜郎：今貴州桐梓縣東。滇池：今雲南昆明市南。這是西南少數民族在漢時所建立的兩個小國。解辮請職：這些少數民族原來是把頭髮編成辮子的，現在解開辮子改從漢俗，表示歸順。(61)朝鮮：指朝鮮王衞滿於漢惠帝時歸屬中國。昌海：今新疆羅布泊。蹶角：叩頭。角：額角。受化：接受梁朝的敎化。(62)北狄：指北魏。掘強：同「倔強」。這裏指頑抗。沙塞：沙漠邊塞。(63)歲月之命：意爲命不長久。(64)中軍：中軍將軍。臨川：指臨川王蕭宏。殿下：古代對王侯的尊稱。(65)明德：好的德行。茂親：至親，指蕭宏是梁武帝蕭衍之弟。(66)揔玆戎重：總領這次北伐的軍事重任。揔：通「總」，統率。戎重：軍事重任。(67)弔民：慰問老百姓。洛汭（ㄖㄨㄟˋ）：洛水入黃河處，在今河南省洛陽、鞏縣一帶，指中原地區。汭：河流會合的地方。(68)伐罪：討伐罪人。秦中：今陝西中部地區。(69)遂：因循，仍舊。(70)布：陳述。往懷：指往日的情誼。(71)詳：仔細考慮。

【鑑賞】天監四年（505）多，梁武帝命臨川王蕭宏率兵伐魏。北魏拒守壽陽梁城（今安徽壽縣附近）抵抗梁軍的，是陳伯之。陳伯之原爲齊將，鎮守江州（今江西九江一帶），蕭衍起兵反齊時被招降順；梁立，加封鎮南將軍，江州刺史。天監元年（502），陳伯之聽信離間，起兵反梁，敗而降北魏。而今，兩軍對峙，看來一場廝殺在所難免了。出人意外的是，兵不血刃，陳伯之卻擁兵八千歸降了梁朝。干戈化爲玉帛，緣由是多方面的。但促成陳伯之幡然悔悟、棄暗投明的最主要原因，卻是丘遲的勸降信——《與陳伯之書》。一紙信函，八千鐵甲！情感

的暖流，消融着心底的堅冰；情理的力量，撼動了萬馬千軍。《與陳伯之書》是寫給陳伯之一人的，但在一千幾百載的流傳過程中，讀之、傳之、信之、贊之者，又何止千萬人？「言而無文，其行不遠」，言而無理呢，更是不能垂世誨人的！人們多認爲《與陳伯之書》以情勝；我則認爲，此文以理勝——只不過浸潤了更深綿的情思。

　　先讓我們順應着信函的程序，分析它闡發了哪些道理。「遲頓首，陳將軍足下：無恙，幸甚，幸甚！」這是稱謂與問候。面對叛國投敵者，以「將軍」稱之，無伐罪之態，有崇敬之意，這就擺出了一個準備說理的架勢，創造了一種說理的氛圍。從「將軍勇冠三軍」，至「沉迷猖獗，以至於此」爲第一個層次。這層內容有三：追述陳伯之往日功績，指責他的叛逃投敵，分析其過失因由。熱情地贊其過去，尖銳地斥其現在，冷靜地剖其原因，情感變化一波三折。在這變幻着的情感渲染之後，則是堅如磐石的人生信仰和內外因統一的思辨哲學。丘遲認爲：「立功立事，開國稱孤」即爲「壯」，而「奔亡之虜」，「股戰」、「屈膝」即爲「劣」。贊其壯，斥其劣，兩者對比，無疑在宣示着這樣一種道理：愛國榮耀，叛國可恥；做人，便要做愛國者。書信劈首就是這樣義正辭嚴、不可迴避的人生大課題，陳伯之讀之，怎能不深省而愧疚呢？至於剖析陳伯之叛國的主因、客因，當然是辯證的、公允的。這種分析不唯可以減輕陳伯之的精神壓力，也爲他的行爲自新指出了思想自新的途徑。極而言之，「不能內審諸己，外受流言」，也可以說總結了大多數人犯錯誤的教訓。從「聖朝赦罪責功」，至「悠悠爾心，亦何可言」爲第二個層次。這一層重點介紹了梁朝的寬大政策，通告了陳伯之親屬的近況，勉勵他解除疑慮。丘遲誇說梁朝統治者「推赤心於天下，安反側於萬物」、「屈法申恩，吞舟是漏」，當然有些言過其實。但誇說中也有眞理，那便是：「迷途知反，往哲是與；不遠而復，先典攸高。」所謂「迷途知反」、「不遠而復」，講的都是一個道理：錯不可免，改則可嘉。這個道理，是中國先哲們一貫倡導的。這種知錯改錯的精神，當然可上溯先秦典籍得到印證。人最大的偉力，不在力拔山、氣蓋世，而在改造自己、完善自己；多少英雄豪傑，都是從迷誤中清醒而發憤有爲的啊！丘遲針對陳伯之的疑慮，重申這一修身眞理，無疑有助於他的「迷途知反」。《與陳伯之書》有別於一般的書信文牘，被人筆祿口傳、備加推崇，顯然與它揭示了這能夠規範人生的眞理有關。自「今功臣名將」至「丘遲頓首」爲第三層次。這一層次包括三個自然段。第二自然段爲自然景物和歷史故事的穿揷，意在激發陳伯之故鄉之戀和故國之思。第一、三兩個自然段，前呼後應，從用人、外交、內政、前途等幾個方面分析了敵我形勢，再一次向陳伯之

發出回歸南朝的呼喚。這一層次，表面看並不重於闡發事理，實際上通過敵我對立，含蓄地在揭示着一個千古不移的真理：為國有功，功垂不朽；附敵有罪，罪在不赦。兩種選擇，兩種出路，何去何從，陳伯之確要細加籌謀了。同樣闡明愛國主義，第三層次與第一層次不同：第一層次重在分別「壯」與「劣」，還沒接觸愛國與叛國的下場之別；第三層次則重在言「功」與「罪」，已經明確指出了叛國的必受懲罰。文進一步，理深一層，面對歷史的判決，迷誤者再也不敢迷誤下去了！分析至此，我們再來探討陳伯之擁兵降梁的緣由，便可知曉：降順決非在顧戀「雜花生樹、羣鶯亂飛」的江南美景，而是心動於「迷途知反，往哲是與」的勸勉，決斷於「身送東市」「面縛西都」的前鑒。不接受丘遲書中的道理，陳伯之怎會不戰而降？當然，道理有大道理，也有小道理；小理關乎一人一事，大理關乎國家萬姓，二者分量是不同的。「事理不足關係天下國家之故，則雖有奇文與《左》、《史》、韓、歐陽並立無二，亦可無作」（魏禧《宗子發文集序》）。用這個標準衡量，《與陳伯之書》可稱是闡發修身治國大道理的文章。卽此一點，就遠勝那些囿於身邊瑣屑微理的機巧流麗之文。丘遲揮毫，陳伯之奉書，一寫一讀，表面看來是一種私人的信函交通；由於二者分屬兩個敵對的政治實體，所以這信函，也就有了外交文件的價值。在梁朝，為勸降，為策反；在北魏，則視為瓦解、離間的反宣傳。「攻心戰」勝利了，不打「攻堅戰」，梁軍就輕取壽陽；丘遲的功勞，是抵過上將軍的！顧炎武說，文須有益於天下，「有益於天下，有益於將來，多一篇多一篇之益」（《日知祿》）。讀《與陳伯之書》，更知此言不虛！

　　書信，是一種通過文字進行的談話。見字如晤，聲息可辨，故卽便說理，也是促膝談心式的。《與陳伯之書》說理的成功，很大程度也在於它能不居高臨下，不盛氣凌人，不拒人千里，不隔岸觀火。雖然陳伯之還是叛國者，但寫信人卻並不過多地在大義上責難他，而是體察他的苦衷，分析他的處境，解除他的疑惑，指出他的前途，以拳拳之忱，循循之誘，引他衝出思想的迷谷，而達生活的彼岸。如果說《與陳伯之書》浸透着深情的話，那麼這種情決不是溢於言表的直接抒情；對收信者的顧念、期待、勸慰、警戒、招喚，寄寓在更為蘊藉綿密的敍事剖理之中。發書人一片好心，引動收書人一片善意；二心相通，還有什麼道理不能講通？是外交信函，卻不耍弄騙人的外交詞令，這可說是《與陳伯之書》說理的特色之一。再者，該文還長於對比，以助說理。《與陳伯之書》是一篇駢文，駢者，二馬駢行也；稱駢文，卽取其長於對比。當然，駢文的對比，主要是指文句的對仗，平仄的對應；但這種形式的對比，又不能不促進着內容的對比。

縱觀全文，《與陳伯之書》可說是始於對比，終於對比，大處對比，小處亦比的。這種全方位、立體結構的對比，造成了利與害、正與誤、美與醜、進與退、敵與我、今與昔、事與理、情與景的鮮明映照，極形象地強化了作者的愛憎情感，亦使作者闡發的道理更加確切服人。「比較是醫治受騙的良藥」，古人也是深知此理的，爲了加強對比的效果，丘遲在書信中還注意把冷靜對比與熱情啓發相結合，不斷以反問句式，促進陳伯之的積極思考。「悠悠爾心，亦何可言？」「將軍魚游於沸鼎之中，燕巢於飛幕之上，不亦惑乎！」「將軍獨無情哉？」有聲的叩問，催動無聲的反思，陳伯之捧讀這樣的書信，一定要夜不能眠！《與陳伯之書》問世的時代，正是浮艷之風，吹彌文壇，趨末棄本，競諧聲律的時代。當此之時，丘遲能夠不事堆砌雕琢，着意於剖白事理、宣示大義，把文章寫得文、情、理並茂，確屬難得。

（田秉鍔）

三　　峽　　　　酈道元

　　自三峽七百里中①，兩岸連山，略無闕處②；重巖叠嶂③，隱天蔽日，自非亭午夜分，不見曦月④。

　　至於夏水襄陵，沿溯阻絕⑤。或王命急宣⑥，有時朝發白帝，暮到江陵⑦，其間千二百里，雖乘奔御風不以疾也⑧。

　　春多之時，則素湍綠潭，迴清倒影⑨。絕巘⑩多生怪柏，懸泉瀑布，飛漱其間⑪。清榮峻茂⑫，良多趣味⑬。

　　每至晴初霜旦⑭，林寒澗肅⑮，常有高猿長嘯，屬引淒異⑯，空谷傳響，哀轉久絕⑰。故漁者歌曰：「巴東三峽巫峽長⑱，猿鳴三聲淚沾裳⑲！」

【注釋】①自：這裏有「在」的意思。②闕：同「缺」。略無：沒有一點。③重：重重。嶂：像屛障一樣的高山。④自：這裏是「如果」的意思。曦（ㄒㄧ）：陽光，這裏指太陽。亭午：正午。夜分：半夜。⑤至於：文言助詞，承接上文，加以提示。襄：上。陵：山陵。沿：順流而下。溯：逆流而上。⑥或：有時。王

命：皇帝命令。　宣：傳達。　⑦白帝：城名，　今在四川省奉節鎮東邊的山上。江陵：　今湖北省江陵縣。　⑧奔：這裏指飛奔的馬。御：　駕御。　不以：不如。疾：快。雖：　卽使。⑨湍（ㄊㄨㄢ）：急流的水。素：白色。迴：迴旋。⑩絕：極高。巘（ㄧㄢˇ）：　山峰。　⑪懸泉：　從山崖上流下來的好像懸掛着的泉水（大的叫瀑布）。漱：沖蕩。⑫清榮峻茂：水清，樹榮，山高，草盛。⑬良：眞，實在。⑭晴初：初晴。霜旦：霜晨。⑮肅：寂靜。澗：山澗。⑯屬（ㄓㄨˇ）引：接連不斷。長嘯：放聲長叫。淒異：異常淒涼。⑰空谷：空蕩的山谷。　響：回聲。哀轉：悲哀婉轉。轉：同「囀」，聲音轉折。⑱巴東：郡名。現在四川省東部雲陽縣、奉節縣、巫山縣一帶（不是現在湖北省巴東縣），在三峽中最長。⑲三：這裏不是確數。沾：沾濕。裳：衣裳。

【鑑賞】《三峽》是酈道元《水經注》中的一段文字。這段文字儘管只有一百五十五個字，卻寫出了七百里的萬千氣象。山川草木，峽谷深澗，懸泉瀑布，急流綠潭，高猿怪石，古柏寒林，漁歌民謠……應有盡有，萬象森羅；春夏秋冬，各具風姿。字數不可不謂之少，容量又不可不謂之大，因此，它的結構也不可不謂之難。但作者寫來，卻是從容不迫，舒卷自如。

　　布局合情合理。百餘字，要窮三峽風光，盡四時景物，確非易事。作者先寫七百里山勢，再寫夏水暴漲，繼寫春多美景，後寫寒秋肅殺。這當中具有嚴密的邏輯性。劈頭落筆於山極爲自然。然而，此篇是《水經》「江水又東」後面的一段注，不能不大記其水。寫水，從哪兒寫起呢？作者沒有按四時先後一一寫來，而是先寫了夏水。這是自前段的「山」而來的，因爲，三峽的山不同尋常，不但多、連、高，而且峽間很窄。可想而知，江水通過這樣的峽谷必然比它處更急，更爲壯觀。所以，先寫最盛的夏水是順理成章的。那麼，寫了夏水，爲什麼不再依秋、冬、春的順序記述，而是先春多合寫，後獨記秋天呢？也正是因爲有「一水中流」。水漲總有水落時，一年四季，漲落有素。夏天江水暴漲，春多風平浪靜，秋天水枯空谷。由此可見，文章不顧節令次序，決不是亂寫一氣的；而是匠心獨遠，依水而記。這裏，水成了串連全文的一根紅線。爲「江水」作注，以「江水」爲脈，順流而下，入情入理。

　　節奏張弛有致。江水通過三峽，時而像一羣脫繮奔騰的野馬，時而如一批調皮搗蛋的小鹿，反映在文章上則是波瀾起伏，跌宕多姿。七百里山勢寫的是靜態，文氣平靜舒緩。突然，文氣劇變，夏水暴漲，寫江水的動勢，這一動，似異峰突起。洶湧澎湃的江水漫上了山陵，上下航道盡被阻斷隔絕。這裏，作者運用

欲揚先抑，先弛後張的手法，前後節奏，反差強烈，令讀者驚心動魄。旋卽，緊張的文氣急轉直下，變得輕鬆曉暢。作者向人們展示了一幅平靜中帶有微動的山水畫卷。雪白的激流，迴旋的清波，碧綠的深潭，奇異的倒影，絕巘的怪柏，飛漱江流的懸泉瀑布，五光十色。作者忍不住逕表情懷：「清榮峻茂，良多趣味。」令人耳愉目悅，心曠神怡。接着，文章在綠潭倒影中掀起了新的波瀾，寒林蕭澗裏傳來異常淒慘的猿啼。作者精心選用了「寒」、「蕭」、「淒」、「哀」等形容詞，準確地再現了蕭瑟之秋的景象，一掃上文的無限春光。文章的節奏氣氛轉爲沉重、弛緩、淒清、悲涼。特別是作結的漁歌，情眞意切，蕩氣迴腸。文章就是這樣一起一伏，曲盡其妙；一張一弛，扣人心弦。節奏感是如此的強烈，卻又決無任何人爲地製造節奏變化之嫌。

　　層次過渡自然。對於正確處理形散與神聚這對矛盾來說，層次間巧妙地進行過渡也是至關重要的。這種過渡往往借助一些關聯詞語來完成。短短的一篇文章寫了四個層次，作者僅用了五個字，就把全文天衣無縫地榫接在一起，足見功力之深。用「至於」二字，把大山暫擱一旁，將夏水自然尋出，由山勢躍進到水勢。一個「則」，於轉折中暗示對比，夏水巧妙地「流」至多春。用「每至」，推拓開去，自「多趣」之時暗引出蕭殺之秋。五個字用於三個不同的場合，成爲層次間的紐帶，極爲簡練精當。大層次之間是這樣，小層次之間也是如此。如用「或」引出「沿溯阻絕」下駕船急宣王命的情況。用「故」總束第四層，引出漁者歌謠。似三峽天然造就，如江水自然奔流。

　　言辭前後呼應。層次的關聯是值得稱道的，言辭的照應也是非常精釆的。繪山記水，莫不如此。以寫山爲例，文章第一層寫山，後三層寫水。寫水又各有側重。二層着重於水勢，三層於色彩，四層於音響。但是，這三層，層層有山，與篇首遙相呼應。二層沒有明寫山，但如前所說，「夏水襄陵」與山勢是息息相關的。三層的「絕巘」，旣是對第一層的照應，又是從陡峭這個側面對山勢的補充。「峻」更是對三峽山勢直接的、概括的描寫。四層中：「高猿」之高，含蓄而又傳神地回應了「重巖叠嶂，隱天蔽日」和「絕巘」。「空谷傳響，哀轉久絕」，無疑是源於「兩岸連山，略無闕處」。「澗肅」、「巫峽長」，更是與篇首一脈相承，珠聯璧合。前有舖墊，後必照應；後用重筆，必先埋伏。文章就這樣或明或暗，前呼後應，細針密線，點水不漏。由於作者在布局、節奏、過渡、照應等方面，精心謀劃，使文章的結構形散神聚，渾然一體，順暢地表達了作者的意圖，成爲千古流傳的著名篇什。

（陸志平）

孟 門 山

酈道元

　　河水南逕北屈縣故城西①，西四十里有風山②，風山西四十里，河南孟門山③，與龍門山相對④。《山海經》曰：「孟門之山，其上多金玉，其下多黃堊涅石。⑤」《淮南子》曰：「龍門未闢，呂梁未鑿⑥，河出孟門之上，大溢逆流，無有丘陵，名曰洪水。大禹疏通，謂之孟門。」故《穆天子傳》曰：「北發孟門九河之隥。⑦」孟門，即龍門之上口也。實爲河之巨阨⑧，兼孟門津之名矣⑨。

　　此石經始禹鑿⑩，河中漱廣⑪，夾岸崇深，傾崖返捍⑫，巨石臨危，若墜復倚⑬。古之人有言：「水非石鑿，而能入石。」信哉！其中水流交冲，素氣雲浮⑭，往來遙觀者，常若霧露沾人，窺深魄悸⑮。其水尙奔浪萬尋⑯，懸流千丈，渾洪贔怒⑰，鼓若山騰⑱，浚波頹壘⑲，迄於下口。方知愼子下龍門⑳，流浮竹，非駟馬之追也。

【注釋】①北屈縣：在今山西省吉縣北。②風山：在今山西省吉縣西北。③孟門山：在今山西省吉縣西北。④龍門山：在今山西省河津縣北。⑤黃堊（ㄜˋ）：黃色石灰質的土壤，可作塗料。涅石：一種黑色石。⑥呂梁：呂梁山，在今山西省西部地區，南與龍門山相接。⑦隥：同「磴」，險峻的山坡。⑧阨：即「阸」，阻塞的地勢。⑨孟門津：在今陝西省宜川縣東南。⑩經始：開始。⑪漱：冲擊。廣：開濶。⑫返：回冲。捍：搖動。⑬倚：依靠。⑭素氣：白氣。⑮窺：看。深：深處。魄：心魂。悸：驚動。⑯尋：古代八尺爲一尋。⑰渾洪：水勢浩大。贔（ㄅㄧˋ）怒：發怒。⑱鼓：鼓蕩。山騰：像山騰起。⑲浚（ㄐㄩㄣˋ）波：深大的波濤。頹壘：水勢平緩。⑳愼子：愼到，戰國時人，著有《愼子》一書。

【鑑賞】「白日依山盡，黃河入海流。」（王之渙）「大漠孤煙直，長河落日圓。」（王維）「黃河之水天上來，奔流到海不復回！」（李白）「西岳崢嶸何壯哉！黃河如絲天際來。黃河萬里觸山動，盤渦轂轉秦地雷。榮光休氣紛五彩，千年一淸聖人在。巨靈咆哮擘兩山，洪波噴流射東海。」（李白）「三萬里河東入海，五千仞

岳上摩天。」（陸游）這些唐宋詩人筆下的著名詩句，從不同側面描寫了我們中華民族的搖籃——黃河的形象。它們或者表現了黃河靜穆悠長的情韵，給人以空間的遼濶感和時間的永恒感，或者表現了黃河排山倒海的氣勢，一往無前的情神，滔滔不絕、浩浩蕩蕩的偉力。毫無疑問，這些詩句的藝術成就都是極高的。然而，早在公元六世紀初葉，就有一段精彩的文字描寫了黃河的形象，爲唐宋詩人描寫黃河提供了寶貴的藝術經驗。這就是酈道元≪水經注·河水≫孟門山下的一條注。在這段文字裏，作者多側面地描繪了河水咆哮闖龍門的壯觀景象，充分展示了黃河的美的獨特性和豐富性。這段文字由兩個部分組成。前一部分寫孟門山，後一部分寫黃河過孟門的壯觀景象。

　　在文章的前一部分裏，作者先兩用「頂眞」手法，準確而又清晰地交代了孟門山的地理位置。接着三引古籍，令人信服地介紹了孟門山的地質與孟門山的來歷。先引≪山海經≫，說明地質情況：「其上多金玉，其下多黃堊涅石。」再引≪淮南子≫，說明來歷：相傳當「龍門未闢，呂梁未鑿」的時候，在「河出孟門之上，大溢逆流，無有丘陵」的情況下，由「大禹疏通」而成。又引≪穆天子傳≫中「北發孟門九河之隥」的說法，印證≪淮南子≫的記載。最後，作者得出結論：「孟門，卽龍門之上口也。實爲河之巨阨，兼孟門津之名矣。」既然是「龍門之上口」、「河之巨阨」，那麼，奔瀉的河水突然受阻，必然更加憤怒，也就會格外壯觀。這裏，爲下文大寫河水做了舖墊，造成了先聲奪人之勢。

　　文章的後一部分分三個層次來寫。「此石經始禹鑿，河中漱廣，夾岸崇深，傾崖返捍，巨石臨危，若墜復倚。古之人有言：『水非石鑿，而能入石。』信哉！」這是第一個層次，作者以夾岸山勢的描寫起頭，用滴水穿石的道理作結，從而說明了這夾岸山石的奇特的形狀，正是由於黃河水流的冲擊形成的。作者落筆於山，而意歸於水。我們從這裏似乎看到了河水與孟門山搏擊的形象。自從大禹鑿通孟門，爲黃河的前進開闢了道路以後，黃河日復一日、年復一年地冲擊、洗刷着孟門。幾千年過去了，黃河不僅使自己河身日益增寬，而且竟然把兩岸掏空了。那巨大的山石凌空欲墜，卻又依山靠壁，並不掉下來，實在是天下奇觀。作者面對此山此水，不禁聯想起≪漢書≫中關於「泰山之溜穿石」的說法，對「水非石鑿，而能入石」的道理，有了更深切的體會。黃河與孟門山搏擊的形象是一個勇猛的戰士的壯美的形象。在這個形象的身上，集中體現了黃河無窮無盡的無堅不摧的偉力，和勇往直前、百折不回的靭勁。「其中水流交冲，素氣雲浮，往來遙觀者，常若霧露沾人，窺深魄悸。」這是第二個層次，作者描寫遠望黃河急流撞擊濺起的白色霧氣，就像行雲一樣浮動，揭示了黃河柔美的一面。同時，

這裏也形象地告訴人們：黃河水的無堅不摧的力，恰恰是由運動着的一點一滴的柔水滙集而成的合力。第三層正面描寫黃河波濤汹湧過孟門的壯美景象，這是全文的重點。「奔浪萬尋，懸流千丈」，這是寫水流的速度和氣勢。由於孟門山口河道的水位差而形成了急浪奔瀉、無比迅疾的速度，和從天而降、排山倒海的氣勢。河水猶如一羣受驚脫韁的野馬，又如一注飛流直下的瀑布。「渾洪贔怒」，這是寫水流的聲響。奔湧的河水發出震耳欲聾的巨響，像發怒狂吼的猛獸，呼嘯向前。「鼓若山騰，浚波頹疊」，這是河水的形體。水勢鼓蕩，好似羣山騰湧；波濤疊起，一浪趕一浪。滔滔大河呈現出一種前進的動勢，一種大起大落的曲線美。這裏，場面壯濶，氣魄雄偉。作者身臨其境，對古書中的記載有了更眞切的理解：「方知愼子下龍門，流浮竹，非駟馬之追也。」戰國時愼到所著的《愼子》中說：「河之下龍門，其流駛如竹箭，駟馬追弗能及。」對黃河水過孟門時的迅雷不及掩耳般的速度，驚嘆不已。在這後一部分裏，作者先以石寫水，再由古語「水非石鑿，而能入石」，揭示了奇山的由來，進而過渡到直接寫水。直接寫水，又從遠望水流撞擊濺出的浪花寫起，再由「窺深悸怵」，引出一幅驚心動魄的圖畫。一層接一層，承轉自如；一層進一層，層層翻進，最後推出文章最精彩的段落。而讀者驚嘆未已，文章卻又戛然而止。這就把黃河最光彩照人的形象，深深地印在讀者的腦海裏，取得了最佳的藝術效果，堪稱全文的一個豹尾。

美學家告訴我們：無機自然物並不都美，只有以突出的個別的光色形聲現象，充分地體現了現象種類普遍性的才美。也就是說，只有具有光芒、色彩、形狀、聲響之美的事物，以它突出的個性充分地體現了共性的時候，它才是美的。酈道元之所以面對「咆哮萬里觸龍門」（李白）的河水贊嘆不已，就是因為這段河水是美的。這段河水的美，首先，在於它美的獨特性。它固然呈現出與江水海水不同的風貌，同時，這段山水也是大河上下一萬二千里最為壯觀的一段。正如有人論述到酈道元的這段文字時所說：「黃河經過龍門，正是最奇險之處，寫來驚心動魄。「（劉大杰《中國文學發展史》）最奇險的山勢產生了最壯觀的水，它集中地體現了黃河的精神、性格、氣魄和風彩。其次，在於它美的豐富性。它不但具有內在無窮無盡的偉力，具有百折不回的靭勁，而且具有外在的色彩之美、聲響之美和形體之美，給人以雄偉壯濶的美感，但有時它又呈現出溫柔和細膩。再次，在於它美的流逝性。水流在不同地段，從上口到下口，又具有「奔浪萬尋」與「浚波頹疊」的變化。

酈道元具有很高的文學修養，又曾親到黃河流域考察，因此，對黃河形象的描寫非常眞切。描寫的眞切首先表現在，作者為表現孟門山口黃河之水的美設置

了一個獨特而又眞實的環境。文章不急於正面表現黃河水流過孟門的形象，而是
先從山寫起，遠舖近墊，漸漸逼近，充分描寫了孟門山的奇特險要的地形山勢，
這樣，奔騰澎湃的黃河形象在最後出現，就顯得格外自然和眞實。本文描寫的眞
切還表現在，作者用詞造句很講究形象性。比如：用「傾崖返捍」，寫水勢汹湧冲
擊山崖；　用「若墜復倚」，寫巨石凌空欲墜不墜；用「素氣雲浮」，寫水流撞擊濺
起的水珠霧氣；用「魄悸」形容緊張的心理；用「渾洪」摹狀河水的聲響；用「
山騰」比喩波浪起伏。如此等等，無不形象、妥帖。作者用詞造句還很注意語言
的節奏感。文章前一部分記山用參差不齊的句式，文章的節奏顯得比較舒緩。從
「此石經始禹鑿」開始，文章句式以四字句爲主，比較整齊，節奏開始加快。到
「其水尙奔浪萬尋，懸流千丈，渾洪贔怒，鼓若山騰，浚波頹壘，迄於下口。」
密集型的四字句式，節調鏗鏘，語氣急迫，有如駿馬注坡，與滾滾向前排山到海
的水勢相適應，使人讀其文，如見其水。最後，以「方知愼子下龍門，流浮竹，
非駟馬之追也」，一個判斷長句，穩穩地將全文收住，可謂水到而渠成。此外，
作者五次徵引古籍，也增加了文章的眞實性和可信性。黃河是壯美的，酈道元筆
下的黃河更富有藝術的魅力。這正是藝術的力量。怎樣表現自然美，使之成爲藝
術的美，《水經注》給我們許多寶貴的啓示。難怪蘇軾在《寄周安孺茶詩》中這
樣說：「嗟我樂何深，水經也屢讀。」

　　　　　　　　　　　　　　　　　　　　　　　　　　　　　（陸志平）

與朱元思書　　　吳　均

　　風烟俱淨，天山共色，從流飄蕩，任意東西。自富陽①至桐廬②
一百許里③，奇山異水，天下獨絕，水皆縹④碧，千丈見底。游魚細
石，直視無礙。急湍甚箭⑤。猛浪若奔，夾岸高山，皆生寒樹。負勢
競上，互相軒邈⑥，爭高直指，千百成峰，泉水激石，泠泠⑦作響。
好鳥相鳴，嚶嚶成韻。蟬則千轉⑧不窮，猿則百叫無絕。鳶飛戾天⑨
者，望峰息心⑩；經綸⑪世務者，窺谷忘反⑫。橫柯上蔽⑬，在晝猶
昏；疏條交映，有時見日。

【注釋】①富陽：在今浙江省富春江下游。②桐廬：今浙江省桐廬縣，也在富春江邊。③許：表示不定、大概。④縹：淡青色。⑤急湍（ㄊㄨㄢ）：急流。甚箭：甚於箭，比箭還快。⑥軒邈：軒，高。邈，遠。在這裏都作動詞用，指競相伸展，互比高遠。⑦泠泠（ㄌㄧㄥ）：形容水聲。⑧轉：通「囀」，鳴叫。⑨鳶（ㄩㄢ）：卽鷂鷹。戾（ㄌㄧ）天：高飛入天。⑩急心：死了心。指競仕者死了競進之心。⑪經綸：經營、奔走。⑫反：通「返」。⑬柯：樹枝。

【鑑賞】《與朱元思書》是南北朝時梁代文學家吳均寫給朋友的書信。現在所看到的已不是當時的完整形式，然而由於它以鮮明生動的筆觸描繪了富春江秀美的自然風光，歷來被當作獨立成篇的山水佳作來欣賞。

　　《與朱元思書》從行船游江的實感出發，著力刻畫富春江的山山水水，抒發了作者對政治的失意厭倦和企圖寄情山水的思想情緒。全文可分三層：

　　第一層從「風烟俱淨」至「天下獨絕」，總攬勝景，啓發下文。作者十分善於發端，「風烟俱淨，天山共色」頭八個字就勾勒出這幅山水畫卷的整個形勢氣象，使人覺得天光山色宛然在目。他在富江下游離岸登舟，展眼眺望，視野深遠，首先看到的是清秋季節的廣闊景象。只見天高氣爽，向遠處伸延的連綿羣山愈來愈遠，愈遠愈小，山色亦隨之愈遠愈淡；湛藍的天空則愈遠愈低，漸漸地一直望到山之盡頭，天之盡頭，天山終於融合爲一。作者這裏不是單以天來襯山，或是單以山來襯天，而是讓天與山互相烘托，互相陪襯，從整體上再現了美景。接著，作者輕輕點出自己是乘輿游江，賞玩風景，故任憑小舟隨意漂蕩，全不在意。這裏語似平常卻明顯地流露出作者輕鬆愉快的心情，含有很強的抒情意味。雖說作者「從流漂蕩」然而並非毫無目的，他不想停留在某個固定點來觀賞風景，而是想領著讀者沿著蜿蜒百里的江水去探尋青山綠水的踪跡。「自富陽至桐廬，一百里許」，不僅點明了去向和路程，而且暗寓著這次游程在空間和時間上的伸延和推移，使得作者所要描畫的景色顯得十分廣闊而又富有縱深變化，這也爲下文的進一步展開埋下了伏筆。

　　第二層從「水皆縹碧」至「猛浪若奔」，盡力描寫富春江的不同形態，說明水之「異」。首先描寫江水的清碧和深邃，顯示水的靜態，接著，筆鋒微轉，開始描寫水中的游魚和細石，畫出水底魚動石靜的生動情景。先寫水靜，是因爲唯有水清水靜，才能知道水深，也才能看到「游魚細石」。次寫有動有靜，動靜結合，是一個轉折，但仍在寫水上用力。寫魚寫石，彷彿是順手拈來，實際上卻甚有深意。作者對於水之「異」，不是作空洞抽象的讚美，而是通過具體事物，用靜止的

和活動的畫面交互映襯來表現，因此顯得格外有力。寫到這時，筆鋒突然又一轉，恰似金鼓齊鳴，平靜的江水剎那間呈現出另一種情景——迅急洶湧，奔騰激盪，如急箭離弦，駿馬狂馳。這與剛才所見到的江水，形成一個鮮明的對照。通過這個對照，不僅反映了江水的動靜變化，補足了富春江水的特色。從寫作技巧上講，這樣寫能顯示出作者感情色彩的變化，場面氣氛的變化和文章節奏的變化。在這一層中，意凡三轉，愈轉愈奇，淋漓盡致地展示了江水的千姿百態，可謂妙筆生花。

第三層從「夾岸高山」至「有時見日」，描繪兩岸羣山和山中景物，極力突出一個「奇」字。舟行江上，兩岸高山夾道迎送，眼見得山形挺秀奇崛，隨著遠近正側的位置不同而變化多端。作者運用神奇的想象力，巧妙地將羣山的靜態美轉化成為動態美。試看「負勢競上，互相軒邈，爭高直指，千百成峰」，不僅寫出了山峰的形貌，而且賦予生命活力，使它們顯得生龍活虎。同時，作者尤能繪聲繪色，把山中描寫成美妙的音樂世界。在那裏，清泉的吟唱，好鳥的歡歌，知了的鳴叫，猿猴的啼鳴，交織成優美的山林交響曲。作者觸景生情，自然生出了許多感慨：「鳶飛戾天者，望峰息心；經綸世務者，窺谷忘反。」這些感慨用大自然的幽靜安閑和世俗社會的喧鬧繁雜作對比，含蓄地否定了世俗社會，表達了對大自然的嚮往。作者舖寫山中的各種聲音，表面上看來熱鬧異常，其實卻是以鬧寫靜，顯示出山深無人的幽靜。他的感慨表面上看來是宕開的一筆，其實卻決非等閑之語，而是說明了大自然對人潛移默化的教育作用。前面對山水景物精妙之處的描寫早為這裏的虛寫作好了舖墊，這裏的虛寫又進一步突出了前面所寫的山水之美。文章實中有虛，虛中見實，相得益彰。

文章結尾一段又悄然回到寫景上，補寫日光明暗的林中景致，以景結情，讓人回味不盡。

此文寥寥一百四十多字，青山綠水無不形於筆底，稱得上是「尺幅千里」。它的藝術特點主要是：

一、角度多變，手法豐富。作者善於在統一和諧的基調上，調用多種藝術手法從多種角度來精細地刻畫景物，使形象生動豐滿，立體感尤強。首先作者能從空間上的位置不同，從形態上的動靜不同，或從聽覺上的音響不同和視覺上的色彩不同來觀察和把握事物的各種特徵，從而使筆下的山水顯得物態紛紜。水一般呈動態，作者就既不放過寫其動態之美，又精心刻畫其靜態之美。山巒主要呈靜態，作者就別出心裁地描繪其動態，使人覺得耳目一新。羣山「負勢競上」、「爭高直指」等活生生的立體形象正是靠作者不斷地變換視角，體物細緻深入才得到

的。這正叫做「橫看成嶺側成峰，遠近高低各不同」（蘇軾≪題西林壁≫）。其次對不同的對象能靈活採用不同的筆法，善於找出其共同點和不同點，描形摹狀，曲盡其態。如對江水的具體描寫看，「水皆縹碧」，是用白描手法畫出江水青碧的顏色；「千丈見底」，是誇張地描寫水的深邃澄淨；「游魚細石」，一方面是利用動靜作對比，另一方面則是對江水澄淨的進一步烘托；而「猛浪若奔」，「急湍甚箭」，是運用了比喻手法。在短短幾句話中就含有多種藝術描寫手法，並且幾乎是句句翻新。從全文看，作者的對比手法尤其用得出色。他不僅將此水與彼水、此山與彼山作對比，還能將水與山作對比，技巧的高超真令人驚嘆。

二、筆法空靈，構思精妙。這個藝術特點是完全與作者自由自在的情緒相呼應的。作者既然是隨興而游，文章亦自然是隨興而發，興到筆隨。自然之山水與任真之心靈互相映照，互相溝通。故真情所在，筆似游龍，全似漫不經心，卻自合於天籟。明白了這一點，就容易理解文章的開頭和結尾顯得不拘成法的原因。開頭「風烟俱淨，天山共色」兩句，彷彿是猛然間看到半空有一朵彩雲，不知它從何而來，又向何處而去，顯得十分瀟灑從容，格調超邁，真是出手不凡！結尾時，本來在作者的感慨之後似乎已是文足意盡，可以擱筆，但是最後幾句意外跌出，似斷非斷，更叫人吃驚。其實，這裏也正是作者用筆精心之處。在顯得峭拔急促的文句之後，用平穩的四言句式以寫景收尾，起到了緩和文勢的作用。而結句以不斷斷之，便又給讀者留下無限想像餘地。這些足見此文的空靈奇崛。然而，作者行筆放縱，任意揮灑，但又並非毫無章法。在任意揮灑的後面，作者對時空的取捨，材料的選擇和結構的安排都是服從於自己特定審美需要的，文章的構思十分巧妙周到。譬如作者在第一層中以「奇山異水，天下獨絕」作為自己對富春江風光的高度概括和由衷贊嘆，並作為「文眼」統照全篇，後面的全部文字就都是由此生出。又如此文從頭至尾都沒有直接寫到「人」，但讀來卻使我們感到景中有人，景中有情，作者的感情和作者的評價無處不在，並自然而然地感染和影響着讀者。

三、清新流暢，精於鑄煉。作者所處的時代駢文盛行。這篇文章雖然運用駢文寫成，卻沒有一般駢文的弊病。首先，文字既千錘百鍊，又生動曉暢。如用「奇」和「異」總括富春江山水特色；用「箭」和「奔」來比喻水流之迅急；用「競」和「爭」來形容山峰相互依恃，爭先恐後向上崛起的形狀，字字動人，頗見功力。其次，句式整齊而有變化。文中多用四言，間以六言，並時加一些虛詞，使語意轉折靈活，流走自如，既有詞句的自然勻稱，又有疏宕諧婉的節奏，讀來頗有韻致。

（費君清）

陶淵明集序　　　　　　　　　蕭　統

　　夫自衒自媒者①，士女之醜行；不忮不求者②，明達之用心。是以聖人韜光③，賢人遁世④，其故何也？含德之至⑤，莫逾於道；親己之切⑥，無重於身。故道存而身安⑦，道亡而身害。處百齡之內⑧，居一世之中⑨，倏忽比之白駒⑩，寄寓謂之逆旅⑪；宜乎與大塊而盈虛⑫，隨中和而任放⑬，豈能戚戚勞於憂畏⑭，汲汲役於人間⑮。齊謳趙舞之娛⑯，八珍九鼎之食⑰，結駟連騎之榮⑱，侈袂執圭之貴⑲，樂則樂矣，憂亦隨之。何倚伏之難量⑳，亦慶弔之相及。智者賢人，居之甚履薄冰㉑；愚夫貪士，競之若泄尾閭㉒。玉之在山，以見珍而終破；蘭之生谷，雖無人而自芳。故莊周垂釣於濠㉓，伯成躬耕於野㉔，或貨海東之藥草，或紡江南之落毛㉕。譬彼鵷雛㉖，豈競鳶鴟之肉；猶斯雜縣，寧勞文仲之牲㉗！至於子常、甯喜之倫㉘，蘇秦、衞鞅之匹㉙，死之而不疑，甘之而不悔。主父偃言㉚：「生不五鼎食，死即五鼎烹。」卒如其言，豈不痛哉！又楚子觀周，受折於孫滿㉛；霍侯驂乘，禍起於負芒㉜，饕餮之徒㉝，其流甚衆。唐堯四流之主，而有汾陽之心㉞，子晉天下之儲，而有洛濱之志㉟。輕之若脫屣㊱，視之若鴻毛，而況於他乎？是以至人達士，因此晦迹，或懷釐而謁帝㊲，或披裘而負薪㊳，鼓楫清潭㊴，棄機漢曲，情不在於衆事，寄衆事以忘情者也。

　　有疑陶淵明詩，篇篇有酒；吾觀其意不在酒，亦寄酒爲迹者也。其文章不羣，辭采精拔；跌宕昭彰，獨超衆類；抑揚爽朗，莫之與京㊵。橫素波而傍流，干青雲而直上。語時事則指而可想，論懷抱則曠而且眞。加以貞志不休，安道苦節，不以躬耕爲恥，不以無財爲病，自非大賢篤志，與道污隆㊶，孰能如此者乎？余愛嗜其文，不能釋手，尚想其德，恨不同時，故加搜求，粗爲區目。白璧微瑕者，惟在

《閑情》一賦。揚雄所謂勸百而諷一者，卒無諷諫，何必搖其筆端，惜哉，亡是可也㊷。並粗點定其傳，編之於錄。嘗謂有能讀淵明之文者，馳競之情遣㊸，鄙吝之意袪㊹，貪夫可以廉，㊺懦夫可以立，豈止仁義可蹈㊻，抑乃爵祿可辭，不勞復傍游泰華，遠求柱史㊼，此亦有助於風教也㊽。

【注釋】①自衒（ㄒㄩㄢˋ）自媒：自我表現以求榮華。②不忮（ㄓˋ）不求：語出《詩經‧邶風‧雄雉》，不忌刻，不貪求。③韜光：收斂光芒。④遁世：隱居。⑤含德：懷德。至：最高境界。⑥親：愛惜。切：切要。⑦安：安穩。⑧百齡：百歲，指人的一生。⑨居：生活。⑩白駒：日影。⑪逆旅：旅館。⑫大塊：天地自然。盈虛：變化。⑬中和：節奏，規律。任放：放任，自適。⑭憂畏：擔憂。⑮汲汲：急忙。役：奔走。⑯齊謳：齊國的樂調。趙舞：趙國的舞女。。⑰八珍：八種珍味。鼎：古器物，三腳兩耳。⑱駟：四匹馬拉的車子。⑲侈袟：禮服名。執：拿，握。圭：璧。⑳倚伏：語出《老子》：「禍兮，福之所倚；福兮，禍之所伏。」㉑履薄冰：比喻面臨極危險境地。語見《詩經‧小雅‧小旻》：戰戰兢兢，如臨深淵，如履薄冰。」㉒尾閭：海底泄水之處。㉓莊周垂釣於濠：語出《莊子‧秋水》，「莊子釣於濮水，楚王使大夫二人往先焉，曰『願以境內累矣！』莊子持竿不顧。」㉔伯成躬耕於野：語出《莊子‧天地》，「堯治天下，伯成子高立為諸侯。堯授舜，舜受禹，伯成子高辭為諸侯而耕。禹往見之，則耕在野，」㉕貨海東之藥草：語出《高士傳‧安期生傳》，安期生賣藥海邊。江南之落毛：語出《高士傳》，「老萊子者，楚人也。當時世亂，逃世耕於蒙山之陽，……曰『『鳥獸之毛可績而衣，其遺粒足食也。』」㉖鴳雛：鳳類。㉗雜縣：海鳥名，即爰居。文仲：臧文仲。㉘子常：楚國令尹囊瓦子常。宰喜：春秋衛國人。均為貪財狡詐之輩。儔：等輩，類。㉙蘇秦：戰國時縱橫家。衛鞅：即商鞅。本為衛公子，故稱。㉚主父偃：漢臨淄人，善揭人陰私。㉛楚子觀周：語出《左傳‧宣公三年》，周定王派王孫滿勞楚子，楚子問周鼎之大小，意謂有圖謀之意。㉜霍侯：漢霍光。漢宣帝始立，霍光從驂乘，宣帝懼，如芒刺背。霍光死，宣帝誅其宗族。驂乘：坐在車子右面作保箙。㉝饕餮（ㄊㄠ ㄊㄧㄝˋ）：貪獸。㉞唐堯：語見《莊子‧逍遙游》，堯治天下之民，平海內之政，往見四子（王倪、齧缺、被衣、許由）藐姑射之山、汾水之陽，窅然喪其天下焉。」㉟子晉：語見《列仙傳》，「王子喬者，周靈王太子晉也。……游伊洛之間，道士浮丘公接以上嵩高山，三

十餘年。」儲：儲君，太子。㊱屐：鞋。脫屐：比喩事情易辦。㊲釐（ㄒㄧ）：通「禧」，福。帝：指堯。㊳披裘：見《高士傳·披裘》，「披裘公者，吳人也，延陵季子出游，見道中有遺金，顧披裘公曰：『取彼金。』公投鐮瞋目，拂手而言曰：『何子處之高而視人之卑，五月披裘而負薪，豈取金者哉！』」㊴鼓楫（ㄐㄧㄝˊ）清潭：語見《楚辭·漁父》。鼓：拍打。楫：槳。㊵京：高丘。此指高。㊶污：衰。隆：盛。㊷亡：通「無」。㊸馳競：奔走競爭。㊸祛（ㄑㄩ）：摒除。㊺貪夫：語出《孟子·盡心》，「故聞伯夷之風者，頑夫廉，懦夫有立志。」㊻蹈：實踐。㊼柱史：柱下史。老子曾任此職。這裏代指老子。㊽風敎：敎化。

【鑑賞】 這篇序言分兩大部分。第一部分贊揚自古有道之士能够避世全身。文章以議論開頭。首先舉出兩種截然相反的立身處世態度，一種是「自銜自媒」，即自己表現自己，以求進身榮顯，像女子誇耀美貌自媒婚姻一樣；另一種是「不忮不求」，即不嫉妒，不貪求，不去鑽營富貴。作者認爲前者是「士女之醜行」，而後者是「明達之用心」。這個起筆十分警拔，辭分賓主，兩相對照，以「士女之醜行」來襯托「明達之用心」，從而頌揚了「不忮不求」的高尙品德，爲文章定下了基調。接着說聖賢「韜光」「遁世」，其原因是他們守「道」愛身。所以，「道存而身安，道亡而身害」。這突出強調了守「道」對於避禍遠害的重要性。隨後，作者發表他對人生的看法，認爲人生百年，光陰迅速，在世像暫住旅館一樣，所以應該順着自然變化，隨着天地的規律而縱任不拘，怎麼能戚戚於憂讒畏譏，急急忙忙地在社會上奔走以追求富貴呢？這些話從消極方面進一步論證了立身處世應合乎「道」，再次肯定了「韜光」「遁世」的行爲，並與起筆稱頌明達之士的「不忮不求」相照應。在直接肯定「韜光」「遁世」之後，文章又從另一面落墨，談到那些奔走鑽營之徒，「齊謳趙舞之娛，八珍九鼎之食，結駟連騎之榮，侈袂執圭之貴」，這些榮華富貴，他們一旦獲得，論快樂是的確快樂的了，然而憂患也隨之而來。文章用欲抑先揚的筆法，強調了追求富貴的害處。這當然也就是從反面說明了「韜光」「遁世」的好處，並與上文「道亡而身害」的話相照應。至此，作者深有感觸地寫道：「何倚伏之難量，亦慶弔之相及。智者賢人，居之甚履薄冰；愚夫貪士，競之若泄尾閭。」文章從道家「禍福相因，吉凶倚伏」的思想出發，申述了追求富貴的害處，並對智者賢人能够認清富貴的危險表示贊賞，而對愚夫貪士追求富貴深致慨嘆。在慨嘆之餘，作者又以比喻來說明問題：「玉之在山，以見珍而終破；蘭之生谷，雖無人而自芳」，這兩個比喻說明智能之士，如被當世者重用，致身榮顯，到頭來終會遭殃；相反的，如能「韜光」

「遁世」，不求富貴榮華，就可以全身，表現出高尚的品德情操。這幾句的意思雖然仍是上文所講道理的再次申述，但是因爲用了形象化的借喻，而不是直說，所以讀起來覺得意味雋永。文章在反復進行理論闡發之後，繼之以舉例。先舉正面的，以莊子、伯成、安期生、老萊子的事迹和鷄雛、雜縣的典故證明自古明達之士，就是「韜光」「遁世」的，再次回應上文的「道存而身安」。接著舉反面的，以子常、甯喜、蘇秦、衛鞅、主父偃以及楚子、霍侯的行事，證明貪圖富貴榮華終會遭禍，並再次與上文「道亡而身害」相照應。經過正反兩方面事例的對照，文章理明辭暢地以唐堯和子晉的事例來歸結上文，說明古之聖賢，對帝王之尊尚且「輕之若脫屣，視之若鴻毛」，何況其它呢？這就對「韜光」「遁世」作了最大的肯定，同時也是對明達之士「不恡不求」的最大頌揚。然而，身要有所托，「道」要有所寄，因此文章接著舉出了一些「至人達士」的「晦迹」之舉；他們有的「懷寶而謁帝」，有的「披裘而負薪」，「鼓枻清潭」，有的「棄機漢曲」。文章指出，他們的用心不在於做這些事，而是寄身於這些事以達到忘懷一切罷了。這就爲下文論陶淵明的飲酒賦詩作好了鋪墊，在結構上也起了承上啓下的橋梁作用。

　　第二部分評論陶淵明的詩文和人品。先從一般人對陶詩的一個疑點說起，即陶淵明的詩「篇篇有酒」，這是爲什麼呢？作者說：「吾觀其意不在酒，亦寄酒爲迹者也。」就是說陶淵明的嗜酒，以致於其詩「篇篇有酒」，也是一種寄托。這個看法非常深刻，眞正透過現象，看到了實質，比一般人的眼光高出萬萬。這裏用個「亦」字，牽一髮而動全身，使第一部分的論述，全都發揮爲評論陶淵明服務的作用，眞是筆力千鈞。接著評道：「其文章不羣，辭采精拔；跌宕昭彰，獨超衆類；抑揚爽朗，莫之與京。」這不但指出了陶淵明作品在語言、氣勢、結構等方面的特點，而且連用「不羣」「精拔」「獨超衆類」「莫之與京」等詞語作了極高的評價，認爲在當時簡直到了超羣絕倫的地步。在文學史上對陶淵明作品作這樣的高度評價，還是第一次。繼而，文章又以形象的語言，概括了陶淵明作品的整個風格：「橫素波而傍流，干靑雲而直上。」這使人對陶淵明作品的樸素俊茂、高雅勁拔，產生豐富的聯想，有含茹不盡之妙。最後著重談陶淵明作品的內容：「語時事則指而可想，論懷抱則曠而且眞。」這個評語確有見地，後來歷代評論家都有過類似的說法。不過，要論文，就必須「知人論世」。因此，文章進一步談到陶淵明在那樣的時代「貞志不休，安道苦節，不以躬耕爲恥，不以無財爲病，自非大賢篤志，與道汚隆，孰能如此者乎？」這些話對陶淵明的人品也作了很高的評價。在作者看來，正因爲陶淵明有這樣的人品，所以才寫出了這樣的詩文。

這種聯繫作者處境和人品來看作品的評論方法，無疑是正確的。至於對陶淵明人品的評論，強調其「安道」「與道汙隆」，跟第一部分關於「道」的議論相呼應，這說明：作者認爲陶淵明作品的思想核心就是「安道」。

最後談到他爲陶淵明編集作傳之由，說明他熱愛陶淵明的作品，並且仰慕陶淵明的品德。不過，作者認爲陶淵明寫了一篇《閑情賦》，是「白璧微瑕」，因爲這篇賦「勸百而諷一」，「卒無諷諫」。這是從維護封建禮教的立場來批評陶淵明的。至於其它作品的社會效果，作者認爲是「有助於風教」的。文章至此結尾，點明了他爲陶淵明編集作傳的根本目的在於敎化人民。

這篇序文評論陶淵明的詩文和人品，處處突出「道」字。那麼，陶淵明遵循的「道」是什麼呢？我們認爲，陶淵明是受儒、道兩家思想影響的人物。他歸隱田園的指導思想，旣有儒家「邦無道則隱」「獨善其身」「安貧樂道」的一面，又有道家崇尚自然、委運任化的一面。這從他的詩文中可以看出。如他在《歸去來兮辭》的序中談到歸隱的原因時說「質性自然，非矯厲所得」；在這首辭的結穴處說：「聊乘化以歸盡」。這對於他的歸隱受到道家思想的影響，說得很清楚。他在《歸園田居》第一首結尾處說：「久在樊籠裏，復得返自然。」強調了隱居生活的樂趣在於復返「自然」。還有，他的最有名的作品《桃花源記》及詩，雖不是老子社會理想的簡單複製，但也受到老子的巨大影響。這些都是事實。不過，正如魯迅先生指出過的：「除論客所佩服的 『悠悠見南山』之外，也還有『精衛銜微木，將以塡滄海。刑天舞干戚，猛志固常在』之類的金剛怒目式」）見《題未定草》）。歷來有不少人指出陶淵明關心劉裕的北伐；他對劉宋代晉心靈深處激起過巨大的波瀾。他對當時汙濁社會的厭惡，更是清楚地反映在詩文之中。所以，陶淵明並沒有忘記政治現實，也沒有完全擺脫儒家封建倫理道德觀念和名教的覊絆。可以說，陶淵明所遵循的「道」，是儒家之「道」與道家之「道」的綜合。當然，在他後期思想中，哪一家占優勢，還是值得探討的。至於蕭統在寫這篇序文時對於陶淵明之「道」的理解，就全文來看，旣包括「遁世」、全身、「任放」以至於「忘情」的一面，也包括「貞志」「苦節」和「有助於風教」的一面。這當然也是儒道兩家之「道」的綜合。不過，蕭統最後落脚到「有助於風教」上去，這顯然是站在儒家立場上的見解。這與作者那「太子」的社會地位是分不開的。在我們今天看來，作者對「遁世」、全身等等的稱頌固然是消極的，就是對「貞志」「苦節」和「有助於風教」的贊揚，其封建性也是很明顯的。不過，在南北朝時期政治腐敗、文人鑽營富貴、寡廉鮮恥的情況下，作者贊揚陶淵明的不汲汲於富貴名利，潔身自好，還是可取的。尤其是他稱贊陶淵明「不以躬耕爲恥」，

把親自參加勞動納入「安道」的範疇加以歌頌，這在當時是難能可貴的。序文中對於陶淵明詩文的評價，大大提高了陶淵明在文學史上的地位，而且對其後歷代文學批評家評論陶淵明都有影響。在今天，文中所說的「其意不在酒，亦寄酒爲迹」，「語時事則指而可想，論懷抱則曠而且眞」等等，對我們評價陶淵明仍有參考價值。

這篇序在寫法上也是很有特色的。第一部分約占全文篇幅的三分之二，無一語談到陶淵明，卻處處在寫陶淵明。第二部分關合上文。渾然一體。由於第一部分層層闡述，因此第二部分談到有關問題，一點卽通，辭約理明，且令讀者有會心之趣。在語言上，這篇序具有駢文的特點，重視對偶和用典，體現出南北朝時期的文風。該文還有自己的語言風格，能在對偶中求句法的變化。如以四言、六言爲主，間以五言、七言；句中以兩字一頓爲主，間以一字頓和三字頓；而字數相同、停頓一樣的句子，其重叠多寡，又注意變動穿插。因此，句式整齊而又錯落有致，節奏和諧而又變化多樣，很好地表現出作者情緒的起伏和語氣的轉換，絕無駢文常見的句式呆板、文氣滯塞之弊。在用典上，本文也能做到以意運事，而無堆垛之病，因此收到典多意明之效。這對於我們今天借鑑駢文的語言藝術，如何取長舍短，也是有啓發作用的。

（陳玉麟　蘇來琪）

《洛陽伽藍記》三則　　　楊衒之

景　林　寺

景林寺，在開陽門內御道東①講殿叠起，房廡連屬②，丹檻炫日，繡桷迎風③，實爲胜地④。

寺西有園，多饒奇果，春鳥秋蟬，鳴聲相續。中有禪房一所⑤，內置祇洹精舍⑥，形制雖小，巧構難加⑦。禪閣虛靜⑧，隱室凝邃⑨。嘉樹夾牖⑩，芳杜匝階⑪。雖云朝市⑫，想同巖谷。靜行之僧，繩坐其內，餐風服道，結跏數息⑬。

有石銘一所⑭，國子博士盧白頭爲其文⑮。白頭，一字景裕，范

陽人也⑯。性愛恬靜，丘園放遨⑰。學極六經⑱，說通百氏⑲。普泰初⑳，起家爲國子博士。雖在朱門，以注述爲事㉑。注《周易》，行之於世也。

高 陽 王 寺

高陽王寺，高陽王雍之宅也㉒。在津陽門外三里㉓，御道西。雍爲爾朱榮所害也㉔。舍宅以爲寺。

正光中㉕，雍爲丞相。給輿、羽葆㉖、鼓吹㉗，虎賁㉘、班劍㉙百人。貴極人臣，富兼山海。居止第宅，匹於帝宮㉚，白殿丹檻，窈窕連亘㉛，飛檐反宇，轇轕周通㉜，僮僕六千，妓女五百，隋珠照日㉝，羅衣從風㉞。自漢、晉以來，諸王豪侈，未之有也。出則、鳴驢御道㉟，文物成行㊱，鐃吹響發㊲，笳聲哀轉：入則歌姬舞女，擊筑吹笙，絲管迭奏㊳，連宵盡日。其竹林魚池，侔㊴於禁苑㊵，芳草如積，珍木連陰㊶。雍嗜口味，厚自奉養，一日必以數萬錢爲限㊷，海陸珍羞，方丈於前㊸。陳留侯李崇謂人曰：「高陽一日，敵我千日㊹。」崇爲尚書令儀同三司㊺，亦富傾天下，僮僕千人。……

雍薨後㊻，諸妓悉令入道㊼，或有嫁者。美人徐月華善彈箜篌㊽，能爲《明妃出塞》之曲歌㊾，聞者莫不動容。永安中，與衛將軍原士康爲側室㊿。宅近青陽門51。徐鼓箜篌而歌52，哀聲入雲，行路聽者53，俄而成市54。徐常語士康曰55：「王有二美姬，一名脩容，一名艷姿，並蛾眉皓齒，潔貌傾城56。脩容亦能爲《綠水歌》，艷姿善《火鳳舞》，並愛傾後室57，寵冠諸姬。」士康聞此，遂常令徐歌《綠水》《火鳳》之曲焉。

白 馬 寺

白馬寺，漢明帝所立也，佛入中國之始58。寺在西陽門外三里59，御道南。帝夢金神，長丈六，項背日月光明。金神號曰佛。遣使向西域求之，乃得經像焉60。時白馬負來，因以爲名。

明帝崩，起祇洹於陵上61。自此以後，百姓冢上62，或作浮圖焉

(63)。寺上經函至今猶存(64)，常燒香供養之。經函時放光明：耀於堂宇。是以道俗(65)禮敬之，如仰眞容(66)。

浮屠前，柰林(67)、蒲萄(68)異於餘處(69)，枝葉繁衍(70)，子實甚大。柰林實重七斤，蒲萄實偉於棗。味並殊美(71)，冠於中京(72)。帝至熟時，常詣取之。或復賜宮人。宮人得之，轉餉親戚，以爲奇味。得者不敢輒食(73)，乃歷數家(74)。京師語曰：「白馬甜榴(75)，一實直牛(76)。」

【注釋】①開陽門：當時洛陽城東南的城門。御道：帝王所行的道路。②講殿：經堂。廡：殿堂前兩邊的廂房。連屬（ㄓㄨˇ）：相連。③丹檻：朱漆的欄杆。炫日：照耀在日光之下。桷：椽木。④勝地：名勝之地。⑤禪房：僧人坐禪的房屋。⑥祇（ㄑㄧˊ）洹（ㄩㄢˊ）精舍：指禪房中修習佛法之所。⑦巧構：精巧的構制。難加：難以比它更精巧之意。⑧禪閣：僧人靜修之地。⑨隱室：僧人靜修之地。凝邃：嚴整而幽深。⑩嘉：美好的。牖：窗戶。⑪杜：杜若，芳草名。匝：環繞。⑫朝市：朝廷所在的城市。⑬靜行：靜修。繩坐：在繩床上打坐。服：吃。結跏(ㄐㄧㄚ)：盤膝而坐。數(ㄕㄨˇ)：動詞「數着」。息：呼吸。⑭石銘：銘文的石刻。所：座。⑮國子：太學，當時最高的學府。博士：官名。⑯范陽：今河北省涿縣。⑰丘園：山丘、園林。放遨：放浪遨游。⑱極：窮究。六經：指≪詩≫≪書≫≪易≫≪禮≫≪樂≫≪春秋≫。⑲百氏：諸子百家。⑳普泰：北魏節閔帝年號。普泰初：指公元531年。㉑在朱門：意謂做高官。注：著。㉒高陽王雍：元雍，北魏獻文帝第四子，封高陽王。㉓津陽門：當時洛陽的西南城門。㉔爾朱榮：北魏的權臣。㉕正光：北魏孝明帝年號。㉖羽葆：華蓋。㉗鼓吹：指樂隊。㉘虎賁：儀仗隊。㉙班劍：帶劍從行者。㉚匹：比。㉛窈窕：幽深的樣子。連亘：連綿不絕。㉜反：向上翻起。宇：屋檐。轇轕(ㄐㄧㄠ　ㄍㄜˊ)：關連。㉝隋珠：隋侯珠，指名貴的珠玉。㉞從風：隨風。㉟鳴騶：貴人駕車外出。㊱文物：儀仗隊。㊲鐃吹：鼓樂。㊳迭：輪換。㊴侔：比。㊵禁苑：皇家園林。㊶陰：樹蔭。㊷限：限度。㊸羞：肴饌。方丈：一丈見方。㊹敵：相當於。㊺尚書令：官名。儀同三司：儀制同於三司即司徒、司馬、司空。魏晉以後，將軍之開府置官屬者稱開府儀同三司。後遂成爲一種官名。㊻薨（ㄏㄨㄥ）：古代侯王死，叫薨。㊼入道：做尼姑。㊽箜篌：樂器名。㊾明妃：王昭君。㊿永安：北魏孝莊帝年號（528—530）。衞將軍。官名。側室：妾。(51)青陽門：當時洛陽東南門。(52)鼓：彈。(53)行路：走路人。(54)俄而：一會兒。市：集市。(55)常：曾經。(56)潔貌：極美

的容貌。⑰從室: 姬妾住處。⑱佛: 佛敎。⑲西陽門: 當時洛陽城西南第二道城門。⑳經像: 佛經佛像。㉑陵: 指漢明帝之陵㉒冢（ㄓㄨㄥˇ）: 墳。㉓浮圖: 浮屠, 佛塔。㉔經函: 裝佛經的木匣。㉕道俗: 僧人和普通人。㉖眞容: 佛的相貌。㉗奈（ㄋㄞˋ）: 奈樹林。㉘蒲萄: 葡萄。㉙餘處: 其它地方。㉚繁衍: 茂盛。㉛殊: 特別。㉜中京: 洛陽。㉝輒: 卽時。㉞乃: 竟。㉟榴: 以石榴爲奈屬。㊱實: 果實。直牛: 相當於一頭牛的價值。

【《景林寺》鑑賞】文章先總寫景林寺實爲伽藍勝地。「在開陽門內御道東」, 交代景林寺的地理位置, 位於城內又非市中心, 因而才有下文的「雖云朝市, 想同巖谷」。這是寫坐落適宜, 可爲一勝。接着, 仰視而見「講殿疊起」, 縱目而望「房廡連屬」。這裏從上下縱橫兩個方面突現了整個建築羣的雄偉氣魄, 此可爲二勝。「丹檻炫日, 繡栭迎風」, 從色彩與雕飾兩個角度着墨, 以陽光和微風二物相襯, 以顯示其精巧與華麗, 此可爲三勝。正因爲景林寺如此幽靜、雄偉、精巧、華麗, 所以, 作者用「實爲勝地」四個字作爲總的評語, 顯得十分妥帖。如果說, 開頭一段, 作者通過大全景式的粗筆勾勒, 爲讀者建立了一個總體印象的話, 那麼, 下面一段文字, 則是解剖麻雀似的精雕細刻。作者着意描繪了寺中的一個西園。「寺西有園, 多饒奇果, 春鳥秋蟬, 鳴聲相續。」前兩句寫園之色, 後兩句寫園之聲。寫色, 突出果實的「多」和「奇」。一個「奇」字給讀者留下了豐富的想像餘地。有奇果必有奇花, 有奇花必有奇樹, 因而, 枝葉之郁郁青青, 花朵之五彩繽紛, 也就可想而知。寫聲, 其目的乃在以鬧顯靜, 用鳥鳴蟬噪襯托園子的幽靜, 頗有「蟬噪林逾靜, 鳥鳴山更幽」之妙境。更有「相續」二字, 進一步表明了這種幽靜的環境氣氛四季常駐。作者接着寫了禪房、禪閣的隱室, 這些正是寺中之園特有的建築。它們「形制雖小」, 卻「巧構難加」, 又被掩映在「嘉樹」「芳杜」叢中, 更顯得「虛靜」、「凝邃」。因此, 雖位於朝市之內, 卻有「想同巖谷」之感。在這「巖谷」之內, 繩坐着「靜行之跏」, 他們「餐風服道, 結跏數息」。很明顯。這裏不僅在寫僧人, 而且還在寫寺院。靜行之僧與幽靜之寺是分不開的。小小的一個西園, 旣有奇花異果、嘉木芳草、春鳥秋蟬等美麗的自然景物, 又有祇洹精舍、禪閣隱室等精巧的人工建築, 還有餐風服道的靜行僧人。這是一個多麼幽美的所在! 景林寺中何止一園, 然而, 讀了上面一段已全局在握, 再觀此一園, 景林寺便了然於胸, 作者又何須再寫? 於是, 最後一段, 作者掉轉筆鋒, 記寺內石銘及其作者。這古樸的石銘爲伽藍勝地增添了另一番雅致, 而銘文作者盧白頭也正是爲這勝地作銘的合適的人選, 他學識淵博, 「學極

六經，說通百氏」，且「注≪周易≫，行之於世」，又信奉佛老，「性愛恬靜」，放遂丘園。一個「恬靜」的文人，為住着「靜行」僧人的「虛靜」的景林寺作銘文，這真是天作地合。綜觀全文，作者善於從宏觀與微觀、橫向與縱向等不同的角度去把握描寫對象，把面上的勾勒與典型的解剖結合起來。因而，能够有效地運用簡短的篇幅來再現景林寺的風貌。

　　文章的結構和語言也足以代表≪洛陽伽藍記≫的主要特色。結構「雍容自在，舉體朗潤」（錢鍾書：≪管錐篇・全北齊文卷三≫）。作者用「勝地」二字總領全文，以一個「靜」字貫串全篇，再加上詳略得當，呼應有方，因而全文脈絡清晰，具有園林藝術的整體美與建築美。語言運用上，文辭華艷，卻又不堆砌詞藻；多用駢句，卻又沒有令人生厭的廢話；清新秀逸，節奏諧暢。所以，≪四庫全書總目提要≫裏稱贊說：「其文穠麗秀逸，煩而不厭，可與酈道元≪水經注≫相肩隨。」

　　≪洛陽伽藍記≫並不是普通的游記，≪景林寺≫也並非以再現景林風貌為目的。聯繫楊衒之的自序來看，本書寫於東魏武定五年（547），重覽洛陽之時。其時，經爾朱榮、高歡兩次騷擾，呈現在作者眼前的是：「城廓崩毀，宮室傾覆，寺觀灰燼，廟塔丘墟，墻被蒿艾，巷羅荆棘。野獸穴於荒階，山鳥巢於庭樹。游兒牧竪，躑躅於九逵；農夫耕老，藝黍於雙闕。」於是作者油然而生「麥秀之感」、「黍離之悲」。本書正是一部弔古傷今之作。可想而知，像景林寺這樣的伽藍勝地，到作者重覽之時，也已非昔日風光。也許，嘉樹芳杜已讓位於蒿艾荆棘，禪閣隱室已成了獸穴鳥巢。作者面對衰敗荒凉的景象，追憶幽靜華美的寺院，撫今思昔，感時傷世，其心情自然是十分沉痛的。然而，在他的筆下的景林寺卻是這樣的幽靜、美好，這樣的令人向往，字裏行間分明流露出一種對舊日盛況的低徊的懷念之情。同時，透過景林寺，我們也看到了我國古代勞動人民在建築藝術上表現出來的偉大力量和卓越智慧，看到了北魏統治階級在宗教迷信上是何等的不恤民力。

【≪高陽王寺≫鑑賞】毛晉綠君亭本≪洛陽伽藍記・跋≫裏說：「鋪揚佛宇，而因及人文。著撰園林歌舞鬼神奇怪興亡之異，以寓其褒貶，又非徒以記伽藍已也。」≪高陽王寺≫正是這樣的傑出篇章。文章不像≪景林寺≫那樣就寺寫寺，而是因寺及人，以記人為主，生動地記敍和有力地鞭笞了高陽王的奢侈享樂，形象地揭露了北魏統治者的荒淫誤國。文章開篇就因寺及人。「高陽王寺，高陽王雍之宅也。在津陽門外三里，御道西。雍為爾朱榮所害也。舍宅以為寺。」短短

幾句話交代了寺的位置、寺的前身，以及高陽王宅第變爲佛寺的原因。把全文的着眼點、讀者的注意力都集中到高陽王身上。接下來，作者索性將寺置於一旁而不顧，集中揭露高陽王元雍的奢侈荒淫。作者從兩方面入手，一方面通過記敍元雍的生活加以直接揭露，另一方面通過對元雍的歌妓徐月華的描繪來間接揭露。文章由此分爲前後兩個部分。

　　在前一部分裏，作者先總敍元雍的聲威、權勢和豪富。「正光中，雍爲丞相。給輿、羽葆、鼓吹、虎賁、班劍百人。貴極人臣，富兼山海。」這一段文字與《魏書》所載事實完全相符。從一個「給」字可以看出，元雍藉以耀武揚威的寶車、華蓋、樂隊都是來自皇帝的賞賜。有皇帝當後台老板，他貴極人臣，富兼山海，也就毫不奇怪了。然後，作者從居、行、游、食幾個方面，分述元雍的奢侈生活。「居止第宅，匹於帝宮，白殿丹檻，窈窕連亘，飛檐反宇，轇轕周通，僮僕六千，妓女五百，隋珠照日，羅衣從風。」這是寫「居」。不僅第宅色彩斑斕，精美壯觀，可與帝宮爭雄競勝，而且有穿着華艷、裝飾講究、人數衆多的僮僕和妓女朝夕相伴。作者縱觀歷史，不禁驚嘆道：「自漢、晉以來，諸王豪侈，未之有也，」次寫出入之行：「出則鳴騶御道，文物成行，饒吹響發，笳聲哀轉。」在御道上，乘着御賜的寶車，御賜羽葆交相輝映，皇家鼓樂隊笙鼓齊鳴，再加上一呼百應的吆喝，浩浩蕩蕩的隨從，這是何等威風的場面。在家裏時則又是另一番景象：「歌姬舞女，擊筑吹笙，絲管迭奏，連宵盡日。」「迭」、「連」、「盡」三個字連用，把元雍尋歡作樂、忘乎所以、腐朽荒淫的無恥面目，揭露得淋漓盡致。接着，寫供元雍游樂的家庭園林：「其竹林魚池，侔於禁苑，芳草如積，珍木連陰。」上文寫第宅「匹於帝宮」，這裏寫園林「侔於禁苑」，再一次把高陽王與皇帝相比，不僅突出地表現了元雍的窮奢極侈，而且暴露了他的肆無忌憚。「雍嗜口味，厚自奉養，一日必以數萬錢爲限，海陸珍羞，方丈於前。」縱侈無度，到了令人吃驚的地步，連一個「富傾天下，僮僕千人」的同朝高官也自嘆不如：「高陽一日，敵我千日。」

　　在後一部分裏，作者着力描繪了美人徐月華。徐月華原是元雍的五百樂妓之一，雍死後，嫁給一名將軍爲側室。徐月華彈奏箜篌，技藝高超，「聞者莫不動容」，而且歌喉動聽，兼能「鼓箜篌而歌」，「哀聲入雲，行路聽者，俄而成市。」不難看出，作者寫徐月華是爲了進一步突出修容、艷姿，寫徐月華、修容、艷姿，又是爲了揭露元雍的荒淫好色。高陽王元雍身居丞相高位，一人之下，萬人之上，本應以萬民爲本，以社稷爲重，可是，他卻如此醉生夢死，荒淫無度，揮霍奢侈簡直到了無以復加的地步，實在是令人髮指。然而，元雍禍國殃的民所作

所爲，竟還得到皇帝的縱容、賞賜。這就不得不使人們把北魏的覆亡與統治集團的奢侈荒淫聯繫在一起。作者雖口不加臧否，而褒貶之義自明。在客觀的敍述之中暗寓着諷刺，在一幅幅亡國君臣的享樂圖中寄寓着強烈的憤懑。如果說，在≪景林寺≫中，楊衒之寄托的是對舊日美好事物的留戀之情的話，那麼，在≪高陽王寺≫中，作者則是在深入發掘昔日美好事物失去的原因。

　　本文在寫作方法上，廣泛運用了對比襯托的手法。作者多次把高陽王分別與皇帝相比，與漢、晉以來的諸王相比，與同時的權貴相比，通過這種多層次、多角度、高起點的對比，更加鮮明地表現了元雍的豪富和奢侈。特別是把他與漢、晉以來的諸王相比，指出他的豪侈是史無前例的，這也就暗示了這個王朝的腐敗也是前所未有的，覆亡也必然是不可避免的。作者對徐月華的技藝的描寫也是值得稱道的。作者並不直接描繪徐月華彈奏箜篌的指法、神態，也不直接描繪她的琴音、歌聲，而是寫「聞者莫不動容」，「行路聽者，俄而成市」，通過聽衆的反映來突出徐月華歌喉的動人，琴聲的美妙。這種從對面落筆的手法，由漢樂府民歌中人物的外貌描寫借鑒發展而來，又爲唐詩中的音樂描寫提供了寶貴的經驗。

【≪白馬寺≫**鑑賞**】≪洛陽伽藍記≫中，≪景林寺≫因寫景而聞名，≪高陽王寺≫以記人見長，≪白馬寺≫則凸現了另一特色：「採撫繁富，亦足以廣異聞。」（≪四庫全書總目提要≫）文章廣採異聞，從白馬寺得名的緣由，說到信奉佛教的風氣，又說到洛陽風物，帶有濃厚的傳奇色彩。作者扣住「奇」字落筆，先從神奇的夢說起。「白馬寺，漢明帝所立也，佛入中國之始。」開頭這一句，指出白馬寺在中國佛教史上的地位。它是中國第一寺，而且由皇帝親立。地位之尊，顯而易見。白馬寺由漢明帝一夢而起，已屬神奇。更爲離奇的是，寺上經函竟然時時放出一種神奇的光，而且「耀於堂宇」，於是那些信徒們奉若神明，「禮敬之」，「如仰眞容」。其信佛之風，自然愈演愈烈。據史載，到北魏延昌中（512—515）「天下州郡僧尼寺積有一萬三千七百二十七所」（≪魏書·釋老志≫）。白馬寺爲天下第一寺，這寺的來歷，寺中的經函都帶有神奇色彩，因而，白馬寺更爲天下奇寺。既爲奇寺也就無奇不有，連寺中浮屠前的柰林、葡萄也「異於餘處」。因此，被列爲宮中貢品，虔誠的佛教徒們更是奉爲神品。皇帝「或復賜宮人。宮人得之，轉餉親戚，以爲奇味。得者不敢輒食，乃歷數家。」可見其地位是何等出奇的尊貴，得到它是何等出奇的困難，獲得者又是何等的榮耀。其實，果實比別處大些，本不足以爲奇，只因長在北魏信佛之風熾烈之時，天下第一寺之前，因而，被佛教徒們奉爲奇果。正是得天時、地利、人和之便，遂爲天下奇聞，如此

而已。作者信筆寫來，文章看似鬆散，段與段之間沒有什麼必然的聯繫，其實，全文都由漢明帝一夢引起。有奇夢才有奇寺；有寺宇、有經書、有佛像，才有信佛之風氣；有信徒、有信佛之風，才有奇光、奇果之說。反過來，奇函奇果又進一步爲奇寺增添了神奇色彩。文章這樣寫也是爲主旨服務的。文章的主旨乃在借廣採異聞，寄託排佛之意。作者曾「上書述釋教虛誕，有爲徒費，……又佛言有爲虛妄，皆是妄想。」（《廣弘明集・高識傳》）本文中奇聞的虛誕，已到了令人發笑的地步，而這些可笑的虛誕又由皇上引起。作者譏諷的矛頭直指崇佛之風的風源——封建社會的最高統治者。因此，全文形雖散而神卻不散。

　　借用並發展了「搜奇記異」的誌怪小說筆法，這是本文最大的藝術特色。本篇所記幾乎全是傳說異聞，然而，這些傳說異聞又虛實相雜，眞假相混。明帝奇夢，虛多實少。遣使求佛，白馬負經卻有據可查。明帝陵上祇洹與百姓冢上的浮圖，還有白馬寺前的奇果，這些都是事實，而經函放光，則純屬子虛烏有。作者一方面以小說筆法記比較接近眞實的傳說，使它進一步虛化，以增強它的神秘感；一方面又用史傳筆法記完全虛妄的傳說，加強它的眞實感。明帝奇夢，據《水經・谷水注》裏說：「昔漢明帝夢見大人，金色，項佩白光，以問羣臣。或對曰：西方有神名佛，形如陛下所夢，得無是乎？於是發使天竺，寫致經像，始以楡欐盛經，白馬負圖，表之中夏，故以白馬爲寺名。」《理惑論》、《高僧傳》、《魏書》中也有類似的說法。佛教由印度傳入中國，本是中外文化交流的必然結果，把它歸結爲皇帝的南柯一夢，實在是不可確信的傳說。而《水經注》中並沒有說漢明帝夢見的就是佛，而是說有大臣懷疑可能是佛，這還與事實比較接近，有一定的可信性。這裏作者把羣臣圓夢一節略去，直接指出明帝夢中「金神號曰佛」。這就把明帝的夢與佛教的傳入都更加神秘化了。至於經函放光，耀於堂宇，可能是虔誠的信徒們因寺廟裏香火鼎盛、眼光繚亂所引起的錯覺。然而，作者卻煞有介事，說「至今猶存」，令人不能不信。這樣，文章眞幻交織，虛實相生，既具有眞實感，又具有神秘感，也就更具有吸引力和感染力。用小說筆法處理史書的材料，用史傳筆法處理小說的題材，這爲唐傳奇的出現做了準備，反映了漢魏六朝小說向唐人小說過渡的印迹。我們甚至可以把本文當作一篇誌怪小說來讀，而《高陽王寺》又何嘗不是一篇《世說新語》式的誌人小說？因此，這樣的說法是很有道理的：「《洛陽伽藍記》一書單在中國小說史上就應該有它一個重要的地位。」（范祥雍：《洛陽伽藍記校注序》）

（陸志平）

哀江南賦序　　　　　　庚　信

　　粵以戊辰之年，建亥之月①，大盜移國②，金陵瓦解。余乃竄身荒谷③，公私塗炭④。華陽奔命，有去無歸⑤。中興道銷，窮於甲戌⑥。三日哭於都亭⑦，三年囚於別館⑧。天道周星⑨，物極不反⑩。傅燮之但悲身世，無處求生⑪；袁安之每念王室，自然流涕⑫。昔桓君山之志事，杜元凱之平生，並有著書，咸能自序⑬。潘岳之文彩，始述家風⑭；陸機之詞賦，先陳世德⑮。信年始二毛，即逢喪亂⑯，藐是流離，至於暮齒⑰。《燕歌》遠別，悲不自勝⑱；楚老相逢，泣將何及⑲。畏南山之雨⑳，忽踐秦庭㉑；讓東海之濱，遂餐周粟㉒。下亭漂泊㉓，高橋羈旅㉔。楚歌非取樂之方，魯酒無忘憂之用㉕。追爲此賦，聊以記言，不無危苦之詞，惟以悲哀爲主㉖。

　　日暮途遠，人間何世！將軍一去，大樹飄零㉗；壯士不還，寒風蕭瑟㉘。荊璧睨柱，受連城而見欺㉙；載書橫階，捧珠盤而不定㉚。鍾儀君子，入就南冠之囚㉛；季孫行人，留守西河之館㉜。申包胥之頓地，碎之以首㉝；蔡威公之淚盡，加之以血㉞。釣臺移柳，非玉關之可望㉟；華亭鶴唳，豈河橋之可聞㊱！

　　孫策以天下爲三分，衆才一旅㊲；項籍用江東之子弟，人唯八千。遂乃分裂山河，宰割天下㊳。豈有百萬義師，一朝捲甲㊴；芟夷斬伐，如草木焉㊵！江淮無涯岸之阻，亭壁無藩籬之固㊶。頭會箕斂者，合縱締交㊷；鉏耰棘矜者，因利乘便㊸。將非江表王氣，終於三百年乎㊹？是知併吞六合，不免軹道之災㊺；混一車書，無救平陽之禍㊻。嗚呼！山岳崩頹，既履危亡之運㊼；春秋迭代，必有去故之悲㊽。天意人事，可以凄愴傷心者矣㊾！況復舟楫路窮，星漢非乘槎可上㊿；風飆道阻，蓬萊無可到之期[51]。窮者欲達其言[52]，勞者須歌其事[53]。陸士衡聞而撫掌，是所甘心[54]；張平子見而陋之，固其宜矣[55]！

【注釋】①粵：發語詞。以：相當於「在」。戊辰之年：梁武帝（蕭衍）太淸二年（548）。建亥之月：夏歷十月。②大盜：《後漢書》中指王莽，這裏指侯景。侯景先爲北魏將，後降梁，封河南王。太淸二年叛梁，十月兵逼建康（今江蘇省南京市），圍臺城（梁的宮城）。梁武帝被逼餓死臺城。侯景先立簡文帝蕭綱，繼立豫章王蕭棟，旋又廢蕭棟自立。後爲梁將陳霸先、王僧辯擊敗，被部將所殺。移國：易國，篡國。③竄：逃亡。荒谷：荒僻的山谷，代指楚地江陵。《北史・庾信傳》：「臺城陷後，信奔於江陵。」竄身荒谷：指他逃奔江陵事。④公私：公室和私門，朝廷和百官。塗炭：用作動詞，謂陷於泥塗和炭火之中，比喻處境艱危。⑤華陽：指江陵。江陵在華山之陽（南），故稱。奔命：奔走應命，指奉命出使。有去無歸：建康陷落後，梁元帝蕭繹在江陵自立，承聖三年（554），命庾信出使西魏。十月，西魏攻陷江陵，元帝被殺，他從此被留北方，終不得歸。⑥中興：由衰落而重新興盛，指梁元帝平定侯景之亂。道銷：指國運銷亡。窮：盡。甲戌：卽梁元帝承聖三年（554）。甲戌年西魏攻陷江陵，元帝被殺。⑦都亭：都城外的骨亭。三國時魏伐蜀，蜀將羅憲守永安城，聞成都陷落，後主降魏，於是率領所統部屬，「臨（哭）於都亭三日」（見《晉書・羅憲傳》）。這句是借羅憲自己對梁亡的哀痛。⑧三年：泛指多年。館：客館，使者所居。別館：正館以外的客館。春秋時，晉人討伐魯國，魯命叔孫婼（ㄔㄨㄛˋ）出使至晉，晉人把他拘禁在箕地的館舍（見《左傳・昭公二十三年》）。⑨天道：天理，自理的規律。周星：歲星（卽木星）歲星約十二年繞天運行一周，故云「周星」。這裏「周星」二字，含有周而復始的意思。⑩物極不反：「物極必反」的反語。意思是說，梁朝自江陵一敗之後，未能復興。⑪傅燮：字南容，東漢靈州（今寧夏寧武縣）人。因不容於朝，出爲漢陽太守。時王國、韓遂圍攻漢陽，城中兵少糧盡，其子傅幹勸他棄郡歸鄉，他不肯，慨然嘆曰：「世亂不能養浩然之志，食祿又欲避其難乎？吾行何之，必死於此。」於是，臨陣戰死（後漢書・傅燮傳》）。⑫袁安：字邵公，東漢汝陽（今河南省商水縣）人，官至司徒。時和帝幼弱，外戚竇憲兄弟專權，他無力扶助王室，但每次論及，總是「噫嗚流涕」（見《後漢書・袁安傳》）。⑬桓君山：名譚，字君山，東漢光武帝時任給事中，經學家，哲學家，著有《新論》二十九篇。志事：抱負，功業心。事：一本作「士」。杜元凱：名預，是西晉的一位儒將，著有《春秋左氏經傳集解》。自序：自敍其生平和志趣。⑭潘岳：字安仁，西晉詩人，作有《家風詩》。家風：家族的傳統風尚。裴松之說：「岳《家風詩》載其祖宗之德，及自戒也。」（《世說新語・文學》注）⑮陸機：字士衡，西晉著名詩人。祖、父均爲東吳名將，有功於吳，有《祖德》、《述先》二

賦，述其祖先功德。其《文賦》亦云「咏世德之駿烈」。世德：先世的德業。⑯始：剛剛。二毛：頭髮斑白，頭髮雜有黑白二色。年始二毛：人到中年。《庾子山集序》說，在己亥（北周大象元年）那一年，庾信「春秋六十有七」。則侯景之亂時，正當三十六歲。⑰貌（ㄇㄧㄠˇ）是：可憐、狼狽。流離：轉徙顛沛。暮齒：晚年。⑱燕歌：指《燕歌行》一類抒寫離別之情的歌曲。庾信也曾作過一篇。自勝：自我克制。⑲楚老：指西漢末年楚人龔勝，以名節著稱，王莽徵他為官，他恥以身事二姓，絕食而死（見《漢書・龔舍傳》）。庾信亦為南楚之人，他以才名被西魏所留，但未能像龔勝那樣死於名節，有愧故人。何及：何用。⑳南山之雨：《列女傳・賢明傳・陶答子妻》載，陶答子治陶，名譽不興，貪財懷祿，宗人賀之，其妻抱兒獨泣，曰：「妾聞南山有玄豹，霧雨七日而不下食者，何也？欲以澤其毛而成文章也，故藏而遠害。」這裏是用這個典故，說明自己本有全身遠害思想，但由於國事的危急，自己又不得不匆匆出使西魏。㉑忽：匆匆。踐：至。踐秦庭：指申包胥乞秦救楚的事。《左傳・定公四年》：吳人陷楚郢都，申包胥赴秦乞兵援楚，依於庭牆而泣，七日七夜不絕聲，秦哀公於是出兵救楚。㉒讓：禪讓。讓東海之濱：指田和篡齊的事。齊康公十九年，田和遷康公於海濱，後自立為王。這裏是借田和的事暗指宇文覺篡西魏而建立北周的事，不說篡而說「讓」，是掩飾之詞。遂餐周粟：指自己在北周做官。《史記・伯夷列傳》：周武王滅殷，伯夷、叔齊以為不義，於是不食周粟，隱於首陽山，採薇而食。這裏是說，自己在北周篡魏後，失節而食了「周粟」。「北周」與「姬周」巧合，妙語雙關。㉓下亭：地名。後漢時，南陽孔嵩被征召，路宿下亭，馬被盜走（見《後漢書・獨行傳》）。㉔高橋：一作「皋橋」，在今江蘇省蘇州市閶門內。後漢時，皋伯通住在橋邊，梁鴻曾在他家傭工。（《後漢書・梁鴻傳》）㉕楚歌：楚聲。《史記・留侯世家》載，劉邦欲立戚夫人之子趙王如意為太子，因張良用計，事不成，戚夫人涕泣，劉邦對她說：「為我楚舞，吾為若（你）楚歌。」戚夫人聞楚歌而悲抑。魯酒：魯地所產之酒。《莊子・胠篋》：魯酒薄而邯鄲圍。」因此，後人稱薄酒為魯酒。這二句是說，楚歌只會引起家國之思，魯酒更無忘憂之用。歌與酒都無法解脫自己的憂恨。㉖危苦：憂懼悲苦。㉗將軍：指馮異。《後漢書・馮異傳》載，馮異助劉秀打天下，每當諸將並坐論功時，「常獨屏樹下，軍中號曰，『大樹將軍』」。這裏是以馮異自喻，大樹喻梁，意謂自己去國以後，梁不久也就滅亡了。將軍一去：指他奉使西魏的事。大樹飄零：代指國事不可收拾。㉘壯士：指荊軻。這裏是借荊軻入秦喻自己出使西魏，一去不歸。㉙荊璧：指楚和氏璧。睨：斜視。見：被。荊璧睨柱兩句，指藺相如完璧歸趙事。這裏是反用藺

相如的故事。㉚載書：盟書。≪左傳・襄公九年≫：「鄭與晉盟，晉士莊子爲載書。」杜預注：「載書，盟書也。」橫階：歷階，登階。珠盤：用珠玉爲飾的盤子。古代諸侯會盟時要割牛耳以取血，珠盤是用來盛牛耳的。這裏是用毛遂的故事。≪史記・平原君列傳≫載，平原君與楚合縱，從日出至日中，楚王不決。毛遂按劍歷階而上，責楚王，楚王乃從。於是毛遂捧銅盤跪進楚王，楚王乃歃血，定下合縱之約。這裏是反用毛遂的故事，說自己出使西魏卻未能定盟而還。㉛鍾儀：春秋時楚人。據≪左傳≫成公七年和九年記載，鍾儀被鄭人俘獲，鄭人把他獻給晉國。鍾儀被囚時，仍戴著楚國的帽子；晉侯叫他彈琴時，他彈的仍是楚國的音樂。范文子稱贊他說：「楚囚，君子也。」這裏是用鍾儀自喻，說明自己被留西魏，始終不忘自己的故國。鍾儀君子：卽君子鍾儀。入就：被扣。㉜季孫：春秋時魯大夫季孫意如。行人：使者。≪左傳。昭公十三年≫載，季孫意如隨魯昭公參加平丘的盟會，因邾人、莒人告發魯國侵伐他們，晉人便不許昭公參與盟會，並拘留了季孫意如，把他帶回晉國。後來晉國準備放他回國，季孫意如以自己無禮被執，要晉人按禮把他送回。晉人誘脅他說，如果他不願意回去，就把他長期留在西河了。這裏是用季孫的事喻自己被留於西魏。㉝頓地：叩頭至地。碎之以首：以首碎之，把頭碰破在此。這裏所用的仍是申包胥赴秦求兵救楚的事，見≪左傳・定公四年≫。㉞蔡威公：劉向≪說苑・權謀≫載，蔡威公見國之將亡，閉門而泣，三日三夜，泣盡而繼之以血。這裏是借蔡威公之事喻自己對梁亡的悲痛和無可奈何。加：猶「繼」。㉟釣灣：地名，在武昌（今湖北省武漢市）。≪晉書・陶侃傳≫載，侃爲武昌太守，嘗「整陣於釣臺」，又「嘗課諸營種柳」。移柳：卽移柳，一名移楊，爲楊樹的一種。玉關：玉門關，在今甘肅省敦煌縣西北。庾信長期羈留在長安，這裏是以玉門關借指長安。㊱華亭：在今上海市松江縣，晉代詩人陸機的故居在此。唳：鳴。河橋：在今河南省孟縣南。≪晉書≫本傳，載陸機事成都王司馬穎，攻長沙王司馬乂，兵敗河橋，被穎所殺，臨刑而嘆曰：「華亭鶴唳，豈可復聞乎！」這裏是以陸機不可復聞華亭鶴唳喻自己欲見故鄉風人物而不可得。㊲孫策：字伯符。他在父親孫堅死後，募得數百人從袁術，後來終於平定江東。旅：古代以五百人爲一旅。≪三國志・吳志・陸遜傳≫中說孫策「兵不一旅，而開大業」。三分：指魏、蜀、吳三分天下。㊳遂乃：終能。宰割：分割，分裂。㊴卷甲：卷起衣甲。這裏是說卷甲潰逃。卷：同「捲」。據≪南史・侯景傳≫記載，侯景作亂時，號稱百萬的梁朝軍隊都紛紛敗逃或投降。㊵芟（ㄕㄢ）夷：割草，削除。此處喻斬殺人民。侯景作亂時，曾大肆殘殺無辜。㊶江淮：長江、淮河。涯岸：河岸。涯：水邊。無：竟無。亭：堡，卽亭候，監視

敵情的崗亭。壁：壁壘，軍營的圍牆，用作攻守的工事。藩籬：用竹木編制的屏障。㊷頭會（ㄋㄨㄞˋ）箕斂：按人頭計算納賦，用畚箕收取。語出《史記·張耳陳餘列傳》：「頭會箕斂，以供軍費。」此處「頭會箕斂者」是指那些乘勢起事聚斂民財的下層官吏。合縱締交：互相聯盟結合，此指互相聯絡起來反抗朝廷。㊸耰（ㄧㄡ）：碎土平田的農具，頭如木錐形。棘：同「戟」。矜：矛柄。「鋤耰棘矜者」，指拿著低劣武器的下層人。因利乘便：意謂乘時勢之便。這裏是取賈誼《過秦論》中「因利乘便，以宰割天下」一語的意思。㊹將非：莫非。江表：江南。這裏專指金陵。王氣：天子之氣運。三百年：自吳孫權於黃龍元年(229) 建都建業，經東晉、宋、齊，至梁敬帝太平二年 (557)，金陵作爲帝王都城約三百年。㊺是知：由此可知。六合：指天地四方。并吞六合：指秦吞并天下。軹（ㄓˇ）道：亭名，在今陝西省西安市東北。軹道之災：指秦王子嬰在軹道旁降迎劉邦的事。㊻混一：統一。混一車書：卽《禮記·中庸》所說的「今天下，車同軌，書同文」，這裏指西晉統一中國。平陽：今山西省臨汾縣。平陽之禍：指晉懷、愍二帝被害於平陽的事。晉永嘉五年 (311)，劉聰兵陷洛陽，遷懷帝於平陽，後被殺。建興四年 (316)，劉曜陷長安，將愍帝遷至平陽殺害。㊼山岳崩頹：喩國家的覆亡。語見《國語·周語上》：「山崩川竭，亡之徵也。」履：踐，經歷遭遇。㊽迭代：更替。春秋迭代：比喩朝代的更替。故：指故土、故國。㊾天意：是說梁的覆亡出於天意。人事：指人的所作所爲，如侯景之作亂，梁朝的君臣昏庸腐朽，陳霸先的乘機而起等。凄愴：悲傷。㊿況：何況。楫（ㄐㄧˊ）：船槳。星漢：天河。槎(ㄔㄚˊ)：木筏。相傳漢武帝令張騫出使西域，尋找河源，騫乘槎而行，見到了織女和牛郎，見《荆楚歲時記》。這二句是反用其意，意謂自己要想回到故國已是道路斷絕了。(51)飆（ㄅㄧㄠ）：暴風。蓬萊：傳說中的仙山。《漢書·郊祀志》載，渤海中有三神山，曰蓬萊、方丈、瀛洲，去人不還，上有不死之藥。往者將至，風輒引船而去，終莫能至。(52)窮者：不遇時或處境困窮的人。達：通「顯」，與「窮」的意思相反。(53)勞者：從事勞役的人。《公羊傳·宣公十五年》何休注：「勞者歌其事。」(54)陸士衡：卽陸機。撫掌：拍手，實爲大笑。用《晉書·左思傳》陸機「撫掌而笑」之典的下半。陸機初到洛陽，打算作一篇《三都賦》，聽人說左思正在作這篇賦，便撫掌大笑，等到左思寫成《三都賦》之後，他見了非常嘆服，自己就停筆不寫了。(55)張平子：卽張衡。《藝文類聚》載，班固曾作《兩都賦》，張平子薄而陋之，便另作《二京賦》。固：原，本。其：語助詞，無義。宜：應該。

【鑑賞】《哀江南賦》是庾信晚年以駢體形式寫成的長篇敍事辭賦。在這篇賦裏，集中反映了他「身墮殊方，恨恨如亡，忽忽自失」的思想感情，並通過賦中的「激楚之音，悲涼之調」，充分表現了他「驚才蓋代」(陳祚明《採菽堂古詩選》三十三)的藝術才華。從而使他的這篇作品，成爲「拔出於流俗中」(沈德潛《古詩源》卷十四)的代表其最高藝術成就的名篇，千百年來膾炙人口。

「賦者，古詩之流也。」(班固《兩都賦序》)如果可以把《哀江南賦》看作與庾信的另一組寫成於晚年的《擬咏懷二十七首》互爲表裏的長詩的話，那麼，弁於賦首的這篇序文，實在應該認爲乃作者自述其賦何以「不無危苦之辭，惟以悲哀爲主」的創作意圖，並借典故以寓故國之思，於敍事中托身世之慨的極其凝練而又深沉的散文，足以與全賦相輝映。

爲了有助於理解並鑑賞概括了《哀江南賦》全賦內容的這篇《序》，首先有必要聯繫《序》中所反映的南北朝之間的爭戰及其衰頹沒落的歷史，對作者庾信的身世，作扼要的評述。庾信的一生，親歷了劇烈動亂中的梁朝內部的火併與殘殺，又目睹了在西魏入侵者的奸淫擄掠中「啼枯湘水竹，哭壞杞梁城」(《擬咏懷》之十一)的國破家亡、生靈塗炭的慘象，而當他在《序》中自嘆「日暮途窮」之時，又正值南陳北周皆已腐敗到了無可救藥之際。他是在隋文帝楊堅順應人心厭亂思靜、南北統一的要求而相當輕易地登上帝位、建立隋朝的重要轉折關頭，結束了飽經憂患的一生。庾信的前半生，是作爲文學侍從，在梁武帝蕭衍在位的紙醉金迷的梁朝內度過的。他十五歲就做了昭明太子蕭統的「東宮講讀」，十九歲充蕭綱「東宮抄撰學士」。他與他的父親庾肩吾，以及同時任職東宮的徐摛、徐陵父子，皆深得自稱「七歲有詩癖，長而不倦，然傷於輕靡，時號『宮體』」(《梁書·簡文帝紀》)的蕭綱的恩寵，是「宮體詩」的代表詩人。他們所寫的那些以描寫女色爲主來滿足統治者荒淫享樂需要的詩作，又被稱爲「徐庾體」。不過，「眼前一杯酒」的光景終究是不會久長的。旣善於僞裝又極端殘暴的梁武帝蕭衍，運用欺騙與暴虐維持了他的四十八年的荒淫統治，最後在「侯景之亂」中被困餓死。而庾信也正是在這場大亂中告別了他的應該被認爲是毫無光彩可言的「宮體詩人」的生涯。所以，毫不奇怪，庾信爲其本人所作，以表現梁之覆亡所帶來的「莫不聞隴水而掩泣，向關山而長嘆」的深重災難的《哀江南賦》而寫的這篇《序》，落筆第一句進入了這場禍亂：

　　　粵以戊辰之年，建亥之月，大盜移國，金陵瓦解，余乃竄身荒谷，公私塗炭。華陽奔命，有去無歸。中興道銷，窮於甲戌。三日哭於都亭，三年囚於別館。

梁武帝太清二年（548）十月，侯景舉兵攻建康，翌年（549）攻入台城，蕭衍死，梁簡文帝蕭綱卽位（550）。又越一年，侯景廢蕭綱，繼自稱「漢皇帝」。侯景是一個懷著野心從東魏投奔而來的叛將。他攻入台城（帝宮所在地），公然要手下諸將殺盡城中生民，稱「吾破城邑淨殺卻，使天下知吾威名」（≪南史・侯景傳≫）。其部下將士遂以殺燒掠奪取笑作樂。作爲南朝政治經濟文化中心的建康，經侯景之亂，被洗刧一空，故曰「大盜移國，金陵瓦解」。當台城失陷，蕭綱被殺以後，庾信率宮中文武，逃奔江陵（今屬湖北）。所謂「中興道銷，窮於甲戌」，那是指梁元帝蕭繹承制，於公元552年在江陵重建其搖搖欲墜的小朝廷。結果在甲戌年（554）就被西魏宇文泰率兵南下，很快攻破了。自以爲讀書萬卷的蕭繹，在行將破城之際，焚毀了所聚古今圖書十四萬卷，然後可恥地投降而死。其時，庾信正在西魏的長安。他是在蕭繹卽位的當年，由「御史中丞」「轉右衞將軍，封武康縣侯，加散騎侍郎」（≪北史・庾信傳≫），奉命出使西魏（「華陽奔命」）。「三年囚於別館」，至江陵陷落，他被北朝扣留，適屆三年。「乍歌樂府≪蘭陵曲≫，又見湘東玉軸灰。」（王國維≪咏史二十首≫之十五）在北人不斷擴展其軍事侵吞野心的戰亂中，腐敗的蕭梁王朝的餘炎，也就這樣地隨着陡然而毀的書畫一起煙消雲散了；置身長安「別館」中的庾信，很自然地聯想到了羅憲「臨（哭）於都亭三日」（≪晉書・羅憲傳≫）的史事。在他「三日哭於都亭」的「哭」裏，可以看出兼有着無可奈何的「怨」——怨南朝君主之荒淫無能的。

前人論庾信晚期詩賦，以屈原「湘纍之吟」作比（陳沆≪詩比興箋≫卷二），應該說是有道理的。「哀江南」一語，卽出≪楚辭・招魂≫：「魂兮歸來哀江南。」他在≪序≫中回顧「侯景作亂」之後，又身羈敵國的亡國之痛，云：「信年始二毛，卽逢喪亂，藐是流離，至於暮齒。」≪傳≫稱「信幼而俊邁，聰敏絕倫」，看來他是個早慧而又早熟之人。所以當「戊辰之年」，不過是三十六歲，已經「二毛」了。暮年追述壯歲以來顚沛流離、遠別鄕關的遭遇，愈增痛定思痛之感。史載江陵失陷以後，庾信在北朝：

> 江陵平，累遷儀同三司。周孝閔帝踐阼，封臨清縣子，除司水下大夫，出爲弘農郡守，遷驃騎大將軍，開府儀同三司，司憲中大夫，進爵義城縣侯。（≪北史・文苑傳≫）

他確實「位望顯通」。這就使他既深責自己屈仕北朝的所謂「逶餐周粟」，又面對「物極不反」的業已改換了朝代（陳朝取代梁朝）的江南故土「但悲身世」，「泣將何及」。於是，在「悲不自勝」中，他寫道：「楚歌非取樂之方，魯酒無忘

憂之用。追爲此賦，聊以記言」。 値得注意的是， 庾信雖身繫北朝， 然心縈南
國。≪序≫在追述蕭梁王朝「金陵瓦解」、「窮於甲戌」之後，又云：「頭會箕斂
者，合縱締交；鋤耰棘矜者，因利乘便。「頭會箕斂者」，卽以人頭數納賦(軍費)
的普通百姓；「鋤耰棘矜者」，卽操農具兵械的普通士卒，此實皆指陳霸先。因爲
他出自寒門，入伍後不過是「傳令吏」之類微職，卻乘亂起兵，剪除敵手，削平
叛亂，建立起足以與北朝抗衡的陳朝。顯然，庾信是頗爲輕視陳武帝的平民出身
的，因此愈益感慨擁有「衆號百萬」之軍而不堪一擊、「無藩籬之固」的梁朝之
腐敗。南朝如此。在北朝， 隨着宇文泰之死（557）， 宇文覺也篡魏稱帝，建立
北周。陳朝自武帝起，經文、宣二帝，維持了使江南經濟、文化得以逐步恢復的
二十五個年頭；與此同時， 在北周則由於周武帝繼位（561） 以後採取釋放被俘
作奴的江陵人等開明政策， 進入了可稱北朝歷史上最爲強盛的時期。史稱「時陳
氏與周通好， 南北流寓之士， 並許還其歸國」。（≪北史・文苑傳≫由於周武帝
惜才，庾信卻仍被留在北朝，並被「徵爲司憲中大夫」。 而在周武帝死後卽位的
周宣帝， 又恰巧與陳後主（叔寶）一樣，是極度荒淫的昏君。庾信正是在周武帝
去世後兩年的大象年間（580）「以疾去職」的。他在≪序≫末寫道：

> 嗚呼！ 山岳崩頹， 旣履危亡之運； 春秋迭代， 必有去故之悲。 天意人
> 事，可以淒愴傷心者矣！ 況復舟楫路窮，星漢非乘槎可上；風飆道阻，蓬萊
> 無可到之期。窮者欲達其言，勞者須歌其事。陸士衡聞而撫掌，是所甘心；
> 張平子見而陋之，固其宜矣！

在他的「春秋迭代，必有去故之悲」中，很容易地會令後人聯想到曹雪芹筆下的
「想眼中能有多少淚珠兒，怎經得秋流到冬，春流到夏」？（≪枉凝眉≫）他的
「山岳崩頹，旣履危亡之運」的「天意人事」的「 淒愴 」，應該是旣包含了對
故君梁武帝慘死於戰亂的悲杯，又暗寓着對周武帝死後北周氣數亦盡的哀傷。由
於這個緣故，他借用陸機曾諷笑左思作≪三都賦≫、張衡鄙薄班固≪兩都賦≫的
典故，自謂以賦抒發自己情懷，縱然被人恥笑， 亦所心甘。而周武帝「崩頹」，
距「大盜移國，金陵瓦解」的「戊辰之年」， 適爲三十載。由此， 有理由認爲：
≪哀江南賦≫及其≪序≫，乃作於周武帝去世之後、庾信去職之前，一定程度上
頗類似於屈原的≪哀郢≫；而且大致可斷其當成於「金陵瓦解」三十周年之際（
578）， 是爲着哀祭導致了蕭梁王朝之覆亡的這次大世變而作的。

　　在燦爛的中華民族的文學寶庫中，許多優秀的藝術珍品的思想性與藝術性總
是水乳交融，渾然一體的。庾信的≪哀江南賦≫及其≪序≫同樣如此。例如：在
≪賦≫中，他寫江陵失陷，百姓被俘，自南而北，一路啼饑號寒之狀：

水毒秦涇，山高趙陘，十里五里，長亭短亭。餞隨蟄燕，暗逐流螢。秦中水黑，關上泥青。於時瓦解冰泮，風飛電散。渾然千里，淄澠一亂。雪暗如沙，冰橫似岸。逢赴洛之陸機，見離家之王粲。莫不聞隴水而掩泣，向關山而長嘆。

在《序》裏，他敍覊留西魏。旋仕北周以後的痛楚之情：

《燕歌》遠別，悲不自勝；楚老相逢，泣將何及。畏南山之雨，忽踐秦庭；讓東海之濱，遂餐周粟。下亭漂泊，高橋覊旅。楚歌非取樂之方，魯酒無忘憂之用。

伯夷、叔齊采薇首陽山，「義不食周粟」的故事（《史記・伯夷列傳》），是人所共知的。庾信既以「來責自己屈仕北朝，又以「楚歌」「魯酒」來抒自己居異國、居高位而未敢忘國破家亡、生民流離的悲憤；由於這個緣故，如果將其《賦》中所寫雪暗，冰橫，關山長嘆，隴水掩泣的慘狀，視作畫家飽蘸千里道途中的血淚揮寫的畫卷的話，那麼，其《序》便是抱恨而題於這畫卷上的發屈子之哀的心聲。

還需要一提的是，庾信處於駢文極盛的南北朝，所以他的《哀江南賦序》也是用駢文來寫的。前人取《莊子》「駢拇」與「枝指」對舉，來比喻「駢」「散」之別，在於駢文「四六拘對耳」，至於「其立意措辭，貴渾然有味，與散文同。」（宋羅大經《鶴林玉露》）而所謂「拘對」，又有句對、事對等等，就庾信此《序》來看，由於借敍事以「紀言」，故更重在「事對」。例如，他奉梁元帝之命出使北朝，原意是在聯魏以存梁，結果卻反受西魏之騙，做了覊臣，這裏運用了藺相如出使秦國奉和氏璧以換十五城，毛遂自薦爲平原君與楚國說合定盟等典故，云：

荊璧睨柱，受連城而見欺；載書橫階，捧珠盤而不定。鍾儀君子，入就南冠之囚；季孫行人，留守西河之館。

這些典故（亦稱「使事」），對於今天的讀者不免有艱深之感，但因爲與作者「以悲哀爲主」的題旨切合，故反增莊重之色而渾然有餘味。當然，由於過求出語必「對」，以至有「尤不成文」的「申包胥之頓地，碎之以首」這樣文意雖好而比擬失當的個別敗筆。白璧微瑕，無損於全序的光彩。

總起來說，庾信作爲南北朝最後、也是最傑出的一位詩人，謂其詩賦「爲梁之冠絕，啓唐之先鞭」（楊愼《升庵詩話》），是並不過分的。而杜甫評賞其詩賦藝術成就，乃以「清新」、「老成」四字概之，特別盛讚其晚年之作是：「庾信平生最蕭瑟，暮年詩賦動江關」（《咏懷古迹》）。以今天的眼光，結合庾信

作品的特點，所謂「清新」，應該主要是在其所抒之情內，有著言人民之心聲的新意；「老成」者，則又主要地在於他能以深沉的筆觸，在作品中凝成了深厚的藝術風格，融鑄了豐富的社會內容。從他晚年爲其「動江關」的《哀江南賦》所寫的這篇自紀其「蕭瑟」生平的《序》中，不是很可以看到上述「清新」、「老成」之藝術特點的一斑嗎？這在詩文寫作的探索上，仍有其可資借鑑之處。

（陳鴻祥）

涉　　務 顏之推

夫君子之處世，貴能有益於物耳①，不徒高談虛論，左琴右書，以費人君祿位也。

國之用材，大較不過六事②：一則朝廷之臣，取其鑒達治體③，經綸博雅④；二則文史之臣，取其著述憲章，不忘前古；三則軍旅之臣，取其斷決有謀，強幹習事⑤；四則藩屏之臣⑥，取其明練風俗⑦，清白愛民；五則使命之臣，取其識變從宜⑧，不辱君命；六則興造之臣，取其程功節費⑨，開略有術⑩。此則皆勤學守行者所能辦也⑪。人性有長短，豈責具美於六塗哉⑫！但當皆曉指趣⑬，能守一職，便無媿耳。

吾見世中文學之士，品藻古今⑭，若指諸掌，及有試用，多無所堪⑮。居承平之世⑯，不知有喪亂之禍；處廟堂之下，不知有戰陳之急⑰；保俸祿之資，不知有耕稼之苦；肆吏民之上⑱，不知有勞役之勤：故難可以應世經務也⑲。

晉朝南渡⑳，優借士族，故江南冠帶有才幹者㉑，擢爲令、僕以下㉒，尙書郎、中書舍人已上㉓，典掌機要㉔。其餘文義之士，多迂誕浮華㉕，不涉世務，纖微過失，又惜行捶楚㉖，所以處於清名，蓋護其短也㉗。至於台閣令史，主書，監帥，諸王簽省㉘，並曉習吏用，濟辦時須，縱有小人之態，皆可鞭杖肅督，故多見委使㉙，蓋用其長也。人每不自量，舉世怨梁武帝父子愛小人而疏士大夫㉚，此亦

眼不能見其睫耳㉛。

　　梁世士大夫皆尚褒衣博帶㉜，大冠高履，出則車輿，入則扶侍。郊郭之內，無乘馬者。周弘正為宣城王所愛，給一果下馬，常服御之㉝，舉朝以為放達。至乃尚書郎乘馬，則糾劾之㉞。及侯景之亂㉟，膚脆骨柔，不堪行步，體羸氣弱㊱，不耐寒暑，坐死倉猝者㊲，往往而然。

　　古人欲知稼穡之艱難，斯蓋貴穀務本之道也。夫食為民天㊳，民非食不生矣。三日不粒，父子不能相存㊴。耕種之，茠鉏之㊵，刈穫之，載積之，打拂之，簸揚之，凡幾涉手而入倉廩，安可輕農事而貴末業哉㊶，江南朝士因晉中興而渡江，本為羈旅㊷，至今八九世，未有力田，悉資俸祿而食耳㊸。假令有者，皆信僮僕為之㊹，未嘗目觀起一墢土㊺，耘一株苗，不知幾月當下，幾月當收，安識世間餘務乎？故治官則不了㊻，營家則不辦，皆優閑之過也。

【注釋】①物：事、人物。②大較：大概。③鑒達：通達明白。治體：治國的原則。④經綸：治國的謀略。博雅：廣博、雅正。⑤習事：這裏指熟悉軍事。⑥藩屏之臣：指地方官，其職責是藩屏（衛護）朝廷。⑦明練：熟悉。⑧識：認識。變：變化的形勢。宜：恰當。⑨程：標準。⑩開：開創。略：謀略。⑪守行：保持操行。⑫人性：這裏指人的資質。責：要求。具：全。⑬指趣：同「旨趣」，宗旨，要領。⑭品藻：品評。⑮堪：勝任。⑯承平：太平。⑰廟堂：指朝廷。陳：通「陣」。⑱肆：盤踞。⑲應世經歷：應付世態，處理事務。⑳晉朝南渡：指西晉滅亡後，於公元317年司馬睿在江南建立東晉。㉑優：優厚。值：獎勵。冠帶：指士大夫。㉒擢：提拔。令：尚書令、中書令。僕：僕射。㉓已：通「以」。㉔典：掌管。㉕迂誕：指言語不合情理。㉖捶：用木棍打。楚：用荊條打。惜行：不忍、不願施加（鞭笞）。㉗護：掩飾。㉘臺閣：指中央機構。令史：指在樞府供職的屬吏。主書：管理文書的官。監帥：一種名位卑微的官。諸王：指藩王。簽：簽帥，諸王的顧問官。省：省事，也是一種名位卑微的官。㉙吏用：官吏的職責。濟辦時須：做好當時應該做的事情。肅督：嚴厲監督。多見委使：多被委任。㉚舉世：整個世界。㉛眼不能見其睫：比喻昧於己見，沒有自知之明。㉜褒：寬大。㉝周弘正：齊梁之際的清談家。宣城王：梁簡文帝之子，

封宣城郡王。果下馬：一種矮小的馬，能乘之行於果樹下。服御：騎。㉞糾劾：監察、揭發。㉟侯景之亂：侯景原是北朝武人，後降梁朝。梁武帝太清二年（548），侯景叛亂，攻破梁朝都城建康，梁武帝被困臺城餓死。㊱羸（ㄌㄟˊ）：瘦。㊲倉猝：倉促。㊳食爲民天：語出《漢書·酈食其傳》，「王者以民爲天，而民以食爲天。」天爲最高象徵。㊳不粒：不吃糧食。相存：相互保全對方。㊵茠（ㄏㄠ）：除草。鉬：同「鋤」。㊶末業：指商賈一類的事。㊷羈旅：寄居。㊸力田：致力於耕作。資：依靠。㊹信：任憑。㊺塈（ㄐㄧˋ）：一壟。㊻不了：辦不了。

【鑑賞】《顏氏家訓》雖是顏之推爲教誨自己的子孫而作的，但遠遠超出了一般「家訓」的範圍。它涉及面較廣，內容相當豐富，其中有作者的歷世經驗，立身治家之道，也有對社會現象的看法。立論平實，見解亦多可取之處，從中可以了解到南北朝時期的政治面貌和學風特點，有較高的史料價值和學術價值。《涉務》是《顏氏家訓》的第十一篇。「涉」是接觸、從事、致力；「務」是實際事務。作者針對魏晉以來重門第、尚清淡的社會風氣，提出了應該注重接觸和致力實際事務，特別要重視農事的主張。作者這種見解，對匡正時弊，是有積極意義的。這是一篇議論文，是論述「涉務」的道理的。作者摒棄了一般議論文的寫法，沒有一本正經地板着面孔說教，也沒有引經據典來解釋，但道理卻講得透徹、深刻、明白。這充分顯示了作者明道說理的藝術才能。

緊扣中心，層層遞進。「夫君子之處世，貴能有益於物耳，不徒高談虛論，左琴右書，以費人君祿位也。」開篇便從正面立論，徑言主旨，提倡什麼，反對什麼，要言不煩，了了分明。什麼叫「有益於物」呢？文章沒有作理性的闡釋，而是以「國之用材」爲例，指出人們從事實際事務所應具備的某一方面的本領，從而給中心論點「涉務」作了很好的注腳。下面，則圍繞中心論點，筆路縱橫，層層遞進，作了深入論證。文章首先從社會現象談起，指責了南朝豪門貴族不務實際，誇誇其談的惡習：「世中文學之士，品藻古今，若指諸掌，及有試用，多無所堪。居承平之世，不知有喪亂之禍；處廟堂之下，不知有戰陳之急；保俸祿之資，不知有耕稼之苦；肆吏民之上，不知有勞役之勤」。可以說，這是對南朝流俗時弊的高度概括，字裏行間充溢着憤激之情。繼之，又用晉朝南渡後的具體史實，從正反兩方面作進一步的論證。一方面，豪門貴族擢居高位，「典掌機要」，但多「迂誕浮華，不涉世務」，只知養尊處優，誇誇其談，既不會做官，也不會理家；另一方面，下層官吏，因其社會地位低下，倒能夠做些實際事情。爲

什麼會出現這種現象呢？作者認爲：「梁武帝父子愛小人而疏士大夫」。這樣，不僅指出了時弊，而且揭示了造成這種不良風氣的社會根源，把批判的矛頭直接指向最高統治者，觸及到了問題的本質，論證深入了一層。但作者對時弊的揭露批判並未就此停止，進而又論證了它的嚴重後果：一旦身遭禍亂，這些嬌生慣養，「膚脆骨柔，不堪行步，體羸氣弱，不耐寒暑」的豪門子弟，只好坐而待斃。經過正反兩方面的反復申說，立論的客觀依據及「涉務」的重要性已被突出。光強調其重要性是不夠的，還應當解決怎樣「涉務」的問題。最後，作者從社會的動亂，黎民的疾苦，演繹出了這樣的道理：「涉務」應「知稼穡之艱難」，應敎人懂得務本，而不能像南朝貴族那樣「不知幾月當下，幾月當收」。這種以農爲本的思想，在當時是有戰略意義的。綜觀全文，文章大致可分爲這樣幾個層次：正面立論——印證道理——指出危害——倡導務農。幾個部分意脈貫通，環環相扣，逐層深化，從各個不同的角度，很好地說明了中心論點。

　　寓理於事，借事明理。《四溟詩話》中有這樣一段話：「魏晉詩家常話與官話相半，迨齊、梁，開口俱是官話。官話使力，家常話省力；官話勉然，家常話自然。」這固然是對齊梁詩風的批評，用來批評齊梁散文的文風也是恰當的。如同南朝的豪門貴族尚清談一樣，齊梁有些文人也喜歡說空話，發虛論。顏之推厭惡當時的社會風氣，也反對當時的文風。《涉務》沒有空發議論，而是融理於事，因事說理。文章平易樸素，娓娓如話家常，具有強烈的感染力和說服力。文章在闡釋中心論點時，不是以理爲據，而是借用史實和見聞來印證道理。如借用晉朝南渡，豪門貴族養尊處憂、不涉世務的事實，以及侯景之亂，梁武帝被困而死的故事，說明了崇尚玄學、不涉世務的嚴重危害性，從反面說明了「涉務」的重要性。再如倡導務農，也沒有講什麼深奧的道理，而是從「吃飯」談起：「夫食爲民天，民非食不生矣。三日不粒，父子不能相存。」這樣來講農業的重要性，人們極易接受。接着又引用江南朝士不事稼穡，不懂務本之道，而「治官則不了，營家則不辦」的事實，告誡人們涉務應該首先重視農業。整篇文章寓理於事，做到了說理與記事的有機結合。論是中樞，它統率着記的材料；記是血肉，它使論顯得豐潤而不枯燥。論與記的統一，既給人以理性的啓廸，又給人以形像的感染，確實收到了很好的藝術效果。

　　駢散錯雜，鏗鏘悅耳。齊梁散文沒有擺脫辭賦的影響，往往追求艷詞麗句，講究對仗和聲律，以致墮入「繁華損枝，膏腴害骨」的泥淖。顏之推的散文革除了這種浮華習氣。《涉務》基本上是用平易樸實的口語寫成的，讀來如話家常，親切自然，但其中也有駢儷的成分。在文中，作者運用了不少對偶、排比句，

如:「國之用材，大較不過六事: 一則朝廷之臣， 取其鑑達治體， 經綸博雅; 二則文史之臣，取其著述憲章，不忘前古; 三則軍旅之臣，取其斷決有謀，強幹習事; 四則藩屏之臣，取其明練風俗，清白愛民; 五則使命之臣，取其識變從宜，不辱君命; 六則興造之臣，取其程功節費， 開略有術。」這幾個句子，對仗、排比整齊工穩使得文勢充暢，氣宇軒昂; 同時又整散結合，錯落有致，抑揚頓挫，鏗鏘悅耳， 具有音樂的節奏感和迴環美。 作者採用了駢文的手法， 但非食而不化，他沒有鋪錦列繡， 堆砌詞藻， 也沒有過分追求聲律， 因而無贅煩、矯飾之弊，而有自然天成之妙。

（王家倫）